問津文庫

天津记忆第十三种

主编 王振良

口述津沽

民间语境下的堤头与铃铛阁

张建 著

天津出版传媒集团
天津古籍出版社

图书在版编目（CIP）数据

口述津沽：民间语境下的堤头与铃铛阁 / 张建著. -- 天津：天津古籍出版社，2015.5
（天津记忆 / 王振良主编）
ISBN 978-7-5528-0317-4

Ⅰ.①口… Ⅱ.①张… Ⅲ.①天津市－地方史－史料 Ⅳ.①K292.1

中国版本图书馆 CIP 数据核字(2015)第 085762 号

口述津沽：民间语境下的堤头与铃铛阁
张建 著

出版人 / 张玮

*

天津古籍出版社出版
（天津市西康路 35 号 邮政编码：300051）
http://www.tjabc.net
今晚报社印刷厂印刷
全国新华书店发行

开本 880×1230 毫米　1/32　印张 6.125　字数 140 千字
2015 年 6 月第 1 版　2015 年 6 月第 1 次印刷

ISBN 978-7-5528-0317-4
定　价：28.00 元

背挎相機哪得暇穿梭市井樂
無涯聚焦窮巷固城史作傳草
民學者誇鯉躍成龍有建樹化
俗變雅上儕槎賢哉張建鄉情
熾口述津沽第一家

贊張建兄口述津沽新作姜維羣並書

目 录

序言：让人肃然起敬的"手工作坊" \ 姜维群 001

上篇　口述堤头

　　堤头，说不完的故事 \ 张建 003
　　李世宏 017
　　赵金才 020
　　张志强 023
　　林金生 026
　　王家兴 029
　　姜婉莹 032
　　乔玉珍 034
　　孟昭惠　孟昭贵 037
　　魏春明 042
　　张淑兰 047

周鸿林 049

邢国起 053

孔庆祯 059

佟宝林 065

费榛龄 070

林恩鸿 075

乔炳英 079

赵晓明 083

韩国栋 087

张鸿生 090

附录：堤头大街与堤头 \ 章用秀 095

编后记：告别堤头 \ 杜鱼 098

下篇　走近铃铛阁

走近铃铛阁 \ 张建 103

范贵林 109

李中龙 114

董庆林 118

李永俊 121

江文汉 124

王昌宝 128

李玉珍 131

王宝来 134

黄德利 137

苗学海 140

李远山 143

穆瑞通 146

穆瑞田 149

穆瑞春 152

戴连元 156

时宝忠 159

穆文勇 163

荆学忠 荆学武 166

商宏镇 170

王昌煊 173

编后记：抢救与行动＼杜鱼 179

让人肃然起敬的"手工作坊"

姜维群

这年头,我们尤其青睐大,大企业、大集团,于是建设了那么多的大马路、大商场、大高楼。我们都在"抓大放小"。

在英国,光顾了一个小作坊,门脸很小,人很少。里面毫无现代化的气息,颇似几十年前我们的绱鞋铺,然而,来这里订制鞋的从国家元首到沙特富豪,应有尽有。这里"私人定制"要一个脚趾一个脚趾地量,尺寸精致到零点几毫米,制作一双鞋的工期在半年左右。精确、精致加上精美,这种无与伦比就是"手工作坊"的无可替代,当然,也必然是无可替代。

张建的《口述津沽》就像这样的小作坊,就是这样的手工作坊。

除了手中的相机,张建就如同作坊里的主人公,一丝不苟地用最原始也是最笨拙的方法"缝缀"城市非主流的平民历史(家史)。

纵观我们的《二十四史》基本是一部政权史,纵观我们的城市史基本是一本建筑建设史。而张建已经完成的《"老南市"忆往》《最后的南市》以及堤头和铃铛阁地区的口述史料,较原汁原味地保留了民间语境下的已经消逝了的城市街区的原貌。这种小作坊式的个人的手工"操作",还原出城市的"老味道"。

手工作坊不是工业化生产,所以它的生产方式就是时间加精力和技艺。我们现在都在喊"慢生活",许多人认为是放缓放慢速度,非也。实际上,"慢"需要眼睛目不交睫地"盯",需要心慢条斯理的"品",最需要手精雕细镂的"做"。他们与时间匀速,不与时间速跑;他们和日升日恒相仿,准确恒定地升降;他们和时尚绝缘,按自己的节拍去做和潮流毫不相干的事。

张建"做"得很慢。他为某地区一条街道一条街道、一个胡同一个胡同、一个院子一个院子地拍照、绘制;然后去一家家敲门、访谈。有的人配合,有的人抵触,于是他要想方设法慢慢"撬开"人家的嘴,让人家打开话匣子。

手工作坊的魅力在于极有耐心地不厌其烦,极其认真地不计工本,极端负责地不离不弃。所以,这里制作出的产品已然脱离了价格规律,其价值已非金钱能计算,成为名副其实的艺术品、收藏品。

张建的手工作坊在为天津这座历史文化名城做着真正的"私人定制",《口述津沽》就是完成了城市历史最让人忽略,经常被一带而过的部分。正如学者杜鱼在《告别堤头》跋语中说的:"堤头的口述实录,在社会学之外,同时则又跨入了史学的领域。张建通过生动的影像和口述资料,在我们面前展开了一幅宏阔的堤头历史和民俗画卷。堤头一带半岛式的封闭地理环境,决定了它相对独立的历史轨迹,其兴衰起伏的发展变迁,与天津城市的整体进程并不相佯。新中国成立六十年来,由于文史工作者对堤头有意无意地遗忘,因此使得张建的工作具有了填补空白的意义。"

张建的小作坊很小很小，其产品在城市大生产的喧嚣中音微声弱，但是这个小小的手工作坊像一个杠杆，找到了城市空白的支点，由此撬动了一段段别人遗忘及至丢弃的历史。

钱塘江大潮骇浪惊天动人心魄，然而小溪的潺潺每日涌动着新鲜清澈更能拨人心弦。张建以几十年的不急不缓、不声不响为城市历史填补着缺失的链环，钩挂起永远的消逝，这种不图名利的义务奉献，能不让人肃然起敬吗？

这个时代不缺少轰轰烈烈和粗制滥造，唯独缺少踏踏实实的"手工作坊"，从这个层面说，张建的《口述津沽》付出的心血辛劳和它的价值，值得我们肃然起敬。

2014 年 9 月 15 日

上篇 口述堤头

堤头,说不完的故事

张 建

要不是因为拆迁,我怎么会到堤头来?要不是因为这片三角地深深地吸引了我,干吗连续把四个月的公休日都搭了进去?

一

回想这些年,像中了病似的,只要一听见"拆"字,心里就咯噔一下,接着便和收旧家具的、收古董的、收破烂的为伍,穿行在满目疮痍的老街旧巷……

2003年,我拼命挤时间,在老城厢连续跟踪了8个月,拍摄了不计其数的照片,直到眼巴巴地看着这座600年的老城被夷为平地。那时,心情极不平静,唯一让我宽慰的是,觉得自己已经把天津人的生活形态都记录下来了,尽管当时拍老城的不下几百人,但我遇事不慌,采取点面结合、纵横交错的方式,浓缩了天津卫的人文特征,我不禁窃喜:拥有老城,即拥有了天津风情。过后才知道,差

2009年6月21日在堤头前街拆迁宣传标语下留影

得远呢!

  2004年,我背着相机又投入到老南市的拍摄中,没曾想,自打贴出拆迁公告到全部消失,整整拖延了近4年。而真正找到感觉时,南市的老住户已经搬走了三分之一,仓促中我还是完成了50位"老南市"的专访和拍摄,虽有遗憾,但总算从一个新角度对天津的市井生活,做了一个"全景式"的勾勒。我再一次窃喜:有了老城厢的"雅",加上老南市的"俗",应该唯我"独全"吧? 过后渐渐明白,不仅差得远,也就算刚入门。

二

  人永远在遗憾中徘徊,只有失去才觉得珍贵;只有擦肩而过才惊叹不可挽回。

冷静地反思自己，也渐渐地显现出十几年来的行走路线，许多事情其实都离不开当时的背景，它与自身的修养、学识和对问题的理解程度、表述方式有着密切的联系。比如，我拍老城厢，从20世纪80年代末就已经断断续续地进行了，那时主要是玩影调、玩构图、玩意境，"爱好者"嘛，体现的就是随意性，对老城厢没有任何的了解，只是在寻找自己感兴趣的东西，回过头来看，还真不如一个外行拍得有价值。

进入媒体后，似乎所有的判断都归结到用"新闻"说话上，镜头的指向范围越来越窄，身边发生的许多事情，只要与发稿无关，似乎就是与自己无关。最初的几年我十分困惑，难道由业余转到专业反而找不着北了？面对城市的大规模改造，似乎敲醒了我懵懂的神志，至此，我确定了"两条腿走路"的思路，即在完成本职工作的同时，开辟新专题、探索新视角，在巩固和发挥摄影优势的同时，延伸文字记载和史实挖掘的深度。

三

2009年3月，堤头闯进了我的视野。

堤头，位于河北区西北角，与红桥区一河之隔，是个很不起眼的地方，在我接触它之前，既不知道它的归属，也不晓得它的地名，更不曾到此采风，只是途经大红桥时，在弧形的制高点上，下意识地向对岸瞅了几眼，心想："这还有片老房子呢！"以后听说坐落在河岸边的面粉厂要拆迁，我还跟这个集团的老总说过，拆前一定让我来拍一拍原貌，结果因为我的不经心，等再路过此地时，只剩下围墙了。

2009年6月14日在堤头荣凤里8号采访孟昭惠(中)、孟昭贵(右)

2009年初春,河北区政协召开情况通报会,我作为特聘委员出席,会上介绍了全区的建设规划方案,其中谈到辛庄、堤头、小王庄成为当年的拆迁重点,涉及居民几千户,并已经着手动迁。

我突然有了紧迫感,虽说对这一带比较陌生,但"留下影像"仿佛成为我多年来义不容辞的职责。于是,我分别选择若干线路进入这片区域,基本弄清了堤头、辛庄、小王庄的方位和它们之间的历史关联性。如果由北往南说,先是辛庄,它背靠子牙河,西邻北运河,东至小王庄大街,南以面粉厂铁道为界。过了铁道便是堤头村,它西面守着北运河;南面到京沪铁道线;东面至小王庄大街。而小王庄则依傍在新开河沿岸的左右。

根据考察发现,从街区的形态和规制来说,堤头应该是这三片的核心,是历史最久远、文化积淀最深、人文特色最浓的地域之一。有资料显示:堤头早年是北运河东岸的一片荒地。明永乐年间一批移民来此定居,或事农耕,或事渔业,或事船工,遂成村落。据考,北运河堤修筑于元朝至元二十年到至元二十六年(1283—1289),其堤自河北省香河牛牧屯起到此为尽头,故名堤头村。清同治年间纂修的《续天津县志》中,有一段关于堤头和堤头村记载:"按北运河东岸自香河至天津堤头止,堤头村以东之净土院、贾家桥、小关一带皆无堤。"此地自明代移民定居发展到清代中叶,已成为北运河东岸一个烟波柳绿、风光旖旎的繁华小村。清人姜森《堤头晚归》诗有"路怯新桥窄,村怜野潦穿"。清人樊彬《堤头早发》诗有"人家图画里,遥见水边亭"。清人于士祐《晚宿堤头》诗有"暮烟群树合,渔火远滩明"。这些诗句均从不同侧面描绘了二百多年前堤头村民的恬静生活,表达了文人学者对这一带乡间美景的依恋。

四

堤头确实不大,主要街道一共有6条,即:堤头前街、堤头大街、堤头中街、堤头东街、堤头后街、堤头下坡。在这几条街道中,又以堤头大街为这一地带的主脉,它既不笔直,又不宽敞,还严重偏西。但是,它北接辛庄,南联窑洼,西与码头、渡口为邻,因而成为最繁华、最热闹、最凝聚市井风情的"堤头第一街"。这条街不过几百米,而在历史的鼎盛时期,仅店铺就有70余家,除去工厂、住户、空地等,买卖家几乎排满了整条街道。

在这次探访和考察中,我下了很大工夫,特别在几位堤头老住户的指认、回忆下,复原了堤头大街在20世纪50年代期间的真实场景,绘制了较为详细的示意图,包括店铺的排序、经营的项目、

2009年6月28日在堤头崔家巷28号采访邢国起(左)、周鸿林(右)二位老人

掌柜的姓氏等等。与此同时,我由南至北、由北至南来回穿梭不知多少次,直至将这条街的现状完整地拍摄下来,一改过去只知其然、不知其所以然的浅显做法,弥补了缺憾。

堤头胡同的形成大致分为三种类型:一种属于约定俗成的。在胡同形成的初期根本没有名字,老百姓随口称呼,要么按形状,要么按特点。比如,"裤裆胡同",就是因为该胡同分了俩岔,犹如两条裤腿,所以就形象地称之为"裤裆胡同"。又比如,"大屄屄胡同、小屄屄胡同",是因为当时这两条胡同比较背静,人们经常在此大小便,一下就叫成正式名字了。后来市政当局在规范地名时,把一些不雅的称呼委托当地文人重新命名,"屄屄胡同"就改称"八宝胡同";"裤裆胡同"改为"福香胡同"等等。另一种是依大户人家的声望命名的。比如,堤头第一代首富"姜百万",由于他的房产布局形成了三条与之相关的胡同,便起名"南姜胡同""北姜胡同""万字胡同"。此外,费家胡同、王家胡同、刘家胡同等等,也都因住户的显赫地位而得名。第三种是以商家的名称命名的。如"西兴泰胡同""德聚胡同""广聚胡同"等,都是用当时私人企业的字号。

五

堤头确实独特,它的独特主要体现在以下两个方面。

一是由于特殊的地理位置,使堤头相对比较封闭。堤头一带三面环水,它是北运河、子牙河、新开河的交汇处,而南面又被京沪铁道阻隔,居住在堤头的人们与外界联络的唯一通道,只有经耳闸、过窑洼、至金钢桥,奔官南官北大街或进老城厢……此外,就得由堤头渡口乘船过河,沿河北大街往南才可进入市区。从而,也就限

2009年6月14日在堤头北姜胡同留影

制了堤头的扩充速度,逐步演化为自成一体的格局。比如,在堤头你随便问一户人家住了多长时间,他都会告诉你起码有四五辈,甚至一条胡同的十几户人家,子子孙孙交往了好几代。曾有位老爷子,指着60多岁的邻居开玩笑说:"当年生他时,我给买过红糖。"如此说来,堤头的人际交往范围相对狭小,因此不自觉地滋生一种排外心理。

二是由于码头的存在,使堤头人有了最基本的生存条件,用他们自己的话说,"是码头养活了堤头人"。在考察中了解到,居住在堤头的老住户,其祖辈几乎都与码头有着千丝万缕的联系,扛活的、"挑八股绳"的、捡碳的成为堤头一带的谋生主体。堤头的两极分化比较严重,穷的穷,富的富,且贫富比例悬殊,但是几百年来却相安无事,从未有过杀富济贫的记载,宿命论使堤头地区始终处于安定的态势。许多堤头人都说,"我们既无本钱,又无手艺,只能到码头上找活干"。特别是20世纪二三十年代,位于堤头大街的面粉厂和煤铁厂的创立,给堤头的就业及生存带来非凡的影响,水路与陆路的双重优势,加速了企业的发展,也带动了其他相关产业的繁盛。比如,堤头的饮食、服务业遍布堤头大街、堤头中街、堤头后街,且都属于温饱型水准。许多码头工人一大早先赊账填饱肚子,然后再去扛活,扛多多挣,扛少少挣,收工后把赊的账还上,余下的再考虑家人的吃喝,所以养成了挣钱花钱"嘴顶嘴"的习惯。考察中得知,堤头大部分老住户要么继承祖辈的房产,要么百年来始终租用私家房屋。职业经历和生存状态塑造了堤头人的性格,他们坦诚、直率、热情、义气,特别是他们似乎对堤头的历史都心知肚明,谁都能给你说上一段奇闻轶事,至于是真是假、听谁说的不管,但语气中所流露的自豪和依恋是显而易见的。聊天、抬杠是堤头人的民风之一,他们说,"过去在码头等活时,闲着难受就凑在一块瞎白唬,拿蓬来的故事过个嘴瘾,尤其在堤头谁跟谁都认识,有点嘛事传得可快呢"!这种世世代代的口耳相传,客观上起到了对本土历史文化的承袭作用。

六

堤头确实深邃,其深邃之处就在于它有着丰富、厚重的积淀。有资料记载,清朝末年,北洋警务学堂及女学堂等新型学堂相继在堤头建立。北洋警务学堂是袁世凯推行"新政"的一个重要举措,可以称得上是中国最早培养警察的学府之一。1902年10月派天津巡警总监赵秉钧在堤头大街附近设立北洋警务学堂。次年,将保定巡警学堂并入,更名为北洋巡警学堂。聘请日籍三浦喜传任总教习,另聘英、德、日三国的警官数人充任教习。学校编译国外书籍为教学课本,培训巡警和警官。首期招生260名,学期为警官班两年、巡警班一年,开设有督察、律例、法政、国际法等课程,结业后分配到天津、上海、南京等地。后来许多省县商埠重镇设立警察队伍,都向天津聘请教官。

此外,堤头人对学知识、学文化表现出极高的热情,许多老辈人均在堤头小学念过书,堤头小学的好几任校长都曾是南京国民政府时期的国大代表,可见其地位不同一般。而有钱人家的孩子则在本村读完私塾后,送到市里深造,因此培养了一批干票号的、干钱庄的、开买卖的生意人。有钱人和文化人的增多,特别是一些豪门大户的馈赠与资助,提升了堤头居民的文化品位、生活质量。比如集资兴建的清善堂公所,成为堤头家喻户晓的文化娱乐中心,除

2009 年 7 月 5 日在堤头长项胡同与被采访对象合影
（左三为天津人民广播电台主播刘云）

了定期在此举行朝拜仪式外，它还是民俗风情的展示舞台，名扬津门的"庆云高跷老会"不但成为公所的台柱子，而且百余年来完全由民间资助，充当起"文化使者"的重任，保持着与外界的交往。再如，"水会""白抬会"，也都是早期的公益性组织。据说，堤头的"宝郡水会"在红桥、河北一带也很有名气，他们以三台水机和 200 多个水筲的规模，经常受邀到周边地区参与救灾，每当返回时，全村人夹道迎接。

由于堤头有着半岛般的地势，渡口和码头就不仅仅是一种交通工具或谋生场所，由此引发、变异的社会形态更为复杂，抢地盘、争码头、当老大的风气，逐步形成了罪恶的产业链，打打杀杀时常发生，许多脚行专门备有"死签"，其行规充斥着野蛮与极端。臭名昭著的王士海，曾在堤头的渡口胡同住，他子承父业，多年来盘踞丁字沽、堤头、东于庄子、小王庄、北开一带，无恶不作，成为津城一霸。据史料记载，1921年，21岁的王士海与其弟王士江，为与脚行把头李五、李六兄弟争夺地盘发生冲突，王纠集党羽多人，打伤李五，杀死李六，事后逃匿到日租界，托庇于日本人及帮会势力，向法院贿赂疏通，此案遂不了了之。从此王氏兄弟气焰愈盛，到处欺压良善，霸占民女。他曾因争风吃醋，用尖刀刺毙何某后，又潜逃日租界，在日本警宪的庇护下，法院以凶手杳无踪影而结案。王士海还是青帮"大"字辈贾长清的徒弟，他为培植势力，大摆香堂，广收门徒，鼎盛时纠集千人以上，后被正法。正如堤头人所说，"过去，一般都不敢在这儿闹事，生人来了绝对发憷"。因而，一些行业不得不实行世袭制，比如堤头渡口属于姜家；窑洼渡口属于崔家；辛庄渡口属于王家；西沽渡口属于杨家等等，直到新中国成产后才归为国有。

七

从2009年3月走进堤头，到2009年8月告别堤头，那里的大街小巷留下了我无数的足迹，眼看着一间房一间房地拆除，一条胡同一条胡同地消失，我的考察与采访也渐渐画上怀恋的句号。然而那些曾为我讲述过见闻和经历的人们，则珍藏着模糊的记忆迁往他处，我真不知道以后还能不能再与他们相见，真不知道他们离开故土之后还能不能如此深情地倾诉儿时的故事。有人说应该保留几个大院，其实没什么意义，无非是从感情上留下一丝慰藉，因为任何一个区域的形成都有着深刻的历史渊源，不管合理与不合理，经过数百年的添加与整合，形成了一个无法破除的整体，失去任何一方支撑，剥离任何一层蒙尘，都将割断脆弱的人脉。就说堤头吧，码头没了、渡口没了，其实已经开始被同化，最后面粉厂没了，铁道废弃了，更加速了堤头独特民风的消亡。

有关堤头的史料并不多，一直以来也很少受到外界的关注，所以到堤头之前，我使劲在网上"搜索"也未找到多少有价值的线索，因此堤头人跟我讲什么，对我来说都是新鲜的，为此就需要花费大量精力，在去粗取精、去伪存真中提取典型性。这次考察接触的人很多，最后确定的采访对象却只有20个，虽然这20个人的口述史，有的内容并不丰厚，但选中的目的是作为一个特有的符号将堤头的历史加以贯穿。比如，"姜百万"这个尽人皆知的堤头首富，没有任何记载，甚至至今没人知道其真实名号，然而，姜家的后裔还在，姜家的房产还在，那就必须找一个知道自己身世、未必了解家世的，且依然享受着祖辈财富的代表。在这20个人里，年龄最大的88岁；最小的50岁，平均年龄72.65岁。在确定口述对象时，年龄当然是一个重要因素，但也不是越老越好，还得看其个人的阅历及语言表达能力，因而在这些被"定格"在同一个历史层面里的"群像"，既有豪门商贾的后裔，也有世代打拼的草民；既有开炭厂的、干水铺的，又有开杠房的、干脚行的，虽说不能囊括堤头人所有的职业种类，但基本可以勾画出堤头五行八作的人文特色。

这次访谈与以往不同的是，我比较注重史料的细节描述和相关物证的收集。比如，有关孟家坟地的传说很多，为了揭开神秘的面纱，获得可靠的依据，我通过寻访孟氏家族的后代，找到了藏于民间的许多珍贵的碑刻拓片，弄清了墓主人的生平简历及墓地迁移的真实背景。又如，在与费家老人的深入交谈中，得到了费家后人绘制的《费家大院布局示意图》,不仅形象地展现了房产的规模,而且从标注的居住情况还可验证一个家族兴衰的历史。再如,堤头人所指认的小王庄刑场,也是多人多个说法,方向范围都对,只是并不精准,于是我按照人们多次提到的几个公认的标记,实地丈量和考察,尽可能减少历史的误差。

八

2009年10月4日,正值国庆休假期间,堤头庆云高跷老会的孔先生邀请我参加他们的一次拜会活动,为了真实、细致地记录这一民间艺术活动的全过程,我早晨6点多赶到他们的活动地点,一直跟拍到中午11点多,亲眼目睹并现场感受了包括化妆、着装、绑腿、礼仪、踩街、表演在内的各种既定的传统程式。虽说这次拜会只是礼节性的,灯牌、软对、茶炊子都没出场,但参加活动的每个人都非常认真,言谈举止处处体现了"科班"的意味,尤其是现在这支队伍已经由80后和90后的年轻人来支撑了,他们大多二十几岁,最小的一位才9岁,难能可贵的是,他们一方面听着摇滚、吃着麦当劳、穿着耐克、着迷于网络世界,另一方面却又包大头、贴片子、反串着一个个虚拟的历史人物,现代与传统除了相互碰撞之外,还能够相互融合进而并驾齐驱。老人们说,过去出会都得绑着腿子步行到目的地,如今小伙子们开着自己的车直奔现场;过去唱词唱段都是师傅亲口传授,如今小伙子们从网上就把"老段子"都学会了。83岁高龄的邢老爷子,抚摸着9岁的"小倚哥"扮演者,不无感慨地说:"我14岁时才演上'小倚哥',现在的条件多好啊!"他几次拉着我说:"你看三娘的扮相多地道,等会儿给我俩照张相。"

老人所流露的钦羡语气,也包含了对年轻人的信任和期待。其实许多人早已经搬离堤头了,一有活动他们就从四面八方赶来,开始我还担心拆迁会把高跷给拆散了,老会长说不会,我还不信,这下我真的服了。他们说,堤头的老房子没了,但堤头的情结没有断,庆云高跷永远属于堤头。据说,街里对高跷挺重视,居委会又为他们找了"新家",几位老会头们正在为申报非物质文化遗产而忙碌着,说是区里已经没什么问题了,正准备往市里报,一旦"申遗"成功,堤头便可留下不灭的火种。

2009 年 10 月 29 日

李世宏与夫人在自家门前

采访对象：李世宏（1927 年生）
采访时间：2009 年 6 月 2 日（星期二）
采访地点：渡口胡同 6 号

堤头可是块宝地,告你吧,天津几次发大水,这儿没事儿。哎,淹不着!日本炸天津时,这地界儿就落了两颗炸弹,你猜怎么着?都没炸,是臭子儿!后来好多逃难的来到堤头也都躲过去了。唐山大地震厉害吧?这儿几乎没塌房子。

我在这儿,那可长了,起码住了四辈,一直没离开。我们家祖上是开水铺的,就在渡口胡同和堤头中街把角儿,那房子还在。早年,主要卖开水,几分钱一壶,最开始烧煤,后来烧劈柴、烧锯末。生水专门有人挑挑子往家送,一个人包一片儿,都有自己的主顾,3分钱一挑,送清水的同时,还负责倒泔水。那会儿都喝河里水,家家都有几口大缸,然后捏点白矾过滤。再后来,堤头一带有四家水铺开始卖自来水了,我们算一家,都从东边老韩家引的水管儿,他包自来水公司的管道,我们再租他的管道,自来水公司查小王庄的总表,我们这儿是分表,全是私人的。

到我这辈儿没接着干水铺,家里让我学手艺,说那样挣钱多。10岁时,在堤头前街的那所

李世宏的陋室

李世宏居住的渡口胡同（摄于 2009 年 6 月 2 日）

小学读了几年书,对,就河边那学校,现在叫二十一小学。

不过,我 13 岁就离开了,经人介绍到南市荣吉大街荣吉胡同 3 号的明星照相馆去学徒,它的营业部在东马路袜子胡同对过的瑞生里,我在那儿主要学做卡纸,就是装裱照片用的,上面印着花纹、字号,兴了一段时间。那会儿我住在店里,一个礼拜回家一趟,每个月老板给我们 23 块钱吃大伙食。

自打日本来了以后,纸价上涨用卡纸的人就少多了,没辙,我就去了马场道的大华火柴厂,据说是共产党干的,当时天津有八家火柴厂。五三年我又去了电解总厂,待了五年吧,最后调到轧钢三厂。

原来这条胡同可热闹了,这叫"明街",无冬历夏不断人,为嘛?打这头一直通到渡口。这周周围围净是扛大个儿的,穷人,吃了上顿没下顿,有时就找卖鱼的赊点钱,赶紧买棒子面填肚子,扛完活挣了钱再还上。

我老伴今年 80 了,在鞋厂退的休,我们有四个孩子,都成家了。

赵金才(中)与家人在堤头中街33号门前留影

采访对象:赵金才(1937年生)
采访时间:2009年6月3日(星期三)
采访地点:堤头中街33号

堤头有六条主要街道：堤头前街、堤头大街、堤头中街、堤头东街、堤头后街、堤头下坡。原来？差不多就这么宽，当然比现在强，没这些烂房子。大街最热闹，中街也有不少买卖家，你看，右手这家原来是馃子铺姓王；右边是"李记"老水铺；前面大铁门那儿是煤铺姓姜，对面的面铺姓王……再看我们家这边，打头儿是轧衣服的姓冯，挨着的是扎纸匠姓赵，左手这边是线铺姓卢，旁边是送水的姓于。你看胡同坐着的这几位，都是他们的后代，我起小看他们长起来的，打父辈就是邻居，多少年了吧！

　　我在这儿少说住五辈儿了。你想，我在这屋生的，今年七十二啦！就沿街这两间，别以为这房子有多好，其实这是土坯外边包了一层单砖，就连这砖都包了四十几年了。我们这边好多房子都是土坯的，就靠四梁八柱撑着，要不早塌了。想落地重起，可钱呢？

　　这附近卖鱼的、卖炭的、拉胶皮的多。对，好多开炭厂的，那时候干吗都用炭，点心铺的烤炉，家里的火盆，取暖啊，烤山芋嘛的。

　　你看我像干吗的？我呀，"挑八根绳"的。不懂？就是挑挑儿卖东西的，前边四根绳，后边四根绳——八根绳！嘛都卖，主要还是卖鱼，鲙鱼啊、鳎目（音妈）啊，对虾啊、海鱼、河鱼都卖，凌晨三四点钟就到金钢桥边的鱼铺去趸货，得有保人，不认识的根本不卖，因为是先拿货后给钱，都记账。我就摆家门口卖，那阵儿穷人多，净是过

赵金才居住的堤头中街(摄于 2009 年 6 月 3 日)

了今儿个,不知明儿个的,所以好些人买鱼、买棒面、买柴火,差不多都赊账,干完一天活挣了钱再还,就这样有时还老是先还一半。这么跟你说吧,二分钱的水贵吗?都赊账!我一辈子没正式参加工作,养了一个儿子、俩闺女。

张志强站在"三级跳"的老院儿里,感慨万千

采访对象:张志强(1947年生)
采访时间:2009年6月7日(星期日)
采访地点:西兴泰胡同1号

没见过吧？胡同比院子高出半米多,这愣不叫"三级跳",说是没达到标准,给定为"二级半",谁定的？八六年政府改造"三级跳"时来看过,孟家树林那儿改了一批,说我们这儿程度不够,就差这"半级",我们受多大罪呀！进来,没事,我让你开开眼……看见了嘛,这就是我们的水管子,一个小时接一壶水,如果邻居用水,我这儿连一滴都没有,多长时间了？少说十几年。你再看看我们每家门口,都垒着池子,不垒行吗？一下雨就往屋里灌,灌过吗？赶上大雨、暴雨所有的人都得上炕,因为水压太大,水从地缝和下水道往外冒,直等到这一片的水都走净了,院儿里的水才慢慢渗下去。有一回,我下中班正赶下雨,从 11 点半开始淘水,一直淘到天亮。你问问,别人下雨都往屋里跑,我们必须往外跑,插挡水板、堵地漏……一通忙活。

我们这房子都娄了,房沿的瓦自己就往下掉,加上总说要拆迁就不想再拾掇了。这房是我爷爷租人家的,我爸爸、我都在这间屋结的婚。七几年的时候,房子卖给老住户,花了 100 块钱。房东是个老太太,听说当时先盖的前院,然后租出去挣了钱,又接着盖后院,新中国成立前她在前院住过,以后就搬到河东去了,反正每隔三五年来修一次房,修完就走,规矩极了。我见过老太太,挺精神的,一直活到 107 岁。

现在,院儿里院儿外整个颠倒了,小时候我从外边回来得登三级台阶,你再看看,原来大门外的台阶挪到里边来了,我屋里床的

堤头西兴泰胡同1号,张志强的家

平面跟胡同地面的位置是一齐的,前几年想起小时候在胡同口坐过的石头,就拿着小铲去找,结果埋在地下老深的。这院儿过去都是青砖铺地,新中国成立前夕挖过一次防空洞,七几年战备的时候又挖过一次地道,结果就全完蛋了。

听说,我们这胡同,加上德聚、广聚都是一个买卖家盖的,"西兴泰"是被服厂的字号。

林金生在得聚胡同 9 号大门外闲坐

采访对象：林金生（1939 年生）
采访时间：2009 年 6 月 7 日（星期日）
采访地点：得聚胡同 9 号

看不出来我做的嘛？怎么会呢！这不小棺材嘛。你真老外，现在买墓地的多，拿这玩意儿放骨灰盒。我这倒是有点老东西，看这凳子吗，起码一百多年。

我们家是老杠房了，你随便问问堤头杠房胡同在哪？他肯定领你到这来，你再问问"林三爷"是谁？没有不知道的。好么，打我祖爷爷就干这个，我父亲加我这就三辈了，现在我儿子又开了寿衣店，我老兄弟还在殡仪馆，让你说是不是祖传？

哎！始终没离开这地界儿。你等着，我拿张照片让你看看……老啊！绝对老，日本时期照的，这就叫出大殡。前边穿孝的是死者家属，跟在后面的是棺罩，看了吗？这是32人抬的，身穿号衣，头戴翎子，腿上有套裤，脚上蹬靴子。瞧，这人就是我父亲。

我从13岁就跟着父亲学这行，经常下坟地，胆儿早练出来了。告你吧，这行的讲究太多了，净是妈妈例儿，弄不好就砸锅。有"杠"的，叫杠房，没"杠"的叫过户。杠房跟杠房也不一样，带"京"字的算是官方承认的，我们家的字号叫"红寿"京杠房，杠房有64人的，有48人的，有32人的，有24人的，还有16人的，普通人家一般24人、16人的比较多。"杠"有高膀的、低膀的，就是离地高矮，越高越讲究。"杠"有4个拨旗，蓝底白字，上有字号，主要用来挑电线、挑树枝嘛的。还有三堂鼓乐：一堂天津大乐，16个人；二堂对鼓大乐，8人；三堂石幡，16个人。加上神轿、家庙、炉亭、花亭、香亭、影亭、明镜和二杠，反正出齐了得有六七百人。"二杠"就是两拨抬杠的，倒

林金生收藏的"大出殡"老照片,棺罩下站立者为林的父亲

着抬,一帮穿绿号衣,一帮穿青号衣,讲究的戴翎子,不讲究的戴荷叶帽。

天津有名的"京杠房"我都知道:你像"大事全"京杠房在黄家花园,老板姓魏;"天事全"的老板姓王,在张庄大桥附近;"益寿"京杠房在大胡同,掌柜的姓徐;关上那边有"德兴",老板姓苗;关下这边有"延寿全",掌柜的姓阎。

过去人们对死特别重视,因为人的寿命短,活到60就开始准备棺材了,用不上呢,就每年刷一道漆,叫"长寿"。我们这行,"日挣日吃",没有丧事就闲着,再急也不能盼着人家快死啊!背月儿的时候就去当当,没办法,赶上摺咧的,弄不好连钱都挣不来,当然遇上"八大家"那样的,你不给他折腾,不把钱花到位,他觉得你没能耐。

干我们这行的,连媳妇都不好找,看我们□得慌,其实可不易了。听说当年我奶奶累极了,每天"号"来了,就得马上洗、晾。告诉你吧,那"号"上经常爬满虱子。新中国成立后,就合营了,老家当合了一部分,"文革"时又砸了一部分,没嘛了!还是现在好,火化多干净。

王家兴(左)与老伴在世安里3号院门口合影

采访对象:王家兴(1939年生)
采访时间:2009年5月23日(星期六)
采访地点:世安里3号

"世昌里"是老名字,几十年来我们都还叫它"世昌里",顺口了。"世安里"是后改的,因为和平区老教堂附近也有个"世昌里",一模一样,地名不能重,所以就变成了这样。其实,这两处房产都是门世昌的,房型、样式、规模都差不多。教堂那边的房子早拆了,现在这三条胡同基本没怎么变。你瞧这门楼了吗?过去好极了,上面都有砖雕,中间的三个大字是"文革"时铲下去的,后来一地震女儿墙倒了,就没再恢复。

世昌里大约有几十户,特别老的住户也不多了,像我七十年没出这院儿,不算最老,但知道事不少。这房是我父亲租门家的,门世昌是开票号的,特有钱,据说这三条胡同是给他儿子留的,主要用来出租。看这院儿了吗——世昌里3号,曾经住过国民党警备司令部稽查大队副队长朱家廉,那气派,别提了,每天轿车接送。给他开车的叫陈进生,还有个警卫,倍儿哏,车子一进胡同就听他大声嚷嚷,一下车就喊报告,接着跑到旁边的早点铺喝俩生鸡蛋。那时我就几岁,跟他们弄得挺熟,我们几个小孩曾经坐着朱家廉的车在胡同里兜风。

朱家廉的舅舅朱世湖当过李宗仁的秘书,有点背景。朱家廉呢有仨儿子,大儿子朱国昌是进步青年,亏了有他,否则弄不好新中国成立后就把朱世廉给毙了,因为朱世廉没有人命,就判了8年。朱国昌后来落脚在天津机械厂安技科,他老子最后进了红旗运输厂,家搬到鞍山道81号。

王家兴居住的世安里（摄于2009年5月17日）

我是"果仁王"的后代。我父亲在估衣街万寿宫的晓市经营干鲜果品，每天早晨5点出摊儿，晚上10点才收工，所以我这辈子什么也没干，光惹惹了！这叫"上吃我老爹，下吃小二祥"。小二祥是我儿子，也干买卖。

还跟你说个事吧，五一年京津桥建成剪彩时，我和我表弟都去看热闹了，好像那天是礼拜日，我们见到了黄敬，他从吉普车上下来，正好经过我俩，还跟我表弟握了手，我表弟叫周鸿林。

你问"姜百万"？喔，那可是大家，你知道万字胡同吗，就是现在的万象胡同，那"万"字就取自"姜百万"的绰号。传说清政府在这一带修炮台的时候遇上了麻烦，大炮太沉了没法往炮台上稳，于是就贴榜招募，"姜百万"看见了，轻轻一笑揭了皇榜。他不是养船的吗，心里有根，有嘛根呢？他就借用船上绞关的原理，把大炮吊了上去。朝廷要许他一个官做他没要，末了儿王爷就认他为干儿子，还赏给他一件黄马褂。"姜百万"在堤头应该有三处房产，"草帽张"的房子不是租姜家的，就是买姜家的。

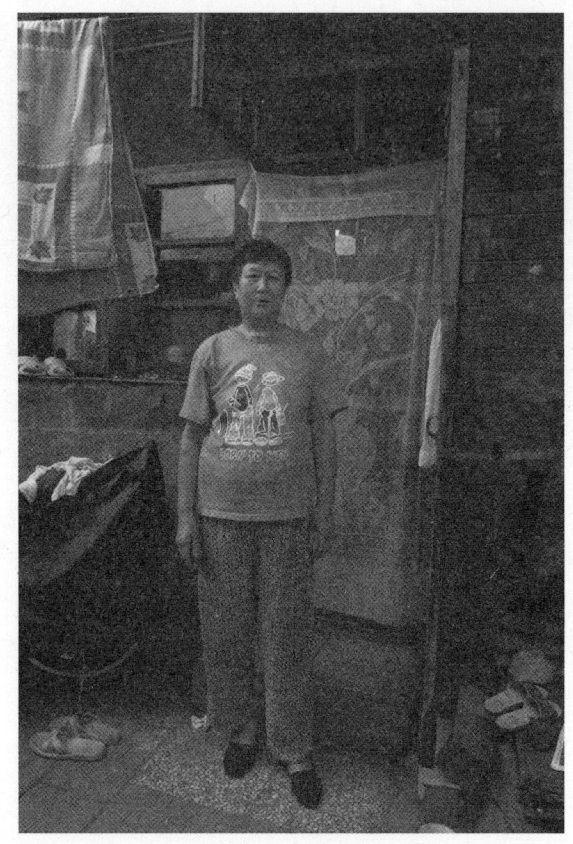

姜婉莹在自家门前留影

采访对象：姜婉莹（1951年生）
采访时间：2009年6月14日（星期日）
采访地点：北姜胡同4号

"姜百万"？都这么说，可我们真是知道得不多，你想我才50多岁，离得太远了。

我是姜家的后代，住的房子也是姜家的遗产，的确是祖辈传下来的，家里老人也很少谈这方面的事，反正我记得我爷爷那会儿什么也没干过，就整天喝茶聊天，他叫姜信涛。到我父亲这辈儿就自食其力了，他在东站邮局上班，叫姜松林。他俩闺女，没儿子。

我小学是在堤头前街上的，中学在李公祠那边的三十三中，十几岁就下乡了，去了沧州。那会儿我父亲每月能挣100多块钱，日子就算不错啦！因为市里的东西不好买，不是要本，就是要票，我就经常从沧州往这边带。天津到沧州的火车票两块一，运辆自行车才一块钱，经常弄得家里东西吃不完。七九年大返城时，我顶替进了乳胶厂，就金钢桥那儿，现在迁走了，我也退休了。

我们这房子好极了，冬暖夏凉。你看这房柁直径得有半米，屋里的木隔断、护墙板都是原来的，我这连三间应该都是通的。小时候记得墙上挂着四扇屏儿，都是名人画的，因为嫌旧就稀里糊涂地卖了还是扔了？

"文革"没受冲击，家里嘛都没有了，谁还拿你当事？

姜婉莹居住的老宅，墙的隔板上百年来依然如故

乔玉珍因腿脚不好,很少走出自己的老宅

采访对象:乔玉珍(1930年生)
采访时间:2009年6月14日(星期日)
采访地点:荣凤里3号

乔家杂货铺就在堤头后街，荣凤里把角儿，房子还在，现在住着四家。不是我们的了，新中国成立后不是"打老虎"嘛，就都交公了。

杂货铺，嘛都卖，米呀、面呀，油盐酱醋呀，日用百货嘛的。是我父亲乔泽洲干的，后来我的俩哥哥乔炳振、乔炳凯跟着忙活，也算是买卖人家吧！

我们家倍儿传统，不让闺女家找事由，就连大门都不让出，有时胡同里来了变戏法的，想挤过去巴个头，一会大人就连喊再闹，吓得我直往茅房躲。我15岁还当闺女时，妈妈就没有了，我在家帮着锁袜子、锁手套换点零钱。那时家里挣点钱都放杂货铺进货用了，嘛也不给我买，到年节了，就扔给我俩面口袋染点色做褂子，哪有女孩子不想穿旗袍的，没门！大爷老说："有那钱还上货呢！"

我19岁出嫁，进了老郭家的门儿。因为嘛呢？我婆婆总到杂货铺买东西，一来二去就熟了，我父亲觉得这家人挺厚道，人口又少，就说亲了。那阵儿，家里都是大爷说了算，所以就想法子让郭家儿子到我们家的杂货铺打醋，大爷看了说行才能定下来。我公公是铁路工人，我老伴最早在娘娘宫的"高家兴"香店学徒，后来就进了乳胶厂。不过，老伴42岁就死了。我们俩生了四个闺女、一个小子，大闺女下乡在当地成了家，可是没活到今天，头些日子大姑爷还来看看我。

我这辈子没少受罪，十几岁就跟着大人到被服厂干活，手、脚都冻裂了，要不我就进了"恒源"了，身体都查完了，家里硬是不让

乔玉珍家的旧陈设

去,弄得我只能在街道干些杂活。糊过"大纸",就是纸箱子,俩胳臂拉得都是口子;轧过缝纫,改过棉服,都是劳改犯穿过的,拆完了还得洗,冬天就在外边干,一人身边堆着个大"坟头"。

我父亲心眼好,净疼可儿穷人,有俩钱也不懂得置房产,嘛也没给我们留下。"文革"时也害怕,当时大闺女是红卫兵,经常带着同学回家,把我大爷他们吓得够戗。

堤头后街小学?出胡同往右拐就是,不远。也是后盖的,原先是田家炭厂和刘家煤厂。

孟家树林就在跟前,那是坟地,好多树,又高又大,仰头看不见天。一般人哪敢靠前,净是上里解手的,粪小儿老往里扒粪去。迁坟时去看了,人山人海……

"憋人"(枪毙)不在那儿,在老4路汽车站。那叫"出红差",一有这事周围的铺子都关门,为嘛?快死的人想要嘛就得嘛,谁敢惹?看过,一枪就憋了,炸子儿。没告你吗,白天笑着看,黑晌吓没魂。哎,这叫二道桥"憋红差",一去不回来!

孟昭惠(右)与孟昭贵在堤头荣凤里 8 号

采访对象:孟昭惠(1941 年生)
　　　　　孟昭贵(1944 年生)
采访时间:2009 年 6 月 14 日(星期日)
采访地点:荣凤里 8 号

孟昭惠：我知道点儿祖宗的事也都是听老人们讲的，还有些传说，真真假假。〇二年不是孟家坟地迁坟50周年吗，孟氏家族就商量修坟的事，是我弟弟孟昭贵发起的，结果他从那开始就中了迷似的研究起老祖宗的历史，弄清了好多我们过去根本没听说过的事，他手里掌握不少资料，反正我们觉得挺珍贵。

孟昭贵：这些年我去了不少地方，查了好多资料，搞清了一些疑问。哎，就算给老孟家做点儿事吧，要不这段历史就更说不清了。

反正有关老祖宗的事，多去了，不知你想听哪些？喔，那就是想了解他的身世。

都说孟家坟地、孟家坟地，可多少年来谁也说不清孟大人到底

孟家树林大街

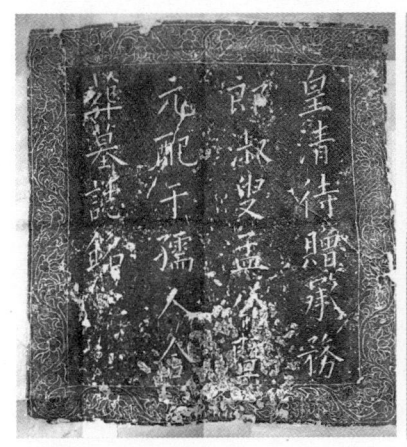 

"墓志铭"拓片之一　　　　　　　　"墓志铭"拓片之二

叫嘛,曾经听老人说他叫"孟怀远"。其实,那根本就不是他的真名,为嘛这么叫呢?是因为祖坟的墓碑上有这么一溜字:"皇清诰封怀远将军孟公之墓"。叫"孟怀远"也不算错,但"怀远"是皇上给他的封号,而正式名字一直是个谜。为这事我到过山东邹县,就是孟子的老家,查阅了家谱和其他有记载的材料,尤其是在墓地发现的那两块墓志铭石碑帮了大忙,最有说服力地印证了孟家坟地的主人,他叫:孟宗轲。

接下来又倒出孟宗轲的哥哥叫孟宗舜,他们的父亲叫孟应夏(都司),正四品,还有好多关于这方面的记载。

孟宗轲是在康熙二十二年死的,死后被封为"待赠承务郎",到了康熙四十四年的时候,又加封为"怀远大将军",至于为嘛死了二十二年后才追加封号,没有任何记载。经过我这几年听的、见的、瞎推测啊,不一定准:康熙年间孟宗轲在天津负责通过水陆押运粮食,据说有一年受灾,沿岸百姓民不聊生,他就擅自做主纳粮给穷苦百姓，这下可犯了大忌，于是皇上砍了他的头。可是他毕竟是为了老百姓啊，皇上可能也知道错杀了，但又不可能更正，怎么办呢？于是晃荡了二十多年又想起了这个人，追加吧，也算是对孟宗轲的一种补偿。

孟宗轲没有脑袋这事一直传了上百年，甚至有人说迁坟的时候，打开棺椁看见过，是配的金脑袋，那是没影儿的事，他的棺材压根就没打开过。

孟家坟地后来改叫孟家树林，因为坟地整个被茂密的树林遮盖，杨树、柏树、槐树，又高又大几乎看不见天，坟地有多大？我给你找出一个精确的数字："貳拾亩陆厘，长七十四弓，宽六十七弓。"这是从碑上抄的。传说林子里有过一匹金马驹，一到特定的时辰就出来饮水、晒太阳，周围百姓都不到林子去打扰，后来家族里出了个抽大烟的，不断地砍树卖钱，就把风水给破了。

孟家坟地是在五二年九月迁走的，好家伙，人山人海啊！当时我们俩还小，但也钻进去看了，真开眼啊，嘛型号的棺材都有，好一点的就用草绳一圈圈地缠，然后整体移走；棺材糟了的就把骨尸收起来装进坛子，写上名字码在一块儿，带椁的棺材都是用倒链倒上来的，大约迁了几百座家族坟墓。为了记载这次迁坟经过，政府还拟了几句碑文，刻在了老墓碑的反面。我把它拓下来了，没关系，我

孟昭惠抄录的"墓志铭"碑文

给你念，你记：
"我市为了响应政府的经济号召，将本市河北堤头村下坡孟家树林旧茔地借给政府建设工人新村使用，蒙准于一九五二年九月

孟昭惠居住的荣凤里（摄于2009年5月23日）

移至淀北赵庄子新茔地。谨记 先祖孟三公讳 宗轲和元配于夫人 继配张夫人 迁坟留念。"现在？这块碑在〇三年时又埋在了地底下，便于保护。

咱接着说……墓迁走以后，推土机就开始填坑，正巧我的一个长辈路过那里，看见有两块石头在土里翻翻着，就找人给搬回家了，也没看上面写的嘛，就字儿朝下垫在了自己家的小煤屋里（长项胡同），几十年来谁也没再管它。这次大伙在商量修坟的时候，有人想起了这两块石头，结果刨出来一看，都惊了！一块上面刻着这么几个大字："皇清待赠承务郎淑叟孟公暨元配于孺人合葬墓志铭。"另一块记载了孟宗轲的简历。太珍贵了，然后经过家族研究，一致决定捐给国家，就这么着，〇五年捐给了天津博物馆。

修坟这事是我发起的。2002年3月7日，我在祖宗墓碑上贴了张倡议书，当时正是清明扫墓高峰，所以就起了作用。然后，城里的、河东的、竹林村的、堤头的都联系上了，最后集了两万三千二（元），后来又有人拿了一万五（元），铺了地面，修了护栏，了却了一件心事。

魏春明(右)与妻子在北姜胡同3号大门前留念

采访对象：魏春明(1959年生)
采访时间：2009年6月14日(星期日)
采访地点：北姜胡同3号

给我们俩在老宅门前拍个照吧！最好照全了，以后就能拿它回忆了。

谢谢，你怎么听说的？噢——林三爷！对，我们不懂，反正一看那东西就知道够老的，要不是搬家肯定翻腾不出来，所以就先拿给三爷过过目，我琢磨着他干杠房的，准对这玩意有研究，末了儿他一看，说啦，千万别动，这是你们老祖宗的身份。

我小的时候，这间是堂屋，迎面摆着硬木的大条案，正上方挂着五张大画像，好像都穿着清朝服装，都忘了，不过条案上摆过这些灵牌我记得倍儿清楚，那阵儿我看这玩儿有点害怕，没几年，"文革"前就收起来了，应该说四十多年没见天日。一共五块灵牌，

魏春明家搬迁前的情景

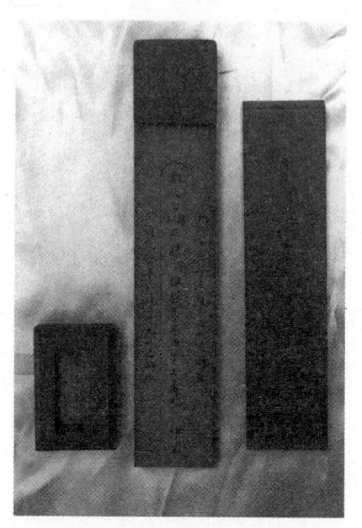

魏春明收藏的魏家灵牌之一,上书"光绪壬寅年五月十六日亥时生 魏大公(讳)恩平(字)雅荪享年四十七寿之神王 民国戊子年六月二十九日巳时终"

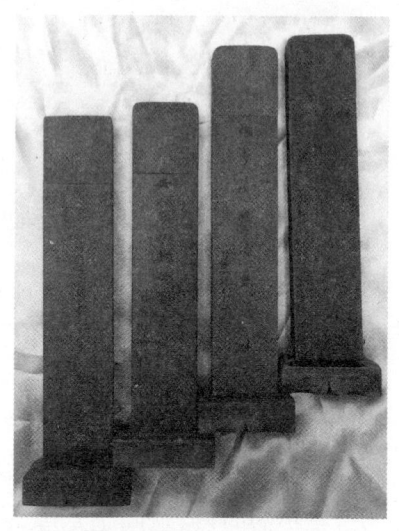

保存完整的灵牌

魏春明收藏的魏家灵牌之二,上书『道光十年九月十八日亥时生 显考魏五公(讳)鸿翰(字)雅臣享年四十八岁府君神王 光绪三年正月初五日戌时卒』

魏春明收藏的魏家灵牌之三,上书『道光甲午年五月二十八日寅时生 皇清例赠孺人魏室元配陈氏得年二十三岁之神王 咸丰丙辰年五月十五日卯时卒』

旧时位于大毕庄的魏家祖坟　　　　魏家祖坟纳捐收条

你看，字迹嘛的都挺清楚，这托儿可以卸下来，灵牌是两扇，翻开能看见里面写的字。这块最老，是我老太爷的，这不写着吗，他叫魏鸿翰，"道光十年九月十八日亥时生"，"光绪三年正月初五日戌时卒"，活了48岁。如果按公历算，他是1830年出生的，到现在179岁。你再看我太奶奶这块，"皇清例赠孺人魏室元配陈氏得年二十三岁之神主"，说明我太奶是皇上赠给我太爷的，估计当时就

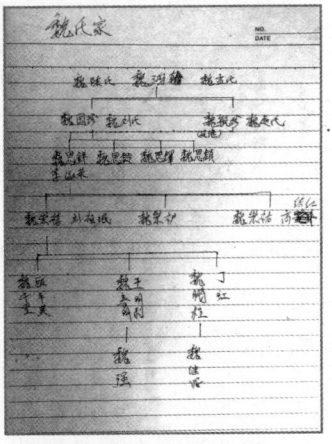

魏春明根据灵牌整理的"魏氏家谱"

有病，所以二十几岁就死了。这块是继配夫人魏孟氏的，人家活了61岁。凡是灵牌上有毛笔点的"红点"，说明都是出过大殡的。我这还保留了一张家族祖坟的老照片，你看多气派，后来迁走了。

我们住的房子算是姜家大院的一部分，但我们不是租姜家的，而是租的安家，安家后代就在前边住，这一带大部分都是租房住。

北姜胡同（摄于2009年5月29日）

这一溜是我的，当初是我爷爷租的，我爸在这结的婚。我旁边这间原来住过堤头村小学的校长杨绍荣，是"国大代表"，后来去了河北省图书馆，也在天津。她闺女在育婴里小学教书，叫杨学君，是天津市劳模。这片儿大部分都在堤头小学上过学，我父亲、我都那儿毕的业。

我们家祖上算是有钱人，我祖爷爷有俩儿子，老大没孩子，老二有四个孩子，其中就把我爷爷过继给了老大，那哥仨都在银号里做事，我爷爷在劝业场"八大天"做账房先生，不过46岁就去世了。听我奶奶说，当时家里挺趁钱，一圈一圈的掖得哪都是，最后没来得及花就作废了，那阵儿兵荒马乱的不是经常换票子嘛，就没拿它当事！后来？后来就扔了呗。

张淑兰(右)与女儿在自家门前留影

采访对象：张淑兰（1928年生）
采访时间：2009年6月20日（星期六）
采访地点：堤头大街67号

我们这院是姜家大院。呵,原来好极了,临街有大门楼、有门房,好几磴台阶。大院儿嘛都没有,倍儿干净,这两边都有箭道,月亮门儿,一直通到头。你看那墙根底下吗?就放俩水筲,我这门口和那边儿,都是这么粗的大树,没了,这不都盖成房子了。这地,得垫了半米厚,过去都是大方砖……

我在这儿结的婚,65年啦!五个儿子、一个闺女都在这生的,都在这儿长大的,孩子们就在院儿里练骑自行车,你想有多豁亮。

我们爷爷过去是买卖人,他租的这……四间吧,现在还落三间,这两间"文革"时因为说他爷爷是资本家就给查封了,末了儿把门口那间分了别人,这间归了公但还是我们住,后来翻盖过。那年龙卷风给刮倒了,单位来人又给弄的。这两间老房是私产,"文革"前每间花了200块钱买下的。呵,前脸儿都是花窗格,每年都糊窗户纸,你看那里边的两扇门了吗?原来就是放前脸儿的,多好看。屋子也动过,后墙又往外盖出两米多,是原来姜家大院的后道。没办法,人口越来越多,住不开呀。

居住在姜家大院的张淑兰家

这个院儿的房东是姜五爷,他俩儿子、俩闺女,都在这住,就右手这几间和中间的一间,我们一年给他一次房租,好像是50块钱,反正不多。我老伴是工人,我在床单厂退的休,吃喝没问题,孩子们也孝顺。

周鸿林在堤头后街与邻居聊天

采访对象:周鸿林(1942年生)
采访时间:2009年6月21日(星期日)
采访地点:堤头后街34号

想起嘛,说嘛吧!咱先说堤头这片的胡同,起根儿说形成聚落时没有地名,住的人多了百姓们就随口称呼,有的是把大户人家当了胡同名,你像刘家胡同,人家出过两代举人,所以就叫响了。你像姜家,人称"姜百万",所以后来才有了南姜胡同、北姜胡同。还有的是把自家开的字号当了胡同名,咱跟前的"德聚",那边的"西兴泰",都是早年做军装的被服厂厂名。再有就是根据胡同的形状叫起来的,比如"裤裆胡同",它分出两个叉,就像两条裤腿,裤裆正中住的那户,我们都喊她孙大姑。唱单弦的名家、谢派弟子刘洪源,就住那条胡同。前几年铁道后进30米时拆了一条"裤腿儿",我姥姥

周鸿林居住的堤头后街(摄于2009年5月23日)

家那条"腿儿"还在。民国时期,地名都重新登了记,政府认为不雅的名字都叫文人给起了新名。你像裤裆胡同后来就改叫"福香胡同","大屄屄胡同""小屄屄胡同"

位于堤头后街34号的周鸿林家

就改叫"大八宝胡同"和"小八宝胡同"。"文革"时有的胡同又改过一次,"刘家胡同"变成了"更新胡同","万字胡同"变成了"万象胡同"。

"姜百万"之后,堤头一带最有名望的"四大家族"知道吗?一个是费家,干炭厂的;一个是门家,在北门里开银号,叫"裕达昌";第三家姓黄,是开洋行的;第四个是林家,也是做生意的。费家和黄家的房产末了儿卖给了恒大面粉厂,黄家最落赔时,也在世昌里住过。世昌里就是门八爷的房产,三条胡同一共120间房、12间门脸,后来分给了他的5个儿女,一人20间,富余那20间,10间给老太太料理后事用了,另外10间给了小婆儿。胡同拱门上的那仨字是杜宝祯题的,据说是个律师。

堤头这地方开炭厂的多,为嘛?就这么形成的,水陆比较发达吧!就像现在的批发市场。说起炭,分大炭、二炭、银炭和烟头,炭灰才是用来取暖的。这么清楚?我们家就是开炭厂的,当年这片儿就我们家挂着金字大匾,这么说吧,每天能出120多挑炭,起码一两万斤。我姥爷家在堤头有六七辈儿,我们家是民国六年以后过来的。见过拣炭的人吗?哎呀,拣炭的才可怜呢,有时他们收工打这胡同过,一个个都弯着腰,俩胳膊支棱着,我们都管他们叫"喷气式"。不有句顺口溜嘛:"窑洼看堤头,一群小黑猴;堤头看窑洼,一群小老妈。""小黑猴"就是拣炭的,"小老妈"是因为窑洼那边有家"老妈店",就是专门雇佣保姆的中介,一过闸口就能碰见,人们管她们就叫"小老妈"。等有了恒源以后,又变成"堤头看窑洼,一群小棉花"了,因为从棉纺厂出来的人浑身上下都挂着棉花……

我们这条街过去净是买卖家。记得,南头把边儿那家是推头房,不大。接着是刘老五的水铺,然后是箍筲的、卖糕干的;紧挨着是绱鞋的刘家,再就是杂货铺和卖柴火的刁家,好像隔着俩住户又是杂货铺,这儿是馒头铺和卖鱼的林家,后来我们家接过来炒干货。最北头那家是"洋井王家",看见"拆"字那间房了吗?就那儿,打过井,好多管子都埋在底下了,因为水质不行就报废了。那会儿吃水都起河里挑去,也有专门送水的,挑水用的长板凳你肯定没见过,它一头有腿,一头没腿,有腿那头放在水里,河堤不是有坡嘛,这种凳子正好充当跳板,打完水一抻上面的铁链子就带走了。

要多哏儿有多哏儿!我们家的门牌最早是4号,原来这一溜都没有门,到五几年时就成了8号,现在?好么,排到34号啦!

堤头后街旧貌(摄于2009年6月14日)

邢国起手握高跷腿子，在自家小院子里留影

采访对象：邢国起（1924年生）
采访时间：2009年6月28日（星期日）
采访地点：崔家巷28号

我起小就跟着大人掺和高跷,也就 14 岁,喜欢呗!那时候都在公所里活动,我记得刘茂功、李少堂、郑二爷是会头。堤头的高跷属于"文会",除了能跳还得能唱,有段子,都是从京剧那儿来的,16 个人一组,俩人一出戏,一共 8 出戏,都是固定的。第一出是《醉打山门》,第二出是《三娘教子》,第三出是《石秀杀嫂》,接着是《聚义庐山》《打鱼藏舟》《打渔杀家》《打店遇友》《打虎出山》。

堤头的高跷分甲、乙两组,都算上三十多人。还用说说当时都有谁吗?这个……甲组那边有陈小波、张富华、安云生、孟继奎、刘进波、张文元、刘泽、丁九、姜七、邢国生、邢国庆、孟传德,有的想不起来了;乙组这边有孟昭奎、"跑不了"、邢国起、李向全、方四久、韩世刚、邵进发、刘成、王春涛……有几个人是两边跑的。我在乙组,年龄最小,演《三娘教子》里的薛倚哥,这类人物我们都管叫"小英哥"。我,大字不识,一天学没上过,记得小时候,在东浮桥干藕行的王永和的哥哥、一个 80 多岁的老先生,拄着文明棍拍着我脑瓜说:"这孩子嗓子不错,好好学能行。"我说我不认字,他说:"不认字学会几段才瓷实呢!"后来我就跟大人们一句一句学唱。现在?还能断断续续地唱几段,像《逛花园》《卖酒》《卖花》嘛的。来一段?就来《卖花》:"……"

日本进来的第四个年头,我 16 岁,正赶上天津市长温世珍的老母做寿,好家伙,天津所有的"会"都去了,不得有个百十道,温公馆离冯国璋家不远,就现在的进步道,大铁门关着,侧面有个小门朝外喊话，门口贴着标语："会，格局、文明，请！不格局、不文明，免进！"一道会接一道会都在附近稍着，先自报家门，然后等里边回话，不是都让进，辛庄的花鼓就没进去，窑洼

崔家巷28号老宅内的陈设

的单伞、双伞也没进去，陈家沟的"节节高"进去了，进不去的都沿着海河往东站那边走。大概中午11点来钟，轮到堤头这儿了，会头刘茂功穿着前清派儿，手举着大红帖，高喊"堤头高跷会给温老太太祝寿来了！"不会儿，小门一开"传——堤头高跷入内"。

呵，院子里披红挂彩热闹极了，我们进去以后，先"跑大场""单队""双队""夹篱笆""串四门儿""二龙出水""斗对儿""渔翁逮鱼""樵夫砍柴"……接着，由"鲁智深"点唱。别人唱的时候，其他人的腿子得照着唱腔打点、编队，倍儿好听。末了点了我一个《逛花园》，叫好！不让我下去，接着我又来了个《卖花》，就这一声吆喝不要紧，全场都翻腾起来了。温老太太马上冲着我喊："赏大洋一百！"德、意、日们拿着照相机围上我们，还问我们这小脚是从多大开始裹的……

起那出来，我们沿河边奔新桥（北安桥）。遇见个嘛事呢？有个人在桥边吐了口痰，好么，站岗的日本兵不干了，端着枪非逼着那位跪在地上拿衣裳角去擦，你说，多不是东西！

接着说，到了多伦道胜利花园附近，一个日本巡警把"会"给拦下了，说嘛也不让过，"这是日本地，没经过允许不能过！"刘三爷一

生气,把引锣往地下一撂,嘛话不说死活不走了,不会儿工夫就围了一大堆人,有说情的,有骂街的,其中站出一个指着巡警说:"你胆忒大了,知他们起哪来吗?温市长那!"巡警一听,赶紧作揖赔不是,乖乖放行。

紧接着就到了芦庄子,等接完他们的"闹三合子",拐进了南市,沿丹桂后奔南门里,然后从大水沟又奔西门里,打那出来就去了估衣街,在"滕记鲜货铺"歇脚,下午4点多到北大关,关下和"同乐高跷"接,再到西沽和他们的"花鼓"接,然后过摆渡奔辛庄接"法鼓",直到晚上8点多才回到家,解下腿子都不会走道了,累得我不吃不喝整睡了两天,大人还以为我给累死了……

堤头的高跷为嘛这么有名呢?除了老辈儿们的传说以外,我自个儿觉着,堤头高跷有名是因为比较"雅",每次出会都是专业剧团的给化妆,衣裳跟戏里的完全一样,特别是每个人都得会唱,再者,腿子比别处的长,有80公分。最出彩儿的是那对假"寸子",喔,你没见过,就是真脚绑在腿子上,露在外边的却是假"抹子",也叫"彩寸子",知道女人的小脚吗?就那玩意儿,整个天津市差不多就剩堤头还保留着。别小看那"彩寸子",都是我们这儿的刘姥姥一针一针绣的。

"会"要出全了得一百多号人,前边一个引锣,接着是四个"样袋",都写着"庆云"的字号;后边是四个门旗、两个角旗和两个"气死风",就是俩大灯笼;八个"软对"、两个"硬对"、两套"灯牌"、四副"茶炊子",还有"圆笼""六角盒""衣锦箱"嘛的……"茶炊子"是个"挑儿",扁担两头一边一个雕花大木箱子,上面摆着古董玩器,有人护着。想起来了,在"茶炊子"前面,还有20个德高望重的长辈和20个小孩,小孩一人拿一个板凳,行会时顶在脑袋上跟着走,歇脚

邢国起(左三)与高跷队新老队员合影(2009年7月5日)

时把凳子摆好让长辈们坐,就是为了讲排场!

我?今年虚岁86啦!身子还算凑合,除了脑瓜子疼,没大毛病。你瞧我头顶的疤,那是我11岁的时候磕的。怎么回事呢?那年西河沿28家柴火场着大火,堤头"保郡水会"的三架水机和100多个水筲都去了,知道吗?堤头的水机子劲大,喷得远,在这一带倍儿有名。那次救火堤头又露脸了,所以返回来的时候,渡口等着的人都黑了。一架水机八个人抬,上岸以后大人小孩都跟着跑,我也出来看热闹,你想我才这么小,根本不起眼,水机子一来没躲开就给撞倒了,好多人就从我身子上跨过去了,也不知嘛东西把我脑袋划了一下,紧接着第二拨人又连踩带踢就把我弄没气了。等队伍过去,一个老头把我抱起来,一看,好家伙,头顶上豁开一个大口子,他俩手一合就给挤上了,接着,照我的脑瓜一拍,血马上喷出来,我"哇"

的一声哭了,那时哪有嘛药啊,回家就拿白糖一糊,完事啦。就打那落了个头疼病。

我是挑"八股绳"的,嘛玩儿都卖,也嘛人都见。听说过"李宝五箱尸案"吗?四七年的事,有一天我挑着挑儿到柳州路卖西瓜,俩大筐,一边十个。因为李家是我的老主顾,我常去那一带卖东西,所以跟李家挺熟。不会儿董玉贞的哥哥,就是李宝五的大舅子,冲着我走过来:"穷老弟啊,咱多晚儿能看见太阳?!"我糊涂了,不知道他要说嘛,他见我愣神儿就说:"你没看寻人启事吗?案子破啦!"我说:"满大街都是,能看不见吗!"他又说:"那是我们家的事,没想到吧?"我听了一愣,他一五一十地给我叨咕一遍,吓得我够戗。顺便说一句,李宝,在家行五,都管他叫李宝五,夫人叫董玉贞,是董师长的闺女,李宝有个相好的叫施美丽,中国爸爸,德国妈妈。自打有了施美丽,两口子总打架。说是那天董找李要钱,又碰见了施美丽,结果三个人在一块吃了饭,饭没吃完又打起来了,动手了,李宝五一生气拿过榔头就把董给砸死了,然后俩人害怕认出尸首是谁,就把董的脑袋剁下来在火里烤,接着又买了个柳条箱,想把尸首放进去偷偷扔了,因为时间一长尸首就僵了,俩人干脆把腿也剁下来,惨透啦……不说这个,不说这个,全是题外话。

堤头这地界儿,怎么说呢?穷的穷,富的富,嘛新鲜玩意儿都能瞅见,你们没见过早年堤头大街的路灯吧?我见过。一到年节,从这头到那头,摆上一大溜,是点煤油的,带着大玻璃罩子,玻璃上都画着画儿,像《三国》嘛的,没有一个重样的。

(注:李宝五本名应作李宝昕,并不是叫李宝行五。民间传说与史实有一定距离)

孔庆祯与夫人在广聚胡同

采访对象:孔庆祯(1940年生)
采访时间:2009年7月5日(星期日)
采访地点:广聚胡同15号

堤头相对比较闭塞，北运河、子牙河，老年间还有条大清河，把堤头围成了半岛。原来走到后街就没嘛房子了，都是大水坑和荒地；北边是孟家坟地，也没嘛人；连接市里的唯一通道就是耳闸。耳闸呢，又直对着堤头大街，所以就成了最热闹的地界儿。

我花了两个下午的工夫，把堤头大街从这头儿到那头儿所有的店铺，一家挨一家地画成了示意图，那天又上街核实了一遍，差不多吧！看得清吗？我给你说说——这不津浦铁路嘛，穿过来先是一个大土堆，三合土的，后边是庆星炭厂，大街的第一家是石恩庆的糖果铺，然后是邵八的茶汤和一家烤山芋的，接着是女学堂胡同，把口儿的是凤才糖果，旁边是高美乐的炸食店。顺便说一下，高美乐的闺女在恒源毛纺厂上班，她是第一届全国劳模，到苏联见过斯大林。这边呢，就是马六爷的小吃店、鲁玉奎的扎纸匠，然后夹了两个住户，接着是馃子铺、史德申的豆腐房。再顺便说一句，史德申"文革"时自杀了。这就到了渡口胡同，角上这家是孙记电料行，接着是韩家馃子铺、沈家小馆，拐过来是陆二爷的点心铺，挨着的是王家大饼、老胡锅巴菜、孙五的棚铺、王三杂货铺，然后是几家住户和学堂胡同，这俩空格是学校和图书馆，接着又是店铺，陈记裁缝、老李裁缝、张八馃子铺守着南姜胡同，胡同这边是杂货铺、张记羊肉铺、韩记茶房、门三爷的煎饼果子铺、门登科的水铺、姜家包子铺、豆腐房，跨过门家胡同是烤山芋的，旁边就是我说的会所。再往前走就是面粉厂和煤铁三厂……

孔庆祯(中)与自行车运动员骑车抵达北京天安门时的情景

孔庆祯(后排中)20世纪50年代参加天津自行车运动队时与队员的合影

这才刚说了一半,咱再说这边,守着铁道的是水上派出所,然后是武强胡同,旁边是一片空地,接着是孙记水铺、王记大饼铺、孙记绱鞋、陈记修鞋。过富相胡同,是一家咸菜厂,接着是陈家杂货铺、连顺炭厂、孙记缝袜子、刘记绱鞋、邵七的茶汤炸糕、面铺子、渡口胡同、空地。从王家理发店这拐弯,挨着的是住户姓吕、宋记包子铺、赵家肉铺、广聚胡同、王记杂货铺、住户,再后边是三叉胡同、柴家药铺、把式场,又是住户,过了八宝胡同就是姜五爷的房产,然后是北姜胡同、孟传宝家、白抬会、万字胡同、理发店、郑二爷租赁、黄家鱼铺、陈记粮店、刘八爷的包子铺。过了刘家胡同先是一家茶叶店姓王,然后是安老爷的鲜货摊和三大爷的饭馆姓赵,再往后就是王恒泰诊所、费三爷的大院、王大爷酱坊。再过长项胡同是赵八爷肉铺、老李家面铺。崔家巷往前再走就没嘛买卖家了,尽头是穆爷饭馆,对过是卖乌豆的,已经到了面粉厂铁道线儿了,那边就是辛庄……

我画这图记录的是五几年的情景,后来又有新开的,又有关门的,一点一点就落赔了。

堤头,三教九流嘛人都有,有身份、有文化的有,苦大力的、不要命的也有。你像玩死签儿的有的是,我就认识一个人,叫李德林,也不知因为嘛,一下抽了死签,结果到金钢桥的鱼市叫人捅了好几刀。听说过"张一刀"吗?只要一有事就先往自己脑袋上来它一刀,所以都叫他"张一刀",没有人敢惹。三十年前我见过他一次,这人个儿不高,头顶上净是伤疤。堤头不光有闹事的,还有"说客"呢!最有名的是开水铺的门登科,就相当于双方谈判的中间人,了事儿的。但堤头的规矩也挺大,比方说,你坐着洋车进村儿、出村儿,对不起,必须在闸口前的地道洞子那儿上下车,别管你多趁钱,也不

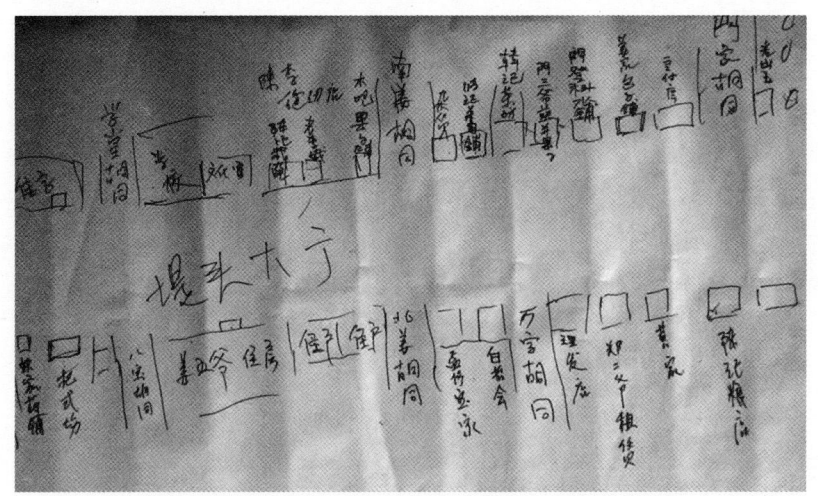

孔庆祯手绘的"堤头大街旧时店铺排列示意图"。

管你多霸道,都一样。

堤头的怪人也挺哏儿的,就说那"迷的儿"吧,姓安,大名没人知道,他的特点是嘛呢?每天凌晨在街上逛游,专门看谁家有喜事、丧事,遇喜事他给人家添堵去,人家赶紧给他俩钱打发走;遇丧事,他进门就哭,主家都拿他没法儿,只能给钱给物。到嘛程度?他弄块屄屄问你吃了怎么办?你要说吃了给钱,他就敢真吃。他鼻子始终是烂的,因为他经常大便干燥,拉不出来就拿手抠,抠完还得闻闻,鼻子能不烂吗!这"迷的儿",还有一怪,就是任何人不能摘他帽子,因为他的钱都藏在帽子里了,不过他特别孝顺自己的老娘。

还有一个怪人叫强五,单身,住在公所连给看房子,他三弦弹得特别好,游泳就更别提了,能绑上石头下水,后来半身不遂了,逮谁打谁。

我爷爷当过热河的邮电局局长,他叫孔照文,我们现在住的这

孔庆祯与老伴绘制堤头大街商铺示意图（摄于2009年7月10日）

个院就是当年他挣钱买的。刚买时只有几间篱笆，房子都是后盖的，大约300平方米吧。我父亲是铁路的，就在天津西站，叫孔宽经。我十几岁的时候记得西站一发面粉，我父亲就顺着铁道线往家扛，我就在闸口地道这儿等着接，发了煤票就从煤铁三厂往家运。

我身体不错，年轻时还参加过天津自行车运动队呢！那是五九年的事，第一届全运会刚结束，可能是《天津日报》说要选拔自行车运动员，我就报名了，末了儿在民园体育场测了一下，我比谁骑得都快，就录取了。都是业余训练，每天早晨5点练到7点，然后上班去。起头教练是杨国瑞，我们每两个礼拜就骑车去一趟北京，也就用三个来小时，训练时都骑跑车，德国"钻石"。六〇年度荒，训练就停了，直到六三年才恢复，当时教练是全国100公里赛冠军李曾福，"文革"一来队伍就解散了。

我在红桥运输厂退的休，都退十年了，去年招我回去一趟，说厂子黄了，给每人补点钱，这不天上掉馅饼吗！

佟宝林(右)与夫人在长项胡同 1 号自家门口合影

采访对象:佟宝林(1948 年生)
采访时间:2009 年 7 月 5 日(星期日)
采访地点:长项胡同 1 号

我算是有据可查的第五任会头了。第一任叫刘茂公,1941年去世的;第二任叫康士琪,1976年去世的;第三任是孙鸿生,2006年没的;第四任孙和平,前年去世的。说句实在话,新中国成立以后对堤头高跷贡献最大的要属"木须",就是孙鸿生。他起十二岁学高跷,扮演的薛倚哥怎么说呢,绝了!没人能超过他,他从老艺人那儿学了好多曲牌唱段,然后自己改编,形成了独特的风格。"文革"当中,他冒着风险保护放在会所里的那些老家当,留下来两副软对儿和两担茶炊子,要不嘛都没了。八三年他担任辛庄街的起重安装队队长,正好利用这个机会,把高跷会的老人儿都陆续拢在一块儿,然后就往区里跑,建议恢复高跷队,好像区里还给了800块钱呢,接着又喝腾起重队和村民们捐款,经过六个多月的筹备,中断二十多年的高跷队又立起个儿了。复会后,参加了好多大型庆祝活动,比方说引滦入津庆典啦,中环线通车啦,龙门大厦开业啦,金街开街啦……多去了!后来的妈祖节我们也是有请必到。对啦,电影《神鞭》还有我们的镜头,"老木须"在片子里还有两句台词哪!最火就是那些年。现在哪行?年轻人都不怎么愿意学。再者,你想跟别的会交流交流,连马路都不让你上!你看现在还有能活动的地界儿吗?这拨年轻人每礼拜六晚上只能到永乐桥那边耍去,以后怎么办还不知道呢!

堤头的高跷会怎么形成的呢?可能你听说了,这一带干炭场和干脚行的多,为保佑生意兴隆、合家平安,就集资兴建了清善堂公

堤头庆云高跷老会收藏的"城隍庙卫龄高跷老会""娄家庄同新高跷会""南门西乐胜老高跷会"拜帖

堤头庆云高跷老会收藏的"小关街锦衣卫桥和音法鼓老会""窑洼公议秧歌老会""南门西街乐然四杰村会"拜帖

堤头庆云高跷老会现存的拜帖及印章

"中营后同乐高跷老会"印

"小王庄民乐高跷老会"印

"善音法鼓"印

"乐胜老会"印

所,里边供奉火神爷、马神爷和关二爷,每当他们的寿诞日,就会举办祭祀活动。村民为了感谢神灵赐福,就自发踩高跷、敲锣鼓,边舞边唱。村里的大户和有钱人家看了以后也非常高兴,就出钱出力,置办腿子、行头嘛的,高跷会就慢慢地正规起来了。免后儿清善堂的当家人就提议给高跷会起个名字,就选了"盛兴"俩字,全称叫"堤头盛兴京秧歌老会",还把"忠、孝、仁、义、渔、樵、耕、读"作为表演中心,由堤头文人根据民间传咏的词曲组织创作,大约积累了200来段,这些唱词"文革"时都丢失了,眼下也就传下来20多段。

据说乾隆三年,皇帝下江南时路过天津,正赶上正月十三的"三义会"。圣上走进三义庙,祭祀完毕以后,津城的各路花会锣鼓齐鸣,等到堤头高跷出场后,圣上见灯亭又气派,高跷又文雅,步伐轻盈,起伏有序,缓步前进特别高兴,当即御笔题联:"汉圣清佛千秋一祀,忠臣名将百世三生。"并且册封堤头庆云高跷老会为皇会,赏赐半张龙票。

道光十八年,堤头的刘举人领会,到北门里万寿亭庆祝圣上万寿。在朝贺皇帝万岁牌位,咏唱《上寿》歌时,其中有一句歌词"一块福云往下翻,空中来了众位八仙来庆贺,福如东海,寿比南山"。唱完后,王爷倍儿高兴,就把"庆云"二字赐给堤头高跷会,打那起就改叫"堤头庆云高跷老会",名气也越来越大。

堤头高跷还算原汁原味,一些传统延续到现在。你像每次出会的头一天,会长都亲自把棒槌,就是"鲁智深"的道具,用黄钱封上,系上两根红丝带,供在神灵面前。准备出会时,高跷队员分四排站在神灵前,并且都得用双手把道具举过头顶,然后会长上香,棒槌开封,大伙一齐唱《上寿》,仪式完了才开始表演。

费榛龄(前排右)与家人合影

采访对象:费榛龄(1925年生)
采访时间:2009年7月10日(星期五)
采访地点:堤头大街

堤头这地界儿比哪儿都高，记得吗，武强里对过有一个大土堆，三合土的，那就是挡水用的。三八年闹大水，正赶我姐姐结婚，好家伙河里的水都平槽了，辛庄铁道那打了埝，周围都淹了，就这没事。所以过去往这边写信，都得写"天津高堤头"，反正比别处高个两三米。

费家在堤头算是个大户，我祖上是开炭厂的，我爷爷叫费评，号馨庵。这么说吧，堤头的炭厂就是我爷爷干起来的，你问问差不多老人都知道，字号叫"平升炭厂"，就在我们家斜对过的费家胡同后边那一片，直通到河边。阔去了！置了不少房产，你出了大门站在大街看，南边到刘家胡同，北边到长项胡同，东到堤头中街一带都叫费家大院，得有个百十间房。可是到我懂事的时候，"平升"已经走下坡路了，整个家族七十多口子人都干吃炭厂，那时候炭厂每月给一个房头儿发两块现大洋零花，就像开工资似的。我爷爷去世以后，三爷就把炭厂接过来了，因为他这人办事公道，能压茬，所以又维持了几年。三爷一死，我父亲就说啦，这下炭厂肯定完了，打那以后哥几个开始分家，我父亲就另立门户，开了"宏升炭厂"，就现在这院儿。

我爷爷费评，有五男一女，我父亲行五，叫费振寰，他又有三男一女，论大排行说，我最小，行十三。大哥起先干金店，兔后儿撮了个"全兴炭厂"，也在堤头；二哥在"荣馨棉布行"；三哥先在银号，后在炭厂；四哥干炭厂；五哥在银行；六哥没嘛出息；七哥在银号；八

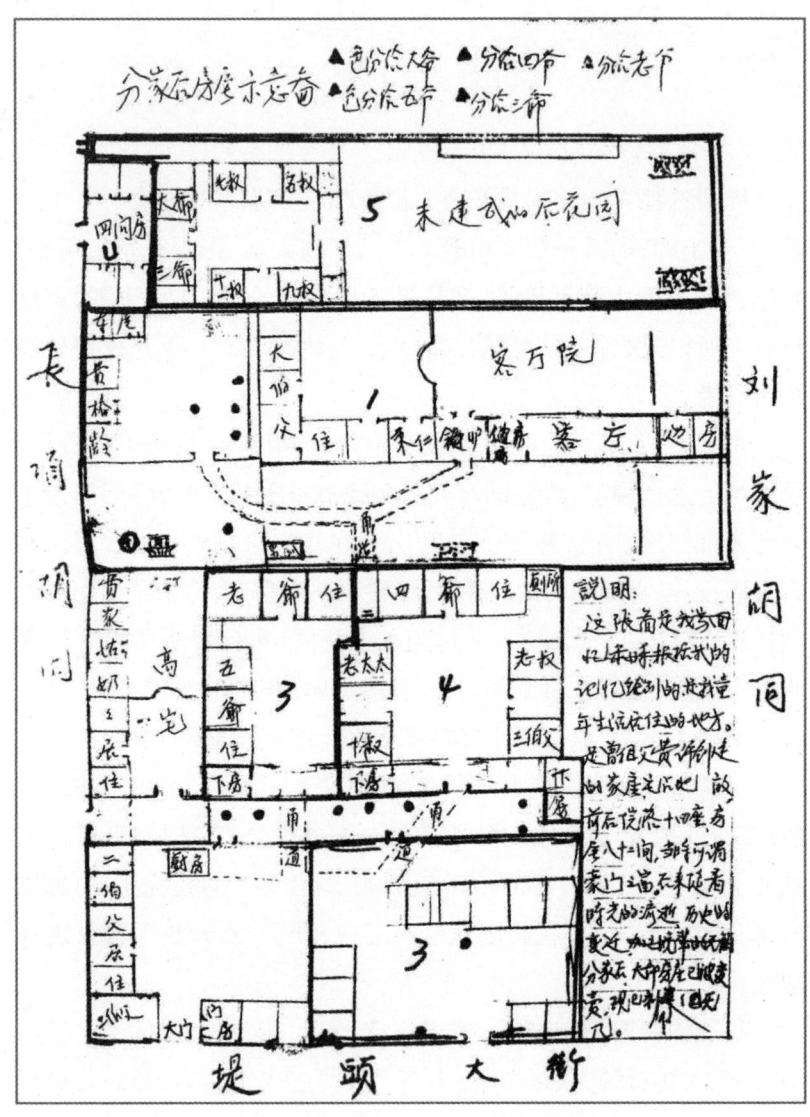

费家后代绘制的"费家房产示意图"

费榛龄家依然流露着些许贵族气息

哥年轻时就死了；九哥、十哥都在棉布行；十一哥抽大烟；十二哥还是干棉布，最后到我这儿。我小学是在堤头二十一小上的，当时的校长叫赵其俊，教我的米绍峰和李恭衡都是"国大代表"，李恭衡教音乐，他要求每个学生都必须有一件乐器，我就买了个横笛，老太太见了说不行，那太伤气。所以就带我到北马路的国货售品所，老太太一指："就那个吧！"结果买了把京胡，我记得清楚极了。哪有人教？就自己瞎拉，后来我有个侄子跟我说，你拉了半天，知道嘛叫"二黄""西皮"吗？我说不知道，接着就这么一点拨，开窍了！后来就跟村里的孔庆福（扬琴）、杨克孝（二胡）、安宝金（月琴）一块玩儿，我拉低胡，喜欢演奏广东音乐。

中学，我在"官三中"上的。就在西北角文昌宫，全名叫"河北省立天津中学校"，严格极了，有一门不及格就不收。我跟谁是同学呢,知道红鼻子姜五吗?就旁边高台阶的姜五爷的闺女姜儒良是同学,好吗,那派头儿,大小姐啊!不过,中学一毕业我就跟着出去了,起先在棉布行,那会儿专门经营日本进口纱布,现在说就是做贸易,走批发。干了几年又转行了,到法租界的维多利亚路,有个"大信源"银号做事,说来有点鬼使神差,四二年的时候,日本发通令,让所有中国的金融机构一律变更记账方式,由原来的"苏州码"变成"阿拉伯"。你不知道,过去账房先生都用毛笔在"溜子"上记账,上收、下付全写"苏州码",这一让改不要紧,老柜头全不吃香了,他们哪弄得明白这玩意儿,当时我正十六七,一下子就上去了,那些留过洋的也都当头儿了,一直干到日本投降,后来就跟着老爷子卖货。

五〇年,堤头在图书馆开设义务小学,有四十多个学生,别提了,一、二、三、四年级都在一块,政府让我去教算术,我是这边教一加一,那边教乘除法儿,干了一年来的,我就参加银行的招考,报名以后就在新华大楼接受培训,合格的就拿着推荐信去报到。因为我在河北这边住,就分到了河北区办,还没正式工作呢就又把我弄到政校学习,其实就是审查历史。当时可厉害呢,今儿听说这个跳河啦,明儿又听那个上吊啦。五三年我从政校出来,跟着工作组就下去了,跟的是谁呢?南郊区的进城干部门玉升,一见面叫我先领家伙去,一把盒子枪,还带着枪套,我就挂上了,你说我哪会那玩意儿啊!挂到第三天,门玉升就问我:"打过吗?"我说没有,他说:"你得练啊!"那一阵子就在他身边,嘛都管。

林恩鸿提着心爱的鸟笼子

采访对象：林恩鸿(1933年生)
采访时间：2009年7月11日(星期六)
采访地点：刘家胡同12号

林家在堤头也算大户,不过趁钱的少,大多数都是苦大力,只有我太爷开杠房,家境还不错。我的两个大爷跟着他干这行,延续了四辈儿,你刚提的林金生跟我沾亲,堤头还就他们家把杠房接过来了。

　　在堤头,一个面粉厂,一个煤炭厂,养活了一大批人,家里没钱又没能耐的,你说能干嘛? 就卖苦力最简单,你就敢空着手、空着肚子到码头上找饭辙去,只要有力气就能养家。我十几岁就在码头上扛粮食,白面是44斤一袋,麦子200斤一包,扛白面时一般就是一次4袋,我最多扛过10袋,那是因为小青年们饯火,还有比我能扛的呢! 扛面的时候先发给你一根竹签儿,行话叫"筹",卸完面以后把签儿交给记账的,10个签儿画上一道儿,5道儿写个"正"字,免后儿一块儿算工钱。那会儿人真傻,麦子从水路来了以后先一包一包倒上岸,接着再倒上车,再拉到面粉厂往下卸,得折腾好几个来回,现在都是传送带,多轻松。

　　原来面粉厂和煤铁三厂中间还有个费家胡同,面粉厂这边有围墙,煤厂那边都是蒺藜狗子,后来费家胡同就归面粉厂了,再以后煤铁三厂也迁走了,好吗,迁厂那会儿全村的人都上那挖煤去。这么说吧,堤头人差不多都在面粉厂和煤厂干过。

　　堤头这一带的码头都是姜、刘两家的,叫"吉德街脚行",起哪分呢? 就起现在的京津桥那分,再往那边走就属于"小马路脚行"。过去脚行之间你争我夺是常事,争红眼了就动家伙,看谁能降得住

刘家胡同 12 号林恩鸿家

谁,打服了落摊子走人,打赢了这块地儿归你。我小时见过争码头的,呼啦啦一帮子人手里都拿着棒子冲上去,真打呀!但有一样只许打下半身,打伤、打残行,不能打死。那会儿,脚行都在露天搭罩棚,掌柜的在下边打牌、喝茶、聊天,也许不知嘛时候喊哩咯喳就给砸了,没关系,一点都不慌,接下来带着"死签"算账去。脚行都得养几个"死签",一般是自己本家的人,到了对方那儿,二话不说一抱头就躺地上,开打吧!一声不能吭,吭了就算输。刘家被打残的也不少,不过码头上有规矩,"死签"不管打成嘛样,都得管吃管喝一辈子。新中国成立以后两家脚行都进了工作组,成立了工会,堤头这边叫"二十九组",免后儿合到北站"三十组"。共产党派来的李大个就在公所里办公,我的工龄也就从 1949 年的 1 月算起,脚行?都改成运输厂啦!免后儿我就转到和平环卫了,整干了 45 年。

看过《六号门》吗?过去我们就那样。对了,当年拍《六号门》电影,我们还当过群众演员呢!我就哥仨,起小都是扛活的,普通人呗!老伴没有了,这边就我自己住,四个孩子,一样俩儿,每礼拜都来看我,知足……

再跟你说个事吧,你肯定没听过。"憋红差(即枪毙人,"憋"意为"毙")"听过吗?就是枪毙人。这儿不是离刑场近吗!过去"憋红差"公安局都先通知脚行,脚行就派人到刑场等着去,干吗？毙完了不得收尸吗？毙人是在二道桥那儿,老四路汽车站。原来那是一片野地,毙人的车一般都从二道桥桥洞子穿过来往东拐,然后把"红差"推下车,排一大溜儿,都五花大绑,脑袋后边戳一令牌,上面写着名字,挑一红钩,押人的给毙人的拿着枪,毙人的接过枪打完扭头就走,押人的看谁没死再补一枪。末了儿我们就围过去,拿扁担从"红差"后背捆着的绳子底下一穿,俩人抬一个,为了超近,我们都爬上高坡横过铁道,一直抬到故乡村,就现在的动力机厂,过去那是乱葬岗子,谁呢,"胡铲"在那看坟地,一毙"红差",他就提前挖好坑,我们一到,直接就把"红差"撂坑里,每个"红差"身上拴一布条,上写着名字,等着家属认领,三天之内,认就认,不认就完。

　　毙袁文会时我也去了,车是打小王庄大街过来的,敞篷车,就毙他一个,矬胖子,头上戴一顶小线帽儿,用的炸子儿,朝后脑勺打一枪,补了一枪,毙完一看,鼻子炸飞了,抬到故乡村以后,为了让家属看个全尸,他朋友给配了个假鼻子……

　　"红差"一来,我们没吗事的都过去看,人手不够就跟着忙活,"镇反"那段,一天毙好几拨,我们来回得抬好几趟,根本来不及一人毙一个了,拿机关枪秃噜。毙土匪李雄飞时,车就开到"百家房",二五四医院那儿,在大堤上毙的。

乔炳英在大八宝胡同留念

采访对象:乔炳英(1928年生)
采访时间:2009年7月16日(星期四)
采访地点:大八宝胡同2号

我们家在堤头差不多有四辈儿了,我是白庙的原籍。我父亲是开钱行的,就是现在的沈阳道一带,叫"谦生银号"。我长大以后也干这行,在中国大戏院附近的"信源溢"银号,做票据交换员,从15岁干到25岁。

我上了六年私塾,在哪呢?出了这条胡同左拐不远,叫渡口胡同。教我的老师姓王,叫王介眉,就在他们家上课,多少人呢?45个人。老师倒着班教,低年级的先念《三字经》,高年级的学《论语》,然后高年级的给低年级的判作业,老师只管高年级的功课。每天家里给三个大子儿,一进门先交一个,用来吃早点、喝茶水、倒尿;然后再给老师留一个,剩一个大子儿下学买零嘴儿吃。

每年的五月节、八月节、春节交三次学费,合现在的20来块钱吧!哪有文凭,嘛也没有,但你学的东西实打实的,你说你已经读到《左传》了,人家就知道你上了几年学。我没挨过打,机灵,总给老师家挑水、端饭嘛的。王介眉的书法特别好,公所的匾是他写的,劝业场"梅京花店"的匾也是他题的,还有咱堤头老中医,杨少府家的匾额也是他写的,那字真棒!"文革"都给拉走啦,给我疼的!

我起小就喜欢看牌匾,跟你这么说吧,官银号打"正兴德"开始,别管往西还是往南,一块儿挨一块儿的牌匾我都能说出是谁题的。知"正兴德"谁题的吗?告你,"正兴德"是孟广慧题的,"正兴德二分店"是吴佩孚题的,为嘛华世奎没给"正兴德"题匾?那会儿,求华世奎的字,一般都先给他送点心,在点心盒子里夹着"条子",他

极为简朴的生活环境

打开点心一看就明白了,"条子"?就是金条啊!10两一颗,放两颗就甭管了,因为"正兴德"是清真,华世奎从来不吃回民饭,这下没招了。

我是在堤头生的,堤头的事知道点儿,也不全,喜欢动脑子,好琢磨,要不他们一有吗事就问我呢。

堤头炭商多,南头儿属"高源炭厂"最大,赵家的;北头儿费家的"平升炭厂"最大,别的就多了去了。你琢磨呀,北门里100多家金店都用炭,起哪来?都得打堤头这儿来!

你问"姜百万"?这个,还真不知叫嘛,反正是堤头最趁钱的一个。"姜百万"这个称呼知怎么来的吗?过去100个现大洋用纸卷成一卷儿,码一炕是整一万块,他的钱能码满100个炕,哎!这么来的。他的后代"姜五爷"我认识,叫姜绍宸。

"草帽张"?"草帽张"是做外贸的,他专门倒腾做帽子用的草辫,出口英国。发财了,"草帽张"的房子也挺大,好像没有后代。

"药材王"?你这不是考我吗?告你,"药材王"叫王寿裕,专门经营中草药,在针市街有家字号叫"慧通祥",王家大院在渡口胡同,后来就完啦。大院儿当过派出所,说是还有后代,估计也说不上来嘛了。

我五二年在东北营造厂干管理,五六年合营就变成南开建筑公司,七三年在天津电气磨具厂退休。

赵晓明在堤头大街87号曾经开过炭厂的院子里留影

采访对象：赵晓明（1936年生）
采访时间：2009年7月16日
采访地点：堤头大街87号

我们家祖辈是开炭厂的，我爷爷起先小打小闹，到我父亲就干大了，有了字号，叫"连顺炭厂"，就我现在住的那个院儿。我父亲好运动，加上另外几个喜欢打球的，就自发组织了一支篮球队……我给你拿张照片一看就明白了。看了吗，这就是"堤联"篮球队的阵容，左边第四个人叫米绍峰，是二十一小学的老师、国民党参议员，他旁边是我父亲叫赵光元。服装上都印着"堤联"俩字，你看这三角旗也都写着"堤联篮球队"。好哇，当时可有名呢！我们家不是开炭厂吗？地界儿比较宽敞，所以篮球队就拿这儿当据点，每天晚上院儿里热闹极了，前边儿是费爷他们玩乐器，后边儿下棋、打牌、谈篮球嘛的。球队是大伙集的资，买球啊，球衣啊，都是邀请赛。一有球赛堤头就像过年似的，大人孩子都跟着一块捧场，当时主要活动场

赵晓明收藏的「堤头篮球队」旧影，后排中为赵的父亲

地在二十一小,后来又在附近空地弄了一个。我还小,也就跟着拾拾球,不过对我影响很大。

我小学是在二十一小上的,这学校对文体活动特别重视,腰鼓啊,洋鼓洋号啊,画画

赵晓明的家也是"一间屋子,半间炕"

啊,除这之外,还有一支篮球队。当时教体育课的老师叫费炳鸿,也在堤头住,平时总是白衬衣红领带,长得也白,倍儿精神。我上到四年级的时候就成了篮球队员,老师说我有天赋,别看我个儿矮,谁也没我能抢。记得五〇年,我们和国棉二厂子弟小学打了一场球,获得了冠军,学校把我们都请上台,说给学校争了光,受到表彰。朱德华校长也特高兴,她闺女朱宝瑞跟我同班同学。这说着呢,就快毕业了,我们球队都舍不得离开学校,免后儿一商量,干脆就在校外成立个业余篮球队,为了报答朱校长,就叫"德华篮球队",我们把想法跟朱校长一

精美的石雕(摄于 2009 年 5 月 29 日)

说,校长说成立球队没意见,就是别用她的名字,我们死说活说最后就答应了。没想到,打那以后,"德华"在天津一点一点地打出了名。

小学一上完我就跟着父亲干炭厂,到河南信阳、辽宁秦皇岛……帮着收炭,我负责管账。篮球?没撂,有空就凑一块玩,别说我们几个都特下工夫,我就是凭快,这么说吧,两三个人别想拦我,我跳起来没人能盖我的"冒儿"。说了也许你不信,我在空中能变换战术,对方根本摸不透我怎么打。那几年,天津有名的球队我们基本都交过手,像"辛联""文锦""雷电华""紫外线""西联""华联""镇北""铁联""银鹰""华胜""原子能"……好些都是强队。

那会儿,"德华"就改在堤头的茶叶铺活动了,我们在天津市职工联赛上拿过冠军。以后我就到天津纺机工作了,大约六二年,"德华"才解散,挺可惜的。

赵晓明居住的堤头大街(摄于2009年5月29日)

韩国栋(右)与老伴在自家堂屋里合影

采访对象:韩国栋(1932年生)
采访时间:2009年7月17日(星期五)
采访地点:长项胡同25号

我们老家是山东省利津县韩家园的。据说我爷爷是养大船的，在黄河上跑运输，那时一走就是个把月，所以都带着家属。有一回船出事了，整个翻在了黄河里，你说巧不巧？别人都死了，唯独我爷爷和我奶奶被人救了上来，他们这才来到天津。起先我爷爷在河东郭庄子附近的一家包子铺学徒，掌柜的看我爷爷又能干、又可靠，就告诉他："堤头那儿，我哥们儿有间馃子铺，你帮着给弄弄吧！"这间馃子铺就在堤头大街与渡口胡同交口，左边是孙十爷的杂货铺，右边是沈鸿祥的小饭馆；三间房子一边儿大，我们在当中。干了段时间，掌柜的看我爷爷人挺好，就说："这铺子干脆给你吧，你帮我把账还了。"就这样，馃子铺改成了韩家字号。

后来我父亲和我伯伯接过来，又在北头开了一家，我伯伯盯北头那家。当时堤头一共有七家馃子铺，我给你说说啊：李德林的馃子铺算一家，王国祯算一家，堤头下坡的李鸿书算一家，王四大爷算一家，世昌里的"木头人"算一家，还有王四奶奶的"四合"馃子铺，加上我们整七家。为嘛韩记馃子铺最有名呢？一个是我父亲有人缘，心地善良，又乐意助人，要不能当上公所的主持嘛。他信佛，我记得他除了主持法事，每年还到买卖家、有钱人家收份子，然后让堤头的大夫给孩子们免费接种牛痘，也跟着操持水会、高跷会，听说他还跟费八爷在一块上过私塾……嘿嘿，话说远啦，这个……我们家的馃子铺主要还是东西好。我父亲有俩徒弟，一个叫王书林，另一个姓徐，都是山东的。据说他们在配料上有点绝招，说是拿冰水和面还是嘛的,我也不懂;再就是品种多,像"花梨瓣""套圈""糖盖儿""馃头儿""锅箅儿""鞋底儿""棒槌""劈儿"……还卖丝糕、馒头、大饼、麻花嘛的,光炸馃子一天能卖个40来斤面的馃子。

房子不大却很整洁

我们家不完全指着炸馃子,我爷爷在河东开过一家"天庆戏院",还在南市三个人合伙开了家"隆兴油行",专门批发各种食用油。他这辈子生了两儿两女,七〇年死的,一直活到96。我父亲八一年去世的,93岁。

我上过一年私塾,因为私塾以文为主,只教点珠算,我就去了正规学堂。小学上完了,就接着上育文财经学校,学会计。毕业以后分到一〇五厂,五六年支援一一五厂时去了西安,七一年才调回来,免了儿在第四机床厂退的休。

这个院是我爷爷花七两黄金买的,原来宽敞极了,你想啊,"文革"时街道经常在这院子开会嘛的,东头那边起先还有几间房,好些人总惦着赁(租赁),我爷爷不愿意干吗的人在一个院儿住,就给拆了,后来人口一多,又都盖上了。

往西,一出胡同就是公所,我小时候公所跟前豁亮极了,尤其到了傍晚,烤山芋的、卖稀饭、卖馄饨的、卖糕干、卖药糖的,卖瓜子、卖乌豆的都出来了,天一黑还拉上灯,好摔跤的、好举墩子、练杠子的凑在一块耍巴,经常围得里三层外三层的。

十分善谈的张鸿生(左)与老伴在一起

采访对象:张鸿声(1921年生)

采访时间:2009年7月26日(星期日)

采访地点:渡口胡同28号

要从我们家说起,那就得打我老太爷那儿一点一点捋。不怕你笑话,老太爷叫嘛我还真说不上来。那时候很少叫名字,都称呼"爷,爷"。我太爷这辈儿一共哥四个,所以分了四门:第一门是大爷、六爷;第二门是我爷爷,行二,还有四爷、八爷、老爷;第三门就我三爷一个;第四门是五爷、七爷和九爷。在这些爷里,三爷最有钱,就他有文化,能钻机,天生就是做买卖的料。这么说吧,窑洼一带的房子最起码有他一大半,史德申豆腐房对面,就堤头大街那家面铺子——"明发"和窑洼那家"明胜",都是他开的,原来渡口胡同叫"明发胡同",后来改叫渡口胡同。"明发"掌柜的姓何;"明胜"掌柜的姓王,叫嘛记不住了。起头儿那几位爷都在家种地、卖菜嘛的,打哪开始呢?就打交上了张广建,我们家就跟着发财了。

张广建听说过嘛?哎呀,不就是甘肃督军嘛!说起这事才有意思呢,起头儿张广建在窑洼租我三爷家的房子住,我三爷叫张品仁,替他敛房钱的叫王树南,有一回王树南跟三爷说,这个张广建住了这么长时间了,既不交房钱,也不给饭钱,怎么办呢?三爷嘛也没说,偷偷找了个算命先生给张广建相面,算命先生看完后跟三爷说,这个人你就随便让他吃、让他住,千万别找他要钱,告你,他的面相倍儿好。没想到这话真让他说中了:不多日子张广建调到兰州去了,一到那儿就当上了甘肃督军,后来才听说他跟袁世凯的关系不一般。就因为三爷曾经对他不错,张广建就把三爷也弄到了兰州,说:"给你个差事吧,你去武威县当县长。"接着,又把二爷弄到兰州印花税务局,免了儿九爷、老爷也都去了兰州,九爷还在那开了家"忠义军衣庄"专门加工军服,挣了不少钱。打那回来才盖了现在这俩大院,旁边院儿住着九爷那支儿,加起来有七分多地。听说张广建在兰州管过"甘肃织呢局",袁世凯登基后,还封过他"一等子爵",不过……没多少日子就完蛋了。

三爷有俩闺女,其中一个嫁给了张广建的儿子,叫张竹南,三爷的大儿子张荣麟取了靳云鹏的侄女,靳云鹏担任过北洋政府陆军总长和国务总理,大官!不过……三爷的三个儿子张荣麟、张钟麟、张全麟,在"文革"中有两个自杀了,一个上吊,一个跳河。尤其张全麟特可惜,他是大夫,在河对面有诊所,挺有名的,那天过摆渡,刚上跳板没几步就扎下去了……再说我四爷更哏儿,庚子年闹兵变,他就站在自己院子里,让飞子儿给打死了。

说到哪儿了?是不是四门儿还没说?四门这边,五爷歪脖儿,七爷歪嘴,只有九爷挑大梁,九爷叫张士林,他媳妇是堤头把头方家的闺女,张士林的妹妹嫁给了堤头摆摊的"于拐子"。九爷的小婆前些日子才死,俩人相差20多岁……

我爷爷叫张士瑞,就是在兰州税务局的那个二爷。他有俩儿子,我父亲行大,叫张国俊,在堤头开炭厂,离这不远,字号是"忠义成炭厂"。我呢,是在窑洼澡堂子胡同出生的,免后儿搬到堤头,小时候在王介眉那儿上了一年多私塾,免后儿又在柴家药铺旁边那院儿学了段时间。我16岁那年,通过咱堤头人的介绍,就去了日租界宫岛街上的汇川卡纸公司上班,干吗呢?就是加工装裱照片用的纸框子,管事的日本人叫中川岷浩,为嘛记得这么清呢?我每天到日租界得过好几道卡子,他就递给我一张名片,说拿着这玩意儿就能放行。

干了没多少日子，我就换地方了，是我表哥搭的桥，把我介绍到北大关的"隆昌号"海货店，又干了两年来的，免了儿我就想自己干了。我们几个朋友合伙出钱，在竹竿巷开了一家

搬家前的最后一幕

"恒利"杂货庄，专门批发麻袋。那会儿的竹竿巷全是买卖家，好像糖房还特别多，我们的字号靠里，在肉市口附近。干了些日子，我就病了，算命先生给我瞧瞧，说我最多活到28岁，我得的是肺结核，那阵儿这病活过来的不多，我才不管那一套呢！免后儿在法国中街，叫一个德国大夫——顾林其给治好了！你说我命大不大？到现在都快活到90了！

后来……后来我们两口子在堤头小学跟前摆糖摊，嘛都卖，有个十来年吧。再往后就学起了泥瓦匠，就围着堤头这块地界儿给老住户修房子，八〇年才调进土产公司，直到退休。

堤头这地界儿也是嘛人都有，听说过"虾米海"吗？"虾米海"叫王士海，他弟弟叫王士江，王氏兄弟的爹是王八爷，年轻时没有孩子，就要了一个，叫王士章，免后儿他娘们又怀上了，就是后来的"虾米海"哥俩。他们家是丁字沽的，八爷是脚行把头，几个儿子长大后也都干这个，专吃丁字沽和堤头一带，这哥俩为了争码头，就把李六给弄死了，当时也抓他，王士海这小子鬼，就躲到日租界去了，免后儿专给日本人当腿子，他是"义侠队"的队长，手下有五六

百号人。听说他骗了不少妇女给送到日本军营,还强迫窑娘们慰劳"皇军"……反正嘛坏事都干过。为嘛我这么清楚呢?王士海就在我们家对过住,我们这边不是 28 号嘛,他那院是 27 号,小时候我们总在一块儿玩,他弟弟在西兴泰胡同住。王士海在青帮,没有不怕他的,堤头这儿有家"永安茶庄",王士海就让王士章的姑爷刘广在那"跑茶叶合",就是茶叶来了先让刘广拿鼻子闻,然后开价,到月儿给他分成。

黑吃黑,争码头的事多去啦!有一回我爬到小学的秋千上玩,就见门登科的兄弟把正在扛大包的"手儿"(外号,他手指头有残)一下子就给捅死了。我整看了个满眼。好么!那血直往外喷!当场就玩儿完了!捅完人,门家兄弟就跑了。你想这事完的了嘛,免后儿没辙方老就顶替了,憋了呗!死的有点冤。

憋方老时我去了,就在"白灰线儿",吓堆乎了,根本下不来车,免了儿一脚给踹下去的。那阵儿,一憋人大伙就去看,你知哪回印象最深吗?憋刘青山、张子善那回,那天正下大雨,车队到了曹家花园就过不去了,没辙,就压着刘青山、张子善在河堤上解决了……

附录

堤头大街与堤头

章用秀

堤头大街位于河北区西北部，北起西沽货场铁路支线，东至新开河耳闸，与北运河平行，形成于清道光年间，因堤头村而得名。历史上曾是连接席厂村、霍家嘴、北仓、西窑洼的主要交通要道。

堤头早年是北运河东岸的一片荒地。明永乐年间一批移民来此定居，或事农耕，或事渔业，或事船工，遂成村落。因地处堤头附近，故名堤头村。

堤头一名出现较早。据考，北运河堤修筑于元至元二十年至二十六年，其堤自香河牛牧屯起到此为尽头。清同治年间纂修的《续天津县志》，关于堤头和堤头村有一段记载："按北运河东岸自香河至天津堤头止，堤头村以东之净土院、贾家桥、小关一带皆无堤。"此地自明代移民定居发展到清代中叶，已成为北运河东岸一个风光旖旎的繁华小村。清人姜森《堤头晚归》诗有"路怯新桥窄，村怜野潦穿"，樊彬《堤头早发》诗有"人家图画里，遥见水边亭"，于士佑《晚宿堤头》诗有"暮烟群树合，渔火远滩明"。这些诗从不同侧面描绘了当时堤头村民的恬静生活，表达了文人学者对这一带乡间美景的依恋。

堤头大街现在看来已不那么起眼，然在清代却是漕粮必经之处、有名的货品集散地。当年此地繁华景象和居住在这条街上高门大户的富有是今人难以想象的。人称"姜百万"的"堤头姜家"便是闻名天津的大户人家。姜姓靠养船发家，其先人自清朝乾隆年间在堤头落户，养渔船、运官粮、立字号、开买卖，跨街建房，一度允开铸钱炉，可谓显赫一时。至光绪年间，姜家家道中落，宅舍归官，其原址改建为学校。姜家大院门楼临街，设高台阶、石狮和双扇板门，由倒座、巽门、影壁、二门、正房和配房组成。为增加住房面积，二门及院墙改为五间南房，明间作穿堂。正房五间，前出廊，配房各三间。在中院与后院的南北两侧，均开辟有胡同式箭道，两院设便门沟通。箭道一侧设厨房和杂役宿舍等，是一处典型的清代民居四合院建筑。后来堤头大街上的北姜家胡同、南姜家胡同均以姜宅而得名。

清朝末年，西学东渐，北洋警务学堂及女学堂等新型学堂相继在堤头大街建立。北洋警务学堂尤其值得一提。它是袁世凯推行"新政"的一个重大举措，可以称得上是中国最早培养警察的学府。因《辛丑条约》规定在天津20里内不准中国驻军，袁世凯督直后便以建警察相抗争，于1902年10月派天津巡警总监赵秉钧在堤头大街设立北洋警务学堂。次年，将保定巡警学堂并入，更名为北洋巡警学堂。聘请日本人三浦喜传任总教习，并聘英、德、日三国警官多人充教习。学校编译国外书籍为教学课本，培训巡警和高级警官。首期招生260名，警官班学制两年，巡警班一年，开设督察、律例、法政、国际法等课程，结业后分配到天津、上海、南京等地。后来许多省县商埠重镇设立警察队伍,都向天津聘请教官。

  堤头及其附近一带也是民间花会的活跃地区。堤头庆云高跷会、辛庄全音法鼓老会、东于庄同乐花鼓老会、窑洼秧歌老会等在清代已经建立起来。时至今日,每当节日喜庆之时,街上的老少爷们儿仍披挂上阵,自娱自乐。

(刊于2009年11月13日《天津老年时报》)

告别堤头

张 建

堤头是天津现存为数不多的传统城区孑遗之一,其价值虽然无法与老城厢、估衣街和南市相比,但其因堤而立村、扩村而成镇、由镇而入市的发展历程,对天津城市史研究自有其独特的标本意义。令人遗憾的是,值此《口述堤头》印行之际,堤头却将彻底消失了。

《口述堤头》是张建先生继《"老南市"忆往》(第4期)、《最后的南市》(第20期)之后,通过《天津记忆》推出的第三本天津地域文化资料专集。近两年来,张建充分发挥其摄影记者这一职业身份优势,将镜头采风与口述访谈结合起来,探索出了一条地域文化研究的新路子。

与南市的五十人受访规模相比,堤头的受访者虽然只有二十多人,但采访的深度、广度和研究价值,则已远远过之。如果说"老南市"的采访还更多局限于社会学意义的话,那么堤头的口述实录,在社会学之外,同时则又跨入了史学的领域。张建通过生动影像和口述资料，在我们面前展开了一幅宏阔的堤头历史和民俗画卷。堤头一带半岛式的封闭地理环境，决定了它相对独立的历史轨迹，其兴衰起伏的发展变迁，与天津城市的整体进程并不相伴。新中国成立六十多年来，由于文史工作者对堤头有意无意地遗忘，因此使得张建的工作具有了填补空白的意义。在他的采访对象中，不乏孟家、姜家、费家这样的堤头大族后代，把他们的家族回忆和其他民间记忆整合贯穿起来，就是一部关于堤头的最真实、最生动、最纯粹的历史记录。

  本集文字之意义，这里仅略述数端。如甘肃督军张广建早年经历，有关典籍均语焉不详，此足补北洋人物研究之阙；又如王士海以及刘青山、张子善"被憋"细节，可与报纸及其他文献互相参证；再如关于日租界宫岛街汇川卡纸公司的叙述，亦能供研究者撷拾。今鞍山道42-44号即原日本汇川公司址，其建筑特色鲜明保存完好，颇受文化遗产保护人士之关注，但这到底是一家怎样的公司，专家学者多不得其详。根据张鸿生的回忆，我们可知该公司是加工装裱照片用卡纸的，管事的日本人叫中川岷浩。虽只寥寥数言，但公司性质和负责人员，却都很清楚了。至于本集对研究堤头历史、民俗之价值，则毋庸余在此赘言。

  在这本册子中，张建继续发挥其摄影技术特长，从"人"的独特视角，给我们留下了堤头的最后一批影像。他的全部图文，虽然没有刻意去挖掘历史，但是因为采访对象选择的精当准确，使得其记录客观上具有了挖掘历史的意义。继南市和堤头之后，张建新近又把镜头对准了铃铛阁和西沽两个传统城区，我们深切期待着早日看到他的下一个结集……

  有关堤头的文字资料很少，笔者所见零零散散，搜集颇为不易。近读章用秀先生《堤头大街与堤头》一文,钩沉史实简明扼要,因此附录于后,俾使读者对堤头有概括的了解,以为观览本集之管钥焉。

借告别堤头名目,不佞在此略陈己见,杂七杂八,以为鼓吹历史文化挖掘保护之意。

2010年1月18日于沽上广雅之轩

(按:张建先生的《口述堤头》,2010年在《天津记忆》第32期以内部交流形式推出过。本文为编者杜鱼当时撰写的编后记,今原文移置于此,仍作"编后记"也。)

走近铃铛阁

下篇

走近铃铛阁

张 建

在采访和拍摄铃铛阁之前,脑子里只有"铃铛阁"这个空泛的地名。如果说得再具体点,就仅仅知道有个铃铛阁中学,其他几乎什么都不清楚。虽说民间一直流传天津卫三宗宝——鼓楼、炮台、铃铛阁,但鼓楼拆,炮台倒,大火烧了铃铛阁,"三宗宝"一样都不存在了,还有什么可惦记的呢?

铃铛阁中学我曾经去过,也拍过楼后身儿伫立的那方石碑,因是粗糙的赝品,着实令我反感,上面刻的什么字,到现在一个也没记住。2008年我沿着复兴路往红桥方向走,见铃铛阁大街口上的老门楼子很是气派,便顺路拐了进去。这一拐不要紧,仿佛拐进了早已消失的老城里当中,似曾相识却又大不相同,尤其是每条胡同的名字,更是激起了我的兴致。我拍打着自行车车座,几近忘形地喊出声来:"太好了!"

真没想到,这块已经多次遭到横切竖割的城外老区还这么深邃,真没想到这块不大的残存竟然如此的丰富与厚重,尤其是最近

作者近照

两年马家店和王家祠堂的被发现，进一步提升了铃铛阁的知名度。由此，我不得不了解关于铃铛阁的背景资料，以触发对这一区域的认识和挖掘。据记载，铃铛阁，初名稽古寺，始建自唐代，寺内存有《大藏经》全卷。明万历七年（1579）建藏经阁，重檐四出，甚为壮观。阁角装有风铃，铃声可远闻数里，乡人因呼为铃铛阁。康熙三十八年（1699），住持舍光和尚又重修一次，清代文学大师朱彝尊曾为文以记其事，并描述登临时的感怀："夕阳在衣，风铃铮然；翔鸟上下，为之目旷神仪。"光绪十八年（1892），不慎于火，延烧及藏经阁，房子及所储存的大藏经都化为灰烬。1901年，严范孙、高凌雯、王世兰等倡议，以稽古书院旧址改办新式中学，创建了天津最早的官立中学，名为天津普通中学。在其校旗校徽上，铃铛作为主要标志。该中学沿革至今为天津三中，现址则为铃铛阁中学。铃铛阁焚毁100多年来，铃铛阁本身有没有已不重要，铃铛阁这个地标却深深刻在天

◀2009年摄于铃铛阁大街

2009年摄于南小道子▶

◀2009年摄于巨德西胡同

2009年摄于福光里▶

◀2009年摄于韦驮庙大街

2009 年摄于海会寺西街

2009 年摄于戏园子胡同

津人的心中,这也是我从事铃铛阁老住户访谈的缘由。

此次访谈是继和平区的南市、河北区的堤头之后,涉及红桥区的一个新专题。按理说前前后后弄了好几年,应该有些经验,但是为了实现既定的 20 个访谈目标,我断断续续坚守了一年。其间已经说不清去过铃铛阁多少次了。毅力与茫然同行,感动与误解交错,收获与孤寂对等……很多时候,我独自伫立在空无一人的十字路口,不知何去何从?往往是访谈在艰难地进行,老宅却在不停地灰飞烟灭,直到许多胡同连影子都没有了,我还在努力地搜寻和填充着即将流失的记忆。思来想去,这既不是我的本职,又不是我的长项,何苦呢?当困惑袭来的时候,我几次险些放弃。如果说我最后能够挺过来,其重要一点就是因为我的性格。我自幼崇尚有始有终的处事原则,说了就做,少说多做,一做到底。许多事情的成败,其奥秘就归结于坚持。

话已至此,那么铃铛阁的人物访谈究竟难在哪儿呢?一是这一带有资历、有阅历、有能力讲述铃铛阁的老人少之又少,已知的几位老者几乎都被媒体采访遍了,因而挖掘鲜为人知的素材比较难。二是一些老住户因历史的缘故,不愿再回首家族及个人往事,逆反和防范心理较重,很难进行轻松的交流。三是道听途说、似是而非的散乱口述,很难得到充分的印证。尽管如此,我寻访的这 20 位土生土长的"老铃铛阁",仍然具有一定的代表性。他们最大年龄 104 岁,平均年龄 72.7 岁,分布在铃铛阁地区的 14 条街巷中,既有高门大宅的名家望族,又有小门小户的工商业主;既有吃过、见过、玩过

在铃铛阁槐树胡同考察

的落魄公子,又有靠苦力维持生计的普通人家……他们各自从不同的视角和不同的切入点,追述了曾经的铃铛阁面貌和曾经的铃铛阁传说,归结起来至少证明了两点:一、铃铛阁因城而兴。没有老城里就没有铃铛阁,铃铛阁是老城里的外延,更是老城里的补充。从生活方式上,铃铛阁与老城里没什么两样,居住格局、建筑形式也都差不多,而铃铛阁却凸显了以加工业和物流业为主的独特功能。二、铃铛阁因人而旺。铃铛阁是个回汉杂居的区域,又是个贫富落差极为明显的地方,几百年间之所以能够形成巨大的包容性及平安相处的局面,无不体现了铃铛阁先民的开放意识,围寺而居与勤劳致富是铃铛阁人世代相传的精神力量,洋楼、四合院与窝棚、土坯屋共存,各种信仰相安无事,开工厂的、摆小摊的互不排斥,从而聚拢出如马家店和三角地那样高度浓缩地域文化的繁盛之处。

在完成了 20 个寻访目标之后,我下意识地又去了一趟铃铛阁。这一次心情大不一样,望着满目疮痍、几近消失的铃铛阁,我反倒平静了许多,因为我在这里真真切切地付出了心血……

2011 年 6 月 28 日于天津

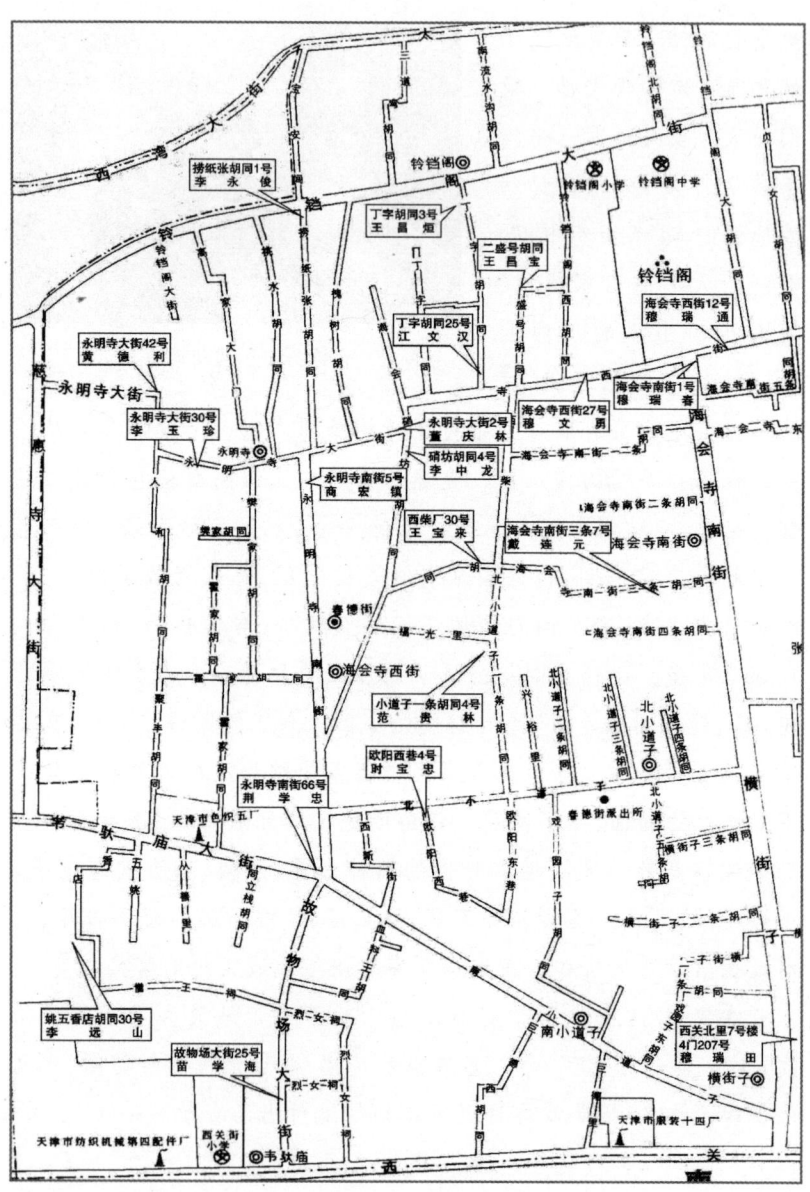

铃铛阁采访对象分布示意图

口述人：范贵林

采访对象：范贵林（1907 年生）
采访时间：2010 年 3 月 13 日（星期六）
采访地点：铃铛阁北小道子 1 条 4 号

我的祖宗是燕王扫北过来的,姓范的都是一家子。

哎,都叫我范六爷,反正铃铛阁差不多都认得我。我爹妈生了六个小子俩闺女,我排行老六,就这么喊起来的。

这辈子没离开过铃铛阁!挪了三回窝,都在海会寺这地界儿转。从前房子都是篱笆灯的,便宜,五十块钱一间。打我爷爷,我父亲,到我这儿,再到底下,得八辈儿了!前年老伴儿死的时候,来吊孝的人起胡同一直排到西关街!全都一家子!你瞅吧,孝帽子上戴俩缨儿的、仨缨儿的老多了,我都不认得!他们自报家门,说自个儿是谁谁的孩子,爷爷叫嘛。

我们家起先是干大包的。反打我爷爷那辈儿就打大包,我父亲,跟我们哥几个也都干过,苦大累!差不多都给兰州帮干,赶上嘛是嘛,多半跟糖厂、染房、布铺打交道,我爷爷是包吕家的,哪呢?就在北城根儿自来水对过。对,"机器锅"(水塔)附近,货都堆在那儿,打完包往兰州拉。一头驴驮 100 斤,一头骡子驮 200 斤,骆驼驮的更多。我们家给隆昌海货店也打过包,螃蟹、对虾、鱼肚、鱼翅、燕窝嘛的,都是好东西。16 岁跟我爷爷出来,整干了 13 年,我哥哥在那儿当领桌,我管过秤。后来兰州铁路一修,就不干了,都改行穿"好衣裳"(制服)去了,我大哥在五队当特务,二哥到法国地干巡捕,三哥抽白面儿不提了,老八兄弟明面开窑子暗地里搞地下工作,几个人经常藏在屋里印小报。我呢,就干了消防,在英法两国的消防队各干了 6 年。给钱多,一个月 16 块大洋,还发制服,脚底下蹬着大靴子。我是7号，领子上有个牌儿，所以在外边人们都叫我"七爷"。告诉你吧，好些人都不敢爬杆子，高，老高的！我敢爬！我身子结实，年轻时总在院儿里练沙袋，30斤一袋儿，4个人来回扔，要是我拿手揪住谁，甭想挣歪！消防队就在公安医院那边儿。救过火，没赶上过大火。免后儿消防队不干了，就到法租界的大仓库装车。我有"戳儿"：二哥在法国中街站岗，跟谁都熟，我出出进进没人管。仓库一共四辆车，全是美国的，两辆"道金"、两辆"法勾"，都烧木炭。每天夜里3点起来，跟货主谈好价就装车，有嘛拉嘛，一天挣1块钱。

北小道子原来两边都是坑，坑边有书场儿、杂耍儿嘛的，这一带干柴厂的多，你看这间房子吗，先前是欧家柴厂，那边还有张达柴厂，海会寺一条是崔家柴厂。我爷爷给柴厂当过会计，为嘛柴厂多？先前家家不都点大灶嘛！烧火啊！哪有煤，有煤才多少年？全烧柴禾。

你看这条街了嘛，原先好些做"钢扣儿"的，就是织布用的纬线梭子，也织布，全是小作坊。南小道子那边（指西）净是做刷子的，嘛样的都有。

打这儿出去往南走，是故物场大街，过去都是卖破烂的，把角儿是马家店。大门原来在南小道子，过道得有两间深，能进马车，四圈都是房子，大概三四十间，中间是个大空场，卖鸟的、卖鸽子的、卖猴的、卖鹰的、卖荞的、卖蝈蝈的、卖蛐蛐的……嘛都有，热闹去了。店主我认的，马瞎子，家里特趁，舅舅是开布行的。凡打山东、内蒙古那边儿来的倒腾鸟、倒腾玩意儿的，都住马家店。

马瞎子，好耍钱，占便宜，免了儿嘛也看不见了。别看他瞎，有绝活！嘛呢？择鸟！好家伙，你蒙他？门儿也没有。那鸟往手里一放，就知道公母。有人拿他糟改，弄只母的掖他手里，他说，不要。转

知名的马家店原大门(摄于 2010 年 3 月 20 日)

过脸,又把这只鸟递给他,急了,这不还那只嘛!嘿嘿……

马家店,我可太熟啦,在那大院儿,我也算有点小名气,南北都知道我。跟你说,我玩儿百灵,玩儿鸡,也玩儿蛐蛐,我专在"好东西"里挑"破烂儿"。嘛意思呢,别人都看不上的,我过完眼,拿回家玩儿,等差不多了,再拿出来跟他们比活儿,绝对能卖个高价。那百灵,我自己会窝嘴,跟鹰似的;那广东鸡,我拿起蛋来就能看公母儿。有个在日本仓库管事的张爷,到马家店让我给挑蛐蛐,我在王老儿这边挑了个"黄肚子",在刘小亭那儿挑了个"白肚子",一掀盖儿都是"骨头",隔两天,张爷又叫人过来,拿着钱说:"那俩都咬好了!帮张爷再买俩。"后来听说又咬好了,都倍儿服气!

我没见过铃铛阁,小时候我爷爷跟我说,站在我们家当院儿就能瞧见,一遇风天,铃铛响起来好听极了。以后那块儿改学校了。

哎，铃铛阁这地界儿，还是穷人多，买卖人多，混不下去了都往这儿扎。好些胡同名字都是自个儿叫起来的，你像"血料王胡同"，那前儿就是宰牛的地儿，有一家专门在那等着接牛血，做成血料卖，主要用它油棺材，结实，不裂。你像"硝坊胡同"，就是有几户人家给炮厂做土硝；你像"姚五香店胡同"，就是姚五他们家在那做香卖，旁边的"姚五澡堂子"跟他们家有没有关系就不知道了……过去，这地界儿乱！打架的，偷鸡的，抓帽子的，押包儿的，好人坏人都在一堆儿玩儿，不过，各吃各的，有吃劝业场的，有吃官银号的，有吃北大关的，瞎串不行。

我这辈子就好交朋友，不怕吃亏。前边胡同有个卖牛肉的，过不去了，就找我借钱，我一看这么难，就把旁边两间房给卖了，800块钱全拿走了，结果买卖没多日子就缓上来了，可是一直不提还钱的事，免了儿怎么着？掌柜的死了，老婆领着儿子倚着门框跟我说："听说借过你们家800块钱，你看……""算了吧！算了吧！"我倒把人家劝走了。再有，就是干吗的钱不挣，有一段我闲着没事，干窑子的齐国富，叫我帮着敛窑账，我说我不去，斜的歪的不沾。不过，大伙对我也挺好，我27岁在这屋结的婚，哪有钱啊？大门口彩子一扎，好么，一拨一拨地往屋里送东西，起哪来的都有，新婚家当全是大伙给凑的。

哎——打成家就没离开过这屋子！你看院儿里这棵大椿树还是我栽的呢，也有50多年了，一个人搂不过来……

口述人：李中龙

采访对象：李中龙（1931 年生）
采访时间：2010 年 3 月 16 日（星期二）
采访地点：铃铛阁硝坊胡同 4 号

我算是铃铛阁土生土长的，最早我们家在坑北二条10号，也叫过万星胡同。我在那出生的，后来西马路拓宽就搬走了。现在这两间房，是我16年前花6万块钱买的，但基本没在这儿住。

　　听说我祖籍是江苏扬州城关的，祖太爷在清朝是御林军带刀护卫，一品！始终在北京，他跟我太爷李恩荣说，你们别上北京来，这儿，伴君如伴虎啊！听说我太爷一直在山西做官，打我爷爷这辈才落脚在了天津，起那儿就没离开铃铛阁。

　　我爷爷叫李保真，是伊斯兰教天津清真南大寺掌教，资历很深的阿訇。五几年的时候曾被周总理请到北京参观十大建筑，还跟刘少奇、周总理吃过饭，拍过照。"文革"一开始，南大寺就给查封了，我爷爷被打成"黑爪牙"，都90多岁了，还天天挨批斗，最后含恨而死。

　　南大寺在"文革"中期就改成整流设备厂了，七零年着了一把大火，全烧光了！一直荒了好些年，现在的南大寺是八十年代重建的。

　　再说我父亲，他叫李成林。外语学院毕业的，一口流利的英语，记得小时候，父亲一回家就用英文跟我对话，我老娘总是一边乐，一边问："爷俩又说嘛了？"他毕业以后，就给当时的天津伪市长温世珍，写了一封自我推荐信，温世珍原名叫温佩珊，字世珍。温市长看完信以后，没多久就把他调到身边当秘书了。就在现在的金钢花园，原来那儿是"天津特别市政府"，一直干到日本投降，后来调到天津财政局，又干到解放。你想，给温士珍当过秘书，就是伪官吏！谁敢收留？所以始终在家待着，全家都吃我爷爷，你想那滋味好受吗？五五年，我父亲内心忧郁，突然就喝了毒药，当时我们哥几个，抱着父亲到二中心医院抢救，一到医院就喷血了，不过，这次老天爷没收走他，给他留了一条命。接着，政府给他分了个工作，到天津食品公司北仓食品厂喂牛，后来又转到食品三厂，在韩柳墅，月工资十二块八。"文革"时，他被打成"三反分子"，七三年因风湿性心脏病去世。

我呢，南开大学文学系毕业，五六年被分在河北省人民政府，给刘子厚省长当随身机要秘书，省政府就在利华大楼，秘书处在四楼，我负责代收和转发文件，吃住在机关，每礼拜回家一趟。刘省长挺喜欢我的，有时决定个嘛事时还问问我，那会儿我年轻，逮嘛说嘛，我一说完他就说："你个小——鬼，钻到我脑袋里去了！"刘省长厚道，好开玩笑，有一回我给他送一封重要信件，他看了看封油儿（火漆），问："没偷看吧？"我顿时慌了神说："没有哇！"他马上笑起来，"你们年轻人坏招儿多的是。"

五七年"反右"开始，机关召开动员大会，要求全体干部要跟党交心，我记得倍儿清楚，是林铁做的报告，打那以后，我就像中了邪似的，没黑没白儿地写材料，大概有个十多万字，写完就交了，没想到，三个月后灾难来了。那天，又是召开全体干部大会，会上公布了我"反党、反社会主义、反毛泽东思想"和"向党放毒箭……"的罪行，决定把我立即遣送到五七干校劳动改造，转天就到了东郊的赤土农场，这一去就是二十多年！七零年，我们家也疏散到北郊的双口村插队，全都变成了农民。

哎，过去的事就不提了，还说咱的铃铛阁！听过吗？——鼓楼拆，炮台倒，火烧铃铛阁。天津卫的三宗宝全没了。铃铛阁，其实只是这个地名比较有名,为嘛呢?因为在稽古寺原址建起天津最早的官立中学,都是贵族子弟和学习拔尖的孩子在这儿上学,能不出名吗!再加上铃铛阁这片住着不少买卖人家,离老城里和北大关又近,所以也算比较热闹。你像南小道子全都是"织布局",是天津纺织行业的发祥地,后来的色织四厂、色织五厂为嘛落在这儿——形成规模了呗!

要说热闹,还得说西关北里的"三角地"。当年那儿是"窑子窝",说书、唱戏的、杂耍、撂地的……嘛都有。张绍武的"当武社"也叫"墩子房"就在那儿,他是日本牛皮协会会长,汉奸,后来上吊自杀了。在堂子胡同有个叫王竹轩的,是日本牛商协会会长,抽大烟,自己趁一所大宅子,听说他有个闺女在中共做地工。我见过王竹轩,大高个儿,脸发黑,跟谁都客客气气的。

知道烈女祠是怎么回事吗?对喽!烈女祠胡同一出去就是过去的烈女祠,过去那条胡同是妓院,窑主在胜芳买了一个姐姐、一个妹妹,不能光养着,就逼她俩接客,不从就打,最后俩人拿煤油泡洋火头儿,喝完死了。老百姓看不公啊,就把窑主给告了。俩穷丫头哪有人管!根本就不受理!有人就找到了"黑刀笔"刘道元,他一听这事,就说,你们甭管了,看我的!接着,一条巨幅大标语贴在了警察局门口,这下全城百姓都知道了,不处理行嘛!来人就把窑主弄走了,问他,你是认打,还是认罚?保命呗!免了儿给死去的这姐俩出了大殡,柏木棺材厚葬,埋在了西关街,修了大坟,立了石碑,建起了烈女祠。

那坟一个得有二十多平方米,圆形土堆,小时候我们都爬过。新中国成立以后就拆了,在附近盖了电影院,坟头那块地儿改成了西关街殡仪馆。

口述人:董庆林

采访对象:董庆林(1946年生)
采访时间:2010年3月27日(星期六)
采访地点:铃铛阁永明大街2号

哎,我姓董,是"鸭子董"后代,反正铃铛阁的老人儿都知道"鸭子董"。

我爷爷是"鸭子董"的创办人,我没见过他,听我父亲说,我爷爷做鸭子特别地道,自己琢磨的配方,当时大多吃野鸭子,肉瓷实,特香!每天半夜起来就开始忙活,天一亮,我爷爷就挑着两个圆笼奔租界地了。去英、法租界的时候多,差不多都是老主顾,提前预订,到日子准点送来。你想,那会儿能吃得起鸭子的有几个?都是穷人!所以,每天卤的鸭子并不多,基本也不往回剩,自己家人也舍不得吃啊!

每年的秋天是旺季,白洋淀的人专门给我们家送野鸭、古丁、红腿嘛的,平时鸭子少的时候也做过鸡,味儿都差不多,主要靠那锅老汤,定时蓄水加料,打干那天就没见过底儿。我觉得老汤比鸭子更出名,那阵儿好多人家都喜欢到我们家打鸭汤,二、三分钱一碗,拿回去咕嘟萝卜、烩饽饽吃,挺解馋的!

原来我们家在槐树胡同住,爷爷卖鸭子挣了钱,就看上了现在这块地儿。这儿早先有两间趴趴房,买过来以后,盖了这套小四合院。北房三间、南屋两间、东西各一间,三蹬高台阶,进门有门楼,南房都是花窗格;北房是洋窗洋门,从这点看,这房子也就80来年。可是,我爷爷没享受到,房子盖完就死了。以后我伯伯董恩成接过了董家的"鸭子",就在这院干。等他干时就改用自行车卖了,后衣架上驮着大笼屉,还是往市里的老主顾那儿送。再往后,野鸭子少了,就改做鸡了。到时候喝鸡的(贩鸡的)就给送上门来了。院儿里摆着大木桶,一般得压两套货。这活儿确实挺辛苦的,一直干到改革开放前。我伯伯呢,到厂子给人干临时工,以后转了正。

我父亲没干"鸭子",他在西门脸开了间烟楼,是烟草专卖特批的。我记得烟铺里有红锡包、大前门、哈德门、恒大、绿叶嘛的。干到嘛时候呢?好像到度荒就停了。那阵儿不是得要烟条儿嘛,经常条儿跟货对不上,总亏;取货时也费劲,加上身体不好,就嘛也不干了,六四年去世。

我们正对着的这条胡同是硝坊胡同,好多人问我为嘛叫这名字,我也说不清,我就知道南头原来有两间公所,里边摆着两台水机子,倍儿好!新中国成立后有个老头儿在里面连看水机子,连剃头,"文革"时把老头儿赶走了,水机子也不知哪去了。

我斜对过这院儿是"藕粉李",过去挺趁钱;我西边这院儿也是做买卖的,门楼子都是雕花的,后来地震震塌了。

前些日子,韦驮庙露出来了,你们没去看吗?前脸儿拆了以后,你看了吗,里边的格局一点没变,那檩多粗啊,四梁八柱。原来韦驮庙上边还架着罩棚,老大的,连马路都罩在底下了,周围坐着好多干小买卖的。新中国成立以后就废掉了,好像五二年吧,一帮人把韦驮像推倒了。我刚六七岁,也跟着看热闹,韦驮像就扔在对面的臭坑边,我还抠下一只眼,是只小灯泡!那位置就是现在的故物场大街厕所那儿。

口述人：李永俊

采访对象：李永俊(1952年生)
采访时间：2010年3月29日(星期一)
采访地点：铃铛阁捞纸张胡同1号

说嘛？没有嘛可说的，好些事我也是听来的。

我们家这楼，正是铃铛阁大街和捞纸张胡同的拐角，差不多相当于铃铛阁大街的中心位置，稍微偏东，也是这条街现在的制高点。没有——可着这条街再没有第二座楼。

听我爸说，这楼的原主人也是做买卖的，干吗的不知道，叫嘛也不知道。说是1932年建的，前后只用了60天，主家有俩孩子，闺女十六、小子六岁的时候去了台湾。临走时，就把房子托付给铃铛阁中学的校长，让他帮着给卖了。这么着，我爸就买下来。前些年，房主的儿子和闺女从台湾过来，到这院儿怀过旧，当时女的都76啦！

这院儿其实占地不多，特别格局：北房上下一共六间，南房两间，东跨两间。自己家住比较在意，加上这房子年头儿不算太长，又结实，基本还是老模样。我想想——要说动，也就动了两回：一回是我爸叫来个风水先生给看过，因为那些年我爸老有病，总看不好，就想到了这房子，风水先生让我们把院子的地面垫高，再把二楼阳台的棚子挑开，别说，真管事，人旺了！第二回是地震以后，楼顶的流水沿儿坏了，当时房顶的坡度特别大，害怕瓦往下掉砸着人，就把房盖儿挑了，重弄的，落下来有一米。

窗户都是三层的，有纱扇儿；门也都是双层的，严实极了。那几间北房都三米多高，屋里有木楼梯能上二楼，东边有门通阳台，原来扶手是木头的，中间位置有一个木刻的"福"字。

大门口这影壁,谁看谁说好,我领过文物局的人来,他们说这房子留不留不好说,这影壁应该整体搬迁,全是木结构,没一个钉子,而且是活的,能打开。原来这扇木门的前边还有一扇大铁门,五八年大炼钢铁时,让我爸捐给街道了。

　　我爸17岁到沈阳学徒,学染整,22岁回的天津,买了这所房子,兔了儿就在这两间南屋干起了织布,都是叔伯哥们一块忙活。有两台机器,一直干到五六年公私合营,机器和房子都合走了。他先到了华大染整厂,就在"白灰墙"三角地附近;后来挪到青年路的染整五厂,他九八年去世,叫李静波。"文革"时,被划成资本家,我爸在厂里挨斗,我妈在街道挨斗。有一回,四十三中的红卫兵呼啦都进来了,手里拿着消防钩子,见着木雕就钩,说是"破四旧",连这院儿的地都刨了,想翻出点"罪证"。其实,我爸嘛也没有,也就喜欢养几只"红脖儿",就那样吓得还把笼子都扔了,鸟也放了……

　　我有四个姐姐,一个妹妹,家里就我一个独苗。可是六八年还是下乡了,我跟王昌煊是同学,我们俩都去了内蒙古,两年以后,我就回到原籍河北省的河间,待了八年,七八年选调去了沧州干建筑,又干了十年,八九年因为父母有病就单调回来了。

　　我也喜好玩鸟,"红脖儿",每天老早就开始叫,好听极了。小时候也总到"马蛐店"玩儿,卖嘛的都有。哦,我们都管马家店叫"马蛐店",谁知是哪几个字……

口述人：江文汉

采访对象：江文汉(1915年生)
采访时间：2010年4月2日(星期五)
采访地点：铃铛阁丁字胡同25号

哦——报社的！你好，你好。耳朵背，听不太清，净瞎打岔。

棚铺？江家棚铺！喔，那可大了去了，西边就属江家棚铺了。是我爷爷那辈儿干起来的，二爷牵头，我爷爷行五，就算入股吧，也跟着一块干。为嘛有名？告诉你吧，棚搭得地道。好么，那大棚，二巴巴的门儿也没有，搭不起来！讲究极了，阔主儿的棚得有二层楼那么高。再说回来，谁干得起？别管大棚铺，还是小棚铺，都是拿钱堆的，底钱大发了！

我们家的棚铺守着太平街，光买卖，前后的大场子就有仨，天棚用的苇席几百捆；铅铁、玻璃窗得几百块。嘛？字号？有啊！"同兴棚铺"，老辈儿人都知道。

嗨，那年头儿兴这个，家里一有事先搭大棚。像出门子啦，娶媳妇啦，过满月啦，做寿啦，再加上白事，一年到头闲不住。街坊四邻都有串呼，大棚一起来，就等于告诉人家家里有事了，该送礼的送礼，该拿份子的拿份子，轮着走吧，谁们家摊不上事？

啊——？棚？不一样，不一样！就得看主家出多钱了。一般都是席棚，也就高矮、大小不一样，好点儿的呢，席子外边再扎上彩子，就是拿布把席子包上，普通家儿这就算是讲究啦！拿我这院儿说，杆子就得高高的起，地界儿小，你再弄低了，憋得慌。像这种棚有半天儿就起来了。搭棚实际上是租棚，棚铺就吃租金，按天算钱，最少也得十天半个月的；遇上大户，一个月、俩月也是它。江家棚铺不是光管这片儿，哪儿都去。老城里——"八大家"，都干过。这行得有"管闲事的",好些有身份的人家儿,不直接找棚铺,都是"管闲事的"递话,告诉棚铺,主顾是谁,吗事,一共出多钱,有嘛讲究,后边都是棚铺的事了。我们家"管闲事的"是交通银行总务处的,叫王月东,他跟上层有交情,吗事都找他。嗯,"八大家"?搭过棚,知道卞家吗?那可是大户,他们家老的儿死了,就是我们给搭的大棚。好家伙,一出手几万啊!那大棚全是铅铁的,有二层楼那么高,四面一水儿的彩色玻璃,梁柱上漆着画,里外扎彩子,丧事都是黑白的,像这种棚得搭一个多礼拜。棺材另外搭小棚,大棚底下摆着八仙桌子、凳子、喝茶、聊天、念经,迎来送往,不管怎么着,得把钱花出去。

我父亲也干搭棚,不过28岁就死了。我干了三四年,日本一进来就停了,说是因为防空不叫干,末了儿东西都转给同行了,这四间北房就是干棚铺分给我父亲的,我是在这院儿生的,衣包儿就埋

江文汉居住的丁字胡同(摄于2009年2月18日)

在当院儿里了,我又在这儿成家生子。过去这胡同有三个院儿是江家的,以后就改换门庭了。

后来干吗?后来扛大个儿了。就在粮食二库,现在的利达面粉厂那儿,粗粮一包二百斤;面粉四五十斤一袋,每次扛五袋,从早晨八点扛到下午四五点,不打奔儿。哎呀,不干不行啊!我得养活九口人,奶奶跟着我,老伴在家,七个孩子。新中国成立以后更忙,白天干一天了,干部一来,说"今儿打夜"。就得赶紧家来吃饭,完了回去接着干,都是进口粮食。那前儿年轻,睡一觉就缓过来了,也没觉得怎么累,免了儿我在那儿退的休。

大户?我这跟前儿没有嘛大户。斜对过有个"药材李",还有个"烟花赵",靠南头儿有张达柴场,他是这块最大的。过去不都烧柴禾嘛,每个院儿里都有大灶,做饭之前花几分钱买把柴火。那阵儿穷啊,吃了上顿不知下顿,熬个小鱼,还得现端着碗去打酱油、醋。张达柴场守着河沟子,跟运河通着,拿木排子把柴火从水路撑过来,有苇子、草根、树杈、棒头疖子嘛的,好烧的还得说是苇子。

"二盛号"离这儿不远,也是做烟花的,没厂子,都是坐家干。铃铛阁是烟花底子,尽是这行,东西好,花样多。我见过,有泥花,还有一种得搭架子,赛宝塔,一层一层的,刺出去得有电线杆那么高,好看极了。天热时,北宁公园、李纯祠堂都使他们家的烟花在那放,还卖票呢!"二盛号"是王家开的,那是个大户人家。

口述人：王昌宝与夫人

采访对象：王昌宝(1944年生)

采访时间：2010年4月3日(星期六)

采访地点：铃铛阁二盛号胡同4号

想起来了,那天咱在胡同见过。哎,平时哪也不去,门一关严实极了。现在,就我们一家在这住。这门儿原来就有,不是后改的,前脸变了,老木门还留着呢!

喔,你见着王家大院平面图啦?那还是我从房管站踅摸来的。我和昌煊是堂兄弟,他在丁字胡同住。这么说吧,整个王家大院就昌煊和我们这院儿是王家后代正宗的。

你问王家大院正门啊?确实在二盛号,就是旁边的二号院儿!原来老大的门楼子,上面有块大匾,写着"文元"俩字。二号院儿不能直接进祠堂,打那过不去。得打我这院儿拐进来走防火通道,一直下去就到了。通道的小门儿还能看出点模样,好多年前就堵死了。

过去每逢清明,祠堂就开始热闹起来了。家族成员一拨一拨地祭拜,得折腾个十天半月。平时祠堂没人,后院儿瘆人极了,小孩们都不敢单独上那边玩。

我们家祖辈是做烟花的,在这一带做得最大,你提"二盛号"没有不知道的,连这条胡同都叫"二盛号"。当年就在我这院子做,听说干到三几年。因为嘛呢?北边那间存烟花的房子爆炸了,全都炸塌了,打那就停了。七八年我翻盖北房时本想往后扩个一米多。结果,我光清理那块十几米长、一米半高的土台子就忙活了好几天,那就是爆炸后留下的遗址。

家里做的烟花,我就见过一种,是寿星老儿式的,有芯子,上边有个眼儿。大哥在院子里放过,刺得时间挺长,倍儿好看。

我这院儿一共九间房,北房是过堂门,可以通到后院儿;南房过去都是堆柴火的。我这房是坐西朝东,一明两暗,后来截成两间,你看凹进去那块儿吗?原来是佛龛,樟木大漆的柜子;水缸是藏在柜子里的,挺讲究!

我父亲没职业,新中国成立前就管祠堂的防火,新中国成立以后在西北角的北城根儿打包社干过,不知怎么拿红矾把眼睛给烧了,当时到马大夫医院治过,结果还是瞎了。不管怎么也是因公啊,最后工会给补了五百块钱。听说解放天津时,他给解放军带过路,当时铃铛阁中学是这一带的制高点,住着不少国民党军队,不好靠前啊,我父亲就领着解放军在王家大院里一道一道地凿墙破洞……

原来魏家胡同东边也有房子,五几年时,铃铛阁小学扩建,拆掉了五个院儿;再以后这块地儿都归铃铛阁中学了。

王家大院的后门应该在芥园道上,就马路当中隔离带的位置,你说拆了多少房吧!我原来在太平街小学上学,现在邮局那儿;对面儿左边是红事庙,右边是黑事庙。铃铛阁中学是围在胡同里面的,根本看不见,校门从小二楼底下经过,然后才是操场。我们小时候去西北角走铃铛阁大街,走贞女胡同,穿过小学校,才到西北角,老远了。一修芥园道好像距离变短了……

口述人：李玉珍

采访对象：李玉珍（1928年生）
采访时间：2010年4月5日（星期一）
采访地点：铃铛阁永明寺大街30号

这院子是姓杨,都是一家子。有几户搬走了,我腿脚不好,还听着信儿呢!

跟你说吧,我这辈子才苦呢!我五岁就没爹没娘啦,起小就跟叔伯奶奶一块过。原先在海会寺住,后来又在北小道子保安里"羽毛刘"那儿租房住,没多少日子又搬到范家胡同。家里实在太穷了,有个弟弟也不知怎么就丢了。那才叫吃了上顿没下顿呢,兔了儿就找这院儿的杨奶奶借了十块钱,哪知道越滚越多,到后来根本还不起了,就是人们说的高利贷。杨奶奶看看我就说:"还不起就甭还了,干脆过门儿吧!"那年我才八岁。

进了他们家门一天好日子还没过呢,就让我出去干活,那年正是日本占领天津,我就在南开大

李玉珍居住的永明寺大街
(摄于2009年2月18日)

学堂给日本人"拉脱皮儿",就是把电线皮剥了要芯里的铜,一天给三毛钱,顶着星星来,顶着星星走。以后上机器了,可我个儿小啊,就踩着板凳织风雨线、电话线、大线嘛的,一天能挣到七毛。干了几年,杨家非逼我结婚,你既然卖给人家了,就得听人家的,根本就没举办婚礼,一堆儿人吃了顿饭就完事了。

杨家是老太太管家,老头儿嘛也不干。他们家就指着放印子挣钱,所有的钱都握在老太太手里,别提多抠儿了。我结了婚连个地界儿都没有,还叫我跟小叔子挤在一屋睡,四五口人躺在一顶破席上。直到老婆儿死了,这才开始分房。这院儿一共十二间房,一户两间,我老伴儿分到东屋半间、西屋一间半。

跟你说吧,他也是个苦孩子,十四岁就出去扛河坝,天天就吃煮红萝卜。后来拉胶皮,哪儿都去,有时听他念叨,又在租界地挨打了嘛的。就一个毛病:喝大酒!喝完就耍疯,没事就闹砸儿!你说我们吃嘛?我生了八个孩子,仨儿五女,全指着他了。新中国成立以后,自己攒钱买了三轮,就这样也是经常借钱吃饭。公私合营以后,老伴就归三轮五社了,活到60。

也别说,"文革"时老伴红过一阵子,到处去做忆苦思甜报告,学校都排队等着听……

口述人：王宝来

采访对象：王宝来（1935 年生）
采访时间：2010 年 4 月 5 日（星期一）
采访地点：铃铛阁西柴厂 30 号

我在这儿住了70多年了，原来我们家在西南角电车前，1939年搬到这儿。不有句老话吗："西北角，自来水，西大湾子梁家嘴；西南角，炮台庄，电车公司叫卖行。"就因为我们家离叫卖行太近了，总有打架的，我老爷子说嘛不愿在那儿住了；正赶上布厂老板刘曾耀在铃铛阁这儿有房子，关系又好，我们就过来了，一共四间。

我们老爷子叫王运廷，14岁就开始在北海楼学买卖，北海楼是卖针头线脑的，都跟织布有关，所以也就入了这行。

以后就跟孙志安合伙干，买了两台织布机，哪有厂子，都在家里干，听着以为"织布局"有多大，其实，有台机子就敢叫"织布局"。一直干到五六年，两台织布机就"合"走了。这一步走得不错，要不"文革"非倒霉不可，只要有机器就定成资本家，他也就落个"小业主"。进社以后，老爷子就把事由给了我们二哥们儿，没想到他30就死了，肺病！

我起小儿上了两年私塾。住在海会寺的李勤安，是我的启蒙老师，免后儿又在正规小学上了四年，没毕业。五八年八月十五，我到了"色四"（色织四厂）。一进厂先叫我跟着挖河，北运河不是清淤嘛，抬了俩月大筐。后来又把我弄到炼铁车间做铸件，我翻呲了！说嘛要求织布。我老伴是色织三厂的，我们家全是"吃线头儿"的。

再早，南小道子全是布铺，家家织布，现织现卖，"八马"牌三十二支纱是最有名的。白布也织，格布也织。白布是一把梭子，格布是两把梭子。手工织布，手工打穗儿，一般都是自己家人干，也雇人，手儿不行的不敢让他上机器。织布这活娇气,一根纱没弄好就成次品了。一个人累死累活,一天下来也就织半匹布,三十码是一匹,一码八十公分,量布时一般都拿手掐,黑心老板就在量布时打马虎眼。自己家织布也有品牌,大多叫"李记""王记""孙记"嘛的。

铃铛阁这片有三个色织厂,"色三""色四""色五",都是公私合营时拼起来的,"色四"的大格尼国际上有名,一直出口。除了产品有名,我们厂还出了一个名人,"九大"的中央委员——蔡淑梅!跟天津那位副总理一块上去的,不过,"四人帮"一倒就完了。

你问哪个楼?喔,知道。东面一个,西面一个,中间隔着几十米。你仔细看了嘛?俩楼模样差不多,跟你说吧,都是一家的,姓李。李家也是干布行的,但人家织线礼服、毛礼服,那高级啦!两座楼一座是二少爷的,一座是三少爷的,哥俩不和,有时站在楼上对骂。

听说他们祖辈挺慈善,赶上个吗事就在大地牌坊那儿舍粥,要是穷人死在街头,免费给个匣子收尸。碰巧赶上清明倒头了,还能得口柏木棺材。铃铛阁这块儿庙特别多,你从地名上就能看得出来。对了,头些日子韦驮庙露出来了!去啦?原先韦驮庙大街南边都做鸡毛掸子的,北边都做拢子、篦子,也挺热闹的。

口述人：黄德利

采访对象：黄德利（1942年生）
采访时间：2010年5月22日（星期六）
采访地点：铃铛阁永明寺大街42号

这条街就叫永明寺大街。原来就这么宽，一直没怎么动。拐了好几道弯，西口接着慈慧寺大街，一拓宽就改成现在的复兴路了。永明寺大街截下去一段，大概在复兴路中间那位置。那头儿跟永明寺南街相连，东边是海会寺大街。我们院儿隔着一排房就是铃铛阁大街。这院儿不大，北房三间，南房三间，东西各半间。南房、北房都是一明两暗，后来都垒死当单间了，每间十多平方米，格局都没变；就是院子大门往前挪了几米，原来是条窄胡同，这样比较严实。

房产是黄家祖辈留下来的，至于是哪辈买的或盖的不太清楚。过去，我爷爷是挑"八股绳"的，属于小生意人，我都没见过，岁数不大就死了，我奶奶倒活了八十多。到我父亲这辈是三支儿：一支儿继承了北房；一支儿去了衡水；我父亲行二，接过了南房。以后卖的卖，这院儿就杂了。

这块儿有钱的不多，净是做小买卖的。就我们邻居，38号这院儿，算是个有身份的，他们家姓卞，打我记事就知道人家嘛也不干，吃老的儿，据说清末家里出了个师爷，现在还有后代在这儿住。

这地界儿庙多，你看胡同名儿净是带"寺"的。永明寺？没见过！前边那院儿，过去住着一个"当家的"，经常烧香、磕头嘛的。南街那边儿有个"会头"，是法鼓。每到年节就出来耍，平时也练，刚从这儿路过那胖子，就是"法鼓"的后代，他爸爸就耍那玩意儿。

我父亲——怎么说呢？叫吃红白饭的。就是给结婚的、出殡的当吹鼓手，说是在这一带还挺有名，一提西头黄家都知道。怎么说

黄德利居住的永明寺大街（摄于2009年2月18日）

呢，收入不固定，有活儿就出去，没活儿在家待着，干一回能吃十天半个月。以后就改弹棉花了，五六年合到红桥服务公司。我这辈是四支儿：老大没了；我行二；老三也在这胡同住；老四在沧州。我们都是在这院儿生的。我在十三小上的小学，中学没上就干活去了，兔了儿在大中华橡胶厂，做"双钱"牌胶鞋，可有名了。那时谁要是有双"白回力"，了不得！

最早这块儿净是臭坑，那年月哪有下水道？脏水满大街流，我们这儿还好点儿。永明寺南街过去都叫它"淹市儿"，不知为嘛。北边先春园大街起先也是个大臭坑，边上还搭了不少窝棚，全是穷人……跟现在的日子没法比，我老跟孩子们讲，知足吧！真的，想想我们七八个孩子睡在一个炕上，都不知怎么过来的，那才叫吃了上顿没下顿呢！

口述人:苗学海

采访对象:苗学海(1945 年生)
采访时间:2011 年 2 月 6 日(星期日)
采访地点:铃铛阁故物场大街 25 号

你找哪？烈女胡同？这就是。通倒是通，是个丁字，南边口儿在西关街，北边口儿在南小道子，西边这段和故物场大街交叉。

我住故物场大街，就前边卧进去那院儿。住多少年了？我打这儿生的，今年66了，你算算吧！没离开，始终就在那院儿。过去院子好极了，一共七间房，豁亮，任嘛没有。原来煤球、劈柴都放铺底下，谁也不乱盖；就连火筷子、煤叉子都绑着白布条，你说多干净？北房墙根种着爬山虎，夏天都在地下坐着喝茶聊天。这块儿一提苗家大院儿都知道。街道开会、发布票、粮票嘛的，都在我们院儿。房产是我爷爷传下来的，到现在也全是苗家人，这要拆迁了才分的家，平分给三支儿；各家再往底下分，不管要房不要房，都得去公证处办手续。

我爷爷是补胶皮鞋的，整天挑个挑儿到处去。就是在鞋底上抹上胶，放在模子里，一边加热，一边拧扣，实际跟热压赛的。听我爷爷说，有时也去"三不管"那边揽活，不是南市那个"三不管"，是宝龙巷、白骨塔附近的那个，我记得那里面有个老头儿修宝剑，门口还有家做锅腔子的，热闹去了：拉洋片的，打把势的，说书唱戏的……嘛都有！铃铛阁东头儿的"三角地"也跟那儿差不多，都是一人来高的小平房，一间挨一间，计时收费。现在改楼了，叫西关北里。

故物场大街，原来就跟现在的西关街赛的，两边全是摆摊的，老东西、旧东西、破的烂的嘛都有。这头儿起西关街，一直到那头的韦驮庙大街，不算太长。临西关街把角儿，左首是家小医院儿，姓彭，旁边挨着棺材铺。右首是家水铺，张聋子开的，每年初二"进财进水"时，他们家就挑挑儿给各家各户送水、送柴火，他们屋里有自来水管，一筲二分钱，开水一分一壶。水铺旁边是卖烤山芋的，夏天卖咯窝的茶鸡蛋；接着是救济院，就现在的纺织第四配件厂那地界儿，马路对过也是，挺大的。

再说烈女胡同南口：左边是烧饼铺，右边是祠堂。西口呢：把角儿这两家，一边是李焕章的糖摊，另一边是老杨家的黑白铁；杨家旁边是理发所；接着是做"护子"的，就是拿麻绳编的一种刷糨子的工具；再旁边是放三轮的车棚，然后就是马家店。故物场大街西侧，看见那个小二楼了吗？原来是给花圈做花的，倍儿好；旁边是小儿书铺，姓杨；再就是侯家的煤场子。僧王祠胡同口，一头是扎纸匠，另一头是补铁锅的。胡同往里走一点是僧王祠小学，属私立，门口有家卖黄土的，平时黄土就堆在操场上。它对过有家染房，都是手工操作，用大块元宝石搭上木板挤压，活儿挺苦的。

我在纺织研究所工作，起先属事业单位，2000年转成企业，当然吃大亏了。嗨，我这人比较知足，有吃有喝就得了……

口述津沽
民间语境下的堤头与铃铛阁　143

口述人：李远山

采访对象：李远山（1930年生）
采访时间：2011年2月6日（星期日）
采访地点：铃铛阁姚五香店胡同30号

今儿太阳足,坐这儿暖和。你说嘛?我,脑袋做过手术,说话费劲。哪——?姚五香店胡同——?有两条,东胡同和西胡同,通,都通,还没拆。我坐的这地界儿原来是"姚五澡堂子",不是姚五家干的,外地人,姓吴。姚五家开的是香店,正门在东边。

跟前的复兴路起先叫慈惠寺大街,韦驮庙大街对过叫如意庵大街,头些年修路拆了不少房子。

啊——?我不是天津人,5岁从河北省河间来的,我父亲在这块儿帮着人家织布,以后挣了钱,就买了机器在自己家里织。对,织的全是白布,规格不一样,有"大标""小标",织成的布送到南小道子卖给批发商。因为我没干这行,也不怎么懂,反正家里的日子还不错,要不哪上得起学?我7岁在古皇庵上的私塾,学了两年,后来又在怀谦小学接着上,就在老西关街上,一直到毕业。家里也不指着我,又叫我到大沽路去进修中学。唉,每天骑着自行车,也没觉得有多远。1950年抗美援朝一开始,天津市政府号召年轻人都去参军,当时就叫我到金家窑学外科,家里说嘛不同意,后来也因为我是独苗就没去成。

我最早的工作单位就在家门口。瞧那楼了吗?原先是色织四厂。在那当会计,干了七年,后来又调到色织九厂,还是干会计,对,一辈子没受嘛累。

韦驮庙大街?这不往右一拐就是嘛!不太热闹,过去都是做箅子、做鸡毛掸子的,再有就是书局比较多。

你还说我精神？精神嘛！我这身毛料儿都穿了好几十年了。对，这像章我一直戴着，是同事给的，留个念想！给我像章的人已经不在了。"文革"那会儿，他在我们厂当军代表，是他送给我的……

李远山居住的姚五香店胡同与韦驮庙大街相通（摄于2009年3月21日）

口述人:穆瑞通

采访对象:穆瑞通(1951年生)
采访时间:2011年3月8日(星期二)
采访地点:铃铛阁海会寺西街12号

说起我们穆家,那可是个大家族。你问多少代我没法说,反正燕王扫北时到的天津,当时在金家窑登的陆,我们祖籍是浙江省,陈塘县,大槐树庄。穆家落脚以后,大伙通过乜帖,汉民叫化缘,现在叫集资,盖起了清真寺。随着家族的不断壮大,人口也越来越多,怎么办呢?就把各支儿向外迁,一共是七支儿,我们这支儿就奔了西北角、铃铛阁这边儿。跟你说吧,鼎盛时,铃铛阁姓穆的得有上千户!我太爷,外号"穆大个儿",好家伙,得有一米九!住在北头。我爷爷,我父亲,一直到我们这几代没离开过铃铛阁。

先前这一带都是庙地,嘛也没有。我们家就守着铃铛阁的后墙搭起窝棚。跟你说回民都爱扎堆,所以你挨我,我挨你的,一点点就连成了一片。哪有好房子,全是篱笆灯,我小时候这房子还都是草把子呢!穆家人一多就惦着建寺,谁呢?穆兴邦的父亲穆曹清,挑头张罗这事,也是大伙乜帖,谁知乜帖了多少年?就在海会寺西街与海会寺南街交口这块庙地上,建了清真西大寺。嚯,气派极了!大殿有五个大顶,五蹬台阶,配有东西香堂、水屋子。门楼子跟前一边一个石狮子,上面有一大溜砖雕,雕的嘛呢,天津市所有清真寺的微缩景观,别提多漂亮了!那年头儿西寺的人气比别处都旺。

"文革"一开始,全都变成封建迷信了,阿訇被赶跑了,大门也都关上了,没多少日子春德街把雨衣厂搬进来了。七一年,着了一把大火,整个古建筑嘛也没留下。好像是七三年,在原址上盖了一座四层楼和一个大仓库,还是雨衣厂。一直顶到八五年,才把西大寺要回来。

女寺？不是新的，老早就有，不就把角儿那房子嘛？哦，你说小胡同那个女寺，那是后来的，因为老寺房顶子塌了。跟你说吧，女寺，当年还是我母亲主张兴建的呢，她叫于宗琪，大概是五五年，她见女客越来越多，就提议在西寺边上建座女寺，大伙都说好。接着她就领着我和弟弟，四处去乜贴，山东、河南、河北，那些回民多的地方都跑遍了。你想，那年头也就给个几分几毛，乜贴了两三年，五七年才动工，不太大，现在还能看见老砖墙。

跟母亲乜贴回来，我就进了太平街小学，1966 年 10 月，我和孪生弟弟一块到新疆建设兵团，那年才 15 岁，被分在新疆农七师一三二团七连，整整 13 年才回来。七零年在新疆成的家，夫人叫肖宝俊，我们是哥俩娶姐俩，她们家也在铃铛阁附近住，都是知青嘛！七九年回来后，分到红桥环卫局，干到退休。

清真西大寺内景（摄于 2011 年 3 月 8 日）

口述人：穆瑞田

采访对象：穆瑞田（1951年生）

采访时间：2011年3月8日（星期二）

采访地点：铃铛阁西关北里74门207号

看出来我们俩长得一样了吗？穆瑞通是我哥哥，我们是双胞胎。起小我们俩就特别好，你想啊，连下乡都在一块！

现在我也退休了，没事做点糕干卖，主要是不想把老爹的手艺给丢了。

我父亲叫穆祥德，反正这一带你提"祥爷"或"糕干王"没有不认识的。我们家糕干，是父亲一点点琢磨出来的。别看先前好多卖糕干的，没有一家能赛过我们家的。我父亲做的糕干用料好，不管嘛年头儿，也不管米的价钱是涨是落，始终保持江米百分之七十，稻米百分之三十的比例。夏天先泡上半小时，冬天泡一个小时，然后到北头儿王凤来家的磨房去加工，箩的粗细对质量也有影响，反正他特别看重口碑。糕干馅一般就用红小豆，插豆馅，熬白糖。糕干做好了，上锅前得拿大雁翎子轻轻抹平表面，这是个绝活儿，不然你拿别的东西一刮，糕干就"死"了。过去家家都烧锅腔子，点煤点劈柴都行，我们家的锅腔子个儿大，上边架着铁锅，然后把糕干搁笼

家里珍藏的祖辈制作糕干的用具

老宅房角的砖雕(摄于 2009 年 2 月 8 日)

屉里蒸,熟了以后再切成格。我们家的糕干,告诉你吧,面是透明的,都能看见里边的馅儿,上面撒着青丝玫瑰、芝麻、瓜子仁嘛的,口感倍儿好。我父亲每天凌晨三点起床,一直干到天亮。你猜怎么着?天天家门口排满了小贩子,不会儿就都批发走了。怎么说呢,这一片做小买卖的,就数我们老爹能挣钱,他养着八个儿子、四个闺女,十几口人全靠糕干活着。就这样,他还整天救济穷人,瞎子、瘸子、傻子、疯子,都上我们这来。再加上他又特别好曲艺,尤其爱唱单弦,每天晌午一过,屋里就坐满了人,一直唱到天黑,经常是又管水又管饭,结果呢,手里愣没存上俩钱儿。

五几年公私合营的时候,把我们家糕干就合到红桥区饮食公司了,老两口子也都跟了过去。糕干还接着干,但意思不一样了,根本不听你那一套,尤其是后来谁还好好干?味儿早走畸了。七九年我从新疆回来顶替父亲接着做糕干,他亲口传授了穆氏糕干的制作方法。现在我们家也就我还知道点诀窍,可是继承下来也挺难啊。

口述人：穆瑞春

采访对象：穆瑞春（1945年生）
采访时间：2011年3月8日（星期二）
采访地点：铃铛阁海会寺南街1号

先头儿我们这儿热闹去了，海会寺西街、南街全是做小买卖的，相当于现在的小吃一条街：锅巴菜、茶冲、糕干、乌豆、糖堆儿、冰棍儿、崩豆、瓜子……嘛都有！尤其到了回民的开斋节，人都挤不动！就跟你们春节一样，头天晚上夜坐，清真寺里炸油香、炸馓子、炸馓姆馓，送给孩子们吃，送给穷人吃。对，清真寺的费用都是靠大伙亿贴，富裕的就多亿贴点，没钱的出力也行，反正谁家有事一招呼都出来帮忙。

白抬会知道吗？也叫埋抬会，哪个清真寺都有，就是帮回民办丧事。一般家里有人倒头，先到清真寺报信，白抬会带着水溜子到家接人，然后在水房净身，再换净水溜子。抬水溜子一般左右各仨人，前边有个开路的，嘴里得喊着话，其实就是告诉后边小心点：左滑——右滑——坷垃绊脚——个人脚瞧……迟止步（就是要换肩），左右两应靠（就是胡同太窄了）。喊起来挺好听。像我们家，只要有人叫，准过去跟着掺和，也都是受我父亲影响。

原来我们这条胡同东边一直通到张家大门、太平街、文成宫、西北角，老长了。铃铛阁东墙根儿那

同乐高跷会收藏的一对儿花冠

仍可使用的百年老腿子

岁月沧桑的龙头撸道具

条小马路叫大胡同子，胡同口冲着的那间房子是会所，得有上百年历史，过去那间房子相当于"天安寺同乐高跷会"的大本营。每天玩高跷的人都凑到那惹惹，有时上腿子踩踩，有时就切磋切磋，实在没词儿了海阔天空地神侃。我父亲嘛都好，除了吹拉弹唱，高跷踩得也不错，我们哥几个起小就跟着玩，就连姐姐妹妹都会踩，我中学上一年就不上了，玩心太重！没事就跟着高跷出会，跟着到茶社唱段子，家里也不管我。

　　我们这高跷会可有年头了，当年出过皇会，西北角这一带没有不知道的。有记载，说是嘉庆十九年，有个叫王宝善的回回，也算是德高望重吧，加上有一身的武艺，闲着没事的时候教亲友们学高跷。一来二去，住在天安寺附近的街坊邻居，就喜欢上高跷了，好多人都愿意跟着掺和掺和。王宝善一想，干脆成立个高跷会，召集大伙更方便。因为当时就在天安寺跟前活动，所以就起了个"天安寺同乐高跷会"的名号，王宝善顺理成章地当了第一任会头。这个人挺有才的，他把武术的一些套路，改吧改吧放到高跷里头了。后来，延续到季德树、梁恩贵两任会头，他们又在原有的基础上一点一点地改进。反正不管怎么着,高跷踩起来得好看,得跟别处的不一样。经过一代又一代的努力,就形成了独树一帜的"武高跷"。

　　高跷有"文高跷"和"武高跷",我觉着"武高跷"更难一些,耍高跷的人都必须会点武功,上场耍吧要是没点绝活叫人看不起。天安寺?早就没了,就剩下天安寺高跷这个"老字号"了,"文革"那会儿高跷会被迫停了,还砸坏不少东西。眼下,会所还存着一把龙头橹,两顶冠、三副腿子和一只香袋,都一百多年了。现在高跷会有二十多人,最大的七十多岁,最小的十来岁,新老搭配也挺不错。表演的人物都是从八出折子戏里挑出来的,生、旦、净、末、丑样样都有。每回演出都是先从《武松打虎》开场,后边一出一出地跟着,像《打渔杀家》呀,《铁弓缘》呀,《断桥》啊……反正你得把腾、挪、摔、打、翻、跳、击这些高难动作用上。我嘛都演过,起小就练,谁有事我都救场,别看我这岁数,一绑上腿子就来精神,别管摔叉、撂叉、跪叉,还是盘叉、翻身叉,嘛都行,你说能不叫好嘛!

　　我们高跷会一共十八个有名有姓的人物,扮相、头饰、服装、道具,完全跟戏里边的一样。其实每回真正表演的时间不是太长,可化一次妆得好几个小时,再加上绑腿子、热身嘛的,挺费工夫。不是有句老话嘛,"台上十分钟,台下十年功",既然喜欢就得付出,不吃苦门儿也没有。现在会里年轻人不少,差不多都是父一辈子一辈。尤其80后的孩子,别看他们天天跟网络玩命,一绑上腿子,学得快极了。

　　天安寺高跷会已经传到第八代了,百分之八十是回民,基本以姓穆的家族为主。全是大伙凑钱,支撑着平常的活动,添置行头、道具嘛的,这不正忙乎申报"天津市非物质文化遗产"嘛,只要能得到政府支持,百年老高跷就没不了。

口述人:戴连元

采访对象:戴连元(1938年生)
采访时间:2011年3月15日(星期二)
采访地点:铃铛阁海会寺南街三条7号

我们家在铃铛阁,都算上,已经第四代了。我们祖籍是河北省青县戴庄子,后来我爷爷带着全家闯关东,待了几年又回到河北,在迁安县建昌营落脚。因为我舅爷在天津做生意,就把我爹带过来,那年他14岁,现在要活着109岁。铃铛阁这块儿不是回民多嘛,他就给人家当伙计,一来二去挣了点钱,就在梁家豆腐房后边租了间房。干吗呢,回民叫"寄庄",就是替人家宰牛,然后把牛肉、牛皮、杂碎全卖了,等人家再牵着牛来时,把钱敛走。老话说:回民三把刀:宰牛、切糕加瓦刀,只能养家不能发财。我父亲有钱以后,就把我爷爷从老家接过来,开了两间牛肉铺子,一间在法国地老三号路,就现在的黑龙江路,字号"永胜祥";另一间在英国地,天香园澡堂子附近、玻璃铺旁边,守着墙子河,字号就叫"东胜祥",哪呢?现在的大沽路南头。我小时候到那玩过,我伯伯盯英国地的铺子,我爷爷盯法国地的铺子。反正干得还不错,起那就买了三条那个院儿,一共六间房。原来那房是"杨大屁股"的,他当巡捕,趁钱!免了儿英租界的牛肉铺子出手了,没办法,我伯伯不是那块料,我父亲一气之下给卖了,好像是日本投降以后。法租界的铺子一直干到解放。响大炮的时候,我们全家还到那避过难呢!以后还是接着干"寄庄",用"永胜祥"的字号。到"三反五反"的时候,给我们家定为"基本守法户",罚了二百多块钱,说是补税。一下哪拿得出来这么多呀!怀表、皮袄嘛的卖了不少东西,把钱凑上了。以后公私合营,我父亲去了食品三厂,转年在姚五澡堂子洗澡时,脑淤血,"无生"了,整六十。我爷爷一看家里不行了,就又回老家了。

我是家里的独苗,先在文成宫小学,当时叫河北省高等师范一小上学,都穿着美式军装,童子军,上体育课时手里还拿着根棍儿。上到三年级,赶上解放就不去了。后来又到太平街小学接着上,直到毕业。五八年五月十一号分配到塘沽永利碱厂,六〇年十一月离职。不愿呆了,不得玩。周围连个人都没有,腻歪!打那起就干临时工,嘛都卖呗!"文革"时我父亲被打成资本家,他没有了就拿我开刀。六六年八月,就在西寺门口搭的台子,红卫兵把我拉上来批斗,说我是"资本家的狗崽子"。抄了家,东西都敛走了,房子还占了两间,后来退赔时,我把那两间房卖了。抄走的那些东西,订了几条原则:易碎的不赔,丢失的不赔,公债退还,金银折价。这些年主要倒腾点瓷器、铜器、鸟笼子、蛐蛐罐嘛的,好玩!

戴连元居住的海会寺南街(摄于 2011 年 3 月 10 日)

口述津沽
民间语境下的堤头与铃铛阁

口述人：时宝忠

采访对象：时宝忠（1917年生）
采访时间：2011年3月15日（星期二）
采访地点：铃铛阁北小道子欧阳西巷4号

多大岁数？不知道，没身份证，有嘛用？你看我多大？嘛玩，八十？九十四啦！我是老虎搬山——挪不动。要不是我这俩兄弟，谁也叫不来我。

你想问嘛吧！你要让我自个儿说，那就没边儿了，我听你的。哦，三角地，那年头可长了！地方不大，出鸟的不少，五行八作，样样俱全。周围全是外窑子，就是娼院。实际上，三角地，一角也不缺，都这么说。唉，嘛都有：说书的，唱曲的，饭馆，酒馆，小买卖。热闹吗？比看着火的还热闹呢！哪来的都有，城里的，周围的，外地的，用现在的话说，就是流氓地痞呆的地界儿。

窑子多吗？数不清！你要问这事我倒能抖落一点，跟你说吧，三角地的窑子如果有十八条胡同，我们家就占六条，我爷爷开的，人称"时九爷"！闺女都是打小买的，主要是三个地方，一个是胜芳，另两个是苏杭二州。当年我奶奶是老板娘，买孩子都是她的事，那边一有人介绍，她就过去，全是穷人家，要不能舍得卖孩子？一趟就带回一个，你当放羊啊，没那么多。肯定是挑好看的，长得俊的，没毛病的。按大洋说，一个得花百八十，也有花二三百的，那得看情况定。胜芳那地界儿就这样，是闺女，下三年窑子，回去再嫁人。不有句话嘛——养女的，银子仓；养男的，王八羔。

我们家的闺女可盛了，养得一个个细皮嫩肉的，最初几年嘛也不干，就是该干了也先听本人意思，不像电影那样又打又骂的，老板娘不捅她们一指头，整天好吃好喝地待着，每礼拜五都到南小道子兴盛后的诊所查体,有病的给治病,怀上孩子的嘱咐嘱咐别掉了。不管,怀孩子赛宝儿似的,稀罕极了,没关系,本人不愿要就留下。嫖一回多钱?拾毛蓝、拉胶皮的给两毛也干,三五块钱呆半天也行,不固定。到时候就给聘出去,一般都是领人过来看,看上了,不是好人家也不放,最起码不能让闺女受穷啊!差不多当官的、做买卖的到这块儿选人的多,反正来时二百块钱买的,走时怎么也得找他要个两千块钱,人吃马喂的好几年得花多钱?不过,娶走时也排场着呢!花车,花轿,嘛都有,真找了好主能不高兴嘛!这辈子算翻身了。

时宝忠居住的欧阳西巷(摄于 2009 年 3 月 21 日)

三角地一解放就给清了,窑主啊,娼妓啊,也都改行了,倒是没有被枪毙的,可能是没有人命吧!

戏园子胡同?有,就在这附近。最早叫兴盛后,因为那儿的戏园子就叫"兴盛戏园"。告诉你吧,那是我们家开的!哎——我大爷时玉清干的。他怎么发的财说不好,反正在我们家最有钱。戏园子不小,能装二三百人。好多名角都打这走的,火极了!后来真的着了一把火,给烧了。免了儿我大爷带着"小八仙旦"去外蒙了,打那没回来。

我父亲是干切糕的,呵——那切糕,这么说吧,半斤米能养一家子。每天就做一大盘,打咱这推着独轮车到下边的英法租界的交界,一路不停,谁给多钱也不卖,就等下午三点的老主顾。好么,那老头儿,缎子夹袄,纺绸裤子,礼服呢布鞋,麻纱白袜。用的叉子,银的。蘸水罐,江西瓷的,讲究去了!到了地界儿,多了不喊,就一句:"切糕——没核的,江米藕——啊,麻团凉果粽子——"不会儿,银号的、旅店的、洋行的,都派茶房出来买切糕,七切八切立马就光了。

我哥儿五个,现就剩我一个。不怕你笑话,我瞎字不识,没上过学,就好玩儿。起小就跟我爹听戏,他是票友,唱旦角。我拜的是赵连玉,学评戏,捐班,就是出钱请师傅,好了跟你学,不好玩去!我唱过的折子戏得百十来段,本儿戏也会个二三十段,白派、刘派、艾派,我都喜欢。一般旦角演不过我,到处演,像"天宝""天乐""小剧场"老去。对喽!玩闹一辈子。

南北小道子不太一样,南小道子都是内局,棉布庄,门脸多;北小道子全是织布的,织毛巾、织袋子的。

还想听嘛——烈女祠?好么我在那长起来的,没事就在那玩。祠堂是给柳大姑、柳二姑建的,她俩在千佛寺那块儿住,平日靠糊洋火盒为生,有几个小流氓老搅和人家,三番五次,没完没了,姐俩一生气,就拿煤油泡洋火头儿喝了,那还活的了?这下可惹祸了!千佛寺周围有头有脸的都出来了,在西关街立了牌坊,捣乱的仨小子也抓起来了,就在牌坊前拿绳子给绞死了。贞洁烈女牌坊对过是祠堂,看祠堂的是郭老爷。以后里边又添了七座坟,全是没结过婚的烈女。原来那一片嘛都没有,荒草老高的。

要是没别的事,我来一段你听听:"……"

口述人:穆文勇

采访对象:穆文勇(1935年生)
采访时间:2011年3月15日(星期二)
采访地点:铃铛阁海会寺西街27号

我脑子不好,爱忘事,也说不出嘛来。在这一片,我算大辈儿,"文"字排位靠前,他们都管我叫老伯。

　　我们家在这儿算是"老地皮"了,来得最早,我爷爷穆朝青到这时还全是庙地呢!没一户人家,据说,我爷爷落脚后跟一个老和尚关系特好,他蹿腾我爷爷在这儿建寺,所以就网罗一批习武的人,在这附近跟他练功夫,有了人气以后就开始为筹建西寺收乜贴。我爷爷那会儿开粪场,以后又改成面行,倒是趁点钱,可是大部分回民都比较穷,所以钱凑得特别慢,他恨不得快点把寺建起来,就到关外去收乜贴,结果叫人给害死了。怎么办呢?当时在中营当官的我伯伯、大爷出钱,加上敛的乜贴,才把西大寺盖起来。

　　虽然西寺是我们家操持盖的,但都是为了让回民朝拜方便,回民的特点不是围寺而居嘛!到我父亲这辈就改行了,他就在这条街上卖卤、卖碱,"卤"是点豆腐用的。小本生意,细水长流,据说卖卤的在天津就三家,我们算一家。回民干大买卖的少,全是小门小户。你往北走,到铃铛阁大街那块看看,房子跟这儿的绝对不一样,全高门大墙,磨砖对缝,哎!跟老城里一样的四合院,可你再问问,差不多全是汉民。

　　我当了一辈子泥瓦匠,在红桥修缮队退的休。

　　你看铃铛阁中学东南角那座小二楼了吗?当年我还跟着盖过呢。就干了一天,在那涮石头子,手都磨破了。那小楼盖的是派出所,门口姓赵的在那公干,他算是三朝元老。不过新派出所没用几天就解放了,房子归了学校。

好么,四九年解放军攻打天津时,西北角一带早拿下了,唯独铃铛阁中学这所楼费大劲啦!听说死不少人。

这座楼是铃铛阁这片的制高点,加上房子也特别结实,解放军大部队围了一天就是攻不下来,其实楼顶上就剩三个人、一挺机关枪。可这三个人居高临下,看底下的胡同一清二楚,只要一有探头的就挨枪子儿,打的准极了。

我们门口的梁二爷,他是火会的会头,在屋里听见声音,出来想往外看看,"当——"一颗子弹就打死了。梁二奶奶不知出了吗事刚一露头,"当——"也给打死了,你说邪乎不邪乎!一直相持不下,怎么办呢?解放军就在后墙根放上炸药包炸,结果,没炸透,也没把人震下来,最后还是当地老百姓给解放军带路,绕来绕去进了学校,然后爬到顶子上,把架机枪的那家伙从楼上给掀下去了,就落在后墙底下,死啦!门口的穆瑞亭凑过来一看,呵!还穿着一双大皮靴,二话没说就给拔下来了。听说口袋里的怀表嘛的,也都叫人拿走了。够哏儿的吧!

口述人：荆学忠（右）、荆学武（左）与母亲。

采访对象：荆学忠（1956年生）
荆学武（1951年生）
采访时间：2011年3月24日（星期四）
采访地点：铃铛阁永明寺南街66号

荆学忠：对，祖辈儿就在这住，没离开过。原来这间房正门开在永明寺南街，后来截成两间就朝南了。最早是里外间，沿街那间炸馃子，我爸就是靠炸馃子养活一家人的。起先是我姑爷爷在天津做小买卖，他是山东人，姓徐。娶了我三姑奶奶以后，在西市大街落了脚，因为他会炸馃子又会做木匠活，就看准了这块地界儿，后来买了这间房干起馃子铺。为了找个帮手，三姑奶奶就把我爸从静海老家带过来，那年也就14岁。先跟着打杂儿呗，到16岁的时候正式把炸馃子接过来，起名叫"荆记馃子铺"。这片儿，还就这么一家馃子铺，生意倍儿好。先前这周围倍儿热闹！又守着好几个路口，关键是我们家的馃子炸得好，我爸人也厚道，所以好多老主顾，宁可多走几步也到我们这买馃子，每天门口都排着长队。

嘛都炸，馃箅儿、糖皮儿、馃头儿、套圈儿、花生瓣儿……有的现在早就见不着了，听我爸说一天起码能卖两个面。公私合营以后就停了，一开始在韦驮庙大街的豆腐房接着炸馃子，后来又挪到我们家斜对过"春德豆腐房"，炸了一辈子馃子。合营那会儿他的工资就76块钱，算够高的了！你想，我妈也合进去了，才给开二十多块钱，现在老娘能拿到两千多！

我们是哥仨、姐仨，六个孩子。我七七年到武清下乡，一天才挣两毛钱。熬了两年，七九年回来顶替我爸，分在"康乐食堂"炸馃子，就在这附近。那阵儿要求严极了，一百斤面配35斤油，到时候有检查的!现在行嘛?

我跟我爸差不多,就会炸馃子,这不每天夜里两点起,准备准备就得三点,然后骑到这门口四点来钟,干到九十点,这活儿就是辛苦,温饱行,发财没门!

荆学武:我父亲这人老实一辈子,跟谁都和和气气,人家都管他叫"威虎山老九"。他炸馃子特别地道,夏天把冰水化了和面,行个把小时揣一回,再隔几个小时,再揣一回,反正炸馃子前得揣三回。那面熟腾极了,擀多薄都不带断的。传统馃子就"盐""碱""矾"三种配料,季节不一样,比例也不一样,那馃子多晚儿都这么挺脱!听我父亲说,六几年的时候,胡昭衡到这一带视察,那阵儿正抓"缺斤短两",他走进豆腐房让我父亲炸几根馃子看看,结果一称分量,丁点不差!他这辈子就带了一个徒弟,70年代初在行业大比武时,

邢学忠居住的永明寺南街(摄于2011年3月10日)

拿了个二等奖，他叫李宝珠。

"文革"时给我们家定成资本家。为嘛？不是雇了俩人嘛，一个是我姑表哥，一个是我老舅，那就叫剥削！工宣队带人来抄家，吓得我们把存的好几桶油都偷偷倒地沟里了，我爸、我妈天天胸口上别着块"黑牌儿"炸馃子。唉，甭提了……

永明寺南街旧貌（摄于2009年2月9日）

你看到我们家这位置了吗？就在韦驮庙的后身，西边是粉房，做粉条的；我们的馃子铺左边是成衣铺，姓赵；对过儿，守北小道子西口，是陈家水铺；旁边儿是贺家饺子馆；再旁边儿是刘家黍米饭；隔俩院儿是家澡堂子，也是个人开的，姓马，后来改成鸡毛掸子加工厂了；再往前走是张家大院、蒋家大院和商家大院，尽头是韩家炸糕和齐记烧鸡。

我们家门口就更热闹了，卖鱼的，卖烤山芋的，反都是小摊儿。北边的"色五"，就是色织五厂，前身是轮带厂。全是平房，最早里面还有住户呢！后来"色五"迁进来，八几年才盖的楼，倒也火了好几年。

我六九年也下乡了，在静海县。七六年选调到静海县粮食局，在那儿退的休。

口述人：商宏镇

采访对象：商宏镇（1950 年生）
采访时间：2011 年 3 月 24 日（星期四）
采访地点：铃铛阁永明寺南街 5 号

商家大院？就在前边儿，也这条街，5号。现在成拆迁指挥部了。进去过吗？里面老大了！反正在这片民房里没有超过它的，现在看不出来了。过去是三道院，第一道院是"大隆织布厂"，全是织布的车间，当然是商家的。中道院得从侧面的过道和回廊才能进去，一共有七间半房子。主楼后身是第三道院，小后门通在硝坊胡同。主楼一共两层，有十几间房子，是我四伯专门叫人烧了两窑琉璃砖盖的，特别结实。听我妈说，我是在二楼靠右边的房子里生的，以后就挪到楼下，其他房子都交公了。大院儿北面有家诊所也是商家的，开始叫"永明寺联合诊所"，嘛病都治。后来改成"万龙堂妇科医院"，再后来就停了。

整个房产都是我父亲商宏镇一手创起来的。他早先在南市的"白傻子布铺"学徒，跟掌柜的关系一直不错。好像是四十年代，白傻子经济拮据，就准备到上海找闺女，他觉得我爸这人挺可靠，又有头脑，走之前就把布铺盘给了我爸。他接过来以后，把字号改成"华伦兴绸缎庄"，没多长时间就干出名声来了。接着在大营门附近又开了一家"万聚兴绸缎庄"，都是家族自己经营。生意越做越好，结果又开一家叫"万聚兴绸缎庄下号"。听老人们说，不止这三家，估衣街和其他地界儿好像也有我们家的买卖。当时选地盖房时，我爸想买"五大道"那边的地，我爷爷说嘛不同意，就看准这儿了。那会儿要把房盖在租界地也就留住了。

新中国成立以后生意就不做了，因为我爸沾点道门儿，店铺和房子全给没收了。楼房起先搬进来好多散户，以后街办事处挪到这，后道院的房子给银行了，我们家人住在中道院。"文革"一开始，把我们全家都给轰出去了。能不抄家嘛！所有的东西都拿走了，最后家里连把菜刀都没有！听周围邻居说，抄家时用解放汽车拉了一天。我爸、我妈、我妹，都挨斗了，惨透了！我们一共哥六个，都给拆散了，我搬到铃铛阁大街38号。七五年落实政策时，那家也是落实对象，就把我们又迁到贞女胡同。九五年修芥园道时给拆了。别提了，"文革"退赔时，列了个清单，好多值钱的东西都当查抄物资仨瓜俩枣给卖了，没辙啊！记得"文革"前吧，我在靠楼梯那屋住，一到夜里就听有人上下楼，吓得我直哆嗦，就问我妈怎么回事。我妈说，这就快败家啦！当年，院儿里的两棵柳树，生了好多毛毛虫，转年就死了。有时你不信不行！

我六八年下乡，去了河北文安，七九年返城分到白灰厂。我们家除了我，他们都是干教育的，其实我小时候学习特别好，已经考上铃铛阁中学了，因为出身不好没进去。唉，没赶上好时候啊！

过去我们门口倍儿热闹，卖嘛的都有，每天下午四点一过，人就都来了。不有句老话嘛，叫"南花北炮"，我们这边一到过年过节，鞭炮响起来没完；南边的烟花放起来没完。据说硝坊胡同就是干这个的。

口述人:王昌煊

采访对象: 王昌煊(1953年生)
采访时间: 2010年3月26日(星期六)
采访地点: 铃铛阁丁字胡同3号

哦——！你走错门了，那也不是正门。正门早改住房了，你进的门儿是现在的铃铛阁大街3号。我们家现在的门儿其实也不应该在丁字胡同，都是后来改的。这么说吧，现在的王家大院，正宗的王家后代还就我们和二盛号那个院儿。其他住户跟王家没多大关系。

是啊，出名了！区里也来，专家也来，记者也来，考察的也来，反正现在是下不来台了。我觉得倒是个好事，借机会把王家的家族史倒腾清了。当然，祠堂能整体保护更好，局部保留也行，不管怎么说，这段历史不能就这么乌涂抹黑了。

怎么想起折腾这事呢？说起来还是九九年的时候，我有个在南开区当副区长的哥哥叫王昌明，跟我、跟我姐好几次都提起祠堂的事。他说王家的历史应该好好理一理，老人儿都不在了，以后再想弄也弄不了了。他这一说，好像一下子把我脑子"点"开了。打那起，我就四处扫听，有点模糊儿就去拜访，谁也不认得谁，仗着我脸皮厚。起先也都不理解，说我穷了个业的，弄哪门子家谱啊！反正不管别人说嘛，我就想试试。其实支持我的人也不少，劲儿一下就鼓动起来了，都加在一起得访了十几、二十来户。还一个是嘛呢，我从小对家里的事就特别上心，大人说嘛我都能记着，也好打听，所以知道的就比别人多。加上我小时候特炮，这院儿的房顶子我差不多都上过，经常在高处放风筝、哄鸽子嘛的，要不王家大院的格局我能画出来呢！

我是老三届的，六八年下乡去了内蒙古，没待几年就回来了，我父母都有病，身边得有人照顾啊！当时全家都指望我姐一个人，她在"小园菜库"上班。能干极了，在单位都出了名了，可是就因为成分不好，连团都没入上，更别提入党了。我父亲从铃铛阁中学毕业后，就留在学校当老师了。后来学校说他不适合教课，就给他安排去了板桥农场，你说他干得了吗？我就在家伺候俩病号，也正是那段时间，父母给我讲了好些他们从长辈那儿听来的家史。基本上他们说过的我现在都能想得起来，尤其是后来经过验证，好多事还真都对上了。直到铃铛阁要拆迁，我才开始准备材料，呼吁有关部门别喊哧咔嚓把房子扒啦！好好考察考察，这不单单是我们王家的事，也应该算是天津的历史文化了。

你看，这是我最早往外寄的一份材料，是以我个人名义写的，其中有一段也正是你想问的："记得1960年左右，父亲王恒垣领我到西北角去玩，路过文昌宫时对我说，西头一带除了文昌宫，没有比咱们家房子早的，连吕祖堂也比咱晚。"吕祖堂是清康熙年间建的，你琢磨吧，王家大院应该多少年了？

王家大院其实叫"福箴堂"，也叫王家祠堂，它东起魏家胡同，西到丁字胡同，北起铃铛阁大街，南到二盛号胡同，这一大片过去都是王家的。祠堂的东、西走廊，和两边的墙上，镶过四块嵌碑，有两块是清朝最后一个状元刘春霖写的，现在石碑就埋在祠堂的地底下。我见过石碑上刻的字，大概写着王家的祖籍是浙江绍兴城东五里的，1405年明朝燕王扫北落户天津，燕王赐地50亩，排辈40个字，传到我这个"昌"字，差不多是28代。

五八年，祠堂全都交公了。红桥区先春园房管站在把西走廊改成住房时，把墙上的石碑卸下来埋在了地下；七六年房管站在维修东走廊时，又把这边的石碑抠下来埋在地下。前年，在祠堂另一间屋的墙上发现一块石碑,碑铭叫《旌表节孝外祖母王母焦太安人碑记》,落款是"大清道光癸卯年五月,福箴堂王文通、希舜、文运、文达立",人家帮我查了查说是 1843 年。它和现在吕祖堂那块碑,落款是一样的,只是时间早它三年。从这点说,王家在这一带分量不轻。王家大院是七进四合套,一共有九十多间房。靠太平街这面的后墙上,原来有光绪皇帝的老师翁同龢的题字砖雕,四个大字"进德修业"。九四年开芥园道时,后墙和题字都拆了,听说有人拍了照。"文革"时,我们家没受冲击,嘛都没有了,全吃光了。告诉你吧,最困难的时候,我父亲叫我把南屋的房檩拆下来卖了,你看这屋了嘛,要不是这根柱儿撑着,非塌了不可,房坨也给卖了!都给父母治病了。

不过,我六大爷挨整了。当时他住着祠堂中间那屋和西边的两间房,房子后墙的三分之一位置用木板隔开,上面放好些老祖宗的字画、灵书、照片,还有红木六角灯架、牌匾嘛的。红卫兵来了以后,把这些东西全都抱出来了,就堆在当院儿,接着就喊:"这院儿里还有姓王的吗?赶紧出来砸四旧!"那天我正在现场,赶紧跑回家告诉我父亲,我爸说能抢回来就抢回来,能分邻居就分邻居,我一看,先偷着分给同院儿的烧火一部分,又把三竹筐的灵书藏在铺底下,其他的都让我当着红卫兵的面给砸了,烧了。七零年我从内蒙古回来时,父亲怕惹祸,结果还是把那三筐书烧了。

听老辈儿讲,王氏家族在天津做官的不少,二三品有两三个;四品以下的有七八个,王恩波当过四门千总。

我再拿点好东西给你看看……知道这是嘛吗?是分家单。知道谁写的吗?金庸。哎!金庸是我的堂舅。原件是毛头纸的,我花钱给装裱了一下,看得清吗?我给你念念:"分单……"

"兹因金恩贵家境困难,次子媳毕淑贤同子金石钊要求情愿分祖遗房产一部母子独立谋生。经大家同意分遗产情况如左:现有祖遗房产壹处,坐落天津市八区太平街六号。金恩贵、冯恩如分东房靠南壹间、西房靠南壹间、外厨房半间、柴棚两小间、北小房半间、过道半间;长子金松年分北房靠西两间;次子媳毕淑贤同子金石钊分东房靠北两间;四子金建邦分西房靠北两间;五子金松桥分北房靠东两间;女金松贞分北房楼上两间;金恩贵因没有劳动力,除毕淑贤母子立即分给东房靠北两间外,余房俟金恩贵百年后再分给各子女与毕淑贤母子无干,倘若毕淑贤母子出卖该房,只给滴水壹尺半不得卖院子,但可以借光;如金恩贵卖其他房时,应与毕淑贤母子无涉,自分之后房地产税等均按房地分担。欲后有凭,立此分单六份,各执壹份为证。立分单人:金恩贵、冯恩如、金松年、毕淑贤同子金石钊、金松贞、金建邦、金松桥。族人:金庸;中证人:冯金鉴、毕淑屏。公元一九五三年四月二十四日。"

为嘛把这个倒腾出来呢? 也是想从一个侧面琢磨琢磨大家族没落的过程。我2004年给金庸写过信,想通过他给丰富一下这段历史。人家是文化人,我连初中都没读完,好多东西都是我姐帮着整理的。我在给金庸的信里讲了这么一段事:"估计是六七年,娘领我在太平街碰见五姨查良英,五姨身边跟着她的儿子,有20来岁。听她们闲聊,当时五姨已经单身了,娘问她又找人家了吗? 五姨指着表哥说,怕他受委屈……回家后,娘跟我说,姥姥家原来姓查,清朝时祖辈立功,皇帝就赐了金姓,在旗,镶蓝旗,归瑞王爷管。五姨因为堂弟金庸跑到香港受到牵连。娘说,五姨忒仁义,没供出她和舅舅,要不也得倒霉。"我娘七三年就去世了,才活到56岁。

王家老宅的布局没怎么动,房子都糟了。几百年了,经历了这

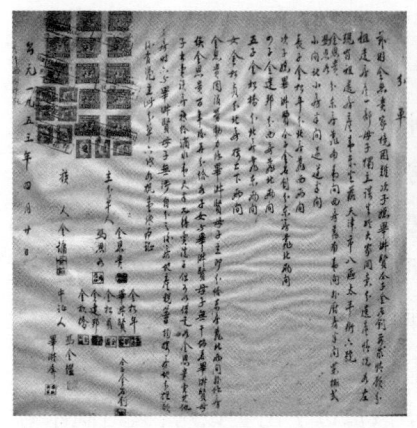

金庸手迹

王家大院现存的精美砖雕
（摄于 2010 年 3 月 21 日）

王昌煊收藏的祖辈照片之一

王昌煊收藏的祖辈照片之二

么多事！尤其是变成大杂院以后就更完了。你先头儿去的那院儿为嘛好呢，而且跟所有的房子都不一样，我琢磨是后来翻盖了，那个院儿对过就是祠堂。据说，维修祠堂时他们家出钱最多，你看那房子能看得出来，都是洋味的，挺趁钱。过去在王家大院，谁家出钱多，谁家就说了算。

抢救与行动

　　本集开篇所访问的范贵林先生,今年5月初飘然仙去,享年105岁。笔者因考察马家店(王襄确认甲骨文之地)的关系,曾两次采访老人,在此谨表示深切的悼念。随着城市旧有居住格局的迅速打破,以及这些见证历史的老人相继离世,针对某个社区的口述历史资料采集,已经变得越来越困难。关于这类资料抢救之重要,早已成为多方的共识。但问题之关键却是,共识不能只停留在口头上,而更应付诸于行动。这一点,张建先生的《走近铃铛阁》,无疑再次给我们树立了样板,一个非常优秀的样板。

2011年8月3日

　　(按:张建先生的《走近铃铛阁》,2011年在《天津记忆》第89期以内部交流形式推出过。本文为编者杜鱼当时撰写的编后记,今原文移置于此,仍作"编后记"也。)

《问津文库》已出书目

(总计 21 种)

◎ 天津记忆

沽帆远影　刘景周著	59.00 元
荏苒芳华：洋楼背后的故事　王振良著	49.00 元
津门书肆记　雷梦辰原著/曹式哲整理	49.00 元
故纸温暖：老天津的广告　由国庆著	28.00 元
沽上文谭　章用秀著	38.00 元
百年留踪：解放桥的前世今生　方博著	39.00 元
南市沧桑　林学奇著	79.00 元
津沽漫记：日本人笔下的天津　万鲁建编译	39.00 元
忆弢盦：来新夏先生纪念文集　焦静宜编	92.00 元
与山河同在：天津抗日杀奸团回忆录　阎伯群编	38.00 元
楮墨留芳：天津文化名人档案　周利成著	30.00 元
布衣大师：允文允武的艺术名家阎道生　阎伯群著	30.00 元
口述津沽：民间语境下的堤头与铃铛阁　张建著	28.00 元

◎ 通俗文学研究集刊

望云谈屑　张元卿著	39.00 元

还珠楼主前传　倪斯霆著　　　　　　　　　　　38.00元
品报学丛（第一辑）　张元卿、顾臻编　　　　　38.00元

◎ 三津谭往
三津谭往.2013　王振良主编　　　　　　　　　39.00元

◎ 九河寻真
九河寻真.2013　王振良主编　　　　　　　　　59.00元

◎ 津沽文化研究集刊
《雷雨》八十年　耿发起等编　　　　　　　　　55.00元

◎ 津沽名家诗文丛刊
王南村集　王煐原著/宋健整理　　　　　　　　68.00元

◎ 津沽笔记史料丛刊
严修日记(1876—1894)　严修原著/陈鑫整理　　138.00元

津沽文化研究集刊第十四种

主编 王振良

口述津沽

民间语境下的丁字沽

日记篇

张建 著

天津出版传媒集团

天津古籍出版社

引言：观察·思考·回顾

    口述史采访日记，是我在编著《口述津沽：民间语境下的西于庄》时衍生出的应用文体，结果得到专家和读者的认可。曾有若干人在谈及那本书时，总要复述里面的一些有趣桥段，总要聊到那里出镜率最高的"四哥"，总要慨叹字里行间自然流露出的真情实感，并赞许我为留住老百姓的内心珍藏而付出的辛勤。由此说来，口述史采访日记不单属于个人喜好，更是一种有益尝试。"日记"与"口述"相呼应，较全面地展示了书稿的编著过程，也算在民间口述史的表达方式上，寻找到一个沟通历史与现实的桥梁。

    在启动丁字沽口述史项目时，我毫不迟疑地将采访日记列为不可忽视的部分。从2016年11月17日"接了一个电话，领了一项任务"记起，到2018年3月8日"用第一百篇日记，结束对丁字沽一年零四个月的关注"为止，我在键盘上足足敲击出十三万多字。起初，我还担心丁字沽和西于庄的采访日记多有雷同，毕竟两地的距离太近了，又都做类似的口述史。然而，真应了那句老话——历史是不可复制的。这100篇日记与那100多篇日记堪称姊妹篇,虽然两者都归属于"专题日记",但丁字沽与西于庄采访日记的看点是不一样的,如果说西于庄采访日记着眼于抢救街区历史的动态流程,那么丁字沽采访日记更侧重相对静态的观察、思考与回顾。

做丁字沽口述史这个项目,正值我退休前后的人生转折期,工作状态、心理状态、身体状态以及生活状态都不可避免地发生着变化。没有哪个退休人员会直视这个话题,而我的采访日记,却在不经意间得以表露:那种微妙的自我暗示、自我嘲讽、自我激励,绝对是虚构不出来的。在处理两次患病的情节上,我依然没脱离"丁字沽"这条主线,虽然在日记记录的连续性上出现了大面积空白,但通过倒叙的方式交代了患病的前因后果,更主要的是把埋在心底的那种复杂感受抒发了出来。毫不夸张地说,过去的一年对于我,是悲喜交加的,尽管承受了许多意想不到的压力,但我还是表现出一以贯之的乐观,日记里不乏幽默与调侃,文笔更开放,也更自如。

丁字沽采访日记,从内容上看可分为两部分,前半部分以采访人物为主,后半部分以整理文字为主。前半部分用一定的笔墨描述了王传林这个"大媒人"的担当、热心、勤奋和絮叨,虽有西于庄"四哥"的影子,却又充满了追求与梦想,字里行间还体现出我们之间的默契与友谊,体现出各自最本真的一面。日记的后半部分,纯属单打独斗,一个人闷在家里,自己跟自己较劲,自己跟自己抓狂,自己跟自己妥协,自己跟自己交心,用忘我消除孤寂,用投入换来获得感,用笔触描绘了一个"老宅男"的精神寄托。

2018年3月9日

2016年11月

2016年11月17日(星期四)

气象详情:最高气温11℃　最低气温6℃　多云　东南风　微风

晚上8点04分,挚友王振良打来电话,上来就问我最近忙嘛了,一听这话就知道后面有事。我兴奋地告诉他正歇年假呢!他说:"正好,头几天遇上个说评书的,他对老丁字沽特别熟悉,聊了不少老事儿,我觉得可以做!"我的天,本来要享受平静生活了,忽然间又要把我引向"歧途"。说实话,一提要做口述,我的心就咯噔一下,真是怵死了,这种心态人家振良不知道,也许还以为我做上瘾了呢!振良在电话里滔滔不绝地大谈口述丁字沽的可行性。我有点为难地跟他说,眼下还欠着账呢——就因为不愿再做了,姜维群先生交给我的另一个口述选题至今未启动。可是我又十分清楚,那些被边缘化的地方,更需要有人去挖掘去抢救它们的历史。最后,我还是先把球踢给振良——等他信儿,要是黄了不正好嘛。这事说的差不多了,我转而告诉他一个好消息:我连续用了4天时间,撰写了一篇有关口述史的论文。我简单概述了文章结构,目的是让他给挑挑毛病,毕竟这方面人家是科班。

接了个电话,领了个任务。

2016年11月18日(星期五)

气象详情:最高气温10℃　最低气温5℃　霾　东南风　微风

　　上午9点16分又接到振良老弟的来电,还是丁字沽口述史的事,没想到他这么快就跟人家约定了。他问我哪天方便,我说周六有事,周日没问题。于是,就初定周日(11月20日)。11点17分振良又打来电话,说人家周日回北京。我说要不就周一。他说周一开会,不如定周二(11月22日)。

　　下午2点,参加报社召集的中层干部会,散会后振良到我办公室聊天,我们聊这聊那,总而言之也没离开出版和天津地方史。我问他年会哪天开,他说12月31日,这一说,倒提醒了他,他说得赶紧回去发通知。我起身送他并再次拜托他给看看我的那篇论文,他边答应边急匆匆上楼了。

2016年11月21日(星期一)

气象详情:最高气温2℃　最低气温-4℃　大雪　东北风　5-6级

　　昨下午,把那篇《聆听过去的声音——民间口述史的采集和整理初探》一文又修改一遍,字量虽然减了点,但逻辑性更强了。为嘛急着修改呢?主要是为今天去报社,打印出来交给亲爱的振良老弟审阅。

　　正歇年假呢,本来可以不参加支部学习,但我觉得还是起个表率作用好,另外手头还有些零碎事需要处理。上午8点20分从家出来,好家伙,雪花被风一吹,打在脸上像刀子拉似的,塑料雨衣被掀起老高,不会儿鞋和裤腿就湿了。我心想这已经很不错了,气象台还说有暴风雪呢!

　　到报社先把论文打印出来,9点一过,赶紧到8楼副刊部找振良。办公室的档子里都坐着人,我开玩笑说:"要不你们是先进部门呢,风雪天也都来得这么齐!"两位老同事与我搭讪,其他几位一般情况下不与来访者交流。我将论文递给振良,不好意思地说,基本都是自己的做法和经验,不叫论文也行。他说,其实用不着打印。我说,谁知你将来成为多大的人物,带着修改笔迹的稿件不就值钱了,做什么事不得留痕嘛!大家都笑了。之后,我们又商量转天到丁字沽赴约的事。他说:"对方订的是明天下午2点在零号路与中环线(勤俭道)交口碰头,他们邀请了9位'老丁字沽'。先大致听听,留下联系方式,后面你就慢慢弄吧!"我想了想,要是有这老几位垫底,问题不大;也许明年退了休寂寞了,倒想找点事干呢!我知道振良整天忙,不愿再耽搁他的时间,就下楼参加支部会去了。

2016年11月22日(星期二)

气象详情：最高气温0℃　最低气温-6℃　晴　北风　3-4级

上午开始准备。先把CF卡里的文件拷到移动硬盘,腾空、格式化,顺便查看照相机的电量。再把录音笔找出来,倒出卡里的文件,换上电池。接着又拿出一本新的采访记事本,有种重赴战场的感觉。

中午11点40给振良打电话,问他是一块走还是我先走,因之前听他说好像下午有个什么事。果然,他让我先去。我找他要来丁字沽联系人王传林的电话,吃了午饭赶紧睡觉,不到1点起来,换了条厚秋裤,找出一副线手套,骑着自行车就出发了。

因前天下了小到中雪,气温下降好几度,乍一出来有点不适应。我把冲锋衣的防风帽戴上,顶着北风使劲往前蹬,没多会就全身发热,骑到大丰桥时手机响起,我琢磨是王传林打来的,果不其然。他问我到哪儿了,我说已到大丰桥;他又问我坐嘛车,我说自行车。他一惊,接着告诉我,他已经到了零号路与中环线交口。

我怕晚了,咬着牙骑上新红桥的大坡,膝盖生疼生疼的,好像

王传林约来的几位老人相聚在杨世均家,你一言我一语,聊起了老丁字沽

自行车也不如往日好骑。到了见面地点,脑门子直流汗。环视四周,见几个方位都没有疑似等人者,于是给王传林打电话,原来他在车里等着呢。只见他一边用手机跟我通话,一边挥手示意我过马路。勤俭道与零号路的交叉口很宽阔,没有几分钟走不到对面,所以我还是骑了过去。眼前这个王传林仿佛在哪见过,他身材瘦削,穿一件灰色粗纺呢猎装,看上去很干练;面部黝黑,隐约似有疤痕。我们寒暄了几句。他告诉我约定的这户人家在立交桥的另一面,让我从桥下穿过去在路口等待,他去调头。我看了看时间,2点45分,怪不得这么累呢,才骑了40分钟就赶到了。

接着,我跟随王传林的车子往巷子里深入,一看,这不是我岳父原来住过的桃花园南里嘛!太熟悉了。过去一到冬天就召集全家往六楼搬蜂窝煤,后来弄了个滑轮一筐一筐往上吊,可受罪了。

要去的这户住的是平房,进了屋一间套一间,走到头得十多米,好像是主人的客厅,中间的茶几上摆满了水果和干果,四周散坐着几位老人,我们一一握手,并得知这是丁字沽农业队原党支部书记杨世均的家。王传林让我先说说,我就把这些年做口述史的初衷和历程简要介绍了一下。我特别讲了与红桥区的情缘,最后把采访丁字沽的基本框架作了交代,鼓励老人们放松心态,就跟聊家常似的,有多多说,有少少说,顺其自然。接着,我依次做了登记,他们是:王炳俊、刘学勤、杨世均、王凤茹、宋书琴,同时把他们的现住址、老住址及联系电话也都记了下来。

我刚才说的那番话,大家都听明白了,不会儿功夫就聊得插不上嘴。我打开录音笔——不管有用没用,先敲开了录;又掏出笔记本,边听边记些关键词;有时顺着他们的话题,寻找一些线索。这些

王振良(后排右一)也从报社赶过来,参加了口述老丁字沽的"启动仪式"

丁字沽的老邻居早就远离了那块故土,他们能见面也算不容易,所以东一榔头西一棒槌,内容很杂很宽泛。我一点也不着急,因为回去我还要把它们拆分出几个主题,这样今后单独采访时才能有侧重。

4点多钟,振良给王传林打来电话,问约会地点怎么走。好像是让他坐地铁到勤俭道站,然后王传林再去接他。我们继续聊,5点来钟,振良随着王传林进了屋,挨个介绍之后,振良静静地听大家聊着过往的事情,但不管怎么聊,每句话都没离开老丁字沽。

天已大黑,王传林召集大家拍照。他也带了相机,我们分别拍,最后让杨世均的儿媳妇给我们拍了合影。完事儿,就组织老几位上车去饭店吃饭。王传林的车坐了几个,我和振良还有老书记杨世均,坐上了他儿媳妇开的出租车。原来她已经干了十几年的出租,而且多次被评为先进,看得出她是个非常热情又善良的人。不过,她把我们送到饭店后,说自己还有个小聚会就走了。我们慢悠悠地走进饭店,王传林跟饭店还挺熟,他点了菜,自带了两瓶酒,大家吃着喝着聊着,很是尽兴。我几次告诉王传林结账的事由我来办,没想到振良悄悄把账结了。

吃完饭,我跟车回到杨世均家去取自行车。这一路,有点力不可支的感觉……

2016年11月29日(星期二)

气象详情：最高气温8℃　最低气温0℃　霾　东南风　微风

　　临近11点，振良带着《口述西于庄(下篇)》书稿来找我，我特高兴。因近段时间他正忙着问津年会用书，我就没好意思过问自己的书稿，没想到他给捎来了。见他不太忙，便邀他坐下，趁机跟他念叨念叨下午采访丁字沽的事，他似乎对我过于放心，再没有任何提示或叮嘱。我拍拍桌上厚厚的书稿感慨地说，真是沾了你的光，否则哪有今天？他几次岔开话题，可我说的的确是实话。振良不大喜欢听人夸奖，他历来很淡然，可我觉得说出来比存在心里更好。振良错开刚才的话题，谈了一个又一个宏伟计划，光听着就热血沸腾。快11点半时，他怕耽误我回家吃饭，就告辞了。

　　因为上班没带手机，赶紧跑回家看看有没有王传林的信息，怕下午有什么变化。今天夫人在家，所以进门就吃饭。12点1刻躲进屋里去睡午觉，并拜托夫人到点叫我，结果还是自己按时起来了。

　　先骑自行车到报社，放下车再去海光寺地铁站。刷卡进站后，只等了几分钟就上了一号线前往洪湖里站与王传林会面。因为不常坐地铁,两眼不停地瞄着车门上方的指示灯,生怕坐过站。大约十几分钟到达洪湖里站,我从 A 口出来,正迎着公交站,看了看时间才 1 点 14 分,心里踏实下来,然后给王传林打电话告知已经抵达。他与我核实了等待的位置,说路上有点堵,再过几分钟就能到。

不会儿,王传林开着车停在公交站前,我坐到副驾位上,刚落座他就滔滔不绝地说起寻找一会儿要采访的这位王大爷的过程。他不愧是说评书的,一句跟着一句,且底气十足,能插句话的间隙都少,就好像时间都归他也不够说的。从洪湖里至席厂这一道,我就挤进去一句话:"采访前先给老爷子拍照,然后踏踏实实地聊。尽量别打断他,你有嘛疑问最后再说。"我怕他憋不住,喧宾夺主就坏了。

到了楼下,他打开后备箱让我帮他拿东西,这才发现他不仅带了录像设备,还为老爷子带了礼品,弄得我有些不好意思。他马上说,"嗨,我们是远房亲戚,多少年不见了,又是长辈……"我帮他提着三脚架和一个纸袋上了二楼,敲了几下门,开门的正是要采访的王大爷。

落座后,简单寒暄便开始张罗拍照。为区别以往的表现形式,这次拍摄肖像,我预先有了较为成熟的构思,

王连泰心事重重地讲述着家族史和自己的经历

着重刻画每位受访者的内在情感,所以一律采用长焦镜头拍摄人物特写。

老爷子名叫王连泰,82岁。自从他答应这次采访后,就沉浸在往事的漩涡里,他说昨天又一夜没睡好觉,孩子们不愿让他说,他心里也挺矛盾。我非常理解,毕竟这代人经历的太多太多,尤其政治风云难于预料,是祸是福谁能说清?我只能劝导老爷子,想说就说,不想说也没关系,就是聊天,聊老丁字沽。王传林则直截了当地对老爷子说:"甭担心,嘛事没有!"

王传林架上录像机,我挨着老爷子也准备就绪,就这样,口述丁字沽算是正式启动了。

也许有顾虑,也许要说的话太多,也许思路过于凌乱,很多情节都一带而过,甚至有开头没结尾,里面涉及到的人物也没来得及交代清楚。给我印象最深的一段,就是1953年他跟着队里去"扒坟"和有关王士江、王士海与李六争地盘的片段。

中间接了个电话,趁机检查了一下录音笔,见没问题又接着开讲。亏了我多看一眼录音笔,指示灯突然灭了,显示屏也没字了,好么,说没电就没电了!哎呀,这可怎么办呢?王传林说用他的录像,那怎么行,整理起来不得累死!这时老爷子问我是几号电池,我说7号。他起身从冰箱顶子的小盒里取出两块递给我,只装上一块,录音笔便恢复了正常。

电话又响起来,我躲进里屋接听,大约七八分钟出来,见王传林收拾东西,说儿子怕老爷子累着,得空再说。我也赶紧帮着收拾,然后起身告辞。

王传林开着车途经老工学院时,给我指认老爷子刚讲过的一些历史遗址,并说哪天把老爷子接到他家再接着讲。我忽然察觉他

我尽量把气氛营造得轻松些,好像在聊闲天儿

的车没往洪湖里站方向走,便问:"这是去哪儿?""家走,吃饭去!""不行,我正感冒呢。真的,太难受了,恨不得快回家歇着。"他一听这话也就没招了。我确实感冒刚好,连续吃了三天药。他把我送到勤俭道地铁站停下来,嘴里的话还是没断。总而言之,他说他要一直帮我把丁字沽弄完。

　　王传林的个人经历也相当丰富,这让我想起陪我在西于庄采访的王景召,他们都属于有故事、讲义气,既热情洋溢又乐于助人的人,遇上他们真是我的福分!

2016年12月

2016年12月2日(星期五)

气象详情:最高气温12℃　最低气温2℃
多云　西南风　3-4级

清晨6点25分,提着气管子给自行车前带打气,为的是下午去丁字沽轻盈如飞。

上午除了忙发稿,还抽空把今年的个人总结写完了。反正也拖

拍照前为杨大爷整理衣领

我们一左一右守在杨大爷跟前,听他讲述昔日老丁字沽的旧街巷

不过去,还不如早巴巴预备出来。部门的总结也是这样,这几年只要总编室一发话准是头一个交差,后面腾出时间外出采访也就没了后顾之忧。临近中午感觉身体不适,不披外套凉,披上外套热,清鼻涕毫无知觉地往下滴,可能是他们开窗子造成的,把感冒又给勾起来了。中午回家,在小区门口的杂货铺买电池,大姐问要普通的还是要"南孚"的,我想了想,来普通的吧,两块钱一板儿(4个)。坐在一边的大爷说话了,普通电池适合挂钟、半导体,得分干嘛用。我说放录音笔里,大爷有些支支吾吾。他这一问我也犹豫了,干脆买"南孚"吧,一板儿(4个)10块钱。

　　进了家门,夫人正准备捞面呢,我急哧白咧地闹欢要吃饭,夫人嗔怪地说你不回来我能煮面吗!见夫人严肃起来,我跟进厨房捏了捏她的肩膀,自找没趣地问:"又有点要感冒,你说我是先吃饭,还是先吃药?"她没理我。我觉得还是先吃药能把感冒压下去,想找

"速感宁",发现没有了,于是吃了1片"可泰舒",主要担心下午犯困影响采访。

干进去一大碗炸酱面,脑门子直冒汗。自知理亏,悄悄溜进厨房刷锅洗碗、收拾桌子,然后回屋睡觉,并叮嘱夫人1点10分叫我。

1点,自己醒了。取出一本《见》,搭在摄影包表面,换上厚秋裤,又加了件羽绒坎肩,戴上帽子、手套,对夫人说:"我走了,晚上有可能回不来。""听你电话!""好的。"

1点15分从家出来,天儿倒是不冷,腿脚也觉得挺有劲,本来想慢慢骑,可一上了自行车就不由自主地加速,冲上新红桥才1点35分。我习惯性地往堤头方向看了看,见北运河河面上排列着两溜钢桩,分明是要架桥。我停下来,掏出相机拍了几张,毕竟采访过堤

传林根据杨大爷的口述,填写临街老店铺的名称

头,它的变化依然牵动着我。

　　顺坡而下,右边是西沽,左边是西于庄,都是我曾经战斗过的地方,没想到"战场"离我的驻地越来越远。如果从 2010 年采访铃铛阁算起,6 年来始终没离开过红桥区,如今又拓展至丁字沽,肯定照着一年准备了,弄不好,我退了休,这活儿也完不了。1 点 46 分传林打来电话,告知他已经架好机器等着我呢。骑到勤俭道与零号路交口,想找围墙的那个豁口却没找到。这是那天晚上从杨大爷家出来时看好的路线,退了回来又仔细想想才找着。顺着坑洼的小路来到杨大爷家门口,推门进屋,见一年轻女子,我笑着问:"没出车?"她说:"我不开车!"哦,显然是认错人了。她告诉我都在楼上呢,我登上铁制的楼梯攀到二楼,这里两面是窗子很明亮,传林正跟杨大爷核实地形图呢。此刻,我额头上的汗一层层地往外冒,我先把那本《见》送给传林,说:"看完这本书,就更了解我了。"

　　因为光线太强,阴影过于杂乱,我就选择另一间屋给杨大爷拍

杨大爷一家特别热情,为招待我们做了一桌子拿手菜

肖像，然后才围在一起坐下。杨大爷非常朴实，虽然文化水平不高，但说话很有条理，且记忆力特别好，尤其人名字，不论哪个年代的，他几乎张口就来。他曾担任过丁字沽大队的党支部书记，所以我有意想让他多讲讲丁字沽农业社的事，尤其是丁字沽与西于庄近在咫尺，建制与待遇

采访结束后我们与杨世均老爷子合影留念

却不一样，令我十分好奇。所以，我就让杨大爷按部就班地从祖辈谈起，讲到1947年到侯家后学徒时，话题一点点转到了王传林准备核实的老店铺、老住户上。传林把那张草图铺在地上，问清一处填写一处，至少折腾有半个多小时，我心里多少有些着急——从轻重来说，口述比这张图更要紧。于是我再次举起相机，对着杨大爷拍起来，觉得比刚才拍得更生动。

言归正传以后，接着从1947年聊起，这才把他的一生经历顺下来。5点04分，夫人来电问回不回家吃饭，我轻声说可能够呛，因为我感觉杨大爷的家人正忙里忙外准备晚饭。大约聊到6点来钟，杨大爷儿媳妇招呼我们下楼吃饭。圆桌上已摆了七八个菜和两瓶白酒，原来是光头姑爷亲自掌勺。我有些不好意思，这不给人家添麻烦嘛！传林还一个劲地敲边鼓，以后就这样，采谁们家就在谁们

家吃。他不知道,我最怕的就是这个。面对这一桌佳肴,面对全家人的热情,仿佛说什么都轻飘飘的。席间,杨大爷儿媳还特别照顾我,夹了一碗菜又一碗菜,生怕我吃不好。传林与在坐的好几位是同学,所以更是有说不完的话,我就傻呵呵地听着。杨大爷先回屋休息去了。顶到7点多,传林问我是接着在这儿采,还是换一户,我说还是做完一个是一个吧!

我们重新回到楼上,又聊了一个来小时,虽然大爷状态不错,但连续说了一下午的话,肯定很累,所以就硬停了下来。

好像房子里没有别人了,跟大爷道别后,我推着自行车替传林提着摄像机走到他的车前,我们又把下周的采访计划商定了一下就告别了。

到家9点20分。

2016年12月6日（星期二）

气象详情：最高气温8℃　最低气温-1℃
多云　西南风　3-4级

　　早晨的编前会上，经过与老总和出版部主任协商，成功将"荒地灭火"新闻图片留在了一版，我重新配写了说明文。按惯例，这类稿件最多在社会版发一张小片儿，可我觉得它具有一定的警示作用，更符合晚报风格。见报的标题为《别忽视"荒地"安全》，效果不错。

　　中午回家吃饭，见碗里就剩一口米饭和一角干饼，没办法，只能再蒸点米饭，桶里没米了又到阳台把一袋新米倒进桶里，然后用电饭煲投米做饭。心里有点着急，因为下午1点半与传林会合去采访，恨不得马上吃完饭眯一小会儿。可是，10分钟过后，才发现电饭煲的开关没打开，这真叫越忙越添乱。不会儿，报社机关党委打来电话，一通话大约又占去了一刻钟，弄得我没时间再炒菜了，只能拿那点土豆烩牛肉的菜底儿对付了。12点一刻才吃上饭，刚吃几口菜就没了，几乎干吃了一碗白饭。

　　12点50分从家出来，把自行车放在报社南口的一个夹角，然

传林像模像样地架上补光灯,有点专业访谈的效果

后赶到海光寺地铁站。过安检时,一女孩手持探测器在我胸口前胡乱哗啦一遍,我斜跨着摄影包刷卡进入候车厅,等了约5分钟登上开往刘园方向的地铁。乘客不少,到二纬路站有了空座位,本想睡一小会,又怕睡过辙,就这么目送着一站一站地经过,到达西横堤站才1点14分,于是给传林发微信,问他从哪个出口出来,他回复说直接出来就行。

在路边等了几分钟,一辆黑色奥迪停在我跟前,我有点疑惑,透过车窗见里面有人挥手,便打开车门,原来传林今儿开的是另一辆车。他说这是女儿那辆,因为刚到京剧院里,不敢开这么好的车。我说,可不是,过去戴块手表都不敢露出来!接着我说,今天采完就走,一定不能留下吃饭,他说听我的。因为他也没来过王大爷(王炳俊)家,中途还问了路,进小区又问了下楼号位置,这才找着。等带着大包小包准备上楼时,电梯关上门却一动不动,传林突然想起,必须得让王大爷刷卡才能上去,于是给王大爷打电话,他下来接我们进了屋。房子很亮堂,装修得也很时尚,我夸赞屋子好,王大爷却说不如老宅住着舒服。

　　我和传林各自准备着,这时王大爷的妹妹王凤茹也赶过来一块参与访谈。相互寒暄一通,正好2点。我让王大爷开聊,王大爷有点不知从哪说起,我提示道,就按"家族史""成长史""创业史"的顺序聊。王大爷是个明白人,一开口就到了他老祖那个年代。但是,说了没十分钟,我就听不懂了,一会老祖,一会太爷,一会爷爷,一会五爷、九爷,顿时就把我弄糊涂了,我赶紧打断王大爷,然后一代一代地往下理,这才把几代人给掰扯清楚。这时,传林示意我赶紧起身拍照,由他来吸引王大爷的眼神,如此一来我抓拍就容易多了。传林告诉我,为了丁字沽的采访,他还特意新买了一盏补光灯,今

王大爷性格爽朗,十分健谈,且毫无顾忌

天也带到现场,我顺便给他也拍了工作照。

聊到1个来小时的时候,基本用不着我再提问了,王大爷一段接着一段很有条理且声情并茂地倾诉着,王凤茹在一旁不时插话,气氛非常好。就担心一件事,怕录音笔不跟遛儿,所以隔一会瞄一眼,又不敢轻易乱动。这次我着重引导王大爷把脚行的方方面面讲细致,由此还带出若干曲折惊险的故事来。

几乎是一口气讲了3个小时,快到5点时,我心里就开始长草,传林又问起沿街店铺的事,我上前提醒他赶紧走人,否则……

我们收拾东西,主家果不其然要留我们吃饭,我一个劲催促传林快走,他好像态度暧昧。我说,咱可是说好的,不能采一家吃一家,再说我还有事呢!我迅速穿戴整齐,可王大爷一家却忙着支桌子、拿凳子,一眨眼几碟菜都摆了上来。我郑重地对王大爷说,回去

留下在王大爷家吃饭的证据

赶着写总结，还得写采访日记，您也看见了，刚夫人来电话催我回家，更不能借采访随便在人家吃饭。这句话给大爷惹急了，他猛地站起身："咱是朋友，跟那没关系，你来我高兴！"我站在客厅中间有种孤立无援的感觉。王大爷老伴说，"你不吃，这些东西我们老两口得吃好几天！"

留下吧，似乎传林早有准备，这小子一步步给我推进"陷阱"，心里不定怎么窃喜呢！见我踏实下来，大爷一家特别高兴，我用传林的支架自拍了一张合影。大爷还特意开了一瓶"海之蓝"，我们边吃边聊，有些内容又把我钩住了，赶紧把录音笔打开。说到动情处王大爷哽咽起来，我急忙错开话题。

王大娘包的羊肉白菜馅饺子真好吃，因为光顾着聊天，饺子凉了又重新给我们用热水"冒"了一下，就这么其乐融融地聊到快8点。刚坐下来，青萝卜又送上来，实在太周到了。我再次催促传林快走，就这样，我俩连同王大爷的妹妹一同乘电梯下来，王凤茹说直接坐公交就走了。我接着坐传林的车到地铁站，分手前我又批评传林不坚持原则，他说："都是老乡亲，硬走不合适，当然能不吃就不吃。"我说："将来我的采访日记一公布，采了十个，吃了八个，怎么交代？"他哈哈大笑起来。

坐上地铁，挺清静，从车厢这头可以看到那头，觉得无聊就用手机对着自己拍照……

到家快9点了。

2016年12月9日(星期五)

气象详情:最高气温6℃ 最低气温-3℃
晴 东北风 微风

上午真顺利,刚10点半所有的版面就拼完了。11点见没什么事,告诉文书提前走会儿,下午得去丁字沽。

昨天吃完晚饭,看着剩下的那点米饭,想想转天中午,直摇头:蒸吧,怕来不及;不蒸吧,欠一点吃不饱,瞧这难受劲儿!夫人说,明天干脆煮饺子。哎,这主意不错。回到家,感觉时间还行,还是蒸点饭好,不仅能把剩菜打扫了,还为晚上省点事。为了快点熟,投完米放了开水,11点半就吃上了,心想还能睡会觉。

预计睡到12点40,怕睡过辙了,先睡了半个小时,接着又睡了10分钟,还是不想起,没办法又补睡了10分钟,潜意识里好像有一块表在嘀嘀哒哒地走着。可能吃饭太急了,胃口不舒服,赶紧喝了几粒胃肠安,骑车直奔海光寺地铁站。

车子还是放在晚报南门的夹角,走下地铁通道,还没等过安检呢,就传来广播——"开往刘园方向的列车即将到达……"我快步跑到安检,刷卡进站,正好!

刘大爷技校毕业后，本来有多种选择，可他还是回到了丁字沽大队

没想到这个时间乘客还这么多，黑压压的挤满了人，一直站到了"果酒厂"也没等上座位。走出来看了看时间才1点17分，于是给传林发微信告诉他已在等候。不会儿传林来电，让我沿着路继续往北走，过了红绿灯就看见他了。果然，见他在路边挥手。我刚到他跟前他就说："今天车限号，给忘了！我叫了个'快车'，一会儿就到！"电话响了，一问，快车司机等错地方了。传林让我随着他穿过小区，走了会儿告诉我左手贴瓷砖那房子就是他们家，原来他离果酒厂地铁站挺近。

拐出小区上了那辆等候的"快车"，按导航去大通绿岛家园。路上，传林又讲起找到了谁谁谁的后人，显然他比我还兴奋。下了车，走进"大通绿岛"，一看楼号"60"，离"39"还远着呢！我们继续往里走，我的左脚又疼起来，于是就问一个遛狗的大姐，她指了指说走到头儿就是。我俩一前一后来到楼门前,可是按门铃没有反应,就给刘大爷(刘学勤)打手机想核实地址,等了会儿不见动静,再打电话,得知刘大爷遛鸟去了,说着便赶了回来。

还别说,刘大爷挺精神,头戴鸭舌帽,身穿短款小棉袄,左手提着鸟笼子,很有那个派儿。他说中午基本不睡午觉,就喜欢在外面遛弯。

进了屋,同样不让换拖鞋,同样整洁又明亮。刘大爷喜欢藤编家具,布置得古朴又文雅。我和传林各自做着采访前的准备,我趁着他跟刘大爷说话时就开拍了。传林确定好角度,我们坐下来不紧不慢地聊起来。刘大娘又沏茶又削苹果,生怕招待不周。刘大爷对祖辈的事知道得很有限,所以主要聊他父亲和他自己。我从中了解了丁字沽农业大队的组织构成、生产经营、队员生活及撤队后的情况,内容相对少一些,就这样也聊了两个来小时。趁着大爷给我们

刘大爷说话声音很轻,是个非常沉稳的人

拿干果的间隙,我看了下表,整4点,示意传林收摊撤退。这次他表现极好,不仅答应,行动也迅速。大爷回到座位正要打开包装被我拦住,我随手递给他一本《口述津沽:民间语境下的堤头铃铛阁》,说:"有时间愿意看看就看看,写的堤头、铃铛阁。"他刚翻了几页,见我们装包的装包,穿衣服的穿衣服,一下就急了,说嘛不让走,说待会儿到楼下的小馆去吃涮羊肉。我十分为难地说,回去写总结,单位等着要。传林说:"难得可以早回去会儿。为了录节目每天都夜里两点才睡,困得要命,这顿饭先存着,改日肯定来吃。"

我们稍一犹豫就走不了。这些老住户特实诚,完全不是假客气。硬走,他们肯定不高兴。刘大爷连帽子都没戴,把我们一直送到小区大门外,见我们上了车还耿耿于怀的。

坐在"快车"上,传林又说起这次采访的感受。我说:"丁字沽是我搞口述史以来最奢侈的一次,不仅访户你都给选好了,而且还保驾护航,既搭车又搭时间,弄不好人家还招待一顿。"

"快车"在果酒厂地铁站停下,我们一块儿下来。传林还得走会儿才到能家,我说帮着拿东西送他回去,他说嘛不让。

想起早晨夫人说的话,她今天得晚回来,我说我也有可能回不来。结果情况变了,于是给她发了条微信:"已经到家了。"

自己吃点嘛呢?要不煮饺子吧!

一口气吃了二十多个饺子,喝了两碗汤,撑得够呛!

2016年12月10日(星期六)

气象详情:最高气温6℃　最低气温-1℃
霾　　南风　微风

　　夫人替换下来的旧手机没舍得扔,给我充当闹铃,每天清晨5点55分"奏乐",即便不上班也照响无误,顶不死一伸手关了,为的是保持常态化,否则忽响忽不响就耽误大事了。今天刚一响,就让我给制止了,告诉夫人出去健身前再叫我。
　　6点40分,夫人把我叫醒,我马上起来洗漱,吃早餐。7点13分带着一套书,背着摄影包,骑着自行车,朝着体院北方向行进。我有个毛病,只要一骑上车,就不会控制速度,不论路长路短,几乎都是我超越别人,好像我的车压根就没有低速档,其实这两个膝盖受不了。如今,承受力明显不如从前,可超速行驶的问题依然没有解决。从南丰路骑到华夏未来,才用了20多分钟,比约定的时间提前了近半个小时。怎么办呢?在路口来回踱着步,因为一停下来就冷了,然后冲着滨湖剧场甩手佯装晨练。我发现只要等人,时间就过得特别慢,快8点时,传林打来电话说在环湖西路,让我掉头往西走,见路口再左拐。我骑到路口拿右当左,越走越不对劲,又给传林

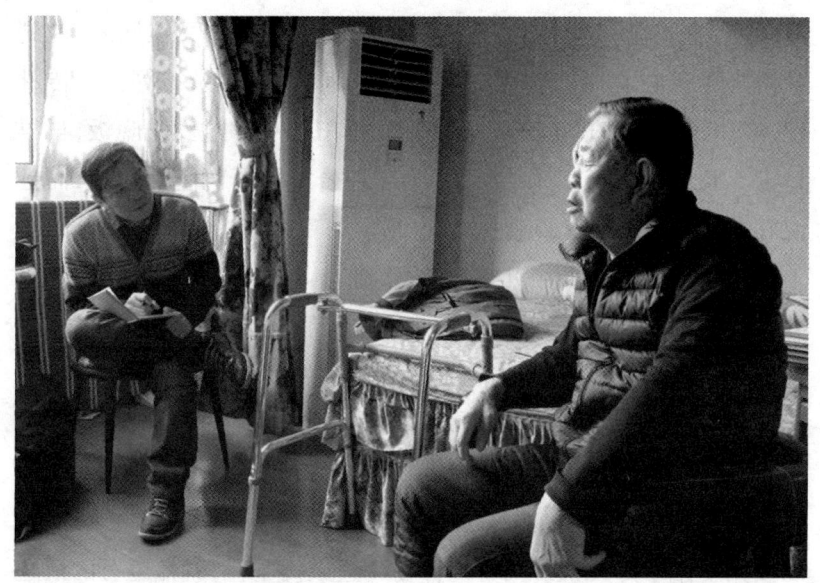

王大爷说话铿锵有力，时不时用一些哲学观点来论证

打电话，才知道方向反了。

进了院子，不像是居民区，走进楼栋更不像是住户，倒像是办公楼。

今天拜访的王大爷（王玉华）83岁，个头不高，皮肤白皙，脸上的皱纹很规则，只是右前额贴着块纱布很扎眼，因事先知道老人额头长了块皮癌，所以就没敢提及此事。这回，我先把备好的一套书送给老先生。然后坐下来，老人开口第一句话就说："我怕让你们失望。"我赶紧打消老人的顾虑，"您甭多想，就是聊聊天，总归您比我们更有发言权。现在，大多数天津人不知道老丁字沽在哪，再过些年就更没人说得清了，咱不能让这段历史成为空白。所以，您不管讲嘛都是珍贵的。"

这次访谈我有意让老人自己找话题，所以一上来就谈自己，从上私塾、上小学,到学徒、参加工作,中途跑题以后又拉回来,说到最后当干部、当厂长,然后才聊他的家庭,他的父亲等等。听传林说,老爷子每天凌晨起来读书、读报,下午4点一过就吃晚饭,早早睡觉。我们选在上午采访,也是为了迎合老爷子的生活习惯,而且说好了,最晚谈到11点就撤。

王大爷的大女儿今儿也过来陪着,小声跟我们说,挑你们能用的,要不聊起来没完。正像她女儿所说,老爷子想说的话太多,越想说细致,枝杈就越多,有时能回来,有时就窜南头去了。听得出来,他不太想过多回顾自己的家族史,我觉得多少还是有些顾虑。中间,他支使女儿去买包子,想留我们吃饭,被我们劝了回来。

给老爷子拍人像,费了点功夫,因为我想弱化额头的纱布,所以换角度拍了好几次。我看传林在一边鼓捣手机,就知道有的话题

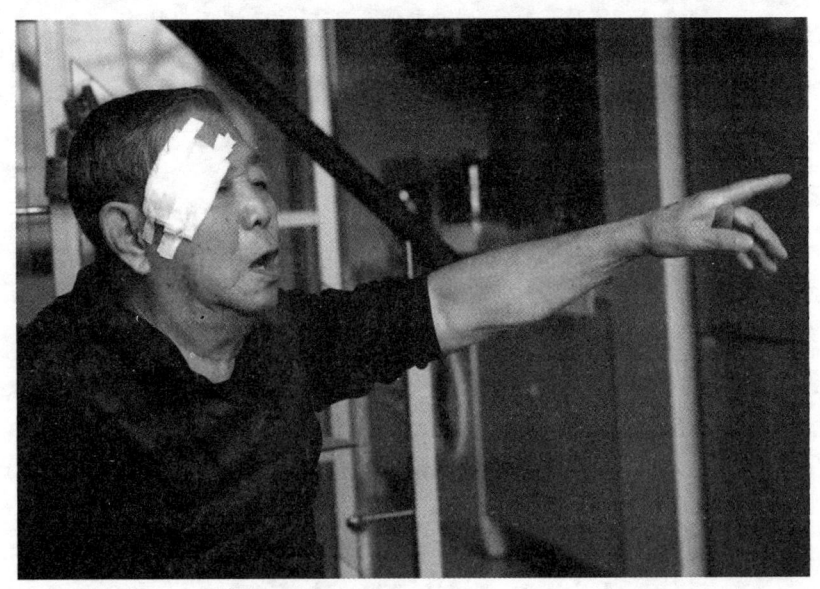

王大爷讲起话来既耿直又认真

采访结束后,请王大爷的女儿为我们拍了这张合影

他不太感兴趣,我之所以坚持多听一些,是想把他的个人经历弄完整了。10点20分,我与传林对了个眼神儿,就把访谈结了。一个80多岁的老人,连续讲话两个多小时,肯定很累。我问:"是不是一宿没睡好觉?"老爷子说:"一宿?好几宿!"他女儿说:"自打知道要采访,就当事了。那天我来敲门说嘛不开,吓得我够呛,结果一问才知道,想老事想的,睡过辙了!"老爷子说:"我得理出思路啊,谁知人家提嘛问题,不能说不上来!"我说:"今天说完了,能睡觉了吧?""能了,能了。"大家笑起来……

走出小区,传林告诉我他女儿就在对面的京剧院,开始学青衣,现在改学老旦,人家化妆师直为难,哪有这么漂亮的老旦啊!看得出,女儿是他的骄傲!

和传林分手前,初定下周二去宋大爷(宋书琴)家。我打心里感谢他,他为我蹚好了道儿,我却把他拉下水。我也几次跟他说,不一定回回都陪着我,他说他也想听听。

　　11点10分到家,打开门,屋里静静的。我以为夫人买菜去了,正纳闷呢,从卫生间拐角探出个脑袋,吓我一跳!原来,在卫生间练歌呢!几个月来,夫人用手机的"全民K歌"软件,边学边唱进步非常快,录制的戏曲、歌曲令我惊讶,其音色、韵味足可以假乱真。今天告诉我已经有100多个粉丝了。而这些"佳作",都是在卫生间录制的,要不这么有味儿呢!

2016年12月13日(星期二)

气象详情:最高气温3℃　最低气温-4℃
多云　东北风　3-4级

上午我在部务会上再次强调职业精神,在传统媒体处于低潮时刻更应如此,采好稿、拍好片是第一要务。差一刻12点才完活儿。到了家翻了翻吃的,又仅剩半个馇馇一口干饭,另加一底儿炒荷兰豆和一碗西红柿汤,因急着睡午觉,只能对付了。1点醒了一下又睡了,再一睁眼快1点半了,吓得我赶

宋大爷心里装的东西,要比说出来的多得多,所以说不清了就用笔画

宋大爷虽然性子慢，做事却十分认真，他画的草图很规矩

紧穿戴整齐奔着红卫桥方向猛劲儿地骑了起来，没多会就浑身冒热气。因昨晚查了下地图，所以没费劲就来到海源公寓宋书琴的家，掏出手机看了看时间：1点55分。接着给传林打电话，告诉他我已经在门口了。

打开房门，传林在屋里已经架好了摄像机，宋书琴坐在宽大的木椅子上，她的老伴和大女儿迎上来，我问用不用换鞋，都说不用，我就小心翼翼地走进去。此刻，热得我够呛，帽子、手套、外套，一件件都摞在摄影包上，传林正跟老奶奶核对老门老院呢，我一边听一边镇静下来。原来，宋书琴的老伴是传林的二姑，要不他先到了呢！

我取出录音笔放在离宋大爷较近的桌子上，同时备好了照相机。宋大爷一听要开始说，便起身去取手头的提纲，显然他对此非常重视，事先做了一定的准备。他攥着一沓纸回到座位，开口便说：

"丁字沽是明朝永乐年间才有了人家,一家姓王,一家姓宋,宋家就是我们的祖辈……"然后,按照他掌握的族谱,一层一层地剥离,最后捯到他父亲和他这辈儿。据他说,宋家的家谱应该还能找到,他推荐了一个人,传林说他认识。

我觉得宋大爷说话比较谨慎,尤其祖辈的事一带而过,也许知道的不是很多,但无论如何,宋氏家族在丁字沽算是人丁兴旺的原住民之一。

老奶奶(宋书琴老伴)坐在我旁边的沙发上,她老人家耳朵背,闺女在一边转达。起初她静静地看着我们说话,不知哪一句忽然让她听见了,顿时引出了我感兴趣的话题。更让我意外的是,老奶奶说话声音洪亮、底气十足,她讲述的有关王士海与李六争夺脚行的故事以及解放初期丁字沽人以王士漠兄弟俩被活埋一事创作话剧

宋大爷的老伴倒是很有故事

因为传林跟宋家沾亲,所以显得很放松

的情景,说得有头有尾、绘声绘色。宋大爷也默不作声地跟着听,不得不夸老伴比他知道的还多。

在谈到宋家开办的粮店时,宋大爷边讲边给我画示意图,传林说,要不正式画一张吧!因为他腿脚不好,我帮他把椅子挪到桌前,传林还顺手递给他一把钢尺,宋大爷认认真真地画了起来。

宋大爷平心静气地画图,屋里一时出现冷场,我把老奶奶叫过来说:"您再讲几段老丁字沽逗哏的事吧!"她想想不知从何说起,传林提示让老奶奶讲讲传林爷爷结婚那段,于是又打开了话匣子,不过她再怎么讲也不如传林更清楚,所以后半截传林成了主讲,讲到动情处抑制不住地涌出泪来。许多往事,就连她二姑也是头一次听说。

快5点了,又聊起老丁字沽的娘娘庙,宋大爷还是用草图来表达话语。今天相当于三个人各讲了一段,我觉得有些事依然没讲透,只能回头再说了!

我和传林使了个眼神儿,便开始收拾东西,家人见我们要走就一个劲儿地挽留,我们只好各自找了一堆理由并做出坚决撤离的姿态,他们也就不再坚持了。都快走了我才知道,传林跟宋大爷的女儿宋家环不仅是同班同学,还是同桌,怪不得这么热乎。

出了门,和传林又定了定周四的访谈计划。

到家6点,夫人去儿子家还没回来,于是先蒸上米饭,又烧上开水,然后给好友回电话……

这几天,左眼看东西突然有虚影出现,仔细观察,还有一根黑丝跳动,搅得心里挺烦躁。前些日子只是出现重影,到南开医院看了看,说是散光,没想到又加重了。

2016年12月15日（星期四）

气象详情：最高气温5℃　最低气温-3℃
晴　西北风　3-4级

今天太爽了，采访完回到家才5点，这是启动口述丁字沽以来最利索的一次，所以进门头一件事就是趁着好心情，把日记写了。

盛景江不苟言笑，但表达能力很强

上午把《镜界》出版的消息提前写好了，别管何时见报，先备上。我说的这本书是年度新闻图片精选，为的是给晚报留点东西。去年出版的第一本反响不错，今年照方吃药再出一本，也算是我来摄影部的一种开创，至于以后还弄不弄，就不是我该考虑的了，因为明年7月我就退休了。

中午的伙食还不错，米饭加上昨晚的烩肉菜，吃得我直冒汗。看了会儿午间新闻，发了几条微信，急着

采访盛景江现场

睡觉,12点55分醒了一次,觉得有点早又接着睡,再一醒吓我一跳:1点15分了。喝了几口茶,关上家里的电源,穿戴整齐就出发了。

今儿传林约的是老丁字沽的盛家,现住在勤俭道地铁站附近。按照传林发给我的微信,继续从海光寺上地铁。正在我左顾右盼时,遇见了报社出版部的一位同事,问他干嘛去,他说回家。我真是个老外,以为坐地铁都是去办事的。他问我是去拍片吗,我说去勤俭道采访,他有点纳闷。我们上了车,又聊了几句,分别有了座位。他问我用不用给带个路,我说不用,地址写的很清楚,而且一下车就到。

我从勤俭道站下来,出站往左拐,正要再看看传林的微信,他正迎着我走过来,说:"就地铁站后身!"我们进了小区,他的车已停在要去的那家楼栋口,我帮他提着摄像机支架正准备进楼,入口站着位身穿蓝色工装的老者,传林马上跟他打招呼,原来他就是要访的盛景江大爷。"哎呀,实在过意不去,这么冷的天还出来接我们……""没事——!"说着带我们走进电梯,他家在 5 楼。

客厅不大,左侧摆放着一张方桌和一张单人床,我看了看地形还是觉得围在桌子前比较好,于是就开始做准备,盛大爷见传林支起架子要装摄像机,立即拦住了他,并告诉他别录像。我一听赶紧说,怎么也得拍几张照片,他没说话。传林有点小尴尬,倒也没影响情绪。

盛大爷落座后,没有寒暄,没有铺垫,一开口就说起他父亲,弄得我有点措手不及,忙说:"您慢点,我没记下来……"于是,他又重新开头儿……

听得出来,他是想把他父亲当年与王海明发生那场冲突的前

盛景江也是个很有个性的人,说话有板有眼,特别强调本真

因后果讲清楚,用他的话说,几十年来这件事传的神乎其神,好多都属于演义,不可信,今天旧事重提,也为还原历史。我听后很感慨。盛大爷是个严谨的人,是怎么回事就怎么回事,听来的或拿不准的,他会主动挑明。

我倒觉得今天虽然聊的时间不长,但基本都是干货,起码整理起来比较容易。中间,笔没水儿了,冲着传林比划一下,他马上递给我一支。快4点时,卧室门敞开了,原来老伴怕家里的狗叫唤,就把自己和狗关在屋里,结果狗要拉屎,才不得已放出来,但还是拉了一地。

最后,我又问了问丁字沽的高跷和耍龙,盛大爷讲了一些,但不太具体。这时我看传林开始收拾器材,我也不再提问。

聊天时得知,盛大爷的母亲和老伴都是堤头的,于是我借着这个话题,把《口述津沽——民间语境下的堤头铃铛阁》一书递给他,并说:"这本书写了堤头,正好您给看看。"

走时,盛大爷也穿上外套,非要送我们下楼,在楼口我问盛大爷,教堂胡同到底有没有教堂,他说那条胡同本来叫杠房胡同,因为有先生教私塾,就改称教堂,其实是说教课的学堂,跟教堂没关系。传林一听兴奋的要命,直说,你看又弄清一个问题! 快记下来。

跟盛大爷道别后,传林让我坐在他的车里合计合计下周的采访计划。我说:"今天访的是第七位,后面再安排三位,第一阶段就算完成。"他把车开出小区停在路边,我接着说:"这次采访是最省心的一次,因为你都给安排好了。谢谢吧!"

我去坐地铁,他开着那辆崭新的奥迪疾驰而去……

2016年12月16日（星期五）

气象详情：最高气温8℃ 最低气温-1℃
晴 西南风 微风

中午等电梯时，见同事戴着墨镜，就问："楼道这么黑，还戴黑眼镜，不怕撞墙！"她说："我这是带度数的，摘下来嘛也看不见。""真的？墨镜都能有度数，太先进了！"上了电梯我接着说："最近左眼有虚影，如果用白背景衬一下，还有根游动的黑丝。"她十分肯定地说："那是玻璃体混浊、飞蚊眼，没治！""啊？没治！""对，只能适应。我现在就这样了！"我们说着走出了大楼，她看我疑惑又补充道："半年过来就没事了！"听她这么一说，我连看病的信心都没有了。

回到家先蒸米饭，昨晚夫人炒的地三鲜还不错，吃饱喝足

戴着老式口罩，有点不像好人

这座"断桥"已守望老丁字沽多年,它的合拢意味着老丁字沽的消失

后,倚在沙发上看午间新闻,看着看着就眯瞪了,一想还是回屋睡吧。因为今天没有约会,所以一觉睡到2点,起来喝了几口茶,查看了一下照相机的电量,找了个口罩试戴一下,然后斜挎摄影包,骑上自行车,直奔目的地——红桥区零号路,也就是丁字沽老区走去。

骑到大丰路,热得我就不行了,脖子黏黏的,于是把手套摘

一条王胡同口的那只大白鹅,神气十足地向我挥动着翅膀

一位大哥在丁字沽南大街遛狗

下来扔到前车筐。1点54分来到勤俭道与零号路交口，不知为何内心有些激动，我掏出手机给传林发了条微信："我现独自一人开拍老丁字沽，你不用来，我先感受一下！"

丁字沽零号路我并不陌生，几年前来过，也是因为有人提示，说老丁字沽在北运河岸边，它有条主干道叫丁字沽南北大街。好奇心迫使我在这个老区来回走了一趟，但拍的照片并不多，我的第一感觉，这里根本不像城市，倒跟郊区差不多，没激发出我探秘的热情，以后又去过，还是很茫然。前几天，我翻箱倒柜想找出当年拍摄的丁字沽，结果令我失望。

从那座巨大的"断桥"下穿过，沿着丁字沽大街由南至北开始拍摄，因为有了目标，眼里充满了画面。为了拍得细致些，我把自行车停在一边，徒步对着老宅左拍右拍，就这么走走停停，来到丁字沽大街的南北分界线。访谈时，老人们经常提及这个地方。还好，"南北"两块路牌保存完好，让我异常惊喜。

我一点一点向前推进，生怕有什么遗漏。这时有位大哥从院子出来，拽着一条大狗，见我拿着照相机便问："这干嘛?!""没事，拍拍老房子。""业余爱好？""对。""你应该航拍一下！""等树叶长出来吧，要不太难看！"大哥下意识抬头看了看干枯的树枝，带着狗离开了。

特别庆幸的是，沿街还保留了一些"大门"，估计是过去的粮店或商铺。可以说，每个大门都尘封着一段扑朔迷离的故事，所以我这次"独闯江湖"还是很有必要的。

不知不觉走到了唐家湾大街，意味着老丁字沽"结束"。我抑制不住兴奋，接着又给传林发了条微信，然后往回走。不会儿传林打来电话，听语气挺受感动，一个劲说让我到他家里坐坐。我说，不

在此居住的市民不多了，老街旧巷难得看见人影

行,一会雾霾就来了,得赶紧跑回家!他又感慨地表达了自己的愿望。传林真个性情中人!他想为我指路,给我拍工作照,我告诉他后面有的是机会,想脱都脱不掉,我先把大面儿划拉一下,这次纵向拍大街,下次横向拍胡同。他说:"你看,咱采过的王连泰住院了,为嘛往前赶呢,不知遇上嘛事!我说这话您能理解吧?所以,我建议节前访十二个,再多采两个,您看怎么好?"我说,当然没问题,进度由咱自己掌握,主要考虑年底事比较多。

走出大街,戴上口罩。我发现戴口罩真好,也不咳嗽了,也没有黏痰了。以前谁说戴口罩也不听,现在肺和气管都不太好,又加上重度雾霾,怎么办?知道厉害也晚啦!

出了零号路,顺着红桥北大街往南走,途经当铺西胡同时拐了进去,有心看看西于庄的现状,转了转,一片死气沉沉。不得已从城防大街又回到红桥北大街,过了大红桥往家走……

进家门5点15分,两个膝盖隐隐作痛,热水洗手洗脸挺舒服,打开手机看微信,等着夫人回来……

2016年12月18日(星期日)

气象详情:最高气温8℃　最低气温0℃　霾　西北风　微风

先说昨天上午,花了三个多小时去看眼睛,又是散瞳、测眼压,又是做角膜地形图、测眼轴、验光,楼上楼下跑了好几个来回,最后告诉我左右眼使用不均匀,左眼的散光、玻璃体浑浊更厉害些。我心想,谁看东西两个眼睛还有一个偷懒的?大夫建议可以配副眼镜,眼睛省着点用,最后开了两瓶眼药水,闹了半天跟我同事说的一样!

回到家,俩眼还是虚乎乎的,心情也不算太好,吃罢午饭躺在床上"闭门思过"。大夫说两眼使用率不一样,这不瞎说嘛!嘛时候一眼睁一眼闭?忽然,我如梦初醒!对呀,拍照片不就光用左眼吗!好么,

眼睛不得劲,网上先挂号。等待一上午,看病十分钟

我这只眼典型的积劳成疾,说甚点就是"工伤"啊!

下午到丁字沽看望一长辈,正好了解了新中国成立后丁字沽大队农田改建民房的情况,这段历史也非常珍贵。

今天原想接着去丁字沽,可面对重度污染还是改了主意,眼睛已经半残废了,别再把肺折腾坏了。干脆查一查丁字沽街巷的布局,掂量掂量后面的工作量还有多大。从书柜上抻出1988年出版的《天津市红桥区地名录》,翻开"丁字沽街办事处地名图"仔细研读。丁字沽的发源地以南北大街为核心,东西辐射长短不一的胡同30余条,由于十年前这片老区就已实施动迁,所以现存街巷究竟有多少不得而知,假如盲目去拍,肯定搞不清或有遗漏。于是,决定画

虽然眼睛看东西有点别扭,也没觉得有多严重

丁字沽街巷分布示意图

一张《老丁字沽街巷拍摄提示图》，把街巷的排列顺序、名称及走向全标注出来。我可以照着这张图，寻找到一条，拍摄一条，还像对待西沽、西于庄似的，不仅求全而且求细。

还是使用打印纸，还是倚靠在窗前，还是采用单线白描。大约1个多小时就画出来了，感觉还不错。于是用手机拍了一下发给传林，他挺高兴，回复说，什么时候再拍丁字沽，他跟着。我说："后面拍摄老店铺、老住户以及历史遗址时再请你出场，节省出场费！哈哈哈！"

2016年12月20日(星期二)

气象详情：最高气温4℃　最低气温-1℃
雾　东南风　微风

　　今天是雾霾红色预警的第二天，全市中小学及幼儿园一律停课。

　　中午，夫人在家，见我回来，赶紧煎了六个包子，盛了一碗稀饭，我没等她落座就吃起来，为的是能够睡一小会儿。

谈到兴奋之处，俩人连说带比划

12点20分回屋并嘱咐夫人1点20分叫我。1点醒了一下又闭上眼睛,1点10分起来。夫人在电脑前看股市,一扭头见我又自己起来了,便说:"行啊,够有准儿的!"我告诉她去丁字沽,她惊奇地看着我,仿佛在说,你不要命了!我说:"甭担心,坐地铁。"她给我找口罩,看看都有点薄就拿两个叠在一起让我戴。

安大爷讲起话来激情满怀

下午,雾霾减轻了许多,能见度也明显提高,但还是呛得我直咳嗽。上了地铁就赶上了空座,迷迷糊糊地坐到果酒厂那站,从A口出来向北走,然后拐进佳园北里与传林会合,结果凭着印象还是走错了,好在知道他家的门牌号,于是又往回走。正待我犹豫时,一眼看见传林正站在路边等我呢!我接过他手里的摄像机支架,一边说话一边往东走,传林说一会儿访的这位大爷姓安,让他重点谈谈安二爷"坐缸"的事儿。

我们找到了楼号却不知是哪个门,传林就打电话问,问完径直登上4楼,安大爷站在家门口迎着我们。大爷个头不矮,挺精神,说话也很爽快。我们进了屋发现他老伴儿也在,简单寒暄几句就开始各自忙活,折叠圆桌上已经沏好了两杯茶水,于是我们都围拢过来,稳稳当当地切入了话题。安大爷挺善讲,一打开话匣子就停不下来,等了几分钟我终于插进一句话,问清了名字、生卒年月和老宅地址。我发现安大爷讲丁字沽跳跃性实在太强,而且非常零碎,又不好句句打断，我就在心里默记一些线索，一旦有短暂间歇，就及时把话题拉回来，不管题儿跑到哪里，我始终掌握着一条主线。

安大爷的老伴儿始终坐在跟前听着我们说话，因为她不是天津人，所以对丁字沽显得很陌生。大爷则越谈越兴奋，尤其对自己的父亲有种难以掩饰的崇拜。然而当传林问他"坐缸"一事时，才弄明白此"安二爷"非彼"安二爷"，几十年来以讹传讹，竟然将其混为一谈。之后，在我的一点点推进下，终于把丁字沽的龙会给描述了出来。更令我们欣慰的是，安大爷还提供了一个重要线索——给我们介绍了一个人。这个人是他的发小儿，叫林桂成。据说，林桂成多少年前就开始以丁字沽历史为依据创作小说，单凭这点，他掌握的素材肯定少不了。当我们聊得差不多时，我提议让安大爷帮忙联系一下林先生，安大爷底气十足地拨通了电话，传林接过来就把来龙

传林对安二爷"坐缸"的传说很感兴趣

安大爷给自己的发小儿打电话，告诉他有人要采访丁字沽

去脉和采访意图复述了一遍，然后就开始"盘道"，没想到俩人越说越近乎。这时安大爷老伴儿拉过我的手，要给我看手相，她说我的血糨。我表示肯定，说头总是昏沉沉的。这么一说，老奶奶站起来给我按摩，先是眼部，然后头部、颈部，手劲儿还真不小。她告诉我从年轻时就喜欢医学，主要是自我保健。我说最近左眼重影不知嘛原因，她两手使劲搓了搓，然后蒙在我的双眼上，嘴里不停地念叨："阿弥陀佛，让眼明亮——！"几分钟后问我怎么样，我说舒服多了，老奶奶很高兴。她又告诉我，自己信佛，我说那得有佛龛啊！老奶奶来了精神，打开两扇大柜门，里面供着菩萨，我双手合十以表示对老奶奶的尊敬。

传林打完电话，定在周四到林家采访。我对安大爷说："实在太感谢了，不仅收获很大，还为我们找了下家。"此刻，时针指向4点

20分。

　　从安大爷家出来,路过传林家,他想让我进来坐坐,我说今儿就不去了,哪天定好了,我坐上一天。他敲开门,传林夫人看见我,也让我进屋歇歇,我还是说哪天再来。传林为了送我出小区,说要去厕所,就陪着我不停地说这说那。

　　天擦黑儿,地铁站入口外停着好几辆个体售货车,亮着暖融融的光,我掏出手机拍了一张,在过街天桥上对着街道又拍了几张。4点44分坐上地铁,很顺,很轻松,回到海光寺天已大黑。

2016 年 12 月 22 日(星期四)

气象详情：最高气温 5 ℃　最低气温 -3 ℃
晴　西北风　4-5 级

被雾霾笼罩多日的津城，终于露出了笑脸。洒遍大地的金色阳光，竟让人觉得有些陌生，成了人们津津乐道的话题。

午觉没睡踏实，微信一个接一个，其中就有传林的。他告诉我在果酒厂站下车后，右手有个佳园里市场，穿过去走到头儿，他在那里等我，嘱咐我再提前 10 分钟。所以我 1 点 1 刻就出来了。好在天空晴朗，呼吸着清凉的、香甜的空气，好像五脏六腑都通畅了。相比较地铁里的空气很污浊很压抑，雾霾重的时候没显出来。

林大爷是个爱动脑子的人，退休前从事财务工作

两幅长卷在地上展开,确实很精彩,浸透了浓浓的思念之情

按照传林微信的"导航",顺着佳园里市场一直往东走。这种半封闭的市场已经不多见了,看上去乱糟糟的,但规模还不小。快走到丁字口时,见传林提着大包小包正等着我呢!从这点看出,我们俩都是办事严谨的人,从第一次见面就从来没迟到过。我抢过他手里的摄像机和一个支架,走了没几步就聊起王开泰与他们家的关系,尤其是"文革"期间的一些轶事。反正听他一讲挺曲折,毕竟他是说评书的。不知道王开泰本人能讲到嘛程度。

过了一座人行天桥,走进佳园东里小区,19号楼就在眼前,然后找到4门,这一趟还真不近,俩胳膊都押直了!按门铃没有声音,传林打电话核实住址,让林桂成大爷给开门,大爷说门没锁一扽就开,果然使了点劲门便开了。写小说的林桂成大爷把我们让进屋里,也许是外面光线太强,感觉屋子很暗,杂物也很多,柜子上挤满了各种摆设,给我的第一印象是大爷喜欢收藏。由于事先通了电话,所以坐下来马上进入状态。传林架上摄像机又支起补光灯,我们就从他在丁字沽的老住宅聊起,然后再捯他的祖辈,显然他对祖父、曾祖父知之甚少,谈起父亲就具体多了。今天的出彩之处有三个,一是介绍了鲜为人知的丁字沽"一贯道";一是讲述了解放军进驻丁字沽的情景;再一个就是亲眼目睹了老人耗时三年完成的30多万字的小说手稿,以及为悼念夫人创作的七十二首诗和四十八首词。我感慨地说:"看得出来,你们老两口感情太深啦!至今还放不下?"林大爷说:"嗨,也是吵吵闹闹的……要不我这屋这么乱,孩子们催我把破烂卖了,我不让动!哎,一个人就是寂寞啊!"他从柜子里取出个纸卷,然后慢慢展开,是大约有25厘米宽、3米多长的两幅长卷,上面用钢笔抄录了献给老伴的诗和词。我先是惊叹,后是感动,没想到这老爷子会如此痴情。林大爷说,每幅长卷都写了三千多字,连创作带抄写用了50多天,错一个字就得重写,丁点不含糊。我们来不及阅读上面的字句,但我相信会震撼每一个人。我用相机截取了几段,其中一幅的落款这样写道:"娇妻绝吾之际享

林大爷为怀念病逝的老伴而抒写的长卷

年七十二岁,故赋诗七十二首以示悼念……"另一幅写道:"娇妻离吾之际与君相伴四十八年,故填词赞美人四十八首概括坎坷人生……"我望着眼前这位貌似普通的老人,肃然起敬!

接着我让林大爷拿出书稿看看,他搬出一个硬纸盒,打开一看,整整齐齐地码放着至少有八厘米厚的稿纸,在每页纸的小方格里,都镶着一个漂亮的汉字,简直就像字帖!林大爷说,一共写了八十万字,后来跟外孙一点点研究,下狠心删掉了五十万字。他说,写顺手时,一天能完成三四千字,可是老伴一走,心气儿就差着了。

我小心翼翼地掀起一沓,头一行字赫然写道:"第一章 乾隆皇帝桃源游览 东西两村御赐得名",传林一看也兴奋起来:"有朝一日

林大爷取出小说书稿让我欣赏

与林大爷及他的外孙商讨小说出版事宜

我帮您做成评书吧!"我赶紧帮腔:"对,他可是知名的评书演员,真是找对人啦!"林大爷虽然听得有点懵,但是得到如此肯定,仿佛也增添了自信。此刻,林大爷外孙打外面回来,我对大爷说:"您让家人把文稿打出来,转成电子文件,然后我帮您出书。"大爷为难地说:"好么,得拿十几万,哪出的起啊!""嗨,也就三五万!""要是这样还行。"进而我建议大爷把手稿分成几卷装订,好好包装一下留给后人。

我对传林说,单就林大爷七十岁取材家乡故事写小说和为爱妻赋诗这两件事本身就绝对是好新闻,哪天把线索提供给记者,让他们采一下。他也深有同感,一再给大爷鼓劲儿。

我们从林大爷家出来,大约4点20分,然后按原路返回。传林问我,最后想访多少人,我说:"至少20人吧!怎么,有难度?""不是,我得做出预案,您明白我的意思嘛,采多少都行,咱不得挑重点嘛!我琢磨着,没搬走的老住户也得采几个……""对喽——骨架有了,再添点膘。不过,既采了就得保住了,将来书出来一翻没自己那段,可就褶子了!"我随着传林边走边聊,正好把他送到家门口。这次倒干脆,他不客气地说:"您走吧,下礼拜二,您过来,同学给做饭。"

走进地铁站,安检,刷卡,但说嘛也找不到去双林方向的站台,问工作人员,让我从闸门进来过二层天桥。站台找对了,乘车卡不听使唤,一位乘客说,你得让工作人员看一下。还真是,工作人员把我的乘车卡在一个装置上刷了一下,再过闸就没事了。我闹不清为嘛今天会撞笼!到海光寺出站时,又差点走错。这礼拜约定的两次采访差点都黄了,周二那次我给忘了,结果中午定了个饭局,正在纠结之际,饭局的主角忽然要到乌鲁木齐处理个急事,算是解了围。今天这次,要是下午去开会也没戏了,还好,请了个假,领导答应了。

到家5点半,蒸上米饭等夫人回来。夫人每天都得到儿子家帮忙照看孙女,采买、下厨一套活儿,比上班还累。所以,尽量少让她操心,自己能凑合就凑合了。

2016年12月27日(星期二)

气象详情:最高气温2℃　最低气温-6℃
晴　北风　3-4级

今天是夫人的生日,中午她做了西红柿打卤面,我双手捧着盛满面条的碗,向她表示生日的祝福。她埋怨我生日从来不送礼物,而且都是自己操持。我无语,但心里不服:话说的有点绝——礼物虽然没有年年买,但肯定是买过。我对她的爱都融汇在日常生活里了,生日来了总觉得没必要走形式。可转念一想,生日本来就是个形式,于是又觉得有些惭愧。

因为1点要到长江道与南丰路交口处等传林,所以12点15分回屋睡觉,让夫人12点45分叫我。

这回,要是夫人不叫我还真不行。起来以后检查了录音笔、照相机、笔记本等,戴上帽子、手套,穿上防寒服,斜跨摄影包,步行至路口。我怕传林对这块儿不熟,就用手机拍了两张路口的标志性建筑发给他,不会儿他回微信说已到黄河道,然而我等了十几分钟还不见人影,心想要知这样还不如多睡会。又等了会儿,电话响起,问我站在哪个位置了。还没等我回复,他就看见我了。我迎过去准备

王开泰干了一辈子教育工作

上车,他指指路边的牌子摆手示意往前走,我一看牌子上写着"违章拍照"。我上了车,传林说,"罚一百块钱倒没嘛,还得扣掉3分啊!"我说,自己不开车,所以从不看牌子。

下午要采的这位老人叫王开泰,住在河东区天山路一带,是丁字沽第一个采访对象——王连泰的哥哥,同样算是传林的大爷,只是有四十几年没来往了。传林说,要不是因为丁字沽,也很难见面。本来定的是把大爷接到传林家聊一下午,晚上吃了饭再送回去。可大爷想来想去,觉得不太方便,昨天下午临时改变了计划。我得知变化后反倒踏实了,因为有俩事不好预料,一是市纪委约我的时间未定;一是参加新闻职称中评会的日子未定。无论哪个事定在周二下午,都得把采访推了,要是那样大爷不就白接来了?改去大爷家访问,即便有变化,通知一声也就完了。巧的是,今天上午人事处通知我,职称评审会定在周三下午;中午市纪委来电话说,可以派人先把文件送过去,我悬着的心终于放下来。

沿南门外大街一直行至黑牛城道,右拐上快速路奔东北方向驶去。传林说,这样走虽然远点,但比较顺。我说,你爱怎么走就怎么走,反正我也不认识。谁知,他在找出口时,也有点糊涂,然后赶紧用手机导航,这才一步一步开进万新村的远翠西里。

传林想得很周到，我帮他拿器材，他则一手提着礼盒，一手提着香蕉走进王开泰老先生家。这是一套老单元房，空间不大，方厅里贴了很多春节时装点的传统饰品，看着热热闹闹。大爷高个子，戴着眼镜，见我们来很高兴。因为大爷是传林的长辈，所以一上来先说了一通拜年话。坐定后，大爷问我从哪说起，我说，您是个学问人，想怎么说就怎么说。可以从祖辈说起，也可以从自己说起，还可以从篮球说起，最后再讲点丁字沽的趣闻、哏儿事。大爷理解能力很强，虽然一再说自己脑子不好使了，实际上表述能力根本不受影响。他是当时丁字沽为数不多的高中生，又干了一辈子教育，只是他搬离丁字沽比较早，以后的事情就不太清楚了。再一个，也可能因为他是知识分子，所以涉及家族内的某些"不太光彩"的事还是

传林与王大爷回忆家族内的一些往事

王大爷把丁字沽篮球队成立与消亡的前前后后讲得很清楚

轻描淡写不愿细说。

访谈快结束时,传林又跟大爷攀谈起谁跟谁是亲戚,谁谁的后人怎么样,我也听不懂。正好大爷的老伴进屋来,我趁机跟老奶奶聊了起来,原来她最早在河东商场工作,后来在公司负责劳资,看得出来,她既能说又能干。

聊到5点多,我们收拾东西准备撤退,人家说嘛不让,非要留我们吃饭。也许我跟传林太默契了,他就很坚定地谢绝了,并许愿哪天由他来召集大爷和姑奶奶们一块聚聚。

天暗下来,走出去半天我才辨认出是在成林道上。我说,一到河东就好像去了外地。道儿上,我们东一榔头西一棒槌地闲聊,不知哪句话勾起了传林小时候在北京的一段往事,正说在兴头上,我却该下车了……

　　回到家,岳父、岳母、小姨子,还有我夫人都在屋里正说得热闹。我赶着回来也是为了和他们见见面——平时很少来,好不容易来一次,亲热亲热嘛! 这个安排是昨天才定下来的,朋友邀请我观看原创当代舞剧《人民音乐家》,我一想还是把机会留给二位老人吧,一联系他们都挺高兴。恰巧下午平安保险给我夫人送来生日蛋糕,于是决定让岳父岳母他们看演出前先到我这儿打一照,歇歇脚、品品蛋糕、吃点便餐,使生日过得更有意义。夫人高兴得团团转,临走时我给他们拍了合影。

　　6点半送走他们,自己踏踏实实吃了块蛋糕和丸子汤泡干饭,然后写日记。

2016年12月29日（星期四）

气象详情：最高气温3 ℃　最低气温-4 ℃
晴　西南风　微风

今天，晚报各版早早就签付印了，刚11点就没事了。因下午还要去丁字沽，就跟文书招呼一下提前走了。天津古籍出版社唐编辑来电，说今年的《镜界》一书，责任编辑要去掉一个人，我一听赶紧

传林的私家车一时成为采访专用车

朱大爷心态特别好，总是讲着讲着，自己先哈哈大笑起来

给负责印刷的小任打电话，真要上了机器就麻烦了，还好，正准备打样儿呢。接着学生张越又来电，说不会儿到我家送点东西，不让来，非要来。我只能好歹把饭吃了，过了会儿又来电话告诉我到门口了，结果是朋友托他送来一只自制烧鸡。哎，都是实在人！

睡到12点50分起来，喝了一杯白水，骑着车赶往地铁站，还是把车撂在报社后门左侧的夹空里，一是省得进院走老远，一是门口有保安相对放心。从海光寺站坐到勤俭道站，很快就到了，比约定时间提前了十多分钟。于是给传林发微信告诉他已经出站，他说正等着我呢，四下张望却不见踪影，此刻电话响起，问我是在路口了吗，我说是啊，没等说完，他看见我，我也看见他了，原来我出错口了，这才想起传林让我在C口等他。

坐上车朝零号路开去，沿途给我指点，这是"五一手表厂"，这是"大坑",这是"王开泰的院墙",这是"大堤"……拐进桃花园小区,不远就是要去的朱学信家,这是一栋自己盖的二层小楼,敲了敲院门,来开门的是朱学信的弟弟朱学谦,屋子不大,挤挤插插。传林把摄像机架在了门口,我坐在简易沙发上,朱大爷坐在床上,他弟弟对着脸儿坐在一边。今天采访的主题很明确,聊起来也没多少岔头儿,加上我不停地追问,使"粮店"这个有份量的话题由浅入深、循序渐进,不仅弄清了"勤盛兴"的概貌及经营状况,还弄清了这一特殊行业的程序、步骤、关联等等,加上他们哥俩相互提醒、印证,讲得轻松自然、坦诚真切,我也觉得特别过瘾。所以聊到快结束时,我才想起给朱家老哥俩拍照。

因为"勤盛兴"前后三道院儿,所以虽然他们自己认为讲得很清楚,但局外人不一定能明白。我让朱学信大爷在纸上画一画,虽然只是简单的示意图,可一边画我一边较真,如此一来又回忆起不

朱大爷是个有文化、懂管理、善经营的人,讲起家族曾经的遭遇,他很淡然

朱大爷和他弟弟凑在一起,草绘老宅平面图

少细节,为我日后绘制复原图创造了条件。传林见我们专心致志地围在一块研究草图,借机到不远处的老丁字沽去寻找下一个访户。临走时他对我说,采访完了直接走,不用等他。我觉得马上起身走人不太合适,就坐下来跟朱家老哥俩聊家常,朱学信大爷递给我一个青苹果,我也没客气就吃了起来。朱学谦则说起了传林的"英雄事迹":"好么,传林小时皮极了,他要是不淘,怎么能把脖子烧伤了?谁想到他能变成今天这样子。好像是跟魏文亮学说相声,这小子聪明,随他爸爸!"

左等不来右等不来,我估计他一聊起来早不了,平时就是个话痨,见到老邻居更没完了。我给他把摄像机的电插头都拔了,然后打电话告诉他先走了,他却说马上就回来。只能接着闲聊,我琢磨5分钟还回不来吗?都20分钟了,我们就这么支应着,朱学谦等不及先走了。我再打电话,说马上就到。朱大爷开玩笑说,还不知这"马"在哪儿呢!正着急呢,他风风火火地走进来,说拆迁办的人碰见他,想做他的工作……

5点都过了我们才收工,传林把我又送回勤俭道地铁站。这次正赶上下班高峰,车厢里人很多,自始至终没等上空座。

回到家先把米饭蒸上,然后打开电脑下载传林发给我的采访图片……

2016年12月31日(星期六)

气象详情：最高气温4℃　最低气温-2℃
霾　西南风　微风

今天是2016年的最后一天，正像朋友发来的微信所说："今天是'三末日'，周末、月末、年末，千年难遇！大家都平平安安度过了一年。明天是'三首日'，周首日、月首日、年首日，人生难逢！……"从早晨就微信不断，几乎都是这类的祝福语，只要有好看的、绝妙的、逗哏儿的，就转发给亲朋好友，毕竟一年了，大家过的其实都很辛苦，但充满乐观、充满朝气！

上午到巷肆文化产业园出席"第四届问津学术年会"，自行车车胎气儿不足，所以骑起来有点吃力，等到了河北区四马路已是大汗淋漓。走进会场，见到振良，他说他都没好意思让我拍照，我说，这不应该的嘛。顺便提醒他，因为下午安排了丁字沽采访，所以拍完大合影就先撤，他表示理解。我签到并领了新书，然后就开始适应环境拍照，这时陆陆续续来了很多与我相识或不相识的天津地方史研究领域的精英们。借此机会，我主动走上前去，向为我的"口述西沽"作序的郭凤岐老先生和为我的"口述西于庄"作序的张利

传林讲起自己的家史和成长史几度落泪

民教授表达了谢意,张教授还给我透露个信息,说最近天津口述史研究会要改选,准备推荐我入会,我赶忙说,都快退休了,就别占位置了。张教授则说,在职的反倒干不了什么事。一位文史研究者还特意送给我一份2016年6月21日的《光明日报》,上面有记者陈建强采访我的长篇报道,让我深感意外。

正如年会的策划者、组织者王振良所说,这届年会是历届出席人数最多的一次,可见"问津"的影响力和号召力越来越大,成果也越来越丰厚,我就是其中的受益者,所以每次为年会拍些资料是理所当然的。

开幕式上,王振良将2016全年的工作进行了梳理,接着是天津档案馆馆长作主旨演讲,之后安排大家到楼下拍合影。这次合影除常规拍摄外,我提议搞一次创意拍摄,所以当"大横幅"拍完后,我立即乘电梯到二层的阳台，指挥大家聚成一个既松散又相对集中的团组，并引导大家仰头向上看，我觉得这张合影应该很特别。

还像头几届一样，与会人员分了三个组进行交流讨论，我分别拍摄了三个组的场景和每个人的特写，一看表11点了，于是给振良打电话告退。出了电梯，正碰见研究解放桥的专家方博，他说正要找我，原来他想通过我了解有关大红桥的研究线索，他知道我采访过西于庄，从中想收集不同年代的大红桥影像，可这方面资料实在太少，大多西于庄人生活贫穷，不太可能给大红桥留影，加上人们对这座桥的关注度也不高，所以显得匮乏。就这么聊了20多分钟，再骑到家估计得12点，时间太紧了，好像怎么使劲车子也快不起来，心里有些着急，进了家门背心都湿透了，夫人让我直接去洗澡，我说下午还得出汗呢，她急了："没听说过，臭汗还存着！你洗不洗？不洗就别吃饭！"

洗了澡，换了内衣内裤，真的很舒服。吃完饭12点半，夫人问："还有时间睡觉吗？""就睡半小时，我自己控制。"

果然，12点55分起来，喝了几口茶水，匆匆忙忙去了海光寺地铁站。1点20分随着上下车的人流踏进车厢，没想到这么多乘客还能有个空座，我一闪身坐了下来。这时才想起昨天有报社同事问我，发现地铁换新车了吗？我上下左右环视一番，还真是比原来宽敞了、明亮了，而且设置了两排拉手。

从果酒厂站出来，沿着大街往北走，路边已经开始售卖窗花、春联、吊钱儿。人啊，纯粹自己赶落自己。走进佳园北里小区，没费任何周折就来到了传林的家门口，见防盗门虚掩着，我边打开边喊了一声："哈喽?！""哦，张老师来了，快进快进！"传林从卫生间传出声音，他夫人把我带进里屋。这间屋三面是书柜，另一面放着张小床,中间摆着圆桌,两盏吊灯都改成了节能管,看着不怎么协调,打开以后白灿灿的很刺眼。我把摄影包放在小床上,开始做着准备。

过了会儿传林走进来,我问:"怎么,正录音呢?""没有,让夫人帮着剪辑。""嚯,连她都能上手了?""哎,要指我一个人,剪不过来。"我把照相机放在跟前准备随时拍照,顺手把录音笔推到圆桌对面,打开笔记本,说:"这本书里不能没有你。所以我想来想去还是决定把你这段儿留在今年采了。今天就委屈你了,生把你按在家里,也不管你有事没事!"传林说:"我愿意跟您聊,就怕聊不好。""好么,你天天说评书,聊这个不小意思。反正你也知道我想要哪些东西。两大块:一是家族史,一是你的个人成长经历。我觉得你在老丁字沽也算是出类拔萃的,小时候淘出了名,长大了又在演艺界成了名,你本身就有传奇意味,而丁字沽老乡亲对这些知道的并不

没想到传林会这么怀旧,他手托自家的门牌号让我拍照

多，这方面你可以多谈谈。"

传林口述他的家族史，真像说评书似的，几乎都印在了脑子里。从太爷到爷爷，再到各分支，虽然纵横交错，但条块分明，有着有落。个别片段在访问其他老住户时穿插叙述过，但一点不影响我的新鲜感。经常是说着说着，顺手拿出个物件，来印证内容的真实性。他还打开书柜让我看他收藏的书籍，里外三层，上万册，无意间看见我送给他的那本《见》，立在书柜的迎面，我猜这可能是他比较感兴趣的一本。

传林一点不避讳谈他的爷爷和父亲，而且感情十分投入。在谈到他爷爷对待大奶奶的一幕幕心酸经历时，禁不住流下热泪。可见，传林是个有正义感的人，又是个内心极为脆弱的人。在谈到他自己几十年间的窘迫、抗争、立志、拼搏、淡然、满足的全过程时，又几次落泪，我被他感染得也是哽噎来哽噎去，强忍住泪水没有喷发。我望着他那张刚毅的脸，忽然觉得我们俩有那么多的相似点，虽然表现形式不一样，但性格和心境却是同等类型。

他找出了当年拜师时名人签字的册页，红极一时的大腕们都给他留下了认可和激励的字迹，在他此后的从艺路径里可以看出，自卑与自信，迷惘与求索，软弱与要强相互杂糅，以至于对自己能走到今天这一步而产生疑惑。他几次说："张老师，我不是真的喜欢这一行，就是为了生存。"其实，他是对自己还不怎么满意而已，正像他所说："我骨子里就争强好胜！"

本想聊到5点，结果刹不住车了，因为我还要回到岳父家，所以话题就停下来，然后给他拍照。我让传林支上补光灯，可室内光线依然很杂乱，所以尽管拍了不少也不是太满意。传林见我皱着眉头，说不行另找机会。

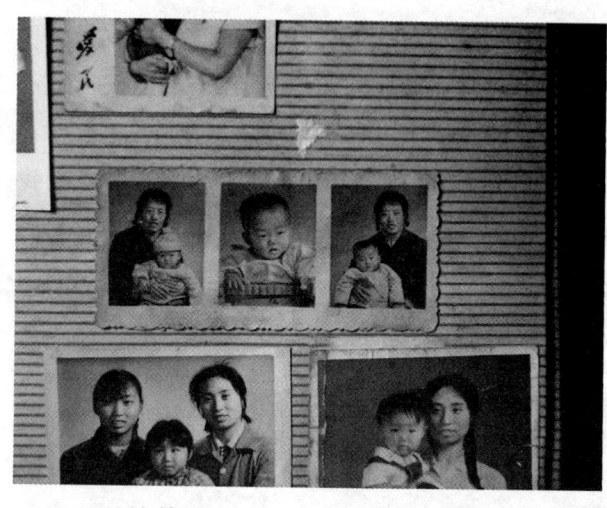

传林取出相册,翻看着小时候的自己

又送给传林一本去年出版的《镜界》,主要想让他看看我们在京剧院拍摄的那幅"剧照"。我知道他闺女是那个剧院的,所以特意展开让他女儿欣赏,但她似乎对此并不感兴趣。

提出要走,传林非要开车送我,怎么推辞都不行。路上,预报的大雾果真悄悄到来,好在从传林家到我岳父家就一条直线,开到三号路的风尚公寓停下来,我说:"今天是2016年的最后一天,非常有意义,也特别值得纪念,再次感谢你!不是寒暄,确是心里所想。"

推开岳父家的门,一股喜气扑面而来。客厅的长桌已经摆上酒和菜,每个人都笑容可掬。我分别问候一屋子老少,接着就是开玩笑调节气氛,因为是辞旧迎新嘛,大家也都兴奋异常。席间,我提议每个人都表达一下对新年的期待。有的希望多挣钱,有的希望都开心,有的希望父母健康,有的希望外出游玩。我的期待是:平稳着陆,光荣退休。

2017年1月

2017年1月27日(星期五)

气象详情：最高气温 4 ℃　最低气温 -3 ℃
晴　西北风　3-4 级

今儿是大年三十。清晨 6 点半从家出来，大街上几乎碰不到人，见不到车。

连续三个春节都是我主动要求头三天加班，因为这三天有不少我节前布置的新闻策划，不仅要精心修改文稿、调整照片，还要盯紧版面。你想啊，主意是我出的，累是人家受的，发不了或发不好，多窝心。所以每策划一个专题，我都承担着压力。其实，针对今年这个春节，我曾闪过一个念头：再有几个月就退休了，不行算了吧！可到底还是被善始善终的想法取代。劝慰自己的理由是：今年是我的本命年。

提起今年的策划也很有特点，难度最大的莫过于昨天见报的那组图文《"驾机人"的鸡年心愿》。我要求记者寻找 6 个属鸡的，他们分别驾驶飞机、内燃机、盾构机、扫地机、压路机、挖掘机等，并以"鸡"论"机"，抒发职业理想和新年期待。这个创意是受上世纪七十年代的一首儿童歌曲《喂鸡》的启发，它的歌词大意是：奶奶喂了两

用手机在丁字沽南大街路牌下自拍,证明这一天我来过

只鸡,大母鸡和大公鸡,一只白天忙下蛋,一只清早喔喔啼。队里喂了三只"机",抽水机、拖拉机和发电机,一个日夜来浇地,一个耕地不怕累,还有一个让家家户户放光辉……选老歌做铺垫,能够引起众多读者怀旧的思绪,进而借物颂今,巧妙展现社会的发展与进步。只是快到截稿时,也没找全6个人,我的想法是,在这组报道中,能有属鸡的开飞机就算成功,其他"机"可多可少可换。因此"鸡年驾机"的报道,成为《今晚报》的独家新闻、特色新闻。

今天同样是一组鸡年策划,与昨天不同的是,我要求选择6个门类,表现老百姓用巧手创作的"鸡"的艺术造型,以烘托中国年的传统味道。所以,上午过稿很顺利,版式处理也很好。明天再兑现除夕夜的一组稿件,后面就可以踏踏实实休息了。

中午,一进家门就见夫人在厨房忙碌,告诉我午饭就简单吃点,有嘛事晚上再说。虽然厨房里香味四溢,但都为了迎接儿子一家的到来。做母亲的就这样,老伴总是排在儿孙的后面,好在我有口吃的就行。兴致勃勃的老伴接着说,晚饭的事你都甭管,就帮我择择韭菜。既然我下午想出去,这点活必须得干好了。

2点15分特意脱掉了身上的棉坎肩,带着14-35mm和

35–70mm 两款镜头，顶着北风前往老丁字沽，为的是抢拍那里的年俗。途径西沽、西于庄时没敢拐进去，一旦走进去一时半会出不来，那就主次不分了。看了下时间：2 点 36 分。我是想测试一下由西沽到丁字沽究竟需要多长时间，到了丁字沽南大街入口是 2 点 44 分，不到 10 分钟。

今天的思路是，以丁字沽南大街为主轴，拍摄与之相交的胡同，如此这般一点点往前推进不容易乱。第一条胡同的把角，有个院落装扮的红红火火，我掏出相机还没拍呢，就被主人盯上了，我瞄了瞄贴着吊钱、春联的大门，示意是为此而来，她默不作声瞅着我。继续往前走，有几间房子已经拆空了，快走到南大街交口时才找到一块门牌——农乐胡同。

从南大街向北行进，街上的年味越来越浓，却不敢轻举妄动，担心拍乱了，所以又拐进另一条胡同。这条胡同还算整齐，起码能拍出有意境的画面，期间又有路过的居民用异样的目光审视我，越这样我越不能鬼鬼祟祟，我坦然地走走停停、拍来拍去。心想，难道

栋梁胡同两扇加锁的老木门

我在他们眼里就这么格涩吗?刚走进一条窄胡同,车还没立稳呢,身后就有人高声问道:"你找谁?""不找谁,拍拍胡同、年味。"既然搭上话了,我就多问一句:"这是嘛胡同?""杜康胡同!"这胡同好记,几十年前杜康酒家喻户晓,估计起这名字时受其影响。

为嘛我的举动很容易引起当地百姓注意呢?一是这个地方自启动拆迁以来,十几年了愣没拆完,尤其后几年再没人过问了,所以我的到来可能被他们视为传递某种信号。二是这个地方有拆的有没拆的,居住人数大减,可能治安问题比较突出,人们出于防备,警惕性都很高。三是好奇,觉得这么个破地方有嘛值得拍的。几十年来,我早已习惯了被不停地追问,既不唯唯诺诺,也不理直气壮;既不躲闪回避,也不任性莽撞。只有尊重别人,才能获得信任。

接下来,又拍了南夏家胡同和娘娘庙前胡同,最让我迷惑的是舟帆胡同,它有好几个进出口,就像好几条不相干的胡同,跟地图上标注的不一样。拍完宋店胡同后,我决定就此收场——已经4点半了,得赶回去看看我的大孙女!车子骑到南北大街交界处我停下来,用手机

二道街这座神秘的大院,只留下几登被岁月磨砺的台阶

拍了一张路牌发给传林，目的是告诉他，老丁字沽这个专题并没撂下，仍在进行中。

好像我的体力也就能扛两三个小时，折腾一下午后再往家走，就有点力不可支，尤其头一天戴那副新配来的眼镜，更是难以适应，重影倒是解决了，可距离感明显失真。这么说吧，我骑在自行车上，感觉矮了半截。这副镜子花了800多块钱，说是由于我的左眼散光超过300度，得定制，一下子

狭窄的杜康胡同，仿佛找到老城里的感觉

费用就撂上去了。我的左眼生生是拍片子累坏的，只是从来没拿此当回事。之前，察觉出聚焦不准，总认为是相机的问题，直到左眼出现黑丝和斑点才警觉起来，可一切都晚了。

边走边琢磨阿越昨天给我提供的报道线索，走到新三条石桥头时，迫不及待地停下来给他发去微信，告诉他紧紧围绕"一同成长，不忘真情"这个主题，另外把"老照片"处理成黑白效果，新旧对比更有时空交错的感觉。这几年，有的创意就出自寂寞的骑行中或似睡非睡的浅意识里，也是挺享受的。

推开家门，儿子儿媳在客厅正守着孩子"围观"呢，我放下摄影

包跨过去,一屁股坐在地上,对着孙女那双眨都不眨的大眼睛,不停地叫着:"珈伊!珈伊!"夫人听见我回来,举着两个红包从厨房走过来递给我,我立在大孙女跟前,而她只盯着红包上的金色图案。我对儿子、儿媳说:"这是珈伊人生的第一个红包,很有意义!"说着,我转身取出相机拍了几张。

今年的除夕不同以往,家里的窗户都贴了吊钱。夫人忙活了一天团圆饭,所有这些都因为老张家又续上了香火。晚饭前,我把母亲遗像摆在壁炉的台面上,放了4个苹果,点燃蜡烛台,全家人对着母亲祭拜并汇报了一年的收获。

自拍了全家福。除夕,我的大孙女差几天5个月。

2017年1月29日(星期日)

气象详情:最高气温2℃ 最低气温-7℃
多云 北风 4-5级

今天是"姑爷节",我这个姑爷一上午都在岗位上,而且因为"姑爷节"的特别策划,忙活到11点半才算过关。去年是"洋姑爷回娘家",前年是"五凤还巢"。总而言之,大年初二总要组织"特稿"来充实版面。

连续上了14天班,的确有些疲惫,所以吃了午饭一觉睡到2点1刻。夫人已经提前回娘家了,为了晚上陪她一块回家,决定放弃自行车,乘坐公交车出行。当然,第一站肯定先去西

对着手机自己跟自己打招呼

丁字沽的凯旋里既干净又安静，相对而言这条胡同形成得比较晚

沽。这个"套路"，我的岳父、岳母都适应了，只是从西沽出来得徒步走到三号路的风尚公寓，夫人说，这一段大约两站地。为了方便在老区里徜徉，我换上了儿子淘汰的旧防寒服，登上半高腰棉鞋并系紧了鞋带，斜挎着摄影包，不到3点，精神抖擞地来到二十五中公交站等待859路。站上有三五个人在候车，也许是节日减了车次，左等不来右等不来，寒风贴着地面刮，不会儿就感觉冷嗖嗖的。实在无聊就浏览859路的站牌，去西沽就得在西于庄那站下，否则就远了。我忽然想，与其拿出半天去拍西沽，还不如接着拍丁字沽呢，西沽拍不拍又有什么要紧？对，去丁字沽！我掏出手机用地图查看我想去的位置与公交车对应的站点，好像在丁字沽八段站下车最方便。

3点15分,亲爱的859路终于到来。车上人不少,我一点点往后门移动,为的是能等上个座儿。车到西市大街站,下去四五个人,果不其然有了空座儿,歇歇脚为的是有足够的体力在胡同里转悠。因为车上没有报站,所以丁字沽站刚过,我就站到车门跟前等着下车,正好有人问下站是哪,一热心大哥说:"四段!"我顺便也问一句:"去零号路,在哪下比较近?""八段!"。

　　从"八段"下车,一眼看见居民楼侧面的三个大字——"胜灾楼",我岳父一家几十年前曾在此住过。1982年,我女友即现在的夫人,领着我第一次去见她的父母就在胜灾楼。那时还是两家一个单元,俗称"独厨"。记得我进了门,女友得楞头发还没回来,未来的岳父岳母不紧不慢地跟我聊天,虽然他们和蔼可亲,可还是把我紧张得够呛。事后,他们开玩笑说,那天除了有问有答外,我就在不停地

宋店胡同严格说是条小马路,西头与四新道相连

抠弄沙发扶手。那时我又瘦又小,岳母担心我会不会有肺结核,最终他们还是尊重了女儿的意见。几十年后,岳父自豪地说:"我们选了一支潜力股嘛!"

　　坐公交就是费时间,路程花了一个多小时,所以必须马不停蹄地加紧行动。今天由北向南并行拍摄剩余的胡同,拍到宋店胡同就算合拢了。我对这一带丁点不熟,尤其大多数胡同没有路牌,所以拍起来很不自信,简直就是深一脚浅一脚地摸索着前行,一旦偶遇门牌号就如获至宝地单独记录一下以便日后整理。即使这样,依然弄得我晕头转向。比如葵花里是"T"字型的,凯旋里是"h"型的,北朱家胡同更是分了若干个枝叉儿,要是不较真、不细心,肯定拍不全,好在跟胡同打了几十年的交道,总还有些经验。

　　拍胡同不骑自行车确实很方便,既可自由进退,又不易惊动别

朱家北里几乎没有老房子

人,可以拍得精细一些。棚户区的房子别管多破多旧,只要添加春联、吊钱、窗花点缀,顿时生动起来,并且充满画意。这次拍胡同,我又顺便拍了不少"彩门",看见了就舍不得放过。拍摄漕运胡同时,一中年妇女从家出来,看见我却停下来不走了,我有意拖延时间,可胡同一侧早就拆光了,哪还有什么可拍的,我迎着那妇女先开了口:"这是漕运胡同吧?""哦,你还知道漕运胡同?""从地图上查的。""你这是干嘛?""拍点资料!"那妇女将信将疑地望着我。

终于拍到了宋店胡同,这就意味着丁字沽南北大街以西的这一大片全走过来了,下一步再解决以东部分。天渐渐沉下来,有些阴冷,我看了下时间:4点整。大初二的,赶紧回去吧!

往西走想奔一号路坐公交车,顺便给夫人发了条微信:"正往回赶,在四新道。"

一号路,灯红酒绿,车水马龙,我一眼看见公交站便走了过去,刚定了定神儿,发现已经到了勤俭道附近。算了吧,还不知公交车何时到,即便坐上一站,下了车也得走老远。对,接着走!其实俩腿都快撑不住了,尤其左脚掌生疼生疼的……

走进风尚公寓,一些住户已经点亮了大红灯笼,欢乐祥和的气氛也被引燃。推开门,大家一起跟我打招呼,我则郑重地抱拳向岳父岳母拜年!之后,我一眼瞅见珈伊的童车,怎么,大孙女也来了?果然,孙女趴在里屋的床上,几个人正围着"观赏"呢!我也凑了过去,孙女还真够意思,冲着我露出笑容,这就足够了!

2017年1月30日(星期一)

气象详情:最高气温2℃ 最低气温-6℃
晴 西南风 微风

头一天歇班,安安稳稳睡到8点半。

天儿特别通透,夫人提醒我去拍片,想了想,提醒得还真对。下午去我表姨家拜年,也就上午能转上一圈,接着把丁字沽南北大街以东的胡同拍拍就差不多了。

天儿好风就大,这些年我的拍摄目标都在北边,一到冬天就不得不跟西北风较劲。车子骑到新红桥的大斜坡,几个骑电动车的都下来推着走,可我就是死命往上骑,毛病!下来又能咋样,只要骑上车就不愿再下来。就因这毛病,渴了不买

不太会用手机拍照,表情总是这么僵硬

堆着杂物的高庆胡同

水,憋了不尿尿,就像屁股粘在自行车上似的。

　　10点开始"战斗",先拍丁字沽南大街与三道街之间的胡同,只是光线太强了,造成胡同的明暗反差极大,测光点放在阴影里,着光部分就曝光过度;测光点放在着光面上,阴影死黑一片。即便如此,我还是选择后者,因为亮部曝光正确,暗部还以用软件找回来。今天拍摄的这部分胡同不仅直而且短,所以没间断就把三道街与二道街之间的胡同"扫荡"一遍,加一块得有十五六条。

丰收胡同电线杆上,贴着"出门见喜"

冯家菜园胡同头顶上的『蜘蛛网』

回到家 12 点 47 分,夫人也没着急,反正节日的饭菜也都省事,随便鼓捣鼓捣就吃上了。我心里想的是嘛呢?几十条胡同"茬"在一起,要是不抓紧分出来可就麻烦了,好多胡同没任何标记或特点,它们的起止、形态完全凭大脑记忆。还有一个,也是多年的经验:不整理永远发现不了遗漏,不能让遗漏变成遗憾!

下午两点,打开电脑、插上 CF 卡和移动硬盘,开始按照拍照的时间顺序,把整条胡同的电子文件复制到独立的文件夹。有的比较明显,齐头齐尾清清楚楚,有的需要仔细辨认,还有的断断续续,就得分段提取。正待我专心致志投入其中时,夫人问我准备几点走,我语气坚定地说,最晚 3 点半。话音未落,小姨子来电话说一会过来拜年,我示意马上出去,就别让她来了,可劝慰半天也不行,那就等着吧。我接着给胡同"分家",他们一到,我就收摊儿了……

晚上,都留下在表姨家吃饭,我弟弟一家子也去了。表妹两口子忙活了一桌菜,我们吃着、喝着、聊着,反正够闹腾的,妹夫预备了两瓶"老干部酒",三个人都给喝了。

2017年1月31日(星期二)

气象详情:最高气温 4 ℃　最低气温-5 ℃
晴　西风　微风

　　一大早,夫人出去晨练,我接着睡懒觉。8点半起来洗漱,吃早餐,然后收拾屋子。平日都是上班前先扫地或擦地——我就怕屋里的地面脏,踩在上边心好像悬在空中。头些年都是拿毛巾蹲着擦地,现在腰受不了了才改用墩布。可是一放假反倒不怎么做卫生了,所以看哪都脏兮兮的,整忙活了一个多小时才算舒服。

　　10点坐在电脑前开始补写头两天的日记。前天是因为回娘家多喝了几杯,昨天是因为给表姨拜年又没少喝,俩眼都拢了!我最不愿补写日记,主要是脑子不好使,当天的事经常记不全,隔夜的事就更别提了。所以补写日记时,我先用时间搭出个框架,然后一点点填肉。

　　12点,夫人呵斥我收摊吃饭。她做的手擀面真好吃,受穷的脑瓜子!午觉醒来,见夫人躺在沙发上睡着了,我蹑手蹑脚地在屋里来回走了两趟,找出丁字沽手绘地图,参照卡片上列出的胡同名称逐个核对,结果还真查出三处漏拍了:一条王胡同、礼仪胡同和田

南大街居委会在凯旋里挂出的"禁煤"宣传标语

盛胡同。出发前喝了一杯茶。

一开门,夫人还是醒了,见我穿戴整齐便问:"眼都那样了,还去拍?!"我轻声说:"一会儿就回来。"

戴上新配的眼镜试了试还是不行,我琢磨着过完节得去调调,散光有点太深了。2点50分,用了半个多小时就骑到了丁字沽南大街,这跟过去采访西沽、西于庄都不一样,好像进入丁字沽只有这一条路最顺。

因为只为补漏,今天显得非常轻松,没走几步便停下来,朝着路口附近的一处废墟走去,这可能就是传林经常说的那个一条王胡同,胡同的痕迹还能看出来,只是两侧建筑几乎全拆光了。好在留有一米多高的台基,我采用低角度拍摄,尽可能展现胡同的形态,如果没记错的话,这座大院应该跟王士海有关,是不是?不敢百分之百确定。

　　本想多拍几张,实在没有可拍的,于是决定顺着丁字沽南北大街再走上一趟。这一趟还真走对了,除了又补拍一些"年味儿"外,在这条大街的最北头,发现了从未涉及过的冯家菜园和卫星小学胡同,尤其在冯家菜园纵深处,见到了静卧在荒草中的"断桥"的另一端。好家伙,这座桥竟然"断了"足有三里地!它本应从老丁字沽穿过去,可是十年了,就因为拆迁没解决而停工。我爬上土坡登上桥面,远远望去,尽头伫立着几十栋高楼,回头再看看"断桥"下那些低矮的危陋房屋,真叫"新旧社会两重天"啊!怪不得老百姓一见着我就问拆迁的事,谁不愿快点离开这里呢?

　　由原路往回走,走到晗旭胡同时右拐至二道街,然后停下来查看手机里的地图,再往前走就是要找的礼仪胡同了,经过颂

冯家菜园本来是菜园,后来私搭乱盖变成棚户区

扬胡同时忽听"咣当"一声,回头瞅瞅以为压上了石头,就没理会。

礼仪胡同被遗漏,可能就因为根本看不出是条胡同了,孤零零就还剩一个院落,不过倒挺抬色,大门口不但贴了春联、吊钱,还挂着两盏大红灯笼。麻麻利利地拍完以后,准备再查看一下地图,可是口袋空空,手机丢了!我猛然想起刚才"咣当"那声,弄不好就是手机掉了,我赶紧调头往回走,边走边趔摸,还就是在颂扬胡同口,找到了趴在地上的手机,幸亏胡同人少!

按照地图的指引去拍摄最后一条胡同,谁知越拍越觉得来过,拍到最后见到了墙上的路牌——旺盛胡同。原来我在抄录胡同名字时,把"旺盛胡同"写成了"田盛胡同",还以为少拍一条呢!因为旺盛胡同的东口对着北运河,河岸筑有一米多高的防护墙,

站在"断桥"往北看,好像另一个世界

老丁字沽的地名，带着浓郁的乡村味道

这时我才想起应该给自己拍张工作照。于是借助这堵墙，放上照相机，自拍了第一张正式的现场采访照片。然后顺着河边奔勤俭桥，在桥口一不小心又拐进了丁字沽的节水胡同，正好在老厕所解个手，出来见对面的大红春联格外耀眼，又产生了自拍念头。这回只能把照相机放在自行车后衣架上了，担心照相机摔了，所以很仓促地拍了两张。

再次回到丁字沽南大街，想找人问问一条王胡同的位置，要是拍错了还能马上纠正。一大娘走过来，看模样不像是本地人，我就没张口。过来俩年轻人，估计他们也不知道，我又没张口。不会儿一对儿中年男女经过，我问："大哥，知道一条王胡同在哪吗？""哎呦——说不好，你问问老人儿吧！"又等了会儿，一大爷骑着自行车走来,我问:"大爷,哪儿是一条王胡同?""这个……好像在那头儿!"

我定了定神儿,见前面不远处有一大伯正收拾面包车,我推着车凑过去问道:"大伯,您知道一条王胡同在哪吗?"他看看我,又看看我刚过来的方向,说:"就那根新电线杆子旁边!""是房子还剩一米多高的砖墙吗?""错不了,我在三条王胡同住。"谢过大伯后,我默默地在心里说:别了丁字沽,等长满了树叶我再来!

4点赶往西沽,后又到西于庄,可是拍片儿的热情基本上没有了,5点1刻回到家。

2017年2月

2017年2月4日(星期六)

气象详情:最高气温8℃   最低气温-1℃
多云转晴   北风   3-4级

  一宿没睡好觉,脑子里全是西沽郑家大院的事,也不知是昨天采访太兴奋了还是浓茶喝多了。

  早晨起来,吃了两片儿面包喝了一杯白水,开始清扫地面,心里长草似的,恨不得赶紧走人。取出照相机检查卡和电,发现电只剩下一小格,现充肯定来不及了,怎么办呢?那就先拍倪家大院,剩下电再拍郑家大院。

  不到9点就起程了。今天这事纯属意外,大年初五下午出席问津文库的签售活动,振良接待了一位老太太,这老太太是西沽郑家的后人,振良之所以感兴趣,是想由此挖掘有关郑证因的线索。活动结束时,振良跟我提起这老太太,我一听,要是真能把郑证因的经历弄清了当然是个突破,我答应事后访访老太太。

  昨上午,振良把老太太的联系电话交给我,我跟他说,要是不错的话,加在书稿里还来得及,他表示同意。中午,打通了这个电话,简单解释后定在下午2点半会面。

丁字沽凯旋里 10 号

老太太家离我住的不远。不过，老太太给我指的路实在太偏了，她说就在陈傻子饭店旁边，好家伙，我问了两个人才找到她那个小区，跟陈傻子饭店一点关系没有。

进了屋，我一眼看见墙上悬挂的老太太年轻时的照片，问："您是大夫？""啊！""六二六下过乡？""给铁路工人看病。"坐下来，我先送给她两本《问津》小册子，她特别高兴，接着把自己整理的郑家家谱取出来，还有一篇 2004 年《老年时报》刊发的有关郑证因的文章。于是我们就按照"家谱"的辈分聊了起来，这一聊不要紧，整整聊了三个多小时。虽然没涉及郑证因这个人，但有关郑家的发迹史与衰落史还是挺丰满的。其间，我答应帮她到西沽拍一下倪家大院，说是北京的倪家后代想要，她曾拍过两次都不行，这事对于我不是手到擒来嘛！6 点从老太太家出来，还给她布置了"作业"，隔几天再来。

上午急着去西沽就是给老太太帮忙，当然也为新增的这段访谈配照片。不到10点，夫人来电问我在哪了，我说在西沽，她吃了一惊，没想到大早晨跑到这么远的地方。我告诉她一会儿去儿子家商量改造浴房的事。

果然，照相机仅存的那点电量用光了，心也彻底平静下来。到儿子家，除了把拆除浴房的事敲定下来，最让我开心的，又见到了大孙女。

中午回到家，我急切地给郑老太太打了电话，告诉她我去了倪家大院、郑家大院，还没等约定下次见面的时间，老太太先告诉我，昨天把采访的事跟她弟弟说了，弟弟不同意公开郑家的事，具体情况电话里不好说，等见面细聊。

撂下电话，心里像被掏空，似乎不知道该怎么办。原想下午卯足劲整理访谈录音，如果真的不让公开，还费这功夫干嘛呢？睡醒午觉，拿不准要干嘛，忽然想起河东区东平房拆迁的事，是不是到那里转转？拿出地图册查看，东平房虽然在大直沽界内，但不属历史街区，还是放弃吧，别把战线搞得过长。要不再去丁字沽，可干嘛去呢？打开电脑，决定把最近一个阶段拍摄的大量文件倒到移动

丁字沽宋店胡同2号

硬盘,把"卡"一律清空!

就在"倒卡"的瞬间,蓦地闪现一个想法:这次在丁字沽拍摄胡同时,还拍了不少带年味的家门,是不是应该把这部分提炼出来,看看究竟有多少?对对,这是正事,哪儿也不去了,把每扇门加上详细地址留存下来。

这个活儿可没这么简单!从大年三十至大年初四,一共拍了4个半天,几千张照片,需要从头一点点地理,然后挑选、辨认门牌号、标注等等。多年来,

丁字沽北大街85号

已完成了西沽的"一百扇门"和西于庄的"一百扇门",假如再添上丁字沽的"一百扇门"不更好吗!

到底能挑选出多少"门",我心里还真没数,主要难点在于丁字沽的许多老院没有门牌号,所以拍得相对拘谨。大概用了两个小时,终于汇总出来,总数为87个。我即刻兴奋起来,明天又有事儿干了!

2017年2月5日(星期日)

气象详情：最高气温 6 ℃　最低气温 1 ℃
晴　东北风　3-4 级

即便歇班，我的闹钟也在 5 点 50 分定点报时，我伸手关上它，以获得自欺欺人般的满足，这样再接着睡仿佛更香。今天同样如此，刚关上闹钟就进入朦胧状态。突然，放在床头柜上的手机骤然响起，吓得我心噗噗跳，一看是我的副手打来的，他说他的一个亲戚病危，得马上去医院，让我帮他替个班。还能说嘛呢？那就起吧，工作决不能耽误！

6 点 10 分，洗漱、扫地、吃早餐、倒垃圾。走出家门，一点都不觉得冷，街头似乎还没苏醒过来，仰望深蓝色的天空，见两颗星星在闪烁，从长江道往东边望去，南京路与南开三马路交口的高层建筑，呈现出美丽的剪影。

上午的工作很顺利，我抽空开始起草"新春走基层"工作总结，这几年凡能为部门争光提神的事，我都不遗余力地去做，为的是给大家抒写业绩、留下印记。

2 点半出发，3 点 14 分赶到了老丁字沽。这次沿着农乐胡同来

丁字沽友明胡同

到丁字沽零号路,这条路几乎成了小贩一条街,路面本来不窄,可随意占用弄得又脏又乱,丁字沽小学就卧在这条路以东,有种闹中取静的感觉。我往里看了看,真有老学校的味道,北面是娘娘庙的大殿,它的左侧有一座仿古凉亭,右侧由北至南是一溜平房,这种样式的学校,恐怕在本市独此一家。据说娘娘庙大殿还保留着壁画,有机会一定到里面看个究竟。

先是把零号路走了一趟,算是补上了老丁字沽外围这条"主街"的概貌,然后由北向南依次拐进老丁字沽的胡同,拍摄带年味的"彩门",当行至北平房时有些犹豫了,我觉得它应该不属于老丁字沽,可又拿不准,于是给传林发去微信咨询,不会儿告诉我"不算",那就可以甩掉一片。我从友明里开始拍,然后是北朱家胡同、凯旋里、朱家胡同、舟帆胡同……也不管拍过没拍过,看着好就拍,顶不死再替换嘛！虽说再拍13扇门就够数了，但至少得照着30多扇门拍才行，所以补拍这活儿也不简单。

几乎把胡同全走一遍，心里估摸着差不多了，也确实有点累，看了下时间：4点44分。算啦，半夜下菜馆，有嘛是嘛吧！

走到红桥北大街时，又想再看看西于庄。于是从清河沿大街进入，眼前的景象苍凉而惨淡，一堵堵残墙上都喷写着和辙押韵的宣传口号，偶尔还能见到贴着春联、吊钱、福字的"彩门"，我没有心情拿相机，更不愿触碰那一丝对新年的慰藉，不想再往深处走，便从大新街绕了出来。

回到家，夫人正准备晚饭，告诉我今天按老例儿吃合子，可我看她在做馅饼，就问："不吃合子吗？""啊，馅饼、合子都做，瞧好吧！"结果，我吃了四个馅饼、两个合子。饭后接着挑选照片，按预想完成了100多扇"彩门"。

起初没有信心会拍出100扇

丁字沽舟帆胡同15号

丁字沽舟帆胡同25号

丁字沽舟帆胡同

带着年味的家门，因为老丁字沽并不大，加上至少有三分之一的房屋已经拆除，另有三分之一的老宅空闲，所以这一带的年味远不如西沽那么浓烈。但是，由于我对这片区域的陌生，那种探究渐渐演变成一种挑战，多年来我不断重复这样的过程，才一次又一次地有了新的发现。有时陷入困圈难以突围的原因，就是没上升到另外一个层面去思考问题，就说拍摄带年味的"彩门"吧，几年前我萌发这个创意时心潮澎湃，一狠劲在西沽拍了100个，尔后在西于庄采访时又赶上过年，却没产生再拍100扇门的冲动，只是路过这些"彩门"时不自觉的拍上几下，当拍到一定体量时，才打开"天灵盖"，决定再拍它100个，这一拍不要紧，还意外收获了100副不一样的春联。这回在丁字沽拍摄其实并没想照方吃药，只是……

2017年2月7日(星期二)

气象详情:最高气温2℃　最低气温-1℃
阴　西北风　3-4级

上午正常改稿、发稿,同时完成了1500字的"新春走基层"总结。接着把去年和今年出版的《镜界》余书归拢到一个柜子里,便于候任领导接手,同时又分给部门每个人一套书,放在各自办公桌上,用手机拍了照片发到微信群里,不会儿,大家纷纷点赞!可见,每年一本的《镜界》真是给大家办了件好事。

中午给郑玉明老太太打了一个电话,问下午去她家行不行,她说没问题,我没再提采访的事,只说给她送照片。两点半,按响了郑老太家的门铃,屋里马上搭话,打开门我先问:"您没睡会儿觉吗?""哎,不能睡,睡了晚上就坏了!"我说换下鞋,郑老太还是没让换,热情地把我让进屋。平时就她一个人生活,老伴儿已经去世。整个居室井然有序非常整洁,老伴儿的根雕作品陈列在专门的架子上,看得出来,她以老伴儿为荣。

我们还是坐在上一次来访的位置。我先把塑封的两张12寸郑老太的人物肖像递给她,她看了很高兴,接着又把倪家大院和郑家大院

丁字沽友明胡同7号

的照片分开交给她。她把写给倪家后人的一封信让我看,信中提到照片是今晚报高级记者张建给拍的,我有点不好意思。上次答应送给她一本《口述津沽:民间语境下的堤头铃铛阁》,我把这本书一同摆在她面前,她要给我钱,被我拦下,郑老太被我的真诚守信打动,一时不知如何是好。

坐定后,郑老太才提起他弟弟对这次采访的态度。她说话很谨慎,既怕伤害我的自尊,又怕有损她弟弟的形象。我说:"没事,一切尊重你们的意愿。那天采访后我一宿没睡好,太兴奋了,满脑子都是郑家大院。"郑老太也说,她更是一夜没合眼,不知如何向你解释,总想找个折中的办法却始终也没找到。离开之前,我一再鼓励郑老太继续整理郑家的史料,别管结果如何,当个乐趣嘛!

不弄了,我反倒轻松了。从她家回来3点半,干点什么呢?在屋里转来转去,发现夫人栽种在小碗里的蒜苗挺有味道,便取出笔和纸画起来,上次写生是4号,再上一次是去年的12月8号,凡能有时间写生就说明心情好,没什么急事。但今天似乎仍静不下心来,没用多长时间就草草完成了,线条排列得很粗糙。坐在那愣了一会,思绪上下翻滚,不知怎么又"推开"了老丁字沽那100扇"彩门",是不是该把门上的春联摘录下来呢?也好,看看究竟有多少对儿,重复率有多高,这事还是应该做的。

打开电脑,显示器上排满数字。重启,还是如此。我用手机拍下来发给同事,问是怎么

丁字沽葵花里10号

丁字沽友明胡同11号

丁字沽礼仪胡同

回事。同事说,按一下"F1"就没事了。试了一下,还真灵!

打开丁字沽100扇门的缩略图,真够壮观的,像一个个跳动的小火苗,随便展开哪一扇门都充盈着丰富的内涵,当然包括那副左右对称的新春寄语。一开始我准备按图片上显示的春联内容抄录在纸上,仔细一想这叫脱裤放屁——多费一道手,直接在文档里打出来不就完了!题目就叫《老丁字沽门上的春联》。然后,一副一副地抄录,虽然都是传统的吉祥话,但从中能够精准地表达出普通百姓对未来生活的企盼与憧憬。在这些春联中,"平安""纳福""聚财""快乐"是使用率最高的词汇,而每句话的组合却是千姿百态、活力四射的。尤其有几副手写的春联着实让我感动,不但语句有文采,而且书法也很有功力,由此我对老丁字沽又平添了几分敬佩。

抄录图片上的春联,是件挺有意思的事情,比如烫金反光,需要仔细辨认;局部遮挡,需要合理推断;完全重复,需要择选其一。说来特别奇怪,前年在抄录西于庄门上的春联时就发现重复的很少,今年的老丁字沽同样如此,难道购买春联时家家户户都商量好了?不可能商家印制春联时一个品种就印几副吧。用了两个多小时,抄录了70多副春联。

2017 年 2 月 21 日（星期二）

气象详情：最高气温 2℃　最低气温 -3℃
小到中雪　东南风　1 级

早晨，大夫来查房，告诉我上午可以出院。昨天中午手术，还不到 24 个小时就可以回家了，我当然是很高兴，说明手术成功嘛！

简单回顾一下吧，否则大家不知道我为何失踪一个多礼拜，还突然住进了医院。

2 月 10 日下午，我到河北区米兰公寓去采访西沽原住民范祝九。这个线索还是郑玉明老太太提供的，因为郑老太接受我的采访后，本想把她那段也收进"口述西沽"这本书，可她弟弟不同意，弄得郑

在等待住院的那几天，我用眼镜遮挡住左眼，继续用右眼写字作画

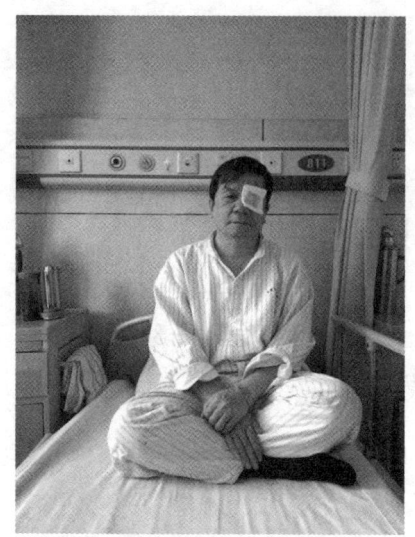

2017年2月20日上午，坐在病床上等待手术

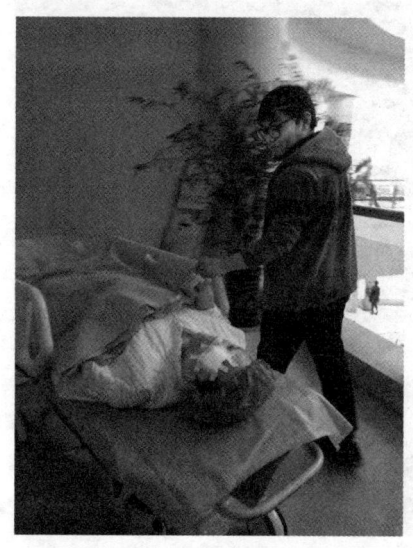

2017年2月20日下午2点左右，医务人员将我从手术室推出

老太非常内疚，总恨不得有所弥补，于是就想起她的同学范祝九手里有一张西沽太平花鼓的老照片，其祖父还是西沽大公所的老当家。郑老太就把这个信息讲给我听，顿时点燃了我的激情。当时"口述西沽"书稿已进入编排阶段，所以就得抓紧采访、抓紧整理，只有这样才能搭上末班车。在已收集的有关西沽太平花鼓的史料里，除了二十段手抄的唱词之外，就只有原住民的描述，老照片的发现是个不小的突破，它可以不言自明，印证那段历史。

采访很成功，心情特舒畅，那天正值农历正月十四，返家途中还兴致勃勃地停靠在狮子林桥边拍摄璀璨的灯光夜景，流露出对美好生活的眷恋。

进了家门，撂下摄影包就去洗脸、洗手，在擦脸的同时，我下意识对着镜子照了一下，左眼却虚成一片，以为是眼睛进水了，眨了眨还是不行，我意识到眼睛肯定出问题了。这种虚不是外部造成的,我赶紧叫夫人:"坏了,坏了,眼睛好像有东西掉下来,嘛也看不见了……"夫人吓得要命,不知如何是好,我立即起身,非常严肃地说:"赶紧去医院。"

打车到眼科

一周后,韩大夫给我做眼部检查

医院,挂急诊,接受检查,大夫问我有没有碰撞,说没有,大夫不信;又问做没做过白内障手术,说没有,大夫还是疑惑。究竟怎么了?大夫不确定地说,左眼晶体脱落。急诊处理不了,让我转天看门诊。

11日早晨,排队去看门诊,大夫用仪器边看边问是不是有碰撞,我说没有,就洗了下脸。他说是晶体脱落,让我联系住院部找韩大夫解决。

回到家,想想挺窝火,何况后面的事都推给个人了,治不治全凭自觉!逼的我没办法,只能求助于朋友了。于是在好友的协调下定在周二与韩大夫见面。简短截说吧,掉下来的晶体在眼睛里搁了一个礼拜才住进医院(17日),又在医院"存放"了两天半(20日),才将其"打捞"出来,换上了一枚人造晶体。

2017年2月22日(星期三)

气象详情:最高气温6℃　最低气温-2℃
晴　西北风　3-4级

早7点多,夫人告诉我昨夜下雪了。我问雪大吗,她说还可以。我开玩笑说:"走,拍雪去!"她附和我的玩笑,"去吧,赶紧拍,一会儿就没了!"我说:"一只眼也能拍。"她急了:"疯啦!"我说:"要是

白雪让沧桑的老丁字沽素雅起来

晚做两天手术就好了,晶体脱落不影响外出。"听我这么一说,夫人似乎认真起来,问:"你要拍嘛?""还能拍嘛?老丁字沽啊!""丁字沽有你嘛事?""嗨,全拍完了,就差这场雪!"夫人沉寂片刻,态度有所缓和地问:"哪是丁字沽?"我不理她。"你告诉我,哪是丁字沽,那不都是楼房吗,有嘛可拍的?"我闭着眼依然默不作声。"你说呀!"我有点不耐烦了:"老丁字沽不就桃花园,原来姥爷家对面吗!守着勤俭桥和北运河。零号路知道吗?就那附近,现在那个路口有座建半截的立交桥……"她一下来了精神:"我去吧!""去,去,别打镲啦!""不开玩笑。你安心躺着,我替你拍。""真的?"我想了想,这主意倒也不错,即便拍得再次也不至于留下空白。可我实在不放心,要是摔着、冻着、碰着……不行,不行!

夫人凑过来小声问:"小相机能用吗?""想起一出儿是一出儿,能有电嘛?! 要去就拿大相机。""为嘛?""得保质量啊! 干嘛,你真要去?""我不会用。要不就拿手机!"夫人显然有些失望。我趁她走出屋子,快速将那台"微单"和充电器取出来,然后充上电。

"君——君——你过来,我告诉你,一个小时之后再去,我充上电啦!"夫人并未感到惊讶,眸子里跳动着一丝欣慰。

眼睛很难受,肿得像只烂桃儿,大夫要求面朝下趴着,从手术结束到现在趴了一天两夜了。倒是能看见东西,只是还有一个半透明的茶黑色圆片儿在眼睛里晃动,有点像镜头前面的滤色片,估计好了以后就该消失。

快9点半了电还未充满,夫人有点着急,干脆拔下来算了。装在相机上一看还行,试拍了几张也没问题,我担心夫人找不准位置,用一只眼画了张草图,告诉她最好从丁字沽南大街进入。她穿戴整齐,肩负使命般的,充满自信地出发了。

这张片子拍得很有味道,玩雪的孩子激活了整个画面

我依旧把胸口压在枕头上,让面部离床约5公分左右用来喘气,几乎没了时间概念,昏昏沉沉,似睡非睡,眼前又浮现出左眼手术时奇幻的影像。当手术器械刺进眼球,捞取滑落的晶体;当人工晶体植入,一针针缝合;当微型"高压水枪"清洗眼部淤血……每触动一下眼球,就像按动了放映机的开关,忽而是静谧的宇宙,忽而是炽烈的日全食,忽而是水中的波澜,忽而钢花四溅……

10点20分,家里的座机响起,我被惊醒。没别人,肯定是夫人打来的。果然,她问我已经走到体育局了,还往前走不走。体育局?我怎么能知道!她说路牌上写着唐家湾大道。我一听就明白了,赶紧说:"丁字沽北大街已经到头了,往回走吧,走到厕所见到北运河的小桥,就可以考虑拍左边的胡同了。不一定每条胡同都拍,重点是二道街、三道街。"她似乎有点懵,我补充道:"你自己看着拍吧,别走丢了就行。"

还真让她说着了,10点40分左右天空投射出浅浅的阳光,脆弱的白雪会像影子一样消失。我顺手从抽屉里拿出日记本,掀开最后面的空白页想把今天这段经历记下来——毕竟与老丁字沽有关嘛!

几号了?想不起来,日期先空着吧!用一只眼写字,确实不太适应,要不干嘛呢,怪腻歪的……

心里惦记着夫人,也不知拍的咋样了。这不没影儿的事嘛,开句玩笑就当真了。不拍这场雪又能怎样?不肯放弃就是害人!我有点撑不住了,于是给夫人打电话,响了好多声才接,我问:"怎么样,顺利吗?"她说还行,找到了二道街、三道街和三条林胡同。我说:"别着急,慢慢拍,既去了就多拍点,别考虑我,中午可以晚点吃饭。再有,你想着拍张工作照!"她说街上没人,而且雪基本都化了。我告诉她即便用手机也得拍一张。

关上手机。拿起笔,说嘛也写不下去,眼前浮现出夫人踏雪穿行在胡同里拍片的情景,止不住老泪横流……

……

12点门铃响了几声,肯定是夫人回来了。她显然忘了我是个"残疾人",我爬起来,疾步走上前,打开门,迎夫人进屋。我感动得不知说什么,不停地拍打她的肩头,进而轻轻吻了她。我说:"把你轰出去拍片,心里好难受啊!"不敢再往下说,眼泪的闸门又要被打开。夫人马上回应:"干嘛干嘛,玩儿呗!"是啊,还能说什么呢,说什么都显得多余而虚伪,转而问她小相机好用不好用,她说还行,并告诉我从北大街回到南大街雪就化了,再加上当地百姓也勤谨,不一会儿就把雪都扫一边去了。胡同有人问她拍这干嘛,她说老胡同加上白雪、红春联多好看!还有个大爷一边扫雪一边对她说,从第一次动员拆迁至今11年了,总算有了盼头。

她说这一路总遇上狗跟着她,有点害怕,另外有只鞋好像湿透了,鞋窠儿里凉凉的。我认真地听着她的叙述,都说完她扭头回厨房弄饭去了。

吃饭,睡觉。

好家伙,一睁眼快4点了。我慢慢起身,听不到屋里丁点动静,走出卧室见夫人坐在小厅窗前正绣十字绣呢。我小心翼翼地睁开左眼,已经能看见东西了,只是那个茶黑色圆片有些遮挡。夫人问:"起来了,有心气儿看看我拍的照片吗?""有啊!"她把小相机递过来,我取出卡插进读卡器并连上电脑。

夫人放下手里的十字绣坐到电脑前,她打开文件夹一张张让我品评。说实话,比我想象得要好很多,有一些甚至拍得很不错。我

夫人坐在电脑前对着照片,讲述拍摄过程

望着她那平静却又充满自信的表情,心生爱怜,真恨不得拥抱她、亲吻她。我感慨地说:"非常感谢你!微信上说,今年9月穿越老丁字沽的这条快速路就要通车了。意味着今天这场雪,将是老区最后一场。你说重要不重要?!"夫人仰着脸对我说:"所以嘛,我不愿让你留下遗憾!"这话不假,几十年来不论满心高兴还是委曲求全,总把实现我的愿望放在首位,让我既自豪又愧疚。

用一只眼,趴在床上写完这篇日记

我赶紧把这部分照片下载、备份,一共拍了119张。

连日来,大脑就像死机一样,所有的"记忆文件"都打不开了。思绪仿佛全都被中断,本来有的是时间思考问题,恰恰相反,迟钝、呆滞,单纯得只想在病床上躺着,焦灼不安地等待被推进手术室的那一刻。亲友、病友一再给我打气,叫我别害怕,其实我一点也不担心,在家等待入院的那几天,我把左眼用创可贴一粘,什么都干。先是把西沽太平花鼓老照片一张张修复,然后又把我在老年报连载两年的"讲摄影"专栏剪报,画上了装饰线,最后还是用一只眼整理"老西沽"范铸九的访谈录音,要是再晚两天手术就弄完了。"独眼"

的特点,就是距离感减弱,乐观心态几乎没受影响。

可是,一旦穿上病号服,住进病房,被大夫一次次地"提审",在各种仪器前不停地检查,智力水平顿时下降许多。什么工作上的事,朋友托付的事,自己期待的事,家里需处理的事,一概离我远去。真想不到,一枚小小的晶体会整出这么大动静。

直到晚上才明白过来,眼睛里的茶黑色圆片原来是"打"进去的气泡。之前听大夫说过打气儿、打油儿的事,如果打气儿,一周内便可吸附,这下我踏实了。想想术前术后,我始终伴着好兆头,20日手术当天,我见窗外飘来一抹红云,走到东面一看,天空布满了绚丽的朝霞,把我的脸和我的心,都映照得红彤彤。而出院的当天夜里,又为我送来洁白素雅的中雪,让我焦灼的心平静下来,同时还意外获得了"雪中的丁字沽"。

2017年3月

2017 年 3 月 7 日（星期二）

气象详情：最高气温 8 ℃　最低气温 1 ℃
晴　西北风　3-4 级

全国"两会"召开，我不得不提前结束病休回到单位盯岗。左眼还是怕光，看电脑时间长了有些酸痛，特别是两只眼的"曝光度"不

用"海光寺"三个字当背景，自拍了一张"盲人照"

每次采访,传林带的设备都比我带的多,这也是第一次录音、录像、照相同步使用

一致,新装的晶体看东西"贼亮","老眼"则偏暗偏暖,也不知那个眼更真实。

从昨天晚上心里就不踏实,担心"三八"策划因版面紧而发不出去,所以在今晨的编前会上,我着重向老总们介绍了这组为"三八"节特别定制的图片报道,老总们考虑再三,还是保住了这条独家新闻,我从心里挺感激。

中午简单吃了点饭就去睡觉。12点半门铃一阵乱响,爬起来想问问是谁,就听一溜脚步声顺着楼梯上去了,你说多腻歪人,我还睡不睡呢!回屋躺在床上不敢睡实了,一会一睁眼,12点50。挎上摄影包,戴上墨镜,骑着自行车,直奔海光寺地铁站。还没过安检就听见广播声,我赶紧"走完程序",掏出乘车卡就要进站,可说嘛也不开闸,我琢磨可能是卡里没钱了,于是到自动售票机买票,等票买完了地铁也走了。没辙,又等了好几分钟才登上下一趟。还好,虽然乘客不少,却找到个空位,我坐下来见对面玻璃上映照的自己像个盲人。一路上眯缝着双眼,这时想起大夫的叮嘱:一个月内不要到公共场所。忘了,真有点太冒失,过些天再采访又能如何?

从果酒厂站下来,往北走100多米就是传林家所在小区门口,正疑惑呢,传林开着车缓缓地停在我身边,我们相互打了招呼,毕竟两个来月没见面了。一上来他先问我的病情,我简单做了叙述,这种叙述都不知说了多少遍了,可人们关心你,你就得像祥林嫂似的不停地重复。车开上立交桥,好像要去北辰,我问传林今天要访的这位侧重谈什么,他说这老爷子姓贾,快八十了,是个在丁字沽跑街的,丁字沽的事他都知道,他自己也特别愿意配合,通过四个人才联系到。

只要坐上传林的车,话匣子就算打开了,我听着都累,他却乐此不疲

贾老爷子住的是新兴廉租房，非常规范整洁，车子开进小区找了个空位停下来，传林还是大包小包的带着摄录设备，我只能帮他拿两件轻点的。准备上楼时，传林忽然对锁没锁车有点嘀咕，我劝他回去看看。不会儿他返回来，贾老爷子也正好从电梯下来接我们。这是位瘦小的干巴老头儿，精神矍铄，腿脚利落，还特意换上件中式夹袄。一同进了屋，贾老爷子认不出传林是谁，传林灵机一动，指了指自己脖子上的疤痕，问："这回想起来了吗？""啊——想起来了，你在一条王胡同住！"他俩开始"盘道"，我则悄悄做着准备。贾老爷子真是个外面儿人，见我展开笔记本便说："丁字沽我都熟，让我讲点嘛？"我说，着重说说大公所、白抬会和高跷、舞龙嘛的。他不假思索，一下子把话题带进了白抬会，反倒弄得我手忙脚乱，我赶紧叫停，问："您尊姓大名？""贾金祥。""哪年生人？""一九四一……

饶有兴致地观看贾金祥婚庆公司开业实况录像

四一年！""祖辈靠什么为生？""开杂货铺。""您就从祖辈谈起吧！"贾老爷子仿佛也愿意这么一问一答，他说："我没文化，想知道嘛就问我。"

我们不紧不慢、循序渐进地沿着家族史铺陈开来，尽管枝杈也不少，但我始终把握着深浅、长短，在讲

与贾大爷及小孙女合影

到贾老爷子个人经历时，有一精彩片段令我折服，那就是刚改革开放不久，他创办了天津第一家花轿铺，尤其那顶大轿竟然是自己手工制作的。鼎盛时期，他的大花轿婚礼都办到了蓟州、塘沽。老爷子兴奋异常地翻腾出一沓老照片和开业时的录像，而且娴熟地操作机器让我们观看当时的盛况。别说，还真的很地道，浩浩荡荡的迎亲队伍举着各种仪仗，簇拥着鲜红耀眼的大花轿。老爷子说，他这辈子就是不安分，嘛都学，嘛都干，胆大主意多，而且干嘛嘛能成。

最后我让老爷子细致讲了讲丁字沽大龙使用的"捻子"。据说这是个绝活，他还特意用纸叠出"捻子"的形状，为我后期画图提供了依据。采访很顺利，眼睛的事早忘脖子后头了。

传林说周四约了个老太太，后面回到老丁字沽再访几个。我

说,咱就访到20个吧,这次眼睛坏了以后状态不是太好,心里有点发怵。

回到果酒厂地铁站,我先充值,可是刷卡后仍然报警,于是找到工作人员查询,他说可能有出站没刷卡的记录,并告诉我卡里还有130多块钱呢!

坐上地铁,接着闭目养神,心想最好别让夫人知道我又重操旧业,屡教不改。可是一进家门,夫人就问,是不是又拍片去了,我说是采访去了,她说不就是拍片嘛!我说是采访,只听对方说话。夫人无奈地说:"你就作吧,我也管不了!"

2017年3月9日(星期四)

气象详情:最高气温16℃ 最低气温2℃
晴 西北风 3-4级

上午真够忙的,除了记者发稿多,还有两个"当日(新闻)"。尤其上周五有个员工不辞而别,为了不影响工作就得赶紧补位,与领导沟通后起草了《内部招聘通知》张贴在大厅、食堂和相关楼层。昨天修改记者的稿子就让我两眼冒火,今天又弄得我恍恍惚惚,都11

近距离与老太太交谈

传林选好角度，架起录像设备

点多了，文书劝我回去休息。

午觉睡过辙了，爬起来赶紧往地铁站跑。1点20分上了车，坐到果酒厂那站肯定迟到。果不其然，传林开着车门伸出一条腿正等我呢。上了车继续向北走，要去的小区在北辰装饰城后身儿，据说原来是"天重"的地盘儿。

今天要访的是位老奶奶，今年86岁，这是开启老丁字沽访谈以来的第一位女性。之前，我跟传林说过，也别全是一水儿的老头儿，要能有几个老太太更好。可见，这一定是他的精心安排。

老太太不是丁字沽人，四九年从后丁庄村嫁过来的，在此生活了几十年。这辈子生了五个闺女一个儿，虽然干过农活，当过街道代表，但大部分精力还是照顾家。我怕老太太拘束，前面铺垫了一堆话，想让老太太明白访谈的目的，解开心结畅所欲言。也许是我多虑，但说说总能增加一分理解。老太太的二闺女、老闺女也在场，时不时地给老太太"翻译"我的问话，或解释一些事情，所以聊得挺热闹。有时几个人的话重叠在一块儿，甚至东拉西扯，但我脑子里始终有根弦儿,不管他们把话扯多远,我都会一把拽进来引入正题。

老太太挺健谈,两个小时几乎没停歇,尤其谈到她老伴的正骨绝活更是滔滔不绝。一段段小故事,描述出当年老先生精湛的技艺和令人敬佩的品行。几十年的熏陶,连老太太都能露上几手。如今她的儿子、女婿都继承了老爷子的医术,对此老太太感到很自豪。

老太太的小女儿跟传林是同学,他们说好当晚约上几个人聚聚。因为采访结束早,所以传林临时决定,先把他的同学送回自己家,然后再把我送回报社,我怎么推辞也不行,只能服从。一路上他们不停地联系饭店,通知集合时间。他的同学在"水木天成"下了车。传林继续开车走咸阳路,拐长江道,一路顺风地就到了南开三马路(今晚报社门前),分手前又简单说了说下周的采访计划。

回到家把采访录音和照片倒出来,我发现这两次拍摄的片子都不是很瓷实,感光度放在1600应该没问题啊,是不是换完晶体的这只眼睛还是不太顶呛?原来想,再拍片时就改用右眼,可拿起相机就忘,真没救了……

传林与老太太一家很熟,采访结束前,主动要求拍张合影留念

2017年3月14日(星期二)

气象详情:最高气温15℃ 最低气温4℃
晴 南风 微风

因为下午1点半要与传林会面一起到老丁字沽采访,所以中午就想早走会儿。谁知,好几位退休的老同志来部里探望聊天,出于对老前辈的尊重,我十分热情地与他们畅谈,有的还赠送了今年出版的《镜界》一书。

12点50分,夫人把我叫醒。乘地铁到勤俭道站。1点20分出站给传林发了微信,过会儿他打来电话,告诉我家里有点事晚5分钟到,我便坐在出站口的一段矮墙上给记者群发微信。大约1点40分传林在车里边喊边挥手,我疾步走到白酒厂大道上了他的车。他说,家里来了俩同学,说嘛不让他走,结果让夫人陪着,这才脱身。

把车停在了丁字沽南大街口上的那座"断桥"下。刚下车,传林就指着一座孤零零的危房说,那就是王士江的老宅,我拿出相机拍了几张,觉得还是等树叶长出来再拍还能遮遮丑。我们步入南大街,传林一下来了精神,左手一指,告诉我这是杠房,右手一指说那是他们家老院儿,好在我节前整个走了一趟,基本能知道个大概

传林从后备箱取出支架、补光灯、摄像机和照相机

其,再加上已经访问了十多户,传林指认的遗址我能回忆起来。我顺手给他拍些工作照,他显得很高兴。我们从南大街拐到一条林胡同并来到二道街,不多远就见到了那座厕所,我进去方便了一下,没想到对过就是要访的宋孝谦家。传林带着我走进院子,宋大爷把我们迎进来让到里屋,不住地说,你们可给老丁字沽办了件大好事。我说这都是传林的功劳,他一直牵挂着老街旧邻,没有他牵线搭桥不可能实现这个愿望。

宋大爷特别期待这次访谈,巴不得找机会痛痛快快说说老丁字沽的事,他特意沏了两杯茶摆在茶几上。我们坐下来,本想再细致介绍一下访谈思路,宋大爷却按捺不住地把我们拉回到一百年前,聊起了他的老祖宗,且声音洪亮、神采飞扬。因为他的语速比较快,我也不好打断他,更怕影响他的思路,所以就一股脑地听着,没说明白的或一带而过的,先在本子上做个记号,等稍有停顿时,再一段一段核实、补充。有意思的是,宋大爷似乎对老丁字沽发生的各类案件比较感兴趣,虽然之前也有人讲过,但我还是特别乐意听听他的讲述。

因为这是头一次真正回到老丁字沽采访,所以传林有点神不守舍。宋大爷的闺女跟传林也是同学,见了面有说不完的话,我们聊的时候传林还出去串了个门儿。我发现,越是喜欢表达的人有时越容易顾此失彼,听着热热闹闹但实质内容不一定很多。遇上这种情况,不能急不能躁,在倾听中寻找线索。有句老话,叫会说的不如会听的。这些年我访了近二百人,不可能个个摸清底数才访问,很多时候就是冒着"风险"。但是,访到今天还没有一个白费功夫的,或多或少都能"挖"出我想要的"真金白银",根本一条就是善于发

宋先生说起丁字沽曾经发生的故事,感觉像是在播讲侦探小说

传林伫立在小时候待过的寄养户小屋前,思绪万千

现和引导。

掐头去尾聊了两个半小时,尽管聊得比较随性却很尽兴。只是有一点出乎意料,宋大爷一再嘱咐,千万不能把真名真姓写进去。传林一个劲儿跟他说,嘛事没有,而我还是答应他在整理文字时会考虑相关因素。大爷把我们送出家门,一再表示"五一"前后请我们过来喝点小酒。

传林带着我又去隔壁一家,说是祖辈开营造厂的可以访访。与家人见了面,寒暄一番后告辞。我们沿着颂扬胡同拐到三道街,边走传林边念叨沿街的院落,快走到头儿时停下来,他指着一扇铁门说:"这就是小时候寄放我的那户人家。"我赶紧掏出相机对着他拍起来,他进而说:"要拍,应该拍这间小屋。这才是我住过的地方。"我的脑海里顿时浮现出他含泪叙述的童年往事,心里掠过一丝酸楚。小时候我也曾经被寄放过邻居家、父亲同事家,虽然有个落脚

我主动让传林为我拍摄了这张能看出胡同形态的工作照

的地方,但总归缺乏温暖,时常感到孤独和冷漠。

正好借机让传林给我在三道街拍了张工作照。这次开启"口述丁字沽"的进程,始终有传林在身边伴随,访谈时他除了摄像还为我拍摄工作照,如此这般我反倒淡化了这方面的意识,许多场景都没留下"痕迹"。

2017年3月17日（星期五）

气象详情：最高气温17℃　最低气温6℃
阴　西南风　3-4级

　　早晨参加完编前会，赶紧安排记者去拍摄"电动共享单车"，然后为8个专版"配送"新闻图片。通常情况下，每天要准备十几条稿件才能满足编辑的需求，尤其要闻版的"主打"照片，不仅具有新闻性，还要具有可读性和观赏性，所以天天为稿源揪心。今天还算顺利，不到9点就消停了。于是我给在眼科医院的朋友打了个电话，问他出去不出去，他说9点有个事，我看了看表，告诉他几分钟就到，他有点纳闷，我说送你几本书，另外帮我问问结账的事。我慌慌张张地揣上医保卡和押金单据，快速前往眼科医院。我们见面后，他把我带进工作室，工作室像个摄影棚却又堆满杂物。我把书撂在沙发上，简单聊了几句就去住院部的服务窗口，他对里边工作的女孩说，你给查查能结账了吗？那女孩接过我的单据和医保卡操作起来，让我有些吃惊。因为头两天我来办理时，也是这几个人不情愿地问了我几句，只告诉我回去接着等电话，我问他们大致等多长时间，其中有位女士毫不犹豫地说："俩月以后！""我就这么干等着？"

范大爷不善言辞,加上岁月流逝,许多记忆都模糊了

"那不写着了嘛:听电话。"我无语,感觉自己特别无趣,一下子又让我想起住院时的那一幕。

2月17日,我留在住院部接受检查,夫人下楼帮我办理住院手续,不会儿气呼呼地回来了,告诉我办不了。为嘛呢?说我的眼是因为洗脸洗的,这不没影的事嘛,我赶紧随着她返回服务台,那中年妇女依然一口咬定,说我的眼就是洗脸洗的,属于意外伤害,不能走医保,要么自费,要么走意外保险。我一听就沉不住气了,追问他谁说的,她说是大夫说的。"哪个大夫,我去找他!""反正不碰晶体掉不了。""告诉你,我没碰!难道晶体脱离就必须是外伤吗?"我拿出病历本让她看,"大夫怎么写的?说洗脸了嘛!"她转而说,"这跟我们医院没关系,我给你办了,医保局能不能答应就说不好了。"给我夫人气得够呛,几次表示,真要不给报销,宁可钱不要了也要跟医保局和医院打官司……

点钞机哗哗地响着,趁机问了一句我朋友:"你认识她们吗?"他小声说:"她们认识我,我叫不上她们的名字。"片刻,女孩让我在本子上签了个字,然后就接过了退还给我的一万五千多块钱,我双手捧着这沓钱,心存感激又如释重负地对朋友说:"就好像农民工,终于讨回了自己的工钱!"

回到报社,正好"当日"稿件传回来,这个空档抓得多好!

1点过点儿从家出来,乘地铁至勤俭道站,因为今天的方向是往南走,所以一上车就给传林发了个微信,问他是不是得从别的出站口出站,他让我到马路对面。然而,我在出站口等了十几分钟不见人影,朝着白酒厂大道方向望去,倒是有辆黑车,车边站着个人晃来晃去,看状态有点像传林,于是走过去,果然是他!合着我按他

有时为了调节气氛,我会借机开句玩笑

指定的地点等候,他却忘南头儿去了!

路途并不远,可是绕来绕去还挺繁琐,原来就在红桥区委后身儿的子牙里。进了屋,相互都很陌生,范大爷带着黑框眼镜,并不像快八十的人,他老伴坐在床上,似乎腿脚不好。传林还是抢先自我介绍,见大爷还没想起来,就说起自己的父母和老宅,加上范大爷的二女儿(传林同学)在一边不停地提示,才恢复了记忆,毕竟他们一家离开老丁字沽已经好几十年了。

一上来,范大爷有些拘束,话不多。我就一句跟着一句地提问,可是,回答得过于简练。于是我把话题转向他们原来居住的范家大院,从方位到布局,从房间数到使用情况,为了辨认清楚当场还画了张示意图,气氛一下子活跃起来。传林也一个劲儿地凑热闹,谈老邻居,谈自己的家境,好在屋里人多,可以各聊各的,所以我不顾一切地让老爷子顺着我的思路行进,其实很多内容都是重复的,我只能延伸一些枝蔓和细节,补充之前访谈的遗漏或加深某个环节的论证。聊到3点半几乎就没词儿了,我又不甘心,就聊

范大爷站在屋里若有所思

种菜、聊积粪、聊工分、聊"转业"。如此这般，又收获了一些史料和有趣的事情。最后，范家二闺女跟我说起了西于庄，她退休前在街办事处当会计，所以对那片老区很熟悉也很有感触。

　　4点50分，传林鼓动范家二闺女搭车一块走，顺便把她送回家。这样，我在勤俭道地铁站下车，他们继续前行。

　　下午出来时就想解个手，一赶落给忘了。可是随后的几个小时就没有机会了（我不愿在陌生人家解手，怕人家膈应）。进了地铁站，已经憋得不行，小肚子阵阵疼痛，四处张望根本没有厕所的迹象。好在地铁速度快，十几分钟就到了海光寺。出了站眼都蓝了，想了一下南开医院附近有一厕所，谁知，门上贴着一张纸条，上写：因停电暂停使用。我只能强忍着到家，突然觉得这只"坏眼"的飞蚊症又加重了……

2017 年 3 月 21 日(星期二)

气象详情:最高气温 14 ℃　最低气温 5 ℃
晴　南风　微风

　　午觉又差点睡过辙。1 点,楞不怔地爬起来,赶紧就往地铁站跑。其实晚一点也没嘛,毕竟我的路程比传林要远,而且还得等地铁。不过,自打我们采访老丁字沽以来,双方都比较守时,说明我们俩的处事风格同属于严谨高效那种,传林有时也自我表扬一番。

　　还好,从勤俭道站走出来 1 点 28 分,还提前了两分钟。等了会儿,传林开着车按响喇叭向我示意,我在白酒厂大道上了车。坐定后问他去哪,他说去北大街,我说直行就能进去,他说不行,过了零号路就不通了。他说得很坚决,我也就没再说嘛。其实真能过得去,节前我走过好几次。

　　传林把车开到零号路尽头,想由唐家湾大道进入丁字沽北大街,可是没走多远就停下来,他担心里边没地方停车。我们提着大包小包徒步到老渡口与被访者见面,途中我上了趟厕所,因为上周五差点没憋死。

　　到了老渡口,传林见一位老者正与小贩交谈,便喊人家朱伯

丁字沽北大街路太窄，车子进不来，我们只好提着东西往里走

伯，人家没吱声，就问人家是不是叫朱学年，那老者摆了摆手，他有点小尴尬。于是往河边那座小桥望去，他又喊朱伯伯时，只见一穿着短款棉服的老人从桥头走过来，边走边说："等你们老半天了！"

我们跟着朱大伯拐进丁字沽北大街42号院儿。说院子，其实更像过道，左右两侧全是加盖的房子，据说原来这个院子很宽敞，大马车可以在院儿当中调头。屋里陈设显得有些简陋，就像每个住平房的家庭一样，门口一边守着水池子，另一边摆着圆桌，上面堆放着蔬菜。朱大伯忙着拿凳子，紧跟着又来了几位亲属，一问才知道，他们是亲叔伯哥们儿，名字都带个"年"字，围着圆桌坐定后，年龄最小的朱明年临时有事就告辞了，朱学年、朱则年还有朱茂年准备应答着我的提问。目前，这个院子住着朱茂年和朱明年两家人，朱学年住在斜对过，朱则年已经搬离丁字沽。我说了几句开场白，接着朱学年揽过话题,平铺直叙地讲了起来。他性格开朗,底气十足并充满自信,那哥俩几乎是静听或随声附和,偶尔做些补充。这倒化解了我的顾虑,假如你一言我一语纠缠在一起,不仅整理困难,孰轻孰重也不好摆位。

今天我采取顺势而为的方法,重点没放在他们的家族史上,而是围绕"热闹"俩字展开,为嘛热闹,怎么热闹,由此又转到老丁字沽的特色小吃上,转到娘娘庙的周边环境与布局上,转到北运河老渡口的变迁上,最后才回过头来补上了他们的家族史。

因为我们几个人坐得太近,恰好我身后又靠着墙角和杂物,为了不打乱谈话气氛,拍照时我尽可能往后仰,因为 70–200mm 镜头的有效拍摄距离是 1.2 米。为确保质量,在他们相互让烟、点烟的当口,我趁机起身选择了一个新角度。主讲人朱学年的情绪和手势都

与朱学年(左二)及家族兄弟,共同追忆老丁字沽

朱学年边走边讲,每座建筑似乎都隐藏一段往事

很好,唯一叫我犯难的是,他眨眼频率太高了,估计拍10张得有8张是闭眼的,不得已我把模式定在了高速连拍上。

中间话赶话,提起了住在曹家胡同的一位大爷,传林想让他们哥几个给牵个线,要是能访也算其中之一。大约4点半,传林再次拜托他们,还是朱学年主动提出带着我们走一趟。于是,我和传林各自收拾完东西放在原处,我带着相机先安排他们老哥儿几个在大门口拍了合影,然后随着朱学年前往曹家胡同,也就是现在的漕运胡同。走到头儿有一扇简易木门,朱学年先是隔着门喊了几声,见没动静就推门进院又接着喊,从西屋里出来位中年男子,朱学年向他解释来意并问曹大爷在没在,这时迎面一间房门打开,正是我们要找的曹老爷子。

一下子来了好几个人,老爷子稍微有点不知所措,我放慢语速,放大声音,简明扼要地说:"想让您说说老丁字沽的高跷和曹家丝糕!"这一说不要紧,老爷子即刻来了精神,说高跷的腿子多长、多重……我们赶紧拦下来,告诉他不急,先征求意见,下周二再来。之前,朱学年透露说这老爷子特别倔,所以那哥俩都不愿来,结果不但很给面子,表达能力还不错。

从曹家出来,传林又在北大街遇上了熟人,也是老住户,朱学年指了指那人身后的院子说:"过去出会,就起这院子开始。因为这院子住着会头而且豁亮,所以绑腿子、打脸儿、换衣裳都在这儿!"他又指指不远处的房子说:"那就是会所,平时高跷会的所有用具都存放在那儿。"这次我终于弄清了会所的位置。

我们回到42号院儿,进了屋背着包就往外走,老哥仨又把我

终于找到了"曹家丝糕"的后人

们送出大门口。

显然,传林挺高兴,我也挺满意。我说:"这几天一直琢磨能不能找一位在老丁字沽做小吃的,即便开杂货铺的也行,这不心想事成嘛!""是啊!我就怕找的访户没嘛东西,您能理解我的意思吗?""你已经尽力了。搞口述就是这个特点,一开始听什么都觉得新鲜,越访越觉得空洞或重复,很正常。再说,谁能做到咱这步?老住户之所以配合,就是因为觉得这事功德无量!"传林深情地说:"我是老丁字沽的孩子,始终怀揣着一颗感恩之心,我说这话您能理解嘛!"

我忽然想起个事,对传林说:"今天早晨,报社又推出个新规定,每天下午4点,新闻部的部门主任集中汇报采访线索。亏了咱动手早,亏了还剩三个采访对象,否则怎么办呢?!"想想真是万幸,要是早几年这规定,我将一事无成。其实,对于图片新闻,单凭嘴说拍了嘛,没多大用,看不见画面什么也决定不了,好在快退休了!

光顾了说话,车停下来才发现,传林给我送到了本溪路地铁站,还真有点陌生……

2017年3月23日(星期四)

气象详情:最高气温11 ℃ 最低气温5 ℃
阴 东风 微风

清晨,窗外窸窸窣窣地响着小雨落地的声音。我拉开窗帘,只见地面湿漉漉的却见不到雨丝。吃罢早餐,犹豫片刻,还是找出了雨衣。谁知,出门一看不穿雨衣根本走不了,我的自行车也淋了一宿。于是套上雨披,擦干车座,悠然地朝着报社骑去。

临近中午,我让部门同事帮忙把我整理好的私人物品拉回家,其实也没什么要紧的东西,几乎都是多年来积累的赠书和报纸。同事说:"干嘛这么着急,您退了休走不了。"我说:"第一不可能,第二不可留。"心想,干嘛非得等到宣布退休的那一天才可怜巴巴地收拾东西,差不多就该给人腾地方,说走抬腿就走!我可不能像个别人,退了休就是赖着不走,似乎离开报社就活不了。有的人退了,钥匙不交,柜子不腾,总想整出个"名人故居"。

把5个纸箱子临时码在自家的玄关位置,接着又跟车返回了报社。

传林打来电话,说下午要拜访的张先生有点事,推迟1个小时，我一听，太好了，省得赶落。

中午睡足了1个小时，2点1刻背着摄影包到南丰路与长江道交口等着传林来接。这次的丁字沽采访倒不错，传林不但找好了访谈对象，还一次次地把我送到目的地，即便他对访谈感兴趣，这种投入也是蛮大的。

上了车，传林一刻不停地说这说那，能回忆起

受父亲影响，自己也从事建筑工程设计

来的似乎有三件事：一是有个剧组看上了他的作品欲跟他合作，一是天津话剧团写了个津味话剧求他给顺顺剧本，还一个是讲他女儿从8岁就放到戏校，最后落脚在天津市京剧团不容易，可孩子并不太喜欢这一行，让他感到纠结。

从卫津路奔黑牛城道又拐上解放南路一路直行去梅江，因为"导航"不清楚有一段路正在施工，所以听了它的"瞎指挥"错过了路口，结果绕了一大圈调头回来才进入辅路。从辅路往小区方向走，车越来越多，速度越开越慢，闹了半天是大批家长在学校门口等孩子放学，我们灵机一动赶紧把车停在一个工地门口，然后提着设备走着进小区。到入口处传林随口问一保安某楼号的位置，这一问不要紧，那保安蹬鼻子上脸，非但不告诉，而且要盘查我俩的身份。传林跟他说是电视台的，这保安摆出一副公事公办的样子，我

急了:"干嘛,还非看证件不可?""对!""你算老几?都告诉你要找谁了,你本应做好服务,懂嘛!"传林也气得够呛:"这不典型的拿着鸡毛当令箭嘛!真是的,别人出来进去他不问,我们寻个路倒惹来麻烦了?!"

张先生显然等急了,他站在路边跟我们挥手。这是一栋联体别墅,还未进院儿,两条大黑狗狂吠起来,张先生说自己的房子正装修,这是临时租住的。76岁的张先生很有风度,也许因为染了发,显得皮肤又细又白,一看就是个学问人。

传林架好摄像机,搬过椅子坐在对面,我和张先生并排靠在沙发上。张先生说:"小时候的事好像就在眼前。日本投降,天津解放,记得真真的……"我赶紧跟上一句:"太好了,就想听这些,越细致越好,您就敞开讲吧!"

张先生的表达能力还真随他爷爷,正如他说,爷爷这辈子没干

张兰芝讲起话来,既严谨又有情趣

过力气活，全凭着一张嘴吃饭。张先生的父亲不仅有文化，而且有经营头脑，解放前开办的营造厂很有规模，张先生受其影响，大学也学的建筑专业，后来也经营自己的企业。他讲的每一段历史都栩栩如生，不管有几个岔头儿最后总能给圆回来，所以让我们听得很带劲，眼看着6点都过了才不得不停下来。

周二，传林就跟我说，今天采访完约上振良和任悦一块吃个饭，主要想感谢振良在"今晚副刊"为他提供了展示平台，使他充满自信地完成了津味小说的创作。感谢新报的任悦忙里偷闲帮他检校全部稿件。原定6点到饭店，可我们从张先生家出来都6点20分了，传林叫我给振良打电话，告诉他别着急，已在路上。

看来传林很少来梅江这一带，往回走时显然有点稀里糊涂，我坐在副驾驶位置，时不时指挥他左拐或右转，开到西北角已经7点多了。这时振良来电，我琢磨是有些着急了，便告诉他马上就到。传林满是有理地说："不怨咱，谁让张先生推迟一个小时呢！要不正好。"原来他预定的饭馆是以相声演员杨议命名的清真饭店，里面人不多，有点像大排档，一张方桌四把椅子，我们四处踅摸，顺着隔断转过来才看见振良和任悦脸对脸有些倦意地坐在那儿。传林一阵解释，然后张罗着点菜。半截，他向服务员提出挪个位置，于是我们又带着衣物和餐具挪到靠墙的一处高台上，传林说这地方得说话。

坐下来等着上菜的空闲，我同着振良，对他俩说："振良是我打心眼儿里承认的老师，多年来是他促使和提升了我在口述史方面的专业化和系统化。很多时候，我是个执行者，否则也做不到现在的水平。另外，他的眼很'独'，几句话就能指明方向。比如，我在弄西于庄时，顺手写了采访日记，跟他一说，马上告诉你，很有必要，

传林拍摄的录像资料会很有价值

可能几十年后你的日记比口述本身更有价值。反正他点头的事,你就干去吧,准没错!"振良听着有些不好意思,但没反驳,说明我这番话真不是捧臭脚。

转而我又对任悦说:"咱俩虽头一次见面,可你的名字我很熟悉,因为传林经常把你挂在嘴头儿,夸你既有才又热心,尤其这次帮他校稿,他老感动啦!"任悦将信将疑却满心欢喜。最后说到传林:"这次要是没有传林,就没有老丁字沽的采访,从始至终都是他给安排的,而且很内行,既有效率又有效果。"我这一说,话篓子传林反而跟不上溜儿了。其实,我也想借此机会表达一下自己的心情。

菜上得挺快,可是大圆桌面上只有旋转托盘,没有玻璃面,弄得那几盘菜横七竖八地糗到一块儿。传林不喝酒,我不得不倒上一点陪着振良,这是自眼睛坏了以后头一次沾酒。传林说起他的津味小说,原本规定写四十回,结果没刹住车,一口气写了九十回。听振良评价,写得还不错,起码连载的事已经砸实,这就很不简单了!跟传林接触这几个月,感觉他的个人储备很丰富,加上自己又善于学习、肯于吃苦,知道的事可是不少,在某些方面比我强。

饭后,传林挨个儿把我们送回家。

2017 年 3 月 28 日(星期二)

气象详情:最高气温 18 ℃　最低气温 7 ℃
多云　南风　微风

昨天下午,两点的例会开完又接着开采前会,挨个部门报线索,散了会都快 5 点了。所以,今天早晨在参加编前会前,我先跟老总请假,告诉他们周二和周四有采访,下午的采前会就赶不上了。他们让我找别人替,我没理会。

唐家湾北运河附近,昔日曾为丁字沽『大粪场』

不到1点半就从本溪路地铁站走出来，正想给传林发个微信，但见他鸣着笛把车开过来，刚一坐下就指着左前方的一栋砖楼告诉我，那就叫"二号楼"，是化工研究院的宿舍，丁字沽老人儿说到二号楼送粪就指这一带，过去这周围全是农田，老远就能看见这栋楼，所以成了标志。传林建议我拍几张，于是掏出相机下了车，虽然感觉用处不大，但还是认真地拍了一通。

回到车里，从绥中路拐到丁字沽一号路，往北来到唐家湾，这是一处两岔口，采访西沽老人和拍摄北运河的桥梁来过几次，那时沿河的农贸市场没这么杂乱。传林告诉我这一带就是上回采访时提到的"大粪场"。农贸市场原先是河堤，两侧的树木都是20世纪60年代栽种的，它与丁字沽北大街相连，河堤以下是一片很大很大的晒粪场，积成肥后提供给丁字沽农业社使用。我们带着照相机再次下车，顺着农贸市场往南走，越走好像越不适合拍照，不得已我踏上一个木案子，跨过防护墙，拍摄河堤边上的那排老槐树。

曹大爷把曹记丝糕的用料和制作过程讲的很详细

与身着唐装的曹大爷（中）及街坊朱大爷留影

我琢磨还是等树叶长出来再拍效果更好，于是朝传林摆了摆手，示意撤退。我从防护墙上跳下来的刹那，才发现眼睛的距离感还是有些失真，着实吓了一跳。传林打刚才就要跟我说个事，此刻又想起来，说："张老师，跟您商量个事，这事完全听您的，不行就算！""嘛事？""嗨，咱不采访老丁字沽嘛，丁字沽小学校长知道了，主动找到我，说能不能采访几位在他们学校退休的老教师。我跟他们说，这事我定不了……""哎呀，咱俩想一块儿去了！在车上就想跟你说，今天能不能去丁字沽小学看看，这不，你先说了！"传林顿时高兴得直用手背蹭我的脸，情不自禁地说："怪不得咱俩这么默契，经常心有灵犀。"我们回到车里，他接着说："今天时间富余，咱把车停到学校里，先采访曹大爷，完事再跟校长沟通沟通。"

他打了个电话给校长，让门卫开下大门。车子停在教学楼右侧的一块空地，他下了车就要找校长，被我拦住，跟他说不如先把曹大爷采完再过来。

我们提着设备沿零号路拐进凯旋里，在凯旋里路口的厕所"放水"后来到漕运胡同,正遇见6号院出来人,我问了一句曹大爷在不在,那人支支吾吾也没说清。进了院一中年妇女迎过来问找曹大爷干嘛,我们把上周二约定的情况说了一遍,她朝屋里扒了下头儿说:"还没起呢!"我把摄影包和外套撂在当院的旧家具上,传林说去北大街找朱大爷,我站在一边想等会儿,曹大爷可能听见动静便隔着窗户往外看,那中年妇女打开门,我满脸堆笑地凑过去提醒曹大爷采访的事,他半推半就地说:"哎呀,说不了嘛,一阵两伙迷糊。你看,我天天吃药!"我尽可能迁就大爷,借桌子一角坐下来,预备好照相机,展开笔记本,说:"您老就光说过去的事,高跷啊,曹记丝糕啊……上回来您不讲得挺好嘛!"曹大爷见我如此恭敬,慢悠悠地开口了。这时中年妇女进来说老爷子前些日子摔了一跤,后脑磕了一大包,要不结实极了。此刻才知道这中年妇女原来是老爷子的儿媳妇。

先是有点东一榔头西一棒槌地说起老丁字沽,感觉情绪稳定之后,我开始提问,由他的曾祖父到祖父再到父亲,一层层地顺下来。曹大爷虽然表达能力还行,但毕竟快九十了,可能说着爷爷不会儿就串到父亲那辈儿去了。所以听的时候就得十分精心,发现不对劲赶紧掰扯。刚聊到曹记丝糕,传林和朱大爷打外面进来,见我在屋里的小夹道坐着,就张罗着挪到隔壁的屋去。儿媳妇见我托着照相机给大爷拍照,就说:"等会儿再照,给爷爷换件衣服。"说着从衣柜里取出一件枣红色的唐装,说是老美华定制的。别说,换上以后还真抬色。

我们都转移到里面那间屋,顿时亮堂许多,坐定后我赶紧又把曹记丝糕这条线索给搭上,曹大爷自己也来了精神,我问一句,他就讲一段,偶尔朱大爷再给解释解释,越聊越热乎,差不多4点半的时候,我离开桌子给曹大爷拍摄肖像,之后几个人分别合影。

从漕运胡同出来沿原路返回丁字沽小学,传林去找校长,我则迫不及待地拍摄校园内的娘娘庙及东侧带走廊的平房。夕阳照射过来很有味道,那种亲近感、怀旧感油然而生。传林跟这所学校的感情太深了,他告诉我上小学四五年级的时候,因为家里没人,中午花几毛钱跟着老师们一块儿吃午饭。他指着大殿左侧的那座仿古凉亭说,那是他父亲当年带着人给修建的。

传林把我引荐给庞校长和刘校长,我简单介绍了一下采访丁字沽的原由,进而感慨地说:"站在校园里自然就想起了自己的童年,因为这里的一草一木、一砖一石,都散发着深厚的文化气息,虽然我没在这儿上过学,可许多记忆仿佛就出自这里。"

刘校长打开娘娘庙大殿的门,我们走进去。传林说原来的大殿前面有过廊,他拍了拍刷着红漆的立柱告诉我:"这排立柱原来在室外,他们等于把大殿给扩出去了。"这里现在改成了"文化遗产课堂",靠北和靠西那两面墙上的老壁画,用装饰板已经"封存"了,外

在娘娘庙大殿里,听庞校长(中)讲学校未来的发展思路

与二位校长探讨文化传承与特色教学的关系

表看不出一点痕迹。传林说北墙原来开过窗户,壁画破坏了一点,他看过但记得不是很真。庞校长调到这个学校以后,巧用这里的历史文化遗存,面对硬件设施薄弱的现状,努力突出特色,给学校打了个翻身仗。

庙改学延续至今,不但原址没变、格局没变,而且还保留着"镇校之宝"——娘娘庙,虽然它与新建的或改造后的小学格格不入,但它的意义恐怕比建一所新学校更大。庞校长说:"今年的拆迁规划,学校也在范围之内,不知命运如何。"我说:"采访老丁字沽以来,差不多都会提到这所小学或者娘娘庙,由此看来它在这一带的影响力还是很大的。所以,找两位有代表性的老教师谈谈丁字沽小学,应该算是有益的补充。"

几个人坐在办公室又详细沟通了此事。

传林把我送到本溪路地铁站。分手前跟我说,原定周四的采访推迟,他要给父亲扫墓,后几位采访对象清明以后再说。

2017年4月

2017年4月11日(星期二)

气象详情:最高气温21℃ 最低气温8℃
晴 北风 3-4级

昨天下午4点多从扬州匆匆赶回来,去参加一年一度的全国晚报摄影学会年会,加行程共4天。正值"烟花三月下扬州"的最佳时节,处处洋溢着诗情画意,让来自全国各地的摄影大咖们兴奋不

孙老师特别好交际,所以他知道的校内校外事情比别人都多

学校虽然很老,但这几年也下了一番功夫进行环境改造

已。我是学会的副会长,参加完这次会议该卸任了,所以也算是跟晚报界的同行们道个别。

在扬州期间,我和传林通过微信拟定了本周的采访计划,为了尽快结束丁字沽的访谈,我专门歇了几天年假,想集中突击一下,否则后面就不太好出来了。

上午开始整理在扬州拍摄的片子,为出专刊做准备,余下时间校对《口述西于庄》书稿,真没想到这本书会达到700多页,按照振良的设计把"访谈"和"日记"各自独立,编成上下两册。我说合一块儿不就完了?振良说,个人出书太厚了不好看,他说的还真有道理。

吃完午饭12点26分,不睡会儿觉怕下午没精神儿,就慌慌张张地躺下,再一睁眼1点零1分,于是又慌慌张张地给自行车后轮打气,然后飞也似的朝着海光寺地铁站奔去。

还未出站,传林来电话说他已在出口等候,看了看地铁站上的电子钟:1点35分。走出站就踅摸传林那辆黑车,根本没有,再仔细看,见传林跟丁字沽小学的刘校长站在便道上聊天,我快跑几步迎了过去。传林说他今天"限号",所以让刘校长来接咱们。我猜测,可能他们安排在学校采访,果不其然,车子开进校园,门卫说已经有个老者在等候了。

　　我们径直走进一间小会议室,庞校长正陪着那位如约而至的退休老教师说话呢,传林一露面顿时热闹起来,这位老师聊起了传林小时候,进而聊起了传林的父亲。我环视了一下现场,给这位老师指定了一个位子,主要想借用身后的条幅做背景拍照。渐渐平静

参观丁字沽小学校史,虽然内容不多,却体现了学校对历史文化的重视

下来，我还是老套路，简明扼要地交代了采访的原由、目的和想法。这位老师姓孙，长得有点像曾采访过的杨学勤。他自1965年分配到这所小学至2006年退休，在此工作了40年，送走了一届又一届的学生。谈起几十年的经历他感慨良多，也许正因如此，反倒不知从何说起，前半个小时我只静静地听着，似乎跟我想要的有些距离，但我不愿过早地干扰他，就默默地捕捉着一个个信息。当说到早年学校的布局时，我迅速在本子上描绘一张草图，让孙老师确认和纠正，结果越弄越糊涂，干脆停下来沿着校园实地指认了一番，包括老山门、小侧门、小后门、学校大门、传达室、锅炉房、食堂、老教室的位置，全都一一确认，然后回到会议室各就各位。

这种无意识的打断，正好为我梳理访谈脉络提供了开端。我就像"倒带子"式的，一下又退回到孙老师来学校报到的那个时段，我通过细节的提示来丰富访谈内容，着重引导到丁字沽小学与丁字沽农业社、丁字沽居民的相互关联上。

传林在母校门前留影

孙老师是个性情中人，而且特别直率，好几次谈到动情处竟站起身来演示，庞校长坐在对面频频点头，传林也不时附和着。

大约4点半我们结束访谈，与孙老师道别后，我带着相机和传林走出校园，钻进胡同

抚摸着娘娘庙后墙的老砖,感觉很厚重

顺着学校外围绕了一圈。尤其把丁字沽小学分校的现状做了记录,还在娘娘庙的后墙和丁字沽小学大门口分别拍了纪念照。接着由二位校长陪同在他们的校史馆翻拍了校歌和历任校长名录等,遗憾的是学校也没留下娘娘庙壁画的资料。我同着他们乱发了一通感慨:这种把壁画"一封了之"的做法并不妥,最起码采用数字技术进行全面拍照,同时让画家按一比一大小进行临摹,哪么只是白描也行啊!即便"封"上了,也应该留个"窗口"便于观察,假如哪天打开板墙后,嘛都没有了,谁负责呢?!

他们同意我的观点,但均表现得很无奈。

回地铁站时,改坐庞校长的车。时间掐得正好,晚上 6 点我在家门口还有个小聚会……

2017年4月14日(星期五)

气象详情:最高气温26℃ 最低气温14℃
多云 西南风 微风

歇这几天真好,除了把老丁字沽的采访完成外,间或审校我的书稿《口述津沽:民间语境下的西于庄》,还提前完成了《天津新闻界》的约稿,这篇稿子不同以往,是该杂志委托报社推荐一位"好记

姚老师外柔内刚,非常敬业,所以退了休学校都舍不得让她走

者"的典型。据说三位老总商量后决定把我报上去，本来个人事迹材料应由总编室准备，结果他们打电话让我自己写。我几次想推掉此事，总编室则软磨硬泡非说是领导定的，我只好遵命。

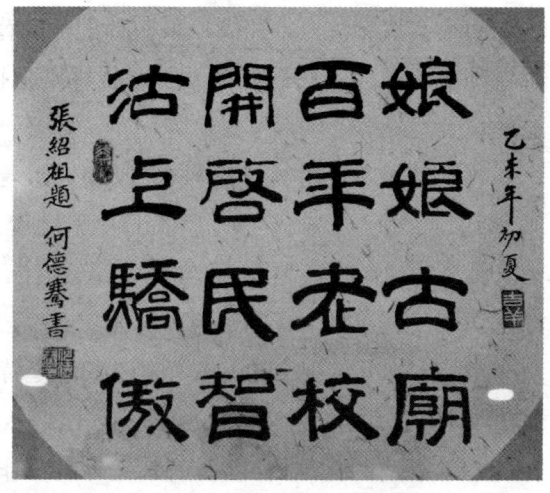

张绍祖先生为该校所题："娘娘古庙，百年老校，开启民智，沽上骄傲。"

发自内心地说，再有两三个月就退休了，真不愿这么张扬，机会留给年轻人还能有点用，对于我早已波澜不惊，尤其是自己捧自己，哪有这么厚的脸皮？为此沉默了好几天才动笔，写完以后先让夫人看看，我说，只要不夸张、不肉麻就行。夫人读后提了几点小建议，就算交差了。

按计划，今天下午再访一位丁字沽小学的退休教师。传林说这位老师得从北京赶回来，所以定于两点在勤俭道地铁站会面，地铁行至西站时，传林打来电话问我在哪了，我说在地铁里，听他口气似乎忘了约定的时间（过去都是1点半集合），我走出车站看了下手机整两点。心想，别看你催我，一分钟也没晚。

在白酒厂大道口见传林在驾驶室向我摆手，示意坐在后排座，当我打开车门才发现，副驾驶坐着个很有气质的女士，传林马上告诉我，这就是一会儿要访的姚老师，原来是传林顺道给接过来的。我们把车开进了丁字沽小学教学楼以南的空地，再次踏进东面平房那间小会议室。为了和周二采访孙老师的背景有所区别，我安排姚老师坐在了靠窗一侧的沙发上，传林则把摄像机架在孙老师坐过的位置。

姚老师身着一件桃红色风衣，衣领处露着黑色羊绒衫，既活泼又雅致，虽然已经 60 多岁，却依旧神采奕奕，掩饰不住独特的魅力。姚老师说她有些紧张，不知怎么说、说什么。我接过话茬，尽量淡化访谈的严肃性。我问姚老师："当年，您是怎么个情况来到丁字沽小学的？"如此一来，就讲出了自己的家庭背景。姚老师的父母都是进城干部，而且都是高级知识分子，他们从武汉调到天津，落脚在位于丁字沽的化工研究院，后来父母因工作需要相继去了北京，而她留在天津读书。1969 年初中毕业时，同班的四名女学生一起被分在教育领域当小学教师，去哪个学校可以由她们自己选择，结果她们就选了一所最不了解的学校——丁字沽小学。当她们穿过农田走进校园时，都傻眼了……

姚老师自己都没想到，她会在这所学校坚守了 40 年，跟她一起入校的那三位同学早都改了行，唯独她把自己的职业生涯全部献给了教育。可贵的是，从她的言谈话语中没有丝毫的抱怨，反而充满了对这所学校的深深眷恋。她会随口叫出一堆学生的名字，尤其是当年调皮捣蛋的"后进生"，如今

相识几个月了，我和传林头一次合影，而且是在他的母校

正赶上放学，孩子们列队走出校园

却异乎寻常地感激姚老师，他们自发建了好几个微信群，传递着那份情感。

姚老师对传林也很熟悉，我顺水推舟对传林也是一通赞扬，说得传林不好意思地躲了出去。的确，传林很有爱心、孝心和感恩之心，不论是牵头组织同学聚会，还是操持老丁字沽的采访，都体现了当今社会最倡导的正能量。其实，姚老师比我就大4岁，所以谈起一些事情，自然也勾起我的许多回忆。

应该说今天聊得很尽兴，至于最后能整理出多少东西那是另一码事，倾诉和倾听能黏合到一起也是很难得啊！分手前，传林郑重其事地跟我和姚老师宣布一件事情：定在4月30日下午，由传林召集丁字沽小学的几位老教师及部分同学搞一次联谊，特别邀请我和振良参加。我也不知道30日有嘛事没有，就先答应了。

在校园的娘娘庙大殿前，与姚老师及校长们合了影，之后一同坐上传林的车，先把我送到地铁站，接着再送姚老师……

2017年4月15日（星期六）

气象详情：最高气温31℃　最低气温16℃
晴　西南风　微风

昨晚传林来电话，说是访谈地点有变化，让我转天上午9点到本溪路站下车。

早晨7点半就起来补写头一天的日记，因为最晚8点半就得动身。虽然歇了几天，还是感觉时间不够用，要做的事太多了，一环扣一环，也许退了休会好些？

没想到周六坐地铁的人这么多，到西南角那站才等上座。从本溪路站下车过天桥到马路对面出站，老远就见传林穿着半袖衫向我挥手。"嚯，都过夏天了？""哎，实在太热了！"上了车传林又说："今儿正好闺女歇班，我就借她的车出来，主

李大爷是个睿智又灵活的人，非常善讲

李大爷憋在心里的话不说不痛快

要怕咱去的小区窄巴不好停车。谁知,一看油箱都快见底儿了。埋怨闺女,人家还不乐意呢。等于借回车花了 200 油钱!"我没吱声,心想这就是年轻人的特点。

　　向南走不多远就是要去的小区,门卫管得挺严,车辆一律要登记,传林忽然犹豫起来,也不知哪门哪号,要是错了不白耽误工夫?他打了电话,似乎也没问得太清楚。所以进了小区拐错了两次,这时一收废品的凑过来指路,我们才找到方向,原来 21 号楼在尽里边呢。

　　传林的同学穿着睡衣下楼把我们迎上去,推开门见屋里有好几个人,我们再插进来,客厅顿时就满了。定下神儿才知道,除了要访的李大爷外,坐轮椅的老太太是李大爷的老伴,接我们的是李大爷的二儿子,还有一位李家的亲戚。一开始李大爷显得有些局促,不愿展开叙述,每句话都留下一堆省略号,想细问问就摆手:"说那没用,说那没用!"尤其涉及"文革"那段历史,更是有意回避。而李大爷又是个特别爱表达的人,说起话来载笑载言,声如洪钟。语气、表情都很丰富,所以我不急不躁,专门找些旁不相干的话题四处铺陈,然后拉回来着重讲述他父亲李振河组建互助组、初级社、高级社和丁字沽大队的过程。他认为的敏感话题,有的不经意间表露出来,有的被我声东击西地问出来,到后来越谈越激动,几乎没有了心理防线。

当然,我很理解李大爷的心思,他不愿触及一些具体人、具体事,毕竟恩恩怨怨早已过去了,许多是非曲直都属于那个时代留下的特殊印记。

11点多了,我们赶紧收摊,撤退之前分别拍摄了合影,大家都很高兴。

采访要有足够的耐心,只有循序渐进,才能逐渐打开心结

传林送我回地铁站途中,又絮叨起 4 月 30 日同学聚会的事,他说有不少是采访过的老丁字沽的后代。我问他二十个都能对应上吗,他说没这么多,能对上六七个。他问我嘛意思,我说争取 30 日之前把照片洗出来,

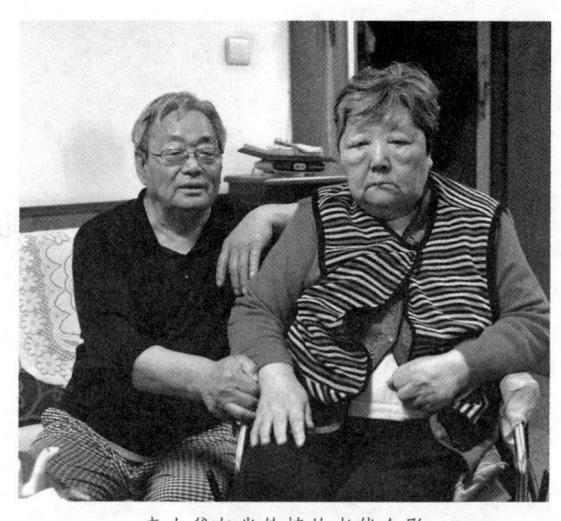

李大爷与坐轮椅的老伴合影

带到现场让诸位分享一下咱的成果。同时,能带走的带走,省得你再跑一圈专程送照片。一听我这么说,传林有些感动,他说不要紧,即便有对不上的,我让同学转送给他们也没问题。

车缓缓停在本溪路地铁站入口处,我打开车门欲行又止,诚恳地对传林说:"咱们合作有小半年了,今天总算圆满结束。要不是你精心安排,不会这么顺利,谢谢你啦!""哎呀,说哪去了,哥!"我将车门清脆地关上,又向他挥了挥手,径直走进地铁站。

2017年4月17日(星期一)

气象详情:最高气温26℃ 最低气温15℃
多云 西北风 微风

上午9点刚过,振良到部里找我,一见面我便冲他说:"跟得够紧啊,你怎么知道我上班了?"振良笑眯眯地说:"我问了,说你周一来。"他看我正赶着发稿,就长话短说,告诉我报社要给我举办学术研讨会,说几位老总都同意了,初定5月中下旬,这事责成振良来操持,我有些于心不忍,他本来就挺忙,这不给他添事嘛!我推辞一番,却显得很无力,然后跟我商量嘉宾名单等等。

下午参加完例会又接着参加采前会,刚一散会陈总就叫住我,跟我说起筹备研讨会的事,我恳求他能不能不开?他郑重地说,这是报社的意思。出乎意料的是,陈总提着一兜书撂在我面前并说:"这是送给你的,正好与你研究的课题相符,可以借鉴一下。"我很感动,甚至有点语无伦次,大脑一片空白。我本是个低调的人,悄无声息地退休就算了。可是,露脸的事还是总找上我,让我受宠若惊。

回到办公室,赶紧跟晶丽得图片制作中心的刘春雨联系,他说还在外面,大约20分钟后回到公司。想了想我从报社到他那也得

20多分钟，便告诉他一会去找他。主要敲定老丁字沽这批图片的放大与制作，包括规格、样式、调片要求、交活时间等等。头天晚上已经把22个文件提前发给了制作公司，为的是在4月30日之前拿到成品。

大约4点半骑到位于青年宫的晶丽得图片制作中心。自打眼睛手术之后，两个多月没往这边来，多少有些陌生。我顺着地下坡道走进他的公司，一女士问我找

车胎又瘪了，报社附近的修车师傅说，后轮的车条断了好几根，再骑就危险了，他建议换个新轱辘

谁，我说找春雨，她带我推开房门，春雨马上起身，相互问候一番，还见到了老朋友王震，他还是精瘦精瘦的，当年我的照片几乎都出自他的手，7年前原冲扩店停业，被春雨挖了过来，起那我们就没再见面。说来说去就引到了正题上，我简单介绍了拍摄这批人像的初衷，顺便表明了自己的想法。春雨听后把我带到里面的操作间，指着已经装箱的成品说："你看看这个规格样式行不行。"说着抻出一件，也是人像作品，紫红色边框，加两毫米白衬，显得既透亮又不失沉稳，顿时就定了下来。我对春雨说："为嘛我得亲自来一趟呢，怕弄不好叫人联想到遗像，老人都比较敏感。"春雨说："可不嘛，其实

您这套片子要做成黑白的更漂亮!""对,展览行,放家里不行!"我跟春雨也是多年的老朋友,想当年,美丽得彩扩店落户天津时就有他了,可以说他见证了天津彩扩业的兴衰。如今,他靠着精良的制作和个性化服务,依然坚守着萎缩的阵地。

2017年4月25日（星期二）

气象详情：最高气温27℃　最低气温14℃
多云　北风　微风

　　下午的采前会没完没了，直到4点半才结束，我赶紧给春雨发微信，问他用自行车一次能把那批镜框拿走吗，他说没问题。于是我马上出发，为的是赶紧把这事结了。原以为东西都给我备好了，到那寒暄几句就走人。结果见了我的面，才现把镜子支架一个一个粘在背面，然后又现找包装袋，好在几个人手头都比较麻利，不一会就装进了纸箱子，反正是叽里咕噜，也没来得及欣赏一下效果。

　　22个镜框，满满一箱子，只是我那辆破自行车后轮断了好几根车条，负重后有点"画龙"，加上眼睛也不太得劲儿，这回真的不敢快骑了。

　　把箱子放在自家玄关位置，为的是4月30日好搬走。我随手取出一个看看，感觉还可以，接着又打开七八个，片子做的倒是挺干净，可是艺术味道减弱了，更符合老百姓的审美观，我相信他们拿到手后会感到惊喜的。

　　十年来，我在这方面一点都不吝惜，不论采过没采过，只要给

师傅放下其他事情,赶紧忙活我的这批镜框

人家拍了,就一定送去照片,很多人接到照片后都很高兴却不知我是谁。我特别不愿把"记者"或者"今晚报"挂在嘴头儿,我总觉得我和这些人没什么两样,身份这东西就这么回事,用不着炫耀。搞田野调查或口述史,成功的秘诀就是平等,就得甘当小学生,就得不耻下问,就得好生对待人家,就得用朴实拉近距离。所以每次老百姓为你抖家底,我都特别感激,我也只能用照片回敬人家。不过,丁字沽确是个例外,我不仅为每个受访者洗了照片,还将其加框装裱,成为一件独特的"礼品",这在以往是没有过的。为何做出此番举动?主要基于两点:第一,丁字沽的采访,都是传林给安排的,而且还做到了"全陪"。让那些受访老人高兴,也是对传林最诚挚的谢意。第二,总共采访了 22 位,所拍照片都是人物特写,很适合做成镜框陈列在室内。反正数量不大,多花点钱无所谓。

2017年4月28日（星期五）

气象详情：最高气温20 ℃　最低气温13 ℃
雨　北风　3-4级

下午开完会去取《口述津沽：民间语境下的西于庄（下篇）》书稿清样，正赶上"天办行"内部改造装修，一片混乱。我踩着一堆杂物走进设计室，小温没在，同伴把他喊来，他们个个戴着口罩坐在

因为这些照片要分发给被采访人，拿走之前与它们合个影

摆在一起，像"光荣榜"

电脑前，真是有些滑稽。我接过书稿，跟小温交流了几句"上篇"的修改意见就匆匆离开了。回到家，夫人坐在小客厅专心致志地绣着十字绣，因事先跟夫人打过招呼让她帮我拍几张照片，所以我一提议她马上放下手里的绣品等着我的安排。

我从纸箱子里取出一个带着护封的镜框，然后把护封退下来露出人物肖像，夫人凑过来问："这不错，谁呀？""都是我访过的老丁字沽。""嚯，下本了！""哎，主要为了感谢这次访谈的牵头人。因为他找的这些老人，不少是他同学的长辈，这样做能让他有个好的交代。"夫人静静地听着，她当然理解我的意思。

本想利用宽大的沙发桌，把22个镜框全摆到一起，可是只能放下18个，夫人说："干脆把桌子抬开，直接摆在地毯上。""哎，这主意不错！"我们俩使劲儿搭起沙发桌移到一边，然后重新摆放这批镜框，一行6个，三行18个，还有4个摆在了第一排，中间正好留了个空儿,那是我的位置。我对夫人说:"这次之所以做成镜框还有个原因,我拍的全是人物特写,很适合摆放或悬挂。"我们端详着每幅作品,面对这个整齐划一的"方阵"很像又看见了"光荣榜"。他们的成长史、奋斗史,哪一个称不上无上荣光?面对这一张张表情丰富的脸庞,很像又看见了"明星墙",他们跌宕起伏的岁月人生,哪一个讲不出精彩剧情?

我之所以"孤芳自赏",一是整体看看效果,掂量掂量能不能拿得出手;另一个是将这批镜框送走之前留个纪念,毕竟付出了一定的心血嘛!

一切就绪后,我先进行试拍,然后把照相机交给夫人,告诉她上下左右的参照点。她还真投入,一开始蹬在梯子上拍,后来又蹬在桌子上拍,尽管这批镜框没使用玻璃,可还是有些反光。不管怎么说,这一环节终被记录下来。

2017 年 4 月 30 日(星期日)

气象详情:最高气温 26 ℃　最低气温 16 ℃
多云　东南风　微风

节日(五一)仍然不能歇班,都已经习惯了。上午 9 点多,发完各版的稿子(图片),想起振良也在加班,就上楼跟他谈些琐碎的事情。

他听见脚步声,隔着玻璃看见我,起身把门打开。因为他手里的事很多,不想待久了,直截了当就《口述西于庄》一书的排印进度及学术研讨会的筹备细节等进行了沟通。最后又说了说下午参加传林同学聚会的事,顺便向他透露了送给每位被访者一幅肖像作品的举动。振良送我到电梯口,我接着说:"下午聚会前,我想借机采访一组传林的老同学,每人讲上一段,或者最难忘的事,或者最逗哏儿的事,丰富一下内容。"振良一听马上表示支持。

这又属于自己给自己加载儿,本来凑个热闹吃顿饭,顺便把照片送出去就完了,竟然把采访搬到了郊外,不了解我的还以为作秀呢!

下午 2 点,给来接我的小鹏发微信,问他大约几点能到,他说

参加聚会的全体成员在栈桥上合影

怎么也得20多分钟。2点40小鹏打来电话说已在我家对面等候,我赶紧告诉他把车开进院儿,有东西要带走。不会儿,他把车停在我的楼栋口,我搬着纸箱子、挎着摄影包走出去并直接把纸箱子放在后备箱,一开车门见后排已经坐了位先生,经介绍得知,他是河北梆子剧团团长、老媒体人,也是传林的好朋友。小鹏说:"传林老提起您,一直想认识认识,跟您学学摄影。"我问:"你跟传林是同事?""不是,是忘年交。""那你干摄影?""对,靠摄影挣钱,拍写真拍得都快吐了,所以想学学抓拍,总觉得差那么一点点。"我没直接回答他,倒是谈了谈婚庆行业的现状。

快到报社时,给振良打了一个电话,让他下楼准备出发。振良打开车门也先是一愣,简短介绍后闲聊起来,车子开到复兴路才知道,途中还得接一位电台的,我只好挪到后排座,好像车子都给压矮了。

振良像个大领导,为被访者家属颁发纪念照

聚会的地方谁也说不清,只能按照导航的指引前行,由西青道直奔杨柳青,然后右拐过地道,再怎么走就含糊了。车子开到一处类似单位的大门前停下来,我们有点不知所措,结果打电话一问就是这里。

右侧有一水塘,上面架着铁制的栈桥和凉亭,岸边有两排木板房,靠西的空地上停放着七八辆私家车。传林看见我们的车子缓缓驶来,挥着手迎上来。

老师、同学已经来了几十位,传林把我们让进屋,没坐住就带着我们四处参观,并介绍说这是他同学租的一块地,有30亩,栽了点果树,刚撒了些玉米种子,年底再种一茬大白菜……这个宏伟设想挺好,只是实施起来难度不小。

几间木屋,同学们要么坐着聊天,要么进进出出准备饭局,要么围成一堆打扑克、打麻将。我一看大家这种状态心里嘀咕起来,愣巴睁地让人家讲讲老丁字沽或者谈谈往事,似乎有点不靠谱。说是同学,其实就是一群年过半百的中年男女,他们的老师也都六七十岁了,可是他们凑到一起却又不像这个年龄,仿佛个个春风拂面,激情满怀,有说不完的话,找不完的乐儿。

传林毛毛躁躁的也不知要干嘛,一转脸冲着我就说:"孙老师还没来,不等了,拍大合影吧!""嗨,着嘛急,等会儿呗!"我心想,大合影太简单了,之前跟你说的访谈怎么不提了?那才是关键呢!

也不知谁选的地界儿,摆放的一溜椅子正迎着刺眼的太阳,传林招呼大家出来拍照,我和小鹏托着照相机帮着组织队形。这时传林发话了:"其他人撤,先给嘉宾和老师们拍。"我把相机交给传林,与丁字沽小学退休教师及现任校长、振良、张浩、梁文逸并排坐在一起合了影。之后,所有人都集中一块,粗略看了下将近40人,有人提议前面蹲一排,被我给否了,都这把年纪了蹲下很难看,站成三排还是有点挡,于是我让人拿来一把椅子,试拍了几张还行,然后我又回到队列里。

解散以后,我召集大家到铁塔附近再拍一张随意的、带郊野味道的合影。我抢先一步下到地里,沟沟壑壑感觉难度太大,也担心铁塔会有危险。接着我灵机一动,指了指水塘上的栈桥,转而说:"大家都到栈桥,倚着栏杆面向我!"

等了七八分钟,人们慢吞吞地扶栏站成一排,我跟大家挥手连拍了十几张。我考虑的是假如书中对此有所记载的话,这张照片更贴切。

我实在沉不住气了,拉过传林便说:"跟你说的那事,赶紧办吧！""哦，也就能讲几个，要不大伙就烦了。""别同着大伙说啊，你赶紧找几个有故事的单独聊！"他这才明白我的意图，我回到那个单间等待。一开始我都想放弃了，可既然来了就想法儿带着收获回去，机会有时是争取来的。不会儿，传林送进来一位大姐，毕竟我跟他们也算同龄人，就大大方方开起玩笑："今天是'回头看'，我代表巡视组找你约谈，就给你10分钟，把你知道的哏儿事一一道来！"她噗嗤笑出声来，接过话茬儿说："甭震唬，我从几岁就是挂职干部，来丁字沽小学后由卫生委员提拔到学习委员，哈哈哈……"还别说，她是最能把握题意的一个，嬉笑之后，马上书归正传："我给你讲一段哏儿事吧……"原来，桃花园附近有个冰窖，旁边是个大坑，一到夏天大坑里净是蛤蟆，她们就天天到坑边逮蛤蟆，弄回家蹦的哪都是，夜里四处听蛙声，气的家大人跟着一块儿趴在地上找蛤蟆。这类段子正是我想要的。

这位大姐还没谈完，下一位已经在旁边等候，此时的感觉真是

被访者及被访者家属捧着人物肖像在一起留影

太妙了！我对这位大姐说："你反映的情况很重要，但是你必须再跟我聊几句，我得给你拍照。"我还是采用长焦镜头，为的是与之前的拍摄风格相一致。

一个接着一个，每个人控制在10分钟左右，每人一段难忘的记忆，最后完成了7个专访，比预想目标少了三个，也没办法，扇贝、皮皮虾、烤羊肉串都开始上桌了，不停下来该遭恨呢！反正我是心满意

采访时抽空给同学拍照

足，最起码他们代表了"丁三代"或"丁四代"，也为从教40多年的两位丁字沽小学退休教师的访谈做个补充。

我收起笔记本、录音笔和照相机，一边往外走一边叫着传林，传林正打外面进来，我心急火燎地说："赶紧，赶紧，还一个项目呢，把带来的照片展示一下，谁能带走谁带走！"传林心领神会，我接着说："叫小鹏，让他把那个纸箱子搬过来。"

吃饭的这间大屋摆着4张圆桌，环顾四周，只能借助临窗那张方桌分发这批既有艺术水准又不失纪实风格的人像作品。原想找个好位置让大家参观一下，现场环境和气氛已经不具备，所以就直接拿走算了。振良、传林、小鹏从箱子里一件一件地把镜框上的护封揭开，每露出一张脸来，大家都惊喜一番，接着就被在场的子女、

亲戚取走,他们相互传看着,那种满足感令我欣慰。尤其姚老师和孙老师接到照片后很是激动,托在手里看了又看,几次向我表达谢意。其实,我本来还有个创意——让同学们分别举着这20多幅作品拍张合影。最后折中了一下,把与照片有关联的10个人,叫到室外拍照留念。

回到屋里,人们纷纷上桌准备吃饭。一漂亮姐拦住我,让我单独给她拍张照片,这一拍不要紧,好几个姐姐跟着凑热闹,就连传林的夫人都看不下去了,也过来摆了个造型。传林一瞅也眼热起来并兴冲冲地对我说:"再给我们俩来张合影。"传林挤到夫人背后,一只手搭在夫人肩上,却瞪着眼、绷着嘴。我温柔地提示他:"亲热点儿,别这么紧张行吗!"自打接触传林,我就发现他有点怵镜头,这跟他烧伤有关系,可我非要让他重新建立自信,所以得机会就对着他拍照,即便如此,那种不由自主的紧张依然存在。

都忙活完还真有点累,回到里屋已经开饭了,我坐在小鹏和姚老师之间。这一桌都是传林请来的嘉宾,所以受到同学们特别的关照,不但一拨又一拨地过来敬酒,而且一个劲儿地往这边加菜。据传林说,今天的伙食是同学们自己准备的,虽然少有烹炒煎炸,却非常丰富而鲜美,而且还实行了"AA"制。

传林在这几桌间穿梭,也不知顾没顾得上吃,反正就听他嘴里叨咕起来没完,看得出老师们都挺喜欢他,"大传林""大传林"地叫着,他得意洋洋地讲起自己名字的由来。本来他正式名字叫王撰霖,有一天老师带他们到医院去查体,大夫问这个孩子叫嘛,老师凑过去就说:"他叫王传(音)林(音)。""哪几个字?""哦,宣传的'传',森林的'林'。"打那以后,"王撰霖"就误为"王传林"。他自己也觉得原名笔划太多不好写,一来二去也就默认了,

烧烤开始，野味十足

"王传林"便成了他的"真名"。可是，八几年办理身份证就得按户口本来写，这就非常麻烦了。一次，派出所户籍民警问他想不想把名字改过来，他说当然想了。民警说，改没问题，两盒烟一个字！没几天他带着两盒烟交给民警，结果还真就给改了一个字，现在的身份证就叫"王传霖"。每提起这事，他就气不打一处来，可是把我们逗得前仰后合，说他聪明一世糊涂一时，就差两盒烟，把事给办襭子了。

席间，有人问起口述西沽那本书，就着这个话题，我给在座的诸位介绍王振良先生在地方史领域为天津所做的贡献，尤其对我在口述史方面的帮助就更直接了，我真不是有意捧他，而是发自内心的表达。讲到西沽访谈时，我说："这本书的最后一位口述人很特别，一是从他那里发现了西沽太平花鼓的老照片，填补了一个空白；一是从他家采访回来，洗了下脸左眼的晶体就脱落了，那天恰逢正月十四。不过，它是这本书的一个彩儿，晶体掉了也值！"有人为我鼓起掌。紧接着又说起丁字沽的采访，我向几位丁字沽小学的老师表态，书一旦出版，我肯定给学校捐赠！又是一阵掌声。

2017年5月

2017年5月7日(星期日)

气象详情:最高气温31℃ 最低气温18℃
晴 西南风 3-4级

连续三周没歇班,昨天好不容易晚起一会儿,简单吃了点东西,7点半接着去报社。文书和助理见到我一愣,以为我忘了公休,

核实历史遗迹就得刨根问底儿,不说准了不罢休

传林与丁字沽老乡亲在路牌下留影

我告诉他们我来校稿。从振良手里接过《口述津沽：民间语境下的西于庄》上下两篇，好厚重啊！这将是我平生出版的最具代表性的一本书，恐怕今后很难再超越。振良也特别宠着我，不但上篇加了彩页，下篇还加有长长的拉页，这是在他主编的几十本书中没有过的，所以我对此也比较精心，但总归能力有限，心里多少有点打鼓。

今天上午挤了点时间，给朋友的小孙女拍"儿童照"。一上来我就说，婚纱摄影、儿童摄影和写真什么的，我确实不在行，只能试着拍。服装道具几乎没有，就这么让我干拍，那就只能靠我的拿手戏——"抓拍"来体现了。拍完赶紧折回来，挑选比较满意的片子，然后用邮箱传给我的这位朋友，这事就算结了。

12点50奔地铁站，然后给传林发微信，告诉他已经上车，可能要早到10分钟。那天定规这事时，他说再约几个发小一块跟着，顺便给他们拍拍,完事一块吃个饭,我一听吃饭先给回绝了。我这人就是有点怪,因为拒绝吃饭得罪过不少人,风气不好时认为我清高,风气见好时认为我胆小。老娘活着的时候,拿伺候老娘当借口,近年拿"八项规定"当理由,我倒觉得越来越适合我的生活习性。

走出地铁站,传林的车也正好拐过来。一见面先告诉我好消息:宋大爷提供了一幅老地图复印件,估计是六七十年代的。我特别高兴。振良也多次提醒我,地图很重要,即便是草图都有价值,那天还说让我查查这些年的卫星地图,比对一下有何变化。

途经白酒厂大门时我对传林说:"今天咱从南大街至北大街完整走一趟,你最好还是把车停在立交桥下。今儿不以拍照为主,重点由你指认,我来画图!""哥哥,全听你的。""争取连二道街、三道街都走过来。后面我自己再慢慢拍。"

在勤俭道与丁字沽南大街交口附近,寻找历史方位

站在丁字沽老副食店门前

停好车子,传林摊开带来的那两张地图让我看,上面密密麻麻的居住区和周边环境都很明确,特别是大坑、水池还标有水的深度,来不及细看,但我琢磨两张图得重新整理,重新绘制。

我们进入工作状态,我站在丁字沽南大街街口正中,取出专用的记录本,扉页上竖着写了一行字:老丁字沽地貌标注草稿。传林带着手提包挎着照相机想了想凑到我身边,问:"要不用您的相机?主要给您拍工作照。""不行,我还得给你拍呢。你是采访日记里的主角呀!""明白了!"

接下来,我在本子上画出向北延伸的丁字沽南大街,然后左右开弓,传林说一处,我记一处,其中涉及民宅、店铺、学校、公所等等。因为传林的祖辈属于"南头儿王",所以他对南头儿这一带相对比较熟悉,可是一到北大街,出现了不少空白,准确率也明显降低,好在当地百姓十分热情,随便问谁,都能给你说出个一二。有位大哥站在家门口老远处听我们说话,等到了他跟前时,大哥主动为我们更正了好几处指认,然后从自己家由南至北说出去几百米,头头是道，非常自信，极大丰富了考察内容。

从渡口再往北似乎就没多少可记载的了，于是我们沿着北运河往回走，先是拐进二道街，与老住户核实了一些情况后，感觉不算太理想，之后又来到三道街，依然觉得没什么特别之处。我想了想对传林说："我看咱着重做好南北大街就行了。回去我大致画张草图，多复印几份分发给老人们，让他们分别确认后再汇总就有根了。"

走到传林老宅附近，他指着一处院落说，里面就是当年吃"大锅饭"的地方。我举起相机正要拍，他拦住我，说拐进去才能看到。见一大哥正从里面出来，就说想到院儿里瞅一眼，那大哥把院门（其实就是块挡板）打开，我们随着大哥往里走，到头儿往右便是"大跃进"年代丁字沽大队同吃社会主义大锅饭的地方。传林跟这

传林告诉我隔壁就是他爷爷当年住的院子，唯一的遗存只有那棵枣树

让原住民帮着指认沿街的老店铺

家也认识,他指了指隔壁的那棵枣树说,砍了好几次没砍倒,是他爷爷种的,两棵,现在就剩这一棵了。枣树身上确实有被乱刀砍伐的伤痕。

  从1点半转悠到4点多,我们俩都滴水未进,回到车里,传林拿出两瓶矿泉水,我刚沏了几口,传林则一仰脖儿全喝光了。

2017年5月9日(星期三)

气象详情：最高气温28℃　最低气温17℃
多云转阴　东南风　微风

2017年的五月，对我来说相当于"红五月"。如今这个词不怎么使用了，早在几十年前，"红五月"是让人提神儿的，也是让人着迷的，因为每到五月就会有许多喜事、好事、值得庆祝的事、值得纪念

航拍器受到新老媒体的推崇，它的视角确实不一般

的事，就连诗人也爱颂扬五月、赞美五月。为何说今年的五月，成了我的"红五月"呢？月初，历时四年完成的《口述津沽：民间语境下的西沽》出版；还是月初，《今日天津》杂志用中英文刊发了我的专访和南市专题；五月十二日，我岳父迎来八十寿辰；五月二十日，我侄子张句新婚大喜；五月二十日前后，《口述西沽》将在《中老年时报》连载；五月二十三日，今晚报社将举办新闻与记忆——张建城市田野调查学术研讨会；月底，凝聚着大量心血的《口述津沽：民间语境下的西于庄》（上下篇）将出版。这恐怕是我人生中，最丰满的一个五月，最难忘的一个五月。

上午，报社陈总打来电话，一是告诉我几位老总已见到新书并充分肯定，一是建议研讨会请冯骥才给题写条幅。我说还是低调好，再说我与冯先生也搭不上话。自从确定召开研讨会，我心里就七上八下的，又高兴又感激又忐忑。

原定下午接着采访王剑非（原市佛教协会副会长兼秘书长），因他老人家有事，正好腾出个空来。于是，与我部记者周伟联系，问他能不能抽时间给老

从显示屏查看拍摄高度及角度

传林似乎对航拍器很感兴趣

丁字沽来次航拍。一问,他就答应了,紧接着又告诉传林,之前嘱咐过我,航拍时叫着他。因周伟要从空港赶过来,时间不好确定,我吃完午饭连午间新闻都没看就赶紧去睡觉。12点半听微信响,一看是周伟发来的,通知2点到家门口来接我。

2点刚过,周伟已在门口等候,我起身正要开门,传林来电,问我出来了吗,我开玩笑说:"就像你看见我似的,听见门响了吗?哈哈哈……"

周伟原来在洪湖里住过,所以对丁字沽并不陌生,可是聊着聊着我就觉得不对劲了,他以为要去航拍一段二段八段或几段呢!正好给他讲讲老丁字沽吧,什么南北大街啦,二道街三道街啦,北运河渡口啦,一直聊到零号路附近,刚找了个空位停下来,传林就向我们摆手,说那地界儿弄不好就让警察贴条儿了,结果还是停在了

老两口饶有兴致地目视着"小飞机"的一举一动

"断桥"下。

顺着丁字沽南大街走了几十米,我觉得不能再往里走,空中除了树杈就是电线,先试飞一次看看。周伟打开箱子取出航拍器并十分娴熟地组装完成。经简单调试,我们航拍丁字沽就这样悄无声息地启动了。

我只能凭嘴说,要这样或要那样,几乎看不见显示屏上的图像,周伟心里有数,他边听边调整航拍器的高度和位置。我也没太多要求,反正飞了就比不飞强,因为老丁字沽压根就没有合适的高角度,只能靠航拍,这种"唯一性"就足够了。

传林对这玩意儿也挺好奇,跟着周伟打下手,我时不时地给他们拍照记录。走到丁字沽小学分校附近时,我让周伟拍一下空中的校园,可是抬头一看没法起飞,我建议去二道街,连同二三道街和小学校一块拍下来。找了一处废墟垂直升空,正待拍摄,显示屏却没了反应,怕出意外赶紧降下来,插头、接收器重新装了一遍,恢复正常了。二道街一老住户出来看新鲜,对这神奇的"小家伙"不停赞叹,转而去叫他老伴出来一起看,老两口仰着脸追逐着蓝天上好似蚊子一样的小黑点。

下一站到渡口，我知道那有一块空地。周伟把航拍器架在北运河的防护墙上直接飞了起来，不会儿就围上来好几个老居民。我告诉周伟，注意拍一下北大街和西面的居住区，另外掉过头来把棚户区和对面的高楼拍到一块，这叫新旧两重天！在场的人都笑了。

我问周伟电量如何，还能不能再飞一次，他说还行。我就跟传林说，再拍一下丁字沽小学，今后学校也可以用。我们从娘娘庙后胡同穿过去来到零号路，在学校大门前的路面上摆开战场，航拍器一飞冲天很给力，这时一大哥停下来看我们守着个箱子蹲在地上，就问："卖嘛？""不卖嘛！"那大哥仰头看了一眼："哦，飞机呀！"

3点40分收工，我对传林说："咱设计的所有项目都实现了！"他似有话说，转而改口说："等您退休吧！"

我和周伟上车要走，传林从他车子的后备箱取出两瓶饮料递给我们……

2017年5月19日(星期五)

气象详情:最高气温36℃　最低气温24℃
多云　西南风　3-4级

用了两个晚上,把采访丁字沽以来的全部素材,分别以"访谈人物""图片总汇"两部分倒到空白的移动硬盘里,待5月23日传林来晚报参加研讨会时,让他带走留个备份,然后再把他拍摄的录像及照片拷到我的硬盘,这叫资源共享。"访谈人物"包括22位采访对象和7位传林同学的口述录音及人物肖像。"图片总汇"按采访日期将照片分别放在各自的文件夹,打开后一目了然,非常规范。

早7点半,我把记者发来的稿件浏览一遍,刚确定完要带到编前会讨论的稿件,就隐约听见轻轻的敲击声,扭头一看原来是振良。我说:"你不是礼拜一才上班吗,怎么提前来了?"他说研讨会得推迟,特意赶过来通知你,而且马上得跟几位老总确定新的开会日期。记得前天早晨,陈总同着刘总的面跟我说:"刘总特别想参加你的研讨会,可正赶上出席市党代会,要不就推迟几天?"我说:"党代会重要啊,别改日子了!"刘总凑过来说:"到时,要不我先来个开场白就走?"振良一提改日子,我还真有点吃惊,到会人员都得重新通知一遍,我印的海报和纪念卡也作废了。振良说,一会儿下楼跟老总们再砸实砸实。结果,刘总还是真心想参加这个研讨会,为此改到6月7日。

提起这个研讨会,始作俑者仍是振

把每篇采访日记的气象详情补上

良,当然他的想法得到时任今晚报三位老总的积极支持,去年就曾透露要为我组织一次学术研讨会。我觉得"学术"俩字与我丁点不沾边,一提"学术"我心就一揪。可在振良看来,我这几年的成果总可以支撑起这么个会议,反正他见多识广,报社领导又都认可,我就拾受呗!会议的主题:新闻与记忆——张建城市田野调查学术研讨会。

推迟会期也有个好处,就是我那本《口述津沽:民间语境下的西于庄》能稳稳当当地送给每位与会者。假如还是5月23日就有点悬。这几天始终嘀咕这本书,印厂厂长告诉我,上篇已经印完了,下篇因为有折页正在赶工期。下午厂长来电话正要诉苦,我通知他可以缓几天交书,他如释重负。我感觉,学术研讨会没有西于庄这本书有点分量不足,这本书不仅凝聚了我更多的心血,而且展现了许多新的探索。原来还想附一篇论文,振良说现在这本书已经都700多页了,书太厚不便阅读,另外论文最好发在学术期刊上。

下班回来,打开电脑不知要干嘛,愣了一会儿,忽然想起我的丁字沽采访日记还没来得及标注"气象详情",干脆把这件事做完,也算有所收获。从2016年11月17日起,按顺序一天一天地查找,标注,总共写了42篇日记,65000多字。接着又把每天的日记单独"截"下来,分别建立文件夹,为日后插入相关的图片做准备,这是个令人焦虑的活儿。

2017年5月22日(星期一)

气象详情:最高气温25℃　最低气温15℃
中雨转小雨　东北风　4-5级

从昨天起着手绘制"丁字沽南北大街沿线主要民宅和商铺分布示意图",可能因为这一阶段没怎么动笔,不但手生,就连思路好像也打不开了,铺上纸直愣神儿,甚至不知从何落笔,更可笑的是

新书《口述津沽:民间语境下的西于庄》上下篇

手绘的《丁字沽南北大街沿街商铺示意图》草稿

竟然要看看自己上一本书是怎样处理这类绘图的。由此说,做成一件事,做好一件事,必须要投入,必须要沉浸,必须要忘我。

　　由于自行车后轮胎又瘪了,今天上班只能步行,想骑辆"小黄车"(共享单车),又觉得就几分钟不值当的。中午,快走到家时接了个电话,是印刷厂打来的,告诉我送书的车已在报社门口等候,赶紧派人取走。于是通知文书,让她找人帮着给弄上楼。上周联系过此事,说时间太紧,我说可以缓几天,没想到还是按原计划送到了,心里好高兴啊。

　　两点的例会不开了,我本可晚点回报社,但心里直发痒,恨不得早点拿到那本新书,所以我一露面,文书有些纳闷。我找了个借口说外面下雨了还是早点出来稳妥,其实她哪知道我的心情有多急迫。拐到柜子后面,远远望见平板车上码放着整包的书籍,心想别送错了,怎么会这么多,待我拆开其中两包才弄明白,敢情上篇下篇全到了。我各拿一本回到座位上翻看起来,不仅看文字,而且浏览插页、插图,感受整体效果。最让我振奋的莫过于下篇的那条长长的拉页,实在太精彩了!正面是满眼的年味,背面是刺眼的"拆"字,冷暖反差意味深长。这恐怕是问津系列丛书里最出彩的一款,我用手机拍了书影发给振良、印长厂长、古籍出版社唐老师及几个最亲密的微信群,让他们分享我的快乐。

下午3点的采前会,加上"读者日"协调会,一直开到4点半。回家时,打着雨伞拎着两套书,准备带回去细细品味。

吃过晚饭,守着两本书看来看去爱不释手,夫人凑过来说:"你那桌子上还一堆东西呢,不想干了?"我缓过神来有点不好意思地说:"马上,马上,新书就是动力!"我摊开那张加长的稿纸继续着手《丁字沽南北大街主要民宅及商铺分布示意图》的绘制,但依然有些心不在焉。

2017年5月27日(星期六)

气象详情：最高气温34℃　最低气温24℃
晴转多云　西南风　微风

　　上午，到水上公园参加"今晚报读者服务日"活动，摄影部有个摊位，为读者进行作品点评、拍摄指导及与摄影相关的咨询，同时赠送读者一批特制明信片。大约11点，振良从副刊部摊位走过来问我："下午3点半，刘总带队一块去拜访冯骥才先生，有时间吗？"我知道这纯粹为了我，赶紧说："没问题，没问题！""那就3点半在大厅集合。""行。"

　　找冯先生题字这事我还真没抱希望，可刘总却很认真，头几天就说要亲自拜访，哪怕即兴写上几笔也行啊，他是想为这次研讨会增加分量，我却不好意思起来。

　　下午3点一过就到报社了，正好把记者们发过来的"读者日"图片初审了一遍，为明天的专版做准备。3点20分，振良来电话约我下楼，刚到楼下他又返回楼上取东西，不会儿他拿着研讨会方案走过来，说得让冯先生看一下。整3点半，刘总、振良和我一同坐车去天津大学的冯骥才艺术研究院，门卫问我们是否提前预约，我们

拜访结束后，与冯骥才先生合影留念。右二为时任今晚报社社长兼总编辑刘凤山，右一为时任今晚报副刊部主任王振良

说是。于是，通知里面后才让我们进去。整个建筑很安静，透视感极强，一些部位陈列的石雕，大有点睛的意味。我们乘电梯直达三楼，落座不久，冯先生的秘书出来告诉我们冯先生正接受一家出版社的专访，让我们稍候。又过了会儿，一位女士带着我们到冯先生的绘画展厅去参观，我还是头一次集中欣赏冯先生这么多精彩作品，尤其是他用中国画技法竟画出了摄影的光感、意境，真是神来之笔。在展柜一角，我看见了20多年前参与供稿的、由冯先生主编的《旧城余韵》和《天津小洋楼》画册，感到很亲切。

参观后回到原位，等了几分钟秘书便示意我们可以进去了，这时出版社的几位正收拾东西往外走。会客室像个小展厅，似乎随处都摆放着好玩好看的艺术品，搞得我们目不暇接。片刻，冯先生一边打着招呼，一边热情地走过来与我们握手，然后坐在迎面的沙发上，我们依次坐在他的右侧，而冯先生却陷在逆光里，我心想这样片子可就难拍了。

冯先生的精神状态特别好，也许是因为跟晚报有着几十年的交情，所以显得很亲切、很放松。他一上来就以刚才出版社给他做专题为由头，介绍了最新出版的两本书，一本《法国游记》，一本《炼狱·天堂——韩美林口述史》。在谈到后者时，冯先生显得非常兴奋，还对书中的一些细节进行了描述。我心想，简直太巧了，我们正为"口述史"而来。

一大段开场白之后，刘总简要介绍了这次来拜访的目的，振良顺势递过去研讨会的方案，冯先生一眼就看见了那个关键词"新闻与记忆"，接着振良取出"问津文库"的七八本新书放在茶几上，单独把我的那三本"口述史"交到冯先生手里。他一边翻看，刘总一边发表感慨，当说到冯先生以口述的形式创作的《一百个人的十年》一书时，引出了冯先生对口述史的学术概况和当今口述史的发展现状的评论，进而说到他的《一百个人的十年》："有次出门遇上个世界著名的'杂草专家'，就说以后的农田不用除草了，撒一种药，野草都死了，庄稼还活着，他说他在上大学的时候，就知道世界上有种除草剂，可以解决农民世世代代面朝黄土背朝天的现状，他想做这事可正赶上'反右'，他说他一方面要研究杂草，一方面又得不被人注意。怎么办呢，他跟我说了一句话：成一件事，我必须'消灭'自己。我问他怎么'消灭'？他说，我要让人们在任何环境下觉得我这人很没意思，开会时我在角上坐着，说话时专捡没意思的话说，不高兴了想办法自己在心里解决了，慢慢的就没脾气了。他说，单位只要下地劳动，他就跟着去，到地里找各种草种子带回来，然后偷偷到图书馆查阅除草剂的材料，最后他终于成功了。等'文化大革命'完了，粉碎'四人帮'以后，他成为最优秀的除草剂专家、世界知名学者。我说，你不是很好了吗？他说，你错了。我找不着我自己了。'文革'十年我没有历史，我没有任何遭遇，我已经把我自己从人间蒸发了，我没有性格，我想发脾气都不知怎么发，我已经被我的想法异化了。你知道一个人连自己的性格都找不着该多痛苦，我都不知道痛苦是什么滋味。我听了以后心里很震撼。你说'文革'时期，一个人要为国家做事，就得把自己'消灭'了。我问他，你怎么才能让别人不注意你？他说，我从来不看人家的眼睛，如果你看人家眼睛了，人家就会记住你，看不见你的眼神就不会有印象，你说多厉害吧！我跟他谈了三个晚上，结果就写了一篇《没有性格的人》，发表在《一百个人的十年》里，我每塑造一个人物都要挖掘心灵的深度来揭示'文革'最深刻的对人的虐待。"

冯先生又看了看手里握着的那份研讨会方案，说："这是作家的责任，跟你们新闻的书或历史的书是不一样的，文学是给历史留下一个个活生生的极特殊的人物。去年《一百个人的十年》还出了俄语版和韩语版，俄语版出版时还在莫斯科开了新闻发布会。这种口述的采访方式跟你差不多，但表现形式不一样，因为这是作家写的。但是我这还有一个传承人口述史，比如说你是剪纸艺人，这种非物质文化遗产传到你身上，不单单是剪纸，还有技法，还有一代代人告诉你的经验，这些东西是看不见摸不着的，必须用口述的方式进行调查，把那些不确定的，记忆里无形的东西，用文字记录下来，于是提出了一个新的概念——传承人口述史。它是把无形遗产变成有形的，所以在我这儿成立了国家中心，这个概念是我提出的。后来又把国内外搞口述史的专家约来专门开了会，确定了这个概念。我觉得你这个"新闻与记忆"价值非常高，振良编这套书，对问津文库是一个很大的补充，因为那些东西都是史料，还有一些是在人的脑子里，这一代人如果要是没有了，下代人你问他西于庄可能都不知道了。所以，我们前一段做了个'皇会'口述史，已经做完了十道皇会，而且把皇会里所有的家伙,所有的细节,连乐谱都记录下来,这部作品刚刚获得国家'山花'奖。比如,南市老三不管,你要不找那些老市民,以后很难再找着了。所以世界对口述史的关注度很高。去年,乌克兰女作家写切尔诺贝利核电站的作品,给了个诺贝尔奖。原来认为'口述'怎么能获奖呢,这回给了个新词儿,叫'非虚构作品'。为此,中国成立了'非虚构作品研究中心'。所以,你做的这个,实际上是天津城市的集体记忆。城市记忆保留在两个方面,一个是保留在天津档案馆和天津历史博物馆里,那些实物和文献。还有一部分保存在老百姓身上,如果一代人没了也就完了,所以我认为这个事非常重要。"

这次出来,我专门带了个小"微单",显得随意些,得机会就拍,哪怕最后拍张合影也行。然而,冯先生并不介意我的拍照,所以我除了静静地聆听冯先生的论述,趁着刘总或振良插话,起身拍几张现场记录,我觉得这个机会挺难得。

冯先生接着说:"联合国教科文组织的一个官员,他做一个有关我的研究,他知道我在九十年代做了一些事,尤其保护小洋楼,作为一个课题他来过天津好几趟,他跟我说,弄好了小洋楼可以申报世界文化遗产。我告诉他,我早就说过,如果天津主城区有一块是世界文化遗产,这个城市的文化大大增加。对于口述史的重要性,我再说个事。知道张仲吧,当时让我的学生给他做一个四十万字的口述史,仲老总说没时间,他这人的特点是述而不作,我就跟他说,仲老你的学问太碎,没法用一个东西给组织起来,我说口述史可以解决,弄成几块,历史、风情……还是我逼他做那'三论',结果还没来得及出版就走了,张爷爷很可惜啊!"

说到此,冯先生又"言归正传",问我们让他做点什么,刘总说:"本想请您到会上讲讲,可您实在太忙,要不就给提个字?!"他沉思片刻说:"没问题。是要横的还是要竖的?"振良想了想:"写竖的吧。"这事就算定下来了,我们自然非常高兴。这次除振良带来的新书外,我也送给冯先生一套去年出版的《老建筑》《老街角》《天津桥》,他在翻看时我特意凑过去,告诉冯先生《老建筑》就是"今晚贺岁书"的完整版,我还说:"二十年前就沾过您的光,您的《旧城余韵》选了我三十多张照片。"

"你做的口述史这代人,从历史的角度说,它的意义在哪呢?它是在社会转型交接的时候。这代人跟别的时代人不一样,过去变化没这么大,现在你要不做的话,城区都没了,只剩下个地名,里边的血肉都没了,所以把记忆留下很重要。你像我们做传承人口述史,我把老一代传承人称为自然传人,传承人是我们定的,它与自然传人是不一样的,自然传人是最真实的,他再告诉他儿子,他儿子没在那生活过、玩过,那个记忆就不太好,只有他亲身经历过才是最重要的。现在社会转型新老交接,这个时候对前一代的最后一拨人的记忆就靠口述史。所以对振良来讲也是不可或缺的,要抓住张建一直这么干下去。说实在的,咱们晚报还是挺不错的,你像社科院有博士生,书袋子背一堆,可学问也没大起来,没有广阔的思想视野。晚报有一些人见多识广,而且能量又比较大,哪个点都能钻得进去。振良做了在历史上从来没有人做过的事,把天津点点滴滴的文化都整理出来,当你做到八九不离十的时候才能看出它的意义。"冯先生对我和振良的举动均给予充分肯定。

没想到冯先生会拿出这么长的时间跟我们聊天,而且每段话都讲得有声有色。冯先生还当场签名赠送我们每人一本《炼狱·天堂——韩美林口述史》。我见大家起身准备告辞,就提议拍张合影,于是跑到隔壁求助,一女孩带着相机过来,我递给她"微单",她说还是用她的相机拍,之后发给我。拍完,我随那女孩到办公桌前留下了邮箱地址。

冯先生执意要把我们送下楼并一同走到庭院,他很欣赏这座建筑,并爆料说设计师因此而获奖。

在回报社的路上,振良说能回忆多少就回忆多少,赶紧把冯先生的讲话整理整理,我说够呛,还是你来吧,我记不住啊!刘总接过话茬说:"你们回忆前半段就行,后边我录下来了。"姜还是老的辣,当时想到录音了,但我没敢……

回到办公室心情久久不能平静,打开电脑果然见到新"文件",就是刚才那张合影照。于是,一激动抄起相机就奔向了老丁字沽……

的确来对了,刚走进丁字沽南大街口,就看见了这里的变化。左侧的工地挡板和右侧的房山上悬挂了若干横幅,血红血红的很刺眼。三三两两的老住户从拆迁指挥部进进出出,附近的空地临时搭建了"样板间展示厅"。我的兴致顿时被激发出来,虽然场景与任何一个拆迁区片都很相似,但是这一幕,意味着我之前所做的一切都将成为历史,它是唯一的、不可复制的。

以前我拍摄过《红色口号》专题,所以对"口号"依然比较敏感,它是时代的印记。这种宣传造势,在当下还是挺管用的。我大致收集了一下,有这么几个"品种":"大智慧早签约小聪明失良机""和谐拆迁以人为本""新家园新社区等您来共享""算好自家账改善自家房""把握时机告别老屋""民心工程得民心公平公正是根本""时间有限莫失良机"……不过,拆哪不拆哪,在街区内根本看不出来,因为墙上还没写那个"拆"字。据说,这次只涉及快速路一片,二道街、三道街动静比较大,恐怕有的老百姓又该失望啦!

从南大街走走停停一直来到"老渡口",然后又把二道街、三道街遛了一趟,拍些有趣的细部和有味儿的街貌。

2017年7月

2017年7月12日(星期三)

气象详情:最高气温38℃ 最低气温28℃
晴 南风 3-4级

今天硬着头皮开始整理丁字沽访谈录。

自6月7日成功举办了新闻与记忆——张建城市田野调查学术研讨会之后,一个多月间,再没触碰老丁字沽,即便一时想起来,也没了往日的激情与干劲,很多人找我,单位见不到人,家里也见不到人,工作完全靠微信指挥,我并不是有意玩失踪,而是因为患上了急性肝炎,收治住院啦!

整整一个月,每天除了吃药就是输液,最多时一天输6

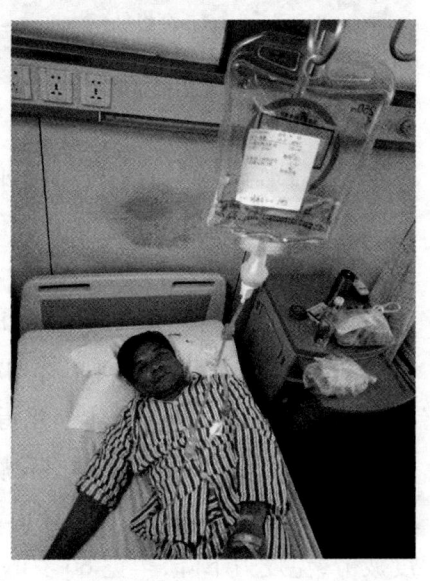

因患急性肝炎,不敢接触任何人,也不想让任何人知道,每天瞪着眼,望着药液滴入血管

住院期间，用电话和微信指挥本部门工作

袋，两只手背上的血管像纳鞋底儿似的，光验血就五六次，最后经DNA检测，甲乙丙丁戊全为阴性，我属于无型性急性肝炎，基本不具有传染性，压在我心头的巨石才算落地。这件事除了我夫人知道内情外，还有两个人躲不开，一是报社老总，我要履行组织程序，告知病情，抓紧考虑配备接班人。一是部门文书，只有她了解真实情况，我们才能密切配合，既不影响工作，又不至于生发出不必要的传闻。反正我的眼病也没好利索，管它是眼还是肝，再说还有一个多月退休了，最好就是息事宁人。

真是不错，谷丙转氨酶由住院时的1200降至40多，胆红素由170降至30多，出院时各项指标均趋于正常。都说本命年不好，要多加小心，按民间老例儿，本命年得穿红裤衩、扎红裤腰带，可我就是不信邪，结果怎么样呢？两次发病都很蹊跷。有谁洗脸能把晶体洗掉了？有谁患上肝炎查不出原由？其实，只有我自己知道，就是过度疲劳，免疫力下降，毕竟60岁的人了，还风风火火地不识闲，这就是老天爷给我敲响的警钟。

难得在病床上躺了一个月，为了不消磨时光，静心阅读了5本

同事们并不知道我大病初愈,这是我主持最后一次部务会后与大家合影留念

书,它们是:《旧报旧刊旧连载》《南市沧桑（上下）》《江湖丛谈》《影尘回忆录》《津沽漫记:日本人笔下的天津》,最后大夫查房时都批评我了,叫我闭上眼老实歇着。

即便闭上眼,脑子里也是一幕一幕地回放那些记忆深刻的片段……

6月7日下午,为了让采编部门的负责人也能出席"新闻与记忆"学术研讨会,报社老总特意把3点的采前会挪到1点40分召开,散会后等我下到三楼会议

"新闻与记忆"学术研讨会海报

"新闻与记忆"学术研讨会现场

室时,见报社领导和特邀嘉宾几乎都到齐了,反倒弄得我有点不好意思。靠东侧的电子显示屏上打出红底白字会标:新闻与记忆——张建城市田野调查学术研讨会。长条状环形会议桌,一面为报社与会人员,一面为特邀嘉宾。报社主要领导有:总编辑刘凤山、副总编辑朱康文、陈杰。专家学者有:郭凤岐、尹树鹏、张利民、姜维群、吴裕成、陈建强、王勇则、万鲁健、王传林、孙爱霞等。与此同时,报社学术委员会负责人黄助、副刊部主任王振良、研究所所长吴阿娟及编辑代表齐珏,子报子刊代表刘筝和我部全体成员也一并出席。特别是自发前来参加会议的报社同仁和热心读者,让我十分惊喜。会上还特别展示了冯骥才先生为本次研讨会手书的题字——"留下天津城市的集体记忆"。

研讨会足足开了两个半小时,专家学者们的发言,没有客套,少有浮夸,个个都掏出了硬通货,把我十几年来从事民间口述史的挖掘、整理、研究过程加以剖析,并提升到一个学术高度,这是我想都不敢想的结果。

那天,陈总听说我病了,打来电话以示慰问,并告诉我《今晚传媒》杂志专门做了一期研讨会特刊。陈总在多个场合都力挺我的工作态度和职业精神,我非常感激他。

出院时,大夫一再嘱咐,不能太累,在家静养。可是我真不知道"太累"是个什么标准,总觉得去采访、去拍片并不觉得累。不过,这次患病我还是有些后怕,再耽误有可能发展成慢性肝炎。这几天开始往单位跑,像没事人似的,与候任部门负责人进行交接,主持了最后一次部务会,接受纪检部门的审查等等。原想去趟蓟州把摄影比赛的后续事情落实了,正赶局长出差。又想把王剑非会长的"口述"弄完了,一联系,人家到烟台避暑去了。总而言之,这是老天爷有意让我多歇几天,所以才万不得已闷在家里,开始整理丁字沽的访谈录。

2017年7月16日（星期日）

气象详情：最高气温34℃　最低气温27℃

多云　东风　微风

从12日开始整理第一位访谈对象——王连泰的口述录音，截至今天中午才弄完，这是我万万没想到的。我确实有点轻敌了，我以为丁字沽的采访不但顺利而且内容相对丰满，应该比之前的西沽、西于庄都容易整理，可是当我一句话一句话地听进耳朵里，再一个字一个字地输出并敲打成文字时才发现，这个过程是那么的磕磕绊绊，简直就像蜗牛爬似的往前拱，最艰难时，连续工作好几个小时也未必能"生产"出几百字，真成了难啃的骨头。为什么会这样呢？我想了半天找出两个理由：第一，属于口述史的共性问题。这些年，我在从事区域口述史采集中，选择访谈对象基本参照三个标准：年龄大、知道多、表达好。但是很多时候这只是一种愿望，年龄大未必知道的就多，知道的多未必就能讲得清。所以每次访谈即便符合标准，也带着某种"风险"，这种"风险"又会呈现两种表现形式，一种是侃侃而谈自我陶醉，主导了整个访谈脉络，听着很热闹很畅快，然而一旦沉淀下来，才发觉许多环节被忽略。另一种是所有访谈的内容完全靠陌生人来提问,其深度和广度取决于自己对访谈对象的引导、辨别、延伸、拓展,考验的是访者的阅历与判断。这是任何从事口述史收集的人都不可避免的。第二,说明我对口述历史的要求又提高了。口述史首先是声音的历史,是由口述采集者提问,口述者回答而产生的对于口述者亲历亲闻的历史事件或历史人物以及生活境遇的回忆。正由于这是口述人的亲历、亲为、亲见、亲闻,这些内容才成为珍贵的第一手

这次整理访谈录音用上了耳麦,可以避免对他人的影响,过去就没想起这招儿,你说傻不傻

资料,才更加详实、细腻、生动、有趣。那么,在采集口述史料的过程中,为了实现有价值的访问,以期达到口述专题的丰满和权威,就特别要注重典型性和普遍性的把握。如果把典型性视为"点",普遍性即为"面";如果把典型性视为"纵",那么普遍性即为"横",只有将两者通盘考虑,做到点面结合、纵横交错,才能使口述史呈现出立体效果。就说典型性的提取吧,在对某个街区或聚落选择口述对象时,首先要对其有个大致的了解,比如公认的豪门大户有几家,流传甚广的典故有几段,代表性人物或标志性建筑有哪些。之后,把这些"点"作为寻找口述对象的线索一步步向前推进,而这些"点"的共同特征,则具有某种"之最"。例如:年龄最长、影响最大、

经历最广、学历最高，以及最能概括当地历史文化等。以西沽为例：在64个口述对象中，90岁以上的就有十多个，其中生于1914年的刘世玉最为年长。年龄是历史延伸度的体现，没有一定比例的高龄口述人，厚重感就显得不够。还以西沽为例，在访谈时，很多人都提及一个最有争议的"核心"人物——杨德润，由其演绎的故事也最多，于是紧紧围绕这个"典型"开展调查，还原了历史真实。此外，毕业于北京大学的朱蕴鸿和毕业于河北大学的朱金鸿应该属于健在的、学历最高的口述者。同时，还通过"以人找物"或"以物找人"的方式，对龙王庙、三官庙、大公所、丹华公司等与当地百姓密切相关的历史参照物进行了重点采集，从而凸显了口述史料的典型性。再说普遍性的拓展，大多着眼于较为广泛的谋生手段、生存状态、民俗风情等方面。用大量的相似点，从多侧面、多角度加以填充，加以验证，加以延伸。以西于庄为例：这个区域的形成与发展离不开三部分人：农民、渔民和市民。所以在采访中绝不能顾此失彼，所辐射的范围要宽，涉及的面要广，只有这样才能勾勒出西于庄的全貌。另外，昔日西于庄的屠宰业和物流运输业比较发达，靠打零工、卖苦力、耍手艺维持生计的比比皆是，看似多数人的经历相近，可人物命运却不尽相同。因而，采访一定数量的带有普遍意义的"配角"，将其汇聚在一起，便形成一幅真切感人的时代画卷。

不论是典型性还是普遍性，这只不过是我们做好民间口述史的初衷，至于能不能如愿以偿，关键取决于访谈对象的接纳与配合。我觉得介入采访的主要路径有三条：第一条是熟人引荐与独立探访相结合。面对一个十分陌生的区域，突出的感觉便是"举目无亲"，进而孤独无助袭上心头。打开突破口的最快办法，就是先找到一个"牵线人"，这个"牵线人"不仅与那个区域能够搭上界，而且还有较好的人际交往,这样就会消除被访者的疑虑,迅速进入状态。"牵线人"能力的强弱直接影响口述史采集的进度和深度,优秀的"牵线人"本身就是被访者,他会理解你的意图,还会提供各种线索。但是,如果把口述史的采集全部压在"牵头人"身上是不可行的,也是不可能的。为破除局限性,进一步拓宽视野,就必须借用"牵线人"搭建的平台进行独立探访,形成"点"与"面"、"纵"与"横"的调配与控制,实现典型性与普遍性的互补。第二条是建立"据点"与辐射外围相结合。所谓"据点",就是落脚点,当你在某个区域采访一段时间后,必然与当地百姓建立起良好的关系,有的甚至成了好朋友,进而变成自己的"据点"。在西沽,韩静轩老人的家就是我的"据点",在此不仅可收集众多的信息和线索,还可协助实现各种各样的想法和愿望。在西于庄,王景召的家就是我的"据点",在一年多的交往中,依靠他的人脉不仅寻访到好几位"关键"的口述人,还为完成100个《老家·老院》的采访和拍摄奠定了基础。第三条是自我举荐与连环推进相结合。一旦打开局,人气指数必然稳步上升,这时就会有自告奋勇的访者主动找上门来,也许其口述的史料价值一般,但可将其作为发展"下线"的推手,使采访的资源储备进一步扩大。

　　典型性和普遍性,在很多情况下并不是事先确定的,只有随着访谈的步步深入和访谈范围的逐渐扩大,才可分出主次。通常情况下,都是走"先有量,后有质"的路子,如果没有来者不拒的初始阶段,也就不会产生"口述骨干",所以"基数"的设计也很重要,既不能多多益善有意拼凑,也不能精挑细选撑不起门面。所谓典型性与普遍性结合,就是让每一个"口述群"都能发出各具特色的历史回声,既起伏跌宕又平实感人。

　　今天借题发挥,谈点对口述历史的深度思考。

2017年7月22日（星期六）

气象详情：最高气温29℃　最低气温24℃
阴　东北风　微风

今天下午终于把丁字沽大队老书记杨世均的访谈录音给"磨"出来了，前后用了6天，好几次都弄不下去了，又犯愁，又着急，又不甘心。

为了踏踏实实地整理好老丁字沽的口述史，这次我比以往更用心。5月份下狠心淘汰了家里的那台旧电脑，花了6200块钱购买了主机、键盘、鼠标、显示屏等，尤其音响效果既有层次，又不这么闹得慌，讲话录音的还原度非常好，大有身临其境之感。然而，硬件的提升并不能解决语言的表述能力和语言的内在逻辑的问题，不能解决口齿、口音带来的歧义，不能解决辈分、年代、地名的错位或模糊记忆。杨大爷的口述实在太丰富了，丰富得难以下笔，因为他一句话可能涉及两三个内容，来不及追问，又叠加了新的话题，语言的跳跃性极大，在现场又不可能频繁打断主人的谈话，所以留下很多岔头儿。再一个，杨大爷讲述个人经历时，具体年代、地点、过程，经常出现颠倒和不一致，使我在后期整理时，需要查阅大量资料来验证或更正。比如在谈到去北京参加工程建设时,一些项目先说是五三年,回过头来再谈时,无意间又变成五四年。最难弄懂的是,杨大爷说在北京的北河店、仓巨给部队盖营房,这地方离颐和园不远,要按过去就这么直接录下来了,可是我一较真才发现,在北京地图上根本找不到这个地方,原来老先生记混了,北河店在河北保定,这是通过网上搜索得来的结果。类似的情况还有很多,我尽可能多下点功夫,消除硬伤,避免不实。

整理丁字沽口述史脑袋又大了

口述史料是以记忆为依据的,由于口述人的认知水平、表达能力、回忆精度不一样,加上主观判断或道听途说,多少对口述史料的"保真"带来一些影响,这也是多年来史学界对口述史存有诟病的主要原因。其实,任何事情都是相对的,在当今大量历史声音将要消失的紧迫形势下,"抢救"才是硬道理,填补空白恐怕比"究真"更务实。当然,真实是口述历史的价值所在,这种"真实",不仅仅是整理访谈录音保持的"真实",更重要的是受访者所述内容的尽可能真实。

如何把握口述史的真实性和可信度呢？在采集阶段，我觉得着重抓住三个要点：第一，现场指认，文献验证。在口述史采集过程中，由于口述人的思路较为活跃，加上各种情绪的影响，许多经历或事实呈现碎片化状态，特别对事件发生地的描述过于宽泛，这些都会对真实性和日后的整理带来影响。面对这种情况不能一味地为校准某一环节而令对方尴尬，最好的办法是请口述人到现场指认，或者根据口述指引，实地勘察草绘示意图，再让口述人确认。与此同时查阅相关文献加以印证。以西于庄为例：大同门的形态、大红桥的原貌、屠宰场的布局、胜芳码头的方位等等，都是由口述人及原住民交叉指认的。第二，多方口述，去伪存真。对某一历史片段的口述，可能会出现若干个版本，其间有交集的部分，也有分歧的部分，对待口述中的岔头儿或出入，采取横向求证的方法，让一批见证者、目击人判断真伪。以西于庄为例：对于大同门在历史上究竟有没有"门"这个问题，一直就存在"有"与"没有"的争论。经反复考证，他们说得都没错，只是选取的时段不一样。第三，公开品评，修正谬误。民间口述史的采集和整理，应该树立开放的心态，要勇于接受大众的品评与批判，只有这样才能消除谜团，回归真实。以西于庄为例：根据口述人的描述及实地考察，绘制了一批"历史情景复原图"，尺度把握得准不准，意境营造得像不像，细节刻画得对不对，所有这些疑问都留给原住民来解答，他们面对着"草图"，你一言我一语，甚至争论不休，这种让群众共同把关的做法对真实性把握很有益处。

进入整理阶段以后，真实性与可信度的工作重点就会沿着两个方向发展。一是把散乱的语言条理化。"说"和"听"在同一语境下不会有任何障碍，而一旦将其转化为文字就会大打折扣。人在讲话时,虽然省略了许多字句,可是你依然能听得懂,因为话语里的感情、心情、表情构成了大量的"无声语",假如在整理这些录音时,一味地强调"原汁原味",用照抄实录的方法处理成文字肯定无法阅读。要想让文字留有"音感",就必须在确保原意不变的状态下,把每一个口述段落的结构调整好,把每一句的语言逻辑梳理好,使文字通顺流畅、娓娓道来。通常情况下,1个小时的录音,要用3至4个小时来整理。二是保持口述者的个性化。每个口述者都有独特的语言表述方式,包括口音、口语习惯等等。有的人说话慢条斯理,有的人说话慷慨激昂;有的人说话颠三倒四,有的人说话有板有眼;有的人说话文质彬彬,有的人说话脏字连篇,从而构成一个丰富的语音世界。在整理口述史料时,尽可能提炼出每个人的语言特征,画龙点睛般地让跃然纸面的文字"活"起来,如闻其声。

总而言之,我认为口述史的"真实性"不能走自然主义的路子,保持"真实性"也需要科学有效的方法。

2017 年 7 月 24 日(星期一)

气象详情:最高气温 30 ℃　最低气温 25 ℃
阴　东北风　3-4 级

今天我退休。

上午受刘筝(候任部门负责人)之邀,到部里帮她把全运会的部分比赛项目给记者分配一下,正好我手头儿还有些事情需要处理,所以就正儿八经的上了最后一天班。事先我倒是想了想,全运会的比赛项目实在太多,就是再多加几个记者也跑不过来,即便跑过来也不见得发得了稿,所以我提议保大项,保能出彩儿的项,保天津队能拿奖牌的项。在落实记者采访时,将个人特长和距离场馆远近结合起来考虑,不擅长体育摄影的可以弃权。结果,有两个记者表示放弃,其他的都一一作了安排。

上周三,到蓟州八仙山国家级自然保护区管理局,将与我部联合举办的"最美八仙山"摄影大赛的作品评选工作完成,今天顺便把我部获奖记者的奖金发了。大部分作者是蓟州的,有可能下月初到蓟州开个小型颁奖会兼摄影讲座。接着又把新媒体的人约来,把"八仙山"摄影大赛获奖名单及作品拷给她,委托他们在"今晚摄影俱乐部"公众平台发布一下,这是我退休前要做的最后一项工作。然后,带着身份证、户口本、专业技术职称证书等,到人事处填表、签字,办理退休手续。翟姐很热心,给我讲了一些"规定"或提示,我几乎没怎么听懂,最

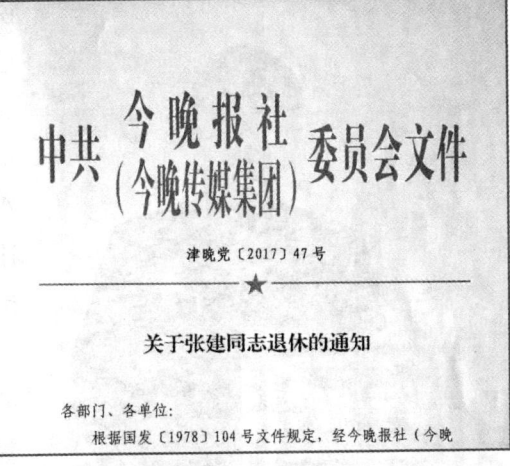

津晚党(2017)47号文件

后递给我一只大花瓶,说是奖给退休职工的,叫"平平安安",临走时建议我到报社老干部处(退管会)报个到。走进办公室小刘见我抱着个花瓶就问:"您给谁办事?"我说:"我啊——退休了,来报个到!"她将信将疑,"您到六十吗?我怎么觉得您还早着呢!""嗨,快别夸我了。"这个部门我还真是头一次来,以后我就归他们管了,一边说着话,一边填了张表格,有关我的组织关系,她讲了讲程序,告诉我回去听信。

回到部里,原想把个人出版的那些书拉回家,看了看在座的记者,没好意思张口,再说吧!想了想觉得应该跟三位老总打个招呼。先到刘总办公室,在了,还真不错!其实我们俩同岁,他本应退在我前头,可是他跟我不一样,一切得听上级的。难得这会儿清静,我们聊了几十年间的交往,也是感慨良多!

转而又去出版部跟朱总告别,一见面也是热情相迎,退休确实是人生的一大转折,双方都有些无以言表的感觉。他直言不讳地

装扮成40年前的样子，却用最时尚的微信公布退休信息，引得众人纷纷点赞

说："最对不起你的，是到最后也没把正职给你解决了……"我说："那都是次要的，主要是这两年零八个月，老总们很给力，让我充分发挥了独特的优势，值了！"

本来还想看看陈总，可下来两次都没见着，说着已临近午饭时间，好像找谁都不太合适了，反正还得再来呢！

中午，夫人备好了生日面，吃的挺舒服。然后，把我专为退休拍摄的创意照片发到朋友圈，主题是"今天我退休"，没想到收获大批亲朋好友的祝福。在众多微信里，我的恩师姜维群先生的留言最有分量："中国摄影界文字最好的摄影家，中国报业口述史最勤奋的记者，天津民间百姓最优秀的太史公，张建，向你致敬。"我的好友、好搭档王传林的留言有内容："我的好兄长好老师《今晚报》高级记者，中国摄影家张建今天正式退休，祝贺！但是，口述老丁字沽历史这本书刚刚开始，现在他正整理前期居民录音资料，冒着酷暑整理笔记，并且下周可能还继续进行采访，代表老丁字沽乡民感谢您。"

这不，传林把我的后续工作都安排完了，不干都不行啊。所以，下午接着啃老丁字沽这块硬骨头，这回就能一门心思啦！

2017年7月28日(星期五)

气象详情：最高气温30℃　最低气温23℃
阴　西南风　微风

过去早晨5点40起床，必须得上闹钟，否则就有可能起不来，每天临睡时都疑神疑鬼生怕闹钟不响。退了休，没了闹钟反倒准时醒来，头不晕脑不涨，一刻也不愿多躺。起来洗漱、擦地板、吃早点，完事就开始整理丁字沽访谈录，弄不下去了就停，累了就歇，渴了就喝，饿了就吃，憋得慌就出去溜一圈。

周一(24日)，我把跟工作相关的微信群都退出删除了，一整天都是安安静静的。没想到我急流勇退会退得这么轻松，这么干脆，几乎没有任何牵挂。昨天，让部里同事把放在单位的书籍运回家中，等哪天退休证一到手再把门卡消了，就彻底"赋闲"了。我可不像有的人都退休十几年了，还天天到报社"打卡""占座"，干巴巴的没人理。有的愣开车十几公里，到报社来吃早餐，真不知怎么想的。

这几天一直跟王炳俊(老丁字沽采访对象)熬膘，他是真能讲，绘声绘色像说评书似的，可唯一让我挠头的是他的口音，整理到他这儿，我才发现老丁字沽人的口音还真的挺有特色。跟老城里、老

在整理文字的过程中激发灵感，然后构思插图

河东、老南市、老西沽或者西于庄都不一样，有的用词、发音，你要是不反复听几个来回根本拿不准，甚至不知说的是嘛。我不知道这一代丁字沽人之后，是不是也把口音继承下来了，否则不也是一种损失吗？前几年，曾问过西于庄和西沽人，他们都能分辨出对方的口音，我就想归纳出几个典型发音。可是，一较真却又说不出个所以然，我相信他们也能听出丁字沽口音，同样指不出哪儿不一样。要研究这个课题，就得让三个地方的人，说同样一些话来比较，一个字一个字地对应、标注，花的时间会更多，难度可想而知。

另一个难度就不应该再说了，还是老问题，内容错位、颠倒、纠缠、游离等等，在整理这些录音时，我就好比在做合并同类项，不管你弄到那个位置，也要把同一人的经历攒到一起，把同年代的事情拼到一起，把同一个见闻捏到一起，以达到较为清晰的条理性。也就是说,我整理好的访谈录,与原声录音并不一样。但是,每一句话都能在录音中找到出处,假如生硬地照搬录音,可以说哪段文字都不一定能看懂。

结合访谈内容,开始同步构思插图或历史复原图。昨天晚上画了粮店和磨房,我想这次配图争取画得再精细些,再生动些。

下午6点多,告诉夫人到报社取点东西,她想了想,试探性地问:"能在小超市买几个馒头吗?""那有嘛问题!在哪儿,买几个,大致多钱?"随后夫人像嘱咐孩子似的,教给我怎么买馒头。我去报社主要为了拿这期新出版的《今晚传媒》杂志。我一直期待着快拿到手,因为这期刊发了6月7日"城市与记忆"学术研讨会的发言摘录,还有我的一篇自述。所以,当阿娟(今晚传媒研究所负责人)发来微信"杂志已放在桌上"时,我的心情格外激动。

为了再现历史真实,动笔之前必须查阅大量史料

坐在办公桌前,迅速打开《今晚传媒》目录,寻找我要看的内容。当翻开这部分时,还是让我感到意外,没想到会把每位与会者的发言都记录了,没想到会占用这么大的篇幅,没想到会做的这么精美耐看。我把杂志放到提袋里,想快点回家,静心品读,可出了报社,再找"小黄车",一辆都没有了。走吧,反正也不算远,走到南开医院路口时,按夫人指点,去了马路对面的小超市,一进去满是货物,弄得我顿时就晕了,忙问服务员馒头在哪,一中年妇女随手一指,我这个看呀,愣没找着,又问,她有点不解地说:"那不你跟前儿就是嘛!"哦,原来馒头外表也有包装啊!

晚上,我和夫人坐在沙发上,一人捧本杂志阅读那些"重要讲话",热情、恳切、实在,只是以这种形式集中表扬我,还是有些受不了。正待此时,陈总打来电话,告知杂志已出,留个纪念。其间对我这几年的工作再次给予肯定,并希望我以后多给报社出出点子,有更多更好的佳作问世。本来我应该打电话感谢领导,没想到领导先感谢我,激动得我在屋里直打转儿……

我跟夫人说,报社成立30多年,资历老的、名气大的有的是,唯独我获得了此份殊荣!

2017年7月29日(星期六)

气象详情:最高气温31℃　最低气温22℃
阴转多云　西南风　微风

今天挺凉快,一大早冒出两种选择:是去长虹公园拍荷花,还是接着整理访谈录。从本意来讲,拍荷花是我的最爱,且连续拍过好多年。但是录音不会自动变成文字,这个吃功夫的活儿耗到多晚儿也拖不过去,所以还是打消了拍片儿的冲动。想过,既然退休了就别再为一些事死磕,然而一旦上手,又像上了弦,整个人的心思全都跟着转。

夫人参加活动中午不回来,我简单吃了点饭赶紧去眯瞪。中断两个多月的采访今天再次启动,多少有点不适应,精神紧张,似乎还有点气亏,毕竟得了一场急病,虽然各项指标恢复的不错,可体力大不如从前,一跟别人定点儿,心跳就加速,就冒虚汗。还不错,这回约定下午两点在地铁果酒厂站集合,时间还充裕些。

1点20分,检查了一遍要带的东西,骑上"小黄车"直奔海光寺地铁站,2点整从果酒厂站出来,片刻等待,传林开着车从自家小区缓缓来到我身边,还未坐定他就把积攒在内心的愤懑和无奈一股

为了拉近与被访者的心里距离,我总是不紧不慢地与长辈唠家常

脑地倾诉出来。一个月前他发微信时还说,正在为丁字沽那几间老房子办理拆迁手续,挺顺利,哪天请我喝酒。没想到忽然节外生枝,弄得他这么个大能人都没辙了。我听着,但插不上嘴,房子的事或者说拆迁的事我是一点都不懂,单听他说,我脑袋都大了。

　　今儿要采访的这位,也是传林同学的父亲,两个月前就计划好了,要不是因为出点小岔头儿,早就弄完了。传林跟我说,这位访户的亮点在于他能把丁字沽大街上的店铺一连串地"唱"出来,所以就成了计划外的一次访谈。在定规这次采访时间时,我还插了一杠子,让传林再给我找一个同学,把集中采访的同学人数补到 8 位,这样好排版。传林一听,"干脆给你找三个,凑上十个岂不更好?!"接着又说:"弄完这一次,丁字沽采访就画上句号了。"其实,这句话不知说过几次了,规矩都是他自己打破的。我就属于债多了不愁,虱子多了不咬的心态,已经如此了,接着弄也不在话下。

　　这户人家姓李,主人叫李学勤。传林把采访意图说了一遍,但他一说就多,反倒让对方摸不着头脑。我跟李大爷说,就是聊天儿,聊老事儿,聊您经历过的,没这么严肃。即便我这么说,一般也不知道我想听嘛,所以接下来,就选一些张口就能回答的话题,比如您祖辈一直就在丁字沽吗?先前在哪居住?什么原因过来的?到丁字沽以什么为生?这种递进式的提问,不仅能放松心态,消除隔膜,还能为我提供延伸的线索,寻找到新的角度或侧重。

　　也许因为休养了一段时间,也许因为退了休没了负担,今天的采访我特别有耐心,精神状态也缓了上来,如此也直接激发李大爷的表述热情。我们越聊越起劲儿,聊到老两口子结婚的情节时,李大爷的老伴说昨天找出了当年的结婚证,这不就是意外收获吗!我

传林架上摄像机,李大爷和他的老伴多少有点紧张

前排左起:周学明、陈永星,后排左起:郭利、王传林

赶紧让老人取出来看看,但并没急着翻拍,而是让二位老人将结婚证托在胸前,给他们拍摄了珍贵而意味深长的合影照。老两口笑得合不拢嘴,一个劲儿感谢我。李大爷很朴实,主要围绕他的家族史来展开,涉及过往的生活细节,我尽可能深入推进,不料触碰到老人的"泪点",当谈到母亲为了这个家殚精竭虑、苦苦支撑的时候,潸然泪下。我急忙错开话题,免得老人心里难受。

最后的压轴戏,是把丁字沽大街店铺"唱"一遍,听了听并不像传林说的那么精彩,只是一段不算完整的顺口溜。李大娘切了半个西瓜让我们吃,还是吃吧,不然老两口也没法处理,随后送我们下楼。

传林有糖尿病,只吃了一小角西瓜。他说他非常渴,决定先回家把水喝足,然后让他女儿开车送我们到宽庭饭店。这是传林一手的策划,他把要采访的三位同学约到饭店,边聚会,边采访,一举两得。

先来的同学叫周学明是位女士,穿着红色连衣裙,操着普通话，稳稳当当，这在之前采访过的同学里还是头一个。一聊才知道，原来她们家是从别的地方搬到丁字沽的，不过她对丁字沽的生活依然记忆犹新，我一边听一边引导，终于找到有趣的话题。正要结束采访，另外两位同学——陈永星和郭利一同走进来。没等他们坐下，我拿起相机把他俩叫到饭店大厅靠窗户的位置，借自然光把人物肖像补齐了，然后回到单间慢慢聊就不着急了。陈永星先接受我的采访，我说让她讲一段记忆最深刻的事，她迟疑片刻，开口说道："小时候，我们家养了一只羊……""好好，把这事说完整了就行！"她讲着讲着，回忆起自己的父亲，眼睛顿时湿润了……

　　郭利是这次受邀的唯一男士，长得白净周正，性格比较内向，言谈有些拘谨，一上来有点转不开磨，一时想不起哪件事印象最深，可是聊着聊着，渐渐打开闸门，且一发不可收拾。我也彻底放开了，反正最后一个，愿意聊就敞开聊吧！

　　吃饭时，更是有聊不完的话题。虽然我不是丁字沽人，虽然我比他们大十来岁，但就跟同龄人似的，没有任何隔膜，甚至恍恍惚惚觉得跟他们就是同学赛的。

　　快10点了，夫人来电话问我在哪了，说儿子到姥姥家接她，顺便把我捎走，不会儿又来电话，我告诉她到刘园地铁站见面，说完我很仓促地先告辞了……

老丁字沽原住民充满创意的灯具

2017年8月

2017年8月2日(星期三)

气象详情：最高气温31 ℃　最低气温23 ℃
中雨转大雨　东南风　3-4级

今儿是我退休后最忙的一天。

早晨7点，带着100-400mm长镜头，骑着"小黄车"来到长虹公园拍摄荷花。可能因为天气闷热，公园晨练的人并不多。荷花池周边更见不到摄影发烧友，偶尔有游人用手机拍上一两张。荷花池拥满了摇曳的翠绿，在那之上漂浮着夺目的如绒球般的粉红色。见此情景，我的心跳明显加快，急切投入的状态仿佛又回到退休之前。不行，不行，我现在既是老人又是病人，拍荷花无非是过瘾，再不用像过去那样，慌慌张张拍上个把小时，赶紧回单位上班了。我有个毛病，拍片时最怕接电话，一接电话要么最佳时机错过，要么好心情被击碎。总而言之，我终于可以不紧不慢地，细细品味地，反复揣摩地拍摄我感兴趣的东西了。

荷花开得真不错，我抛开常态化的一般性拍法，大量采用多重曝光。实焦、散焦结合，静态、动态结合，旋转、伸拉结合，错位、截取结合，其目的就是要拍摄出有意境、有仙境、有情境的，值得品味的

静静的,没有任何干扰,不厌其烦地倾听老人们的述说

荷花作品。当然,思路好不一定就能成功。过瘾嘛,手法翻新才能获得满足感。

从长虹公园回来,接着整理老丁字沽李学勤的访谈录音。其实上一位并没弄利索,起码有两处难点被"封存",等有了新的冲动再说吧。

下午,把采访过的10个同学的人物肖像调出来,一张一张将对比度、色彩饱和度调整到最佳效果,然后发到图片制作中心,按上次的尺寸及样式,再做一批"镜框"赠送给他们。这事我已跟传林透露过,我还是想以此来回报传林的一片苦心,同时表达我对被采访者的谢意。

2点40,我把儿子叫过来帮我办件事。嘛事呢?坐上他的车,给西于庄的朱凤桐大爷送一套《口述津沽:民间语境下的西于庄》。之前，我到西于庄去过几次，因他家已经搬走，一下失掉了联系，于是拜托王家四哥给打听打听。头两天，费了一番周折问来了朱大爷女儿的电话，联系后得知，他们早已迁到和苑新区。没得病之前我骑车去过和苑新区，确实有点远，所以再骑车去，心里有些犯怵。为嘛非要给朱大爷送书呢？他为这本书提供了丰富的内容，我不能把老人家给忘了。

参照卫星定位，很顺利到了朱大爷的小区楼前，打电话后朱大爷女儿下楼接我，她见我手里提着一箱奶便说："你这……干嘛还买东西！""毕竟快两年没见了嘛！"单元门敞着，朱大爷坐在窗前乘凉，一听是我来了，高兴得不知怎么是好，告诉我俩眼几乎看不见东西了，耳朵也不怎么顶用，就是脑子还挺清醒。但我看得出，老爷子精神状态特别好，我一个劲地夸赞他们早早跳出老房子的英明决定。站在17楼的窗前极目远望，一幅清新的画面映入眼帘，让我很是羡慕。

我把书交给老人，知道他看不清，特意给老人读了一段，老人激动万分，拉着我的手说："西于庄的事，天津的老事，有嘛不明白的就过来一块商量。"不知不觉待了快一个小时。

5点10分，我搭儿子的车到海光寺地铁站，然后转乘地铁至土城站，去参加"六君子"聚会，这也是我退休以后答应的第一个聚会。我们六个人，过去都在市总工会工作并成为挚友。从1996年头一次在"狗食馆"小聚，至今这种交往已持续了20多年，虽然每次聚会间隔的时间比较长，但这件事却深深埋在了几个人的心里，每次见面都聊得昏天黑地。饭馆值班的要是不"逐客"，谁也不舍得散伙。

这次相聚我带了《见》这本书并分发给他们，因为我们是无话不谈的朋友,所以我直截了当地告诉他们,这本书是写给我自己的,成本150块钱,仅印刷了200本,专门送给知我、懂我的人。老几位更加庄重起来,还捧着书拍了张合影。从6点聊到快10点,再聊就没地铁了,我提议到此打住。一出大门外面下着小雨,本来想等同伴坐一趟地铁,因为他们忙着打包迟迟下不来,我就先走了……

晚上11点20分,刚躺下准备睡觉,手机传来姜老师的微信:"寄来的《今晚传媒》收到,谢谢!细读后感到非常痛快,祝贺!"这期《今晚传媒》因刊有新闻与记忆——张建城市田野调查学术研讨会的发言摘录,所以我给每位与会嘉宾都寄了一本。凌晨12点35分,分手才两个多小时的好友沈老哥发来微信"《夜读张建摄影著作有感》:退休不发愁,从此获自由;远离政治圈,聚会好朋友;摄影加旅游,小酒乐悠悠。"应该不是酒话吧!

2017年8月7日(星期一)

气象详情:最高气温35℃ 最低气温27℃
多云转晴 南风 微风

心里还总是隐隐感觉有什么事。阿越约我早晨拍段视频,我忙说:"不行,不行,礼拜一!"朋友不解地问:"礼拜一怎么了?"我想了一下,还真是,礼拜一不就是个普通日子嘛,没有任何需要我操心的事情。过去的礼拜一最忙、最"恐怖",这一天等待处理和应急的事情尤为集中。早7点参加编前会,然后向各版提供稿件。上午9点召集部务会,开会前要把上一周的发稿情况汇总,并一一点评,然后至少提出几点要求。要么针对职业理想、职业精神灌输一些正能量,要么督促新闻策划的进一步落实等等。下午参加中层例会和采前会。假如办事能力不强,肯定要丢三落四的。前面说的"恐怖"是怎么回事?俗话说"礼拜一,买卖稀"。记者也不可能365天,天天都有线索,天天都去采访,所以每到礼拜一就容易出现"稿荒",心里就没着没落,甚至心惊肉跳。因为摄影新闻部负责八块版面的图片,缺了哪个单项都不行。尤其是一版的"主打"照片,都由报社老总和出版部主任来敲定,没有"硬通货"怎么过这关?所以,平时就

手机能拍照，简直太妙了，随意抓拍的某种情境反倒挺真实

必须超前策划一些备用选题。那天，夫人见我心神不定的样子，说："怎么，还惦着单位的事？"我一听，就有点冒火："你知道我工作多少年了吗，四十三年工龄啊！我已经够拿得起放得下了！"心想，几十年间我走过好几个单位，它们都是我成长、成熟、成功的助推器。在岗时，努力工作，加以回报。可退了休，那种挂念，那种欲罢不能，总会袭上心头，所以情绪不稳定也是正常的。

早晨7点就到长虹公园的荷花池，也是为了再多拍几张神奇的画面。快8点时，阿越带着他儿子来为我拍摄"微电影"。这事还得从头两天说起，朋友阿越正在从事自媒体，前不久还搭建了"直播间"。他多次邀我去看看，我一下给推到退休之后。已经退了再不去就不合适了，可是进了"直播间"，他就连哄带劝让我试试镜，我说试试可以但别往外播，弄完才知道，他真给"直播"出去了。我跟他说，既然你想做，就得弄得像这么回事，怎么也得准备准备呵。我思忖片刻说："给你提供个选题，保准受欢迎。本来我是想发在自己朋友圈，那就搞次直播，主题叫《'荷'试验》。因为现正是拍摄荷花的最佳时节，可以给发烧友提供一些创作要领。"

崴了，阿越真当事了，前面非要加几分钟视频。所以今天就为这事把我约出来，一直折腾到9点多。

下午，开始整理老丁字沽宋书琴的访谈录音。前一位是王玉华，这老爷子84岁了，虽然口齿不是很清楚，但语速很慢，所讲的内容比较有层次，知道就说知道，不知道就说不知道，性格中流露出严谨和耿直的一面。他自己也说，这辈子虽然小学文化，但非常喜欢读书，尤其对哲学感兴趣。他从一个小学徒干到厂长这个位置，无不跟他勤学苦练有关。王玉华是我整理丁字沽口述史以来，相对顺畅的一个，我甚至有些意犹未尽，恨不得让他再多说点。

宋书琴也算是丁字沽老一伐儿中有文化的一位。她女儿说，要不是因为当年"成分"有问题，绝对是个名副其实的大学生，命运肯定不会像现在这样。他说话慢条斯理、不急不躁，还确实做了一番准备，列了一个简要的家谱。虽然一上来听着也有点糊涂，但反反复复咿吧咿吧滋味还是挺有价值的。唯一让我有点心急的是，他的家人在一旁"开小会"，有时还挺"热闹"，主讲人的声音与他们的嬉笑声时而重叠在一起。

有时想想，这种无法意料的小插曲儿反倒挺有意思，既是一种挑战，又是一种考验，要是都像领导讲话那么好整，也就没人感兴趣了。整理口述史，功夫在于梳理和印证，他可以说错，你不能将错就错；他可以"大概其"，你不能含含糊糊；他可以张冠李戴，你不能顺势而为。虽然口述史都有口述人，但是一旦出版或传播，主要责任在采访者、整理者，这是我从事口述历史十几年后才悟出来的。

2017年8月14日(星期一)

气象详情：最高气温30℃　最低气温23℃
阴转多云　东北风　微风

上午到报社取回我的"退休证"，刚走进大厅就碰见好些退休多年的老同事、老领导，我挺纳闷，看他们的神情都不是很自然，好像专为某个事情来的。进了电梯，遇见我原部门的顶头上司(已退休)，问我干嘛来了，我说领"退休证"，立马就有人问，你也退了？那先跟我们走吧，这事比你的事大！我一头雾水，所以没随着他们下电梯，还是先去摄影部跟大家打了招呼，没待多会儿便给人事处翟姐打电话，她让我上去。

翟姐将一本棕红色印着金字的"中华人民共和国退休证"递给我，看着还挺正规，然后让我和她一块阅览一份表格，上面都是有关我退休后享受的待遇。翟姐特别耐心地把这些数字解读一遍，有的能听懂有的似懂非懂，最后告诉我："7月份的奖金都取消了，过去发给退休职工的其他待遇也没了，这回让您赶上了！"我这才明白，为嘛楼下聚集了这么多退休老干部，原来就是为维护权益来的。也就是说，我成了第一个刚退休就被"瘦身"的倒霉蛋。有人劝我:"这样好,你从没享受过,也就体会不到落差。"

带着我的"退休证"和宣布我退休的红头文件彻底"回家"了,我想到楼下的会议室扒个头儿,又怕把我给留下,因为我

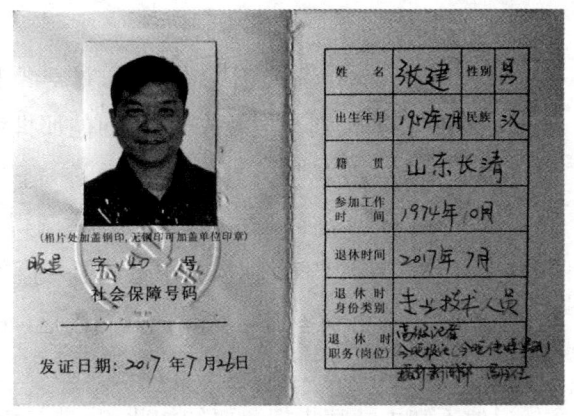

一生中,每个人都有一沓证件,退休证就像日出与日落的支撑点

在退休队伍里的资格太浅了,似乎昨天还在岗位上工作,今儿就变成了报社的"对立面",有些于心不忍。

回到家跟夫人念叨念叨,她比我还开通:"行啦,在家待着干拿钱,多美啊!"让她这么一说,我心情也平静许多,奖金没有就没有吧,谁让报社效益不好呢!

打开电脑,接着整理丁字沽口述史,宋书琴那段总算弄完了。采访他用时最长,可落在文字上的内容似乎并不太多,幸亏宋大爷的老伴随便聊闲天时补充了些话题。我觉得宋大爷一肚子学问就是掏着有点费劲,他自己着急,连他闺女都替他着急,可人的性格和表达方式不好改变,好在他手绘的几张草图还不错。

今天开始整理盛景江的口述录音。这人口齿清晰,语句连贯,表述完整。尤其人名、年代记忆非常肯定,这在其他访谈对象中也是不多见的。所以整理起来挺兴奋,甚至不愿停下来,收获最大的是有关"小一万儿"跟王海明斗殴那段历史典故,讲得相对合理、客观,毕竟主角之一是自己的父亲,从而矫正了多年来的各种道听途

说的版本。

下午3点40分，我忽然想起给采访对象制作的第二批镜框，便给制作中心老板刘春雨发去微信，问他那批活儿是不是能取了，回复说没问题。我赶紧关上电脑，翻看了一下口袋里的零钱，出门刷了辆"小黄车"就前往制作中心。我不敢骑得太快，毕竟身体还在恢复中，但这一趟也不近啊！我想象的是一手交钱一手提货，几分钟就可往回返。可到了那儿，春雨不在。王震（工作人员）接待我，一看他的表情，就知道要崴，弄不好白跑一趟。几个人一块数落起春雨，说他不知内情瞎指挥。要知如此，我带着相机还可以在周边转悠转悠。这可倒好，两手空空，丁点收获没有。王震送我出来，他加了我的微信，并说以后业务上的事直接问他。

返回家中，夫人还在攻克她的十字绣，我又悄悄坐在电脑前，开始游历那悠远的丁字沽……

2017年8月17日（星期四）

气象详情：最高气温29℃　最低气温23℃
多云　东北风　微风

早早起来，聆听老丁字沽的口述历史，敲下一个个饱含深情的文字，由于这些日子天天沉浸在过往的岁月中，甚至想不起当天是几日或星期几。虽然偶尔还会焦虑犯怵，总归还是渐渐投入进去了。这次倒是挺整齐，每个人的采访时间多在两个小时左右，整理的文字量也都在五千字上下。天津人讲话，这叫"个儿顶个儿"，内容相对比较扎实。

由于不能过度使用我的这只"人造眼"，所以弄到9点，强迫自己关上电脑，然后带着医保卡、住房公积金卡、身份证、退休证，去办两件大事。先到南开二纬路与南开三马路交口的办事大厅办理住房公积金余额提取手续。服务人员很热情，问明情况后，耐心地告诉我带什么证件，在哪个窗口办理。因为这类事情过去都是夫人操持，我根本摸不着大门，要是遇上服务不好的或刁难你的，生一肚子气不说，可能得跑好几趟。

小姑娘把我引导到一个窗口，里面的工作人员问我办什么事，我说公积金提取并递过去"三证",心里嘀咕得要命。不会儿工作人员让我输入密码,顿时急出一身汗,脑子里迅速搜索夫人曾经交代过的"秘密数字",一试还真成了。工作人员见我这狼狈相安慰说:"没事,本人来了好办。"接着,交给我一张对账单让我确认,我顿时又懵了,越着急两眼越看不清字,工作人员马上递给我一副花镜,然后在上面签了名字。之后,所有东西都还给我并说:"可以了,只要是建行都能取钱。"前后也就用了十分钟,这么一件大事就办完了,亲身体会到作风转变带来的新气象。

接着刷"小黄车"去找中国银行,从南开二纬路奔南门外大街,右拐至万德庄大街、西湖道,愣没找到一家"中行",干脆就去白堤路那家吧。进了银行,我又有点撞笼,面颊上淌满汗水,保安见我不知所措,上前便问:"办嘛事?""想取退休金。""哦,旁边柜员机就能取,省着排队了。"话音未落,一工作人员主动随我到柜员机前,帮

被采访的10位"丁小"同学,也享受了与老前辈同样的待遇

我插卡,帮我按屏幕上的指示键,然后让我输入密码,我又差点晕过去,我说:"因为是头一个月退休,以前没拿它取过钱,怕是记不准……""试试吧!"就像拿钥匙开锁似的,那工作人员马上说:"对了,能取了。"

揣着一沓钱,心里美滋滋的,从今往后这个程序将变成常态。蓦地,一股幸福的甜蜜沁入心底……

中午,不到1点躺下,刚睡着,电话响起,一看是春雨打来的,问我是否在家,我立马判断是来给我送活儿。起吧,穿好衣服赶紧到小区大门外等候,几分钟后春雨开着车过来,他笑眯眯地问我:"听说您退休了?""对。""那……谁接?"我说完他显然是不认识。他把装好塑料袋的镜框交给我,我问他多钱,他非说不要,那怎么行?最后还是给我打了折。人家是不是觉得我一退休收入就少了呢?

先把中午这觉补上。睡到两点半,起来把装裱好的丁字沽老同学的照片取出来看看效果,然后依次摆在书柜上,先用手机拍了一张发给传林,又架上相机自拍了我和这些作品的"合影",也算留个念想嘛!

继续伴着老丁字沽的声音,徜徉在久远的时空里……

2017 年 8 月 21 日（星期一）

气象详情：最高气温 32 ℃　最低气温 25 ℃
多云　南风　微风

今天总算把林桂成这段文字弄完了，着实把我累得够呛。他是第 9 个采访对象，计划中原来没有他，还是采访安洪藻时，无意中提到了他的同学林桂成写过以丁字沽为背景的长篇小说，顿时引起我们的兴趣，当时就做了预约。在采访林桂成之前我抱有很大的期待，觉得他能写小说，必然对丁字沽的前世今生了解得更充分，尤其对于流传民间的故事应该比一般人有更多的储备。但是采访后才发现，他的小说和他掌握的有关丁字沽的历史并没有多少交集，也就是说他的文学作品虚构成分可能更大一些。

为何整理这段口述史感觉如此吃力呢？一是林大爷掉了几颗牙，说话有些不兜气，再加上吐字带有丁字沽口音，需要反复分辨才能听明白。二是在表述某一件事时，好像进入意识流的状态，老先生并不沿着一个思路去说，而是无意识或习惯性地向外围分散，甚至把本来要讲的重点内容忘得精光，许多不相干的人和事裹合在一块，让你摸不着头脑。三是涉及年代、地名或人名时，由于多次口误或记忆模糊而出现前后不一致的情况。我忽然觉察,整理林桂成老先生口述录音的这几个难点,有着共性特征,这可能正是老丁字沽独有的,他们在自己生活的圈子里相互交流没有任何的语言障碍,对于局外人听起来就有些晦涩难懂。比如,在表述父亲、祖父、曾祖父时,如果按常态可称为爸爸、爷爷、太爷,这样说来绝不会有误解。然而,丁字沽人在说自己的爷爷时,很可能在说他的父亲,说太爷

退了休比在职期间的工作时间还长,有时家人误以为我还在上班

时可能指的是他爷爷,因为他们习惯以自己的孩子来定位,假如始终坚持这个习惯也不难理解,问题是他们时而说的是"真爷爷",时而又指着孩子说爷爷,在这个环节上要是不较真,很可能差上好几辈儿呢!又如,他们在叙述祖辈的经历时,常常把跟自己平辈的人拉进来,当你在完全不知情的状况下,听起来会感觉非常真切,既有名又有姓,既有头又有尾,一旦加以确认,才明白刚说的那个人是他的同学,所讲的故事则是同学的老祖宗。丁字沽的世代交往过深,关系错综复杂,随便提到一个人,立马会掏出上下几代人,谁跟谁联姻、谁跟谁沾亲、谁跟谁有过节、谁跟谁不对付等等。所以当他

们口述历史时,自觉不自觉的会把时间点压缩到与自己同步的位置,用以证明所述事实的可靠性。再如,在丁字沽的口语中,"吃字儿"现象要比我以往采访过的区域更突出,有些是普遍的,像把"派出所"说成"派所儿","丁字沽"说成"丁沽儿","西于庄"说成"西庄",这些都不会产生异议。可是有的地名或称呼你不熟悉就崴泥了,像"郭辛庄"他们只说"郭庄儿","张兴庄"说成"张庄儿","唐家湾"说成"唐湾儿","宋店胡同"说成"宋店",还有许多俗语中的单词,有时很难判断是否"吃"了字。总而言之,挑战伴随着每一次口述史的采集、挖掘和整理的全过程。也正因如此,口述史包含了固本清源的研究成果,才体现了蕴含其中的价值。

2017年8月28日(星期一)

气象详情:最高气温 26 ℃　最低气温 18 ℃
阴转晴　东北风　微风

昨天下午与夫人来到武清区汊沽港镇翡翠湾景园,我的另一个家。

这是我购置这套房产三年多来,首次入住这里,内心的感受

盘腿坐在地上,人与电脑似乎更紧凑,进而一切杂念皆无

是松弛、恬淡、舒适。彻底体会到退休后的"赋闲"是如此的安逸。还没接通有线电视和网络，电脑只是临时架在茶几上，终于甩掉了手机和屏幕，家里没有任何刺激神经的杂音，脑子里再没有了时间催促，私密而温馨的独立空间瞬间建立起来。我和夫人脸对脸品着馨香的热茶，漫无边际的聊着无关紧要的话题，像一对老情人邂逅于此。原来，沉浸在空白的时间里也是一种享受。

今晨，和夫人在汉沽港老村子里散步，有些陌生却又不感到孤寂，村民们三三两两穿着工作服去上班，农家院儿跟前也都停放着小轿车，街道不宽但很干净。溜达到一处早点铺停下来，买了俩果子、俩烧饼，豆浆、老豆腐各一碗，填饱了肚子又接着往北走。穿过村子找到回市里的公交站，为的是摸清情况，将来不用儿子接送也能自己过来住住。

这次"下乡"计划住三天，当然不可能整天无所事事，其实我是带着"任务"来的，头号任务当然还是加紧整理老丁字沽的访谈录

只能用录音笔回放声音，开始不习惯，后来觉得还不错

没有时间概念其实也挺可怕的,只有疲劳到一定程度才会停下来

音,按目前进度至少还需要两个月。之后,查资料、补素材、配照片、画插图,一两个月都不一定弄的完,明年上半年能把书出了就不错。这期间,我还要穿插整理原市佛教协会副会长王剑非的口述史料,这也是去年年底启动的,因老先生已经90岁,同样不能耽搁。

上午10点开始进入状态,不管怎么说,在这儿干活心里更踏实,应该比在"原籍"更能出活儿。

以往,敲字敲累了,背着相机去"扫大街",到了乡下没有可拍的就"扫底片"。所以我特意把扫描仪搬来了,还挑选了几十个老胶卷,我要一张一张把它们转化成电子文件。理论上说,彩色底片最多保存10年,而我的许多底片都超过10年甚至更长,如今底片也只是底片,既不能使用,又不能传播,还不易久藏。因此要跟上时代的步伐,盘活手里的储备,发挥更大的效能,唯一的办法就是数字化。这也是我退休后最想干的一件事!

晚饭后,到小区周边徐徐散步,仰望着灯火阑珊的夜色,颇多感慨,毕竟今天是"七夕"。夫人打开她的手机微信,闪烁的屏幕上,跳动的几乎都是鲜花和温情的祝福,而我们俩正默默地手挽着手迎着满面的秋风前行……进而,心有灵犀般地哼唱起《当你老了》——"当你老了,头发白了,睡意昏沉／当你老了,走不动了／炉火旁打盹,回忆青春／多少人曾爱你青春欢畅的时辰／爱慕你的美丽／假意或真心／只有一个人还爱你虔诚的灵魂／爱你苍老的脸上的皱纹／当你老了,眼眉低垂,灯火昏黄不定／风吹过来,你的消息,这就是我心里的歌／当我老了,我真希望,这首歌是唱给你的……"

也算是浪漫了一小会儿,回到房间继续伏案,踏着一行一行的文字,在陈旧的丁字沽里穿行。这次整理访谈录音有了一点小改进,因为新地方没有音响,我就用录音笔直接输出,开始有些不太适应甚至想放弃,经反复试验后觉得还挺不错,不但音量能控制,而且语速也能控制,实在太好了。

2017年8月30日（星期三）

气象详情：最高气温29℃　最低气温20℃
晴　西南风　微风

上午到医院让大夫看看我的体检报告，他认为没什么大碍，叫我几个月后再复查一次。

7月10日，也就是我刚出院的第二天，我就与王剑非会长联系继续采访的事。因为持续高温，我建议改在上午进行。王会长回复说，准备和老伴到烟台老家避暑，大约8月中旬回来。这期间，我开始加紧整理丁字沽的访谈录，反正哪个事也不能怠慢，还是老样子，一切都往头里赶。8月25日发现手机里有会长发的微信，一问刚从烟台返津，我琢磨应该让老人家休息两天再约定采访时间，昨晚通过微信定在今天下午3点。

临近中午，在自家门口的理发店理了头发，东北小伙爱说话，我告诉他都六十了，他不信，非说我像五十岁。我说那是你理的好，让我年轻好几岁。退了休的心境就是不一样，突然喜欢别人夸自己年轻，过去没这种虚荣。

午觉睡到两点，查对要带的东西，想起新出版的《口述津沽：民间语境下的西于庄》，取出一套放进牛皮纸袋，然后在小区里选了一辆"小黄车"启程前往王会长家。

"小黄车"没选好，实在太难骑了，累的我俩腿直抽筋，想中途换一辆，又懒得下来，就这么吭哧吭的骑了一道。快到会长家时，心想弄不好这个小区不让"小黄车"进院儿，当我骑到大门口，恰巧有个送快递的要进院，我趁机骑了进去，正要拐弯，忽然被一戴红箍的老年妇女叫住，非让我把"小黄车"放在大门外，我说一会走时怕没有车，那女人一口咬定出了门准有车，那就没话说了。

敲开门，会长的二姑爷在家，会长从里屋迎出来，还是围坐在那张小桌前，一上来讲了讲前段儿在烟台避暑的情况，他说主要是老太太受不了，她仍留在那里，自己先回来了。我也介绍了近期整理丁字沽口述史的进度，顺着这个话题把那套书送给会长，他很高兴。随后，我帮着会长回忆上一次口述话题的结尾和准备要讲述的内容。他拿出一张写着提纲的便笺，问我上次讲过知如法师吗，我想了想说，提到过但不知您今天要讲哪段，所以别管之前讲没讲过，就放开说吧。于

夫人怎么劝我休息我也不听，她用手机偷偷拍了这张照片

是，会长就从知如出家讲起，一直讲到他成为大悲院的方丈。这期间，会长的二女儿打外面回来，在一旁静静地听着，会长有时会问她一些具体年代等细节。

上次结束采访时，会长说过最后讲一讲出访的事，我记得《谈虚大师》一书也有这方面的内容，就提醒会长选择有代表性或具有特殊意义的出访讲上几段。我问："您第一次出访是哪一年，去的哪个国家？"我觉得第一次很重要，所以就引出了话题，进而找出很多相关资料，不会就摊了一桌子照片、信函等等，一边翻看一边讲解。我一看这样比较乱，将来整理起来更费劲，就建议第一阶段还是把该讲的讲完。第二阶段把该翻拍的集中拍完。第三阶段我全身心的把录音整理成文字。所以，我对会长的二女儿说："你帮着会长，精选汇总三部分内容，第一历史照片，第二各类信函，第三重要物件。哪天我带着专用镜头来拍摄效果更好。"

今天大致讲了一个半小时，没达到预期。临走时，会长提起出书的事，我就把自己的想法说给他听，包括这本书的构架、体量、设计、开本及后期运作等等。会长听后非常满意，我也一再表态，即做就想法儿做好它。

出了小区，归其没有"小黄车"，大约走了500米才找到，而且不好骑。快到金钢桥时，夫人来电问我干嘛去了，我简单说了几句，她嘱咐我别着急，不行就坐公交。

晚上，没有心思看电视。悄悄又回到电脑前，继续倾听老丁字沽人的深沉述说。

2017年8月31日(星期四)

气象详情:最高气温29℃ 最低气温20℃
多云 西南风 微风

上午接着跟老丁字沽拼命。

下午两点一刻,还是骑着"小黄车"前往会长家。今天这辆车算是比较好骑的,所以不紧不慢地沿着固定线路前行。因为昨天弄一脑门子汗,进了屋不停的拿手指头往下勾汗珠,挺狼狈的。今儿就别这样了。我把车放在小区门口,叫开门,门卫问我去哪,我就有点不耐烦,他纯粹是明知故问。有一次,采访完我从小区出去,喊了好几声让门卫给开门,他则让我自己开,我也不知开关在哪,就四处查看,不会儿他从屋里出来,说:"你不老来嘛,还不会开门?"如果把看大门也当作一种特权,那可真够可笑的。

为了消消汗,在楼梯拐角处又站了会儿,然后敲门进屋。会长见我来了,把大信封里的各种资料全掏出来,说:"这是我那次去台湾留存的原件,昨天正好找出来。"真是够全的,台方的邀请函、政府的批文和相关手续、来往信件,甚至登机牌也一应俱全。而我的想法是,把要讲的先讲完。我不知道后面还有多大量,就对会长说:

采访王剑非时的情景

"咱今天还是以说为主。"他放下手里的东西,讲起1994年第一次受邀去台湾访问的全过程,而后又讲述了在大悲院首次举办"水陆大法会"的详细经过,这些重大活动的背后,都有王剑非会长付出的心血和智慧。大约讲到4点半就停了下来,会长一时想不起来还有什么可讲的,我劝慰会长,没关系,什么时候需要补充再接着讲,他说主要内容都讲完了。然后,他接着翻看那些资料,本来我是想让他们都准备好一块翻拍的,既然已经找出了一些,干脆开拍吧。于是,我让会长的二女儿把老照片取出来,放在台案上一张一张地翻拍。实际上我今天有所预料,特意带来了微距镜头,心想能拍多少就拍多少。收拾之前,会长把台湾之行的资料挑选一部分让我带回去处理,我先是答应了,转念一想还是别带走了,就在这拍完算啦!于是,又重新拉开架势忙活一通。

今天是第十次采访,口述部分暂告结束,从1月6日启动至今跨越八个月,累计采集录音 20 多个小时。对于我,总算是松了一口气。

出门再找"小黄车",一辆都没有!从金海路拐到翔纬路,又穿过金家窑大街,一直走到望海楼才见到"小黄车"。"刷"了一辆,锁打不开,又"刷"一辆才踏上返程。

高兴!漫长的采访终于完成!

高兴!我的大孙女今天周岁生日!

回家吃捞面去!

为孙女张珈伊(中)欢度一周岁生日

2017年9月

2017年9月1日(星期五)

气象详情:最高气温29℃ 最低气温20℃
多云转阴 西南风 微风

昨天,传林打来电话,问我何时能召集被采访的同学聚会。我说一还没跟振良沟通,二补洗的照片还没拿到手,要不过过再说,顺便告诉他有可能到丁字沽再补拍一些图片。接着我给图片制作中心发微信,问后来做的那批镜框怎么样了,告诉我下午送来。我赶紧回复人家,下午去采访估计回不来,不行改日。没想到,4点多钟送活儿的打来电话,说已经到我家门口了,我赶紧给夫人打电话让她把东西接过来。晚上

专为"口述史"配片,所以记录很重要

老住户悠闲地坐在路边

跟传林约定了转天见面的时间地点。

再说今天，1点50分，骑着"小黄车"到海光寺地铁站，乘地铁前往白酒厂站，上车后看了看运行线路只有果酒厂站，心里直纳闷儿，为嘛"白酒厂"非标注"果酒厂"呢？行至西南角站时有了座位，我在脑子里又理了理接下来的拍摄路线。从果酒厂站出来2点20分，往北走就是传林家的小区，莫非去那儿接头？发了微信不见回复就打电话，结果我们俩弄吆向了，传林让我在白酒厂等他，我却在果酒厂下了车，之间隔着两站呢！他让我原地等着，大约五六分钟，传林开车过来，上了车先指了指窗外说："这就是原来的果酒厂，后来黄了，可地名还这么用。我指的白酒厂应该是勤俭道站，大伙都习惯叫白酒厂站。"我说呢！

传林把车开到京津公路，一路向东然后过勤俭桥来到丁字沽

在河沿碰见了杨世均老爷子,他对这次拆迁政策表示赞许。

南大街口。停好了车,我们开始拍摄,他为我拍工作照,我则按照事先列出的目录,逐条儿拍摄并做出详细记录,避免使用时张冠李戴。路过"拆迁办"和"选房处",传林都进去转了一圈,他说:"事一到我这儿就不顺,本来上午通知我来签协议,我来了以后系统出问题了,你说怪不怪!"

我们俩拐进二道街,由南至北一点点推进,好多房子都已经拆除了,即便是残垣断壁、遗迹遗址也得拍下来。这

老渡口的棋局定时开战

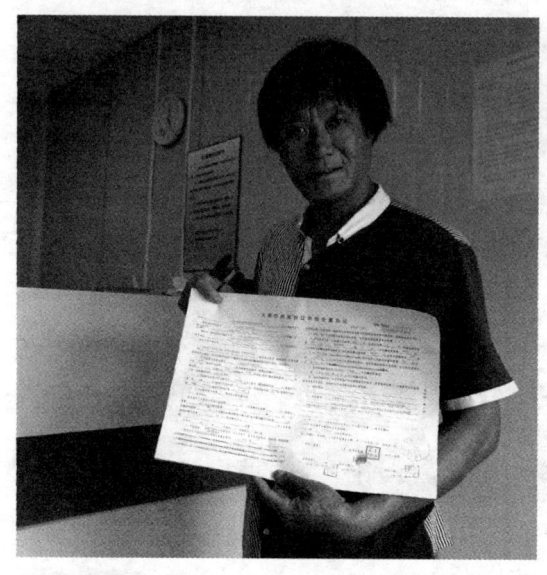

王传林拿着"房屋拆迁安置补偿协议"留影

也是不得已而为之,假如还未整理访谈录,你弄不清需要补拍哪些镜头,要是等着都整理完了,时间又不允许,好在之前拍过几次。

在拍摄恒茂隆粮店遗址时,遇上一李姓大哥,这大哥非常热情,不但把我们让进院子,还带着我在犄角旯旮拍些"历史遗存"。他说他在这院儿住了五十六年,并不是"恒茂隆"的后代。他指着一间间破旧房子坦诚并意味深长地说:"原来院儿大去了,能放电影。这些房子都属于'胜利果实'!"这大哥用"胜利果实"来概括"私搭乱盖",简直太有才了!可能只有五十岁以上的人才能明白这四个字的含义。不会儿,有位刘姓大姐从家出来跟我们说话,我觉得他们特别可爱,万般热情,少有戒心,言语幽默,蕴含哲理。

不知不觉走到三道街北头儿,为的是拍摄公盛兴粮店旧址,这里的房子几乎都拆除了,只留下一米多高的房基,它距北运河很近。如今找不到码头的痕迹,两岸都是石头护坡,水位很低很静,无法想象昔日槽船穿梭的盛况。有一老年妇女跟过来,证实了"公盛兴"确切的位置。我们沿着河边刚走几步,恰巧碰见杨世均老爷子,他原为丁字沽大队党支部书记,每天都要从老丁字沽走一趟,看上去气色很好,心情也不错,一个劲儿说,"这次拆迁国家给的政策多好啊,要是再不走说不过去!"

告别杨老爷子,我们直奔"勤盛兴"遗址,它是当年丁字沽最大的粮店,大部分成了废墟反倒更容易看出其宏大的规模和气势,目测面积得有上千平方米。以后的几十年间,在"勤盛兴"这片地盘上不仅加盖了大批民房,还兴建了一些公共设施,如文化站、大队部、豆腐房等等。坐在北大街乘凉的老住户跟我们搭讪,嘻嘻哈哈和他们闲聊了几分钟后,掉头往南走,拍摄了老渡口、老脚行、老会所等遗址。这时传林说"拆迁办"让他过去签协议,正好可给他拍几张片子记录一下。我们走进空旷整齐的大院,工作人员递给他相关手续,让他确认签字、按手印儿,我则在一旁抓拍。一工作人员发现后

工作人员在王传林选中的"房号"旁,加盖了好几枚印章

问"这是嘛情况",传林解释说为了留个纪念,其他人也就不再说什么。没想到手续会这么复杂,传林进进出出,我又不好靠得太近,只能蹲在当院的墙根下无聊地翻看着手机里的微信。

最后,传林随着工作人员到对面的"选房处"选房,工作人员在注有房源的表格上加盖了若干个印章后才算落停。

我们又返回三道街拍了几处,因为都是废墟也就没了兴趣。传林想直接把我送回家,被我谢绝了。我从勤俭道站坐地铁至海光寺站,一路非常顺利,可出了站想找"小黄车"却没有,结果找了一道,走了一道,除了瘪带的就是锁坏的,都快到家了也没骑上。

2017年9月5日(星期二)

气象详情：最高气温29℃　最低气温20℃
阴转多云　西北风　微风

本想再去趟汉沽港，远离世尘，"闭门思过"，可总有这样那样的小事困扰不能成行。那天，振良问我"丁字沽"的进度，我说可能还得两个月。他说最好能赶上问津书院成立五周年纪念，我琢磨应该没问题。传林也说，明年是丁字沽小学"废庙兴学"115周年，想借这本书的首发式搞一次纪念活动。所以，时间还是很紧迫的，即便口述部分整理完了，后续也有不少工作要做。记得振良曾问过我两次："丁字沽不会超过西于庄吧？"他的话也是给我提了个醒，就算超不过"西于庄"，也不能低于"西于庄"。这些日子，一直在思考这个问题，本意是想让这本书能有所突破。其实，在启动这个项目时已经这么做了。比如，拍摄人物肖像时，一改过去的模式，全部采用特写的表现手法，着重刻画人物的神情。再如，采访时我有意向纵深引导，大大拓展了历史的能见度，同时注意挖掘完整的故事，大大增强了文字的可视性。此外，我想联系红桥区档案局或天津市档案馆，查阅历史文献充实到书中，以提升学术价值。

因为真诚，老丁字沽人接纳了我。他们这一代人的悲苦也无数次触碰着我。

好在像姜维群、张利民、罗文华、王振良、王勇则等专家学者，对我的"口述"成果给予很高的评价，让我更具有方向感。听振良说，他收到好几篇书评，都是读者看完我那套书自发撰写的，此外我的"口述"技巧也渐渐形成了一个属于自己的模式，据说已有作者在效仿，这让我又是一阵心潮澎湃。振良在微信上转发了彭秀良的《打造我们的口述史和城市影像》书评，文中写道："口述史的书近些年已经出版了不少，但是，像张建这样以城市里即将消失的社区为口述对象的，似乎并不多见。……张建的努力值得我们钦佩，更值得我们学习和效仿。他的工作是在努力留住往昔的城市面容，也是在留住或长或短的城市记忆。"

前天，把朱学信的访谈录音整理完成，这个人乐观得让我心酸，尤其在叙述"文革"那段经历时，我几次险些落泪。虽然他看得很淡，但其实内心的伤痛远没有愈合。他在谈到"文革"抄家时开了句玩笑："娘娘庙后面的大坑，净是老百姓偷着扔的金货和瓷器，以后在那盖了大楼,肯定结实……"随后哈哈大笑起来。说实话,我反复听了几遍心都快碎了!此刻,我想起冯骥才在写《一百个人的十年》时的愤懑与压抑,想起他在写《炼狱·天堂》讲述韩美林"文革"遭遇时的声讨与无奈。

"文革"开始时我9岁,结束时我19岁,可以说我是在"文革"的喧嚣中成长起来的。虽然没参加过打砸抢,但是那些"波澜壮阔"的场景早已刻印在脑子里。只有当我们回过头来看一看那些无辜的受害者时,才明白那是一种怎样的悲惨。

2017年9月8日(星期五)

气象详情:最高气温31℃　最低气温22℃
多云　东南风　微风

这些日子,几乎把时间全用在了丁字沽上,整理"口述"的进度也明显加快,也许是太过投入,每天夜里都辗转反侧,丁字沽的场景、画外音以及杂七杂八的思绪无法阻拦地往脑子里灌,累得我昏昏沉沉,总是煎熬到凌晨两点来钟才能入睡。应该说这件事准备得还够充分,既没人干扰我,也没人催促我,是不是年过六十自然觉就少了?也不尽然,我知道我内心深处仍然隐约地承受着压力,这个压力的根源就是如何使这本书做得更好。这些天想得最多的是"加码"和"出彩"。比如说,书后的"拉页"还做不做,做什么内容,采用哪种表现形式?昨夜终于冲破藩篱给出了明确答案。那就是手绘一幅丁字沽的"清明上河图",这显然是对自己的又一次挑战,能不能实现还是个未知数。

今天是传林召集他同学聚会的日子,因为邀请了我,就显得有点紧张,尤其到了下午整理访谈录时,总要瞄一下时钟,害怕去晚了。干到快5点,把贾金祥的口述史结了,关上电脑,才开始琢磨怎

被采访过的同学拿着心爱的照片。看着他们高兴的样子,我比他们更开心

么去西横堤(聚会地点)更顺畅,因为我要带着14个镜框。怎么拿这些东西呢?直接打捆儿怕磕碰,找了几个双肩背试试都放不下,拿行李箱又觉得太夸张,再说还得把空箱子带回来,要不就好歹捆吧捆吧打车算了。我让夫人用手机替我约车,夫人问我去哪儿,我查了下地址:北辰区辰昌路集贤佰悦酒楼。夫人说,这趟可不近啊,马上就到高峰了,要走抓紧走。此时,我发现墙边立着个正待处理的整理箱,心想假如它能装得进去就太好了,结果一试,大小高矮正合适。既然如此,我还是坐地铁吧,起码时间能保证。

"刷"了一辆带车筐的"小黄车"赶往海光寺地铁站,忽然担心过安检时会有麻烦。心想,要是问我,就说全是"劳模"照片,愿意看打开也没关系。谁知,没一个人理我!

的确赶上了下班高峰,地铁车厢里挤满了乘客,我那个箱子显得有些碍事,车到西南角站时我趁机把箱子移到车门的位置,总算安稳下来,这一路愣没等上座儿。

从西横堤站下车,正像传林所说身后就是"集贤佰悦",我搬着箱子走进大厅,服务员立即凑上来问我有没有预订,我说是王传林定的,服务员告诉我在"227"。

大门敞着,老远就看见传林在里面晃动,我进去把箱子撂下跟同学们一一握手,差不多都是我采访过的,原想带着录音笔再让他们各自补点内容,后一想气氛不对也就算了。我被安排在吕老师和姚老师之间坐下,我们一边说着话,一边等着其他同学。我对传林说:"要不把照片分了,正好大家可以欣赏欣赏。"于是,把箱子打开,他们围过来取走自己的照片,大家都挺高兴。

传林说了几句开场白,主题是提前庆祝教师节,过了会儿他又说了说自己那几间老房拆迁的事,重点表述了他在最艰难的时刻,吕老师给予他的精神安慰,风雨过后是彩虹,大家为传林的知恩图报鼓起掌来。随后,同学们就憋不住了,你一言我一语笑话不断,很多都是小时候在老丁字沽编织的片段,回顾、怀念、感慨,一个比一个能侃,一个比一个诙谐。我跟传林开玩笑说:"怪不得你不说相声了,你的同学个个能说相声!"席间,我向传林核实了几处他口述时的"盲点",尤其是他的"王撰霖""王传霖""王传林"的误用和转换,由于太复杂他自己都说不清,我和同学连戏弄再审问才弄明白。

我比传林和他的同学大8岁,可在一块儿没有丝毫的隔阂,他们说老丁字沽的事,我也能知道个一二;他们说童年的事,我跟他们的经历也差不多,如果有旁观者,估计看不出我是个局外人,大概以为我跟他们是同班的。每个人都有许多青涩的回忆,一个同学说:"当时跟我坐一位儿的男生真坏,书桌上画条线不能越界,可是他那边比我这边宽多了。然后把铅笔修得尖尖的,存心扎我……这个人就是他!"对面的男生脸红了。紧接着那男生又开始反击,有时几个同学还围攻,传林就是遭到围攻最多的一个。

嘻嘻哈哈一直到9点多,因为吕老师有些不舒服就提前散了。本来我是应该接着坐地铁回去的,一同学问我在哪住,我说在南丰路,他说他也在南丰路,我以为是开玩笑,一细问他在清新园,我在兴泰公寓,仅隔一条马路,几乎门对门儿,简直太巧了!结果随着其他两个同学"蹭"车回家。

2017年9月18日(星期一)

气象详情:最高气温31℃　最低气温19℃
多云转晴　西北风　3-4级

经过连续作战,到今天下午4点10分,完成了老丁字沽口述史第17个被访者的文字整理,累计85000余字,单看字数并不算多,可这字字句句是怎么转化来的,只有我自己最有感触,着实费了一番心血。回顾西于庄、西沽,再往前的堤头、铃铛阁,似乎没这么艰辛,也不知是我老了,脑子不好使了,还是确有难度。总而言之,这次破解口述史总感觉有些力不从心。就说最近完成的范金城和朱学年这老二位吧,按时间长短他们都讲了两个多小时,可最后落在文字上一个2300多字一个2500多字。我就像个手拿笊篱的,在注满水的大缸里不停地往上捞鱼捞虾,直到连鱼虫子都捞净为止。采访当事人或见证者,是个灵敏度很高的工作,情绪的影响、话题的影响、环境的影响和自身表达习惯的影响,都会干扰口述的完整性。采访者又不能过于理性地生硬追问、辨析,大多采取顺水推舟、循循善诱、以点带面、承上启下的方式。即便如此,只要有一丝不当介入,就会产生"断句""断段儿",语言逻辑被打乱。有时能追

越想越兴奋,拿起笔在空白本上草绘起"长卷"素材

回来,有时就南辕北辙了。比如在采访范金城时,我想要了解的,当事人正在叙述的,与现场其他人的提问格格不入,话题一下就"飞"了。在衍生出若干枝杈后,很可能变成了另外一个话题,有时"跑"得不太远还能找回来,有时就信马由缰地"将偏就偏"。可是在后期整理时,那些残缺不全的语句或内容只得删除。再如,采访朱学年时,他们哥儿三个都在场,虽然有"主讲",但中间插话和你一言我一语的热闹气氛,淹没了一些完整的线索或述说。由此说来,采访时间长短说明不了干货多少。

这次采访还有个特点,被访者百分之九十以上不在老丁字沽居住,他们分散在各处,我离他们都特别远,给回访工作带来极大不便,也算是个缺憾吧。

这些日子,已经在收集手绘"老丁字沽长卷"的相关素材,浏览

自我感觉下点功夫应该能实现愿望

了《清明上河图》和《潞河督运图》等著名画作,还想买一册本市画家杜明岑的《寒秋津卫图》做参考,可是又怕被他们的作品给局限住。为构思长卷的主题,好几宿没睡踏实。产生这个动议时只想画一幅,可是背面放什么都觉得不协调,于是壮着胆量决定画两幅,真是有点拼了!

思考到今天,渐渐有点眉目。第一幅:截取丁字沽南大街一段,着重表现春节期间当地百姓的民风民俗,把龙会、高跷、特色小吃及娘娘庙的红火场面描绘出来。第二幅:截取丁字沽北大街一段,以渡口为中心,着重展现漕运、粮店、脚行及五行八作的繁盛景象。想是想出来了,只是内心无比空虚,今天我硬着头皮拿起笔勾画了两幅草图以试身手。凭我的韧劲,总不至于成为空想吧!

2017年10月

Romances

2017年10月1日(星期日)

气象详情：最高气温 24 ℃　最低气温 17 ℃
阴　南风　微风

今年的国庆节恰逢与中秋节重叠，一下子能放 8 天假，这是我退休后赶上的第一个长假，心理上还是有点不适应，恨不得利用假期多做点事情。急迫感一阵阵袭来，这是多年来落下的老毛病。其实退了休无所谓放假不放假，没有任务、没有指标、没有考核、没有督察，所有的时间都掌控在自己手里，可脑子里那根弦儿依旧紧绷着。两个多月来似乎没感觉有多轻松，个中原由我最清楚，那就是至今还没能从"丁字沽"走出来，紧接着又接到出版社的电话，检校我的《老建筑》准备再版，这让我又平添了一份压力。

好多朋友都断定我退了休闲不住，他们认为的"闲不住"是到外面兼职或找个新的挣钱道儿，他们不认为我在家写书是"闲不住"，所以总有人忽悠我"出山"，什么给老年大学讲课啦，什么搞视频直播啦等等。还苦口婆心地劝导我，要跟上时代步伐，发挥资源优势，即便不为钱，也得刷刷"存在感"嘛！

"存在感"就是让更多的人知道你，喝腾得越凶，"存在感"就越

赤膊上阵，因为没人能救得了自己，所以就拼了

强烈，从而获得满足。很多人发朋友圈恐怕都是为了追求"存在感"。有朋友当面问我，为嘛他发的朋友圈我不回复也不点赞，我真不知说嘛好。其实朋友圈里转发的内容我压根儿就不怎么看，我怕白耽误功夫。还有人整天乐此不疲地"晒"自己吃了什么，买了什么，去了哪里，这种"存在感"挺无聊的。每个人活得好不好，快乐不快乐自己心里最清楚，为嘛非得让别人觉得你很潇洒、很自在呢？有一种幸福叫安静、安逸、安然。

　　想睡懒觉却睡不着，干脆起来"干活儿"，就像攻破堡垒似的，一个一个有条不紊又非常较劲地往前突击。今天给自己下了死任务，不管多晚也要拿下第 20 个访谈者的口述整理。所以有点不顾一切地投入进去，夫人跟我说话要么不理，要么发火，不吃不喝连续工作了 5 个小时才停下来。别忘了，今天可是国庆节啊，我要以此向伟大的祖国献礼！小时候就盼着春节和国庆节，春节可以得到新衣服，可以吃到大鱼大肉，可以走亲戚收压岁钱。而国庆节是各行各业捷报频传的重要节日，社会主义建设成就都要在这一时刻献礼、亮相、展示。我们这代人多少都有"献礼"情结,恨不得把一些好事、喜事放在国庆节,虽然我整理口述史算不上成就,但把今天当作一个助推器还是挺有意义的。

下午,灵机一动背着相机去了海河岸边,干嘛呢?拍摄大型浮雕《潞河督运图》,为的是给我的丁字沽长卷提供参考,去年我曾拍过一次,那是为另一个选题,十多年前还拍过一次,那是为了锻炼"接片"技巧。也就是说,目的不一样,拍摄手法和思路也不一样,不是说拍过了拿过来就能用。几十年来,我累也累在这个死脑筋上,有人要片儿,随便找几张不就完了吗,不行,非要按照人家的用途重拍。很多时候人家并不一定要求我这样,甚至有人要完了片子石沉大海,我也从不过问。我向来不重视知识产权的保护,总觉得图片就是用来传播的,别人用了说明有价值。就拿我当年拍摄的那组《郝娘家的好事》为例,几乎成了天津市"危改"的符号,报纸、杂志、画册逮谁谁用,各种版本不计其数,几乎都不署名或署了

夫人用手机给我拍了这张在丁字沽南大街嬉皮笑脸的照片

名也不给稿费。嗨,就这么回事!

把"小黄车"直接搬到亲水平台上。还好,这幅《潞河督运图》跟前没有任何的遮挡。我先分段拍摄,然后再选取一些局部和细节,主要想借此分析长卷的布局、构图以及环境或人物的刻画。

下午4点半到我岳父家,岳父岳母跟小姨子两口子正在打麻将,我夫人在一边观战。岳父怕我寂寞让我到报箱取报纸,看看时间有点早,夫人便说:"要不咱出去买点葡萄?"我积极响应,这样他们就可以安心打牌了。各自刷了辆"小黄车"。夫人说别白骑,怎么也得收获几个"红包",那就骑一段换一辆车。我们骑到一号路与光荣道交口结束行程,之后又选了另外两辆。这时,我冒出了私心,对夫人说:"陪我到丁字沽看看吧,不知道现在嘛样了!"夫人随着我骑到零号路,这里还是乱糟糟的。说实话,这座高架桥不开通改变不了现状。我们从桥下绕过勤俭道进入丁字沽南大街,眼前的景象出乎我的意料。一批老房子全落地了,上面遮盖着黑色的防尘网,站在南大街可以透过二道街、三道街看见北运河。多亏我年初把所有街巷全拍了一遍,否则哭都来不及。我让夫人在街中心和废墟上拍了几张纪念照,见她有点不耐烦,赶紧往回返。

晚上,继续跟丁字沽玩命,也不知弄到几点,反正是按既定目标完成了。

2017年10月6日(星期五)

气象详情:最高气温24℃ 最低气温15℃
多云 南风 微风

早晨6点好友许哥发来微信,问"汉沽港今天停电,还去吗?"我回"咱不用电,能否提前到7点半出发?""OK"。

7点半,许哥准时把车开进小区,我赶紧把要带走的东西搬出来放到后备箱,然后我们朝着杨柳青方向开去。这次去汉沽港翡翠湾是节前商量好的,因为南面的阳台一下雨就往屋里渗水,挺讨厌的。我们两家就一直想打点胶试试,恰巧许哥从物业弄来两桶玻璃胶,问我去不去汉沽港,我当然愿意去,毕竟能蹭他的车嘛!顺便说一下,是好友许哥先在汉沽港买的房子。一次,邀请我和夫人去看看,结果就喜欢上了,尤其是想跟他当邻居,就在他的楼上也买了一套,闲置到我退休才派上用场。

因为是假期,这一路非常顺畅,进了屋撂下东西就开始施工。这时许哥才告诉我,他家的阳台已经弄完了。呵!怎么不早说呢,合着今天单独为我跑一趟,这事闹的!

打完胶、擦完地,简单收拾收拾就返回了,到家11点半。脑子

退休以后,家里的水费增加了

里开始规划下午的事情,因为夫人去蓟州休闲,我自己就好办了。干脆跟勇则联系一下,去他那探讨点问题。于是发微信问他在不在单位,他说全天都在。

这也是节前沟通好的。原定9月29日去他那儿,结果忽然告知下午晚上都有会,不过国庆八天假他都在单位,随时可以来。下午两点半,刷了辆"小黄车"直奔河北区新闻中心,勇则把我领上楼。他正在整理多年积累的藏书,办公桌周围上上下下堆得到处都是,楼道还有满满的两个书柜,他打开柜门让我随便挑点有用的,我觉得还是先把正事办了。勇则简单说了说岗位调动的事,所以挪到新办公室就不能这么乱了,有些用不上的书准备处理。

我跟勇则是无话不谈的好朋友,相识有20多年,早年我经常找他约稿,写一写天津的历史故事,以后他在区里主持一些"文化项目"我又常给他帮忙,他是个极度勤奋和认真的人,时至今日已成为有一定知名度的、硕果累累的学者。勇则比我小一旬,可他积淀的知识比我厚重得多,他研究的领域净是冷门。所以我有些想法除愿意跟振良念叨外,也愿意听听他的意见。这次找他,应该有两件事:一是把他找我要的"奥风区"照片留下,顺便给他补齐两本《口述津沽:民间语境下的西于庄》上篇。二是想把我正在从事的"口述丁字沽"的几点新思路跟他透露透露,听听他的建议。

我们俩一见面就有聊不完的话题，就像憋了多少日子突然打开闸门似的滔滔不绝。他先说了说"奥租界"一书的进展，快速浏览了我为该书拍摄的图片，大约有30多张，按他的思路应该够用。然后又聊起他手头尚未完成的书稿选题，进而聊到我的口述史系列，聊到我的学术研讨会。借此话题，我说："研讨会上你提的三点建议非常好，为了接受你的意见，也为了满足振良对我的期待，'口述丁字沽'这本书，我准备再实现一点新的突破，也算是自我挑战。"他静静地看着我，我心想说出来他肯定感兴趣："第一，增加可供研究的史料，把丁字沽的溯源、历史事件、人物故事等相关文献汇总，与口述史相互印证，提升这本书的学术价值。"我刚说完第一点，勇则就拍案叫绝，一个劲儿地说："太好了，太好了，您是一本书上一个台阶啊！"我赶紧说："这事还得求你帮忙，我敢想敢做，但纯粹是个外行，千万别出丑。"他给我介绍了一些经验，我听完心里更有底了。然后，我拿起放在一边的《口述津沽：民间语境下的西于庄》下篇，抻出最后的拉页，还没等我说话，勇则便说："这想法多好，充分发挥了您的特长。"我说："丁字沽还弄不弄？照搬我不认头，怎么才能实现突破呢？"这一连串的问句并不是想问勇则，而是给自己做个铺垫，于是接着说："知道《潞河督运图》吗，我要手绘两幅长卷！"勇则一听顿时激动起来，"哎呀，这难度可不小啊！走走，咱找个地方吃饭去，细聊，细聊……"

我们走出新闻中心大楼，随着勇则拐进一条小街，进了一家小馆，点了几盘小菜，因为我不能喝酒，勇则自斟自饮，我们海聊一通，那种满足感，真有些飘飘然。

回到家仍处在兴奋之中，打开电脑继续徜徉在老丁字沽的历史烟雨中……

2017年10月8日(星期日)

气象详情:最高气温20℃ 最低气温14℃
阴转小雨 东北风 微风

放假这些天,只记得日子,想不起是礼拜几,这可能也是退休老人的专利。每天过得既单一又丰富,单一得除了吃饭、睡觉,所有的时间都陪在电脑前。屋子这么大,只占用1平方米,两三天不出屋成了常态。说丰富是头脑里积攒的知识越来越多,转化出的成果也越来越丰厚(当然是自己跟自己比)。一个人,学习和掌握知识的动力多种多样,我的动力来自于找项目、定目标。项目是"点",目标是"量",项目是选题,目标是内容。项目与目标之间就是学习和实施的过程。学习能深化实施,实施可促进学习,完全符合"急用现学,立竿见影"的特点,说急功近利也不为过。要不是从事口述史,我绝不会恶补西沽、西于庄和丁字沽的地貌特征、风土人情、历史掌故、生存手段等相关史料,绝不会逼迫自己苦练写作和绘画。所以,我特别赞成人生需要规划的提法,不论大项目、小项目还是大目标、小目标,有了就能进步,有了必能提高。

我7月12日开始整理丁字沽访谈到今天近三个月,虽说不是

没事,有盼头了。老话说的好,"拉锯就掉沫",只要不断努力,就一定能成功

天天为之,但这三个月对我的历练是超乎平常的,也许过去吃的苦都忘了,也许60岁生理上有某种暗示,反正这次确实是咬牙过来的,再一次感慨"事在人为"。因为就在今天,我完成了第23位,也是最后一位丁字沽老人的口述历史。接下来还有10个"60后"讲述自己最难忘的一件事,那就容易多了。加油啊,曙光就在前头!

2017年10月10日(星期二)

气象详情：最高气温11℃　最低气温7℃
小雨转阴　北风　微风

完成了，完成了！23个主讲，10个补充，共采访33个丁字沽原住民，形成了12万字的口述史。俗话说，一分耕耘一分收获。在2017年的金秋十月，在经历了两次病痛的袭扰之后，在结束职业生涯步入新生活的初始，我又结出了一颗胜利果实。当喜悦降临的时候，总会习惯往回看，因为这一路走来，难免有坎坷，难免有消沉，能顺利到达终点，肯定会得到各方面的支持与协助。在此衷心感谢丁字沽的老乡亲们，

几十年来，从没担心过自己的身体，如今谁见我都提醒，身体比什么都重要。

感谢传林的无私奉献，感谢振良、勇则以及姜维群老师的激励和点拨，感谢家人的关心和关爱。

以茶代酒，自个儿在心里庆贺一下吧（从6月8日住院至今，四个月滴酒未进）！

过去有句老话："盖上盖儿，完一半儿"。虽然这话专指建房，我觉得也像写书。12万字的口述史，加10多万字的日记，只能说刚刚把"房子"立起来。离具备"入住条件"（阅读条件）还差得远着呢。接下来要配照片、配插图，查阅文史档案，核实修改稿件等等，花费的时间及精力不比前面少。

根据口述描绘的丁字沽娘娘庙草图

准备用三个主要节点，来体现"庙改学"的历史沿革

晚上，根据多位老人的口述，开始构思丁字沽娘娘庙的"复原图"。先画了一稿，用手机拍成照片发给传林，他简单回复几个字后又打来电话，我们在电话里交流了一些细节，紧接着我修改了前一

稿,又草绘了丁字沽娘娘庙初建时的样貌和改为小学校后的状态,分别拍照发给传林,他表示认可。

如果总体布局没有太大出入,我就可以着手细致刻画了。我的思路是:通过"初建""复建""改造""扩建"四个侧面,选定同一视角来绘制,对比出百年间的变化,让读者一目了然。

2017年10月13日（星期五）

气象详情：最高气温19℃　最低气温11℃
晴转多云　西南风　微风

这两天集中精力着手构思和绘制"口述丁字沽"的插图，任务量也不小。今天翻了翻《口述西沽》和《口述西于庄》两本书，前者使用了43幅手绘插图，后者使用了41幅手绘插图，我觉得"口述丁

绘图这活儿，只要一撂下就手生，毕竟不是科班出身，所以就需要预热

创作《丁字沽老渡口》复原图

字沽"不能低于这个数字,所以心里多少有些压力。

整理完这 12 万字的口述史,大致有了轮廓,不能说心知肚明吧,操作起来起码不会手忙脚乱。前两本书,我是零碎绘制的,振良让我每本书画 20 幅插图,一上来真把我给难住了,哪有这么多内容可画啊!画插图得具备一定的条件,还得有根有据,接近历史真实。为此花费了大量时间翻阅资料,与当地百姓核实等等,这么一挤兑均突破了原定的基数。目前还没听到对我的插图有什么异议,这个路子是我自己开创的,所以就得坚持下去。

这次绘制"口述丁字沽"插图,采取"批量式"构思,先把准备绘制的主题列出目录,然后根据目录搜索相关素材,寻找历史依据,再结合口述人的描述,综合所有信息,聚合成可视的画面,最后用钢笔一张张描摹出来,跃然纸上。比如:丁字沽卡子口、火烧丁字沽、漕船运粮、勤盛兴粮店、渡口、磨房、娘娘庙等等具有丁字沽地域特点的草图20多幅。没想到会如此顺手，我可以画得更安心、更细致、更好看。也为我创作《丁沽早春图》和《丁沽漕粮图》（这是前天初定的标题）手绘长卷，预热、练兵。

明天买几支针管笔先试

《丁字沽老渡口》复原图创作过程之一

《丁字沽老渡口》复原图创作过程之二

试。前两本书就用一般的签字笔，笔尖粗细不一，特别容易凝结墨疙瘩。总而言之，这本书的插图水平要有所提高。

2017年10月16日(星期一)

气象详情:最高气温19℃ 最低气温11℃
晴 东北风 微风

　　昨天开始正式动笔。选择的首幅插图便是丁字沽龙会的龙头骨架和扎制完成的彩龙造型。龙头骨架画了一个半小时,彩龙造型画了两个小时。刚画完,夫人打外面回来,一进门就跟我急了:"看来你是屡教不改了,我走了几个小时,你画了几个小时,怎么这么不自觉呢!""本想给你个惊喜,这下完了。"我取出画好的那两张图,举到她的眼前,"看,多棒!""等俩眼瞎了就不棒了!"我灰溜溜地收起来不再吱声。

　　今天,夫人晨练完了要去上课,上完课还要办事。7点听见关门声,我立刻起来,简单吃点东西,马上投入到绘画当中,相比昨天,状态更好,心气更高,手法更娴熟,效果更逼真。想起来啦,昨天到晨光文具店买了两支笔,原本是奔着专用绘画笔去的,一问人家没有,我说画钢笔画需要细一点的,店主推荐0.28mm的,我将信将疑买了两支,一结账才4块钱,正符合我这财迷脑袋。但是,用后才知道真的很不错,许多细节全能刻画出来,加上我还有一支粗水儿

钢笔画的特点就是一气呵成，不能修改，其效果随画随显现，有时难以预料

的，搭配着使用，深浅、轻重都显现出来了。

确实挺累，也确实挺兴奋，中午只躺了半个小时就起来接着画，两只眼都虚乎了，可还是不愿意停下来。我翻看了前两本书的插图，感觉这次真的上了一个档次，不过又有点担心，画得太细致会不会影响印刷。

下午，没等夫人回来先收摊。然后骑着"小黄车"到中国银行去取退休金，这次是自己在柜员机上操作的，平生第一次，有点怯怯的，不像是在取钱，倒像是在偷钱，当机器将一沓钱推出来后，我一把抻出来掖在口袋里迅速离开。

一进家门，夫人也刚回来，我一把退休金交给她，她就知道我干嘛去了。闲聊了一会儿，我对夫人说："帮我拍张照片吧！""怎么拍？""我拿着那张'龙头'，冲着镜头就行。"然后接着说："越想越

无意中选择从"龙头"画起，这似乎是天意

巧，我画的第一幅插图竟是龙头，说明起点高，再腾飞！"夫人也笑了："瞧你臭美的！"她端着大相机虽然看着不怎么协调，可一上手便"咔咔"连拍了好几张。

晚上6点多就吃完饭了，夫人见我没拾桌子就猜我又图谋不轨，我嬉皮笑脸地说："今天我表现特好，要不时间也白浪费。你应该高兴，多好的男人，上哪找去！""我要你健健康康，不要你这么拼命。你说过退休就不干了，都是骗人的！"我这不是自己勾事嘛。

一口气又画了两幅，看看默不作声的夫人，心想，还是见好就收吧！

2017年10月18日(星期三)

气象详情:最高气温15℃　最低气温10℃
小雨转多云　西南风　微风

为了收看中共十九大开幕盛况,6点起来绘制插图,三个小时构思了4个画面并勾勒出草稿。9点,静心坐在电视机前聆听习总书记的报告,很振奋、很解渴、很期待。正像收到的微信所说:"64岁,3个半小时,近3.3万字,全程站立,只喝一次水,不上厕所,没有鲜花,没有果盘,有的只是坚定的声音、震撼的语言。党的最高领导人,身体力行,向中华儿女履行自己的庄严承诺,中华民族正在走向伟大复兴。我以我是中国人而骄傲。"报告既有高度又有深度,既宏观又具体,纵横交错,内涵丰富,目标明确,措施得力,听完报告首先在内心告诫自己:多活几年,一定要等到基本建成现代化强国的那一天!

吃完午饭,躺在床上想休息一会儿,可是闭上眼说嘛睡不着,思绪一下退回到40多年前。1974年,快要毕业了,我响应党的号召准备上山下乡,于是开始做父母的工作,母亲拗不过我,便口头答应。一天,我突然做了件冲动的事情,向党组织递交了一份《入党申

也许是因为从小喜欢画画，所以觉得画画比写稿更有乐趣

请书》，因为班主任不是党员，我直接交给了学校团委，表达自己愿到广阔天地接受锻炼的决心。然而，这份《入党申请书》却石沉大海，直到把我分配进工厂也没人找过我。半年后，我又写了一份，这次亲手交给车间党支部书记，我真切地感觉到党组织的大门就在眼前，师傅知道我的愿望都很高兴，让我做班组宣传员，没多久车间团支部改选，我被推选为支部委员。过了半年，我再次递交了《入党申请书》，支部把我纳入积极分子加以培养，并吸收我加入到基干民兵行列。1976年大地震，我主动吃住在厂，参加抗震救灾和排险任务，在这紧要过头，我又一次递交了《入党申请书》，当时我心中的目标就是要做一个对革命有用的人。

我成长在一个英雄辈出的时代，黄继光、邱少云、罗盛教、欧阳海、麦贤得、雷锋、王杰、门合、王进喜、金训华、张勇等等，加上我父亲这个参加过解放战争和抗美援朝战争的老战士的影响，成为一名共产党员就是我的理想。1981年，厂党委把我调到厂宣传部，与同事们创办《津厂周报》，半年后向机关支部递交了《入党申请书》，一年后纳入发展计划。1983年11月19日召开支部大会，审议通过了我的预备党员资格。那天，我心潮澎湃，热血沸腾，下了班骑着自行车在大街上转啊转,细细咀嚼着甜美和幸福的滋味。回到家,跟母亲、爱妻和弟弟宣布了这个喜讯,整个房间都充满喜悦。

43年来,我始终珍藏着这段纯净的记忆。43年来,我获得过不少荣誉,唯独中共党员这个称号分量最重。

心情好,干劲足。下午花了4个小时完成了《火烧丁字沽》的插图,夫人为了

《磨房》创作过程之一

《磨房》创作过程之二

犒劳我,也为庆贺十九大召开,亲自下厨炒了几个菜,色好味香,吃得我肚胀。

顺便提一下,昨天我累计用了6个半小时,创作了《磨房》和《漕运》两幅插图。说来也怪,整理口述史要是连续两个小时就得崩溃,画插图动辄三四个小时却依然干劲儿十足,看来又上瘾了。

2017年10月20日（星期五）

气象详情：最高气温21℃　最低气温13℃
晴　西南风　微风

从15日到今天,整整5天没走出屋子,没见过蓝天,没呼吸过新鲜空气,没伸展一下腰肢。每天起床后,简单吃点东西就闷头画画,家里的大事小情都不管不顾了,有点走火入魔的感觉。其实,完成的速度已经够快了,可还是不满足,手里那支笔就像粘住了放不下来,其中一支新笔已经没水儿了,夫人到门口的路边小店帮我去买,没有这种规格的,然后又去二十五中学附近的文具店买了一支0.3mm的黑水笔,拿过来用了用出水儿不痛快,看来还得去原来那家小店,不行就买它10支,不才20块钱嘛。

吃完午饭去洗手,镜子里的我简直成了饱经风霜的庄稼汉,5天没出门,5天没刮脸,胡子围着嘴绕了一圈,要不是这几天任其疯长,真不知道自己的胡子还这么有型。照此留下去要么就像骗人钱财的"大师",要么就像神经兮兮的"艺术家"。但是,这两种人我都担当不起,如果装扮成老农倒还可以。这个想法在脑子里一闪,顿时来了精神儿。我从柜子里找了一条白毛巾,按照《地道战》高老忠的艺术造型系在头上。这一看,还真有点像电影里嫉恶如仇的正面人物,或者是那种领导农民闹土改的领袖。

我从洗手间走出来,差点把夫人吓趴下,她一边捋着胸口一边断断续续附和着说:"我是贫农,不是地主,饶了我吧!""你是隐藏在革命队伍里的阶级敌人,我们盯你很久了!"她看我这份打扮,实在忍不住,咯咯的笑个不停。我郑重地问她:"怎么样,像老农吗?""还行。""那就给我拍张照片,拍完了我刮胡子!""行啊!""一定要拍成剧照式的,得对得起我这胡子!""放心吧!"

《漕运图》创作过程之一

《漕运图》创作过程之二

《漕运图》创作过程之三

这双深邃的眼睛,谁能看出左眼的晶体是"人造的"

我调好相机的感光度,选了一块白墙当背景,先给夫人拍了张"定位照"作为参考,让她看一下光线、角度和距离。结果拍了几次都不理想,她非说我站的位置不对,这明显是不会拍照的借口。照相机在你手里,我只管自己的表情,拍好拍坏全交给你啦!又试了几次,其中有一张还可以,再拍,我估计她该急了。

算是自娱自乐的小插曲吧。我这人喜欢借题发挥、借物生情,经常整出一些出其不意的举动,给大家留下难忘的记忆,这既是热爱生活的表现,又是个人积淀的外在展示。有一回,参加几十年未见的同学聚会,大家思绪万千,言语间一下退回到"红卫兵时代",我提议拍张大合影,所有人都积极响应,当队伍站好后,我发给每人一本"红宝书"并导演出一个标志性的,如群雕般的造型,顿时把大家给震住了。事后,收到无数短信、微信,大谈美好的青葱岁月。比如,我想拍一张摄影部全体成员的大合影,竟把大家带到京剧院穿上"小分队"的服装,在舞台上效仿《智取威虎山》的片段,完成了一幅"时刻听从党召唤,越是艰险越向前"的充满正能量的新颖画面,反响非常热烈,至今还经常有人提起那个创意。

　　下午3点多钟,把胡子刮干净了,然后到门口的理发店理发,回来再照镜子,简直判若两人。我对夫人说:"看,这小伙儿多精神!"

　　本来想骑"小黄车"出去转悠转悠,可还是舍不得时间,归其又回到原位,接着画书中插图,总共创作完成了16幅。

2017年10月25日（星期三）

气象详情：最高气温16℃　最低气温11℃
阴　西南风　微风

　　7点起床，洗漱完毕，煎了一个鸡蛋夹在面包里，又盛了一碗稀饭作为早点，这都是夫人安排的。7点50分，给夫人发了条微信，告诉她到外面转转，然后背着摄影包走出家门。小区里没有"小黄车"，拐出去见公交站有一辆，打开锁骑了几下觉得不太滑快，只能将就了。原来想到海光寺坐地铁从勤俭道下来，再骑"小黄车"进入丁字沽，可是走到长江道正赶上绿灯，顺势骑过了马路，心想，就这么去吧！为嘛想坐地铁呢？22日、23日去了一趟蓟州，登上了长城，用3个小时从黄崖关走到太平寨，大腿、小腿、膝盖都是疼的，虽然缓了一天，但还是感觉有些疲惫。不过，活动开了以后，劲头又来了，8点15分就骑到了西沽，要是车子给力还能更快。

　　顺着零号路往丁字沽方向走，途径红塔寺大道时，我停下来拍了一张路口照片，这就是多位口述人指认的"炮楼"，即城防部队关卡的位置。过去路口立有路牌，眼下不知去向，我只能沿着这条路寻找另一块路牌，快走到桃花堤时蓝底白字的路标映入眼帘，举起

一旦投入进去,眼前就跟过电影似的,许多画面犹如情景再现

相机拍了几张。

这些天总想来丁字沽看看,可是一摸画笔就不愿再动劲儿了。昨天,顺利完成了第20幅,心里终于有了底。根据气象预报的提示,今天晴转多云,所以决定上午去丁字沽,力争11点左右赶回来,看中共新一届常委与中外记者见面会直播。

记不清来丁字沽多少次了,今天再来,有两个目的,一是拍些丁字沽的秋色,填补"四季丁字沽"的空白;二是采集素材,为书中的"补白"绘制插图。可是,这里的景象很不乐观,起码有百分之七十的建筑拆毁了,好在南北大街还基本完整,我不紧不慢,走走停停,前拍后拍,左拍右拍,偶尔有居民经过,他们疑惑地看着我,似有话说又觉得无关紧要。丁字沽的秋色并不明显,跟树的品种有关系,即便叶子掉光了也黄不起来,当行至老文化站时,浓密的"爬山虎"呈现出墨绿和殷红,而且挂满了电杆电线,犹如一道幽深的彩门。我随手拍了几张,一会儿返回来借逆光再拍几张,于是走到唐

《勤盛兴粮店》创作过程之一

《勤盛兴粮店》创作过程之二

《勤盛兴粮店》创作过程之三

家湾大道,灵机一动拐进口述人提到的"黑村"。

这里也拆得差不多了,站在胡同里一眼就能看见运河边。我走到尽头,然后把车子撂在一边,登上那座沉睡了近10年的水泥"断桥",望着桥下的荒草与瓦砾,心想,大桥合龙的这一天就快来临了。要不是这座桥,老丁字沽居民还不知熬到哪一年才能从危陋平房里搬出去。

不知不觉又来到了老渡口遗址。眼前这座无名桥结束了两岸居民世代登船过河的历史。在近一年的采访中,丁字沽人对渡口、渡船情有独钟，在他们的脑海里总有抹不掉的记忆。我推着车走在桥上，望着波光粼粼的河面感慨万千，恍然间我似乎看见了当年百舸争流的壮美景象。我迎着悠闲穿行的市民拍了几个画面，接着到河对面以不同角度拍摄了这座桥与丁字沽的关联。

尽管二道街、三道街已拆得不成样子，我还是走了一趟，说不清为嘛，喜欢在废墟里徜徉，有体味、有思考、有寻觅，更有怅然若失。接着我钻进了娘娘庙后胡同，为的是观察一下丁字沽小学校的布局，着手绘制平面图，当我路过娘娘庙大殿后墙时，见到了一件窝心的事，充满历史厚重感的大墙被罩上约一米五高的水泥面，还刷了一道灰色的装饰涂料。完了，这是不可挽回的遗憾！整个老丁字沽，就娘娘庙还称得上"古迹"，它依然活在丁字沽人的心中，但没有政府的认可和保护，其实它已经死了。

10点5分从丁字沽出来又去了西于庄。已经很长时间没来了，似乎变化不大。搬走的一片荒芜，没走的一切照旧，不知还要相持多久才能重见天日。在破败的街道里绕来绕去，搜寻着残存的记忆，偶尔停下来拍拍绿色的遮尘网。天，果然阴沉下来，我从小辛庄大街一路骑到大红桥，并下意识向西远眺，忽然发现仅存的老码头平台不见了，幸亏之前我拍了又拍，真是无奈呀！历史的形成很漫长，要消除或抹去却易如反掌。

11点10分到家，赶紧打开电视等待着中共十九大新班子亮相那一刻……

2017年10月28日(星期五)

气象详情：最高气温18℃ 最低气温7℃
多云 北风 微风

一天天过得飞快，快到什么程度呢？除了吃饭睡觉，画两张图就结束了。过去在单位上班，从早到晚为完成定额、指标、要求、进度，小心翼翼地承担着、推进着、操作着，之后挤出时间再忙家里的事情或自己的事情。记得在车间当工人时，早晨6点半上班，5点就得从家出来，由八里台骑车到志成道，大约十多公里，然后和师傅共同完成25个砂型的制作，全凭一把铁锨将两吨石英砂分别铲到50个砂箱内，再手持风锤或"砼砂棍儿"捣实，一个班下来腰酸腿痛。可是到了下班点儿，又像从事另一份工作似的，主动到车间党支部或工会帮着写黑板报、刷大标语、印学习材料，实在没事了，帮技术组描图纸。以后又经常到厂俱乐部、厂团委帮着写写画画。总而言之，就是永远闲不住，养成了在实干中学习和思考的习惯，从而练就了吃苦耐劳的意志，这种意志更多的体现在不断挑战自我上。1980年，厂团委要表彰先进个人和先进集体，时任团委书记的胡杏春找到我，说："你的立体吹塑画非常好，我想搞次创新，就用你做的工艺品来发奖,能办到吗?"我立马就答应了,可是当镜框集中到办公室时差点把我吓晕了:一共50多个!最后,我愣是设计制作了50多个不同样式的立体吹塑画,达到了"顶峰"。1985年,厂团委在职工中征集"青年园"的设计方案,我的参选作品脱颖而出,团委就把效果图拿给建筑车间的工程师绘制施工图,可是没几天又退了回来,人家说没法确定比例,必须由设计者自己标出尺寸。其实,我的文

《丁字沽炮楼》创作过程

化水平只相当于小学五年级,而我的长处就在于自信加丰富的想象力。我用皮尺实地测量了工程占地面积,然后用直尺将地面上的1米缩减成纸面上10公分,再按照视觉比例标注出所有大小景观的尺寸。尤其有些无法描述的建筑小品,就自己去施工,十个手指尖被水泥"烧"掉了皮,疼得钻心。比如树根造型的休闲桌椅,藤架墙上的长城浮雕等等,都是亲手塑成的,包括鹅卵石、马赛克都是我带着同事镶贴的。最富创意的当属青年园入口处的那口欧式水泥花盆,我借用"地坑翻砂"技术,在沙土地上挖出个直径1米的锅状地坑,然后下钢筋浇水泥一次成功。我自诩这种行为叫"无知者无畏"!

1987年之后的八年机关生活和二十二年的新闻生涯,依然靠

《丁字沽炮楼》创作草稿

《丁字沽炮楼》创作初稿

着我的天真和美好想象,促成了众多创意的实现。昨天晚上,在观看央视《朗读者》节目时,被特邀嘉宾冯小刚的一番话和他所朗读的查理·卓别林写于70岁生日的《当我真正开始爱自己》的诗篇所打动,就好像这首诗是送给我的。因为我写不出这么有水平的诗,所以才特别想记住它,于是从网上拷贝下来作为个人的私藏:"当我真正开始爱自己,我才认识到,所有的痛苦和情感的折磨,都只是提醒我:活着,不要违背自己的本心。今天我明白了,这叫做'真实'。当我真正开始爱自己,我才懂得,把自己的愿望强加于人,是多么的无礼,就算我知道,时机并不成熟,那人也还没有做好准备,就算那个人就是我自己。今天我明白了,这叫做'尊重'。当我真正开始爱自己,我不再渴求不同的人生,我知道任何发生在我身边的事情,都是对我成长的邀请。如今,我称之为'成熟'。当我真正开始爱自己,我才明白,我其实一直都在正确的时间,正确的地方,发生的一切都恰如其分,由此我得以平静。今天我明白了,这叫做'自信'。 当我真正开始爱自己,我不再牺牲自己的自由时间,不再去勾画什么宏伟的明天,今天我只做有趣和快乐的事,做自己热爱,让心欢喜的事,用我的方式、

《勤盛兴粮店》创作草稿

《勤盛兴粮店》创作初稿

我的韵律。今天我明白了,这叫做'单纯'。当我开始真正爱自己,我开始远离一切不健康的东西。不论是饮食和人物,还是事情和环境,我远离一切让我远离本真的东西。从前我把这叫做'追求健康的自私自利',但今天我明白了,这是'自爱'。当我开始真正爱自己,我不再总想着要永远正确,不犯错误。今天我明白了,这叫做'谦逊'。当我开始真正爱自己,我不再继续沉溺于过去,也不再为明天而忧虑,现在我只活在一切正在发生的当下,今天,我活在此

时此地,如此日复一日。这就叫'完美'。当我开始真正爱自己,我明白,我的思虑让我变得贫乏和病态,但当我唤起了心灵的力量,理智就变成了一个重要的伙伴,这种组合我称之为,'心的智慧'。我们无须再害怕自己和他人的分歧,矛盾和问题,因为即使星星有时也会碰在一起,形成新的世界,今天我明白,这就是'生命'"。

不论家人、朋友、同事都说我不像六十岁的人,他们只说对了一半,或者说他们抛开了我的相貌单说心态,所以我不反驳。此刻想起央视主持人董卿在《朗读者》节目现场用阿瑟·克拉克的墓志铭为冯小刚概括的那句话:"我从来没有长大,但我从来没有停止过成长。"一切似乎都结束了,一切又似乎刚刚开始;一切似乎都没怎么改变,一切又似乎在悄悄演化。每天还是坐在电脑前做着跟以前一样的事情,但是却单纯得像是没了节奏,一幅插图可以拿出4个小时精细刻画,我真想不出当初在为"口述西沽"和"口述西于庄"配图时是怎么完成的。

今天把第24幅插图夹在专用的册子里,示意该阶段暂告结束。接下来逐字逐句修改口述史,继续寻找能够描绘的线索。应该说离目标越来越近了,顺利的话到年底能够把"口述丁字沽"(上篇)书稿备齐。

2017年10月30日（星期一）

气象详情：最高气温16 ℃　最低气温7 ℃
晴　西南风　微风

上午带着一套《口述津沽》系列丛书到万全小学交给焦校长，这是之前我许诺的。上周五受焦校长之邀，来该校帮着策划以南市

因为自己不会开车，来一趟汉沽港不容易，所以就把20多幅画稿带来集中扫描

变迁为主线的校本教材，我听了听他们的想法并提了几点建议，没想到校方特别感兴趣，说嘛也要让我帮这个忙，我也毫不犹豫地答应了。校领导还带我参观了校史展，相互做了进一步的沟通。万全小学是所百年老校，建校初期就在南市，随着岁月更迭最后又回到了历史的原点。学校想借助这种机缘巧合，对学生进行充满乡情的城市发展史教育，我感到特别振奋，其创意难能可贵。

其实翻拍也行，只是扫描更清晰，层次更丰富

吃完午饭睡了一小觉，起来就和夫人把要带到汉沽港的一些零散的东西归置到一块，其中包括我的几十幅插图和《老建筑》一书的校对稿，想在那儿清清巴巴的大干一场。这次去汉沽港主要为了交采暖费和等待打压试水，否则也下不了决心"离家出走"。我和夫人骑着"小黄车"来到海光寺地铁站，由此一直坐到刘园终点站。出站后就奔着有公交车的地方走，结果一问174路就在地铁站的旁边。我们又折返回去，老远就看见有七八个人在等车，我们正疑惑是不是174路车站时，一个中年男子高声喊道："哎，汉沽港啦，汉沽港，有去的嘛，再来俩人就走了！"他见我们停下来便热情地打招呼。我们说要坐174路，那人说，一个小时也来

不了,坏了一辆车,所以就不按点儿发车了。我们没听他忽悠,这男子却不死心,非问我们去汉沽港什么地方,我说去翡翠湾,他想了想说:"还是10块钱,给你们送到翡翠湾怎么样?"我向夫人使了个眼色示意可以,就说:"等的时间太长不行。""没问题,再来一趟地铁,有没有人上车咱都走!"不会儿,一拨人走出地铁站,还真有两个人也要坐他的车去汉沽港,他迅速启动那辆老旧的桑塔纳,飞快地离开市区。其中一位大婶也住翡翠湾,也是来交暖气费的,更巧的是那位开车男子的亲戚在翡翠湾物业做卫生,几个人聊得还挺热乎。

进了家门,屋里宽敞明亮,整洁安静,心情也随之舒展开来。我和夫人各自忙活着手头的事情,反正既没电视又没网络,既没处闲逛也无人打扰,简直就是个养老的好地方。晚饭都是从市里带来的,简单加工加热就完成了,这顿饭吃得安安稳稳。然后,夫人练习口琴乐曲、绣"巨幅"十字绣,我则在电脑前一鼓作气,把几十次采访丁字沽的工作照,全部筛选出来并配写了说明文,又把丁字沽一书的插图画稿,用扫描仪一张一张转化成电子文件。就这两项任务,从晚上6点干到夜里11点多,要不是夫人几次叫停,干

玩玩自拍,缓解疲劳

个通宵又何妨？

　　当初购买汉沽港这处"外宅"就是想退休以后深居于此，慢节奏地做点有趣且有益的事情，所以才把电脑和扫描仪搬到这里，才把一部分老底片和移动硬盘带到这里，不紧不慢地将自己几十年来拍摄的影像数字化、条理化、档案化。把那些没多大意思的"封存"，有开发价值的"解冻"，趁着明白为社会做点贡献，别等哪天动不了劲了，眼巴巴看着"好东西"当成垃圾给处理了。

　　明天集中时间校稿……

2017年11月

2017年11月8日(星期三)

气象详情:最高气温15℃ 最低气温7℃
多云转阴 东南风 微风

　　从5日开始,不拍片、不聚会、不干家务,全身心投入到"口述丁字沽"书稿的修改中。今天下午,总算把这充满浓郁乡情的、倾注本人心血的12万字,一字一句地阅读了一遍。

　　昨晚,给传林发了条微信,告诉他准备将修改后的稿子发给他一份,让他对文中所涉及的人名、地名、年代及族群关系,存在的误写或不实之处给予纠正。毕竟他是土生土长的老丁字沽人,我这样做也是对传林的尊重与信任。下午4点35分,当我的那双眼睛移开"丁字沽"最后一个字后,立马把全文转发到传林的邮箱。

　　我觉得这个环节不能少,多一次把关,就少留些遗憾。想起好友勇则说过的一句话:"书中不能有硬伤。"所以该慢下来就得慢下来,必要时再回访几位"口述老人"也未尝不可。

　　自10月10日完成口述史整理以来,确实松了口气。虽然在此后的近一个月里同样起早贪黑绘制插图,但精神上不这么紧绷了,那种硬着头皮往前拱的状态没有了。画画反倒让我着迷,已经没什

修改稿件时，离不开字典、词典

么可画的了，竟然还不肯放下笔。

不知为嘛，我不太情愿触碰那些已经转化成文字的口述史，也许之前那三个月弄得太艰难了，不想"重吃二遍苦，再受二茬罪"，另外反反复复把录音里的语言"翻译"出来，早已失去了再度阅读的兴趣。要不是非做不可，我宁愿就这么静静的放着算了。可是，当我下狠心把这洋洋洒洒的丁字沽口述历史铺陈开来时，顿时被俘获、被穿透、被感染，甚至一刻也不想停下来。我像走进时光隧道，跟随着质朴与单纯，退回到他们苦涩的童年，并一遍遍地告诉我时间都去哪儿了。

周日，带着满脑子的"丁字沽"，要去交送《老建筑》一书的校对稿，心里那个急呀，结果从地铁站出来，打开一辆"小黄车"想尽快往家赶。谁知，这辆车的前闸"锁"住了，猛一踩脚蹬子，非常经典的给我来了个人仰马翻，还险些撞到飞奔而来的电动车，左大腿捻掉一块皮，右膝盖撞得生疼，脑门子磕了个大疙瘩，左眼顿时就虚乎了。即便如此,回家后还是忍着疼痛坐到电脑前,急切地步入岁月的屏幕……

昨天,夫人外出办事,她怕我中午不好好吃饭,就提前买了一斤包子,并嘱咐我煎热了再吃。中午,打开煤气灶在锅里倒了点油,然后把几个包子放进去,就这么点功夫都不愿意愣着,又回到电脑前。结果,闻见烟味跑回去一看,一锅包子全糊了!为了销毁证据,我把"炭黑包子"全给吃了。

朋友们都知道我退休了,恨不得拽着我出去玩玩,或喝点小酒聚聚,或弄个兼职掺和掺和。退休前我答应的挺好,可真退了似乎比上班还忙,弄得朋友们挺失望,当然他们大多能理解我。也有弄不明白的,问我"有嘛用",弄得我一时不知怎么回答!这三个字让我想起20多年前类似的一句质问。1991年的春节,我和夫人去一个长辈家拜年,闲谈中就提起了我自掏腰包出版《恬静的时空——张建摄影作品选》的经过,其中有人不屑地问:"出书能挣钱嘛?"我

吃了这锅"黑老包",据说可以化食

说:"不可能挣钱。""那,不挣钱有嘛用?!"这话噎得我差点背过气去。其实,每个人都清楚,在人生追求中,总有比金钱更重要的东西。可一旦不能带来金钱,甚至还从自己口袋里掏钱,就很难理解、很难接受了。就在这本"摄影作品选"出版后的转年,凭着它所展现的实力和功底,我被最具影响力的主流媒体选中,由此我走上了个人爱好与本职工作相统一的道路,由此塑造了一个全新的我。这个梦寐以求的岗位是花钱能买来的吗?

如今,我们迎来了新时代,其显著特点就是"多元化"。网络改变了人们的生活,创新与坚守同步推进。比如在破除旧观念的同时,倡导不忘初心,留住乡愁;在加速提升城市功能的同时,强调保护民族文化遗产。尽管手机横行天下,但是人们对传统书报的刚需依然存在。我曾说过,将来读书看报会成为一种令人敬仰的生活方式。最近,跟朋友聊天得知,有好几位利用闲暇时光在读书,他们从中获得了享受。也许这几年因为写书写的,只要一听说谁喜欢读书,立马对其高看一眼,我会热情地将自己的作品赠送给他。书,给对了人,是最好的礼物!

"有嘛用"这话听起来特别让人扫兴,细一想也无所谓,隔行如隔山嘛,自己高兴就行了,用不着所有人都认为你做了一件非常了不起的事情。"有用""没用"都是相对的,更何况我涉猎的内容都是有关天津地方史的,本来就是个小众范畴,不可能像畅销书那样红极一时。许多事总得有人去做,十几年来我陆续采集的南市、堤头、铃铛阁、西沽、西于庄和正在着手的丁字沽,都属于濒危且消失的民间口述历史,在这方面我是唯一的,做成了也就留住了。

基于这种心理,我在文字、绘画、摄影等方面尽其所能,想方设法往"有用"方面靠拢,总想为读者留下一些有益的东西。

2017年11月15日(星期三)

气象详情:最高气温10℃ 最低气温2℃
晴转多云 东南风 微风

7点起床,吃罢早餐,开始检索有关老丁字沽的历史文献。好像没干多会儿就快9点了,我不得不停下来到医院取检验报告,怎么说这也是件重要的事情。上一次验血是8月23日,虽然这段时间自我感觉良好,精神状态也不错,但还是有些嘀咕,毕竟是肝出了问题,一点都不能大意啊!

化验室还是昨天接待我的那个大夫,她一眼就认出我来,微笑着递给我检验报告,爽快地说了一句:"没事!"

我握着检验报告迅速走下楼,找了个背静地方急切查看那些"硬指标",其结果都在正常范围内,顿时有种重获新生的感觉。

既然出来了,顺便把第二件事也办了吧。上周,老干部处小刘打电话让我抽空到报社领取2018年的订报卡,我很感动。在单位上班时,报纸有的是,根本看不过来,隔一两个月就码起半米高,打外面进来根本看不见屋里有人没人,那真叫埋在了报纸堆里。可是,退了休才发觉没有报纸是那么的寂寞,虽然每天都在手机上浏

复制老丁字沽局部测绘图，又是对自己的磨砺

览一遍《今晚报》，其实也只看看版面而已。这下好了，报社为退休职工提供了这份福利，正好填补我内心的空洞。

正等电梯，小刘打来电话，我说："已经在楼下了，马上就到！"前不久，报社的办公用房进行一次调整，恰巧老干部处与摄影部在同一层而且还挨着。我先到老干部处，小刘特别热情，不管大事小情都表述得十分详细。她一上来先告诉我，退休金又上调了，而且还补发三个月，她一边念叨，一边把上调钱数和补发钱数，写在便笺上交给我，然后又把《今晚报》和《中老年时报》订阅卡递到我手里，这突如其来的好事让我热血沸腾。

带着满脸的喜悦到隔壁摄影部看看，一进门诸位也是惊喜万分，这是我退休后第一次见到大家，我首先表达了对摄影部的关心。这时，摄影部负责人当着我的面，像宣布什么事情似的对大家说："十九大的特别策划就是老同志给咱出的点子，所以受到各方面的肯定。"弄得我有点不好意思。

回到家，跟夫人通报了"肝功"的检验结果，她也非常高兴，并一再嘱咐要倍加小心。

继续检索"老丁字沽",这个活儿确实很枯燥很耗时。由于以前没弄过,纯属于"摸着石头过河",好在有勇则先生指点,有振良先生把关,我的艮劲儿上来了。昨天我们三个终于碰面了,就像多年不见似的,恨不得一股脑把话说完,我只能见缝插针简要介绍了"口述丁字沽"的进度,我说:"目前,已经完成了12万字的丁字沽口述史,12万字的采访日记,30幅手绘插图。总体说,文字、图片、绘画都有提高。接下来,为了实现'突破',我想再做几点探索:一是检索史料,丰富内容;二是手绘长卷,附在书后。这可是自我挑战啊!"他们听后也都为我高兴。振良不住地说:"这确实是个突破。将来我写论文就研究你算了!"我又趁势说了一些细节,当说到想把一年来我和传林的微信聊天纪录通过截屏的形式选一部分放到书里时,振良说:"截屏才能放多少,而且印出来字太小,不清楚,还不如单独摘录下来,这个弄出来也挺有意思的!"勇则也说:"还真是,这绝对是创新,一般人想不到。"他们就是见多识广,几句话就让我吃了定心丸。接下来,我再拼它一下应该会有新收获。

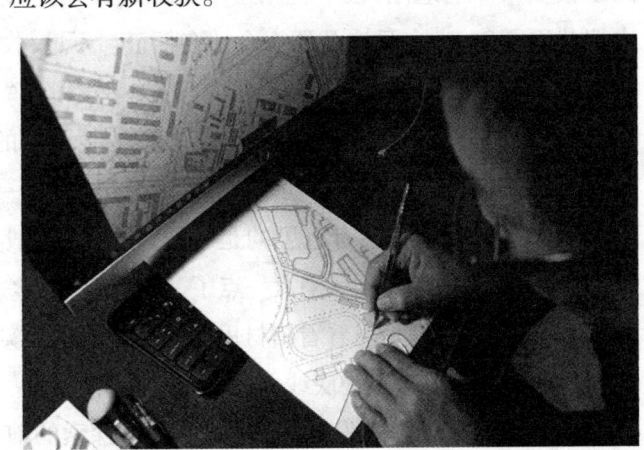

收集到的这份测绘图复印件不太清楚,只能翻拍后用电脑屏幕放大,一边辨析,一边绘制

2017年11月17日(星期五)

气象详情：最高气温8℃　最低气温-4℃
阴转晴　北风　微风

又瓷瓷实实在家闷了两天，干嘛呢？一是继续检索"老丁字沽"，一是摘录"微信通话"。先说检索"老丁字沽"，相关历史文献确实很少，虽然它是"七十二沽"的头一"沽"，历史也很久远，但它毕竟远离城市中心，更何况村子不大人也不多，很难引人关注。我查阅了很多天津老地图，根本就测绘不到那地界儿，所以检索到的历史记载很零碎，大多只涉及那么个地名而已。不过,收获还是有的,总归过去没人涉足嘛。一旦密密麻麻的文字里跳出"丁字沽"三个字,我就会眼睛发亮,心跳加速,这或许就是"发现"的乐趣。小时候,把捡来的石头子儿深埋地下,然后做个记号,等一年以后再挖出来看看有何变化。最有意思的是"记号"没了,万般无奈,四处找寻,那种渴求是很难忘的。稍大一点了,愿意跟着同学去坟地逮蛐蛐儿,而我更感兴趣的是想看看棺材里到底有什么。其实也很害怕,但又忍不住不断挑战自己的底线,渐渐就形成了性格的一部分。

有发现才有创新。发现的前身是探索,探索的前身是好奇,好奇的前身是渴望,渴望的前身是梦想。顺过来说,当你有了闪念,就会有冲动;有了冲动,就自然有了观察;有了观察,就一定会有投入;有了投入,才历练出独特的思考与判断。2012年,我去市总工会办事,心想都走到这了,办完事是不是应该到老"天钢"看看,结果"天钢"没看见,却看见那里不但修了路,还架起

依据贾大爷的描述复原的《大花轿》插图初稿

《大花轿》创作过程

了横跨海河的新桥梁。于是,我沿着海河一座桥一座桥地拍摄,一边拍一边往回走,忽然脑子里闪现出一个疑问:海河上到底有几座桥,能不能把海河上的桥梁按顺序重拍一遍?此刻,那种冲动已经按捺不住了,紧接着又一个更大的疑问浮现出来:市区共有几条河,那些河又架有多少桥梁呢?回到家,摊开地图一查才知道,市区内流淌着九条河,真应了那句俗语"天津乃九河下梢"。这就不单单是拍几座桥那么简单了,它形成了一个大专题。之后,我用时半个

多月,行程150多公里,拍摄了9条河流上的180多座桥梁,从而成就了《天津桥》这本书的出版。

检索"老丁字沽"挺好玩的,结合勇则传授的"秘方",一步一步深入,一个角落一个角落探寻,失望与惊喜同在。

再说摘录微信聊天纪录。就好像有预感似的,自从传林加我为好友,一年来的所有微信聊天记录全都保存,一条也没删,这可真不容易。因为我每隔一段时间就把一些朋友发来的信息清理一遍,唯独我和传林为采访丁字沽你一言我一语的对话没动过。或许觉得在海一样的微信里,只有我们这条线儿谈的才是正事。另一个原因,我们俩的微信聊天记录,对我后期整理访谈录音还起到过提示作用。因为那上面的时间地点都是确切无疑的,有些"独白"流露着当时的心境与真情。所以我灵机一动,准备把有代表性的通话截

在桌子上画累了,就站在窗台前接着画,再累了就往窗外看看

屏,放在采访日记里作为插图使用。大概截了有十几"屏",长处是"重点突出",短处是"上不着村下不着店"。头两天,振良破解了这个难题,他建议全部摘录下来,即便有闲白儿也不要紧,保持真实性、完整性。在他看来,这种你来我往的对话很有意思,过去文人用书信的形式交流,如今借用新媒体交流,而且还有谈话的主题,很难得。

我也不知道有没有窍门,就这么开始动手了。打开手机,进入到王传林的微信,然后把屏幕内容"推"到头儿,那是2016年11月22日的"添加好友",从此,我们俩围绕着"口述丁字沽"展开了一轮又一轮对话。有约定、有商讨、有感慨、有展望,都是三言两语,甚至心照不宣,然而却是那么的单纯,那么的阳光,那么的充满活力。

我是个极简主义者,发微信最多也就几十个字,传林虽然平时说话絮叨,但发微信确实也挺"节俭",双方都能明白就行了。但是,我实在没想到,把手机里的微信一个字一个字敲下来,竟然用了一天半。在我们俩如此珍惜公共资源的情况下,整理出的微信通话竟然有一万多字,也算是为这本书添加的新内容吧!

2017年11月22日(星期三)

气象详情：最高气温7℃　最低气温-2℃
晴　西北风　3-4级

今天是启动"口述丁字沽"一周年纪念日。当然，这个纪念日也许只对我个人有意义。因为就在去年的这一天，我把这份责任扛在了肩头，并且做好了吃苦受累的准备，并且向期待我的人们做了最诚恳的表态，那就是不予余力地把这件事情做好。

这一年，我有些命运多舛。2月10日恰逢正月十四，采访回来，刚进家门没5分钟，左眼晶体莫名其妙脱落，顿时这只眼没有了视力。对于一个靠眼来展现自身价值的人来说，这是多么晦暗的时刻，用朋友的话说，我的这只眼是应该上保险的，因为它为天津地方史留下了众多珍贵的图像，但不管怎么夸奖也是白搭了。6月8日，自感身体有些不适，结果到医院一检查，完啦，连家都不让回就直接住院了。由于过度疲劳和精神紧张，患上了急性肝炎，"肝功"指标超过正常值的几百倍，所庆幸的是通过DNA检测，我的病毒基本没有传染性，愧疚之情稍微冲淡一些。可以说，走到这一步，都是自己作的，怨不得任何人。11月5日，为了送书稿又想急着回家修改丁字沽口述史,"小黄车"竟然给我来个人仰马翻,使我的头部、左大腿、右膝盖都受了伤,真是活该,用得着这么挣命嘛!好多人都告诉我,本命年加点小心,可我就是记不住。其实我并不是故意逞强,只是这腔热血太躁动了。即便如此,我还是按进度完成了丁字沽的采访、口述史的整理、老街旧貌的拍摄、文中插图的绘制、历史文献的检索等等。

当然,除了一年来的倒霉事不断,好事、喜事也

查史料真是个磨性子的差事,一天下来,有时得不到什么收获

不少。比如,出版了《口述津沽:民间语境下的西沽》和《口述津沽:民间语境下的西于庄》。比如,召开了新闻与记忆——张建城市田野调查学术研讨会。比如,光荣退休。比如,基本完成了《口述津沽:民间语境下的丁字沽》书稿。比如点校完成了《老建筑》一书的再版。比如,完成了原天津市佛教协会副会长王剑非个人口述史的采访等等。

早晨7点半就开始干活了,心里多少有些着急。但急也没用,必须按程序一点点推进,没有捷径更不能侥幸,就连勇则在梳理和运用史料方面已经成专家了,也得这耐着性子。要不他说一般人

忍受不了呢！这些天，我集中精力检索史料，大概收集了各类文献3万多字。最早的一九零几年，最晚的一九四几年，内容比较庞杂，但不论如何，至今还没有人这么下气力纠缠过丁字沽的前世今生。从昨天开始，已进入第二个阶段，也就是用下载的文本对照原作一字一句进行检校，修正"各自的错误"。为什么会有"各自的错误"呢？首先说，电子文本是从旧报刊中转化而来的，原文的清晰度决定了电脑的辨识力，从而决定文本的差错率。另外，下载后的文本都是繁体字，转成简化字后，自然出现遗失或变异。再有，原文本身也存在病句、错字、别字等。这些，对于我这个"半文盲"来讲的确有些吃力，尤其遇上几乎"乱码"的文稿，对着繁体字重新录入，那真是对毅力的一种考验，手里的字典不敢放下，有的字愣是查不到。

9点半，夫人晨练回来，见我还在电脑前死磕，就劝我说："你看看今儿天多好，还不出去晒晒太阳？！"我直起腰向窗外瞅了瞅，还真是难得的清亮。对，带着相机出去兜一圈，再这样闷下去非长醭不可。

骑着车走进南开大学校园，仿佛这里还储存着消磨不尽的秋色，沿河的柳树好似美女的长发，飘来荡去妩媚动人；绿意如织的草坪上覆盖着一层休眠的杨树叶；马蹄湖内的残荷凝练成钢铁般的筋骨在萧瑟的寒风里伫立；巨大的法桐树在暖阳的照射下金灿灿的，仿佛幻化成了"发财树"……清凉的空气吸进肺里，好像把粘连的五脏重新复位，我用照相机的快门不停地给大自然和好心情点赞。

下午继续工作。期间，还联系了红桥区档案馆，想通过他们查找有关丁字沽的史料，人家回答得很干脆："没有！"

2017年12月

2017年12月1日(星期五)

气象详情：最高气温6℃　最低气温-2℃
晴　西南风　微风

又将近一周没出家门了，每天早7点打开电脑，一直干到夜里11点左右，午觉也自动取消了，即便想眯瞪一会，也睡不着。我整个人似乎只受"丁字沽"三个字支配，任何与之无关的思维都不存在。在有效的十几个小时里，除了简单吃点儿饭，就是检索、查阅、核对、抄录。简直就活在一个人的世界里，不发微信、不看电视、不谈闲白儿，就连夜里睡觉，大脑也是两个层面。下面那层休眠了，上面那层还在云游，潜意识里要么是搜索引擎，徜徉在时光隧道中捕捉四处乱飞的"丁字沽"，要么就是行文的用词、语句。为了默记忽然迸发的灵感，竟然可以在脑子里复述并坚持到天亮。

周一(11月27日)，传林把我发给他的"丁字沽口述史"全文又转发给我，然后我们在电话里就文中的存疑或改动进行了沟通与交流。

周三(11月29日)，依然不死心，又通过"旁门左道"检索出有用的信息，虽然很兴奋却不能直接使用，思前想后还是请教一下勇

史料检索实在是弄不下去了,就描绘一些"长卷"里可能需要的人物造型

则吧。电话里,我把这几天检索的情况和感受简单陈述一遍,然后提出些问题。他不停地给我鼓劲,生怕我打退堂鼓,并告诉我这才刚刚开始。我听着多少有点胆颤,真是怵头死了!勇则很热心,让我下周到他那取走《益世报》三大册合订本,叫我一页一页翻,然后建议我再把《天津通史》浏览一遍,后面还有《申报》等等。虽然我快崩溃了,但能够劝慰自己的是,已经打下了基础,起码有3万字垫底了。

周四(11月30日),经过多日艰苦奋战,将几百条史料整理、归纳成7大板块:乡情、诗情、民情、商情、灾情、警情、军情。还征求了振良意见,他觉得可行。之后,将检索和收集相关历史文献而形成《丁字沽方志》的过程,写了四点说明。晚上,将《天津通史·大事记》翻看完毕,收获最大的是,发现了康熙四十六年(公元1707年)康熙皇帝途经天津时下榻丁字沽的历史记载。

今天着手撰写该书的"代序",为什么放在最后呢?就是想与前几本书的风格有所区别,力图给读者一点引导或提示。所以,我就用了在梦中闪现的一个标题:《老丁字沽的新发现》。

2017年12月8日(星期五)

气象详情:最高气温4℃ 最低气温-4℃
晴 西南风 微风

又花了三天时间,把拆分好的共32位口述人的文字稿,仔仔细细捋了一遍。把不合逻辑的、表达不清楚的语句和漏网的错别字纠正过来。与此同时,根据每位口述人讲述的内容,选配照片和插图,这个工作量也是蛮大的。相对来讲,老丁字沽并不大,主干道就一条:丁字沽大街(南北);辅路两条:二道街、三道街。所有的故事都没离开这三条街,加之大多数口述人早已离开了老丁字沽,他们的祖宅或与他们相关的历史遗迹,也几乎都在十几年前拆除了。所以,选配图片时既不能重复,又不能轻重过于悬殊,需要整体考虑。第一步,把视为重要历史点位的,涉及到人和事的,构图新颖富有意境的图片集中挑选出来;第二步,每修改完一位口述人的文字稿后,立即将对应的照片进行分流;第三步,将选定的照片逐一进行对比度、密度调整,个别图片局部剪裁,然后将"彩色"转换成"黑白"效果;第四步,针对每位口述人选配的照片及插图数量再加以调整,同时记录需要补拍的点位或内容;第五步,为每张照片和插图配写说明文。这些环节如果能顺利走一遍，应该说书稿的主体就基本完成了。

现在，只剩下配写图片说明了，稍微可以喘口气。真正让我没根的，还是收集史料，这不是我的长项，弄不好就要拖出版的后腿，只要一想起这事就心烦意乱。

上午给勇则发微信，问他查找的资料准备好没有，他回复说下午可以到他那去取，我也恨不得快些拿到手赶紧了结。我带了两个布兜子，骑着"小黄车"直奔河北

从王勇则处搬回来的巨著放到桌上，简直像座高塔

区新闻中心。也许是在家闷的，没骑出多远就喘不上气儿来，过去哪有这种情况，多远的路从没打过奔儿，连续骑行仨小时不在话下。可是，最近我发现体力不如以前了，要不把关禁闭作为一种惩罚呢！

骑到北安桥，喘气儿似乎顺畅多了。"小黄车"实在不好骑，有一次我去参加同学聚会，途中换了6辆车。"小黄车"赶路不行，健身正好。

到新闻中心大厅给勇则打电话，恰巧他刚散会。我想让他把书带下来就走，省得耽误他的时间。他说书太沉，一个人拿不了。我直纳闷，能有多少书？好么，走进办公室，真让我一愣。全是大部头，摞

起来有半米多高,这不要我老命嘛!他指着这摞书说:"这些都得翻一遍,省得留遗憾。"乖乖,我刚熬到快"刑满释放",抱着这些书还得接着"坐牢",看这薄厚儿一时半会儿是"出不来"了。

原想把《益世报》(合订本)借给我翻翻就行了,没想到除了这三大本,还有《天津通志》三大本和《红桥区志》《天津志略》《天津游览志》三本。他还说让我先看着,后边再接着给我提供。真是出乎意料,好像一棍子把我给打懵了,眼前直冒金花。我忽然感觉自己特别弱不禁风,这"载儿"加的有点太大了。勇则非常热情地辅导我使用工具书,不停给我打气,说既然走到这一步,就要弄扎实了,还讲了这些年他通过检索和查阅史料收获的成果。在他的开导下,我忽然有了"破罐子破摔"的想法:与其这么纠结,赶落自己,非要年底交差,还不如沉下心来把《丁字沽方志》钉是钉铆是铆地做好。正像

查阅和检索史料,成为我有生以来集中看书最多的一次

勇则说的,书早出晚出并不重要。劲都使了,罪也受了,干嘛还要留下遗憾呢!也是,有勇则给我托着,怎么会成不了呢?在这方面他是专家,他认为我能行,我也就别太怂了。

其实也不矛盾,我照样可以把书稿按期完成,史料部分可作为附录加在最后。

2017年12月19日(星期一)

气象详情:最高气温3℃ 最低气温-3℃
晴转多云 西北风 3-4级

　　三管齐下:写图片说明,查阅史料,整理录音。上午7点开始工作,9点半坐地铁到丁字沽补拍照片。这次,没再去老丁字沽,而是要拍摄上世纪五十年代初期占用丁字沽农田建设的工人新村外观,其中包括一段、二段、三段、四段、六段、七段、八段、九段、十一段和东大楼等等。回来时,本应继续乘坐地铁,可是绕来绕去,偏离了地铁站,要是专门骑到地铁站有点划不来,加上往南走是顺风,于是,改变主意直接骑着"小黄车"走人啦!也不错,顺便拍摄了"丁字沽城防卡口"遗址和"蔬菜分拨站"旧址。进了家门又是一身臭汗,幸亏夫人还没回来,否则又得该批。

　　下午先把照片选出来,然后挨张调整、写说明,并分发到各口述人的文件夹,总共200多张照片和插图。就是每张照片或插图写上5个字的说明,也得上千字呢!就说工作量有多大吧。翻阅史料更是弄得我"散光"加重,早就豁出去了,根本不在乎我的左眼能不能承受。再说整理录音,已经变成了我最不喜欢干的事情,完全出

大门不出，二门不迈，宅在家里以书为伍

于被逼无奈，可又不能再拖下去，毕竟王会长（王剑非）已经九十岁了，怎么办？在网上咨询"音转文"的相关信息，心想即便花上几千块钱能"翻译"出来也行啊。归其，我把文件传给一家公司，电脑自动做个"示范"给我看。好家伙，简直就是"大脑瓜子溜肩膀儿，哪也不挨哪儿"，几乎全是"胡说八道"。然后又咨询人工"翻译"，文件传过去后，人家认为该内容有难度，不跟我签合同。情急之中想起我电台的朋友，正好他们刚装上一款新的"翻译"软件，把我美得够呛。朋友还特别愿意帮这个忙，此时我的全部期待都放在这上面了。心说，这不就两全其美了嘛！然而，几天过后，电台朋友给我传来一篇，让我看看行不行。崴了，不到俩小时的录音，竟然"翻译"出一万多字，这得需要剔除多少"废话"呀！按我多年的经验，两个小时的"有效文字"也就5000字左右。再一细看，就如同一个精神病人在说话。完了，彻底打消了用"高科技"化解难题的愿望。这才明白人是多么的重要，这才体会到整理口述史的价值。

还有件事，我忽然想改变主意。原想在书的末尾手绘两幅以老丁字沽为历史背景的长卷，为实现这个新创意，我收集了许多相关

翻阅式的检索费时耗力,却很有必要

资料,脑子里也在不停构思。可是,这几天在为书稿选配照片时,发现大批珍贵图片用不上,促使我重新进行思考。比较来比较去,觉得手绘长卷不如真真切切的照片更具史料价值,尤其老丁字沽的旧街巷在这次棚户区改造中全部拆除,几十上百年后,照片的说服力就会格外凸显。

2017年12月27日(星期三)

气象详情:最高气温5℃　最低气温-3℃
晴　东北风　微风

周一晚上,把史料中辨认不清的字迹用手机拍下来发给王勇则先生,请他帮着识别,我想尽快把这几个空格儿填上,然后就可以交稿了。果然,他具有超强的能力和丰富的经验,虽然不是马上

席地而坐,这也算是一种读书的姿态

因为缺乏经验又心存侥幸,所以才造成一次大返工

就给了我答复,但最终还是一个字一个字被他破解了。王勇则先生在检索和查阅史料方面显得很成熟,他是从"苦水里熬出来的",所以他跟我也不讳言,几次说,在这方面下没下功夫,下了多大功夫,谁也瞒不了谁。微信里又建议我,看完他提供的那些书,再检索一下《申报》。我想既然到这地步了,再查查也无妨,就问他网站地址,他让我查"爱如生申报馆"。

周二,原定到报社把书稿交给王振良先生,赶紧卸下压在心上的这块石头。至于文献史料部分,我还可继续检索,继续补充。振良来电话说,上午临时有点事不去报社了,我一听,正好可以用一天时间把《申报》检索一遍。

今天早晨起晚了,接到振良发来的微信,也说起晚了,就像俩人商量好了似的。为什么我喜欢上班前去找振良呢?一是不希望碰到同事。二是不愿影响编辑办公。

8点半,走进副刊部,跟几位老同事打了招呼,然后压低声音与振良沟通丁字沽史料这部分的进展。我让振良把 U 盘里的文件拷下来,想让他快点过目。振良点开文件看了几眼就发现问题,他说:"结构和内容应该没问题,主要是行文不规范,否则出版社那关过不去。"最让我担心的事情果然发生了。标注文献出处这个环节,我确实不了解这里边的说道,又抱着侥幸心理到振良这儿来"闯关",这不叫作死叫嘛!别看振良说话柔柔的,那就是告诉你拿回去"大返工"。我面带难色地跟振良说:"史料的出处太繁杂,从哪儿剜呲的都有。你给我写个样式,我去效仿。"振良抻出一张放在办公桌上的废纸样,用反面给我举了两个例子。我把这张纸折起来掖在口袋里,自我表态:"这活干褶子了,相当于我再重新来一遍。放心吧,吃一堑长一智!"

振良见我受到小打击,多少有点不好意思。不过马上补了一句:"我觉得加把劲儿还能接着检索,最好达到十万字左右,让史料这部分单独成篇。"这话说得似乎很坚决。我想,既然重做,就奔着这个目标努力吧。

2017年12月31日(星期日)

气象详情：最高气温3℃　最低气温-5℃
晴　南风　微风

老早就起来，整理会长(王剑非)的口述史。心理预期是，今天无论如何也要把第八次采访录音整理完。因为2018年1月4日至12日，我将携夫人到俄罗斯旅游。行前，尽可能多做些事情，弥补几日空缺。

前天，与王会长、姜老师等小聚，我介绍了口述史的整理进度及下一步的想法。王会长还给我带来一些资料。

昨天，参加第五届问津年会，我继续负责拍照。分组讨论时，原准备讲讲几年来的感悟和收获，算啦，别在关公面前舞大刀了。年会快结束时，王传林来了，我们大概几个月没见了。我跟他通报了"丁字沽"书稿的简要情况，他也说了说自己的现状，还是风风火火的样子。

今天，没打算触碰"丁字沽"。下午，一身轻松地陪夫人到超市购买旅行箱。回来后，又一鼓作气把王会长的采访录音整理完，高兴得像中了大奖。可是，不会儿功夫，内心就起了变化，鬼使神差般

这个元旦,让我享受到2017年最后一秒钟和2018年第一秒钟的交互对接

把《红桥区志》搬出来,查阅隐匿其间的"丁字沽",欣喜地发现有不少内容可作为史料摘录。于是,就进入天津图书馆的"一览通",想通过这个渠道下载《红桥区志》里我需要的东西。然而"一览通"只能检索到这本书的简介,却打不开内页。怎么试也不行,无奈之下拨通了王勇则的电话,问他,"一览通"打不开《红桥区志》,有没有其他办法。他说,这种情况只能规规矩矩地敲字。完了,彻底没指望了。我就一边查阅,一边在电脑上敲字。弄完一段又一段,有点刹不车了……

2017年的最后一天,我竟然还这么不顾一切地为丰富天津地方史默默耕耘,亲爱的2017,我没有辜负你!

新年的钟声,伴着欢呼雀跃从电视荧屏传进我的耳朵,它那悠扬的回响仿佛洞开了我们追逐美满生活的天窗。新旧交替,除了时间在跳动,还有心在奔腾……

2018年1月

2018年1月21日(星期日)

气象详情:最高气温1℃　最低气温-5℃
阴　东风　微风

当采访日记坚持记到2017年最后一天时,就想有头有尾地结束了。假如2018年再续写,又得不到清闲了。说句实在话,要不是因为丁字沽,我才不费这劲呢。过去没觉得写日记有多累,不就是随手记记一天都干嘛了吗。可是,一旦你的日记要公开示人,就必须严肃对待,既真实可信,剔除任何修饰,又主题突出,避免无病呻吟。总而言之,起码做到不治病也不伤人。这样一来,写日记就跟写一篇文章似的,废话连篇不行,颠三倒四不行,杂七杂八不行,过分自我也不行,加上脑子又不跟使唤,有时坐在电脑前得愣半天才能动手。

二十多天放弃写日记还有另外一个原因,就是这段时间整个人都钻到书堆里了,天天就这段儿,生活状态就像"复制粘贴"一样,相似到找不出任何差异,说得夸张点已经半傻不茶了,整天顾不上外面风霜雨雪,也记不清星期几是几号。家里人喊吃饭就吃饭,吃完一抹嘴头儿又钻进书里,两只贼眼不停在搜寻"丁字沽"的蛛丝马迹。大脑都固化成这模样了,还有必要写日记吗?

为什么今天又重新拾起来了呢？因为今天有了好心情,丁字沽史料这部分,总算剔肉抽筋的给整出来了,最起码有十几万字的"量"搁在这呢,独立成篇的基础已经有了。尤其我与勇则"微信辨字"的过程不记下一笔哪行,日后也好成为掌故嘛!

要将散落在各处的丁字沽史料汇总起来,通过系统的编辑、点校,整合成《丁字沽方志》确实挺有意思,要不勇则先生对史料的采集如此着迷呢!这次多亏他的指点,少走了一些弯路。另外,他辨认字迹的能力也是没比了,还得说人家的知识储备达到一定程度了。

图1:第4行第5字　　图2:第7行第8、11字

前天晚上7点半,我通过微信发给他5张照片,求助他给分辨文里的"残字""虚字""空白字"。7点40分微信回复:"好的,现在抬不起头儿,一会儿落实。"我估计他正参与河北区"两会"的报道,心里有些过意不去,这不典型的"没眼眉"嘛!

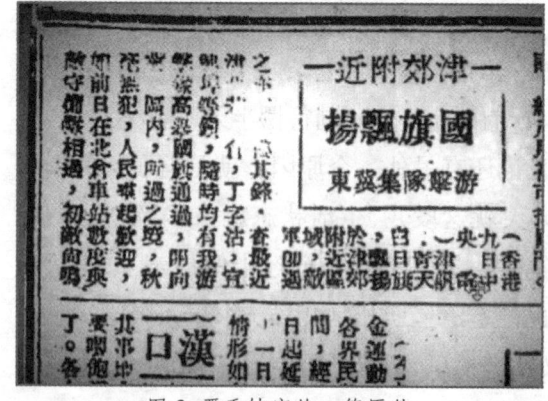

图3:严重缺字的一篇原件

昨天早晨我打开手机一看,让我着实感动了一番,勇则先生竟然于午夜零点陆续给我传来了

"答案"。第一条短信:"图1是'跪奏为'(大概是'为'的繁体字)。奏前有空格,是对皇上的敬意。"接着又一条:"图2奏报在案后应为'兹据'。兹据通永道英良详称……"为了辨认准确,他还补发刊载该文的《申报》影印版,让我再仔细核对一下,多么的严谨!

今天上午,我忍不住又给他发张截图,让他辨认几处字迹,其中一图问:"续完者准?续行……不致虚?"不会儿勇则就回复了:"续完者准其续行……不致虚悬"。我谢完他,又蹬鼻子上脸发了两张截图,一问"每石抽?制钱六文",二问"请具奏?情……"大约一个小时之后有了动静,我打开手机一看,回答的非常清晰:"每石抽取制钱六文""请具奏。等情前来。均应如此标点。"其实还有几处,我不好意思再问了。勇则在这方面确实挺厉害,记得二十年前,我陪他考察云贵会馆时,我爬上爬下拍外景,他蹲在昏暗处抄录碑文,实在看不清时,我就用湿布擦一下石碑表面帮着辨认字迹。当时我想,就是打死也不干这个。可是,二十年后人家成了行家里手,我显得挺露怯。说实话,有的字是需要个人积淀来辨认的,就字论字谁也没招儿。

图4:第6行第5字 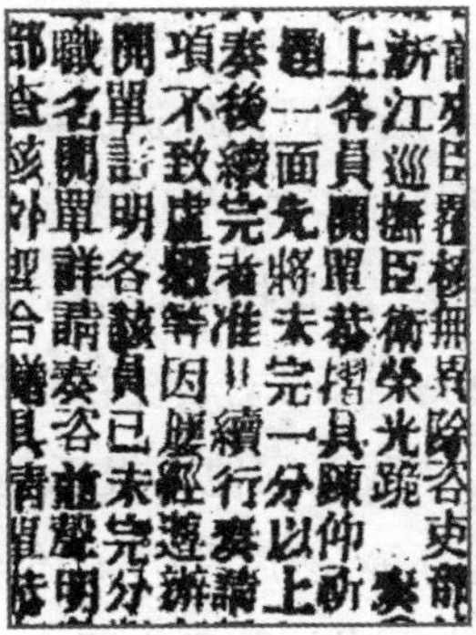　　图5:第4行第5字 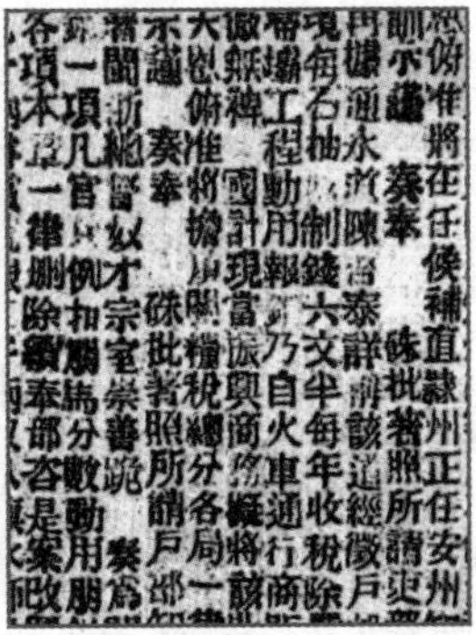　　图6:第3行第4字

2018年1月26日(星期五)

气象详情:最高气温-4 ℃　最低气温-8 ℃
阴　南风　微风

弄到下午2点半,实在进展不下去了,没别的办法,只能求助勇则。于是发了条微信给他:"请勇则指点,这样行文是否规范——《天津通志·旧志点校卷(上)》(《天津卫志》)卷之一形胜第24页:'……'。"大约3点收到回信:"清康熙年(?)刻本《天津卫志》卷之一《形胜》:'……'。转引自天津市地方志编纂委员会编:《天津通志·旧志点校卷》上册,南开大学出版社,某年,第24页。"看完微信,心头一紧,太繁琐了!我把振良写的参考句式拿出来比较了一下,不知选哪种更好。于是便回:"你这比振良的复杂,因前面我做的史料有所忽略,恐怕有些内容找不到这么详细的出处了。"

我没干等着他的回复,而是按照他的"标准"模拟了一条,发了截图。他看后说:"这样好,因旧志点校卷有很多校对问题,如不能核对原文的话,可免责。"我又问他:"报纸类,我先标出年月日、报名、第几版、专栏或标题等等,然后是引文,你觉得呢?"他说:"报刊即如您所言,注意消息或文章的题目应写全。"我告诉他:"这活儿

焦躁、烦闷、疲惫,总而言之滋味不好受

前面干猛了,好些都需要返工,张老汉有点吃不住了!"

综合勇则和振良提供的"模式",我开始逐条查对原文出处。《大公报》《申报》依照见报日期在网上重新"回炉",补上版次、栏目和详细标题。《益世报》就比较麻烦,因为没有电子版,就得从头再翻一遍,上中下三大本子,加起来好几千页。那没办法,谁让我早早把夹在书里的纸条扔了呢!还有《天津通志·旧志点校卷》上中下,《天津通志·大事记》《红桥区志》等等一系列文献,全都得采用这种原始办法,为嘛说这次的史料收集把我整的死去活来呢!

到了晚上,又发现了新问题,我给勇则举了个例子发到微信上:"比如《天津通志·大事记》怎么弄?一上来先出文,最后再标出处吗?我原来是直接出《天津通志·大事记》清代第49页,然后出引文。"我也不知他正忙嘛呢,过了会儿告诉我:"又得开会,回头联系。"

晚上9点,我实在忍不住了,又给勇则发了微信:"勇则,你还得告诉我,单本书如《天津地方志》《红桥区志》等这类史料如何标注,按你前面说的恐怕不行吧。"

晚9点43分,盼来了勇则的回复:"《红桥区志》载:'……'据天津市红桥区地方志编修委员会编著:《红桥区志》,天津古籍出版社2001年版,第56页。"接着又发了下一条:"编著者,书名,出版社

厚重的文献,夹满了轻轻的纸条

名称,出版年份及版次,页码。这个是脚注或尾注的格式,如非脚注、尾注的话,无须拘泥,说清楚即可。"然后建议我"发给振良几页看下,以免出版社让返工,各出版社规定不同。"接着又补充一条:"您看下我弄的忠烈祠那本书,天津古籍出版社认可的模式。""好的,马上就看。"最后我跟他说:"后面可能还得麻烦你。"显然,他此刻的心情不错,便说:"没事,您别客气,举手之劳,一起切磋呗!"

2018年2月

2018年2月3日(星期六)

气象详情：最高气温 0℃　最低气温 -8℃
晴　北风　微风

上午9点10分，驮着两包书穿过万德庄大街来到位于卫津路上的海光寺新华书店。刚到门口，碰见振良走过来，我说："麻杆打狼两头害怕，既担心没人来冷场，又担心人来的太多书不够卖的，

签售活动前举行了读者见面会，由王振良先生(左一)主持，效果很好

口述津沽
民间语境下的丁字沽·日记篇

《口述津沽——民间语境下的西沽》 作者历时三年多，采访了六十多位西沽原住民，分别讲述了大量鲜为人知的家族史、创业史、成长史等等。内容丰富，语言淳朴，图文并茂，津味十足。是了解西沽、研究西沽不可或缺的参考史料。

《口述津沽——民间语境下的西于庄》 作者赶在动迁之前，先后百余次前往西于庄采访、查证和拍摄，收集了大量一手材料，经过启闭整理、核实和撰写，将西于庄的风土人情和历史变迁，活灵活现地呈现出来。特别是读本书还汇集了作者十二万多字的"采访日记"，其间的喜怒哀乐跃然纸上。

《老建筑》——以老照片为参照，寻找老建筑，在原地点，采用原角度对应式拍摄，完成了200幅大幅片，意图、考证、核对了大量史料，具有很好的观赏性和收藏价值。

《老街角》——作者独具慧眼，发现并拍摄了津城旧街区现存的"老街角"160处，极富新鲜的展现出异彩纷呈的历史建筑风貌。另有"老街角"图片40幅及楼林的文字介绍。

《天津桥》——作者历时半年，沿市内9条河道，总行程200多公里，拍摄了180多座桥梁，展现天津市区百年建桥史大观。

张建，高级记者，中国摄影家协会会员，中国晚报摄影学会副会长，原今晚报摄影部主任。几十年来在摄影领域多次夺得大奖，出版图文著作《老建筑》《老街角》《天津桥》。2006年以来，将摄影与采集、挖掘、整理、研究口述史相结合，先后采访天津原住民200余人，出版专著《口述津沽——民间语境下的堤头铃铛阁》《口述津沽——民间语境下的西沽》《口述津沽——民间语境下的西于庄》，留下弥足珍贵的史料，并形成风格独特的"口述津沽"系列。

文化志愿者傅磊还专门为我设计制作了"易拉宝"

所以又带来10套。"我们一起走进书店，没想到我的老领导刘凤山（原今晚报社社长兼总编辑）早就到了，一见面就向我表示祝贺，感动得我不知说什么好。不会儿传林抱着一束鲜花直接送到我手里，这让我一点都没想到。接着，我的一位老同事出现在我面前，让我着实惊喜，因为他已经到国外定居了，刚回国就见到"签售"的消息，于是早早赶来捧场。还有我的老朋友田毅林、刘筝、栗岩奇、白湘凤等等也都没打招呼就来了。好友许靖、张越主动带着相机准备为签售活动留些资料。大约10点，陆陆续续来了不少读者，振良还特意邀请地方史知名学者万鲁健，地方史研究者井振武、张诚等陪同"签售"。

这次"问津文库"新书签售活动，是由周醉天先生牵头组织的，之前已经搞了几场，有点像读书沙龙。签售前有半个多小时的座谈，或者叫作者介绍、作品点评、编著体会。王振良先生做了开场白："张建老师跟我是同事，都是记者出身，虽然采访对于他有着先天的优势，但这些年张建老师始终在不断地'转身'，从单纯的专题摄影，逐步介入到史料的采集，直至出版了三部《口述津沽》系列专著，其中他的'西于庄'从学理上说，要比'西沽'更能成为口述历史的重要案例。"

我打心眼儿里佩服王振良先生，他的学识和个人魅力在天津文史圈里有口皆碑，我俩虽然是同事，其实沾了他不少光。我虽然勤奋或者说不停地探索，但没有他为我"拔高"，没有他提供平台，恐怕我的这些所谓成果还都在电脑里堆着呢，像我这么个低调的人，何时才能遇见伯乐？正如他接下来讲的那样："这几部专著体现了张建老师的个人成长史，其实他成长得非常快，不到十年，甚至更短。大家还记得老城里拆迁吧？就我所知，当时不下百十人到那里去拍摄，可是大部分照片只能注上'老城街景'，而张建老师很细心，他把胡同名称和门牌号都记录下来，尤其是他拍摄的'百对老城夫妻'，已经具有社会学的统计意义了，这就是他与别人不一样的地方。"接着，他又以西于庄"吃兔头儿"为例，阐述民间口述史的价值，还向在场的读者透露，今年丁字沽口述史也将出版……

振良先生讲得挺带劲，让我再说说，我感觉有气无力。但是，既然人们是奔我来的，多少也得讲上几句，我就着重谈了这些年"华丽转身"的过程和成果背后的探求与付出。井振武和张诚分别做了简要的点评，最后万鲁健说道："过去就知道张老师，他以摄影见长，而这几本著述的出版，层层推进，的确上了一个档次。他的工作

签售现场竟出现了小高潮

和他的著述,都将在天津历史上,或者说中国的口述史上留有一定的地位。"

座谈的气氛非常好,签售开始后大家围拢过来,老总刘凤山抢了个"头彩",他买了本《口述西沽》,让我在扉页上签名。当着这么多读者我也不好说别的,只能狠下心一视同仁。有个叫刘金明的78岁老人专程来购买《口述西于庄》。他出生在鲍家胡同,后来因修建新红路才离开了西于庄。更出乎意料的是,天津大学建筑学院副院长宋昆教授带着他的几个博士生前来参加活动,他们对我的《老建筑》《老街角》《天津桥》很感兴趣,双方就此做了互动交流。

2018年2月6日(星期二)

气象详情：最高气温2℃　最低气温-6℃
晴转多云　西北风　微风

  这几天，内心总有点小忐忑，因为我要带着磨砺了一个多月的《口述津沽：民间语境下的丁字沽(下篇)》去见该书的主编王振良先生。哈哈，像是很庄重，还带有某种仪式感。因为"下篇"是额外增加的，是我想寻求"突破"，生生让振良给架高架出来的。尽管我下了很大功夫，付出了很多努力，但我对这个领域还是比较陌生的，能不能达标心里没底。临近中午，给振良发了条微信，问他下午在不在报社。他回话，下午4点左右在。我告诉他下午去找他。

  不到4点从家出来，骑着"小黄车"到报社，上了电梯遇见了同事，问我退了休怎么样，我没过多渲染退休怎么好，只说退了休压力小了，时间宽裕了。我们一同从20楼下来，她给我指了指副刊部的位置，便拐进自己的办公室。副刊部的门半开着，我往里环视一圈，没见着振良，就问屋里的人，"你们主任在嘛？""在！"这时振良听见了，一抬头才看见他，我边往里走边说，"没看见你的头皮啊！"振良让我给逗笑了。

看似无望的事情,做了也就成了。一个多月来,弄得我都没脾气了

王振良先生坐在紧里边的一个角落,周围堆满了各种书籍,我去时他正处理稿件,我没急着说自己的事情,静静地陪他坐了会儿,因为他们节前要预拼好几块版,所以阅稿量相当大。加上"问津文库"的书稿,最终都得落入振良的手里,好像这种工作状态已经成为他的生活常态。我把U盘交给他,告诉他先把第五届问津年会的照片拷下来,他拉开抽屉取出个移动硬盘插上。我说:"退休了时间充足,就把照片做了筛选,并将三个小组单独设了文件夹,以后用时方便。"他先打开大合影看了看,挺满意,又顺便打开分组文件夹,面对着一个个闪过的人头像,说:"好多人我也不认识。"随后,我指着U盘上另外几张图片,让他合并到上次交给他的"口述丁字沽"上篇文件夹里。他自言自语说,"放哪去了?想不起来了。""别着急,实在找不着,我有备份。"正说着,他一眼就看见了页面上的"口述丁字沽"几个字,为了下次好找,他把"口述"俩字给删了。振良打开文件

夹,我让他把原来的附件1删除,因为已经将其扩充为"下篇"了。然后打开附件2,是老丁字沽的春联摘抄,他问我一共有多少条,我说大致70多条,正准备这个春节再补上几十条,凑上100条。他想了想,提示我用规范的格式排列。最后,我让他把刚刚完成的"下篇"拷下来。在等待的几分钟里,我的心都快跳到了嗓子眼,担心再度返工。我有意分散自己的紧张状态,跟他念叨这部分内容的基本构思和"几点说明",因为上次让他过目时,他对结构没提出什么,接着又讲了讲修改过程和文字总量。这时下载完毕,他先打开卷首图片看了看,接着点开了"正文"。我默默地,一声不吭地等待着评判,他看得很仔细……我忍不住插了一句话,"这是按照勇则的样板做的。"他笑了笑,问我下一本什么时候能交稿,我说再有一个月吧!这当口儿他接了个电话,似乎有人在楼下等他。我们又聊了几句闲白儿,心想可能是通过了,那就赶紧告辞吧。我起身要走,他也跟着站起来,顺手将电脑关上并随着我走出办公室。刚一出来纪委王书记迎上来与我握手,问我眼睛怎么样了,又问我忙什么了,我指了指振良说道:"这不全听王主任安排嘛!"说笑几句后,我和振良上了电梯。

大厅里,果然有个人正等着振良,振良马上说:"正好,顺路给张老师送回家。"我说:"不了,我去老楼领点东西。"他们朝院儿外走去,我的心就像卸载一样轻松……

今年头一次享受报社给退休职工发放的节日慰问品。

2018年2月10日(星期六)

气象详情：最高气温1℃　最低气温-6℃
多云转晴　西北风　微风

这几天先是把12万字的采访日记按年月日拆分出来，建立各自独立的文件夹，目的是给每一篇日记配上对应的照片，这样后期排版比较方便，出了问题也好处理。另外，在修改稿件时，一篇一篇地看，多少能减轻些心理压力。我也不知道这种方法对不对，反正前几本书都是这么弄的，排版员也没说出什么，且配合得挺好。到目前为止，一共写了80多篇日记，也就意味着有80多个文件夹，然后再往每个文件夹里配照片。这个环节需要格外的清醒。时间跨越一年多，采访老住户期间的现场抓拍照片，有我拍的也有传林拍的。此后，既有我夫人拍的也有我自拍的。这里面不仅有相机拍的，还有手机拍的，比过去显得庞杂许多。我给文字配照片有这么几个步骤：一是整合，把所有的照片汇总在一起，以免发生遗漏。二是初选，每次拍摄少则几十张，多则上百张，通过"瘦身"选出最合适的片子。三是配发，查看照片的拍摄日期，然后放入与当天日记相同的"文件夹"。四是精选，根据每篇日记的文字量，确定照片的最终使用数量,多余的去除。五是调整,用"PS"软件调整每张图片的对比度并将其去色,达到纯黑白的程度。六是标注,按照图片内容撰写说明文,并与正文有一定的呼应或补充。反正前期工作做得越细,后面就越省心。

下午弄到4点半停下来,然后坐859路公交在西于庄站下车,先在附近的公厕解了个手,接着"刷"辆"小黄车"骑到红桥北大街买了一箱鲜奶,沿着破败的街巷去给四哥(西于庄老住户)一家拜年。

一直觉得自己的日记好整理,可真的上了手才知道,也没那么简单

从2014年底宣布拆迁,到现在已经4年了,原本的居民区变成脏乱不堪的荒地。当时就有西于庄人说,五年之内走不完,我还不信。看来,老百姓心里最有数。

我每年都要到四哥家来一两趟,毕竟他为我采访西于庄帮了大忙,要不是他,我拍摄一百个西于庄老家庭肯定得费不少劲,俗话说"吃水不忘挖井人"嘛!四哥家在屠前大街二条胡同,这里好像除了路口的小二楼,就只有他们一大家子了。我把"小黄车"倚在墙根,隔着窗户往屋里看,见四嫂子一个人在家,就一边敲门一边喊四哥,她一看是我,很高兴。不过,进了屋我就感觉不对劲儿,急着问:"老太太呢?""唉,老太太走了!""什么时候的事,怎么不告诉我一声?""老四倒是发微信了。嗨,也不想大办。""走时多大岁数?""九十四。""按天津话说,就叫老喜丧了!"我坐在原先老太太躺着的位置,眼前不断闪现老太太生前跟我挥手的情景……

四嫂子一边干着手里的活,一边跟我念叨老太太去世前后的经过,可能也没拿我当外人,越说话越多,勾起了许多家里的陈年往事,我边听边劝慰她。不管怎么的,一家人伺候老太太六年,都尽了孝心。本来想坐一会儿就走,结果一聊聊了个把小时。等我赶到岳父家都快6点了,还好,夫人并没埋怨我。

2018年2月12日（星期一）

气象详情：最高气温5℃　最低气温-3℃
晴　西南风　微风

　　又做了件缺心眼儿的事。前天把83篇丁字沽采访日记费劲巴火的给拆分开，为的是给这几十篇日记配上相关的照片。今天，坐在电脑前，想想应该把还没标注"气象详情"的那二三十篇日记赶紧填补上。可是，拆分成几十个文件夹，再挨个儿补"气象"可就难了，因为当初我写这些采访日记时，是通篇顺下来的，这样的好处是，能够注意到相互的关联性，也能提示一些信息，还可观测总的撰写字数，假如文中差哪些"零件"，统一添加很方便。变成独立的文件夹就麻烦多了，得打开一个写一个，等于我把这活儿给弄拧巴了，真是又气又急！

　　稍微让我心安的是，那些早已过时的气象信息很容易查到，为了记录准确，我从若干个版本中选择了一款更适合我的。从2017年的9月19日，查到2018年的2月初，尽管费点事，也都逐条补齐了。纵观几个月的天气状况，不禁引起我的些许感慨：国家治理环境污染的成果得到显现，"蓝天保卫战"让老百姓有了获得感。气

每年春节前后到古文化街采风是我的保留项目

象信息最能说明这些。

个人日记能把气象指数标注得这么详细,也算是对这一信息的重视,因为人们越来越关注天气,它不仅影响人们的出行,还影响人们的心情。如今,气象成为"点击率"非常高的要闻之一。我写日记习惯后补"气象",其原因除了懒,主要还是能够在"大数据"里查得到,另外我发现补记"气象",也可成为一种有趣的印证,看看我日记里写的阴晴冷暖或雨雪风霜,与气象局发布的权威指标有没有相悖的,哈哈,印证,印证,都快中病了!

9点半,传林打来电话,客套了几句后,跟我说:他有个朋友读了《口述津沽》中的"西沽""西于庄"后很是感慨,就托他搭个桥,让我帮着做一下白庙的口述史,不仅有出资的,地方政府也会很支持。说实话,有关口述史我死活也不想再做了,真受不了,我觉得性格都变了,经常焦虑、烦躁,尤其对家人,耐不住性子,沾火就着。于是我对传林说:"谢谢人家对我的信任,我没这个勇气了。"传林用他的三寸不烂之舌,绕着弯地让我上钩,最后留了个活扣儿,等丁字沽都弄利索了再说。

下午,看看窗外的阳光心里怪痒痒的。过去一到这个日子,就该去古文化街拍年俗了。在屋里转了几圈,决定出去透透气。夫人见我换鞋穿外套有点莫名其妙,我主动告诉她出去转转,估计她知道我要干嘛,就嘱咐我戴上帽子。我斜挎摄影包,"刷"辆

纯净的双眸很有感染力

"小黄车",不紧不慢地朝着古文化街走去。因为是周一,游人不是很多,整条街似乎都被红色给浸染了,浓浓的年味扑面而来,窗花、春联、彩灯,在清澈的暖阳照射下愈发诱人。我好多日子没来过了,看什么都觉得新鲜,于是激发出拍摄热望。先是发现一小姑娘手举糖画看了又看,想吃又舍不得,那表情十分可爱,我迅速赶过去抓拍了"一串"。后又发现今年孙大圣的"头冠"成了新宠,大人戴上搞笑,孩子戴上俏皮,于是我拍了一组。因为心里还是惦着"丁字沽",所以,转悠了一个多小时就待不下去了,骑了一辆很累人的"小黄车"返回家中。

2018年2月14日（星期三）

气象详情：最高气温4℃ 最低气温-4℃
晴 东风 微风

葵花里居民正在装扮自家门面

上午补写日记。下午不到2点从家出来，2点10分在海光寺乘地铁前往丁字沽，至勤俭道地铁站下来改骑"小黄车"，沿白酒厂大道横穿丁字沽一二号路，直接到了老丁字沽的葵花里。见一户人家正在贴春联，我挑起大拇指示意好看，然后抓拍了几张照片。由此，补拍春联的"战役"就算打响了。在我印象里凯旋里一带贴春联比较普遍，所以自葵花里拐进凯旋里，果然几户大门闪

在老丁字沽跑来跑去一年多,眼看它就要消失了,我下意识抓起两块砖头,示意老丁字沽的历史即将完结

着红光,我周身也跟着急速充血,兴奋得都不知怎么拍摄了。有的老门老户去年曾记录过,但是明知如此也不敢轻易放过,否则更凑不上数了。凯旋里南口一出去就是宋店胡同,这里除了两户挂红灯的,似乎比去年冷清许多,于是我来到丁字沽北大街,想把北大街尽头儿和以西的老区扫荡一遍。说"老区",哪还有多少房子啊!我顺着冯家菜园隐现的胡同地貌,再次来到"断桥"边,独自从缓坡登上桥面,俯瞰被黑色防尘网遮盖的瓦砾,犹如波涛起伏的黑水河。我将摄影包放在桥面上,架着照相机自拍了一张手托砖头的照片,也不知想表达什么。然后依着北运河河沿往南走,这里显得更惨,但见一群群被遗弃的流浪狗和一辆辆被烧毁的"小黄车"。我从老渡口折回宋店胡同,进入到春联相对集中的舟帆胡同,一老者见我神色迷茫,从我身边经过时边走边说:"往前走,左拐就能出胡同。"这就是丁字沽人的热情。

面对大片的废墟,明知道一无所获,还是把二道街、三道街走

喜气洋洋的向群胡同

了一遍。准备从南大街出去时,为了给汽车让路,一脚踩在融化的泥水里,这双新买不久的皮棉鞋成了"泥鞋",我最怕鞋子踩上脏东西。记得2015年的某天夜晚我在西于庄风风火火拍摄街景,转天上班坐在办公室总觉得臭烘烘的,四处查找不知何故,低头一看,好么,右脚踩上屎了,也不知是人屎还是狗屎,当时真恨不得把脚剁下来一块扔了。那可是一双新"耐克"啊!既不舍得扔,又没法再穿,就放在窗外风吹日晒了半年多,起码感官上不这么刺激了才掴打完刷了。现在,我家窗外还有双踩屎的鞋正在接受"风化"处理。没办法,一是经常去脏乱差的地方,一是拍起片来不管不顾。记得小时候在河边游泳,一不小心踩上了屎,那只脚就在土里没完没了地秃噜,恨不得把脚下的皮剥掉。幸亏这次踩的是泥。

从脏乱坑洼的丁字沽出来,眼前的勤俭道豁然开朗,好像连空气的味道都不一样,我掏出手机看了下时间,4点整。于是,骑着车奔向西沽,并在"老地方"买了一箱土鸡蛋去给韩奶奶拜年。我把

"小黄车"搬进院子的刹那,下意识产生一个判断,如果韩家照常贴了春联、吊钱,那就平安无事,要是什么都没贴……当我彻底走进院子,见到老窗格上那红艳艳的大福字,心里一下就踏实了。我边敲门边叫韩奶奶,迎出来的中年男子我没见过,他说他是韩奶奶的二儿子,这么多年我们首次相见,好在他早就听说过我。韩奶奶依旧坐在门口的太师椅上,我上前握住韩奶奶的手,韩奶奶迟疑片刻就叫出了我的名字,让我惊喜万分。我问二哥胡同里贴的布告是什么意思,他说要拆迁了。我说不喊了十几年了吗?他说这次可能是真的。我又问了问老宅的保护,他说没什么提法,他觉得老宅保留价值不大。二哥把我送出来,一转身我再次撇见那扇老门,我对二哥说,这么多年我都没在门口留过一张照片,今儿您帮我实现这个愿望吧!二哥接过相机对着我按了几下。谢过他,走出大院并顺着西沽大街、盐店街,穿过红桥北大街来到公交车站,耐心等待859路的到来。大约10分钟后上了车,然后给夫人发微信,告诉她已在公交车上。5点半到家,刚进单元门,房门似乎"自动"打开,我以为夫人看见我回来呢,原来是我兄弟来给我送饺子,我把他给拦了回去,聊了聊他经营的"老张水饺"。

韩家二哥为我在这扇老门前拍摄了这张可心的照片

2018 年 2 月 15 日(星期四)

气象详情:最高气温 6 ℃　最低气温 -3 ℃
晴　南风　微风

今天是大年三十,不能再干自己的活儿了,可是心里像长草似的。为了能顺利坐在电脑前,我操起墩布赶紧拖地,然后又把桌子擦了一遍,看夫人坐在沙发上刷手机,心里踏实许多,于是讨好地说:"下午我给你打下手吧!"夫人眼皮都没抬,说:"行啊!不过我一会儿就开始准备。""用我吗?""不用。"我跟她说想看看昨天拍的照片,夫人爽快地回答:"你忙你的!"嘿,就等这句话呢。

为嘛有些百爪挠心呢,别看昨天忙活一下午,备不住凑不上 100 对春联。昨天坐在公交车上就对着相机显示屏数数儿,大约拍了四十几个画面,刨去门牌号重复的和春联内容重复的,恐怕有点悬。去年拍老丁字沽春联时,就是想拍出 100 对,可去了好几次也没凑够这个数,当初要是完成了何至于今年再后补呢。

打开昨天拍摄的所有图片,把带春联又有门牌号的复制下来,然后对着每幅照片抄录上面的春联。之后,把重复的剔除,再与去年抄录的春联的门牌号相对照,如有重复就先在地址后面加个

除夕夜,一家人祭祖后留影

"*",一旦超过了100对春联,就可删除重复的,就这么折腾来折腾去,不知不觉快中午了。最初想把去年拍的和今年拍的这100对春联,按照拼音字头的排序合在一起,可是春联里既有"金鸡"又有"金狗",容易产生歧义,干脆就直接注明2017年和2018年各自的拍摄日期,虽然变成了两部分,却保持了真实性。

别管去年的还是今年的春联,统统全都是拜年话,说白了就是若干字词的不同组合,而要在120多对春联里查找出相同的某一对可就难啦!去年费老劲了。正待我发愁之际,突然想起Word软件有"导航窗口",何不用它来解难呢!我一试果然奏效。一打上"关键词",所有带这个词的春联均有显示,如此一来引起了我的兴趣,看看老百姓的春联集中包含了哪些内容。于是,"春联里的数字"在脑子里闪现出来。

下午,先请示夫人帮着干点什么,夫人让我把那条黄鱼得楞了,我把鳞刮了,肚子掏了,脑袋去了。夫人一进厨房就急了:"怎么把鱼头给弄下去了?!有说春节吃鱼没有头的嘛!"我像惹了祸似的不敢吱声,接着她从冰箱又拿出一条鱼,这倒霉劲儿的,还得从头儿来。夫人看出我心不在焉,还是那句话:"忙你的去吧!"其实,我心里也有点小内疚,我要是不插手,年夜饭又都交给她了。

我用"导航窗口"还真查出了4副相同的春联,其中两副是去年没发现的,另两副是今年拍的,这比直接用眼睛来比对准确多了。然后用关键字词,统计100副春联中的发生率,以探测老百姓的所思所想所盼。我提炼出28个字词后所呈现的数字,让我兴奋不已,真可谓人心所向、众望所归。如果列出排行榜,打头的便是那个"福"字,紧接着是"家""年"和"平安"……它包含的内容实在太丰富、太深邃了。

傍晚,儿子、儿媳带着可爱的孙女一起来过除夕。我停下手,马上转入另一种状态,那就是尽情享受当爷爷的乐趣。孙女一岁半,虽然还不会说话,但跟爷爷能玩到一块,爷爷夸张的表情,一下子就把孙女逗乐了。

夫人任劳任怨地准备了一桌晚宴,我把父母的遗照恭恭敬敬摆放在案子上并点燃蜡烛,然后召集全家人祭祖,并采用自拍模式照了一张全家福。

品大餐,看春晚,哄孙女,其乐融融。这个春节第一次没有任何职业压力,这个除夕第一次听不到任何鞭炮声……

2018年2月17日(星期六)

气象详情：最高气温 5 ℃　最低气温 -2 ℃
阴　南风　微风

初二姑爷节。

上午接着折腾老丁字沽春联,经过删减最后留下 100 副,按说这事就做完了,可我还是有点不甘心。因为在这 100 副春联里,还

丁字沽南大街

丰收胡同一条的老住户

有几副与去年的门牌号是相同的，我就想趁着给岳父岳母拜年的机会，再到老丁字沽转一圈补上几对儿，要是补不成也就死心了。

午觉后，我忽然改了主意。连续十几年的姑爷节，都是在外面转悠够了才去团聚，今年属于退休人员了，再这样不管不顾实在说不过去。于是搬出一箱白酒准备带给岳父，并轻松愉快地与夫人商量出发时间，夫人问："你不去拍片了？"她这一问，我思绪又乱了，我说："本来是想去丁字沽的……""去吧，没事。咱先到那，见了面，你再走哇！"好不容易下的决心又作废了。

夫人用手机约"快车"，根本排不上队，看来打车也够呛，要不改坐地铁？我一想不行，坐地铁限带两瓶白酒，还是坐公交稳妥。就这样，我用小行李车拉着一箱白酒走到二十五中学公交站，等待859路的到来。公交车的乘客不多，夫人还等上个座位，到丁字沽站下来，夫人骑"黄车"，我骑"摩拜"，中途夫人还买了几支糖堆儿。我说："到了家，小黄车先别锁，给我骑，我快去快回！"夫人没理会。

进了门先拱手给岳父岳母大人拜年,此刻小姨子、一担挑儿也都到了,相互寒暄几句,我说:"实在抱歉,我还得出去一小会儿,去看看西沽的韩奶奶。"虽然是句瞎话,但比较好理解,因为小姨子陪我去过韩奶奶家,岳父岳母也知道每年都得去看看。屋里的人你一句他一句的说着关心我的话,我只回他们一句:"小黄车没锁,我得赶紧走!"

确实有点内疚,就像忠孝不能两全似的。至于这么认真吗?其实100对春联已经弄齐了,只为了"优中选优"。多年来,这四个字不但把我累得上气不接下气,而且冲淡了许多应有的人情世故,谁一见我面都说我忙,都说我事业心强,每当人们这样说,我都觉得挺失落,有种莫名的孤独感。

这次是从农乐胡同进入老丁字沽,虽说是大年初二,这里依然静悄悄,几乎见不到居民。但是,比我大年二十九来的时候,又多了一些年味儿。要寻找新的春联,就得往背静地方走,结果还真在丰

舟帆胡同的老住户

丁字沽三道街自拍像

收胡同找到一户，在三道街找到一户，又在北大街找到三户，在杜康胡同找到一户，拐到南夏家胡同找到一户，在宋店胡同找到一户，正好这户人家出门倒脏土，我问了门牌号。然后，又在凯旋里、舟帆胡同、葵花里拍了几户，庆幸自己来对了，这下就可以把地址重复的给替换掉了。

返回岳父岳母家，儿子、儿媳带着孙女也来拜年了，叽叽喳喳的挺热闹，为了抚平内心的不安，我用屋里的花架当支撑，摆上照相机，组织大家自拍了一张合影。

2018年2月21日(星期三)

气象详情：最高气温7℃ 最低气温-1℃ 多云 西南风3-4级

巧了，一看日历，今天正是我的左眼植入人工晶体周年纪念。好个岁月如梭啊！想不到这枚人工晶体在我眼睛里整整工作了一年。现在的情况是：看东西没什么障碍，可还是有些别扭，尤其守着电脑坐一天，到晚上俩眼都朦朦胧胧的。本来应该再复查一次，为什么不去呢？因为我没遵医嘱，这一年不但没省着用，反而加倍进行"破坏性试验"，所以复查不复查，我心里跟明镜似的。要是去了，大夫肯定审

王传林站在瓦砾上，尝试着新的角度

夫人为我拍照，由被动变主动，再拍下去就该上瘾了

问我，而我又不知悔改。所以对我这号儿的就俩字——没治。

为日记配照片基本完成了。前年做"口述西于庄"采访日记时，积累了一些经验，但后期调整和筛选的程序还是省不了事，毕竟时间跨度大，加上照片零碎又散乱，反正我也说不清，挺麻烦的。这次现场采访的工作照与"西于庄"有所不同，上次大多是求助当地百姓给拍摄的，什么水准的都有。而这次采访我享受了史无前例的特殊待遇，那就是好兄弟王传林"全陪"。他除了现场录像，照相机始终瞄着我，给我营造了一个专心采访的氛围，至于"工作照"我一点也不操心，等都采访完了，他一气儿打包发给我，让我随便挑着用。

从归纳整理的这些照片看，我个人的工作照，除少量自拍的以外，前半部分以传林拍摄的为主，后半部分多是我夫人的杰作。他们二位成了我从事丁字沽口述史以来的"御用摄影师"。先说传林的摄影水平，他本来就聪明伶俐，学嘛像嘛，一点就透。虽然老让我教他摄影，其实他的实战经验已经很丰富了。采访时，他观察我的抓拍时机，没几次就找到了窍门，所以丁字沽的工作照画面最丰富，水平也最高。

再说夫人拍的片子，虽然还比较业余，但有的拍摄角度很新奇，尤其在室内拍摄，我的活动空间很小，给拍摄带来一定的难度。她也是悟性比较强的人，稍加指点就能实现我的意图。比如，我退休那张照片，为了用白墙当背景，我拿着镜框跪在床上，夫人倚在书柜边拍摄。最难把控的是把镜框拍正了，完全是在她的指挥下完成的，事后没做任何剪裁。也许这些年受我的影响，再加上手机拍摄的普及，夫人随手为我抓拍了很多独特的"工作照"。比如，左眼晶体脱落期间和因肝病住院期间，那些真实瞬间是不可复制的。总而言之，我的朋友和家人都为丁字沽这本书付出了不同程度的心血，我由衷地表示感谢。

2018年2月23日(星期五)

气象详情：最高气温6℃　最低气温-2℃
多云转阴　东北风4-5级

  从昨天开始按时间顺序逐段修改我的采访日记，同时配写图片说明。采访日记大部分是自己的行动轨迹，记录一天中的何时何地何人何事何结果。当然，为避免流水账，就要有所侧重，采取"虚写"与"实写"相结合的方法，甚至省略一些无关紧要的环节也在情理之中。之所以要对自己的采访日记进行修改，其实就是检验一下文字是否通顺，是否明了。有一次，我在副刊部跟编辑聊起个别摄影记者配写说明文的笑话，进而引发了一通感慨，我说："最起码得写通顺了。"那编辑说："你要求得也太高了！"当时我还没完全理解。心想，通顺不是行文写作的最低标准吗？以后，自己长篇大段的写东西，才逐渐感觉到文章的可读性强不强，关键在于通顺不通顺。只有通顺才能通俗，才能抒发出真情实感，把文字写通顺了，真是一辈子该修炼的。
  将一年多的采访日记调出来，跟随着一行行文字慢慢穿行而来，也是种享受。除了把错字、病句和混乱的逻辑纠正过来，回味其

都劝我省着用眼,可实际上省的却是嘴,一天也说不上几句话

间的情节、对白及心境,有时会觉得挺好玩,别管当时付出了怎样的辛苦或经历了怎样的曲折,当记忆固化成文字,便显得超然许多。我压根不擅长写作,自从被口述史俘获后,一步步逼着我往纵深前行,才越写越多,越写越长。可以说,我的自信心完全是写出来的。为什么当初我一心要从机关调出来,除了不喜欢那种生存环境之外,就是想逃避写材料。谁知,拼来拼去都快退休了,又折回到"文字圈"。回想起来,在机关的那七八年,虽然硬着头皮,还是为我打下了基础,理性思考加严谨态度,不仅教会我如何抓住重点,还教会我如何剔除浮躁。虽然我写的东西缺乏文采,但没有水分,更没有虚构。每一字每一句,写的都是我自己。

2018 年 2 月 26 日(星期一)

气象详情:最高气温 13 ℃　最低气温 1 ℃
多云转晴　东风 3-4 级

今天真把我吓着了,吓得不轻,吓得我差点绝望!

一整天,都在修改采访日记,很顺利。这是首次对过来的一年"回头看",一些事情似乎忘记了,只有把这些文字激活以后,才发现每篇日记都有看点,甚至能把自己给逗乐了。

下午 5 点 40 分,夫人买菜回来,手里提着好几兜东西,我赶紧接过来,真是够沉的。她就是这么辛苦,几十年来日常采买全靠她一个人!虽然我不挑食,可长年累月不拾闲也挺烦人的。她曾建议我练练买菜,我也表过态,一旦退休就把这活儿接过来。可是……不能怨我,手里的事总也干不完。所以,今天既心疼她又想讨好她,就跟她说:"日记里你为我拍摄的照片非常出彩儿!"这一说,她来了精神儿,非要看看,我关闭正在改写的 Word 文档,点开配发的图片让她看,"多好,手艺不错嘛!""真的?不是存心捧我吧!""嗨,好就是好。"她指着图片上的我,说:"看看,给你拍的多清楚!"听语气有点沾沾自喜,接着问我还有吗,我说当然有,多得是。她看上瘾了,非让我再打开几张欣赏欣赏。既然我给她勾来了,就甭嫌麻烦了。于是,点开移动硬盘里的"关于丁字沽",显示出内藏的页面,当我正要再点开"丁字沽书稿(下篇)"时,夫人想凑近些,结果正碰到我握着鼠标的胳膊肘,一

别扭,又不能说。还是夫人心态好,我都这样了,还不忘拍一张照片留念

震动,鼠标箭头戳在那个"文件名"上,瞬间,屏幕上出现一道快速闪过的绿色"彩条"。之后,"丁字沽书稿(下篇)"那个沉甸甸的文件彻底消失了。顿时,我的脑盖儿像被揭走,空空的,凉凉的,仿佛内存的90多篇日记刹那间变成了一股气体蒸发了……

"坏了,坏了,坏了!文件可能给删了。"夫人一听就慌神了,不停地问我重要吗,还能不能找回来。我说:"你知道这批日记我修改了多少天吗?加上一百多张图片说明,再让我重来,恐怕是没戏了。问题是有些日记没留备份啊!"夫人像个惹祸的孩子,脸色都变了,不停地自责。

我打开电脑的"回收站",里面有不少已删除的文件,可就是没

有我要找的那个文件,夫人说:"还原所有项目试试。"我点击后,一堆"垃圾文件"欢快地返回到各自的位置,再看移动硬盘所显示的文件,还真闪现出"丁字沽书稿(下篇)"这行让我揪心的文字,打开一看,带着年月日的"文件夹"列了一大溜。我惊喜的说:"找着了,找着了,没事了!"躲进厨房里的夫人也露出了笑容。我自言自语道:"要真删了,我就不活了。""至于嘛!""当然。你想想,我还能有出头之日嘛!"

我用鼠标滚动着那个页面,发现不太对头,再仔细一看,不是全部文件,至少丢了三分之一。刚刚平静的心,又慌乱起来。打开其中一个文件夹,里面是我曾经删除过的图片,根本没有 Word 文档。敢情弄了半天并不是我要找的原始文件。这下我才明白,这个文件是从移动硬盘给弄丢的,要想找回来得需要恢复软件。夫人赶紧给儿子打电话,问他有没有办法。他说今天"限号",要来也得 7 点以后。我让他在家先试试,移动硬盘里的文件删除后能不能恢复,然后再过来。

摆上饭桌,没心思吃饭。夫人见状也不知说什么好,她用手机偷拍了一张我愁眉苦脸的照片让我看,我有气无力地说:"留着吧,今天这事必须记下来!""就这么件缺理的事,还让你抓住了!""哎,接受教训吧!"沉静片刻,我倒不怎么着急了,急有嘛用,想办法呗!我对夫人说:"没事,顶不死明天回报社,找技术处的人给恢复一下。现如今,这种技术很成熟了。"夫人双手合十,好像是为她自己祈福。

晚上 7 点 40 分,儿子来了。我马上问:"怎么样,试了么,能恢复吗?""能。"他来到电脑跟前,边操作边问:"会不会把文件窜到别的文件夹里了?一般情况下删不了。"听他这么一说,我还真觉得有点道理。可是,我打开了两个文件夹并没发现啊!说来也怪,儿子一上来就点开"丁字沽书稿(中篇)"文件夹,戏剧性的一幕出现了,我认为被误删的"文件",竟然隐藏在这里了。高兴得我,不停地拍打儿子的肩头,"哎呀,物归原主啦!"夫人跟着说:"整个虚惊一场。你要不来,这黑锅还得背着。""行了行了,我没埋怨你呀!"儿子轻描淡写地说:"丢了也没事。"

  正好休息一晚上,三个人坐在一起聊开了与电影有关的话题。

部分消失的地名

2018年3月

2018年3月2日(星期五)

气象详情:最高气温13℃ 最低气温4℃
晴转多云 南风3-4级

昨天,夫人与小姨子通电话,商量正月十五去父母家包饺子的事,说着说着,转过脸问我去不去,我即刻回答:"去!"

为何如此痛快呢?因为退休了,亲情就该摆在首位,尤其岳父母都八十了,能多去看看就多去看看。几十年来,二位老人对我的理解和支持让我难以忘怀。1991年我举办个人摄影作品展览时,岳父率全家人参加开幕式并送去大花篮;1995年我出版《恬静的时空》个人摄影作品选时,岳父自掏腰包买了100本赠给亲朋好友及同事。后来调到《今晚报》,只要报纸上刊发了我的作品,不论图片还是文字,岳母都要剪下来夹在专用的本子里珍藏。在她老人家所写的十多年日记里,有关我的记载很多很多。岳父几次当着家人说:"看见他,就等同于看见了自己年轻的时候。人这辈子必须有所追求,否则一事无成。"而我对岳父母也是实打实的,这一点,夫人可以作证。

坦诚地说,今天我要与岳父母及家人共度元宵佳节是真心的,

丁字沽北大街

但也想捎带脚办点"私事"。

上午,补写一篇采访日记,这也是不得已而为之。有时特别投入某件事时,思绪无法中断,看似吃饭睡觉都没耽搁,可脑子里的那根弦一直紧绷着。处于这种状态,日记肯定写不下去,怎么办呢?大致写个提纲,尤其把时间节点、关键词和提示语都单摆浮搁地列出来,日后再往里面填肉。再者,日记本身就属于"过去时",无所谓当日补写还是日后补写。

睡醒午觉,夫人带着饺子馅和元宵先走了。我接着调整采访日记里的照片,弄到3点40分,强制自己关掉电脑,然后把70–200mm长焦镜头换成16–35mm广角镜头,又放了块备用电池。想了想,还是骑车能节省时间,这样可以在岳父母家多待会儿。

气温正好,骑车可以不戴手套。我选的这辆"小黄车"是高把、不带车筐的那种老型号,骑起来感觉挺舒服,所以越骑越快,逆行加闯红灯的事少不了,那种兴奋劲儿仿佛又回到了几年前。

顺着新红桥大坡疾驰而下，然后折回到北运河岸边的小路进入西沽老区。开拍第一张照片是4点17分，接着拐到老河口胡同，拍摄带着年味的家门。这次去西沽既是情理之中，又算情理之外。所谓情理之中，十年间的大年初二必到西沽已成惯例。为何又说是情理之外呢？"口述西沽"的书已经出版了，本人也已退休了，打着回娘家的旗号再去西沽也不硬气了。所以，今年的大年初二去了丁字沽，今天重返西沽多少有些偶然。

在西沽的街巷里转悠了40多分钟，拍的东西并不多，只是转完了心也踏实了。

来到岳父母家，岳父、岳母、我夫人、一担挑正在打麻将。我放下摄影包脱了外套，赶紧到厨房看看，见小姨子自己在包饺子，我洗了手跟着忙活，她让我回屋喝水，自己慢慢弄，我凑到她跟前悄声说："一会儿我还想走。""怎么，还拍片去？""是呢！""那就走吧！"

丁字沽南大街

"不行,我得干点活儿,否则于心不忍。另外,我得等到快天黑,才能拍丁字沽的大红灯笼。"小姨子一听我这么说,也就不阻拦了。我擀剂子,她包,俩人干得还挺顺手,不到6点就完活了。

我心神不定地看着天色的变化,然后站在牌桌前等着跟岳父母打招呼。小姨子说:"快走吧,一会天黑了。"借着话茬,我赶紧说:"天黑前我来趟丁字沽,因为我不喝酒,你们千万别等我吃饭。"

"刷"辆"小黄车"朝着丁字沽方向疾驰而去,因为春节期间来过几次丁字沽,哪里有"大红灯笼"我都知道,省得乱跑乱撞。进入南大街,远远望见我要找的那户人家点亮了宫灯,似乎在黑漆漆的老街道,镶上了两颗古旧的红宝石,看上去是那么的沉静。

继续往北走去宋店胡同,那里还有两处"红灯笼"。拐进路口,只见一处已经点亮,但户主人正与五条大狗站在那里,我要是举起相机,它们非一块儿向我扑来不可,还是先绕一圈回来再拍吧。从

向群胡同

几条狗身边经过时,果然有两条狗不停地朝我狂吠,我快速躲进凯旋里。这里的房屋相对整齐,看不出要拆迁的样子,老住户窗子里投射的灯光暖暖的,与大面积蓝灰色调形成鲜明对比,像一幅幅充满乡情的油画。

　　有几处预想的拍摄点儿没开灯,立即向别处转移,因为天黑前的藏蓝色背景也就能维持20几分钟,绝不能恋战,尽可能在有效时间内全都走过来。途经丁字沽北大街与宋店胡同时,来了个急转弯,没想到正陷到街口的一处井盖,连人带车全掀翻了,摔得倒是不厉害,爬起来跟没事人似的,接着抢拍那个画面。

　　今儿有点像打了鸡血,为了这几盏灯快疯了。从杜康胡同进入南夏家胡同,又从南夏家胡同七绕八拐的进入到娘娘庙前胡同,又从娘娘庙前胡同回到丁字沽南大街。此刻,天已经暗下来,决定打道回府。

　　在丁字沽转悠了40分钟,虽然仓促,收获不小。

　　刚把"小黄车"锁上,夫人推开单元门,她心疼地看着我并把我迎进屋。客厅里一家人围拢在一起吃着晚饭,我卸下"铠甲"加入其中,虽然故作镇静,张罗着大家继续吃喝,但满脸的汗水一个劲儿地往下淌,夫人见状忙递给我面巾纸。来的正是时候,饺子和元宵刚出锅,我甩开膀子大吃起来……

2018年3月5日(星期一)

气象详情:最高气温6℃ 最低气温-2℃

多云转阴 东北风4-5级

因为书稿接近尾声了,就把去年出版的《口述津沽:民间语境下的西于庄(下篇)》取出来翻看,心里顿时有个疑问,究竟这本书使用了多少照片或插图呢?我认真统计了一下,共266幅,让我有些吃惊。别看书里有这么多照片或插图,但似乎并未觉着有凑数之嫌,反倒挺丰富,体现了我的摄影专长。所以就想以这本书为参照,把《口述津沽:民间语境下的丁字沽(中篇)》近100个文件夹,挨个打开进行统计,结果又让我有些吃惊,实在太保守了,自己设立的入门条件太苛刻了,加一块才140余幅,差距忒大了!其实,初选照片时留存的数量不少,因为入户采访期间,传林拍,我也拍,肯定比"西于庄"的照片更充裕,可是在修改采访日记和配写图片说明时,总觉得照片太多,左掂量右掂量,删掉了近一半,平均起来一篇日记还不到两张照片。从记录的角度说,那些甩掉的照片,如果不在书中使用,就失去了自身的价值。所以,我得把被抛弃的"弟兄们"找回来!一篇日记一个文件夹,每篇日记所配发的照片或插图,只

参看《口述西于庄》的用图量时,发现《口述丁字沽》的插图取舍过于谨慎,于是决定进一步扩充

有打开后才能看得见,补充照片时有可能在别的文件夹里已经使用。不过,早发现早纠正,总比编排时再增减要容易许多,正好我还没给照片编号呢。

多年的经验提醒我,越是这个时候越要冷静。为嘛勇则老把"别留遗憾"挂在嘴边呢,三百六十天都拜了,还差这几天吗?能想到的,绝不可侥幸,尽自己所能弄完美了;没想到的,仔细琢磨琢磨或许还能补救。

实行了"适度宽松政策"后,被打入冷宫的一百来幅照片重获新生,它们将以各自的表现力载入史册。

2018年3月7日(星期三)

气象详情：最高气温6℃　最低气温0℃
阴　东北风3-4级

上午8点04分,乘地铁前往勤俭道站与传林接头。

这是前天晚上临时决定的,因为书稿中的手绘插图就剩下《丁字沽南北大街沿街商铺及住户示意图》还没落实,这幅草图几个月

杨大爷补充了几家遗漏的老店铺

朱大爷对「勤盛兴」两侧的店铺和住户加以确认

前就画出来了,要是不经过核对、印证就等于白忙活了。于是跟传林商量,听听他的意见,另外也想让他陪我再走一趟。他听后不但很高兴,而且比我思想更解放,原来我想找两位老人加上他就够了。他说,要找就找四位,照着一天来核对。我采纳了他的建议,给他发了一个名单:杨世均、朱学信、宋书琴、王开泰,他说先联系一下回头给我信儿,没想到老几位全都答应了,于是安排上午走三家,下午走一家。

8点半,我从地铁站出来,不会儿传林开车拐到白酒厂大道路口,我上了车。"哎呀,又占用你一天,原想访两位就完了,好家伙你比我积极性还高!"传林说:"跟您出来高兴。咱上午完成三家,中午在我那简单吃点,下午去王开泰家,您看行吗?""太行了,咱最后一哆嗦,这幅地图弄完了也就收场了。"说着,车子开到桃花园小区外停下来,我们并肩向杨大爷家走去,我问:"杨大爷起得来吗?""早晨四五点就起了。""哦!"拐进胡同,传林拉开门就往里走,屋里黑乎乎的，他大声喊着杨大爷，杨大爷边答应边走了过来。家里就杨大爷自己。因为看图这事比较简单，用不着多解释，我就从提袋里抻出那张草图，展开了。担心老人看不清上面的字，我就按图上标注的，一个点位一个点位给杨大爷念出来。杨大爷听着，看着，确认着。由于杨大爷方位感不是很强，有时说着说着就串了，我不厌其烦，反复询问，传林也一再提醒，就这样一处一处地捋下来，用了一个多小时。

从杨大爷家出来，走不远就是朱学信家，朱大爷正等着我们呢。我们连坐都没坐就摊开草图，与朱大爷把南北大街两侧的店铺、住户又核对一遍。因为朱家昔日的勤盛兴粮店位于丁字沽北大街，所以他对那一带更熟悉，加上朱大爷当过厂长，头脑清晰，只用了40分钟就搞定了。

第三站去"水木天成"的宋书琴家。途中，传林触景生情讲着车窗外一瞬即逝的历史过往，我真佩服他，这些印记远远超出了他当时的心智，而且几十年后依然记忆犹新。人就是各走一经，我曾在

宋大爷帮我们把南北大街分界线周边的标注都给弄清楚了

王大爷不仅更正了几个点位，还填补了几处空白

工人新村住过，一排房子十几户人家，一天到晚打头碰脸，可谁们家怎么回事，听完了就忘。而传林即便隔着几条胡同，哪户人家的家底都能给兜出来，这功夫太深了。

　　来到宋书琴家，老两口子都在呢，也是什么都没说，马上把草图铺在桌子上就看了起来。宋大爷有文化，又喜欢画图看图，所以"审查"得非常仔细。凡是存有异议的，我把前两个人的意见先复述一遍，以起到提醒和进一步印证的作用。看的差不多时，我多了一句嘴，问宋大爷家里有老照片吗，老伴则把好几本相册翻腾出来，结果出乎我的意料，不仅找到了宋大爷与老伴婚后不久的照片，还找到了好几张丁字沽大队社员的合影，尤其珍贵的是那张摄于1977年，"丁字沽大队全体党员分别留念"的大合影，其"分别"二字，意为丁字沽农业社从此解散。传林说要拿去扫描，我觉得还是先拍下来更稳妥，就急不可待地翻拍一通，眼看快12点了，我示意传林赶紧走。

回到传林家,我以为在附近的小饭馆炒俩菜拿家来吃,没想到他自己下厨忙活起来,我也插不上手,就站在一边跟他唠家常,弄得差不多了我才看明白,他做的是打卤面。吃饭期间我们聊起小说创作,我诚恳地对他说:"口述史弄完了,效仿你学着写小说。"我所指的小说,就是津味小说,因为这些年从事口述史积累了不少素材,一些人物活灵活现,但能不能写出来心里没底。传林说他写小说之所以得心应手,跟他长期说评书有关,一环扣一环,特别适合报纸连载。

2点多我们再次出发,前往万新村王开泰的家。这一趟可不近,进了屋都3点了。王大爷午觉刚醒,老伴忙着给我们沏茶,我和王大爷并排坐在一起,面对着那张草图,照方吃药,从丁字沽南大街往北一家一家地说。王大爷自己会看图,对上面标注的内容逐条确认,凡有增加或更改的标注,我就记在另一张纸上,为的是把有问题的单独"提"出来再加以比对。还别说,今天找的这老四位各有所长,指指点点愣是把我这幅草图都给填满了……

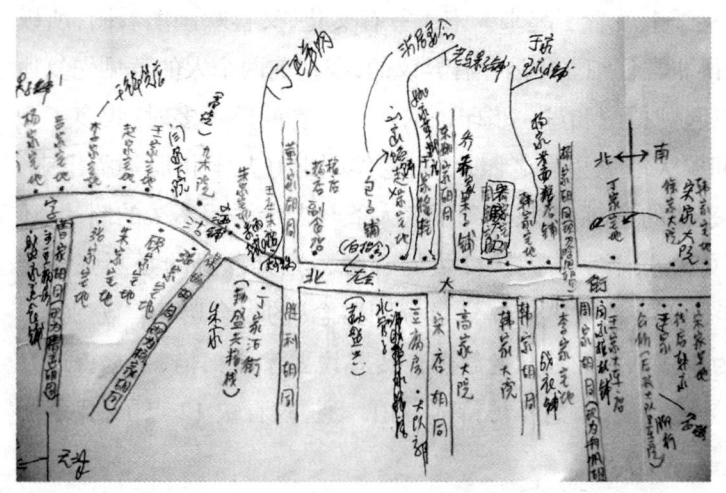

变成"大花脸"的草图

2018年3月8日(星期三)

气象详情：最高气温6℃　最低气温-1℃
晴　南风　微风

今天，我要以这第一百篇采访日记，结束对丁字沽一年零四个月的关注。我确实累了，需要调整调整，放松放松了。有时总弄不明白，为什么时间充足了，没有外界干扰了，能够踏踏实实做自己的事情了，反倒觉得身心疲惫呢？一开始都归结到年龄上，六十了嘛，黄土埋了多半截，怎么可能还像从前？然而，仔细一想，就在几个月前，还管理着一个大部门，还挤出时间拍东西、写东西，干这干那的不拾闲。中午或晚上脑瓜一挨枕头就呼呼大睡。可是，最近这一段，午觉经常眼睛犯困脑子清醒，夜里也时不时处在立马可以爬起来干活儿的状态。听着夫人的鼾声，那个气啊！过去都是我闹她。怎么，退了休连呼噜都不会打了？

累在哪儿呢？不能不找原因啊。忽然有一天我明白了，不是年龄的问题，也不是身体的问题，而是没了约束，没了节制，完全是为所欲为地、忘乎所以地投入到工作中，好像突然得到一笔巨款，不可劲儿消费就被收回去似的。在职时，有节奏、有缓急，有对象变

这一天,独自操作相机,摆出一副展望未来的假象,其实我哪有什么远大理想……

更、有场景切换,即便累,多少能有新鲜感。卸任后,一睁眼就对着电脑、资料,整天说不上几句话,甚至多日不出家门,不愿聚会、不愿出行、不愿购物,看似很解脱,很随意,其实踏上了超负荷运转的快车。今天,夫人拿着手机让我欣赏一段笑话,我面无表情地说:"以后这类东西不要给我看。"她贴在我耳边狠狠地说:"你已经半个老年痴呆了,再弄下去……"我不愿搭理她,解释不好又得矫情,便郑重地告诉她:"一切都要结束啦!"夫人像是接到诈骗电话似的自言自语:"都听过无数次了,谁信啊!"

我,是这种人吗?嘿嘿……

附录三

老丁字沽采访微信实录

张建 辑

辑者按：微信作为当代时尚又实用的通讯方式被广泛推崇，不管是老朋友还是新伙伴，只要互加了微信就捆绑在一起，想不联系都难。2016年11月22日，我与未曾谋面的王传林互加微信，为的是启动丁字沽口述史项目。此后的一年多时间，我们几乎全用微信联络，不论是确定采访思路，还是商量接头地点；不论是分享现场美图，还是抒发个人感受，均以最简短的字句来表达，不经意间把采访丁字沽的行程一一记录在案。当发现这批微信聊天记录还原封未动地留存在手机里时，我感慨万千——这真叫无心插柳柳成荫啊！

2018年3月10日晚记

2016年11月22日

14:31

  王：(对方请求添加你为朋友)

16:15

  张：(你已添加了王传林，现在可以开始聊天)

16:31

　　王:我定了个比较经济的饭馆,聊完了请老人们吃个便饭。包括您和振良都坐车去,完事再回杨大爷那儿。

21:33

　　王:我家地址:红桥区佳园北里36门,地铁一号线果酒厂站下。

　　王:哪天您得时间到我家,家里清静。

　　王:请您跟振良一起小酌!

21:42

　　张:非常感谢你,有你我就有信心了!咱俩也没来得及说话。(注:当天请了5位丁字沽老住户座谈,过后在饭馆招待他们,话题依旧是老丁字沽)

　　王:没关系,慢慢来!您来家,花茶,萝卜,咱就海阔天空聊。

　　王:尽我所能,给您找信息资源。

　　王:我就是您的腿儿!

22:07

　　王:(转发29张照片)

　　张:太珍贵了!

　　王:您采访,我有时间就一起去,拍点儿工作照,只要不打扰您就行。

22:38

　　张:当然好啊!(笑脸)我提前跟他们沟通,你去不了我就自己去。没问题,都习惯了。

　　王:嗯嗯,好!

　　王:我也录一份,给您备用。

　　王:我再想想谁有价值。

王:(转发同学拍来的照片)我同学发来的,淳朴、实在。

22:49

张:你这同学特好。这次采访,是我十几年来规格最高的一次!今天请来的这老几位,都有故事,争取弄成了。(注:这里所说的同学,是受访者杨世均的儿媳妇)

王:嗯嗯!

王:咱一起努力,争取把王士海、王士江、王士清这些人的后辈都找到。

张:太好了,你功德无量!

王:别,感谢您!

王:力争把发生在丁字沽的历史事件、历史人物还原。

张:听振良说了,你是奇才!

王:后面您要采访的宋书琴,他的叔伯大爷叫宋奎典,也是修筑千里堤的发起人。修了千里堤后,上边儿的二十四个村联合状告。丁字沽跟西沽!

王:官司打到保定,归其二十四个村输了,为嘛呢,人家宋奎典是刀笔啊!

王:后面还有朱家、费家、林家等等都能采!

23:00

王:咱慢慢来!

王:林、王、宋、朱四大姓。

2016年11月26日

凌晨 00:35

王:(转发丁字沽大街草图)

王:我先把老丁字沽南大街画了张草图,回头让老先生们帮着填空。

2016年11月28日

14:14

王:张老师,明天我下午1点在地铁一号线洪湖里站等您,您看可否?大概出口是A口,到那我再看一下。我建议,明天您就正式采访吧,毕竟被访者八十多岁了!

14:22

张:1点有点紧,推迟半小时。

王:好,没问题!

王:我1点半等您。

14:26

张:定了。

2016年11月29日

13:21

张:我到了!

17:52

王:今天其实真的挺好。(注:入户采访第一位老人王连泰)

王:咱再沉沉,先采访别人。

王:哪天把老头儿接我那去接着聊。

17:58

张:好的。你看哪天去杨大爷(杨世均)家?大爷说去时提前联系,否则他坐车遛弯去了。

王:您定,随您。还坐地铁,在勤俭道那站下。

王:我随您!

王:时间?

18:05

张:周五行吗?你联系?我联系?我骑车去。

王:可以。您联系!您要骑车,我就坐车,因为我限号。

王:您联系完了,告诉我,我提前在那等您!

王:我没杨大爷电话。

张:好的,我联系!

18:18

王:您把邮箱给我。再有,以后远点的,不熟的地方,就坐车,我接您!

18:23

王:咱用不着客气,毕竟都是为了民俗民风民情。往大了说,为民族文化;小了说,咱爱自己的家乡,爱天津。将来我把房子交了,我得跟您学学摄影,因为孩子是演员。

18:29

张:下次见面我再送你本书,你肯定喜欢。邮箱:jwbzjj@163.com。

王:因为有的先生住的远,您不用客气。

张:北辰那二位我搭你便车吧,其他的能骑车就骑车。

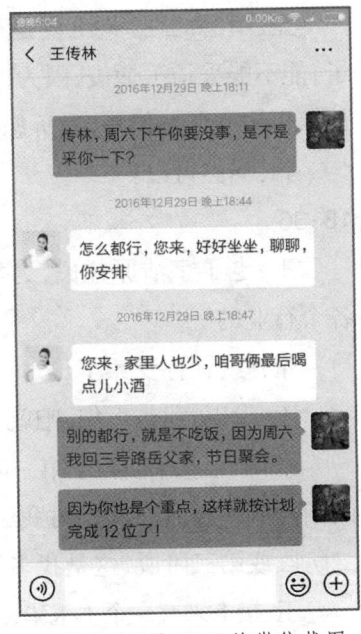

2016年12月29日的微信截图

王：听您的啊！周五要是采访完杨大爷，晚上在我这吃饭。吃完了，能不能采访王炳俊，因为他每天晚上出来遛弯！离我家也近，到他家也没问题。但是，我听您的，看您身体。

张：当然可以！

18:36

王：老丁字沽原住民，力争给您找10到15位，各个姓氏的和各个行业的。

张：好，让你受累了！

王：没事，我告诉您，咱就是哥俩，即便您退休，您也是我哥哥。

张：咱分几个阶段。第一阶段访10户，然后我集中整理一段时间，有些还需回访，回访时我顺便把照片送给他们。之后再启动第二阶段或第三阶段，这是我多年的经验。

王：接下来有一个王玉华，八十四岁了，能写能说。还有一个王开泰，也没问题。今年底我完活儿早，腾下空来给您心甘情愿当秘书。

张：年底完成第一阶段。

王：嗯嗯！

王：一切听您的！

王：您联系周五吧，我听您信。

2016年11月30日

19:51

张：传林，正想给杨大爷打电话，发现那天忘了记他的号码。请你给你的同学打一电，问周五下午两点可否接受采访，实在抱歉！

王：好！

2016 年 12 月 2 日

08:48

  王:照片发给您了!(注:采访王连泰的工作照)

09:17

  张:好的!

22:29

  王:照片又发过去了。

22:44

  张:谢谢,抓紧休息吧,你也够累的!

  王:嗯嗯,您也是! 反正我这有备份。

2016 年 12 月 3 日

11:07

  张:(转发《图说南市》之二十)

16:30

  王:哥,这本书出了吗?

  张:和平政协出过,可惜我手头没有了。

2016 年 12 月 4 日

15:25

  张:杨大爷录音传过去了。(注:采访杨世均时,因王传林录音笔出故障没录全)

  王:嗯!

15:27

  王:过半小时到家,马上给您。

王:但是,后面也不全。我昨天才买的录音笔,录像是全的。

15:37

张:是我给你传的。不是让你给我传,你不说要这段吗?

张:那天传的照片都收到了,谢谢!

15:41

王:呵呵,看错了!

15:42

王:周二下午,您坐地铁。我又买了两个南冠便携式补光灯。

15:53

张:整这么大动静干嘛?周二不能在人家吃饭!

王:嗯!这个设备轻便,我本身也早就打算买,因为我有时得用。

王:晚上我家,咱俩聊聊,喝点小酒。

张:你家也不去,访完就散。

王:嗯!

王:听您的……我正录音了,不跟你说话了。

王:我还得完成我的活呢!

17:24

张:跟王大爷(注:王炳俊)约好了,周二下午两点到他家。

17:32

王:嗯嗯!您下午1点半到地铁一号线西横堤站下。

王:我接您!下来出站,别过天桥。

王:或1点45。都可以!

张:OK!

2016年12日6日

11:42

　　张:传林,下午没变化吧?

11:46

　　王:没。

　　王:我安排好了!

　　王:西横堤地铁站接您。

　　张:好的!

13:25

　　张:到了,哪口下?

　　王:直接下。

　　王:看见您了!

　　王:我等灯了!

　　王:站那别动了!

23:05

　　王:采访者说的"汇手""会手",是不是卖货手和货手谐音?

　　张:应该就是"会手"。

2016年12日8日

12:07

　　张:跟刘大爷订好了,明天下午两点,我还老地方等你!

12:12

　　王:您在果酒厂那站下吧。

　　张:好的!

　　王:我爱人联系了安家后人,公所住持人的后辈。

12:13

　　张:(赞)(赞)(赞)(赞)(鲜花)(鲜花)(鲜花)(鲜花)

　　王:再有,我联系好了九十四岁的王宗义父亲,老脚行的!

　　王:您要谢,谢您弟妹!

　　张:(谢谢)(谢谢)

　　王:呵呵!

12:32

　　王:告诉您,三代公所主持人的后辈都找到了。

　　王:您看下,刘学勤家是在大通绿岛吗?

2016年12月9日

12:40

　　张:我看下!

　　王:不急。

　　张:大通绿岛39号楼(东方之珠附近)。

　　王:您几点到果酒厂站?下来直接走下面,出来等您。

　　张:大约1点半。

　　王:好!

13:19

　　张:到了!(注:去采访刘学勤)

2016年12月12日

11:32

　　张:传林,与宋大爷(注:宋书琴)定完了,明下午两点。

11:44

王:好嘞!我联系好了盛景江,就是"小一万"的老儿子。他也特别能说,记忆好,能还原王海明跟他爸爸那段事儿。

11:51

张:太好了,非常感谢!

11:56

王:我挤兑您,您挤兑我,咱俩努力!

17:37

张:在你家小区入口处集合吧?两点之前。

18:34

王:可以,随时联系。我先到一步,因为他是我二姑父。他闺女又跟我是同桌同学,我就跟到家一样!(呲牙)

张:行,争取不吃饭!

王:我知道,肯定不吃!

王:他腿脚不好,咱也别麻烦他,我还有事呢!

2016年12月14日

21:07

张:传林,明天下午怎么安排,我去哪里?

21:29

王:明天下午按原计划,您坐地铁到勤俭道这站下,具体哪个口我不清楚。明中午告诉您,咱两点采访盛景江。

张:好的。

2016年12月15日

08:55

王：您从地铁一号线勤俭道站 C 口出来，往左手走就是地铁后面的泉富家园，正泰福餐厅对面。（注：去采访盛景江）

王：再有，宋书琴跟我二姑的录音我没录上，还有刘学勤的，您都得给我一份。（脸红）

09：19

张：没问题！

2016 年 12 月 16 日

14：37

王：您看，咱们采访的王连泰，现在住院了！人，一过八十，身体就不好说了！

14：54

张：我现独自一人开拍老丁字沽，你不用来，我先感受一下！

王：我今天没车，要不骑电动车，给你引引路？

张：不用了，在家歇着吧，后面肯定得叫你。

15：42

王：哪天您再照去，我跟着。第一，给您拍点工作照；第二，跟您学学摄影。

16：05

张：走到唐家湾大道啦，还不错，房子大多都有！

王：嗯！

2016 年 12 月 18 日

11：27

张：(发给传林一幅丁字沽街区示意图)刚画了一张拍摄提示图。

王:辛苦辛苦!

王:好,回头我协助您。

张:一共三十多条街巷,我用这张图去找,争取拍全。

王:您再拍,我能去,一起。

张:还是我先走一趟,不能轻易动用你。

11:34

王:嗯!我随时听您的,不客气!

11:39

张:后面确定店铺和老住户及其他历史遗址再请你出场,节省出场费!哈哈!(笑脸)

王:(呲牙)(呲牙)

2016年12月20日

09:01

张:传林,我两点之前找你。

09:18

王:对,准两点咱去安先生家。

王:您下地铁往我家来,拿东西就走。

09:36

张:是白酒厂那站吗?

王:果酒厂那站。下来,我家小区佳园北里36门。(注:去采访安洪藻)

2016年12月22日

10:43

王:两点前您还到我家,照片发邮箱里了。(注:采访现场工作照)

张:好的!

12:47

王:张老师,您果酒厂站下了,右手边儿就是佳园里商业街,您一直走到没路了,丁字口,我在那等您。您早到十几分钟,咱跟老人定的是两点。

张:收到!(注:去采访林桂成)

2016年12月27日

12:53

张:(发给传林一张路口照片)长江道与南丰路交口。

王:现已经到黄河道啦!

张:(又补发了一张路口照片)在这个角儿等着呢!

王:嗯嗯,咱往海光寺方向走。(注:去采访王开泰)

2016年12月28日

23:01

王:对了,东北营造厂(老板)的儿子张兰芝找到了!

张:好的。

王:他老兄弟是我爸爸的干女婿,咱节后采吧!

张:行!

王:我让姐夫找他三哥了,他是建筑工程师,等于继承了家缘。

王:感觉这本书立起来了!

23:06

张:辛苦了!

王:彼此。

王:在丁字沽耍龙尾的也找到了,今年八十五岁,姓贾。

张:明白。

2016 年 12 月 29 日

13:36

张:已到勤俭道站。

王:我等您了,您出来就上车。

13:38

张:在哪呢?(注:去采访朱学信)

16:39

张:传林,我先走了。插头我都给拔了!(注:采访朱学信时,王传林回老丁字沽约定新的访户,走时摄像机电源插头没拔)

王:好!

18:11

张:传林,周六下午你要没事,是不是采你一下?

18:44

王:怎么都行,您来,好好坐坐,聊聊,您安排。

18:47

王:您来,家里人也少,咱哥俩最后喝点儿小酒。

张:别的都行,就是不吃饭。因为周六我回三号路岳父家,节日聚会。

张:因为你也是个重点,这样就按计划完成 12 位了。

王:什么重点啊……您啊,来,我也不预备什么,就为聊。这么办,要不下周二,您晚走会儿,好吗,不为吃喝。

18:53

　　王:您就答应我,老哥哥!

　　王:周二吧!

　　王:我跟您说,回家就睡了,刚醒,真的累,但是心里高兴,第一认识您,第二也为老丁字沽出点力,这是我应该的!

　　王:您就周二吧,我保证不弄好多东西!

2016 年 12 月 30 日

18:34

　　张:传林,明上午我开会,下午去你那,5 点之前回我岳父家,嘛事也不耽误。绝不能把你放到明年!2 日我又该上班了。我想等完成 20 位后,咱单纯吃饭聊天庆祝多好!

19:31

　　王:好吧。真想跟您踏踏实实坐那聊!

　　张:先"口述"后聊天,我特别喜欢你。口述是工作,聊天是交友。先工作后交友!

19:37

　　王:嗯嗯!(注:2016 年 12 月 31 日下午采访了王传林)

2017 年 1 月 1 日

17:18

　　张:(发给传林一幅向 2017 年跨越的照片)

　　王:谢谢哥!

20:50

张:(发给传林一张肖像照和他"百岁儿"翻拍照)对着电脑拍的,原片更好!

王:太好了!我的照片您得给我保留着,谢谢哥!

王:后面的采访,您多给我照点儿。因为,第一自打烧伤后我几乎不照相,除非是活动照,为了留纪念;第二我自己给自己也照不了啊……谢谢哥!

王:您多给我照点儿吧,将来留作纪念和别的用处。

张:谁能想到,一个小屁孩儿,成了艺术家?

王:呵呵,缘分!谁能想到我能认识您,真的缘分!

王:我把房子交了。您帮我,咱做俩专题。都是我过去采访的艺术大家……我塌不下心,因为家里房子的事!

21:15

张:(又发一张传林肖像照)

王:将来我买新房,书房一定选张我满意的,放大作为点缀。死了当遗像!

2017年1月19日

14:26

张:上周拍了二、三道街。新书给你留着(今晚报2016年新闻图片精选)。

15:02

王:嗯嗯!二道街有一家,门不错,拍了吗?

15:52

张:只拍街道,没入户。有一个大院儿挺气派,但只剩下后面几间房。

王:应该是我说的那个。

2017 年 1 月 27 日

09:49

  王:(转发大年三十的祝福!)

  张:哦,好热闹啊! 我天天上班。(哭泣)

  王:(呲牙)

16:21

  张:(发给传林若干丁字沽年味照片)累死我了!

16:47

  王:谢谢哥! 还有吗,多给几张。(大哭)(大哭)

  张:手机拍的少,主要在相机里。太好看了!

  王:您一定给我留一套,哥。谢谢您,代表老丁字沽乡亲谢谢您!

20:25

  张:传林,祝你及家人健康快乐,祝你事业有成!

  王:谢谢您! 咱节后继续,我都联系好了!

2017 年 1 月 29 日

17:01

  张:(发给传林一组丁字沽年味照片)专为你用手机拍的。现赶往岳父家拜年!!!! 祝你姑爷节快乐!

17:09

  王:咱彼此。烫发的旁边就是勤盛兴。

  张:再拍两次胡同就差不多了。

  王:嗯! 年后您安排时间继续访。

2017年1月30日

12:01

　　张:又拍了半天儿,基本完成!放心吧。

12:27

　　王:我把您发给我的照片转发到朋友圈,一百多给您点赞的!

　　张:太谢谢了,不白受累。我刚进屋,快拉胯了!

　　王:谢谢您! 一定给我一套,算是送您弟弟的礼物。

　　张:没问题。等都弄完了,我把所有的音和像全给你一套。

12:47

　　王:我利用年假,写津味小说,给振良。他看了两集,感觉特好!(呲牙)

　　张:太好了,祝你成功!

　　王:我尝试一下!

2017年2月1日

08:50

　　张:(发给传林丁字沽胡同电脑屏幕截图)拍到昨天,基本完成。

　　王:谢谢!(鲜花)(鲜花)

2017年2月4日

14:22

　　王:明天我给您打电话,商量节后事情,好吗!

2017年2月5日

11:39

张:(发给传林带年味的老门一组)

王:辛苦您了!

16:01

张:北平房还算老丁字沽吗?

王:不算。

2017年2月7日

18:13

张:(发给传林在老门上抄录的春联)一下午,整理出七十多条春联。

王:真是辛苦!(作揖)(作揖)

张:至少有六十多对不重复,奇迹!

王:也说明这个地区的文化底蕴。

2017年2月9日

20:54

张:(发给传林2016年12位受访者的人物肖像照)

王:太好了,太好了!

王:回来原始的您给我一套,谢谢!

张:我准备每人给洗一张大照片!

王:替他们谢谢!

2017年2月11日

10:15

张:传林,昨晚左眼晶体脱落,需住院手术,所以采访的事推迟,抱歉!

11:00

张:(发给传林一张"独眼龙"照片)

12:16

王:哈哈,好玩!(呲牙)(呲牙)(流泪)(流泪)注意吧,老哥!

2017年2月27日

17:02

张:(发给传林一张术后自拍照)

王:手术可以吗?

张:看见人儿了,挺好,还得适应。

王:嗯嗯!太好了,您好好休息。

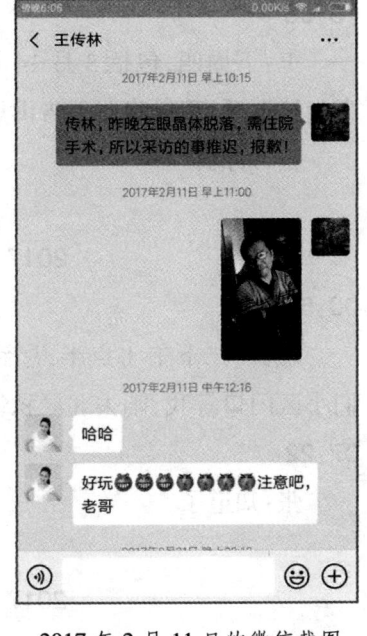

2017年2月11日的微信截图

2017年3月5日

17:45

张:传林,周二下午定一户吧!

17:48

王:好,听我招呼!

张:定好了告诉我去哪就行了。弄吧,我心里也急!

王:嗯嗯!

18:03

　　王:下周四,包括3月14日都安排完毕。只有这个周二的,对方没接电话,我最晚明天告诉您。

　　张:好的!

2017年3月6日

00:50

　　王:周二下午1点半,您到地铁一号线果酒厂站下车后,到我们小区门口等我,咱去北辰秋怡家园采访八十岁的贾先生。

07:22

　　张:知道了。

2017年3月7日

13:36

　　张:在哪了,没见着?(注:去采访贾金祥)

2017年3月8日

17:27

　　王:明天下午1点半以后,去"水木天成"那,我晚上查查公交车。

19:26

　　张:告我地点就行。"水木天成"太大了!

20:39

　　王:咸阳路上的"水木天成"跟龙禧园。

　　张:是去龙禧园吗?

　　王:对,就马路边上。

张:我查地图了,龙禧园南区还是北区?

2017 年 3 月 9 日

18:01

张:(发给传林下午采访杜洪英的照片)

2017 年 3 月 13 日

09:31

王:明天下午 1 点半,您到地铁一号线勤俭道站下车,在津酒集团那个口出来。

张:知道了!

2017 年 3 月 14 日

13:26

张:我已到达。

21:13

张:(发给传林下午采访宋孝谦的照片)

王:真好!

2017 年 3 月 16 日

20:39

张:传林,明如无变化,我 1 点半在洪湖里站等候,可否?

20:48

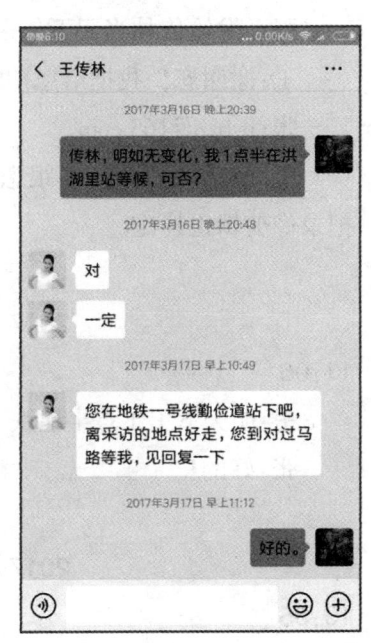

2017 年 3 月 16、17 日的微信截图

王:对,一定!

2017年3月17日

10:49

王:您在地铁一号线勤俭道站下吧,到对过的马路等我。见到回复一下!

张:好的!

13:10

张:我是不是从别的口出站?

王:对,对面。我还有一个路口就到了。

20:47

张:(发给传林当天下午采访范金城的照片)

王:谢谢您! 我把给您拍的照片也都压缩了,给我个邮箱。

张:jwbzjj@163.com。

王:好嘞,明天给! 不跟您说话了。都弄完了,您找个移动硬盘,把录像剪辑也拷走。

2017年3月20日

11:06

王:明天下午1点半地铁一号线勤俭道下车,白酒厂那口上来。

张:好的!

2017年3月21日

19:55

张:(发给传林当天下午采访朱学年的照片)

20:11

　　王:真好。

2017年3月23日

14:22

　　王:您再往前走点儿,因为那不让停车。

　　张:已在前100米等候!(注:去采访张兰芝)

19:55

　　张:(发给传林当天采访张兰芝照片)

　　王:真好!

2017年3月28日

09:24

　　张:传林,下午没变化吧?

　　王:没有,您在本溪路1点半下车,在马路边上等我,先到大粪场儿看看。

　　张:没问题。(注:去采访曹振刚)

2017年4月5日

09:34

　　张:传林,我7日至10日外出开会,采访等我回来再定。

　　王:好!

14:15

　　张:传林,11日至14日之间把原定的三个都访完吧,后面先别再加了!

张：我干脆请几天假算了。
王：明白。这样我也好安排。

2017年4月9日

07：33

王：周二咱下午1点半以后，在地铁一号线勤俭道站见面。
张：好的！
王：周二、周四在学校采俩。完了，周六，南开您家门口那儿，老丁字沽大队书记的儿子。采完就告一段落！
张：OK！

2017年4月12日

09：02

张：（发给传林当天下午采访孙昌群照片）
王：谢谢张兄。

2017年4月14日

19：47

张：（发给传林当天下午采访姚秀玲照片）
王：谢谢哥。

2017年4月15日

08：23

王：咱定的是9点吗？
张：对，9点。见面在本溪路。

08:50

　　王:对,想起来了。(注:去采访李昆明)

12:21

　　张:(发给传林李昆明肖像照)齐了!

　　王:谢谢哥,我把所有录像跟工作照力争尽快给您!

　　张:不急,先忙你正事。

2017年4月18日

07:26

　　王:哥,您那还有一张采访曹大爷的照片吗?方便的话给我。

09:23

　　张:(发曹大爷照片)就这张吧?

　　王:他叫什么名字?

10:18

　　张:回去查。

12:07

　　张:曹振刚。

2017年4月19日

15:08

　　张:传林,我集中看了你已刊发的小说,非常好,祝贺!(鲜花)(鲜花)

15:20

　　王:谢谢哥,30号,见面聊。

2017年4月25日

15:30

王:张老师,再强调一下:30日下午,您,振良,还有张浩,有车接您三位,下午两点半到聚会地点!

15:36

张:几点,我在哪等车?

王:到时有人给您打电话,就在家等着!(呲牙)(呲牙)

张:好的!

王:您受累带个三脚架吧?

张:用不着。

2017年4月27日

11:47

张:(发给传林一幅新闻与记忆学术研讨会海报)请你参加哦!

王:好啊,一定一定!

王:对了,30日您在家吧。有个叫小鹏的,他加您微信,去接您,他挺崇拜您的!

王:您一定去啊,那地方好,等我交了房子,我也搬过去。

王:对了,咱5月份必须得拍点原貌了,现马上要动迁了,今天我去了拆迁办。

2017年4月30日

09:54

张:传林,下午一共请了多少同学?能否每个人给我讲一小段故事或哏事,一并收入书中,这是我的新创意。

张:你提前给他们发个微信。

10:21

王:好,没问题!

张:我把这次聚会单独做一章,因此这次聚会的意义就不一样了,它将载入史册!

王:今天能到三十多位同学。

23:22

王:大伙真的谢谢您和振良先生!

2017 年 4 月 30 日的微信截图

2017 年 5 月 1 日

14:01

张:(发给传林聚会时受访的七位同学肖像照)

王:谢谢我的好哥哥,我们发小一定请您!

2017 年 5 月 3 日

07:56

张:(发给传林新闻与记忆学术研讨会邀请函)

王:一定到,哥……

王:周日 1 点在地铁一号线勤俭道站等您。

2017 年 5 月 6 日

19:54

张：明天改 1 点半吧，否则我 12 点就得出来赶路。
王：明白。我带着宋书琴送给咱的参考地图复印件。

2017 年 5 月 7 日

13：06
张：我上车了，可能提前到。
13：14
王：没问题，我一会就到。

2017 年 5 月 8 日

20：18
张：传林，因明天王会长（王剑非）下午有安排，我腾出了半天时间。已定明下午航拍丁字沽，你有空吗？
王：好！

2017 年 5 月 19 日

08：41
张：传林，研讨会因故推迟至 6 月 7 日下午两点半。
王：明白，您需要我干什么说话，别客气！哪天得时间我去您那拿硬盘，把我拍的录像、照片全拷走。
08：54
张：我把采访以来的全部内容都整理好了，一并提供给你备存，来开会时可顺便带走硬盘。
王：好，我听您的。最近为我的老房子拆迁正歇年假，拆迁办还建了"选房大厅"，我建议您拍几张居民选房的。

张：市党代会马上要开，我得盯着版面，这事更重要！

2017年6月3日

19:32

张：下午我也在丁字沽，你们家大门紧闭。

王：对，我在拆迁办呢！

张：拆迁办大门口，架床排队，不知为嘛！

王：为等"和苑"现房，自发排队。

张：这么积极，与西于庄形成强烈对比！

王：今晚人更多，明天开始选，要不咱来一趟？

张：再说吧！

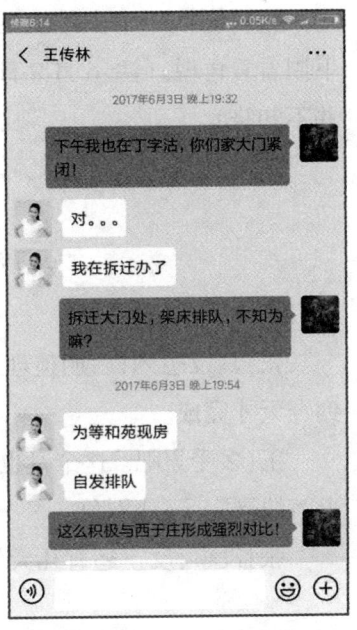

2017年6月3日的微信截图

2017年6月5日

10:22

张：再次提醒，6月7日（周三）下午两点半在308会议室出席研讨会。

王：明白（剪刀手）是新厦308吧！

2017年7月11日

19:07

张:传林,一个多月没见了,本想这周去采访,可实在太热了,下周看看再说。(注:6月8日至7月8日,因患急性肝炎住院,传林并不知晓)

王:好!

2017 年 7 月 16 日

11:37

张:真没想到,后期整理这么难,一个王连泰,从12日启动,直到今天才完成。

王:多受累吧。这个月也热,我房子遇上点节外生枝的事,但马上就快弄完了,您别急。

张:没事,反正还有几天就退休了。

2017 年 7 月 17 日

17:30

张:我问你,解放以后,是王金福(杂巴地)还是王金生(地方)被枪毙了?杨大爷说得有点乱。

王:晚上我问问王炳俊好吗?

张:多谢!

20:20

王:是王金福被枪毙了。

张:好的,把俩人混着说,弄的我摸不着头脑。

2017 年 7 月 23 日

17:31

张：又把杨世均的访谈弄出来了，这两个就一万多字。

王：辛苦！我的老房子有点麻烦，所以我现在一直在录制评书，您需要干什么说话。

17:44

张：不一直挺顺吗？别太着急。看看下周找一天把最后定的那个采了，再联系。

王：好。见面再跟您说，烦死了，我等您时间。

2017年7月24日

17:30

张：传林，今天退休啦！谢谢你的留言和转发。本周哪天采访都行，听你安排。

王：周六、周日，您选一天。

张：那就周六吧！

2017年7月28日

10:43

张：传林老弟，把明下午采访的时间地点再确认一下。

10:51

王：晚上告诉您！

14:36

王：您明天下午两点，在地铁一号线果酒厂站下车，还是我们家那，我在路边等您。

张：好的！

2017年7月29日

13:50

　　王：您出站往前走,就在小区门口等我。我解个大手,马上就到!

13:57

　　张：好的。(注:去采访李学勤,当晚补充采访了周学明、陈永星、郭利)

2017年7月30日

10:54

　　张:(发给传林受访者李学勤及他的三位同学照片)全齐了,圆满!

2017年9月6日

11:32

　　张：传林,振良实在太忙,最后决定就不参加了。这两天都行,赶紧定吧!

　　王:10日怎么样,教师节!(注:传林要把受访的10位同学请来小聚一次)

13:28

　　王:订好了,周五晚上。

　　张:在哪,几点?

　　王:地铁一号线,西横堤下来就是,集贤佰悦海鲜酒楼,(晚上)六点。

18:20

王:(发了酒楼位置截图)

2017年9月7日

17:38

　　张:明你带相机吧,我带的东西太多(给十多位同学制作的相框)。

18:33

　　王:好嘞,要不我接您?

　　王:您明天下午四点听我电话

　　张:不用接,我打车去,这样自由。

2017年9月8日

17:55

　　张:我到了,在几楼?(注:当晚把为受访者制作的相框送给了他们)

2017年10月10日

18:29

　　张:(发一幅娘娘庙复原草图)看看布局对吗?

　　王:对。但是,这个是坐东向西,后来的中间还有道门,就现在的楼房那儿。

　　王:门,靠现在停车那,也就是对着大殿正门。

　　张:这稿画的是后建的,毁前还没画呢!

　　王:那就更得加那道墙了。

　　张:(又传了另一张草图)

王:(点赞)(点赞)

2017年10月16日

10:01

张:你帮我催一下"丁小",把娘娘庙壁画照片发给我。

王:行,我后天去"丁小"。再有,我那房子拆完以后,老树露出来了,看着挺沧桑,建议您拍拍!

张:"丁小"东南侧的布局,我可能还得去看看,有点含糊。

王:嗯,来吧我陪您!

张:我想好了几件事一块去。国庆节已去了一趟!

王:哦,那会儿正在家录音呢!

2017年11月7日

19:21

张:传林,有日子没见了,很想你。不过我也始终没闲着,完成了口述史12万字,采访日记12万字,书中插图24幅。接着又用三天时间把口述史全面修改一遍。明天我再把其中两处弄明白添加进去!接下来,我想让你通篇浏览一遍,尤其姓名、地名、年代、人物关系等,包括病句、错字一并提示和修改(可用红颜色标出修改处)。请提供邮箱地址,明下午发给你,在百忙中抽空看看,多

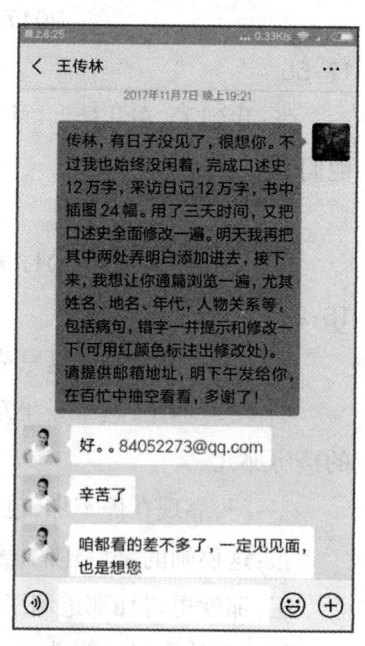

2017年11月7日的微信截图

谢啦!

王:好。84052273@qq.com。

19:22

王:辛苦了。等稿子看得差不多了,一定见见面,也是想您!

张:我紧着往前赶,恨不得明年初就发排。所以每天起早贪黑的,整体看内容超过前几本。

王:真的谢谢您!所以咱一定筹划好新书的发布仪式。另外,我问"丁小"了,他们没有壁画照片,庞校长来前就已经封堵了!

张:"丁小"壁画我从别处弄来一张。接下来得找部分老人要他们年轻时的照片。

王:明白。

张:我特别希望让这些老人不仅能见到书,还特别满意。跟你说,我整理录音时,几次落泪,他们太不易了!

王:我也是。

2017年11月8日

15:22

张:传林,文件(口述史书稿)传给你了。我知道你今天不在本市,不着急,抽时间吧!

王:好,谢谢哥!

2017年11月10日

10:29

张:(发两幅手绘丁字沽测绘图)太难画了!

王:呵呵,辛苦!

2017年11月12日

11:53

张:(发给传林手绘《冬季窖冰图》)刚画完!

王:太牛了,我一定好好请您一回。

张:口述史全文收到了吧?

王:我正在看,一点儿一点儿捋。

张:千万别急!下一步我开始查阅相关史料。

王:慢慢来,需要我干什么您说话。

2017年11月22日

12:12

张:传林,今天是启动"口述丁字沽"一周年纪念日。去年的这一天,我们第一次相见;去年的这一天,我们开始相识;去年的这一天,我们悄然走进老乡亲家中;去年的这一天,我们共同预祝"口述丁字沽"获得成功。一年过来了,我们从丁字沽南北大街,跨越时空,融进了百年丁字沽由繁盛祥和到趋于消失的市井画卷里,聆听了前辈的家族史、成长史、奋斗史。我们用超凡的心境和不懈的坚守,留住了承载着无数乡情的独特而深沉的故事。记住这一天,是为了把这份礼物雕琢得更加精美,以献给丁字沽的家乡父老。

17:05

王:谢谢老兄!(作揖)我知道,我记得住。刚进家门,晚上继续看您的稿子……

2017年11月17日至11月22日整理

津沽文化研究集刊第十四种

主编 王振良

口述津沽

民间语境下的丁字沽

史料篇

张建 著

天津出版传媒集团

天津古籍出版社

引言：老丁字沽的"方志"

三年里,我的《口述津沽》系列出版了三部。由于是在边学边干中完成的,经验逐步积累,学识渐进增长,视野不断开阔,所以三部书上了三个台阶。有学者说,从这三部书中,不仅可以看到一个求知者的成长历程,更能显现由感性主导向理性思考的递进。因此在编撰《口述津沽：民间语境下的丁字沽》一书时,我又给自己提出了更高的要求,即以实为证,依史存真。在好友的激励和帮助下,新增了"史料篇",对于为何要添加这部分内容以及它们的形成过程,有如下几点心得。

思路的形成

2017年6月,今晚报社召开了"新闻与记忆——张建城市田野调查学术研讨会"。会上,天津学界的专家学者及媒体代表,结合已有成果发表了各自的意见,其中有学者建议："在继续加强口述史资料挖掘整理的基础上,加强与史料的对比、对应、对接,进一步从介绍性思维向研究性思维模式延展。"这个建议对我触动很大,但是如何将二者有机结合起来,似乎没有明确的方向。在启动丁字沽口述史项目时,我的总目标依旧是坚持"求变"。无论在采访、挖掘、整理口述史上,还是在拍摄照片、绘制插图、赶写日记等方面,都尽可能展现出新的水平。为此,我投入了很大精力,也付出了很多努力。但是,我依然觉得这还只是"小改小革",没能实现真正的突破。真正的突破在哪里呢?苦思冥想之后,"口述"与"史料"这两个关键词猛然闯进我的脑海,也就是说在进一步优化"口述"的同时,下决心补上"史料"这个短板,以实现专家提出的"口述与史料的对比、对应、对接"。如此一来,可大大拓宽民间口述史新的提升空间,对于我来讲不仅是一种探索,更是一种挑战。因为我的知识储备有限,尤其对史料的收集、甄别、提炼、运用非常陌生,甚至不知从何下手,即便是"大海捞针",也得知道"海"在哪儿,捞出的"针"怎样才能串联在一起。虽然我信心十足,却没有多大气魄,觉得能从浩瀚的史料中搜索出两三万带着"丁字沽"标记的文字就足以了,然后作为附录添加在书里。之后,便是"疯狂"地检索和查阅,汇集到四万多字的时候,我已然感到精疲力竭。当我自信满满地将书稿交给该书主编王振良先生时,他却认为还可以继续"深挖",最好弄到十万字独立成篇。王勇则先生也几次激励我,说搜集资料要打开视野,拓宽渠道,以"吸干榨净"的精神对待这项工程,做到少留遗憾或不留遗憾,同时还为我提供了很多重要的史志著述和检索方式。此后,随着一次又一次的"发现",丁字沽的前世今生展现出绵延悠长且丰富多彩的历史画卷,我的思路也逐渐清晰起来,并结合史料内容划分为八辑,即乡情、诗情、民情、商情、灾情、警情、军情和余音,从而形成了较为完整的丁字沽"方志"格局。

史料的来源

在天津文史研究领域,"丁字沽"几乎是个空白。面对摊开的这张白纸,我的脑子里最初只浮现"丁字沽"三个漂移的大字,而历史对于这三个字究竟关顾到哪种程度,我心里确实没底。也正因如此,挖掘史料便成为充满神秘色彩的、不断发现、不断延伸、不断去伪存真的艰难且愉悦的过程。在这个过程中,我选用了两个渠道:一是网上查寻,二是文献抄录。先说网上查寻,一开始有点"萝卜快了不洗泥",不管来路可靠不可靠,也不管内容真实不真实,只要跟丁字沽有关就急着收罗进来。可是要作为文献资料来对待,这显然是不严肃的,也是危险的。于是转过头来,开始选择正规网站或资料库。比如天津图书馆官网、爱如生申报数据库等,从而掌握了打开宝库的"密钥",踏进沧桑厚重的历史门槛,去探访尘封已久的丁字沽遗痕。所谓"密钥",就是用来检索的"关键字""关键词"。走进网络世界,有时就如同步入迷宫,明仓暗道,纵横交错,要想将宝物"搜刮殆尽",除了走正道,也需要试一试旁门左道。比如,在检索了"丁字沽"之后,不要以为所有的存货都被吸纳了,总还有一部分"漏网之鱼",这时就可以使用"错码"来解锁,如"丁沽""丁字沽村""了字沽""丁宁沽""丁字活"等,经一番周折之后,总会获得意外的惊喜。因为过去的印刷水平和检校水平很有限,错排误排现象比较常见,还有很多资料库的全文检索,在文字识读方面错误率也比较高。此外,把口述史中涉及的人物、事件、地名等作为"关键词"也是一个好办法。丁字沽曾是天津杂粮集散地之一,大小粮店十几家,借用口述人提及的"勤盛兴""恒茂隆""成记""祥记"等老字号,检索出了昔日杂粮市场的交易状况。同样,用老百姓所提及的"王士海"等人名,检索出了其"聚众打死李六"及充当"伪铁路警务处义侠队队长"的相关记载。

再说文献抄录。翻阅发现有关丁字沽的文字记载并不是很多,但它依然成为丁字沽"方志"的重要组成部分。本篇的史料来源主要有:《天津通志·旧志点校卷》《天津通志·大事记》《天津通志·照片志》《〈益世报〉天津资料点校汇编》《天津志略》《红桥区志》《北辰区志》《天津市地名志·红桥区卷》等。这种"原始"检索是个耗时费力的活儿,并且没有半点的偷手儿,虽然脑子里只有"丁字沽"三个字,但要靠两只眼,在浩如烟海的字迹里找出它们来,没有别的办法,只能一页一页地浏览。单说《天津通志·旧志点校卷》三大本加一块儿三千多页,《〈益世报〉天津资料点校汇编》加一块儿四千多页。我不仅用眼睛全部扫描一遍,而且将涉及丁字沽的文献一个字一个字地抄录下来,这无疑是对个人毅力的极大考验。

后期的处理

在后期处理方面,大致经历了四个步骤:第一,字体转换;第二,核对原件;第三,分类归档;第四,标注出处。通过网络下载的《申报》《大公报》电子文件均为繁体字,首先要将其转化为简体字,这个过程依靠应用软件就能轻松实现,只是"繁转简"后,个别字句不听使唤,不但坚守自己的"原形",甚至还出现奇异的乱码。这种因识别出现的问题难以避免,所以第二步就显得尤为重要,即用下载的电子文件与扫描的"剪报"原件进行核对,好在我多少认识一些过去常用的繁体字,虽然有难度,还不至于"啃"不下来。然而即便如此,仍有许多生僻字、异体字不敢认,不好认,只得依靠查字典一一辨别。最没把握的是用"乱码"与印刷模糊的字迹比对,简直就跟猜闷儿似的。我先辨认出某个字,然后根据残存的字迹试着组词联句,或者再搜寻别的版本的"原件"加以参比,有的实在分辨不清只得打上"□"。清末民初的报纸许多文字不加标点,为了顺应当今的阅读习惯,后期整理时均添加了标点符号。另外原文中存在的笔误或错字,也一并做了修正(加括号标注)。比如,文中多处出现"振济"一词,而实为"赈济"。在涉及粮商字号时,为强调与丁字沽的关联,在文中增加了简短的注释。在处理"军情"这部分内容时,很大篇幅都是摘自国民党中央社在《大公报》上刊发的军情战况,藉此可以反映解放战争期间丁字沽一带的处境以及当时的乱局给当地百姓带来的恐慌与灾难,但原文多站在国民党政府的立场,带有明显的舆论战、攻心战倾向,其内容存有歪曲事实或夸大事实的部分,这些资料仅供参考。此外,个别之处还有对解放军使用"匪军""匪共"等蔑称的情况,为展现历史原貌,本书予以保留,并进行一定技术处理。第三步是分类归档,着重将零散的、庞杂的史料条理化,使其具有整体感。通篇既考虑时间要素,又考虑内容要素,各辑既相对独立又相互关联。比如,"乡情"的史料布局,以历史文献的成书先后来排序,而民情、商情、灾情、警情、军情等部分,则以见报日期来排序,阅读起来由远及近,十分顺畅。

起初,我对标注史料的出处缺乏基本常识,先是觉得多余,下载文件时压根就没录下来,后来想标注了却对不上号儿,以至于造成"大面积"返工。接下来因未掌握规范要领,自以为是,结果再次返工。比如,从《天津通志·旧志点校卷》摘选的文献,其原文实际刊于〔康熙〕《天津卫志》等旧史志,所以在标注出处时首先应是《天津卫志》,然后才是具体出处:来新夏,郭凤岐主编《天津通志·旧志点校卷》,天津:南开大学出版社,1999年,第×页。虽然这项工作耗费了很大精力,但长了见识。俗话说的好:拉锯就掉沫!

价值的初显

过去人们对民间口述史多有微词,主要原因就是认为其可信度不高,所以民间口述史在我国发展迟缓,直到一代又一代装着满肚子故事的老人们相继离开我们的时候,才发觉口述史在国外早已成为正规的学科,由此产生的学术价值也在不断地攀升。历史的形成都是从语音开始的,有讲述进而才有了记述。中华文化之所以源远流长,绵延不断,除了正史,还有私史、杂史、野史以及民间传说、百姓故事等。历朝历代修史,其实都面临同一个问题,那就是客观与公正,不论哪种记载或编修都难免破除自身的局限性。著名文化学者冯骥才先生说:"除了文字史料,还有一些史料是存留在人的记忆里的,而这些史料的最佳呈现方式就是口述史。从历史角度看,采访对象都处在社会转型交替的时期,假如现在没有人做口述史,等以后历史街区都没了,只剩下空泛的地名,里边一点血肉都没有,那就太遗憾了。"所以,将"口述"的通俗性与"史料"的严肃性结合起来,不仅是对"口述"的正名,也是对"史料"的活用。这种关联性、互补性以及印证价值,已经在该书中初步显现出来。比如口述人说,丁字沽的地名来历,是因为两河汇聚,像个"丁"字。《天津卫志》记:"丁字沽去城北七里,其河形有如丁字之象,万艘分载于此,故名。"口述人说,丁字沽是水陆码头,非常繁盛,但再早几乎都是打鱼的。据《津门保甲图说》记:"丁字沽人烟稠密,水陆冲要之区也。"那时就已有船户二百八十户。口述人说,在丁字沽,大公所就相当于文化中心,安二爷就是主心骨。经查实,《天津志略》第四编《宗教》第六章《理教》记:"惠义堂(堂号),安云祥(堂主),丁字沽(地址)。"口述人说,丁字沽小学属于"废庙建学",起码有一百多年。1905年4月16日的《大公报》,在公布各学堂学生数目时,有如下记:"丁字沽民立第四半日学堂学生十四名。"口述人说,丁字沽的繁盛主要靠"勤盛兴""公盛兴""恒茂隆""成记""祥记"等粮店的支撑。史料显示,这些粮行在当时交易异常活跃,同时还首次发现丁字沽品记粮行和恒记粮行在1919年相继开张时捐资办学的义举。口述人说,天津解放前夕,国民党军队窜到丁字沽,火烧民房,老百姓被迫逃离。《天津通志·大事记》记:"1948年12月22日,陈长捷、杜建时联合署名发出布告:凡距城防工事据点300米以内之障碍物,一律拆除。国民党军用火烧及拆房的办法制造无人区。"多位口述人讲述的王士海争夺脚行、充当汉奸的事实,均有据可查。类似的实例不胜枚举。

　　民间口述史留住的是一个城市的集体记忆,它必将成为地方史的重要补充,如果"口述"与"史料"同举并能相互印证,其价值可想而知。

2017年11月28日第一稿
2018年2月6日第二稿

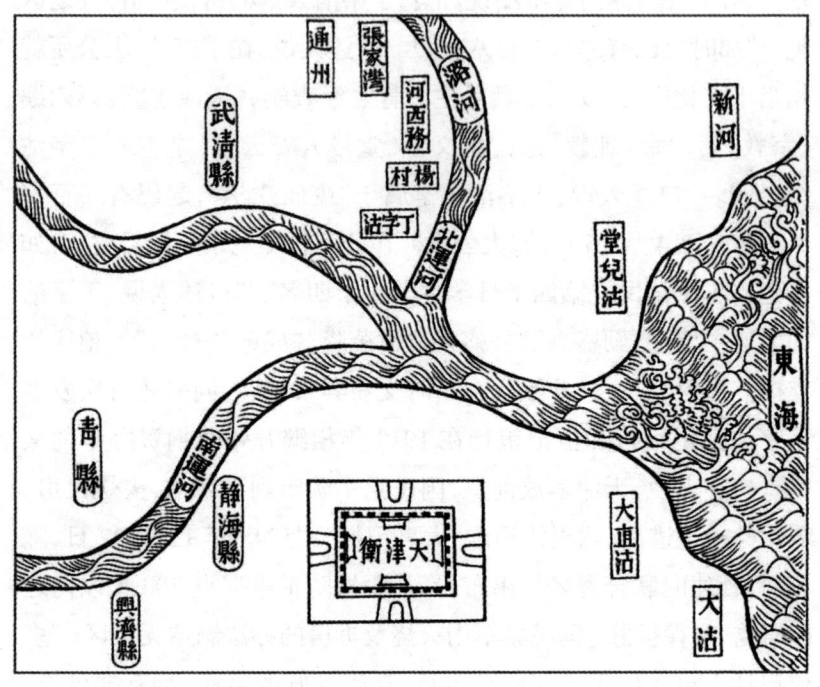

《天津卫志》图说中(局部复制)所标注的丁字沽

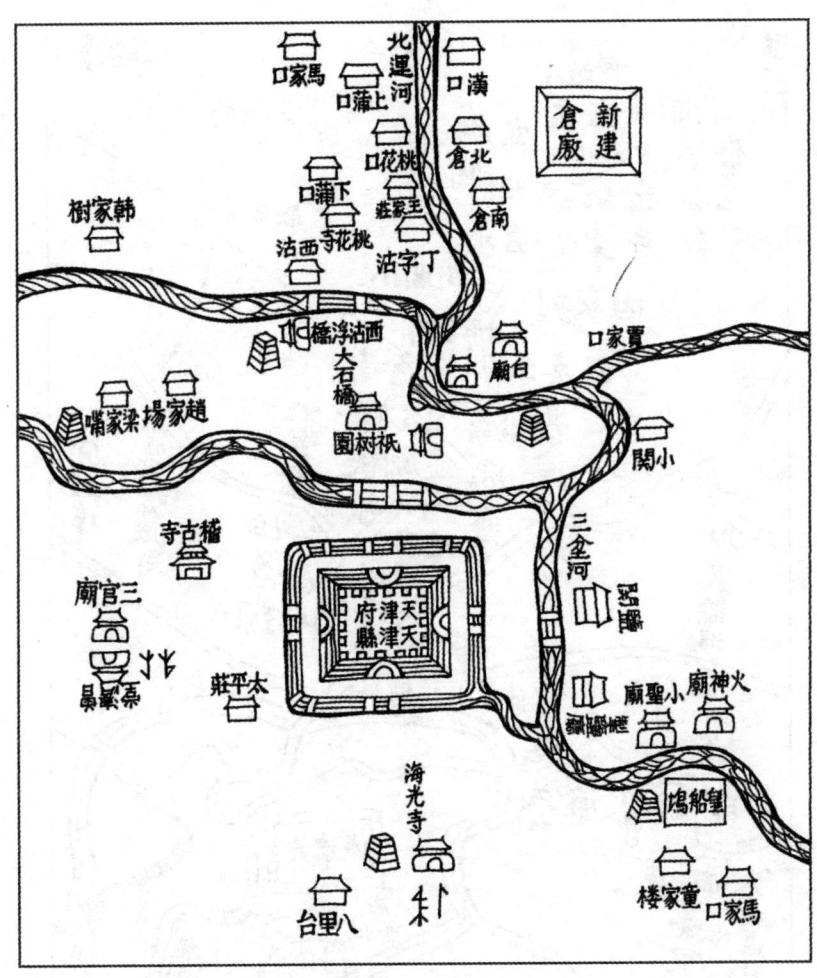

《天津县志》天津县境舆图(局部复制)所标注的丁字沽

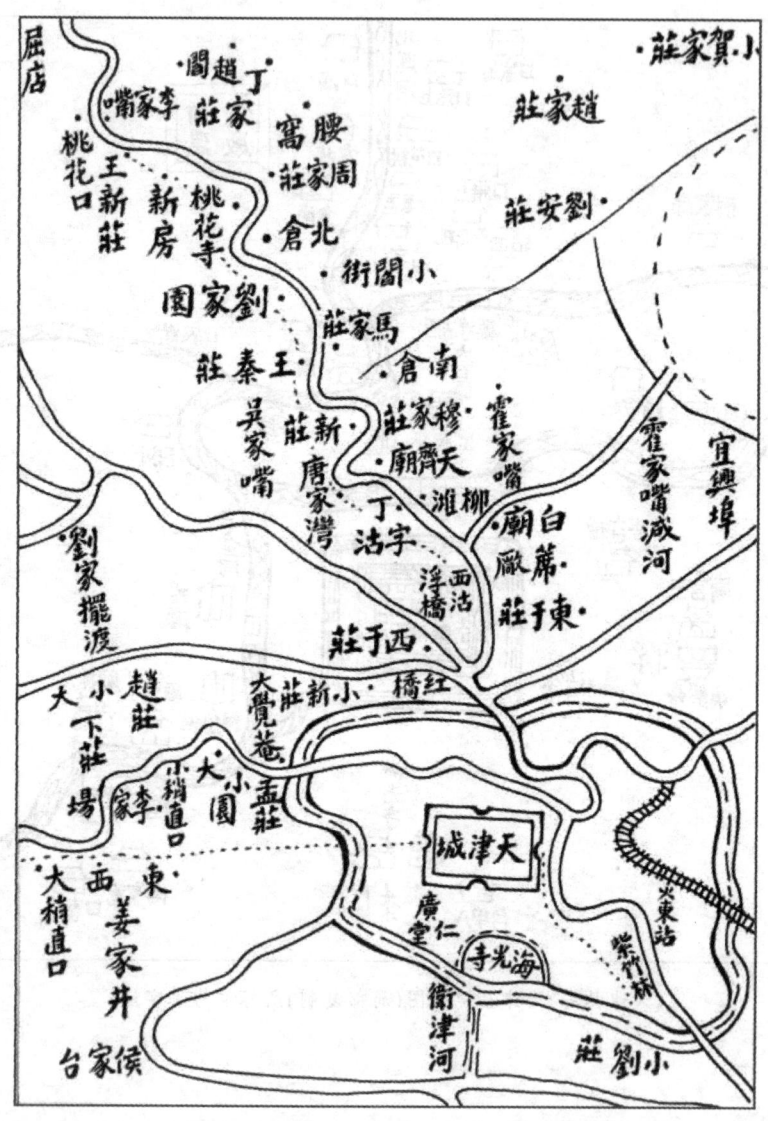

《天津府志》第一九卷天津县图上（局部复制）所标注的丁字沽及周边村落

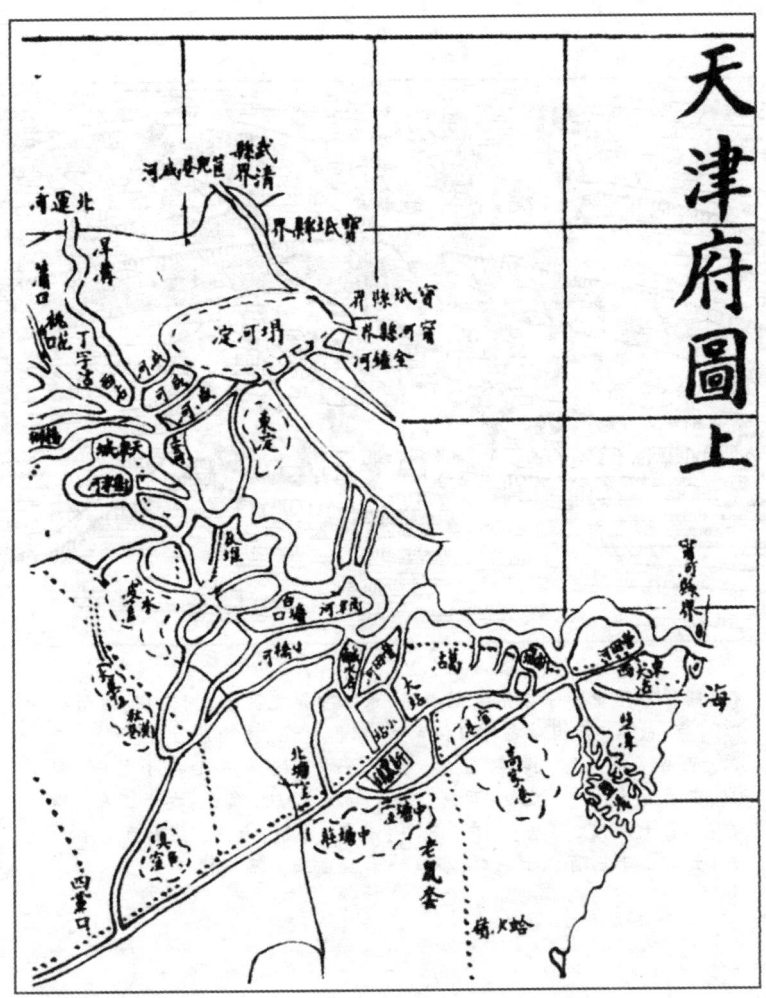

《天津府志》第一九卷天津府图上(局部)所标注的丁字沽

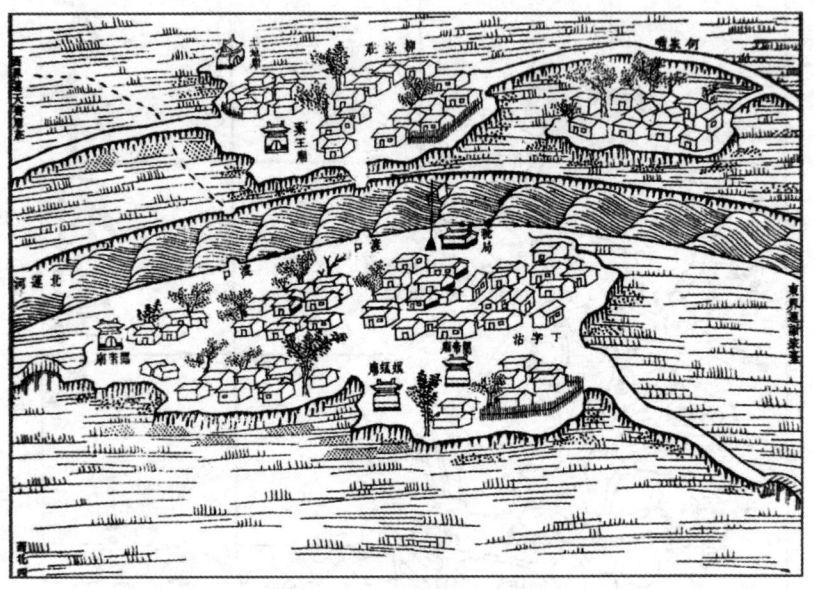

《津门保甲图说》:丁字沽人烟稠密,水陆冲要之区也。旧志谓:沽形似"丁"字,故名。其相对之村曰何家嘴,曰柳台庄。图内庙五,村三,渡口二。西界天齐庙庄。绅衿:五户。税局:三户。铺户:一百七十九户。烟户:二百五十八户。应役:五户。佣作:六十四户。负贩:九十四户。船户:二百十八户。寡居:二户。乞丐:四户。僧道:六户。共七百七十八户(大口二千三百九十一口;小口一千四百二十三口)

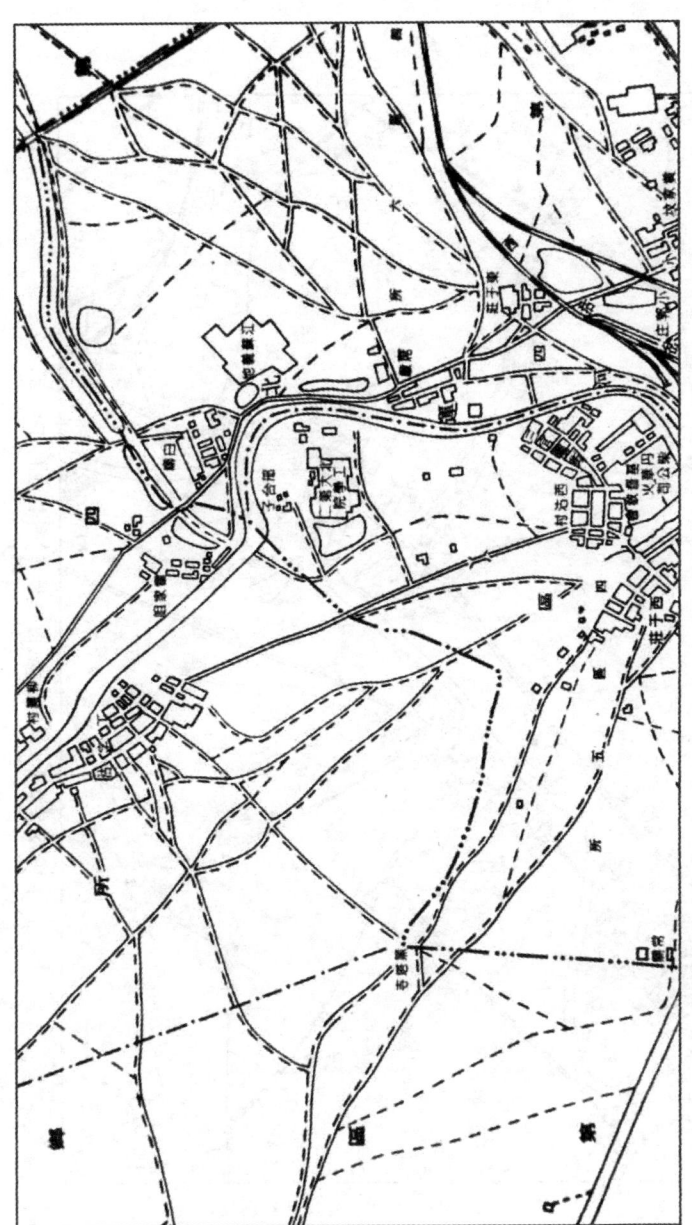

1933年《最新天津市详图》(局部)所标注的丁字沽

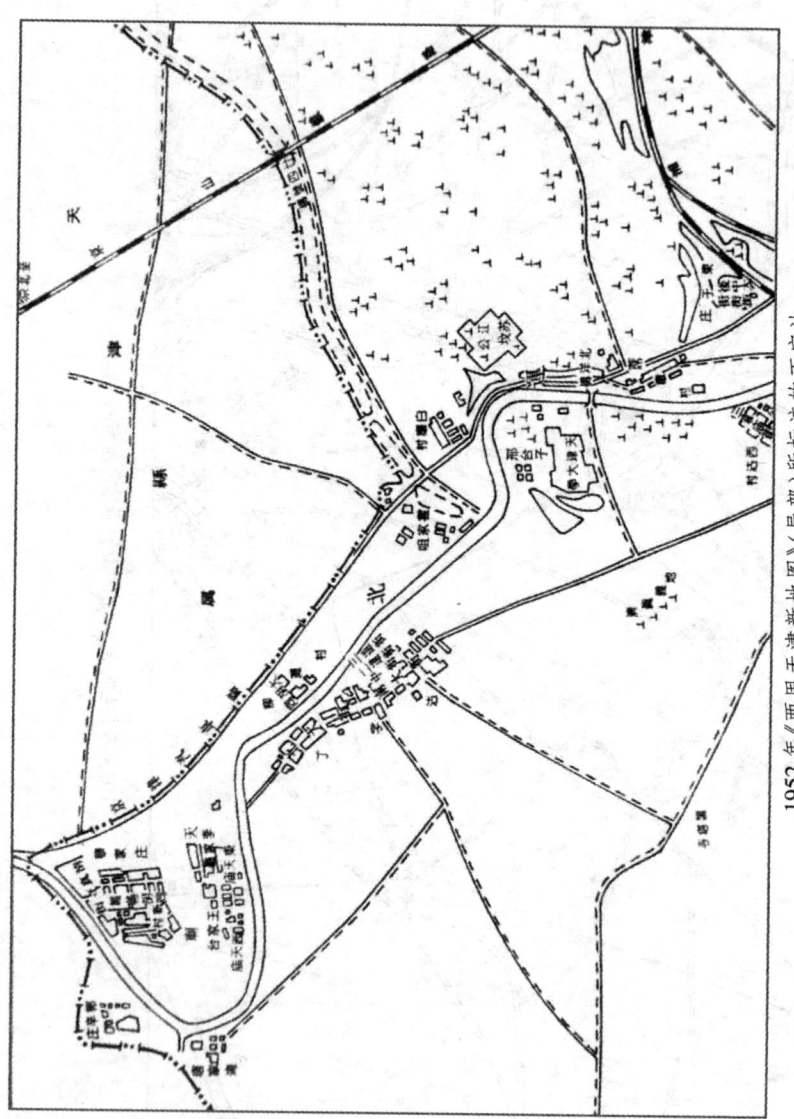

1952年《两用天津新地图》(局部)所标注的丁字沽

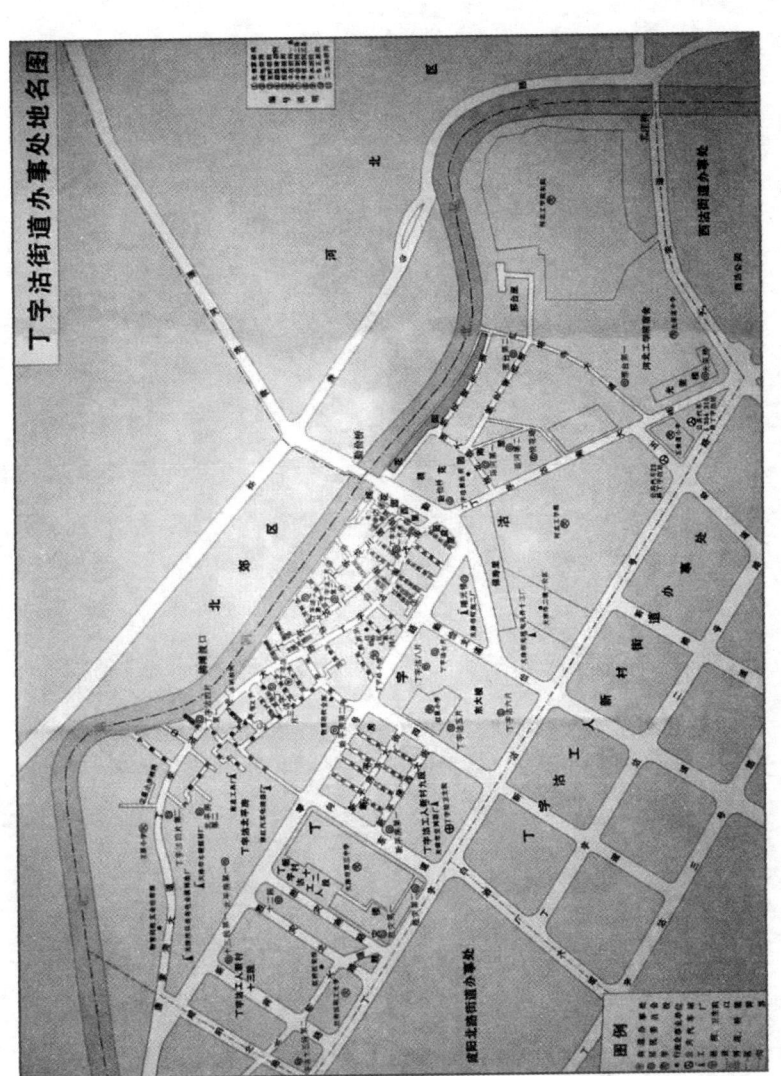

1988年《丁字沽街道办事处地名图》

乡情

〔康熙〕《天津卫志》卷一《形胜》：丁字沽，去城北七里，其河形有如丁字之象，万艘分载于此。(《天津通志·旧志点校卷(上)》第24页)

〔康熙〕《天津卫志》卷一《形胜》：清沽港，西接安沽港，东合丁字沽，由直沽入于海。(出《一统志》)(《天津通志·旧志点校卷(上)》第24页)

〔乾隆〕《天津县志》卷之十一《河渠志》：《治河要览》云，白河自通州北石坝至天津县，凡三百四十二里。《漕河图志》云，燕赵之间，地方千里，其间巨细河流至武清县丁字沽，注入白河，一遇雨潦，白水满溢，耍儿渡口、南蔡村诸处，起夫塞筑，劳费万计；逮时干旱，舟又阻浅。(《天津通志·旧志点校卷(中)》第101页)

〔乾隆〕《天津县志》卷之二

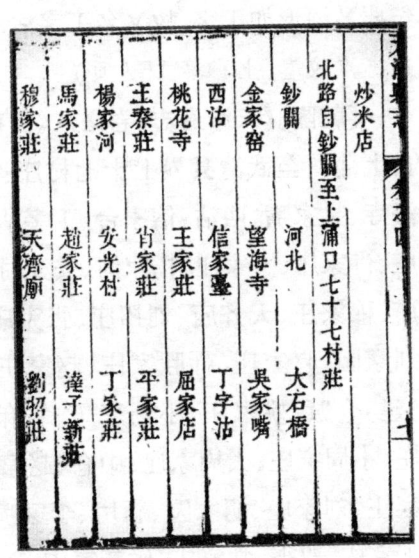

《天津县志》卷之四形胜疆域志中有关丁字沽的记载

十四《杂记志》：景泰元年,漕粟十五万,自丁沽、直沽舟行抵雄县,分给军饷。此路至今可通行也。(《天津通志·旧志点校卷(中)》第252页)

〔乾隆〕《天津县志》卷之二十四《杂记志》：直沽在县东南一百二十里,卫河、白河、丁字沽合流于此。(《天津通志·旧志点校卷(中)》第252页)

〔乾隆〕《天津府志》卷之六《山川志》：淀河,《畿辅通志》：府北五里,清河、永定、子牙之会(汇)流,自河头至丁字沽入北运河。长四十里,淀水浩淼,至此始有崖岸,故名河头。(《天津通志·旧志点校卷(上)》第154页)

〔乾隆〕《天津府志》卷之六《山川志》：西沽,《畿辅通志》：在天津县东北,自顺天府武清纳三角滨水,与白河会而入于直沽。《方舆纪要》：河形如丁字,故又名丁字沽,有渡曰丁字沽渡。(《天津通志·旧志点校卷(上)》第157页)

〔乾隆〕《天津府志》卷之八《乡都户口志》：(乡都·天津县)北路自上蒲口至武清县界七十七村庄：钞关、河北、大石桥、金家窑、望海寺、吴家嘴、西沽、信家台、丁字沽、桃花寺、王家庄、屈家店、王秦庄、肖家庄、平家庄、杨家河、安光村、丁家庄、马家庄、赵家庄、子新庄、穆家庄、天齐庙、刘招庄、张宪庄、白庙、南仓、马家庄、何家庄、刘家园、赵家庄、韩胜家庄、赵家庄、火(霍)家嘴、南麻疙疸、新健(建)仓廒、姚家庄、小杨家庄、北麻疙疸、闫家街、闫家庄、大杨家庄、小周家庄、大周家庄、中仓、赵家庄、柳滩、朱唐庄、孙家庄、小杨家庄、刘家庄、胡家园、新房、李家嘴、腰窝、小甸、贺家庄、芦新河、丁家庄、双街、常家庄、候新家庄、辛庄、沙家庄、柴家楼、张家湾子、马家庄、闫家庄、孙家庄、郎家园、孟家庄、高家庄、朱家庄、浑口、

庞家嘴、下蒲口、上蒲口。(《天津通志·旧志点校卷（上）》第170页)

〔乾隆〕《天津府志》卷之十四《驿递志·附津梁》：杨柳青渡，在县西南四十里，近丁字沽，四面多植杨柳，故名。(《天津通志·旧志点校卷（上）》第244页)

〔乾隆〕《天津府志》卷之十七《河渠志（下）》：《明外史·河渠志》：桑干河穿西山入宛平界东南，至看丹口分为二：其一东由通州高丽庄入白河；其一南流霸州，合易水至天津丁字沽入漕河。是河过怀来，束(同"刺")两山间不得肆，至都城西四十里石景山之东，地平土疏，冲激震荡，迁徙弗常，《元史》明曰小黄河，以其流浊也。(《天津通志·旧志点校卷(上)》第282页)

〔光绪〕《重修天津府志》卷八《历朝沿革·天津县》：《明史·地理志》：通州，洪武初以州治潞县省入，领县四，其一武清(注：州南)，元属漷州，洪武十二年来属，有三角淀在县南，即古之雍奴，周二百余里，诸水所聚，有直沽在县东南，卫河、白河、丁字沽合流于此入海，有巡检司。河间府(注：元河间路)，直隶中书省，洪武元年十月为府，属河南分省，二年三月来属，领州二：其一沧州，洪武初以清池县省入，县十六；其一静海(注：府东北)，元曰靖海，属清州，洪武初更名，八年四月改属北平府，十年五月来属。县北有小直沽，卫河

《天津县志》卷之五山川志中有关丁字沽的记载

自西来，与白河合入于海，又有丁字沽、咸水沽，又北有天津卫，永乐二年十一月置。(《天津通志·旧志点校卷（上）》第707页)

〔光绪〕《重修天津府志》卷二十《舆地（二）·山水》：丁字沽，在县东北五里，河形如丁字，故名。丁字沽有渡曰丁字沽渡(《方舆纪要》)。在县东北，自顺天府武清县纳三角淀之水入直沽，即西沽也。(旧通志)(《天津通志·旧志点校卷

《天津县志》卷之七城池公署志中有关丁字沽的记载

（上）》第906页)

〔光绪〕《重修天津府志》卷二十《舆地（二）·山水》：《水道图说》，又东南经郎家湾至蒲沟，又南流经马厂，又东南经桃花口、黄（王）秦庄，又东南经北仓、南仓，与丁字沽、直沽、西沽合而为三沽。(同上)〔案：此处有霍家嘴，在丁字沽东，与居上之北仓，居下之辛庄，本为通塌河淀之三减河，通志有漏，据程氏含章原奏，应共为三。今北仓久堙，惟此因同治十年重浚，而存在辛庄下者，光绪十九年开为金钟河之上口。塌河淀本大河淀之音讹，深广多容，近被埝占垂尽，患乃亟矣。其宣泄本有出海河者二道，又有自宁河境出北塘者。〕(《天津通志·旧志点校卷（上）》第915页)

〔光绪〕《重修天津府志》卷二十一《舆地（三）·堤闸津梁》：西沽叠道在天津县北，自西沽北迤至桃花口，界于运河、西沽之间，即天

津县驿路也。共长二十五里,自乾隆以来屡次修筑(新通志)。自北门外衹树园起,历西沽,逾淀河,至丁字沽、唐家湾、王家庄、刘家园汛、茶棚、王秦庄、桃花口止,长三千二百三十九丈五尺,内四百四十一丈(乾隆三年筑),外二千三百二丈五尺(乾隆十年筑),嗣于十三、十六、二十五、六、七等年,节经培修,又接筑五百五十余丈。(县志)(《天津通志·旧志点校卷(上)》第932页)

〔光绪〕《重修天津府志》卷二十九《经政(三)·漕运》:隋·大业四年,发河北诸郡百余万众开永济渠,引沚水南达于北河,通涿郡。(《文献通考》)考炀帝穿水(永)济渠通涿郡,盖自白河入丁字沽,由易水而达于涿也。(新通志)(《〈益世报〉天津资料点校汇编(一)》第1069页)

〔光绪〕《重修天津府志》卷三十四《经政(八)·祀典》:关帝庙:一在丁字沽西,明代建,国朝(清朝)嘉庆间盐政征瑞重修,改名西圣庵。火神庙:官致祭者在城内板桥胡同,咸丰间赐额曰"离德赫若",同治间赐额曰"光昭离曜"。(《县志》)民间别建者:一在东门外盐坨,一在北门外,一在城西教场,一在西渡口,一在丁字沽,一在赵家场,一在城外闸口宝林庵南,一在杨柳青河北,一在河东锦衣卫桥,一在北门外河北名丙德庵,一在城西马庄名丙德林,康熙十五年建。(俱同

《重修天津府志》卷八历朝沿革中有关丁字沽的记载

上）天后宫：一在东门外，元朝建，明永乐元年重建，正德十年参将杨节重修，礼部札付道士邵振祖领《道经》一部，春秋二祭。（前志：按正德《县志》作正统）国朝（清朝）嘉庆间赐额曰"垂佑瀛壖"，同治间赐额曰"赞顺敷慈"。（《县志》）一在陈家沟，一在丁字沽，一在咸水沽，一在贺家口，一在葛沽，一在泥沽，一在东沽，一在前辛庄，一在后尖山，一在秦家庄，一在城西如意庵南，一在大直沽。（俱同上。按此庙元代建，天历间赐额，至正间官重修，有危素碑记，文载金石）（《天津通志·旧志点校卷（上）》第1111—1113页）

〔同治〕《续天津县志》卷七《河渠·七十二沽说》：天津有七十二沽之名，实只二十一沽，曰：丁字沽、西沽、东沽（东沽在窑洼，见明时窑洼元帝庙磬文，曰东沽港村，今元帝庙改净土院）、三汊沽、小直沽、大直沽、贾家沽、邢家沽、咸水沽、葛沽、元沽、草头沽、桃源沽、盘沽、四里沽、邓善沽、郝家沽、东泥沽、中泥沽、西泥沽、大沽，此二十一沽，从西潞河名也，西潞河一名西沽河。在宝坻者二十九，曰：翦子沽、南寨沽、五道沽、小塔沽、又小塔沽、王家沽、曹家沽、葫芦沽、青稗沽、于家沽、梁家沽、貉子沽、西鲁沽、东鲁沽、菱角沽、矼石沽、塔沽、半截沽、大淀沽、玛瑙沽、大骆里沽、小骆里沽、大沽、滩沽、北李子沽、南李子沽、八道沽、傍道沽、西壮沽。在宁河者二十

《天津县志》卷之八学校志中对丁字沽庙宇的记载

二沽,曰:齐家沽、南沽、江石沽、大麦沽、傍道沽、捷道沽、麦子沽、东槐沽、中兴沽、北涧沽、盘沽、南涧沽、钩楼沽、汉沽、马杓沽、李家沽、又李家沽、蛏头沽、宁车沽、塘儿沽、田家沽、丰家沽。此二县五十一沽,从东潞河名也,东潞河一名东沽河。(《天津通志·旧志点校卷(中)》第313—314页)

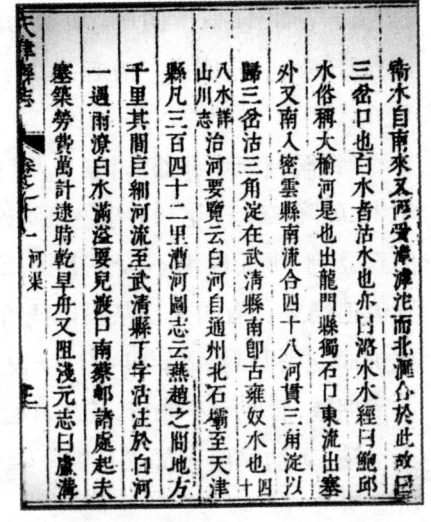

《天津县志》卷之十一河渠志中有关丁字沽的记载

〔同治〕《续天津县志》卷四《学校 附祠庙》:恬佑祠:在闸口以南海河岸。明建,旧为平浪侯庙。乾隆五十三年奉敕建,改今名。高宗纯皇帝御书额联,恭纪天章。又河东盐坨一祠,初名灵应宫,明崇正(祯)三年,因开运河敕建,庙前石坊额云"海宴锡庥",明路(当作潞)王题。乾隆间,敕封平浪王。又丁字沽一祠,明时为萧公、晏公庙。康熙间,邓懋和重建,改今名。又葛沽一,后辛庄一。玉皇庙五:中渡口,葛沽,丁字沽,咸水沽,河东小关。东岳庙六:东门外,北门外河北,大直沽,丁字沽北,杨柳青,城南刘家庄。(《天津通志·旧志点校卷(中)》第294—295页)

〔道光〕《津门保甲图说·西北一带村庄图说》:丁字沽人烟稠密,水陆冲要之区也。旧志谓:沽形似"丁"字,故名。其相对之村曰何家嘴,曰柳台庄。图内庙五,村三,渡口二。西界天齐庙庄。绅衿:五户。税局:三户。铺户:一百七十九户。烟户:二百五十八户。应役：五户。佣作：六十四户。负贩：九十四户。船户：二百十八户。寡居：二户。乞丐：四户。僧道：六户。(《天津通志·旧志点校卷(下)》第459页)

〔民国〕《天津县新志》卷十八《吏政(三)》：灵毓，满洲镶黄旗官学生，乾隆二十三年知府事。每听讼，使原告者呼被告者至质讯之，曲直立判，事无巨细不假手吏役，商贾货物有被其侵渔者，必代昂其值追偿之。有园夫讼某役以贱价封其园，灵毓亲率园夫往索，倍其价而立去其封。越年内召，士民兵弁下至乞儿，争执壶浆泣送，城市拥塞，肩舆至不能行，凡二日始出境。其后再至天津，百姓迎于丁字沽，老幼塞路一如去任时。(《天津通志·旧志点校卷(中)》第602页)

〔民国〕《天津县新志》卷二十二之二《烈女(二)》：[明]烈女：孙氏，夫名：宋德。居住丁字沽。初寡年岁：二十八。守节年数：四十五。事略：夫亡守节，抚育子孙成立，有司旌其门。(《天津通志·旧志点校卷(中)》第834页)

〔民国〕《天津县新志》卷二十二之二《烈女(三)》：[光绪二十八年旌表]烈女：张氏，夫名：宋伸。居住丁字沽。初寡年岁：二十一。烈女：陈氏，夫名：刘永义。居住丁字沽。初寡年岁：三十。烈女：郭氏，夫名：李杰。居住丁字沽。初寡年岁：三十。[光绪三十年旌表]烈女：沈氏，夫名：王恩庆。居住丁字沽。初寡年岁：二十八。守节年数：三十二。(《天津通志·旧志点校卷(中)》第905—906页)

〔民国〕《天津政俗沿革记》卷一《乡镇(上)》：天津村镇最著者，如西沽、丁字沽、军粮城、大直沽、马厂、咸水沽、泥沽、葛沽、大沽、堤头、土城、宜兴埠，皆居户稠密，均与荒僻不同。(《天津通志·旧志点校卷(下)》第10页)

〔民国〕《天津政俗沿革记》卷十《学堂》：民立十一两等小学堂，地址丁字沽，职员一人，教员一人，学生四十四人，经费二百八十两。（《天津通志·旧志点校卷（下）》第50页）

〔民国〕《天津政俗沿革记》卷六《田赋》：仓廒，天津县属二百九十九村，每二十里内建仓一区，共建十区。其地址一曰李明庄，二曰上小汀，三曰邓家淀，四曰大任庄，五曰灰堆，六曰咸水沽，七曰北斜村，八曰丁字沽，九曰桃花口，十曰大张庄。（《天津通志·旧志点校卷（下）》第30页）

《天津县志》卷之二十一艺文志中有关丁字沽的记述

〔民国〕《天津志略》第一编《概要》第六章《市乡》第二节《四乡》：北乡以金钟河分北与东，以子牙河分北与西。其区域在北围墙外，其南沿子牙河北岸，西与武清接界者为徐家堡、赤家堡、安光、丁庄；北与武清界者为庞家嘴、西沟、马家庄、二阎庄、大孙庄、小马庄；东与宝抵（坻）接界者为韩盛庄、芦新河、西堤头、刘快庄、钱官房等。其沿北连永定等河者，村落尤密，凡九十余村。其间镇汛凡七：曰西沽、丁字沽、北仓、蒲口、旱沟（汊沟）、三河、桃花口，而北仓最占形势，清庚子岁马军门与六国联军鏖战于此，设非从韩家墅袭我后路，胜负正未可知。是乡东北为宜兴埠，地产鱼草，其居民之繁盛，殆与西乡杨柳青颉颃云。（《天津通志·旧志点校卷（下）》第

108—109页)

〔民国〕《天津志略》第四编《宗教》第六章《理教》:(略)本市各公所与市外各公所常作感情上之联络。互勉进善,其他公所亦多办慈善事业。市内各公所有理教联合会之组织。每年全市平均入教人数,约有四千人。至于全市信徒总数,以未有统计,无从悬揣。全市共有男公所七十九处,妇女公所二十四处。兹将各公所,堂号,主任姓名,与各公所地址,列表于左:(略)惠义堂(堂号),安云祥(堂主),丁字沽(地址)。(《天津通志·旧志点校卷(下)》第146页)

〔民国〕《天津志略》第十三编《慈善事业》第十二章《引善社》:(1)地址:二区五所府署大街二十一号。(2)主办:(一)恤嫠二六〇户,(二)义赈小学,(三)惜字,(四)冬赈。(3)沿革:清光绪十六年六月,因津埠水灾,由顾梦臣等及洋藐、首饰、茶食各业商人创办,教育孤儿,抚恤嫠妇,今已四十余年。(4)主管人:刘渭川、张纯甫、刘毘宸、陈子善。(5)组织:董事制。共有董事四人,下设会计一人,检字纸工役社丁各一人。(6)事业:(一)恤嫠,现恤嫠户二百六十名,领洋者三十二户,每户月施洋一元。余户领玉米面,由十五斤至三十斤,每月共需玉米面四千余斤。每月旧历初五为领赈日期。(二)义赈小学,现有学生五十人,均系免费。教员二人,分甲乙丙丁四级,单式教授。(三)惜字纸,由工役捡拾焚化。(四)临时冬赈。(7)资产:其产有东乡仁慈庄荒田十四顷,年收租金五百元。丁字沽三十六亩,年收租二百四十元。均系董事捐置。范店胡同有草房七间,年收租二百四十元,社内北房租出二间,年收租二百元,尚有自用房十六间,每年共收租金洋一千一百八十元。(8)经费:收入除租金外,其不足数目,及冬赈需款,由刘渭川君垫助或募捐以补之。支出每月恤嫠三百一十元,公薪需款月约四十余元,年共需款四千余

元。其余捐款,即补不足,及冬赈事项。(《天津通志·旧志点校卷(下)》第323页)

《天津通志·大事记》:康熙四十六年丁亥(1707)五月十九日,康熙皇帝南巡回京途经天津,住宿于丁字沽一处行宫。是日巡视白庙并为之亲书"孤云寺"匾额。(《天津通志·大事记》第49页)

《天津通志·大事记》:道光十一年辛卯六月十日(1831年)城郊于家堡、杨柳青、独流、砖河等处,津北北仓、丁字沽、

《天津县志》卷之二十一艺文志《重修天津北门外道路碑记》中对丁字沽的记述

西沽及故城县之郑家口、头望、二望、三望,直隶山东两省交界之油坊渡口驿,并山东境内七级闸、阿城闸、张秋一带,均系私盐装载之地,皆由营汛员弁得规包庇,以致私贩越境而行。是日,道光帝令直隶总督责成天津镇总兵严督沿河汛弁兵,并饬令该管州县多派干役一体会拿,并令山东巡抚、两江总督一体严查回空漕船,以期龈务肃清。(《天津通志·大事记》第73页)

《中国山水文化大观》:天津自古就有制盐之利,民间传说在汉朝以前,天津本是一片汪洋大海,还有许多沼泽。一些从外地迁来的居民,三家五舍聚居一起,大多靠贩海盐、熬硝盐、打鱼为生。后来这里的居民越来越多,形成了许多村落,这些村落,除了沽水沿岸的丁字沽、西沽、东沽、三汊沽、大直沽、小直沽之外,大多没有名

字。汉末,政府钦命盐官长驻大直沽,负责管理盐民,征收盐税。然而盐官横征暴敛,百姓深受其苦,后来这位盐官突然得了大病,背上起了个碗口大小的恶疮,淌血流脓,盐官只得请来术士医病,术士言盐官触怒了沽水水神古水真君,要想病愈,必须免除沽水一带的盐捐渔税,百姓安居,神人自会宽恕。第二天盐官便出了张告示,大意是自即日起,沽水两岸村庄以及以"沽"为名的村庄,免除一切捐税服役。告示一公布出去,沽水一带许多不以"沽"为名的村庄,都把村名改成了"沽";原先没有名字的小村落,也借此机会纷纷呈报,这样就出现了许许多多的以"沽"为名的地区,号称"七十二沽"。(段宝林、江溶主编《中国山水文化大观》,北京大学出版社,1995年版,第160—161页)

《北辰区志》第一编《建置》第一章《位置区域》第二节《区划》:

光绪三十一年(1905),天津县设4乡34区。其中东乡第六区辖9村,境内有刘快庄、西堤头2村;第七区辖(北)何家庄、李辛庄、大张庄、小诸庄、小马庄、韩盛庄、新(辛)侯庄、姚家庄、芦新河9村。西乡第十六区辖14村,境内有韩家墅、铁锅店、中河头、刘家码头、上河头、下河头、青光、李家房子、西堤、东堤、岔房子、杨家河、线河13村。第十七区辖安光、赵家圈、高家场、前常家堡、后常家堡、

《天津县志》卷之二十一艺文志中有关丁字沽的记载

徐家堡、郝家堡、双口、前丁庄、后丁庄、平安庄11村。北乡第十八区辖王秦庄、桃花口、屈店、沙家庄、双街、李楼、马厂、辛庄、下蒲口、上蒲口、庞家嘴、李家嘴、常家庄、赵家庄、柴楼、杨堤、张家湾、郎园、胡园、汉沟、小街21村；第十九区辖董新房、桃花寺、刘园、王庄、吴家嘴、郭辛庄、唐家湾、丁字沽、北仓、中仓、南仓、阎街、马家庄、穆庄、天齐庙、柳滩、霍家嘴、赵虎庄、小丁庄、小阎庄、赵庄、周庄22村；第二十区辖宜兴埠1村；第二十一区辖朱唐庄、刘安庄、小淀、前麻疙瘩、后麻疙瘩、小贺庄、小赵庄、张献庄、刘招庄、马庄、二阎庄、小孙庄、大杨庄、小杨庄、孟家庄15村。清末，境内有旱（汉）沟、蒲沟（口）、三河头、桃花口、北仓、宜兴埠、丁字沽7个自然镇。(《北辰区志》第89页)

《北辰区志》第四编《漕运与北仓廒》第一章《漕运撷要》第二节《运船》：据道光二十六年(1846)《津门保甲图说》，境内时有83村，其中74村有船户876家，村均11.8家；北运河沿岸有39村，其中32村有船户656家，村均20.5家；船户最多的是霍嘴、柳滩、丁字沽，有258家，村均86家，船户占3村878户的29.4%。若按每船5人计，全区从事船运者4380人。(《北辰区志》第155页)

《北辰区志》第六编《民情》第八章《民间组织》第一节《水

《天津县志》卷之二十八杂记志中有关丁字沽的记载

会·抬埋会》:丁字沽北济水局,又称"大会所"。清光绪三十一年建于村南,备水机1台;嗣后,村北再建"小会所",天津解放初解体。(《北辰区志》第280页)

《中国民间艺术大辞典》:天津时调(曲艺曲种)兴起于清代末年,是随天津工商业的发展,在各地传入的明清俗曲、民歌小调的基础上发展而成。它的腔调有靠山调、新鸳鸯调、老鸳鸯调、喇哈调、落尺时调等,外地传入的有怯五更、探清水河、下盘棋等。时调受到天津大众的喜爱,清末民初时已在城厢西头的西城根、西北角;俗称"北溜儿"的宜兴埠,丁字沽;河东的沈庄子、郭庄子一带盛行。(刘波主编《中国民间艺术大辞典》,文化艺术出版社,2006年版)

诗 情

解 说

谈迁《丁字沽望西山雪》:西山雪在望,酿作九秋寒。下里思同调,孤舟强自宽。花飞天外落,头白镜中看。无限长安色,胡为望露盘。按:谈迁(1594—1657),明末清初史学家。原名以训,字仲木,号射父。明亡后改名迁,字孺木,号观若,自称"江左遗民"。浙江海宁(今浙江海宁西南)人。终生不仕,以佣书、作幕僚为生。喜好博综,子史百家无不致力,对明代史事尤其注心,著有《国榷》一书。

朱岷《初到津门》:潞卫交流入海平,丁沽风物久闻名。京南花月无双地,蓟北繁华第一城。柳外楼台明雨后,水边鱼蟹逐潮轻。分明小幅吴江画,我欲移家过此生。按:朱岷(1615—1698),清代著名画家。字仑仲,一字导江,号客亭,江苏武进人,籍山东历城。其画山水得米法,

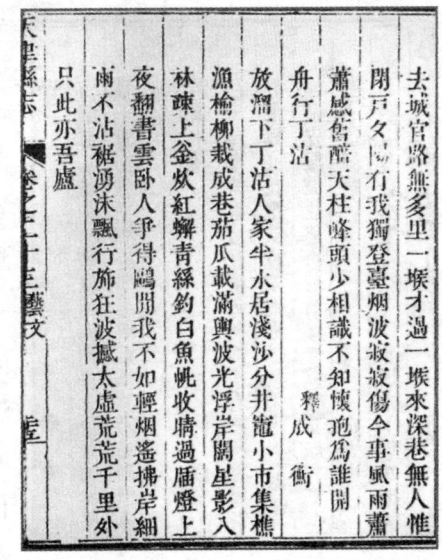

《天津县志》卷之二十三艺文志中收录的《舟行丁沽》诗文

作品与查士标、翁康饴颉颃。兼善指画,初客天津查氏之水西庄,万柘坡尝作《指头画歌》赠之。行楷法苏、王,复精隶书。

成衡《舟行丁沽》:放溜下丁沽,人家半水居。浅沙分井灶,小市集樵渔。榆柳栽成巷,茄瓜载满舆。波光浮岸阔,星影入林疏。土釜炊红蟹,青丝钓白鱼。帆收晴过闸,灯上夜翻书。云卧人争得,鸥闲我不如。轻烟遥拂岸,细雨不沾裾。涌沫飘行舸,狂波撼太虚。荒荒千里外,只此亦吾庐。按:成衡,清康熙间僧人。原姓钱,字湘南,浙江嘉兴人。幼耽禅为僧。后应天津总兵蓝理之请,来津为海光寺住持。其书画俱入逸品,曾供奉内廷,圣祖赐大臣书扇之后,多有其画作,款题"臣僧成衡谨写"。笔意古雅,师法王原祁。著有《一笠吟集》。又辑有《海光寺志》。

金大中《直沽眾师歌》:丁字沽边春水生,桃花寺口暮烟平。年年嫁娶渔船里,不用前溪打桨迎。按:金大中,字驭东,号名山子。原籍浙江山阴,其父金平康熙间迁居天津。性格豪爽仗义,常解他人之繁难。著有《可亭集》。

《天津县志》卷之二十三艺文志中收录的金大中的诗文

彭启丰《天津竹枝词》:九河故道尚堪寻,丁字沽前测水深。竹楗鳞塘垂禹迹,海滨斥卤溥讴吟。按:彭启丰(1701—1784),清代学者。字翰文,号芝庭,又号香山老人,江苏长洲(今苏州)人。雍正五年状元,历官修撰,入直南书房,乾隆间任吏部侍郎、兵部侍郎、左佥都御史、兵部尚书。晚年主讲紫阳书院,有《芝庭先生集》。

查礼《雪中丁字沽待渡》:角飞城外雪正飞,丁字沽边人渡稀。遥天一望寒云白,村村矮屋藏烟扉。寻梅独向雪中走,呼渡不来空袖手。凭谁写我待渡图,戴笠披蓑临渡口。冻柳栖鸦叫不休,滔滔河水杂冰流。酸风刺面吹愈急,隔岸渔罾带雪收。按:查礼(1716—1783)原名为礼,又名学礼,字恂叔,号俭堂,一号榕巢,又号铁桥。原籍顺天宛平,天津水西庄主人查日干三子。少劬学。乾隆元年应博学鸿词科,报罢。入赀授户部主事,拣发广西,补庆远同知。举卓异,上命督抚举堪任知府者,巡抚定长、李锡秦先后以礼荐。十八年,擢太平知府,以母忧去。服阕,补四川宁远。

管干珍《津门发舟至桃花口》:绿齐芳草雨过时,帆落丁沽转棹迟。恰好尺波通潞下,桃花口外碧沦漪。按:管干珍(1734—1798),字阳复,号松崖,一名干贞,江苏武进人。乾隆三十一年(1766)进士,授翰林院编修,乾隆五十三年由内阁学士升工部右侍郎,五十四年改漕运总督。嘉庆二年(1797)降二级调用。乾隆三十九年至五十四年历任乡试、会试主考官。工花鸟,得恽寿平真髓,尤善设色牡丹。著有《松崖诗钞》《管松崖先生诗续集》等。

杨映昶《津门绝句》:渔盐泽国绕汀洲,丁字沽前碧水流。记得船山曾有句,二分明月小扬州。又《津门夜泊》:津门形胜旧争称,望海楼高最上层。子夜歌长迷凤吹,丁沽水涨聚鱼罾。沿堤官舫宵吹角,隔岸人家夜有灯。试揭蓬窗看明月,情怀真比六朝僧。按:杨映昶(约1740—1815),字米人,别号净香居主人,安徽桐城人。曾任户部长芦分司。少负才名,八岁能诗。二十三岁时即刊有《衍波亭初稿》。

爱新觉罗·永瑆《杨柳青竹枝词》：柳条垂岸一千家，丁字沽头飞白花。花作浮萍青点点，顺风流去水三义。按：爱新觉罗·永瑆（1752—1823），号少厂，一号镜泉，别号诒晋斋主人，清高宗乾隆第十一子，生母为淑嘉皇贵妃金佳氏。乾隆五十四年（1789）封成哲亲王。

法式善《丁字廊》：昔游丁字沽，颇得烟水趣。今看月转廊，便欲抽帆去。按：法式善（1752—1813），姓伍尧氏，原名运昌，字开文，别号时帆、梧门、陶庐、小西涯居士。乾隆四十五年进士，授检讨，官至侍读。乾隆帝盛赞其才，赐名"法式善"，满语"奋勉有为"之意。曾参与编纂武英殿分校《四库全书》。著有《存素堂集》《梧门诗话》《陶庐杂录》《清秘述闻》等。本诗选自《法式善诗文集》。

李銮宣《民犹说巨家庄》：雁齿虹桥俨画图，僧衣百纳水田铺。莲花白到辛家浃，杨柳青连丁字沽。岂有闲情寄邱壑，剩留残梦落江湖。饥驱未了桑榆逼，薄宦重教役老夫。按：李銮宣（1758—1817），字伯宣，号石农，山西静乐人。乾隆五十五年（1790）进士，历官至四川布政使。嘉庆三年（1798）简温、处兵备道，莅治六载，振兴文教。善行、楷书，与前观察秦小岘瀛有"前秦后李"之称。卒年六十，著有《坚白石斋诗集》。

崔旭《念堂竹枝词》：一水纵横接笥沟，象形有尾作丁头。西来诸淀资输灌，也似巴江学字流。按：崔旭（1767—1847），字晓林，号念堂。山东庆云人。清嘉庆五年（1800）举人，与天津梅成栋同出张问陶门下，有"一日得二诗人"之目。居津垂四十年，道光四年（1824）就所闻见写下《津门百咏》。另著有《念堂诗草》等。

俞正燮《丙寅七月丁沽落水》：立身当实地，邻舟焉可倚。脚蹋雨舷开，魂飞人在水。拍浮我安能，有人挽之起。楚语短后衣，方面亦大耳。魂定求识之,渺茫燕由纪。古闻郑贾贤,斯人无乃是。问心永缄铭,失足戒翔履。出坎方幸兹,处安勉慎彼。按:俞正燮(1775—1840)清代学者。字理初,安徽省黄山市黟县人。生于清高宗乾隆四十年,卒于宣宗道光二十年,年六十六岁。

邓显鹤《登天津城楼书寄谭吾肩晏湘门两孝廉》:笙歌声里驻行舟,丁字沽前暮霭收。两岸人家多在水,一天

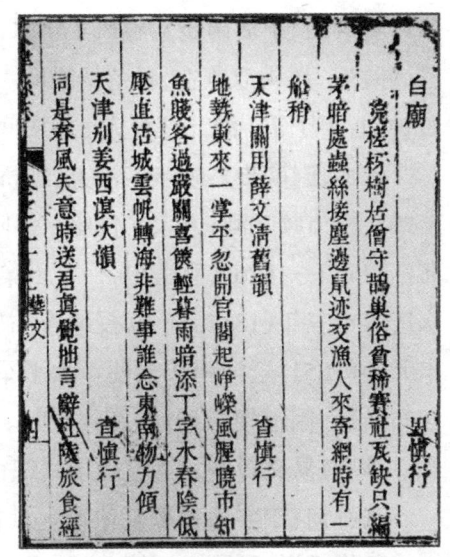

《天津县志》卷之二十三艺文志中收录的查慎行的诗文

烟月正登楼。远帆历历津门树,平渚昏昏海国秋。为报周南留滞客,无心我已学闲鸥。按:邓显鹤(1777—1851),字子立,一字湘皋。湖南新化人。幼聪慧,八岁能诗,十九岁补县学弟子员,嘉庆九年(1804)举于乡,礼部屡试不第,遂绝意仕进。自幼喜吟咏,与同里欧阳辂为诗友。

蒋诗《沽河杂咏》:城濠临水只三门,恰与三沽好共论。流到丁沽合卫白,便分丁字字形存。按:蒋诗,字泉伯,号秋吟。浙江仁和人。嘉庆乙丑(1805)进士,改翰林院庶吉士,授编修,历官御史。著有《榆西仙馆初稿》《秋吟诗钞》。

闻法《丁沽道上》:茅舍小桥西,疏篱半近堤。隔花村犬吠,栖柳野禽啼。水净鱼吹浪,圃荒人灌畦。青帘谋一醉,前路晚烟迷。按:闻法,俗名文捷,满洲人,善写诗词,嘉庆年间天津大悲庵僧人。

黄钟山《丁沽闲步》：春风丁字水，两派绿分声。古寺无人到，青苔满院生。楼头双燕在，村落早暾明。指点长安路，西山一望平。按：黄钟山，字子雷。湖北江夏人。嘉庆间侨寓天津。著有《萍游小草》。

沈兆沄《晚步》：晚步丁沽上，红桥几处连。幽林迷远寺，凉意逗疏蝉。村市频呼酒，人家半住船。斜阳闪鸦背，一一破苍烟。按：沈兆沄(1783—1876)，字莹川，一字云巢，号拙安。天津人。沈峻之子。嘉庆二十三年(1817)进士，授编修。初知松江府，后升江安粮道。咸丰元年(1851)迁河南按察使。太平军攻开封，募勇筹粮有功，升浙江布政使，因道梗未到任，旋致仕归。居乡主讲辅仁学院。卒谥文和。著有《易义辑闻》《篷窗随录》《织帘书屋诗钞》等。

张祥河《丁字沽棹歌》：侬家生日在丁年，丁字沽前丫髻偏。夫婿排行媒氏说，琵琶牢记第三弦。又：海上浮家乐有余，笑侬最爱舵楼居。红鸾好日成亲早，可可登盘比目鱼。又：阿鹊歌残拨六么，送郎催课等盐销。自从一去河西务，约得归期子午潮。又：白玉搔头缀晚香，新衣好衬橹前凉。郎情莫似洋纱薄，妾意真同福果长。（福建长生果果粒较大，惟天津有之）又：月子弯弯照镜宜，放船阿母问何之。郎归才熨鬈痕皱，杨柳青边去画眉。又：西沽直沽一水经，小姑招手峭帆亭。看尔纤腰倚双桨，晴天蝴蝶雨蜻蜓。按：张祥河(1785—1862)，原名公璠，字符卿，号诗舲、鹤在、法华山人。江苏娄县(今上海松江)人。嘉庆二十五年(1820)进士，官工部尚书。善书画，尝客京师，与袁少迂、周芸皋讲求六法。写意花草宗徐渭、陈道复，山水私淑文征明。晚年又涉石涛一派，笔颇健举。著有《小重山房初稿》《诗舲诗录》《诗舲诗外录》《小重山房诗续录》《诗舲词录》等；编有《四铜鼓斋论画集》《会典简明录》等；辑有《秦汉玉印十方》。

姚承恩《津门踏青曲》：丁沽杨柳碧于烟，雨霁云阴二月天。行进小红桥十六，流莺一曲晚风前。按：姚承恩（1796—1851），字桐云，号朗山。天津人，姚逢年之子。幼随宦江南，读书聪颖。八岁工楷书，童试时诗赋文章已斐然可观。道光二年（1822）举于乡，十三年（1833）成进士。历官河南遂平、舞阳，奉天盖平、辽阳知县。后调承德，卒于任。著有《朗山诗草》。

姚承丰《津门新乐府·三岔河》：三岔河，三折波，欸乃声声闻擢歌。歌声未绝随风度，千万飞凫趋若鹜。年年河运转飞篷，今年独趁海天风。谁知河海皆平路，十浽丁沽似飞渡。水弥弥，不迁徙，一条衣带送千帆，不数巴江三峡水。按：姚承丰（1801—1871），字玉农。天津人，姚承恩之弟。道光十二年（1832）举人。居家授徒，县人陶云升、高阳李鸿藻同出其门，同年举进士，士林艳称之。徐士銮《敬乡笔述》云："先生情性和蔼，操履端洁，学有渊源。生平无矜浮气，儒素家风，缥缃世守，家居授学，成就人才为多。"著有《稔斋诗草》。

姚学程《津门新乐府·三岔河》：南至江，东入海，北绕通州天庾在。潞卫汇为三岔河，三岔清流常不改。桃花水涨波纹生，云帆片片艨艟轻。东吴粳稻输神京，

1920年1月23日《大公报》"文苑"中有关丁字沽的抒情文字

行来此地棹歌声。丁字沽,桃花口,棹歌声中唤春酒。绿阴浓处午风凉,吴船一一靠杨柳。又《春日丁字沽览眺》:春坡森森遥拍天,春光历历在眼前。行尽长堤不知远,随风直到丁沽边。我家旧住丁沽曲,沽水迎人须眉绿。江城山郭望模糊,风情宛似桃源图。四围一碧天无迹,不辨遥岑马碣石。年年三月好风光,沽上尝住寻春客。客里寻春春未归,流连多为惜芳菲。桃花渡口初过雨,杨柳村头又落晖。红板桥,黄沙路,烟景空蒙隔浦树。青山相逐暮潮还,飘飘俱有凌云趣。沽北沽南飞杏花,青帘高揭酒人家。十千一醉何妨拼,及时且莫误韶华。吁嗟乎,韶华莫付东流水,人生行乐何有止。君不见,香车宝马长安道,春风吹送游人老。按:姚学程,字景伊,号菊坪。天津人,姚逢年孙。道光十九年(1839)举人。初以旅食往来辽沈,继复栖迟河洛。事违其志,颇郁于怀。数年后始为辽阳学正,与华长卿同官一地,旧雨重逢,极诗酒唱酬之乐。著有《菊坪诗钞》二卷,《续钞》一卷。

华长卿《津沽竹枝词》:徒骇河干多钓徒,如披一幅辋川图。天寒月黑芦花岸,几点渔灯丁字沽。按:华长卿(1805—1881),著名诗人。字枚宗,号梅庄。天津人。有凤慧,工诗,与边浴礼、高继珩称"畿南三才子"。道光十一年(1831)举人。选开原训导,在任二十六年,以病告归。著有《梅庄诗钞》。

高静《夜泊丁字沽》:酒店耿残灯,渔舟笼宿雾。柳外晓星稀,人唤丁沽渡。按:高静(1808—1873),字慎庵。直隶宁河(今属天津)人。道光二十四年(1844)中举,同治元年(1862)大挑二等,选授直隶容城教谕。有《慎庵古近体诗》。

梅宝璐《天津竹枝词》:丁字沽边柳万条,轻轻一带锁红桥。帆樯纵借东风力,消息全凭子午潮。又《潞河棹歌》:泛泛新绿涨平芜,一棹冲开月色铺。二十四桥都绕过,早潮随梦落丁沽。按:梅宝璐(1816—1891),字小树。天津人,著名诗人梅成栋子。世其家业,终老诸生。宿松石元善,其父执官司直隶时,聘宝璐入幕,相从数十年,遍历畿辅州县。晚年归里,与二三契好,阐明诗教,不坠宗风。著有《闻妙香馆诗钞》二卷。

王维珍《沽上竹枝词》:宿雁沙光入野凝,芦洲捞蟹早燃灯。疏篱两岸渔家住,夜火丁沽人踏冰。又《津沽杂咏》:渔家早饭烟模糊,昨夜雨声丁字沽。鸟怯春寒掠波去,日高纤影入平芜。按:王维珍(1827—?),字颖初,一作席卿,号莲西,又号大井逸人,别作大井逸人。天津人。咸丰十年(1860)进士,官至通政司副使。同治元年(1862)和二年两任会试同考官。工书能诗。罢官后闲居京邸,以艺事自娱。光绪十年(1884)尚在世。著有《莲西诗赋集》四卷。

华鼎元《津门征迹诗》:《丁字沽》云:二水纵横并一支,吞钩鱼尾认迷离。珠帘乍卷微波息,不及清盈取像奇。《钞关桥》云:暮雨暗添丁字水,春阴低压直沽城。桥边风景依稀认,灯火河楼闹晚晴。《篆水楼》云:山人高卧足音稀,隔岸渔家认钓矶。丁字水边寻篆水,卷帘时看落霞飞。按:华鼎元(1832—1890),字问三,号文珊。天津人,华长卿次子,华光鼐之弟。诸生,官江苏同知。平生热心天津地方文史资料的搜集和编撰。著有《津门征献诗》八卷,《津门征迹诗》一卷。

华铎孙《津门陈迹竹枝词·丁字沽》:一水纵横接笥沟,象形有尾作丁头。西来诸淀资输灌,也似巴江学字流。按:华铎孙(1852—1905),字听桥。天津人,华光鼐子。候选县丞。其师陈垲官广东,铎孙入其幕中,客游十载,度岭者三,故又别署"羊城旧客"。著有《津门纪略》等。

陈珍《河干即目》：缓步闲行胜跨鞍，沿堤高树绿云团。丁沽水绕青山远，权作峰峦画里看。按：陈珍（1852—1876），字西栏，号花民，别号沽上陈人、无声馆主。福建人，寄籍天津。诸生。善吟咏，工绘事，人物、山水、花卉皆能，曾与沽上画友梅振瀛、穆楚帆、刘小亭结藤香画社。著有《鸹叶庵遗稿》。

施士洁《感事叠前韵示伯庸》：痛谈时局泪如泉，举世昏昏但醉眠。久立都堂真仗马，才登谏苑便雌蝉。梦惊鹦鹉宫中谶，毒煽芙蓉海外烟。七十二沽丁字水，记曾胡骑乱投鞭！按：施士洁（1856—1922），字应嘉，号沄舫，晚号耐公或耐道人。台湾人，原籍晋江。生当咸丰五年十二月十九日，与宋代苏轼生辰同，因以苏氏再世自况，乃冠"后苏龛"于其各类著作。初由进士点内阁中书，归里掌教白沙、崇文、海东各书院。光绪间，台湾道唐景崧闻其名，订为文字交。景崧擢巡抚，应邀入幕。乙未（1895年）割台之役，挈眷西渡，寄居厦门鼓浪屿。著有《后苏龛文稿》《后苏龛诗钞》《后苏龛词草》等。

虞山曾宝章君静甫录稿《舟泊大沽口有感》：计程三日薄丁沽，不信重洋是险途。浊浪黄翻沙岛没，大旗红飐戍楼孤。

▲吊刘文舫（彬）老友哭於其室成兩律（倚劍）

玉樹嗟搖落桐棺吊莽蕉巨卿惟一慟任昉有遺孤涼倒天難閒神仙事太愚（一）春燈光黯淡舊夢渺口沽覿面緣偏客靈悴風動開白頭

君服丹方以至病篤

猶哭子青眼孰憐才荷鍤追先達停杯續八哀不堪隣笛隱展印沒蓬苕

1922年4月22日《大公报》刊发倚剑的诗文

乘槎络绎声灵远,驻节从容将略殊。极目茫茫生百感,且邀同伴醉屠苏。按,曾宝章,昭文人,贡生,曾任提刑官。本诗载于1879年9月11日《申报》。

赵懿《天津竹枝》:丁字沽边尽绿杨,层楼叠阁画中望。十里阴森异人境,此身疑在大西洋。按:赵懿,初名祖仁,字榖庵,号懿子。浙江钱塘(今杭州)人。精篆刻,与其从父子琛同受陈钟豫法,又善八分隶。仿金农画梅,笔意瘦劲冷逸,双钩墨兰水仙,皆有古趣。喜饮酒,不治生产。晚年流寓江淮,郁郁不得志以贫死。

陈夔龙《感怀诗》:丁字沽头夕照浓,客船随处寄萍踪。海光玉钵声声彻,如听枫桥夜半钟。按:陈夔龙(1857—1948),字筱石,晚号庸庵,贵州人,光绪三十二年(1906)任江苏巡抚时驻苏州,重修了寒山寺,并捐赠了铜钟(原钟为倭寇掠去)。宣统元年(1909)任直隶总督兼北洋大臣驻天津,在津曾主持创建"云贵会馆"。此诗当为其来津后,经丁字沽时见景生情之作。

杨凤藻《丁沽春柳·用王渔洋秋柳诗韵四首》:其一云:翠条金缕返春魂,春满乡关与市门。红寺桃花青划界,兰田稻影碧无痕。晚风虚铎林中塔,斜日归帆水上村。七十二沽烟月地,箫声笛韵总休论。其二云:大红桥北絮如霜,解舞蛮腰倚画堂。旧曲重翻青玉案,飞花乱点镂金箱。皑皑雪起谁吟谢,濯濯风摇尚忆王。试向李公堤上望,不须遥拜四贤坊。其三云:漫把桥名问锦衣,旧时瘦影已全非。陌头雨过青如许,海上风高绿尚稀。春到随堤鹦鹉语,梦回吴苑鹧鸪飞。小扬州比江南好,三月烟花愿不违。其四云:柔情端不受人怜,万缕千条拂暖烟。抱瓮园荒花近水,度帆台圮絮飞绵。春云热后刚三月,腊雪催来又一年。色化桥头衣遍染,多应青到液池边。按:杨凤藻(1864—?),字兰坡,别号惺新庵主。天津人。光绪十五年

(1889)举人,与王守恂同出梅小树门,官国子监学正学录。与津门书家甘眠羊"文字论交四十年"。著有《节相壮游日录》二卷,《京津拳匪纪略》八卷,《星辛庵杂着》三卷,《星辛庵赋》四卷等。

刘潜《津沽秋柳四首用渔洋韵》(选一):烟树安西欲断魂,孤城休问带河门。柔条难系浮云意,病叶仍沾坠露痕。八里台荒瓜蔓水,一年秋老杏花村。分明丁字沽前路,杨柳青边漫共论。按:刘潜(1874—?),字芸生,号粹庐。天津人。早年赴日留学,弘文学院师范速成科毕业。1917年任黑龙江教育厅厅长。1928年返津,对南开大学建校颇有赞助,被延聘为董事。1933年8月,任河北省立第一图书资料馆馆长。

冯文洵《丙寅天津竹枝词》:丁字沽添夜雨痕,问莲浦址已无存。天晴约友寻芳去,一叶扁舟指芥园。原注:"丁字沽在城北。问莲浦在城西二里。芥园即水西庄,旧址多卖花者。"按:冯文洵(1880—1933),字问田。祖籍天津,生于河北涿县。北京警官学校卒业。民国初曾赴黑龙江,先后任泰来、海伦等县知事。后回天津居住,一度出任河北省北运河河务局局长。能诗善画,城南诗社成员。著有《紫箫声馆诗存》一卷,《海伦杂咏》。1926年撰《丙寅天津竹枝词》。

汪辟疆《戏简晦闻》三首之二:闻道长安急避兵,竟劳青鸟远将迎。何因独上丁沽道,轻逐雷车听炮声。小注云:"与和之同登千佛山,旋共泛大明湖,不至十余年矣,作小诗简和之寄慨。"按:汪辟疆(1887—1966)名国垣,号辟疆,晚号方湖,江西彭泽人。1909年入北京京师大学堂,1912年毕业,1918年任江西心远大学教授。1927年起在南京第四中山大学、中央大学、南京大学任教授。其间曾任监察院委员、国史馆纂修。汪专经学、文学、目录学。著有《光宣诗坛点将录》《近代诗人述评》等。

于方舟《五四竹枝词》：丁字沽边柳万条,澎澎流水经红桥。罢工工人桥上过,愤怒如同午时潮。按：于方舟（1900—1928）,原名兰渚,又名芳洲。直隶宁河（今属天津）人。1917年考入直隶官立中学堂。是天津五四运动杰出的领导者之一,也是天津早期党团组织的重要负责人。1927年大革命失败后,以中共顺直省委组织部长身份,领导冀东第二次玉田暴动;10月底至11月初,暴动失败被俘。1928年1月英勇就义。

沈涛《津门竹枝歌》：侬家旧住丁字沽,郎今南去秦淮湖。问郎丁字帘前水,流到天涯到此无？按：沈涛,字西雍,号鲍庐,浙江嘉兴人。嘉庆举人。宫江西道、福建兴泉永道。著有《说文古本考》《铜熨斗斋随笔》《交翠轩笔记》《十经斋文集》《柴辟亭诗集》。

李子荣《大沽口》：朝宗万派碧波遥,气压鼋鼍静不骄。云树自依丁字水,风帆须趁子时潮。三河形胜由来壮,四塞烽烟近已消。犹忆贤王劳苦战,敢忘秋成肃金刁。按：李子荣,生平不详。本诗选自《晚晴簃诗汇》卷九,第7672页。

紫微山樵呈稿《代王郎答清风明月轩主免痴道人玉花洞主》：红英零乱绿阴肥,风逐歌场扇影非。小草岂甘忘远志,高堂健在且当归。丁沽潮涌愁随长,子夜歌成听觉稀。京洛少年尽去来,谁

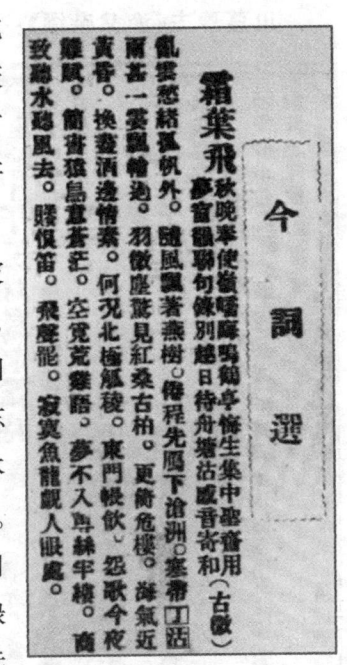

1923年12月6日《大公报》在"今词选"专栏刊发的诗文

如青眼爱青衣。按：本诗载于 1876 年 6 月 9 日《申报》。

吴船草《燕歌行》：汉家不通无礼国，诸道防胡羽书急。海月高高闻角声，角声正出诸侯壁。覆辙沉吟三十年，谁教烽火照甘泉。黄支乌弋来三辅，紫色蛙声成一天。上相筹边岂朝夕，朱提山竭沧溟溢。虚费黄金问海仙，何限苍生望前席。神州息战久春容，尝胆由来非养痈。八千子弟敌王忾，五等公侯酬尔庸。丁字沽前列楼橹，天津桥上传刁斗。强敌休驰缚马书，天子方弯射蛟弩。曰余乞食一王孙，十载公车怀国恩。南游江海空萧瑟，愧汝期门磨剑人。按：本诗载于 1885 年 1 月 1 日《申报》。

川葛豫夫《渔父杂缀》：一别姑苏几旧游，五年客梦上心头。逢人怕问寒山寺，零落江枫瑟瑟秋。丁字沽头夕照浓，客船随处寄萍踪。海光玉钵声声彻，如听枫桥夜半钟。张句推敲两字讹，江村渔父费摩摩。曲园已逝春何在，苔藓封碑未灭磨。旧地新开选佛场，乌啼月落几经霜。重来定有樱花识，只恐山僧鬓亦苍。诗前小序云："旅沪日久，疲惫风尘，因如古吴作寒山寺之游。既至，雇一驴，小蹄得得，意兴适然。吾友恒一有言：'莫怪小驴行步缓，轻蹄处处避残花'。一若预为吾游写照也

1924 年 6 月 20 日《大公报》"甲子诗抄"对丁字沽的描述

者,天上人间无以过之。寺中,陈筱石中丞《寒山寺诗》最觉亲切有味,读之感慨弥多,洵佳构也。诗前有引文曰:'寒山寺为吴中名胜,惜久倾圮。余丙午抚吴中,铸钟建屋,以存古迹。'今申甫方伯,复修葺殿宇,远芊拙诗,赋此奉寄。"按:本诗载于1921年11月26日《申报》。

穋辛《甲子三月宣南杂诗》:计偕四度出丁沽,席帽偅侪略已无。忆自胜衣称弟子,年年来谒老尧夫。按:本诗载于1924年6月20日《大公报》。

蛰云《竹中牛岛两君携酒枉过蛰园座中淮海诗人出津沽纪游诗见示即席口占依韵奉和》:园林一角阅沧波,邂逅高轩载酒过。忽忆浮槎年少事,青山红叶梦痕多。身如鸥鸟狎烟波,丁字沽前放棹过。淮海才名湖海客,扶舆奇气得来多。按:本诗载于1924年8月18日《大公报》。

粹卢初稿《落叶诗十二首和孙师郑吏部(下)》:浪迹丁沽水上萍,将军大树感飘零。疗愁未蓄三年艾,纪瑞空舒十荚蓂。人柳无知依旧绿,帝榆从此不重青。潇潇暮雨今何处,又见微波起洞庭。按:本诗载于1926年5月5日《申报》。

梁佩兰《丁字沽》:漠漠烟芜晚,苍苍野色孤。气黄知海近,沙白见霜铺。村栅围鹅鸭,渔庄傍荻芦。还闻榜人语,此地出东沽。按:梁佩兰(1630—1705),清初诗人。字芝五,号药亭、柴翁、二楞居士、晚号郁洲,广东南海人。进士出身,授翰林院庶吉士。未一年,遽乞假归,结社南湖,诗酒自酬。其诗歌意境开阔,功力雄健俊逸,为各大诗派一致推崇,被时人尊为"岭南三大家"与"岭南七子"之一。著有《六莹堂前后集》等。

法式善《丁字沽》:幽窈丁字沽,烟水一川足。南楼艳绮罗,北馆繁筝筑。幽人闭柴扉,春草满庭绿。却烦卖书客,登堂奇字鹦。正愁旅费艰,看竹漫食肉。万卷且贮怀,不啜桃花粥。按:诗人简介见前文"法式善《丁字廊》"一节。该诗选自《存来堂诗初集保存》(卷五)。

樊彬《津门小令》:津门好,渤海重名区。三辅星躔分析木,九河潮信溯丁沽。孔道近皇都。原注:"《星经》:'析木谓之天津。'丁字沽即徒骇河。'析木'谓之天津九河俱在津郡,丁字沽、小直沽为禹治河故迹。见《长安客话》。"按:樊彬(1796—1881),字质夫,号文卿。天津人。廪生,屡试不中,充国子馆誊录。后叙劳授冀州训导。又迁湖北蕲水县丞,调钟祥县丞,权知远安、建始等县。告归后侨寓京师,居贫淡泊,至老精力不衰。生平笃嗜金石文字,搜罗海内碑刻至二千余种,著有《畿辅碑传目》。另有《问青阁诗集》十四卷,《津门小令》一卷。

朱孝臧《桂枝香》:丁沽汛晓,正水市贩鲜,乌板船到。戢戢银刀恣跃,仨抛烟罩。长安近局销寒夜,问尊前、玉涎多少。钑盘催饤,诗馋慰否,漫吟白小。记乡味,羹调宋嫂。几停箸思量,应是归好。客话姗隅听遍,正凄怀抱。冰鲜梦断天厨赐,检食单、零乱慵草。御笺沫冷,清愁好托,玉鳞缄报。又《霜叶飞》:乱云愁绪,孤帆外,随风飘着燕树。倦程

1924年8月18日《大公报》刊发的诗文

先雁下沧洲，寒带丁沽雨。甚一霎、飙轮过羽，微尘惊见红桑古。怕更倚危楼，海气近，黄昏换尽，酒边情素。何况北极觚楼，东门帐饮，怨歌今夜难赋。简书猿鸟意苍茫，空觅荒鸡语。梦不入莼丝半缕，商量听水听风去。剩恨笛飞声罢，寂寞鱼龙，觑人眠处。按：朱孝臧（1857—1931），晚清四大词家之一。谱名祖谋，字古微，号沤尹、彊村。浙江归安（今湖州）人。光绪九年（1883）进士，历官编修、侍讲学士、礼部侍郎。出为广东学政，因与总督龃龉辞官，游览名山大川，吟咏自遣，后退隐于沪、苏之间，卒于上海。对上海近代词学的建构功不可没。著有《彊村语业》二卷。又校刻唐宋金元人词为《彊村丛书》，并辑有《国朝湖州词征》六卷、《沧海遗音集》十三卷等。

樊山《锦缠道·晴秋出游》：利屐轻衫，今岁木稚蒸早。过南亭，晚寒微峭，几多蓝茜新花草。帝里秋光，信比春光好。指青旗柳边，试沽清醥。又丁沽，蟹螯新到。倚高楼，坐对西山，笑吸江吞海，万事杯中了。按：樊山，即樊增祥（1846—1931），原名嘉，字嘉父，一字天琴，号云门，樊山，晚号樊山老人，湖北恩施人。光绪进士，历任渭南知县、陕西布政使、护理两江总督。辛亥革命爆发，避居沪上。袁世凯执政时，官参政院参政。曾师事张之洞、李慈铭，为同光派的重要诗人，诗作艳俗，有"樊美人"之称。又擅骈文，著有上百万言。有《樊山全集》。本诗选自1920年10月23日《大公报》。

程德润题通州河楼联：高处不胜寒，溯沙鸟风帆，七十二沽丁字水；夕阳无限好，对燕云蓟树，百千万叠米家山。按：程德润，字玉樵。湖北天门人。嘉庆甲戌（1814）进士，道光初年任兰州道，兼理兰山书院。道光二十一年（1841）任甘肃按察使，旋升甘肃布政使，二十六年（1846）改任陕西潼商道。此联题通州河楼，因北运河一水相通，连带而及天津"丁字水"。

俞樾题天津浙江会馆联：从之字江边到丁字沽边，三千里远来，同归此宅；拓越中旧馆为津中新馆，十一郡咸集，各话其乡。原注云："之字江，指水名，浙江旧称。丁字沽，地名，也称丁沽，丁字水，在今天津市北。"又挽周琳粟联：刚七载卧林泉，最怜甲第经营，便有青山终老意；由一麾迁观察，回忆丁沽款洽，与君红药赋诗时。按：俞樾(1821—1907)，字荫甫，自号曲园居士，浙江德清人。清末著名学者、文学家、经学家、古文字学家、书法家。他是现代诗人俞平伯的曾祖父，章太炎、吴昌硕、日本井上陈政皆出其门下。清道光三十年(1850年)进士，曾任翰林院编修。后受咸丰皇帝赏识，放任河南学政，被御史曹登庸劾奏"试题割裂经义"，因而罢官。遂移居苏州，潜心学术达四十余载。有《春在堂全书》。

民 情

1893年6月1日《申报》第3页《津门杂志》：今春雨水调和，二麦吐秀，西沽及丁字沽一带近已黄云覆陇。由是，而莆（蒲）口而武清县属之杨村、蔡村，亦皆有丰穰之象。向日高亢之地不如稍下之区，盖以春雨，一犁每难沾足，低洼得雨较能停聚，不似高地之过而不留。去腊今春，大雪连绵，土脉均已沾润；又得如膏春雨按期而降，是以高下一律成熟。预计收成约卫十斛可得一石有奇，早麦刻已登场，仓千箱万可为三农庆矣。

1899年8月6日《申报》第2页《云津渔唱》：去春丁字沽宋王氏，串同（通）奸夫某甲，谋害亲夫藏尸柴棚，与奸夫偕逃。未及一月案已破获，拘禁狱中迄今已逾一□，尚未定谳，近经尸兄宋兆林复投天津县署，禀催县主沈大令提讯之下，氏供词刁狡，仍不承招，大令饬责柳条三百下，手心八十下，还禁候再讯究。

1900年9月24日《申报》第3页《津郡来函照录》：子萱、子英佑芝、子佩诸大善长大人阁下：自义和团肇衅以来，中外失和，兵戈乱动，津邑居民蹂躏惨遭不堪言。自五月紫竹林开仗后，每日子弹纷飞，伤人无算。至六月十一日津城失守，城内外百姓或枪死或刀死，或拥挤践踏而死，各街巷尸山血海，喻此忍观其劫可谓浩矣！至于城北条河两岸，由丁字沽、北仓、蒲口以迄通州民舍均付之一炬。

谅大善士早有所闻。天津素称名胜之区,一旦罹目□凶,元气何日可复?所幸各处善堂未遭兵燹,堪抒绮注耳。目前官吏已去,库款无存,欲拯孑遗,束手无策。诸大君子慈祥在抱,济溺为怀,如蒙惠寄籼米洋圆,多多益善。刻下津地秽气蒸灼,冬瘟必多,同人拟多购臭油遍洒街衢,以消疠疴。乞由怡和轮船之便,寄下若干桶,交天津济生社为盼。附寄盛大人一函,即祈转递。草此布恳,祗请均安,诸惟惠照。愚弟孙廷杰、顾文翰顿首,八月二十一日泐。按:函中所谓臭油者,西名迦播匿酸,实解秽辟疫之妙品也。价不甚贵,沪上诸药房皆有之,购以寄津,诚大德也。

1903年5月2日《大公报》第2版(本埠)《联名恳保》:巡役王铜获送营务处研究一则,曾纪本报。兹闻日前有西沽及丁字沽各村民人等,偕王之妻某氏约百余名,在营务处联名递禀,恳保未悉如何批谕云。

1903年5月25日《大公报》第2版(本埠)《拦舆恳保》:杨柳青后河税卡巡丁孙桂、李俊二名,前因贪私被获,送交营务处研究锁押在案。兹有北乡丁字沽、堤头等村村正副、商民人等,于昨日在营务处拦舆,联名据情,恳请姑宥开释等语,当蒙张观察谕行候批云。

1904年4月21日《大公报》第2版(本埠)《倒毙报案》:

1904年4月21日《大公报》在"倒毙报案"中涉及丁字沽的报道(局部)

丁字沽村有无名男子一名倒于路旁毙命,当经该村地保于昨日赴县报案云。

1904年6月7日《大公报》第2版(本埠)《学堂踵兴》:丁字沽东北相距十余里地方之刘安庄,近设立民立第九半日蒙学堂一处,其课程一切悉仿照天津民立各半日蒙学堂办法云。

1905年4月16日《大公报》第2版(本埠)《各学堂学生数目》:袁宫保于初八日,偕同长徐二钦差在督署后阅看各学堂学生合操,送志本报。当时袁宫保及二钦差见学生进退有法,仪容整饬,均甚喜悦,并对蒙小学生各勉以数语,亦可见重视学生之情形矣。兹将各堂学生数目详志如下:大学堂学生一百四十名,中学堂学生一百零二名,北洋医学堂学生十六名,军医学堂学生五十七名,民立中学堂学生七十二名,以上共三百八十七名。城隍庙两等官小学堂学生一百九十五名,河北大寺两等官小学堂学生一百四十二名,旧盐关厅两等官小学堂学生一百九十二名,慈惠寺两等官小学堂学生一百二十九名,铁桥东药王庙两等官小学堂学生一百八十名,直指庵官立小学堂学生一百四十八名,城隍庙官立单级小学堂学生六十五名,民立第一小学堂学生一百三十二名(会文书院),民立第二小学堂学生一百二十七名(鼓楼南),民立第三小学堂学生三十五名(城西杨家庄),民立第五小学堂学生二十六名(宜兴埠),民立第六小学堂学生六十五名(大直沽),民立第七小学堂学生五十二名(双口村),中法小学堂学生二十五名(西头如意庵),民立初等工业学堂学生一百二十名(户部街),民立育才小学堂学生二十五名(陆家门前),民立启文小学堂学生二十四名(西大药王庙西),民立崇实小学堂学生二十三名(清真大寺前),民立养正小学堂学生十七名(梅家胡同二道街),穆家庄天齐庙民立小学堂学生五十名,北仓民立小学堂学生三十四名，城隍庙前官立半日学堂学生一百三十名，河北大寺官立半日学堂学生四十四名，旧盐关厅官立半日学堂学生七十七名，慈惠寺官立半日学堂学生七十七名，药王庙官立半日学堂学生八十名，直指庵官立半日学堂学生六十八名，大悲院官立半日学堂学生八十九名，民立第一半日学堂学生六十七名（文昌宫），民立第二半日学堂学生九十四名（府署西），民立第三半日学堂学生一百五十名（清真大寺），民立第四半日学堂学生十四名（丁字沽），民立第五半日学堂学生九十六名（育婴新堂），民立第六半日学堂学生七十八名（河东施磨厂），民立第八半日学堂学生八十名（会文书院）；第一商务半夜学堂（城隍庙前），第二商务半夜学堂（文昌宫），第三商务半夜学堂（育婴新堂），第四商务半夜学堂（旧铁桥东药王庙），第五商务半夜学堂（河北大寺），以上五处共学生一百七十名；民立第一女学堂学生十二名（河东三道井沟），试办女学堂学生十一名（鼓楼西达摩庵西），淑范女学堂学生二十三名（大费家胡同），公立女学堂学生三十一名（院署后），普遍学堂学生八十名（经司胡同）。以上共三千二百七十七名。

1906年10月18日《大公报》第2版（本埠）《热心学务》：津邑丁字沽村正刘春田等，拟从该村粮石项下抽捐若干，充补学

1906年10月18日《大公报》在"本埠"新闻中有关丁字沽的报道（局部）

堂经费。业经禀请天津县存案。

1907年12月15日《大公报》第3版(本埠)《因小失大》：文昌宫西某姓羊圈有活羊二百余只在北乡旷野存放，日前派伙计廉七拨羊六十余只，会给铜元若干，令其在丁字沽过渡。廉自图省钱，履冰而过遂致塌陷。闻将羊全行淹毙云。

1908年4月17日《大公报》第2版(本埠)《呈请提卷查讯》：丁字沽张刘氏之孀媳前曾再醮，带有子女各一，张刘氏屡找向索要子女，该氏不允，□在县署成讼。会经堂断，以子女尚在襁褓碍难遽离，须俟断乳后再行归宗等情在案，现已届期，复向该氏索讨，该氏仍前推诿。日前张刘氏据情呈请审判厅提卷查讯，以便归宗。

1908年9月22日《大公报》刊发的《绅董被革》一文涉及丁字沽的报道

1908年9月9日《大公报》第3版(本埠)《修路从缓》：日昨津北丁字沽村正宋鸿宾等，为本沽官道日久失修凸凹不平，恳请工程局拨工修理以便行人。当经工程总局示谕，该绅请修官道一节事属公益，本应照准，惟查各处马路应修者不胜枚举，一时未能普及。仰俟各马路工竣后再行议修可也。

1908年9月22日《大公报》第3版(本埠)《绅董被革》：前纪

丁字沽村正赵宝璜被众乡民控告一节,昨经邑尊讯明,将该绅斥革,追回谕帖并饬别保公正之人接充,以资办公。

1908年9月28日《大公报》第3版(本埠)《民艰待查》:昨有丁字沽等村村正宋鸿宾等,在赈抚局禀请赈济以救民命,当经局宪批俟,移知天津县前往查勘民情是否实系困苦、应否抚恤,一俟县署查明覆到,再行核办。该村正副等均各回村候查可也。

1909年1月27日《大公报》第3版(本埠)《所请不准》:北乡霍家嘴村正何塘等,昨在赈抚局禀请抚恤兼设平粜等情,当由该局批谓。前经天津县查明丁字沽、西沽等村年景收成仅歉三分,并非实在困苦,且曾酌发银两交由商会赈济,所有请立平粜等情,值此公帑奇绌,未便照准。

1909年2月19日《大公报》第3版(本埠)《赈济贫民》:探闻二十六、七两日,有商会委员在西沽村小药王庙内散放春赈,大口每名铜元四十枚,小口每名二十枚。是日,附近李家台、丁字沽、王庄等处贫民携老扶幼前往领取者,途为之塞。

1909年2月20日《大公报》第3版(本埠)《赈款详数》:昨纪商会委员在西沽村散放春赈一节刻已事毕,兹经探悉,所放之数计西

1909年10月22日《大公报》"控送逆任"涉及丁字沽的报道

沽、李家台二村贫户共一千七百十二户，共放铜元二千七百余吊。西于庄七百二十户，共放九百余吊。丁字沽八百三十二户，共放一千五百余吊，总计两日共放铜元约五千余吊云。

1909年6月16日《大公报》第3版《直隶选举纪事》：今将咨议局各区投票所及天津全境投票区各村名开列于后：(略)第五区即巡警北局投票所即在北局：北仓、丁字沽、宜兴埠、柳滩、霍家嘴、天齐庙、穆庄、唐家湾、郭辛庄、吴家嘴、王家庄、南仓、马家庄、阎家街、刘园、窑窝、丁庄、桃花寺、赵家庄、董薪(新)房、周庄、阎庄、王秦庄、李家嘴、桃花口、屈店街、李家楼、马厂、常家庄、辛庄、赵家庄、小淀、小贺庄、沙家庄、双街村、下蒲口、柴家楼、杨家堤、张家湾、上蒲口、郎园、胡园、浑(汉)沟、小街、庞家嘴、刘安庄、赵家庄、前麻疙疸、后麻疙疸、张献庄、朱唐庄、孟家庄、小杨庄、大杨庄、刘招庄、马庄、小孙庄、二阎庄。

1909年6月25日《大公报》第3版(本埠)《何故潜逃》：丁字沽西民妇安林氏之子名安六者，从幼聘定王起顺之女为妻，童养在家尚未完婚。因于本年四月间，该女归宁母家瞬将两月，一去不归。昨安亲往探望，始知王某早已携眷远扬，杳如黄鹤，当即赶赴审判厅控请严缉。未悉能否弋获。

1909年8月16日《大公报》第3版(本埠)《孀妇投讼》：河北丁字沽孀妇赵郭氏之子赵举，从幼聘定施姓女为妻，童养在家尚未合卺，嗣因本年二月间施某心怀叵测，假名接女归宁，一去数月踪迹杳无。昨该氏访知施某近已另案在审判厅管押，当即具呈赴厅控请并案讯究。

1909年10月22日《大公报》第3版(本埠)《控送逆侄》：城北丁字沽村孀妇夏刘氏，昨赴审判厅控称夫侄夏光印不务正业，酷嗜

1910年1月30日《大公报》"夫也不良"涉及丁字沽的报道

赌嫖,虽经迭次周济,莫餍其求。似此讹诈,后患何堪设想,恳即恩准传究等语。未悉该厅若何判断。

1910年1月30日《大公报》第3版(本埠)《夫也不良》:有饶阳县人田玉丰者,侨居津北丁字沽村,贩卖涤带为生,迄今数载并未回家。其妻陈氏近因家贫难度,不得已寻访来津,讵田某非但不给养赡甚至诟詈万端。该氏情急无法,当在审判厅控请传究。

1910年4月11日《大公报》第3版《挟嫌寻衅》:丁字沽农民刘安者,因与该村杂货铺铺掌夏光第挟有微嫌,屡思报复。昨早又因片言不合大起冲突,刘某竟将该铺家具及酒坛等均行打碎,当由岗警一并抓送审判厅讯究,未知若何了结。

1910年4月21日《申报》第12页《津民迷信神权之可嗤》(直隶):昨日津埠左姓家大火,其起火原因闻由最高大坚厚之瓦房内,贮满积年谷草,门窗用板补泥封不透空气,以致全房五间悉遭焚毁。同时又有乡间积年之麦滑秸垛老柳树等,亦每每自焚,闻者咸莫明其故。津民对于此类多用迷信解释,不曰天火即曰内藏妖魔,天神用雷捉妖故波及之等语。近又有丁字沽某富户者,全家人等皆迷信大仙,每日焚香甚多,忽拟在村外修盖胡仙庙一座,名曰还愿,问其系还何愿，据称日前门首有一老者求见宅主，当即延入客屋叩其姓名及来意，该老者云：吾乃胡三仙，刻因无处存身，惟望贵人设法挽救等语。主人素敬大仙，方亲到后院意欲献茶，及再进屋内，该老者已无踪影，因此遂拟修庙还愿云。

1910年8月14日《大公报》第9版《天津县划分区域村名单》(续)：第十八乡 西沽、西于庄，人口六千一百三十九。第十九乡 白庙、席厂、东于庄，人口四千九百八十

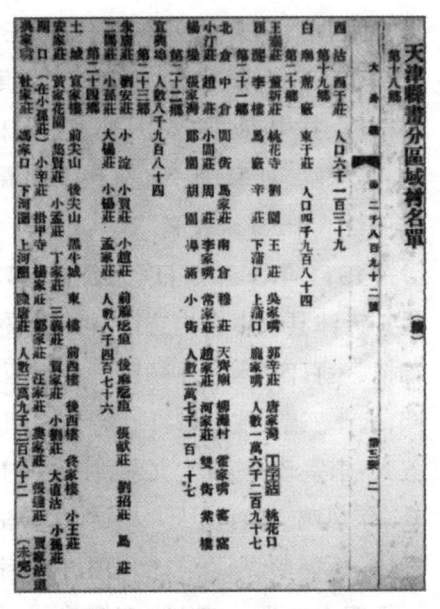

1910年8月14日《大公报》在《天津县划分区域村名单》中提到了丁字沽(局部)

四。第二十乡 王秦庄、董新庄、桃花寺、刘园、王庄、吴家嘴、郭辛庄、唐家湾、丁字沽、桃花口、屈淀、李楼、马厂、辛庄、下蒲口、上蒲口、庞家嘴，人数一万六千二百九十七。第二十一乡 北仓、中仓、阁街、马家庄、南仓、穆庄、天齐庙、柳滩村、霍家嘴、窑窝、小汀庄、赵庄、小阁庄、周庄、李家嘴、常家庄、赵家庄、何家庄、双街、柴楼、杨堤、张家湾、郎园、胡园、悍满、小街，人数二万七千一百一十七。第二十二乡 宜兴埠，人数八千九百八十四。第二十三乡 朱唐庄、刘安庄、小淀、小贺庄、小赵庄、前麻疙瘩、后麻疙瘩、张献庄、刘招庄、马庄、二阁庄、小孙庄、大杨庄、小杨庄、孟家庄，人数八千四百七十六。第二十四乡 土城、宣家楼、前尖山、后尖山、黑牛城、东楼、前西

楼、后西楼、佟家楼、小王庄、安家庄、黄家花园、集贤庄、小孟庄、丁家庄、三义庄、贺家庄、小刘庄、大直沽、小孙庄、闸口(在小孙庄)、小辛庄、挂甲寺、杨家庄、郑家庄、汪家庄、娄家庄、张达庄、贾家沽道、吴家嘴、杜家庄、冯家口、下河圈、上河圈、陈唐庄,人数三万九千三百八十二(未完)。"

1911年1月9日《大公报》第9版《关于天津地方自治之文件》:天津县议事会当选议员姓名票数住址单:第四区当选四人:周锦树,一百四十票,住杨柳青。赵炳辰,八十六票,住双口村。周春熙,七十三票,住杨柳青。李昌荫,四十九票,住安光村。第五区当选五人:李宗政,三百十九票,住朱唐庄。张嘉钰,四百三十一票,住北仓。宗凤鸣,一百八十六票,住丁字沽。韩金榜,一百八十二票,住王秦庄。郭鹤龄,一百二十一票,住丁字沽。第六区当选四人:张金榜,一百四十六票,住灰堆。李耀曾,六十票,住大直沽。孙文彦,五十九票,住贾家沽道。杨泽濡,四十二票,住双港。第七区当选五人:田祖荫,一百十三票,住东泥沽。马晋卿,五十六票,住北羊码头。孙士衔,四十票,住孙家庄。柴永璋,三十三票,住郑家庄。毛励堂,三十一票,住上郭庄。第八区当选五人:苏式燕,八十四票,住葛沽。苏士选,七十三票,住葛沽。孙承杰,六十六票,住小站。樊兆鹏,六十一票,住东大沽。徐肇光,五十三票,住葛沽。

1911年2月7日《大公报》第3版(本埠)《验尸二则》:前日天津县署病毙罪犯周桂山一名,业经邑尊函请审判厅派员诣验。又丁字沽村前昨日倒毙男子一名,年约二十余岁,已由该处地方报经审判厅,㑒员孙大令带同检验吏验明掩埋。

1913年2月26日《大公报》第3版(本埠)《渔户请命》:陈家沟、宜兴埠、堤头、安家台、贾家大桥、辛庄、柴家大坟、白庙、牛家台、水梯子、西沽、小石道、十字街、丁字沽、王串场、东辛庄、席厂、于家厂、刘家场、篓子胡同、徐家台、窑洼、沈家庄、王家庄、上岗子、小关、郭家庄、陈家台、旺道庄、棋盘街、大粪堆、南门外、唐家口、康盛公、于（小）王庄、大王庄、官汛、西于庄、锦衣卫桥、小盐店，各处小鱼贩昨在各机关投递说帖，为实业司令卖鱼户纳税三分。身等本属卖鱼小贩，一经到各鱼店购鱼，即令纳税三分。身等均系肩担贸易贫苦之人，实属力不能支，惟求转详实业司速即收回成命，以维民生。

1914年8月4日《大公报》"电霹大树"有关丁字沽的报道（局部）

1914年8月4日《大公报》第4版（本埠）《电霹大树》：前日午后，暴风巨雨，雷电交作之际，闻城北丁字沽村娘娘庙后，有大树一株被电击毁，阖村居民咸经观视，幸未伤人。

1914年9月10日《大公报》第4版《粮商淹毙》：昨闻城北丁字沽村，有粮商某甲因登舟用斛较粮，偶一失神跌落河内，虽经多人打捞，迄今尸身未获。

1916年5月23日《益世报》刊《县公署核补学款》：天津劝学所所长华泽沅，昨将丁字沽民立十一国民学校整理情形及粮商认捐并请特别拨款补助，详请公署核示只遵。当经姚县长批示云：查该校因归并学生，拟修理大讲室，需费洋一百二十元，并开支经费不敷洋五十元，共亏洋一百七十元，详请特别补助等情。现在学款支绌，筹措为艰，惟念该村各粮商慨捐学款，又加赵绅特捐，临时经费不得不于无可设法之中勉为筹措，应准拨补洋一百七十元资维持。仰即备具钤领来县，具领转给，并函知该校查照云。(《〈益世报〉天津资料点校汇编(一)》第973页)

1916年6月10日《大公报》第6版《调查学务之饬知》：直隶巡按使昨饬天津县云：为饬开事据省视学报告该县学务情形，前来查劝学所人员均属尽

1916年6月10日《大公报》在《调查学务之饬知》中有关丁字沽的报道（局部）

职，陈家沟、药王庙、城隍庙、如意庵、广仁堂北、杨柳青公立第一小学校成绩颇优，日有进步。旧营务处及葛沽两校，较上年查视情形颇为整顿，改良劝学员邓庆澜，学识兼优，成绩卓著，校长沈恩培、杨福保、顾寅昌、王骥、戴蕴章、齐鼎震、穆祥和、朱士珍办理得宜。教员马文暄、刘士湺、杨荫昌、孙士琛、董树、刘玉珍、吴释明教授合法，均着传谕嘉奖。杨柳青公校教员王学古于劣等生未能注意；戴元敬讲算杂乱，教态粗率；李家嘴王秦庄两处房舍校具均不适宜，管理教授亦多疏略。穆家庄教员穆文选、龙玉麟教法均欠研究；双口村民立第七校设备多不完全，管理亦兼松懈，室内外尤欠清洁，校长张炳臣不常在校，殊属不合。杨柳青第二校学生举止粗浮，亦

欠清洁管理，应再注意。葛沽民立国民学校颇带暮气，应力求振作。三义庄改良私塾教员张述曾不克胜任。以上各校应照所指各点，切实整顿督饬改良。西沽村校舍东房为工人居住于学校有妨，宜设法令之移出。丁字沽学款专恃粮行捐，此次恢复该款应以足敷校用为准。其余所查各校均尚平妥。总核该县学务组织完善，生徒众多，实为全省之冠，而乡间学校逐渐发达，内容外观日趋改良，尤为近二年来之进步，改良私塾认为代用国民学校办理亦尚得法，从此赓续进行，普及之效可以预期。为此，饬仰该县查照办理，具覆此饬，云云。

1917年3月3日《大公报》第7版《不合格塾师被逐》：城北丁字沽国民学校校长宋凤鸣，因该村塾师林辅廷、张凤藻前经劝学所甄别塾师时，二人均未取录，自应停其教授权。现已禀请县长取缔等情闻，不日即饬警厅驱逐云。

1917年6月25日《大公报》第6版《六村修堤之禀批》：丁字沽等六村村正副刘恩甲等，昨在河务局禀请修补北河旧埝并开工日期等情，当经该局长批示禀悉，著即遵照宣统元年议定高宽尺寸认真修补，不得越过前议之数，一俟工竣报局验收，切切毋违云。

1918年12月16日《大公报》第7版《欧战协济会种种》：天津四乡第四警察署欧战协济各村捐款列下：北仓镇一百二十一元七角，双街村二十七元，南仓村三十三元，沙家庄八元，冯家庄十五元，赵家庄八元，天齐庙八十元，常家庄八元，穆家庄七十元，李家嘴四十元，刘园村二十四元，王秦庄八十元，王家庄四十八元，屈淀村八元，吴嘴村三十元，辛庄八元，丁字沽七十一元，下蒲口八元，柳滩村三十四元，上蒲口二十四元，霍嘴村二十五元，庞嘴村十六元，阎街村十元零六角，小街村八元，窑窝村十五元五角，汗（汉）口村四十元，小丁庄八元，胡元村四元，小赵庄三元，郎元村四元，小阎庄八元，张湾村八元，杨堤村五元，周家庄八元，紫（柴）楼村八元，董新房十元，朱唐庄三十五元，桃花寺十二元，孟家庄十元，唐家湾、郭辛庄二十二元七角，小杨庄七元，大杨庄九元，小孙庄七元二（角），阎庄一元，刘招庄九元，马家庄二十元，北麻疸疸十六元七角，南麻疸疸二十二元，赵家庄三十九元，刘安庄八十三元，小淀村七十元，小贺庄三十二元，张献庄二元，宜兴埠一百六十元零四角，以上五十

1919年12月14日《大公报》《捐助学款之呈报》涉及丁字沽的文字（局部）

五村共计捐得一千四百八十四元六角。

1919年12月14日《大公报》第10版（本埠琐纪）《捐助学款之呈报》：劝学所呈天津县文云：为呈请事现准。粮商赵梦龄函称，窃查丁字沽村现又开设品记粮商一家，铺掌单品。三经敝号劝募，亦愿仿照各号办法乐捐学款，以维公益。第该号系属小本生意，碍难迫令按照敝号认交数目，惟有量力劝令每年认交二十元，自本月开市应自冬季起始，以后分季自行持折呈交县公署照发应用。嗣后，如再开设，殷实粮商自当勉力劝令增加。兹特函达贵所查核，俯即转呈立案并请训令该号遵照，俾便按季持折交纳等情。据此，查该品记商号即愿照例认捐，自应据情转呈，伏乞俯赐批准照案办理，以便按季交纳而裕学款云。

▲五十團體開會記

五十團體於日前（十四日）假商會開會公推宋則久主席旋由主席報告函件（一）成記紙莊來函云以久關在即事務紛忙方值結帳之期為有出貨查而無漁貨之事俟舊曆明年正月再到會同業附議諸團體之末又函云誠記紙莊東主所立桂氏小學擬交傳單協或印刷局贈印共萬切抵交大會以備大游行放散（二）生春陽等五號來函云說同業公決抵制優貨現存貨已具單迳交商會等各團體且永不再購日貨並報告裕香村登報未肯一致行動（三）啟明日報來函該報館已改用上海寶源造紙公司所造飛艇牌未中國紙特贈大會五十份（四）斗店同業會來函加入大會（五）纖染公會董事會議公決一律抵制日貨（五）山西省饒郡代電報告奥政府已覺意（六）義業研究會代表報告敞會公決現存日藥材各家已具單迳交商會且後永不再購（七）徐寅珍提議是否願致敞職員共進會通知各男女小學辦敎國馆金會公決通知該會照辦（八）纖染公會代表張象東提議敞同業會之辦法已具函報大會而義陽縣為用日線最多之大會名號通知該縣會會奥津取一致辦法公决照辦（九）北鄉雅家莊救國會代表报告北鄉家鳴桐頭村天齊廟雅家莊丁字沽等鄉已組號連莊會定期遊行傳單二十一條唤醒鄉民起繼（十）主席報告披胭貴工會派代表加入大會時已六鐘徐遂閉會

1922年1月16日《大公报》在《五十团体开会记》中有关丁字沽的报道

1920年5月29日《大公报》第10版《粮商捐资兴学》：劝学所呈天津县案，据粮商赵梦龄函称，丁字沽现有开设粮商恒记号一家，铺掌王锦堂。经该号劝募学款而王锦堂深明大义，亦知教育为立国基础，造就人才，系当今急务，情愿乐捐学款，年交洋二十八元，按四季分交。该号系由去年终令开张，应自本年春季为始，以后分季自行持折呈交县公署，转发应用。倘再续开粮铺，自当勉力劝令输捐，以维学务。故特函达贵所查核，转呈县公署立案并请训令该号遵照，以便按季持折呈交，是所切盼等情。据此，查该商恒记号既愿照例认捐，自应据情转呈，伏乞俯赐照案训令该号查照施行。

1922年1月13日《益世报》刊《日人下乡视察民气 已深知我国民气激昂》：前日有日人一名，身著西服，带同中国仆人四名，视察北乡各村。由西沽经丁字沽，终至北仓北乡诸村。缘各处自前二十余日，经救国唤醒团之讲演，乡民已略知我国之时势。各户门首，皆悬挂白旗，上书"取消二十一条，力争鲁案"字样。该日人睹此情景,与津地无甚差异,已深知我国民气激昂,誓不达救国目的不止,遂悻悻而返。(《〈益世报〉天津资料点校汇编(一)》第 195 页)

1922 年 1 月 16 日《大公报》第 7 版《五十团体开会记》:五十团体于日前(十四日),假商会开会,公推宋则久主席。首由主席报告函件:(略)九、北乡连庄救国会代表报告:北乡霍家嘴、柳头(滩)村、天齐庙、穆家庄、丁字沽五村,已组就连庄会定期游行并发放传单二十一条,以唤醒乡民并组织十人团及救国储金等事;请大会每予援助。(略)

1924 年 2 月 20 日《大公报》第 6 版《北乡农民 预庆丰年》:今岁在甲子,乡农无不稔为丰收佳年。兼之入春以来,大雪遍野,农人均额手称庆。是以北乡丁字沽、西沽各村,定于阴历新正十四、十五、十六三日,特邀请津郡秧歌、少林狮子、法鼓等会,以资预庆。刻红男绿女赴亲投友观会者,络绎于途。十六日为正会之期,通宵达旦,届时当必更有一翻热闹盛况也。

1928 年 12 月 8 日《大公报》第 10 版《贫民的呼号》:(略)二三〇、主笔先生台鉴启者:现有贫寡人住丁字沽三道街胡同内坐南宝鱼宋四院,居住贫寡人姓王门刘氏,无儿女又无亲友,终日无衣无食,年老又不能当老妈,应此求主笔老先生以登报声名,求诸善大士周济周济,公德无量。(略)

1929 年 4 月 11 日《大公报》第 11 版《县组织部视察直属区分部县民训令 整理各民众团体》:县党部:昨为整理各区分部起正,特由组织部派张安亭赴东大沽、葛沽、土城为直属区分部视察,一俟视察完毕,即行着手整理。又县党部民训会,刻正计划整理蔡家台区、大觉庵区、安光村区等农民协会,丁字沽区、东大沽区、宜兴埠等处之商民协会,及西河船业工会第一分会,宜兴埠洋车工会脚行工会等民众团体云。

1929年10月31日《大公报》第9版《地方法院布告拍卖》：天津地方法院，以坐落丁子(字)沽西地二百四十四亩〇八厘二毫二丝；六十亩〇一分二厘五毫；四十二亩五分。又坐落丁子(字)沽西歪盔子地二十八亩四分七厘五毫；小斜子地四亩三分七厘九毫五丝八忽；废土地十一亩九分六厘七毫四丝五忽，均定于十一月十六日下午一时标卖，已发布告通知商民。

1930年6月13日《大公报》有关暴死车夫的报道

1930年4月7日《益世报》刊《县境筑路计划》：天津县建设局长赵君路，近因本县之往来大道既极迂远，尤多坎坷，故特拟具计划，拟在本县及与邻封各县之衔接地点，铺造干路十二条，其中或为旧有或属新辟，将一律从事修补，开垫需用款数及修造方法，均经拟定，一俟筹有的款，即可正式开工。兹将勘实路线，及距离各项，分志如后：北运西堤路，起自西沽，讫至庞家嘴，经过丁字沽(沽)、唐家湾、刘园、屈店、辛庄、上蒲口等村，计长四十里。巳、西许路，起自西于庄，讫至许家铺，经过韩家墅、青光、三河头等村，计长四十里。(《《益世报》天津资料点校汇编(二)》第1257页)

1930年6月13日《大公报》第7版《暴死车夫身世》：前晚在新旅社前暴亡之车夫，查系丁字沽人杨二，家有妻及子女各一，死后由住新旅社后之阎少润(阎泽溥之子)捐助棺木，并由新旅社及左右各商店，集洋百元，为其遗族生活费。

1930年12月17日《益世报》刊《本市河道失修状况（续）》：北河：嘉瑞面粉公司迤北，东岸稍有淤积，西岸则冲刷特甚，居民密集，脏土秽水到处皆是，至邵家鱼店以下，虽为市区管辖，已有乡村风味，居民鲜少，略觉清洁，至于丁字沽、白庙、柳头、贺家嘴各村边，虽任意倾倒秽物，亦无多大臭味，盖村庄地贱，院大而稀，不似市区之栉比鳞次，一院数家，空气污浊耳。（《〈益世报〉天津资料点校汇编（二）》第1307页）

1933年5月7日《益世报》刊《建设厅筹设各河水尺》：冀建设厅以各河堤工程，何处应行加培，何处应修埽填，胥以考察汛期水力涨落之尺寸而定。历年大汛，水势涨落，各河务局虽均按日报告，然所设水尺，率多临时随意安置，毫无标准，以之考察一处之涨落则可，若统计全河之水位，则颇难适用，推而以此河与他河相较，尤感困难，报告尺寸，既不适用，工程措施岂能恰当？拟准照大沽海平线各河安设水则尺，以期正确，而使考核。今距汛期甚迫，建设厅刻正筹备，转饬各河局安设，兹将各河拟设水则尺地点记下：（略）北运河下游安设地点：双街、北仓、丁字沽、辛庄浮桥、旱桥、欢坨、金钢桥计七处。（《〈益世报〉天津资料点校汇编（二）》第1414页）

1933年5月28日《大公报》第13版《电报招领》：兹有左列投送不出电报，请收报人备带图章至本局来报处领取，如打电话，请叫本局班长处三〇〇三七号也可。计开：由烟台来，寄六九二二，天津益友坊六号长慎和，事不接洽，报退存局。由大连来，寄六八三〇，天津义昌号，挂号过期停送。由东明县来，寄天津三马路，泰升西栈武宗圣已行，报退存局。由乐清来，寄天津丁字沽村，华北宣传第七队队长已行，同上。由天津省政府来，邮寄宝坻县政府，因该县署无人代收，报退存局。

1933年10月3日《大公报》第13版《毒物弥漫之中 津市戒烟酒公所（下）理门联合会数约一百二十家 四乡外镇各公所皆附属在内》：（略）四乡：外镇，以杨柳青的公所居多，海下西沽、丁字沽，皆零星各成部落，大直沽有六方志修堂，土城村有修渡堂，西沽有众善（堂）、六方修善（堂）、西众善等堂。丁字沽有惠义堂，宜兴埠有清恕堂，葛沽有止静堂，张家窝村有玄静堂，寨上庄有公顺堂，东局子有平意堂。海下东大沽有皆空堂，郝家庄有忠善堂，杨庄子有积善堂，西大沽有悟善堂（以上四堂皆在海下），西乡王家庄的信安堂，于庄子的忠善堂和炒米店董家庄的静善堂，杨庄子的心香堂，皆属隶在天津理门联合会之下。（略）

1934年3月13日《申报》有关津县治将迁往市外的报道

1934年3月13日《益世报》刊《津县府迁移》：关于市县划界问题，业经市县双方树立标界，实行划分，至津县府迁移一事，昨据县府人谈，原定迁往咸水沽或杨柳青，经研讨结果，认为咸水沽地当海下，匪患时起，对县民完粮纳税，殊不安生，且亦无相当房屋；至杨柳青距津三十里，偏落西方，东南村镇有事，亦多不便，现拟将县府迁于北宁花园北，或北乡丁字沽两处，因距市较近，地点适中，交通便利，刻正拟具理由，呈请民政厅办理，一俟核准，当可实行，

1934年4月8日《大公报》刊发题为《丁字沽夫妇感情不睦，投身水缸无救》消息（局部）

至市县警察权及财政权划分，亦须俟县府迁移后办理云。（《〈益世报〉天津资料点校汇编（二）》第179页）

1934年4月8日《大公报》第10版《丁字沽：夫妇感情不睦，投身水缸无救》：津北丁字沽大街住户林润田，乃子贵鑫，娶妻王氏，年二十一岁。结婚以来，夫妇感情不睦，时生勃溪，该妇时常背灯饮泣，自叹命薄。昨日又以细故发生争吵，王氏一时情急，投身水缸，经人急救头部已被撞昏绝，难庆更生。遂经该管乡区四所，电知地方法院检察处相验，昨由宋检察官带同吏员勘验，委系投入水缸身死，已由林润田签领尸体，备棺掩埋云。

1934年11月19日《大公报》第8版《究真中学童子军检阅露营并练习野战》：本市河北究真中学童子军，自本季成立以来，经教练董悌庵、沈敬一等之指导，成绩斐然，全团共分十二中队、三十六小队，日前曾举行总检阅。昨日并作郊外行军演习，目的地为西沽。于晨九时由校出发，除大队外，尚有手车队、脚踏车队随行，由董沈正副团长指挥，并有该校教员胡绍闵、赵介眉随行照料，沿路步伐齐整，精神勃勃。十二时举行野餐会并有游艺助兴。于午后四时，整队赴丁字沽、西域（于）庄一带游览，沿新开河由转盘返校。

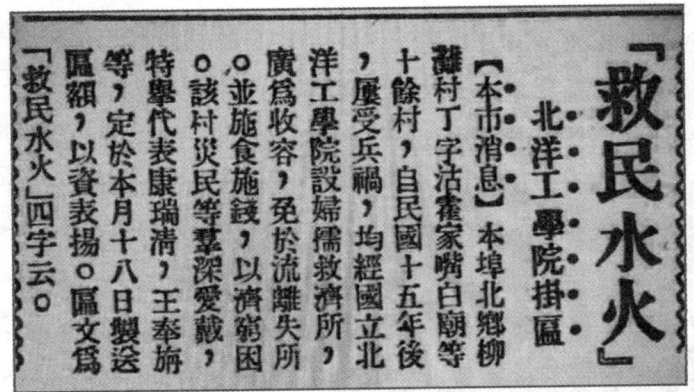

1935年2月17日《大公报》刊发题为《"救民水火"北洋工学院挂匾》消息，报道了丁字沽等村民对该院的答谢

闻不久全国将举行大露营练习野战云。

1935年2月17日《大公报》第6版《"救民水火"北洋工学院挂匾》:【本市消息】本埠北乡柳摊(滩)村、丁字沽、霍家嘴、白庙等十余村，自民国十五年后，屡受兵祸，均经国立北洋工学院设妇孺救济所，广为收容，免于流离失所，并施食施钱，以济穷困。该村灾民等群深爱戴，特举代表康瑞清、王奉旆等，定于本月十八日制送匾额，以资表扬。匾文为"救民水火"四字云。

1935年2月19日《大公报》第6版《北郊盛会 北洋工学院挂匾 乡民往观者甚多》:【本市消息】本埠北乡柳滩村、丁字沽、霍家嘴、王家庄、穆家庄、南仓村等十余村，为感谢国立北洋工学院于历届战事时期收容灾民，特送匾额以资褒扬，业志前报。日昨适值旧历灯节，下午一时许，该十余村绅民耆老，全数出发，四人舁匾，鼓乐前导。并有提灯会、高跷会、法鼓会、鹤翎会拥护于后，老幼来观者甚众。兹将匾文录后：国家多故，兵祸迭乘，前数年我北乡灾民，逃窜于枪林弹雨之中，奔走于炮火硝烟之内，而幸未至血肉横飞，尸填沟壑者，皆赖国立北洋工学院两度充量收容，施衣助食之所致也。僻壤穷乡，无以为报，略志数语，永作怀德纪念，并颂耕砚校长李老夫子德政。匾文为"救民水火"。北乡灾民代表康瑞清、王克久、王奉旃、康墉民敬颂。

1936年10月13日《大公报》第6版《市县重新划界 请省府派员来津办理 市境将较之前扩充

1936年10月13日《大公报》有关市县重新划界的报道

三分之一》：【本市消息】津市、津县划界一案，省市两府，今春奉政委会令后，会同测绘详图，埋放界址，手续大致完竣。惟因财政问题，以至迟延多日，尚未照办。津市长张自忠，昨奉宋委员长面谕，饬速照案进行，俾新市区早日划定，市府已函请省府派员，来津办理交接事宜。将来市区重新划定，第五区迤东之东局子及东北之大毕庄，又第四区迤北之宜兴埠及西北之丁字沽等村，皆归市辖，天津市区面积，约扩大三分之一云。

1936年11月2日《益世报》刊《市县划界昨日实行》：市县划界昨日实行，所有公安、教育、财政部分，大致均已办竣。新界牌亦经树立。津县长陈中岳定日内赴保定，向省府报告并请示一切。关于地方保卫事宜，自昨日起东局子一带暂由公安第五分局负责，宜兴埠、穆庄子、丁字沽一带暂由公安第四分局负责。为将来施政便利计,津市警区颇有重划必要,目前正在审议中。津县府迁移问题,刻尚待冀省府核示,将来或须迁往咸水沽。又县区牙行营业税,原由天津区征收局经征,计有粮行、鲜货、鸡鸭卵等七种。此次划界后,议定仍由该局经征,惟市区亦有同样牙税之征收,既同属市境,事权自宜划一,俾免手续重复,以恤商艰。津县长陈中岳对此已呈省有所建议云。(《〈益世报〉天津资料点校汇编(三)》第107页)

1936年11月24日《大公报》第6版《发展新市区教育 市府按月补助经费 暂以津县原数发给》:【本市消息】津县境宜兴埠、大毕庄、东局子、丁字沽等村,自本月一日改归市辖后,新市区教育之兴革,正由教育局草拟计划,以推进社教,改良现有学校为第一步。现张市长对各村原有公私立小学及民众阅报处,决照土城等村旧例,按月予以相当补助,以资发展。已谕教育局查明详情,分别拟订。闻教育局因各村隶属县府时,本有补助,拟在新办法未规定之先,自十一月份起,暂照县府原定数额,由市府筹拨补助费,俾维现

1937年4月18日《大公报》在《新市区各学校改称》中有关丁字沽的报道(局部)

状,昨已呈请市府核示云。

1937年4月18日《大公报》第6版《新市区各学校改称 教局呈准市府备案》:【本市消息】津市教育局,以二十五年市县重行划界后,所有界内学校社教机关,均归该局接收管辖。惟查各校处名称繁复,亟应改订,该局业经按照经费分配状况及设立性质,并依小学规程之规定,详加审核,县立改称市立,公立改立区立,以符规定。至社教机关之茶社、阅书所等处,改由附近之学校兼办,或暂仍旧状,此项学校及社教机关,改订名称一览表,已经呈准府备案,兹探录如次:一、县立第四小学,改称市立霍家嘴小学。二、公立第二小学,改称区立宜兴埠小学。三、公立第六十八小学,改称区立天齐庙小学。四、公立第五小学,改称区立穆家庄小学。五、公立七十三小学,改称区立丁字沽小学。六、公立七十九小学,改称区立赵沽里小学。七、公立五十七小学,改称区立大毕庄小学。八、公立八十三小学(现已停办,拟改设短期小学)。九、私立普育小学,改称士(示)范小学。十、私立四十七小学,改称达仁小学第二部。十一、私立六十一小学,改称私立云程小学。十二、私立四十三小学,改称开民小学。十三、私立六十小学,改称私立民兴小学。十四、县立第九民众茶社,改称区立宜兴埠小学附设民众茶社。十五、县立第五民众阅报处,改称区立宜兴埠小学附设民众阅报处。十六、县立第六民众阅报处,改称区立大毕庄小学附设民众阅报处。十七、县立二十三民众阅报处,改称达仁小学第二部附设民众阅报处。十八、县立第四区宜兴埠民众学校,改称私立士(示)范小学附设民众学校云。

1946年1月31日《大公报》第3版《津市政会议》:【本报讯】津市府昨晨九时举行第十八次市政会议,出席者张市长、杜副市长及各局处长,议决事项如左:㈠教育局前拟定之天津市立小学教员薪俸支给标准一案,暂照所拟支给。㈡各区公所签请准照各机关待遇标准,发给上年十一、十二月份经费一案,姑准照上年十月份实发数增加三倍发给。㈢为拟定本府设计考核委员会全体委员,请公决案,通过,并指定人事处张处长暂兼秘书。㈣管理公共厕所规则一案,交警察局、卫生局、工务局、卫生工程处及刘参事审查。㈤为审查天津市营造厂登记暂行规则,请公决案,照审查案通过。关于双重收费问题,由社会工务两局会拟府稿,咨经济部解释办理。㈥美军利用丁字沽村打靶,靶场租金,由盟军招待委员会经费项下开支。㈦天津市同盟胜利公债筹募委员会组织规程,照原案通过。㈧杜副市长临时动议,对于一切私人宴会一概谢绝案,决议自春节后一律实行。

《天津通志·大事记》:1946年3月31日,天津市政府重新划分区域,共划10区:第一区,旧法、日租界;第二区,旧意租界、特二区;特三区,金钢桥以北至宜兴埠、穆庄子、天齐庙;第四区,河东地道外沈庄子、郭庄子、旺道庄、万新庄、大毕庄等;第五区,旧特三区、特四区;第六区,旧特一区及旧乡区(东至海河、西至六里台);

1948年2月29日《大公报》有关增设丁字沽等粥厂的报道

第七区,自鼓楼大街以南至李七庄;第八区,鼓楼大街以北至南运河;第九区,运河以北至丁字沽、郭辛庄;第十区,旧英租界。(《天津通志·大事记》第277页)

1948年2月29日《大公报》第5版《增设粥厂和收容所 利用救济物资扩充机构 社会局昨集会商定计划》:【本报讯】社会局昨天下午召集各有关机关讨论利用救济物资,延长并扩大本市救济工作的计划。会中分㈠难民收容所。㈡游丐收容所。㈢粥厂。㈣平民食堂等四个小组讨论具体办法,结论如下:(一)充实并增设难民收容所,充实两处:㈠六区闽侯路红卍字会,五百人。㈡三区西车站,二千八百人。增设三处:㈠三区张兴庄,一千人。㈡四区王串场,一千人。㈢九区丁字沽,一千人。办法:㈠有同乡会、县政府、党部及其他团体证明的都可收容。㈡十人编成一户,十户编一甲,十甲编一保以便管理。㈢由卫生局和中央医院等机关派人巡回诊疗疾病。㈣向各工厂接洽用简易工作以工代振(赈)。(略)

1948年4月29日《大公报》第5版《邮电新猷 业务电话号码改订 郊区信差兼售邮票》:【本报讯】天津电信局,近奉交通部电信总局令,所有业务电话号码,由三位制数改为二位制数,并定于五月一日起实行。兹将该局各台改订号码列后:障碍台:〇二;长途台:〇三;查号台:〇四;服务台:〇五;长途查询台:〇六;报时台:〇七;特快电话记录台:〇八。【本报讯】本市地区辽阔,市郊偏僻地方住户寄信购邮票多感不便,河北邮政管理局近为解此项困难,加强服务效能起见,已自四月份起,试办郊区信差兼售邮票及收寄函件事务。本市计有郊区邮件投递段十一段,由信差十五人办理,后列地方公众,如购邮票交寄平信,可直接向该信差办理。本市郊区地段如下:金钟河大街、王串场一带;万新庄、东局子一带;郑家庄、汪家庄、娄家庄、张达庄、贾家沽一带;李七庄、王景(顶)堤一带;小园一带;北新庄一带;丁字沽一带;天齐庙、穆庄子一带;堤头、辛庄一带;宜兴埠、何兴庄一带;土城、陈唐庄一带。

1948年6月4日《大公报》第5版《巡回施药队出动贫民在施药》:【本报讯】社会局和各宗教慈善团体组织的巡回施药队,已于本月一、二日出动到三区小王庄、十一区西广开、九区丁字沽等一带贫民区和张兴庄、西车站、广仁堂、丁字沽等地工作,发放药茶、十滴水、霍香丸、阿士匹灵等药品数百包。下次出发日期原定十一、十二两日,因正逢端午节之故,提前到八、九两日出动。该队工作人员,热心异常,一致认为每十天应出动四次,正在向当局请求中。

1948年6月22日《大公报》第5版《防疫工作积极进行 难民收容所施行第二次注射 实验区已规定预防传染对策》:【本报讯】津市日来气候更趋炎热,疫疠极易流行,生活方面稍有不慎,即易感染。卫生局就现有防疫力量,决以最大努力提高工作效率,预计防疫注射每日可有八千人,各公私立医院可注射二千人。饮水消毒每日可供应一千户,公厕灭蝇每日三十处,住所消毒每日一千五百间,灭虱约一千人。【又讯】卫生局所设河北实验区以时值炎夏,因疾病死亡者日增,为求配合该区环境卫生,并预防区内住民传染起见,规定凡有因传染病或疑似患者死亡时,该管警所与保办事处可急通知该区,随时派员至死亡处所实行消毒,以免疫氛传播。【又讯】津难民收容所九处,至九日止,经预防注射及灭虱共计注射灭虱难民八三三一人,行李三○七件,并消毒房间八○八间。惟各收容所难民变动甚大,新陈代谢尤多,卫生局为加强防疫计,由六月十八日起又作(做)第二次预防注射及灭虱消毒。前次未经注射者,均予补行注射。除十八日邵公庄六百余人,十九日大毕庄四百余

1948年7月22日《大公报》所载《建筑窝铺两千间》一文中涉及丁字沽

人,二十日闽侯路及马厂共一千三百余人,二十一日何兴村五百余人外,预定今日往张兴庄,二十三日丁字沽,二十四日陈塘庄,二十五日二经路及三经路。又难民患病者多经流动卫生所按日出动施治,现已治疗二四八三人。

1948年7月13日《大公报》第5版《三人死于水:两人失足一人自杀》:【本报讯】不幸死在水里的人真多。前天夜里十一点多钟,有一位女子在中正桥右岸投河,打捞起来时已经死去。死者手里还拿了一个手提包,身上没有身份证,也没人知道她的身世。昨天上午十一点多钟,大连码头附近停泊的大生轮上,有一个小工在装卸面粉,失足掉下海河,一直没有打捞起来。同时在丁字沽北运河柳滩对岸,一个行路人掉在河里淹死了,死者叫郭广有,五十岁,就住在丁字沽三道街郭家后院十三号。

1948年7月22日《大公报》第5版《建筑窝铺两千间 组织救济事业委员会负责办理 利用救协去冬剩余物资易款》:【本报讯】津市府鉴于各地难民麇集市内,为避免使难民流落街头,计划筹建难民窝铺二千间,分在纪庄子、宜兴埠、丁字沽、东局子四处择地建筑。昨日下午四时杜市长在市府召开会议,到有津宗教慈善团体救济事业联合会主委边洁清,参议会议长杨亦周,天主教青年会会长李东园、美国领事勃郎、社会局主任秘书张瑞南等。当经决议先行组织天津市救济事业委员会，由杜市长为主任委员，并聘请本市宗教慈善团体人士、参议会代表及地方士绅等为委员，将来即利用救济协会去冬接受救济分署委托，发放救济物资剩余的七十二吨，本以工代振（赈）原则，将等价物资易换窝铺建造之工价及材料。由救济协会将该项剩余救济物资委交天津市宗教慈善团体救济事业联合会，会同市政府、社会局各主管机关公开处理。计划建筑窝铺二千间，预计可以收容难民一万余人。该宗教慈善救联会已拟具剩余物资品名数量评价表，并建筑窝铺需用材料及工价表，呈请市府转社会部核示，一俟批准，即可加紧建筑，今后逃津难民可免露宿之苦。

《天津合作通讯》刊池俊明、刘兆昌：《丁字沽村合作社的整理和该村的生产自救》：甲、合作社的整理 一、缺乏领导的成立 丁字沽距天津市的西（北）郊三里。本村合作社建立于一九四九年四月间，当时总社的工作组并没有直接到该街去帮助建立，而是由街长孙好武同志的热心，领导着初步建立起来。那时因对办合作社大都没有经验，关于社员和社干需要什么条件，也是模糊的。二、社干的不称职 合作社选出来的干部，成分既不纯，认识也不够，一切都为了自己利益打算，并没有为广大社员群众着想。比如社务主任单恩选是开煤场（的），副主任乔贵忠是开炸果子铺（的），经理王恩福是开杂货铺（的），都是商人头脑惟利是图的思想。他们的利己行为如乔主任在七月份赊面粉一袋四千元，直到十月九日才还款，按那时的面价已涨到二万八千元，合着他只还了合作社七分之一袋面，也就是合作社损失了七分之六袋的面粉。他在十月又借黄豆一包二百斤，借现款十三万元，到了十二月才还了二百斤黄豆和十三万现款,合作社也受到了很大的损失。乔副主任常在合作社赊面,一欠就是十天二十天。王经理当合作社在第十三粮栈买不出白面来的时候,他把合作社剩余的十四袋恒字面,在晚上扛回自己铺子里六袋。又如恒大牌纸烟,社员只许买两盒,而他则买两条放在杂货铺零售。又一次合作社计划要涨价了,他就预先买了二百斤煤球,是按每斤四十八元算的,过了两天涨到八十元,他才还款。在十月一日庆祝共和国成立的节日,原先来的八十八袋面粉,已经卖了三十袋,余下的五十袋在那天下午,都卖给和主任、经理有联系的亲戚朋友了。又如合作社买了煤末(沫)六十吨,叫韩贵明的煤厂代打煤球,言明每吨的手工二百斤煤球,打到六成的时候,就把六十吨的手工全支走了。韩贵明常在合作社赊购面粉三袋至四袋,到现在还欠着合作社八万元呢。以上都是说明合作社干部存在着很多严重的自私行为和贪污的事实,障碍了社的发展和巩固。三、业务的经营不善 经营业务的社干五人,货物只有粗粮和面粉等几种,物价波动时,粮面售完,五个人就没有事干。会计账簿也非常紊乱,总社刘科长去指导和检查时,他们还不愿意叫看,不让检查。四、整理的经过 总社因为与天津市自救委员会结合,指导灾村做生产自救,工作干部到本村后根据社员、村干、派出所等各方面的反映要求,乃结合村干和派出所进行改组合作社。首先由三五七九个社员,以距离远近来自由结合,每一小组推选组长一名,由五十八个组长互选代表二十二名,由代表互选社务委员十一名。这次选出来的代表和社干,大都是由派出所在群众中培养和选拔出来的积极分子。如主任聂荣是在防汛工作中的一个模范者,他说:"我在改选以前,虽也是社务委员,因为主不了事,也就没有办法。现在把那些不好的选掉了,这回我对合作社下决心,一定要把它搞好。计划一个月内,把副食品业务开展起来。在旧历年前,要把电磨按(安)好。"同时经理田其文也这样说:"无论如何要比过去的经理和主任搞得好。"

五、改组后的情况 由十二月二十八日到一月三日改组完毕,接着业务方面起了绝大的变化。与过去八个多月的情形完全不同。例如各色肥皂、火柴、烟卷、碱、盐、油酱、布定、毛巾、袜子、牙膏、牙粉、牙刷及各种粮米等等,均系社员必需物品。又买了两盘电磨滚子、箩皮带等一应俱全,另外还有切面机一架,共用了八百万元。比如在先每天只卖三百斤玉(米)面,二三百斤煤球,现在大为增加,玉(米)面卖一千斤上下,煤球也卖一千多斤。过去社员三五九七人,合七二三户,每天只有一五〇户到合作社来买东西,现在平均每天就有六百户来合作社买东西了。六、其他业务的发展 本村一、二〇〇户四九二六口人,种地的有四七七户,因为靠近都市,所以生活方式是有都市化的味道,也就是消费品有基本的市场。比如本村原先有十二家大粮店,其他商铺三十四家,就是明证。又因村北紧靠北运河,村庄为西乡的必经大道,交通辐辏,所以各地运津的农产品,和由天津采购的消费品,都以本村为交接点。也就是本村在城乡交换上可以说站在一个相当重要的地位。这也就说明本社在客观上有很好的业务前途。本村有五个人常到杨村、北仓一带拉来白菜、粉条、山芋、大葱等卖与合作社,作为合作社的一种业务。资本不足时,可以在合作社挪借,这样合作社既可有便宜的来货,同时又可以帮助社员生产。合作社现正试验着,打算搞城乡交换的工作,摸索一点宝贵的经验。(合作社的物资尽量自己购买或组织社员购买,关于合作社,可以挪借给私人款,是值得考虑的。)

乙、生产自救工作 本村的生产自救工作,计先组织运输组二十五组,共七十八人,有人力小车二十九辆,有二人一辆的,也有三人一辆的。由合作社贷给了生产自救资金五百万元。此外,又组织了二十一组,共一〇三人,(九十户)有人力小车四十一辆,尚无贷款关系。他们到武清县、唐家湾子、郭新(辛)庄一带,去时带盐业公司的盐,回来时带白菜、山芋、粉条、香油、鸡子、大葱等。白菜在武清县每斤二百元,市内卖二四〇元,三人一车拉五〇〇斤,三人两天能挣一八·〇〇〇元,平均每人每天能挣三·〇〇〇元。在合作社买玉(米)面六斤,可以维持五人至六人的生活。贩卖其他的东西,根据平均每人每天也能挣三·〇〇〇元。这也可以算是城乡交换的一个实例。

八区二十七街社的社员教育总社以本社"行业划组"的试验,在暑热天时进行社员家庭职业调查,然后按照"工业""运输""脑力劳动""独立小生产""商贩"五个行业划组,不在这五个行业当中的归"其他"类。按照社员的住址远近划分小组,从各行业中以投票方式选出小组长,以十户至十五户作为一组。共划出了八十五个小组,正副组长各八十五名。将各小组划出以后,分别召集各小组会议进行教育,加以巩固组织,使各个社员由此对合作社都能有进一步的认识。(通讯组)(天津市供销总社编印《天津合作通讯》,1950年2月1日,第二卷第三期,第19—20页)

商 情

論叢

1879年5月25日《申报》第2页《严禁偷漏漕粮告示》：直隶爵阁督部堂李总督，仓场部堂继毕为严行谕禁事。本爵阁部堂、本部堂风闻南粮由津兑剥运通，每有奸民土棍串通船户，沿路搀和、抵、盗、偷相买卖。如盐关下之小刘庄，则以黑米抵换好米；盐坨一带以稻皮抵换；金家窑上下以水麸抵换；北河口西沽、丁字沽等处以稻子抵换；穆家庄至北仓地方，则偷卖抵盗米石；北仓上天津武清所管之马家口，则以坏稗子抵换；杨村有卖碎砖上船者；河西务有抵盐卖米者；土门楼与香河码头一带，有卖土瓣与船户搀杂者；通州所管之桥上，则以疆石抵换好米；刘各庄以土子换米；通州河口外或以回舱坏米、或以回舱稻皮及淤渣偷卖搀杂；河口内外至北关一带时有盗买盗卖情事，船至河口外罗家口等处则又搀糠，使水进河顶验。种种弊端，皆系就地土棍勾结串通所致，并有富实奸民视为利薮，相率效尤。天庚正供，岂容若辈如此暴殄！本年转运伊始，合行出示严禁，为此示仰各该处军民人等知悉，试思身家性命所值甚多，偷米盗漕罪名极重，务各洗心涤。

1883年5月21日《申报》第2页《严禁抵盗漕粮示》：太子少保署理直隶总督部堂张总督、仓场部堂继孙严行谕禁事。本督部堂、部堂风闻南漕由津兑剥运通，每有奸民土棍串通船户，沿路搀和，抵、盗、偷相买卖。如盐关下之小刘庄，则以黑米抵换好米；盐坨一带以稻皮抵换；金家窑上下以水麸抵换；北河口、西沽、丁字沽等处以稻子抵换；穆家庄至北仓地方，则偷卖抵盗米石；北仓上天津武清所管之马家口，则以坏稗子抵换；杨村有卖碎砖上船者；河西务有抵盗卖米者；土门楼与香河马头一带，有卖土瓣与船户搀杂者；通州所管之桥上，则以礓石抵换好米；刘各庄以土子换米；通州河口外或以回舱坏米、或以回舱稻皮及淤渣偷卖搀杂；河口内外至北关一带时有盗买盗卖情事，船至河口外罗家口等处则又搀糠，使水进河顶验。种种弊端，皆系就地土棍勾结串通所致，并有富贵奸民视为利薮，相率效尤。天庾正供，岂容苦辈如此暴殄！本年转运伊始，合行出示严禁，为此示仰各处军民人等知悉，试思身家性命所值几多，偷米盗漕罪名极重，务各洗心涤虑，寔力湔除。倘憝不畏法，一经访拿，定即奏交刑部，加等治罪。彼时身家性命，均不能

1883年5月21日《申报》在《严禁抵盗漕粮示》中涉及丁字沽

保。本督部堂、部堂不忍不教而诛,先行示谕,仍一面派员密访,并饬沿口各段委员实力查拿,拿获之后就近先交地面官收禁,一面具报以凭从重治罪,以肃漕政。本督部堂、部堂言出法随,勿谓告诫之不早也,懔之切切待示。

1887年5月8日《申报》第10页《光绪十三年四月初九日京报全录》:(略)头品顶戴浙江巡抚、臣卫荣光跪奏:为浙江省奏销光绪十二年起运十一年份白粮;销算车夫经费;丁字沽米折等款钱粮。遵将未完一分以上各员开单恭折具陈,仰祈圣鉴事。窃准户部咨条奏筹备饷需,折内严核各项奏销一条。钱粮奏销,各依定限,令各督抚一面具题,一面先将未完一分以上各员名,开具简明清单,专折奏报,由部核定处分,先行覆奏。仍各于题本内将具奏各员声明备核,其有具奏后续完者,准其续行奏请,归水案开复。此外盐课漕项,凡经手钱粮各报销有关处分者,一律照此办理。庶经征人员知所儆惧,而帑项不致虚悬等因,屡经遵办在案,兹据督粮道廖寿丰详称,称于光绪十一年,分增津银两未完职名折内,声明嗣后奏报未完分数,务须开单注各该员已未完分数及实征已未完各银数以难考核。兹将光绪十二年起运十一年份各属经征白粮银款未完一分以上职名开单详请奏咨,并声明遵奉部饬改照苏省之式剔除缓征,以现在实征银数计算,十分考成等情前来臣复核无异,除将清单咨部查核外,理合缮具清单,恭折具奏。伏乞皇太后皇上圣鉴,勅部核覆施行。谨奏奉。朱批该部议奏单并发钦此。(略)

1893年6月12日《申报》第2页《漕务近闻》:(略)往年江浙两省漕粮由津运通,每有土棍串通船户,掺和偷盗,私相买卖。如盐关下之小刘庄以黑米抵换好米;盐坨一带以稻皮抵换;金家窑上下以水麸抵换;天津北河口、西沽、丁字沽,则以稻子抵换;穆家庄至北仓则偷盗抵换；北仓上天津武清所管之马家口则以坏稗子抵换；杨村有卖碎砖上船者；河西务有偷盗米石者；土门楼与香河一带码头，则有卖土瓣与船户掺杂者；通州所管之桥上则以礓石抵换；通州河口外或以回舱坏米、或以回舱稻皮掺杂；河口至北关一带时有盗卖情事；至河口外罗家口等处则又(有)使水搀糠进河顶验。种种情弊，实为漕务之害。经仓宪访闻，派弁沿河巡查，认真惩办，漕务始渐有起色。

1903年1月7日《大公报》第2版(本埠)《移设税关》：丁字沽石头关，向收北运河粮船之税，曾经前通永道王谷卿观察禀明直督，暂设

1903年1月7日《大公报》在《移设税关》中涉及丁字沽的报道

杨柳青镇办公。兹因该关在青镇，系南运河地面征收税务于商情不顺，现有粮商公记号等联名拟在督辕禀请移设。昨奉袁宫保饬新任通永道陈观察查明拟办云。

1903年6月26日《申报》第13页《光绪二十九年五月十七日京报全录》：袁世凯片 再据通永道陈督泰详称：该道经征户部担头关粮税，向在天津丁字沽设立总局。其红桥西沽及大城县之东坝台，共设分局三处，遇有粮船过境，每石抽取制钱六文半，每年收税除费用外，所余税银约四百四五十两至五百两不等。咸丰七年，经户部核准，尽数归于温榆河果渠村岁修埽坝工程动用报销。乃自火

车通行,商贩改道,丁字沽总局无税可征,继因大清河下游淤塞,西沽分局又复废弛,仅有红桥东坝台两局收数更微无裨。国计现当振兴商务,拟将该关总分各局概行裁撤,以免粮船守候盘查之累。请具奏等情,前来臣覆加查核,系属实在情形。仰恳天恩俯准,将担关粮税总分各局一律裁撤,以恤商艰。其温榆河果渠村坝埽岁修经费,责成该道另行筹拨。理合附片具陈,伏乞圣鉴训示。谨奏奉。朱批着照所请户部知道钦此。

1912年5月13日《大公报》第3版(本埠)《请撤巡船》:天津县会议员宋凤鸣、刘维良、苏士选、孙文彦、赵炳辰、张家驹、刘聿偲、李宝书、张金凯等,昨具陈请书于参事会为天津大红桥原设有钞关税局,凡车船载物抵关报税即以此处为出入口之境界,其丁字沽、南仓一带实居境外,乃近来钞关复添设巡船,见有随路售粮之船尚未抵关,该巡船即去为拦阻勒令上税,稍不遂意遂指为有意偷漏,而钞关居然听其一面之词,随将粮石充公。似此扰累实与民食大有妨碍。请即详明都督行知钞关,撤回巡船,以免累商病民等语。未悉该会若何议覆。

1913年11月4日《米业研究会申述为杜绝丁字沽等村杂粮商短少升合情弊拟特制十零七小斛予以整顿文》:敬启者:"窃准大米商仁和义等报告,各号分赴丁字沽、席厂、天齐庙、柳滩等处采买杂粮,向以老斗十零七过载,历有年所。不意近来丁字沽同义和等号卖粮时,有短少升合情弊。各商号时与理论,同义和等强辩不已,若不切实整顿,势必有赔累之虞。敝会公同核议,拟添制十零七小斛数面,比他老斗并斛较准。商等在该处购粮,就以此斛量载,以期两得其平亦与双方均有裨益。为此,并请贵会召集后开各字号,按照敝会拟议办法,宣布实行,俾以双方受益,实为公便。肃此,敬请公安。(米业公益研究会)附丁字沽等字号一纸:丁字沽:勤盛兴、同义和、东万兴、大德成、玉善堂、振德堂、德茂和、恒兴号、瑞德恒。席厂村:桐和顺、天立号、聚昌号、增盛号、魁昌号、平利成、金利涌、庆记号。天齐庙:义德号、恒盛裕、富成号。柳滩村:永发号。"(天津市档案馆、天津市社会科学院历史研究所、天津市工商联合会编《天津商会档案汇编(1912—1928)》第二分册,天津人民出版社,1992年版,第1775页)

1917年8月31日《大公报》在《商会请催运积米》中涉及丁字沽的报道

1917年8月31日《大公报》第6版《商会请催运积米》:粮商成益、成兴、成发、成通、庆兴、复兴茂、仁和义、治厚德、义生源、泰义、恒记(位于丁字沽)、公兴、存立兴、谦益、开泰、祥天、义成、荣庆、怡和公等号,现在商会投递说帖,以京津人烟稠密,粮石日需甚巨,丰年犹仰邻省接济。今春亢旱,二麦失收,现复大水为灾,食粮缺乏,虽蒙上宪筹办赈抚,奈民多食少,似非商运流通缓不济急。商等前在安徽等处,购有米麦二十万包,已至浦路站之蚌埠,临淮关南宿县及各车站皆有堆积,现在蚌埠存数最巨。前因军需备车以致商货搁置已逾两月之久,迄今商民粮石仍无车装。当兹灾民待食,商运维艰,商民交困已达极点,惟求贵会转请督宪,咨请交通部迅饬津浦路站,筹拨车辆运津接济民食云。

1917年12月27日《大公报》第6版《粮商请求运米》:具略节天津粮商成益号、成发号、成通号、成兴号、仁和义、义生源、立丰号、庆兴号、复兴、茂公、兴存、谦益号、乐庆号、天义成、恒记号(位于丁字沽)、源泰义等,为积粮搁置,商民攸关,公恳设法维持备车急运,以舒商困而济民食,俾保地方治安事。窃以京津民食,日需杂粮不止万石,向赖粮商运自邻省接济。兹商等于本年四五月间,在安徽境内购有米麦二十万包,存在蚌埠藉装火车运津,适值军需扣车不运商货,致商粮石搁置,雨隰残坏损伤已巨不堪言状,待至七八月间仍不车运,商等无奈,前经拟情详由商会转请省长维持蒙批,转知路局迅拨车运等。因旋以水冲路线未便奉行,迄今又延数月之久,商等现查路已修复车人通行,惟商等蚌埠粮石依然搁置,今岁大水为灾,津地粮缺人所共知,前有船运以接济,今则河道冻阻,仅只一线之略。虽军需应备,民食待哺尤为急务。且铁路之设本为裕国便商,兹商反被车累实出意外。况时迫年关,银根不灵,倘商积粮再不急为车运以资周转,即商等亏累无甚足惜,恐津数万万之民食将尽,良善以待毙。为此商民交困关系綦重,谨具节略,叩乞恩准设法维持筹拨车辆,迅装蚌埠积粮,以舒商困而济民食,俾保地方治安,实为公德两便。

1931年3月13日《大公报》第6版《粮市尚平稳》:昨日本埠杂粮市况,交易仍然兴旺,各价无甚涨落,昨日成交各种杂粮市价如左:白麦,福星公司批吉兴和白麦三百六十四石,成交价十元七角;永年公司批吉兴和白麦五百三十石四,成交价十元七角。元小米,宏丰批复兴公元小米一百十石,九元八角三;有禄堂元小米四十石,九元八角;义德批桥公记元小米二百六十石,九元九角五分;

同立和批聚发元小米一百二十石，七元一角。吉豆，公升批恒记（该店位于丁字沽）吉豆五十石，十元五角八；杨记批陈富兴吉豆二百七十石、娄玉发二百一十石、王伯明一百八十石、王有会二百石，成交价均十一元六角五；许庆如吉豆三百石，十一元七角；张庆昌吉豆四百五十石，十一元八角五。

1931年3月21日《大公报》第6版《杂粮市况》：昨日杂粮到货甚涌，计大通码头到红粮元玉米，又七里河元玉米，开价五元七角五。奉北元玉米五元，海城元玉米五元六（每石重一百四十斤），开原红粮六元，四平街五元二角。自开河以来，各路所到杂粮甚多，本埠存底甚厚，粮价不易起色。又昨日庆太和批庆丰源次白麦一百三十九石，八元；桐华茂次白麦一百四十石，八元；德义成大麦一百石，六元一角；津铺批仁义公生米四十石，八元三角八；庆和批中和斋稻米四十石，十七元六角；聚丰批桥公记莞（豌）豆五十一石，九元三角八；恒茂隆（该店位于丁字沽）批益兴公芒大麦一百石，四元

1931年3月25日《大公报》在《杂粮市平疲》中涉及丁字沽勤盛兴粮店的报道

六角,又二百五十石,四元五角五,又批如记芒大麦一百五十石,四元六角五;元兴涌批协丰白麻四百石,十八元三角二;益兴公批协丰白麻一百石,十八元三角二分。

1931年3月25日《大公报》第6版《杂粮市平疲》:昨日本埠杂粮市况:寿丰批郭中孝白麦一百七十石,十元零三角;东兴货栈白麦三百八十一石六斗,开价十元;勤盛兴(该店位于丁字沽)批富德堂大米二十石,十七元六角;万和栈批同立兴白麻三十石,十九元;公兴批益生元玉米七十石,六元零四分;北义德批贺记白麻四十石,十八元九角;通和公批天宝兴次白麦三百石,八元三角;福星公司批杨桂林白麦一百四十石,十元三角;陈展俊白麦一百八十石,十元零三角;辅兴栈批桥公记白小豆四十石,九元五角;公兴批李俊玉米三百石,七元二角。

1931年4月18日《大公报》第6版《杂粮市况》:昨日本埠杂粮市况:因雨交易颇清淡。河头公记(该店位于丁字沽)批兴源白麦三百六十石,九元三角;东公记批福盛长元小米一百石,九元八角五分;成会堂元小米三十石,九元六角;聚成德批品记大米一百石,十七元二角。昨日进船三只,载芝麻二百石,元小米六百石。

1931年4月26日《大公报》第6版《杂粮市况》:昨进船六支(只),载麦子五百二十石、元小米三百石、红麦二百七十石、莞(豌)豆一百五十石、芝麻九百八十六石。福星公司批德源红白麦二百八十石,十元零五角五分;肇盘成白麦二百八十四石四斗,十元零三角;庆昌恒批源丰厚大麦六十石,四元三角三分;义庆永批福生祥吉豆二百石,十元零九角五分;津铺批春源达玉米五十石,六元四角;泽润堂大米三十石,十七元七角;品记(该店位于丁字沽)大米三十石,十五元九角;庆长隆白小米三十石,八元;公兴批义源成芒大麦三十石，四元四角；孔祥洪白小米六十石，八元；庆生源元玉米三十石，六元五角。

1931年5月18日《大公报》第6版《杂粮市况》：近日上下西河水势略涨一二尺，来船较涌，昨进船十六只，载麦子八百三十石、芝麻二百三十五石、小米二百二十石，又红白麦五百石、元白小米一千九百七十石、吉豆二百八十石、元玉米二百石。公升批侯贵富玉米五十石，七元零五分；裕德公红麻二百四十八石，十七元零五；寿丰批八合花红麦一百九十石，十元；陈东兴批宏丰玉米五十石，五元九角；裕昌兴批永德堂红小豆二百一十石，九元一角七；文义合批桥公记红小豆八十石，九元一角五；恒茂隆（该店位于丁字沽）批信义成黑碗（豌）豆四十石，八元七角五分；同和成批朱敏轩元小米八十六石，九元九。

1931年6月5日《大公报》第6版《粮市停顿产销税影响玉米行市大跌》：近日杂粮市况：因产销税问题发生后，各行交易均形停顿，恐旧节关后各商家将有裁员停业之举。故大宗粮石，多日未开，而外路亦无进货，每日市销，只内地小米铺零星买进玉米粗粮而已，其余芝麻豆粒，停市已久，虽各埠有缺少此色者，亦不能

1931年10月31日《大公报》在《杂粮市况》中涉及丁字沽勤盛兴粮店

在此时而入津先买。又玉米行市大落,高新集红色元玉米六元六七,兴隆山元玉米价开六元二三,奉北玉米五元上下,堂二里元玉米价开五元六七。昨日永大批品记(该店位于丁字沽)清水大米五十石,十七元;公升批永太润次玉米三百石,五元零五;公庆成批桥公记元小米二百石,九元六角七;辅成批诚记红粮一百石,五元四角。昨进船一只,载玉米一百三十石。

1931年10月31日《大公报》第6版《杂粮市况》:北集昨进船九只,载吉豆一千九百七十石、红白麦九百七十石、麻一百石、红粮八十石。勤盛兴(该店位于丁字沽)批瑞生祥白麦一百石,九元八角五;公兴批张德玉元玉米一百一十石,六元二角五;李永山元玉米一百石,五元三角二分;恩记合豆三十二石,六元九角二分;信记批王少荣红粮二百石,四元八角五;刘淮成红粮一百三十石,四元六角;义兴栈批孔祥升吉豆一百七十石,十元零二角五;民丰公司批庆祥永白麦二百八十六石八斗,九元四角;长发行批李耀富吉豆五百四十石,九元九角八分;巨和栈批傅恩华吉豆三百八十石,九元七角六分;永德元批于福林红粮二百二十石,四元七角五;义永和批俊元永元小米三十石,八元九角;吉兴批王生有元玉米一百石,六元四角。西集昨进船九只,计载吉豆二千一百四十石、芝麻二千二百石、小麦二千零五十石。

1932年4月5日《大公报》第6版《杂粮市况》:昨日本埠粮市,北集进船三只,载元小米三百五十石、白麦一百七十石、芝麻一百石。奎元德批胡瑞之白麦八十石,十元〇三五;福和公批郭文才红粮五十石,五元九角二,顺记花小米四十石,九元;油公记批聚兴成白麻六十石,十九元;公兴批刘振元玉米二百五十石,六元〇二;永发盛批桥公记小米七十石,十元〇二角五;恒茂隆(该店位于丁字沽)批阎有廷白麦一百石,十元〇三角。(西集)进船一只,载吉豆六百石;茂记批杨吉顺玉米三百二十石,六元一角五;玉记行批马福才玉米三百石,六元一角五。

1932年4月15日《大公报》第6版《杂粮市况》:昨日本埠粮市:(北集)进船十三只,载芝麻三百石、麦子四百石、红粮三千石。成记(该店位于丁字沽)批中和老白麦六十石,八元四角五;文毓厚批胡振有元小米二百一十石,十元零一角二分;益昌永批韩永琴红粮三百石,五元九角;津铺批德义成大吉豆五十石,十二元四角五;福星批徐金城白麦二百石,十元七角三,孙世和白麦一百七十石,九元;永年批郭中孝白麦二百石,十元七角三,孙世和白麦一百七十石,九元;民丰批杨德顺白麦二百石,十元七角三,孙世和白麦一百七十石,九元;勤盛兴(该店位于丁字沽)批永恩堂白麦五十石,十一元。(西集)进船五只,载吉豆九百二十石、芝麻三百石、元小米三百八十石、白小米八十石。巨和栈批德和祥吉豆一百八十石,玉圯吉豆二百石,十一元九角八分;公共批魁盛玉米二百石,六元二角。

1932年5月3日《大公报》公布的《杂粮市况》中涉及丁字沽祥记粮店

1932年5月3日《大公报》第6版《杂粮市况》:昨日本埠杂粮市况:(北集)公兴批李长荣元玉米二百石,六元四角五;巨和栈批大有兴吉豆四百二十石,十一元九角五;同立兴大吉豆三百六十五石,十二元三角八;源和公大吉豆三百石,十二元二角五;恒利涌批顺记白麻五十石,十九元五角五;文记批聚顺成白麻六十石,二十元四角;钰丰和批顺德成大麦一百四十石,四元八角五;祥记(该店位于丁字沽)批襄德堂红寿麦四十石,九元;公升批李成俊白玉米一百石,五元三角;天聚花麻一百一十石,十九元七角。(西集)公兴批刘吉顺玉米二百二十石,六元。

1932年5月6日《大公报》第7版《杂粮市况》:昨日本埠杂粮市况:(北集)钰丰和批永丰居大米一百石,四元八角;陈泰记批德记白麦一百石,十九元七角;广聚祥吉豆五十九石,十二元;勤盛兴(该店位于丁字沽)批德记白麻四十石,十九元七角;天聚白麦五十石,十一元;广盛厚批白麻三十石,二十元一角五;稻茂隆批吴国珍红粮一百八十石,五元五角五;宋德山红粮一百九十石,五元四角八;巨和栈长发行批瑞成祥等吉豆八百九十五石,十二元;公兴批常廷作元玉米一百三十石,六元四角;太顺和元玉米五十石,六元〇八。

1932年6月22日《大公报》第6版《杂粮市况》:昨日粮市:(北集)悦来升批树森成白麦六十石,九元;公兴批恒记元玉米一百一十石,六元二角;德泰祥元豆五十石,八元四角五;恒记(该店位于丁字沽)批吴永柱红粮二百五十石,五元;颐德批仁记兴元玉米一百石,六元;恩庆诚批益生白麻四十石,十八元六角五。(西集)近日吉豆形况仍极活畅,昨外客及本埠米铺批进潘德义小吉豆二百石,十一元八角八;张起义小吉豆一百石,十二元一角五;独流酒店批东河红粮八百石,五元一角、四元九角八、四元八角五。其他粮石均无成交。进船一只,小米一百六十石、白小米二百石、吉豆三十石。

1933年10月11日《大公报》第7版《杂粮市况》：前昨两日集场，妥市如后：(北集)前日晚市德记批吉豆一二七〇石、五.三〇；合义批吉豆三

1933年10月11日《大公报》公布的《杂粮市况》涉及丁字沽勤盛兴粮店

〇〇石、五.三〇；裕顺德批吉豆五二〇石、五.三〇；孚大批吉豆一八〇石、五.五三；公兴批吉豆二四〇石、五.五三；景生批元豆四〇〇石、五.二〇；孚大批白小豆二五〇石、五.一〇；天祥裕批红小豆一〇〇石、六.二五；公记批红小豆一九〇石、六.二〇，又一八〇石、六.二〇；源丰厚批白合豆九〇石、五.〇〇；油公记批白麻一七〇石、九.五二；公记批芒大麦一〇〇石、四.六〇；勤盛兴(该店位于丁字沽)批红粮四〇石、三.四〇；福星批白麦二〇〇石、六.六〇；寿丰批白麦四〇石、六.四〇。昨日景生批元豆六〇石、四.九〇；德义成批元小米四〇石、六.八〇；杨记批合豆一八〇石、四.四五；公升批大米五〇石、一〇.五〇，元小米四〇石、七.〇〇，白麻三〇石、八.七〇，白玉米三〇石、四.一三。(西集)福星批白麦七〇〇石、六.七〇。

1933年4月15日《大公报》第7版《河北省粮食产销调查之一》：(略)小米：德平、宁津、上海、乐陵。黑豆：海丰、武定、沾化、利津、兴济、杨柳青、丁字沽。玉米：宁津、德平、乐陵。芝麻：吴桥、宁

津、乐陵、商河、景县、阜城。麦子：德平、商河、乐陵、宁津、景县、阜城。吉豆：吴桥、德平、商河、宁津、景县、阜城。红粮：宁津、商河、德平。上述各种粮食之输入数量，以吉豆为最多。每年总计约三万余石，其中以自景县输入者为最多，约一万五千余石。由阜城输入者，约五千余石为次多。黑豆输入者亦不少，年约二万六千余石，以利津运来者较多，约七千余石。次如兴济、杨柳青、丁字沽之处运来总量，年约万余石。麦子由各地输入者年约一万六千余石。由景县运来者较多，约六千余石。次如阜城约二千余石。芝麻由各地输入者年约一万五千余石，其中以由景县阜城运来者较多，每年共约七千余石。玉米每年输入一万余石，以由宁津运来者较多，约五千余石。由乐陵或德平运来者，各约有二三千石之数。小米以由宁津输入者最多，约三千石。红粮则以由德平及宁津输入者较多，各约二千石之数。棉花虽为本地之重要出产，然亦有由阜城东光景县运来者，每年共约四五百万斤，又多转运于他埠。次之如豆油、香油、花生油等，由他地输入者数量亦甚大。（略）

1935年1月11日《大公报》第7版《杂粮市鹄立》：诸粮市况，依然鹄立，芝麻北平客略有进胃，兼有存主吸收，吉豆广帮有销进，津存积不厚，人情愈趋坚硬，粗粮刻无销路，故无成交，但亦不看甚回落耳。公升批盛兴成大米三十石，十三元三。义丰德批余生堂大米三十石，十三元七角五分。德兴成批祥记（该店位于丁字沽）老小米一百二十石，七元。公兴批俊元永吉豆五十一石，七元八角。

1935年5月20日《大公报》第7版《杂粮市况》：昨日本市河坝杂粮市况：妥山西元豆三百包，三元一八；二百包，三元二二。张家口小粒元豆六十包，三元三八。北平玉米一千一百包，三元四；四百包，三元四五；二百包，三元四八。康庄玉米二百包，三元三八；二

> 雜糧市況
> 昨日本市河壩雜糧市況、安山西元豆三百包、三元一八、二百包、三元二一、張家口小粒元豆六十包、三元三八、北平玉米一千一百包、三元四五、三元四、四百包、三元三八、二百包、三元四（北集）顺記批元玉米三百石、四元六角、裕丰批元玉米一百石、四元八角、德興成批裕記花蔴七十石、九元三、恒茂隆批白藏六十石、九元一、公興批元玉米五百一十石、四元六角、五、四元八角、

1935年5月20日《大公报》涉及丁字沽恒茂隆粮店的报道

百包,三元四。(北集)顺记批元玉米三百石,四元六角。裕丰批元玉米一百石,四元八角。德兴成批裕记花麻七十石,九元三。恒茂隆（该店位于丁字沽）批白麻六十石,九元一。公兴批元玉米五百一十石,四元六角五、四元八角。

1935年5月27日《大公报》第7版《杂粮市况》:(西北集)公升批大米五十石,十一元六五;丰泰恒批大米五十石,十一元八;庆发顺批元玉米二百六十石,四元八二,又百石四元七二;恒茂隆（该店位于丁字沽）批吉豆百石,六元八;万顺成批白合豆三百三十石,四元八二。

1946年2月6日《益世报》刊《天津粮油市场之崩溃》:天津市虽系华北商业之枢纽,但各业交易俱无一定之交易场所。苟有交易时,胥由各业商号自行派遣营业员前往各商家自行接洽交易,或委托经纪人居中介绍。故各业营业时颇感不便,惟粮业则有中心交易市场,津市粮业市场,约可别为面粉,杂粮,大米等三项。面粉市场原设于旧法租界万国桥畔之河坝,故称河坝市场。杂粮市场则有河坝、西北集斗店及丁字沽等市场。津市面粉市场之面粉,以美澳产

品为大宗,华中及津市产品次之。杂粮市场之杂粮,其来源为西、御两河流域,东北、津东及察绥等地。凡西、御两河运津之货,多卸存于西北集斗店。东北、津东等地运津之品多属于河坝,自日寇控制河运后,西北集运到之货渐次减少,而日寇为将华北重要物资运往伪满,由伪满运津大量杂粮,致河坝市场集中之杂粮反增多于西北集。斗店在杂粮市场上之地位乃较河坝稍有逊色。并以西北集地处偏僻,距离市中心较远。运输又不甚便捷,营业因而微感清淡,并以客商及囤户之集中区域,为河东及旧英法租界一带,故粮商俱设店址于河东及旧法租界附近。丁字沽市场,则以远在市郊,原不甚被粮商重视,嗣又以敌伪爪牙勒索多端,大都不敢前往活动。近二三年,以市内买卖更感维艰,丁字沽市场,渐被人重视。津市杂粮市场,虽有斗店、河坝、丁字沽等处,在"七七(事变)"以前,以斗店为最活跃。民国二十八九年后,则以河坝市场为较开展,河坝市场之杂粮交易,遂驾西北集斗店而上。及至民国三十一年夏,敌伪宣布物资紧急对策,粮业不免受其威胁,幸本年存底尚丰,秋收亦较良好,市价提涨犹不甚烈。次年夏初,敌伪又宣布粮食统制条例,各地存粮因而不能输津,粮商复虑敌伪之检举,而敌伪又将粮商存底封锁。同时,日寇对于东北及察绥产品先后禁止输津,津市粮商自是陷于崩溃一途。(《〈益世报〉天津资料点校汇编(三)》第520页)

1946年2月20日《益世报》刊《市民叫苦声中粮食议价提高》:津市食粮问题,愈趋严重,昨(十九日)本市各处玉米面每斤价格高涨达伪币五百四五十元,而尚不易购到,一般市民莫不叫苦,疾首蹙额。粮商方面,连日推派代表向社会局请求变更上次议行之食粮价格,亦急不暇待。据称各地食粮价格均高于津市,若不准予变更,恐外地粮客裹足不前,则本市将有粮荒之虞,词多夸大,社会局方面以事关全市百八十万市民之生活,多方核议。昨(十九日)晨并由主管科科长张保福亲赴丁字沽等处粮食市场调查,批发与零售粮商之间成交极少。迫不得已,昨(十九日)已准将议价变更,即于当日实行,此次新议定价格,规定高稻米每市斤三百零九元,高小麦粉二百六十八元,次小麦粉二百六十三元,高玉米面一百零五元,白玉米面一百零二元,高小米一百四十元,次小米一百二十几元,吉豆一百四十三元,高粱(梁)七十四元,元豆九十六元。此项价格较旧价均增加甚多,计玉米面每斤增法币二十余元,稻米增百余元,民生益感艰苦。据社会局方面调查,近日多有商店住户大量购买小麦玉米囤存者。此种情形,最易促成粮价高涨及粮荒之危险现象,该局除派员调查取缔外,并请警察局协助通令所属查禁云。(《〈益世报〉天津资料点校汇编(三)》第525页)

1946年2月21日《益世报》刊《议定价格并无效果 津市粮价昨复狂涨》：津市粮价自前日经官商双方议定增加变更实行后,乃昨(二十日)各种粮价复连次狂涨。本市丁字沽、锦泰栈、白庙、四马路、南门外等处,粮食集散市场,多超过议定价格,小麦超过伪币四五万元,玉米超过万余元不等。各斗店客商,为图高利,多将货运往各市场照黑价出售,不愿在店内遵守议价成交,此种趋势,影响民食至巨。各粮业代表孙冰如、张紫忱等于昨日下午赴社会局请示办法,并面谒张市长报告一切,请施紧急措置,否则不堪设想。张市长据报,除面谕各粮商务须遵守议价,共济危局外,并立即分别电令社会、警察二局,于今(二十一日)起会同市府视察室,派员分赴各市场监督售卖。如有违反议价情事,决从重惩处并没收货物云。(《〈益世报〉天津资料点校汇编(三)》第525页)

1946年2月25日《大公报》第3版《粮价每日挂牌 当局昨召

1946年2月25日《大公报》刊发的《粮价每日挂牌》一文涉及丁字沽

粮商代表议决 每日由粮商议定合理价格》:【中央社本市讯**】**社会局及田粮管理处,昨日下午六时在市府召集粮商批发业董晓轩、斗店业王玉衡、零售业张子臣,开粮价讨论会。张市长亦出席,听取粮商意见,并勉粮商明大义,勿求暴利,应顾及民食。讨论达二小时,对本市粮价问题议决五项办法,深望粮商各业一体遵行:㈠自二十五日起,由批发业、斗店业、零售业各派一人,组织粮价牌价小组,每日由斗店业及零售业挂牌,标示批发价格及零售价格。市面粮食交易必须照牌价,违反者即由各该业同业公会及市民检举,请求政府惩处。旧存食粮,完全照牌价出售。㈡牌价由三业负责人于每日晚间,参照来源粮价加上合法利润,每日挂牌公布。或增价,或减价,完全照来源成本决定。㈢今后粮食正当交易系统,为批发业,斗店业,转售零售业,再由零售业售与市民,零售业每日必须有粮应市。㈣由田赋食粮管理处贷款粮商,集体采运,畅旺粮源。㈤南门外及丁字沽各粮栈之粮食,由批发粮业斗店业照明日牌价主持交易,转售零售粮业各铺号,供给市民日常需要。又讯:由杨柳青来津粮船二十只,每船载来粮食四百石,闻将有更多粮船陆续来津。

1946年2月27日《益世报》刊《粮食牌价施行》:本市社会局及河北省田赋食粮管理处为平抑粮价,特规定粮价挂牌办法。昨日牌价经粮商批发业零售业斗店业三公会主持制定公布,通知各零售商遵行。其价格如次:(单位一市斤)面粉,三四八元。玉米面,一五六元。稻米,四二〇元。白玉米面,一五二元。吉豆,二七二元。小米,二六六元。据公会负责人称:每日牌价均由三公会按照来源粮价参以合理利润而制定,故粮商遵行尚无困难,因此输入亦可踊跃,预料今后粮价定可渐趋低落云。又:公会方面为监督商贩恪遵牌价起见,拟在丁字沽、南门外等食粮市场设立办事处以便指导。

(《〈益世报〉天津资料点校汇编(三)》第527页)

1946年5月26日《益世报》刊《天津粮荒严重吗?》:(略)就现时情形而论,天津粮食今后是否更将恐慌,若就吾人之观察,天津粮食问题,在本年年底以前,不致过于严重。盖以天津商民在近月来,大都有相当之购藏,按普通商号而论,俱可维持三个月之需要,一般住户亦能维持一二个月之消耗,仅少数贫户亟待接济。倘就现时各地来源而言,固不足以供给全市商民之需要,若接济贫户及商民之合理抵补,尚不致感觉困难。并以麦秋即届,本年麦收虽不丰稔,但麦收后,各地将有若干新麦运津,再加以河坝、丁字沽及斗店旧有之存底,最低亦可维持三个月之需要。若粮商去秋批订之外粉运抵天津后,其于天津粮食存底不无若干之助力,故天津粮食在二三个月内,绝不致发生甚大之恐慌。惟可虑者,市价之上升而已。天津粮食既能维持二三个月以上,则二三个月以后,大秋又届。本年春耕虽不乐观,但秋收以后,丰收区域之粮食,当亦有若干运津,二三个月之需要,不致不能维持。吾人谓天津粮食,在本年年前不致发生严重情势者,即在于此。(略)(《〈益世报〉天津资料点校汇编(三)》第641页)

1948年9月30日《大公报》第5版《李汉元局长谈粮食管制决加强 勒令粮商日供玉米千五百包 采购杂粮者已二百三十余家》:【本报讯】为解除杂粮供应的恐慌,警察局李汉元局长昨天上午八时,与社会局粮食科长张保福,粮食业公会邹馨泉、董晓轩等同到九区小王庄、大红桥、丁字沽等粮食市场巡视,并召集粮商训话,希望他们共体时艰,协力解决目前杂粮供应的困难。据李氏对记者谈称:二十九日杂粮成交共六百多包,三十日起,将由社警两局勒令粮商,每日至少供应磨房业棒子一千五百包。磨房业磨成的棒子面必须全部给粮店零售。当局决心强制粮商按八一九限价售粮,是解决目前市上杂粮恐慌的必要措施。为疏导粮源,政府同时鼓励粮商向市外购粮,并保证将来不叫粮商赔本。目前杂粮不好买的现象只是暂时的,为了要市民不起心理恐慌,这几天的管制就必须加强。

1948年10月22日《大公报》第5版《市内外以布易粮 当局掌握布疋共有一万多件交换比例不超过八一九标准》:【本报讯】津市长杜建时非常注意以布易粮的事情,这次离津前曾命令社会局赶快进行。社会局昨天下午召集了天津市粮布交换小组会议,确定了几大原则,决定在一星期后就进行交换。交换小组由下列各单位组成:参议会、警察局、物资管制处、粮业公会、七区棉纺织业公会、社会局、纱布业公会、民食调配处。用以交换粮食的是前次大检查所查出的业外人囤积的布疋,据社会局张主任秘书说,政府手中掌握的布疋共有一万多件,交换的对象为稻谷、大米、玉米、小米、红粮、小麦及其他粮食。交换的地点设市内市外各处:㊀市内在东站、北营门、西营门、小王庄、丁字沽、南门外、宜兴埠、贾家沽道、东楼;㊁市外在通县、廊坊、杨村、胜芳、涿县、静海、固安。交换的办法是委托妥实粮商在上述地点代办,交换比例由本小组参酌实际情形,核定以不超过八一九标准为原则。交换小组下设交换、储运、事务、调查等四股,各股限二日内商定内部业务,下礼拜三就开始交换。

1948年12月30日《大公报》第2版《天津市丁字沽瑞隆祥新记粮栈郑重声明》:查敝栈代客所存各种食粮,值此非常时期,无法代存,请存户即日前来提清,否则损失敝栈概不负责。

灾 情

1875年5月7日《申报》第4页《光绪元年三月十九日京报全录》:(略)大学士直隶总督一等伯臣李鸿章跪奏:为岁修果渠村坝埽等工撙节,估计循例动项挑修,恭折仰祈圣鉴事。窃照通判境内温榆河上游果渠村一带,自开挖新河建筑堤埝以来,漕粮船只均可直抵石坝,所有石坝流水沟等处,每年挑淤工费悉行节省。惟该村当山水之冲,堤身河底每易汕刷淤垫,迭经择要修浚,奏报在案。兹据通录道英良详称,据代理漕运通判原振钧将光绪元年果渠村河工勘估详报委员会勘,缘上年汛内大雨时行,河水盛涨,各日极其危险,设法防护,幸保无虞,堤身河底多被刷垫,应择要修浚。会勘得大坝旧龙门迤东边埽二段,长二十五丈;龙门迤西埽二段,凑长九丈;又接西边埽一段,长十四丈;又接西边埽一段,长七丈;裹头边埽一段,长七丈;裹头接西边埽一段,长十四丈。以上各埽均蛰陷卑矮,应分别加高培厚拆修。又汛房东土堤一段,长一百八十丈,单薄残缺,应帮宽培高。及桥口淤有沙滩一段,逼陷直汕埽根,须挑挖深通该道。亲诣覆勘委系应办要工,遵照部议减半章程,估计共需例价银一千四百八十四两七钱一厘。请照案拨给实银,开单请奏。前来臣覆加查核,均系岁修必不可缓之工。估需银数核与减半,章程相符,其一半票钞应照该工岁修核准之案,拨给一半寔银;仍在道库丁字沽税银,并河滩地租项下发给。责成通永道督率该厅认真办理,务于大汛以并照估如式赶修完竣,报候验收。倘有草率偷减,即行参赔。理合恭折具奏并缮清单,敬呈御览,伏乞皇上圣鉴,敕可知照。谨奏。军机大臣奉旨,该部知道单并发,钦此。(略)

1881年6月20日《申报》第4页《光绪七年五月十二日京报全录》:(略)岁修奏报在案,兹据通永道李培祜详称,据署漕运通判李昌第将光绪七年果渠村应修各工估报委员择要会勘,边埽五段西土提一道,或坝根空虚,或残缺卑矮,应分别加培拆修。又大坝前沙滩一段逼流直趋埽根,须挑挖深通,俾河流须轨。该道屡勘无异,估需银一千四百九十三两九钱九分四厘,开单请奏。前来臣查该工历办章程,每银千两折给实银七百五十两,今据估报需银一千四百九十三两九钱九分四厘,应折给实银一千一百二十两四钱五分五厘,仍在道库丁字沽税银并滩地租项下动支。责成通永道督率该厅认真办理,务于大汛以前照估如式,赶修完竣,报候验收。倘有草率偷减,即行参赔。理合恭折具陈并缮清单,敬呈御览。伏乞皇太后、皇上圣鉴,勅部知照。谨奏。军机大臣奉旨,该部知道单并发,钦此(略)。

1886年8月8日《申报》第2页《天津近事》:(略)前月二十八日,密雨狂飞,宛若银河倒泻,河流盛涨,北运河水势尤高,西沽与丁字沽交界之区,水与堤平,居民急筑埝以防,始免其鱼之叹。大清河边十里铺决口,数丈水流灌注平原,庐墓田园冲没不少。(略)

1887年5月18日《申报》第10页《光绪十三年四月十八日京报全录》:(略)大学士直隶

1886年8月8日《申报》在《天津近事》中提到丁字沽一带的水势(局部)

总督一等伯臣李鸿章跪奏:为温榆河果渠村边埽淤滩等工循例,估计动项修浚,恭折仰祈圣鉴事。窃照通州境内温榆河上游果渠村坝埽,关系漕运,历经岁修奏报在案。兹据通永道许钤身详称,据漕运通判李占春将光绪十三年果渠村应修各工择要估报委员,通州理事通判常荣会勘边埽大坝,或蛰陷过甚,或残缺卑矮,应分别拆修加培。又渡口西淤有沙滩一段逼溜直趋埽根,须挑挖深通,俾河流顺轨。该道覆勘无异,估需银一千四百八十一两七钱四分一厘,开单请奏。前来臣查该工历办章程,每银千两折给实银七百五十两。今据估报需银一千四百八十一两七钱四分一厘,应折给实银一千一百一十一两三钱五厘,仍在道库丁字沽税银并滩地租项下动支,责成通永道督率该厅认真办理。务于大汛以前照估如式赶修完竣,报候验收。倘有草率偷减即行参

赔。理合恭折具陈并缮清单敬呈御览。伏乞皇太后、皇上圣鉴,敕部知照。谨奏。奉朱批,该部知道单并发,钦此。(略)

1892年4月12日《申报》第4页《光绪十八年三月初六京报全录》:(略)大学士直隶总督一等伯臣李鸿章跪奏:为通州果渠村坝埽估修情形,恭折仰祈圣鉴。事窃查通州境内温榆河上游果渠村坝埽,关系漕运,历经岁修,奏报在案。兹据通永道杨宗濂详称,据漕运通判李占春将光绪十八年果渠村应修各工择要估报,复委通州理事通判常荣会勘边,埽六段内一段坝根空虚,应即拆修,其余五段均须加培。又渡口西游有沙滩一段逼溜直趋埽根,阻碍河流,须挑挖深通,方期顺轨。该道覆勘无异,估需银一千四百八十一两七钱四分一厘。开单请奏。前来臣查该工历办章程,每银千两者折给实银七百五十两,今据估报需银一千四百八十一两七钱四分一厘,应折给实银一千一百一十一两三钱五厘,仍在道库丁字沽税银并滩地租项下动支,由通永道督率该厅认真办理。务于大汛以前照估如式赶修完竣,报候验收。理合专折具陈并缮清单敬呈御览。伏乞皇上圣鉴,敕部知照,谨奏。奉朱批,该部知道单并发,钦此。(略)

1892年7月24日《申报》第2页《北地大水》:浑河水涨,杨柳青后河漫口,民叹其鱼业。经列报,迄今豫河水势又复继长增高,析津城北之丁字沽水已漫堤而过,城西南之线河庄,西北之马家口,亦已溃决泛滥横流,附近村庄悉成泽国。更有小西庄二十余户被水冲没无一存者。居民奔避不遑,大半死于洪波巨浸之中,呜呼惨矣。海河于上月二十三日长水六尺,廿四日又长尺余,现在水已平槽。河东坨地深恐飘没盐包,连夜集夫打垫。河东以及河北一带街道,水泛间有没胫者。紫竹林水师营务处之旁亦被水浸没,河旁摆渡船以水势汹涌,大半停桡以待九河船只。上水则牵挽维艰,下水则如弩箭离弦,一发而不可遏,倘把握不牢便至失事。浮家泛宅者流,均有戒心。市贾居奇垄断,自廿四日起,玉面每斤抬价二文,说者谓今年之水似较前年尤为湍急,此系津沽访事人所述。又接北通州信云,上月初十日夜,大雨倾盆,山水暴发,运河之水陡涨丈许,东西南北,一望汪洋,渺无津岸。至十二日城南浬仁泗下小圣庙,圩堤被水冲溃,水由南下直入香河、武清、宝坻等县。此后时雨时晴,水亦随升随落。十八日午后,浓云密布,急雨狂飞,檐溜如绳,迄未稍止。历四昼夜山水自北而来,蓦坡越涧,有高屋建瓴之势。城北近河之双阜头、阜河、娄子庄、马庄、范庄、焦庄、小临清、里桥、平家疃、邓家窑、牛作坊、西流坟、下关、贾庄、岳庄等处,被水冲没或屋荡如舟,蛙生于灶,或人畜禾麦一洗而空。夜间风雨声、水溜声、妇孺呼救声,遥闻数里,令人不忍侧耳。北门外验米长堤被水漫越进大光楼至石坝署门前,南北堆米号房、浙江外局厅室、小圣庙大率在水中央洼下之处,甚有没及门楣者。载米剥船散置高阜以避急溜。妇孺乘舟远避,十室九空,男子不去者架木为巢,宿露餐风,凄凉万状。东门瓮洞水深数尺,扎筏以渡行人,道宪杨观察亲诣平家疃督饬员弁夫役抢护堤工,幸保无虞。沿河圩堤虽有夫役,抢护,均岌岌可危。城南乔庄长堤、潨县大堤,城东南吕叙大堤,

1892年7月24日《申报》在《北地大水》中有关丁字沽的报道(局部)

均相继决口，水入绛杆河，淹没数十村落，复由南流入香河、武清、宝坻等县。居民携男挈女，纷纷逃避，荡析流离，有非郑监门所能摹绘者。今春麦秋颗粒无收，继以蝗灾尚未殄灭而山水又汩汩其来，小民何事遭此巨祲？安得呼苍天而一叩之！

1892年7月26日《申报》第1页《论北地水灾》：时当初伏，炎熇逼人，余适股疮牙疼不能出门，闭户垂帘，时坐时卧，焚香鼓琴，以消长昼。门外有唤卖绿儿瓜者，问其价，昂。甚问何以昂？则曰：天久不雨，瓜将枯死，焉得不昂？且瓜之为物，雨水多，则生者众而味淡；亢旱久，则其生不繁而其味甘。试尝之，当知吾言之不谬也。遂解杖头钱购数枚，与儿辈剖而尝之，并遍犒佣仆，味果甚甘。正在优游自得之际，雯儿问曰：天时南北，何以相异至于此极耶？余曰：以何言之？雯儿曰：顷阅报见通州天津皆患大水，而南边则望雨甚殷，彼苍苍者曷不稍稍分北地之雨水以润南田，不亦两全其美乎！余笑曰：尔言何稚也！夫古书所载，谓共工氏头触不周山天柱，折地维缺，天倾西北，地陷东南，以故西北多山，东南多水。其言荒诞固不足信，然西北多山东南多水则确乎其不可易。惟多山，故尝虑旱灾；惟多水，故时防潦患。然而同一地，尧时七年之水，汤时九年之旱，其地相去不甚相远。说者以为天为之，而余独以为地为之也。禹治九河，所

1892年7月26日《申报》刊发的《北地大水》连续报道（局部）

以分黄河之势而使之不致横溢,得以平稳入海,由是而水患以弭。由尧而至汤,屈指不过五百年,彼时汤都亳邑,即今河南,地在禹贡豫州境内,与尧都安邑在今山西,地在禹贡冀州境内。相去仅千数百里,而先之患水,忽而患旱。桑林之祷,虽幸而获应。而其所以致旱者,则禹绩渐淹故也。冀州三面距河:兖河之西,雍河之东,豫河之北。河水由冀而至豫,其势顺由豫而至冀,其势逆禹之导河,首固帝都因势利导,必由北而使之南,而导河积石至于龙门南至于华阴东,至于底柱又东至于孟津,由南而即折于东至于北,过洚水至于大陆又北播为九河,同为逆河入于海,则自东而折于北,其入海之道乃在北而不在南,且河流南少而北多入海之地,名曰:逆河,则其势之逆顺可知也。河水北流则适出豫州相背而驰,而豫州境内可无河患矣。然而商之先偶罹旱灾而商之后又屡遭水患,商室五迁皆为河患所迫,意者禹之治水必不至于顾北而失南。沿至夏末商兴,其法渐失致成旱患,汤有天下必仍循禹之旧迹而修复之,迨传之后世又变而为水患。盖水由北而南其势固顺也。自汉兴以来,筑宣房塞,瓠子惟知以堤堰为防河之策,历数年而不变,南下之势遏而不前,则河势又折而至于北,南边之堤埝愈久愈多,愈筑愈高,将转使东南高于西北,故北边水患近年时有所闻。此次豫河水势继长增高,丁字沽已漫堤而过,西南西北各村庄已泛滥横流,尽成泽国。小西庄二十余户无一存者,居民奔避不遑,大半溺死于水。海河于上月十三日长水六尺,廿四日又长尺余,水已平槽。河东以及河北街上水且没胫,而通州则于上月初十夜大雨倾盆,山水骤发,运河之水陡长丈许。至十二日城南浥江泗下小圣庙圩堤被水冲溃,水由南下直入香河、武清、宝坻等县。十八日以后大雨历四昼夜,山水自北而来,有高屋建瓴之势。城北近河之处大小村庄被水冲没,人畜禾麦一洗而空，北门外仓宪验米之长堤水越而过大光楼至石坝署门前，南北堆米号房、浙江外局厅室、小圣庙皆宛在水中洼下之处，有没及门楣者。幸而通永道杨艺芳亲诣平家疃督饬员弁夫役抢护堤工，得保无恙。而近河堤圩均岌岌可危。城南之乔庄长堤、潮县大堤，东南之吕叙大堤，皆相继溃决。水入绛悻河，淹没数十村，通津两处水患之急至于如此。此时即有起而设法者，恐亦不能一时并举。向者各赈所竭力筹款，开办小清河工程以为一劳永逸之计，恐不能更分余力以救通津，此则地势为之，而天时特会逢其适耳。然而天与地所致之灾，必赖人事以挽救之。人固参天地而成三才者也，神禹往矣，谁与能缵禹之绪者乎？语至此，顿忘酷暑，扇可不挥，适琴师祝听桐先生至，曰吹绉一池春水，于卿底事曷不移连成之情乎？遂相与安弦操缦，为水仙之操，夜分始散。

1892年7月30日《申报》第2页《北地大水续述》：津郡浑河水长驯及，豫河水已平槽，业已纪诸前报。兹悉京西大雨时行西山一带，洪水暴发以致浑河、豫河、北河以及上下西河、南北运河、永定河同时并涨，堤防岌岌可危。水势泛滥西郊数十里，几等陆沉乘船至杨柳青，尽可不由河道，屋角林端，时闻棹声，欸乃沿途水势浅者五六尺，深者七八尺。青苗均被浸没，其最深之处坟茔树木仅露枝头，至青苗各麻虽不畏水淹，惟既经没顶，便难拔取，刻下收麻有日，而大水突如其来，恐不免霉烂于水中也。即就津城而论，河北大街已成一片汪洋，铺户家家打埝，波及节署，水已盈门。天桥南北铺搭跳板尚可往来，至小洋货街竟至难通步履。其余新浮桥、狮子林、侯家后、铁桥头、风神庙、盐关（官）厅、季家楼节节皆水。此系六月二十六、二十七日情形也。新任天河兵补道，民瘼关心。于二十四日甫报水灾，立即督率厅县会同筹赈局各员，分赴各处查勘堤防，低得培之,渗者补之,以期巩固。露冕宣猷,不遑启处。下堤村堡于去岁已联保甲,所有甲长即率民夫,将堤培厚以免阳侯肆虐。然水之来也,其势迅速,丁字沽、赵家场、杨家庄、马家口、土城、灰堆、白唐(塘)口等村落,业经漫溢,子女丁男,殊有荡析流离之叹。廿五日有杨家庄等三十余村乡民计百余人投县,津灾带水拖泥,情形凄惨。天津县李搏霄大令允为具详,上宪吁乞恩施天津镇。吴抡峰军门闻报后,轻舆减从勘视灾区,立饬中军转饬左营刘守戎等,督带三营兵丁襄助民夫转运土石,以防要隘。现在河流浩瀚而附城堤岸尚得保全者,皆赖官宪兵民保护之力也。海河以下水虽盛涨,沙亦随之,而高轮船行驶水上不见河湾,水下又为沙阻,以致畏葸不前。二十五日,顺和轮船在塘沽起卸货物,有宁波水手一人植立河旁带缆不期,不势汹涌卷入河中,登时毙命。温州轮船于二十四日入津,于傍晚时掉头,因波涛澎湃以致锚链恚然中断,舵盘旋转如飞,伤毙水手二人;又费九牛二虎之力,始得转危为安。津海新关税务司德璀璘君有鉴于此,特饬轮船不必入津,暂在塘沽停泊,俟水平沙退,然后照常行驶。此系津沽访事人所述本馆。恭读电传上谕,知永定河业已漫口,亿万生灵难免其鱼之叹,北望云津,能无惆怅?

1892 年 8 月 1 日《申报》第 1 页《叩募天津水灾急振启》:申报馆协赈所同人拜手。嗟乎!天灾流行国家代有,然亦何至如今日之惨且酷哉!溯自晋豫旱荒而后历十五六载,南而闽粤,北迄燕辽,或水或旱或蝗孽或兵戈,数千里之间几于道殣相望。其幸而未死者,亦皆析骸作爨,易子为粮,皮骨仅存,气如丝弱,朝不保暮,几于与鬼为邻。嗟乎!死者已矣,忍令此生者荡析流离竟至如此。其极哉!乃连日敝馆屡接访事人告灾之信,初谓天津浑河水涨,杨柳青后河漫溢,水行地上,民汊其鱼断;而豫河又继长增高,致津城北郊丁字沽亦已漫堤而过,西南郊线河庄,西北郊马家口,皆登时溃决,横流泛滥,附近村庄尽成泽。或更有小西庄,二十余户被水冲没,无一存者,居民东奔西避,大半死于洪波巨浪之中。回溯上月二十三日,海河已涨六尺,二十四日又涨尺余,目今水已平槽。河东坨地深恐盐包飘失,连夜集夫打垫,河东河北等处水皆获胫。紫竹林亦被浸灌。此天津来信所述情形也。至通州来信则又云:六月初十夜,大雨倾盆,山水暴发,运河水陡涨丈余,一望汪洋,渺无津岸。十二日城南浬泗江下小圣庙圩堤被水冲决,水由南下直入香河、武清、宝坻等县。十八日午后又大雨,历四昼夜始止。山水又自北而来,大有高屋建瓴之势。城北近河之双阜头、阜河、娄子庄、马庄、范庄、焦庄、小临清、里桥、平家疃、邓家窑、牛作坊、西流坟、下关、贾庄、岳庄等处,屋宇坍倒,人畜禾麦一扫而空。每至夜间,惟闻风声、雨声、水声、呼救声、啼哭声,令人不忍侧耳。其强有力者或择树林深处,架木为巢,露宿风餐,奇惨万状,而老弱者更无论已屈计。今春二麦颗粒无收,入夏继以蝗蝻,哀此三农早已苦无可说,不料今又陡遭巨患。嗟乎!嗟乎!何天之虐我下民,必使靡有孑遗而后已哉!至初六日报简又载,京西大雨时行西山一带山洪暴发,以致浑河、豫河、北河以及上下西河、南北运河、永定河同时并涨,堤防岌岌可危。西郊数十里内几等陆沉共水浅处计漫起五六尺,深者七八尺,青苗均被浸没,霉烂不堪。且水之来势甚迅速,遂使丁字沽、杨家场、杨家庄、马家口、土城、灰堆、白唐(塘)口等村,立时泛溢,丁男子女九死一生。盖只略述情形而已,非一拂先生流民图所能描绘详尽矣。初八日报又载,天津玉面早已加价,现在红粮又加米麦继之。呜呼!奸侩豪商乘危龙(垄)断,只顾一己之获利,不忘万姓之啼饥,我恐灾民之不死于水者,亦将槁饿以亡。谁能排圄阖而叩九阍,向苍苍者痛哭陈诉乎！敝馆同人从诸君子后筹办振（赈）务已历数年，正思作将伯之呼。遍求海内仁人倾囊资助。适李傅相电致海上诸振（赈）所略谓顺直六月望后，大雨兼旬，邻省边外诸水奔注永定、南北运、大清、潞齐等河，多已漫溢。被灾各户冰田庐舍数百里一片汪洋，情形与十六年相似，极堪悯恻，亟应设法拯救。现拟奏乞圣恩，截漕抚恤。惟灾象颇重，需款甚巨，诸君子心存利济，祈速筹义振（赈），陆续解助并代恳闽粤江浙等款省各善士共济时艰，至深感盼噫，傅相之心力可谓瘁矣，傅相之眷念灾黎可谓无微不至矣，惟是南省历年筹振（赈），早已如罗雀掘鼠搜括一空。今兹而欲再请发棠，未免后难为继。然窃谓水灾较旱灾尤急，旱灾虽曰酷烈，犹是逐渐而来，人苟稍有室家尚不难转移他处。水灾则一朝猝发，即主泽洞怀襄尽有足不及移而已葬身鱼腹者，且无论其横流日久也。即使随涨随退而田庐舍亦已荡焉无存，虽有镃基何从耕作，虽有珠玉曷疗饥寒？兴言及斯，虽属铁石心肠，亦能不潸然泪下耶！伏望寰中善士海内仁人，于无可设法之中勉为设法随缘，乐助积少成多，金货千万，而无妨赤仄十百而亦足。如蒙慨掷，乞即前敝协振（赈）所随时解往灾区，俾垂毙之民得以回生有术，则不特饥民之幸，即敝馆同人亦当望云九叩，以表钦迟矣。《易》云，积善之家，必有余庆。《传》曰，救灾恤邻，行道有福。窃附斯义，以结善缘。是为启。

1894年3月29日《申报》第14页《光绪二十年二月十五日京报全录》：(略)大学士直隶总督一等伯臣李鸿章跪奏：为勘估温榆河果渠村岁修各工，恭折仰祈圣鉴事。窃通州境内温榆河上游果渠村坝埽关系漕运，历经岁修。兹据通永道张绍华详据，漕运通判李占春将光绪二十年果渠村岁修各工择要估拨复委通州理事，通判常荣会勘边埽七段并土堤一道，残缺卑矮，应分别拆修加填。又草桥西汛房迤北淤有沙滩二段逼溜直趋埽根，情形吃重，须将沙滩挑挖深通，俾河流顺轨。该道覆勘需银一千四百九十一两七钱一分四厘，开单请奏。前来臣查该工历办章程，每银千两折给实银七百五十两，今据估报需银一千四百九十一两七钱一分四厘，应折给实银一千一百十八两七钱八分五厘。仍在道库丁字沽税银并滩地租项下动支，由通永道督率该厅认真办理。务于大汛以前照估，如式赶修完竣，报候验收。理合照缮清单，敬呈御览，伏乞皇上圣鉴，敕部查照。谨奏。奉朱批，该部知道单并发，钦此。（略）

1897年3月29日《申报》第14页《光绪二十三年二月十四日京报全录》：降三级留任直隶总督臣王文韶跪奏：为勘估温榆河果渠村岁修各工，恭折仰祈圣鉴事。窃通州境温榆河上游果渠村坝埽关系漕运，历经岁修。兹据者通永道张莲芬，详据汛署漕运通判顾锡钧将光绪二十三年果渠村岁修各工择要估报，复委东路同知刘仲珹会勘，边埽六段残缺卑矮并有埽根空虚之处，应分别拆修加培。又龙门西草桥东淤滩二段逼溜直趋埽根，情形吃重，顷将沙滩挑挖深通，俾河流顺轨。该道覆勘需银一千四百九十三两五钱六分六厘，开单详请具奏。前来臣查该工历办章程，每银千两折给实银七百五十两，今据估报需银一千四百九十三两五钱六分六厘，应折给实银一千一百一十两七钱七分四厘，仍在通丁字沽粮税滩地租及市平项下动支，由通永道督率该厅认真办理。务于大汛以前照估，如式赶修完竣，报候验收。理合照缮清单，恭呈御览，伏乞皇上圣鉴，敕部知照。谨奏。奉朱批，该部知道单并发，钦此。

1907年9月1日《大公报》第3版（本埠）《传催防汛》：千里堤汛，刻因伏秋大汛，请由县署谕饬丁字沽及杨柳青镇等村，传催拨夫防汛。

光绪三十四年九月十三日(1908)：具禀：丁字沽村村正副宋鸿宾、王心甫、张永成，村董郑士锜、刘春田、宋湉，为灾黎困苦区别缕陈再叩仁宪详察，分赐赈济，实行救饥，而免遗憾事。窃职村地亩由立春起至芒种节后得雨，小民皆因春旱耕种甚晚，然晚种而收必晚矣。迨七月间北河水长（涨）两次，虽已平漕尚不为患，村民抢修子埝财力俱尽。讵料八月十二日忽然大雨至十五日，河水暴涨逐在唐家湾迄南冲有决口，不特田禾被淹且濒河近水之屋庐不无刷坏，彼时贫户种数亩之田者实有欲投河而废命，缘种时系借贷努力指望收成可以活生，与殷富地多者迥异而关系有轻重焉，是被灾贫户望赈孔殷，尤有请者鳏寡孤独之人，平常糊口依赖亲族，值此饥岁，茕独无依，性命难保矣。此四者穷民极苦望赈甚切，前经职等具禀报灾，蒙派委履勘适见大街堆摊禾稼然，惟种地较多者或有地高之处禾未尽没，且有力量雇工拣收。然类此者以本村地亩全数计之，不过仅收十分之二也。他若贫户或租三五亩，佃户分种十数亩地，愈少一被灾而苦愈甚矣。职等目睹灾黎与鳏寡孤独者极苦，不敢不披沥详陈仰。仁宪痌瘝在抱，欲实行拯救似须临时散赈逐户细察，职等愿随侍指引庶，不致有侥幸与遗漏者矣，为此叩乞。商务会诸议员代请：仁

1908 年 10 月 23 日《大公报》在《灾民待赈》中涉及丁字沽的报道（局部）

宪大人俯准派委查赈，分赐灾黎，哀此茕独，实为德公两便。

1908年10月23日《大公报》第3版（本埠）《灾民待赈》：今秋北河大水，津北各村报灾求赈者何可胜计。前者丁字沽村正副宋鸿宾等在赈抚局禀陈该村灾民困苦情形，业经局宪饬县查勘，尚未禀覆。昨闻该绅等又复禀请速赏赈款救此灾黎，毋使遍野飞鸿，哀鸣嗷嗷也。

1909年8月3日《大公报》第2版（本埠）《抢护河堤》：日来北运河水势陡涨，两岸禾稼淹没不少。昨十六日闻，有西沽、丁字沽处村正副率领村民夫役约数百余名，沿堤抢护以防冲决。

1912年8月13日《大公报》第3版《来函》（洪水泛滥之可危可悯）（数十村生命财产已荡尽）：今夏以来霪雨为患，以至各处报灾者纷至沓来。鄙等前往调查各灾区情形，实堪悯恻。查自旧历五月混河之水突涨，计淹丁平三村、双口、韩家墅及上下蒲口、屈家店、马厂、李家楼、桃花口、庞家嘴、董辛房、桃花寺、王秦庄、刘家园、王庄、马家庄、唐家湾、郭辛庄、丁字沽、北仓一带，淀北二十余村，田禾俱皆淹没。至六月初八夜，大水忽涨三尺，加以连日大雨，以至各村之房屋皆被冲毁，淹毙人口无算，每见未坍之屋聚集多人相对号泣。偶有高地一段，则卧蓬叠叠争居其间。然以无食无衣之故已死者十之二三，待死者十之五六，虽有壮者，亦将有转乎沟壑之概。历年江北水灾尚有树皮可食，此次北方之水灾，树皮亦不可得。呜呼！惨矣！伏乞我津各界热心诸大君子，以慈善为怀，速筹赈款，先泽妥人，亲诣灾区，切实赈放，庶使数十村灾民得受实惠于万一也。天津灾区代表钱宗昌、吕幼才等十五人仝启。

1917年8月8日《大公报》第6版（本埠新闻）《天津大水灾详记》：（略）吕队长报告水势。现在水上警察中队队长吕富文，为邑唐家湾及大红桥西两处决口,呈报总局查核文云:为呈明事,窃查津埠各河水势日见增涨,沿河各岸实深危险。于六号(日)上午十二钟,北运河水

1917年8月8日《大公报》在《天津大水灾》中涉及丁字沽的报道

冲刷,丁字沽上游之唐家湾,决口二丈余,灌入韩家墅一带。各村又七号(日)早四钟余,大红桥西大洼对过南岸被西河冲刷,决口三丈余,灌入洼内水势汹涌。现在各该处村民砍伐树木,用麻袋装土极力堵塞,未悉能否遏止狂澜。理合缮单呈请局长鉴核。河堤修竣之呈报:丁字沽等六村村正刘恩甲等,昨在天津河务局禀称:现在丁字沽一带河堤补修完竣,请派员查验等情,当由沈局长批示。禀悉候委令北运河下游工巡员前往查验覆夺,着即知照云。

1917年8月10日《大公报》第6版《姒县长呈报灾情》:天津县知事姒锡章昨呈报:西北乡水灾各村计开:屈家店、马厂、李楼、达子、新(辛)庄、王秦庄、刘家园、郭辛庄、上蒲口、下蒲口、西于庄。北乡王秦庄、韩家墅、双口村、桃花寺、董新店、吴家嘴、平安庄、前后丁庄、大红桥、庞家嘴、西沽、丁字沽、米堤村、大柳滩村、线河村、三河头、青光村、西堤村、插(岔)房子、赵家园、高家场、葛沽。以上共计三十三村业经省长查核办理矣。

1917年9月11日《大公报》第6版《北乡被灾调查表》:西乡各村被水灾之情形业详本报。兹将北乡各村被水之情形志下:丁字

1917年9月11日《大公报》《北乡被灾调查表》中涉及丁字沽的文字（局部）

沽村共六百四十户，冲倒民房十二间。唐家湾二十户，冲倒民房十五间。吴家嘴八十七户，冲倒民房二十四间。郭辛庄五十四户，冲房二十三间。小赵庄二十三户，冲房四间。桃花寺二百六十户，冲房十六间。辛庄一百三十户，冲房四间。下蒲口一百三十二户，冲房八间。庞嘴村二百三十二户、上蒲口四百十户，冲房四间。王秦庄一百六十四户，冲房三十九间。王家庄四百七十六户，冲房二间。刘园村一百七十三户，冲房十九间。小丁庄九十七户，冲房一间。董新房一百户，冲房二十二间。桃花口六十八户，冲房八间。屈淀村一百十九户，冲房七间。马厂村十六户，冲房六间。李家楼村三十户，冲房八间。

1917年11月15日《大公报》第6版（本埠新闻）《关于筹赈之种种》：（略）天津善堂联合会北乡调查员王品一、刘雨亭、陆小山、范子青、张汉亭、李焕章、徐懋岩、赵玉琪、聂连仲、孙辅臣、王秀山、王少清、黄云汉、王瑞孙，于阴历二十六日赴北乡一带调查灾民，当即分头调查达子、辛庄、屈院（店）、上蒲口、下蒲口、马厂、李楼、桃花口、庞嘴、王秦庄、小丁庄、小赵庄、董新庄、桃花寺、刘园、郭辛庄、吴嘴、王庄、唐家湾、丁家（字）沽等十九村，调查完毕按照极贫、次贫造册，不日即发红粮前往赈恤云。

1918年3月20日《大公报》第10版《小火扑灭》：丁字沽村东万兴米面铺，于十九日上午十一时余失慎，幸经人扑灭未及成灾云。

1920年8月20日《益世报》刊《天津又有飞蝗入境》：津邑五六月间发现蝗蝻，业经齐知事派员会同警区督饬民夫捕买兼施，一律肃清。日昨，县署接北乡达子、辛庄代表黄永丰报称，前有飞蝗自西南而来，如云雾蔽天，停落田地，致将民村及附近屈家店、李家楼、马厂、丁字沽等处枯槁之苗食尽。又西乡芦北口村长郑德信等报称，敝村西连青凝候村，南通小孙庄，此两县俱系静海县管辖之地，日前忽见蝗蝻由该两村之地内向敝村境内趴跳，其势汹涌，如水之流。虽经村民竭力捕治，奈愈捕愈多。不数日间，到敝村庄上。其蝻所过之处将禾苗食坏者居多云。(《〈益世报〉天津资料点校汇编(一)》第1287页)

1920年8月20日《大公报》第7版《发现蝗蝻》：丁字沽等村洼内发现蝗虫，当经警察厅呈奉省长指令，应即督饬官警召集各该村及邻近各村民夫，乘其羽翅未张，不分畛域，赶速上紧扑打，统限五日一律肃清以保田禾等情。昨经警察厅转饬四乡第四警察署遵照办理云。

1924年8月6日《大公报》第6版《本埠各河涨落之特讯》：(略)西沽

1920年8月20日《大公报》在《发现蝗蝻》报道中涉及丁字沽

村决口。西河水流汹涌，无法抵制。北河亦继增涨，西沽、西于庄中间之旧干河（即大清河原有横埝两道）。自此次水涨，两村人民，昼夜竭力防护，不料大雨一夜未止。日前（三日）八点余钟，从西沽桥口第一道横埝向外透水（因修埝时，预埋磁管一根），流至西于庄后第二道土埝，登时灌满。因水浪洪大，复将第二道横埝冲开，一直往丁字沽一带流去。霎时洼中一片汪拌。西沽、西于庄异常慌恐，赶紧鸣哨，再行继筑新埝，以防不虞云。（略）

◎天津电：据警厅确讯，静属黄家房地方子牙河水上灌、独流下灌、青镇平地深三四尺，水势贯冲，南运南岸因吃紧，特又加民马巡三十棱巡，防偷挖，西沽桥口及丁字沽各埝决口，淘入运东岸，及海漫堤当衡，势甚危。

◎天津电：今早白滩寺被水决两丈余，水向津埠竹林村流，被青镇东北筑埝二道挡住，青镇前决口，津浦路浸没，水深四五尺，京奉路黄村丰台间轨道亦被水漫，早车迟一小时强通过，……

1924年8月8日《申报》"国内专电"有关丁字沽的报道

1924年8月20日《大公报》在《防水消息一束》中涉及丁字沽的报道

1924年8月20日《大公报》第6版《防水消息一束》：（略）西沽村长佐，漠视水灾。自西河水冲开防堤，水势直冲西于庄家后时，西沽村长佐招集全村开紧急会议,建造防堤。村长祝介仁提议,命大家当时认捐,并募村内各大商号多多捐助,凑大洋一千元,彼愿包办修埝,定保无忧。经合村反对,后有公民某君提议,招工估价,故未议决如何预防。当水势几乎进村,该村长因此项工程未能包到手,故自图消堵,村民如何置之不理。幸有警署署员,请求丁字沽村大车数十辆,工人数百十名,建筑大道堤埝,始免水灾。想村长佐因包办阖村工程未能如愿竟出此卑劣手段,未免太无人心云。

1925年3月13日《大公报》第6版《今年河工需款之调查》:直隶河务局昨奉省长指令,核减本年各河估修春工特工应需工款,当即详细调查,缮具清折,呈复鉴核。兹探得该局奉令核减各河勘估春工,分别缓修应修,并估计银洋数目如下:计核减项下:(一)南运河核减工款洋八万六千七百二十一元八角五分一厘。(一)子牙河核减工款洋四万八百八十九元五厘。(一)大清河核减工款洋四万二千八十三元七角三分八厘三毫。(一)北运河下游核减工款洋二千元。应领项下:(一)南运河除核减外,共需工款洋十六万一千五十四元八角六分五厘。(一)子牙河除核减外,共需工款洋七万五千九百三十六元七角二分四厘。(一)大清河除核减外,共需工款洋七万八千一百五十五元五角一分三厘。(一)北运河下游,除核减外,共需工款洋二万六百六十四元四角七分二厘。又奉令核减各河勘估特工,分别缓修应修,估计银洋数目如下:计缓修项下:(一)南运河九宣闸以下,挑挖河淤,拟暂缓修。计洋七十五万一千四百三十四元。(一)大清河潴龙河裁湾挑淤各工,拟暂缓修。计洋二十四万九千八百八十一元六角五厘。(一)修筑永定河旧下口废堤,拟暂缓修。计洋五千一百五十元一角二分四厘。应修项下:(一)子牙河补修,天津县各淀堤旱口门,共需洋三百八十四元三角七分五厘。

(一)邵家园子补修灰坝,共需洋五万七千四百十一元五角三分。修理府河东安辛桥善马三闸,共需洋二万三千九百九十二元一角一分六厘。(一)修补新开河二道桥梁及丁字沽村旱桥,共需洋四千五百四十一元五角三分。(一)修理新开河大闸耳闸,共需洋五万六千二百九十四元九角四分九厘。(一)修筑院署前灰坝,共需洋九万二千七百九十四元六角五厘云。(未完)

1925年8月5日《申报》第10页尧日:《京津霪雨成灾尚无转危为安之希望》: 天津通信　直省前年旱灾,去夏水患,入秋又遭兵燹,人民流离困苦,凄惨万端。所幸冬腊雨雪调和,今夏麦秋丰登,粮价渐跌,人民方额手相庆,佥冀再降甘霖,则秋禾可卜大熟。不意自上月二十一日至二十九日,连降大雨九日,京津两埠稍低之街市,积水没膝;两地电话发生故障者,共达四千余号,虽加工日夜赶修,至今尚未恢复原状。京津长途电话,原有电线十六根,今只有两根电线可以通话。北仓运河西堤村一里许至二十二号汛房,永定河堤约二里余,因山洪暴发,均告决口,冲倒津保电线杆六根,交通已告断绝,附近数十村庄,已成泽国。津西三河头、东西堤头、青光、韩家墅、双口村、丁平三村、安光、六堡等四十余村镇,因永定河水势泛滥,泻入武清县汊沽港,漫堤四溢,以致平地水深四五尺,田苗均被淹没,人畜荡析,损失约达一百万元以上。北运河西董新房、桃花寺、刘园、王秦庄、吴家嘴、郭辛庄、唐家湾等七村,于上月二十六晚,均因永定河水漫溢王秦庄堤埝灌淹七村,房屋田禾同遭淹没。又北运河二十二号旧决口被水突破,绕行至大清河官厅北道而东流,经过石家洼、穆家地一带,更流到静海县界赵家园地方而灌注子牙河,蜿蜒数十里一片汪洋,此两处损失若干,尚未据报,预计当已不赀。距津数里之邵公庄东头永安里前之南运河北岸,邵公庄西头佟家楼村均被水冲塌决口,当经各村人民拼命抢护,始行挡住。而西沽、丁字沽一带水与岸齐,势极危险,现在赴西沽大学之大道,已水深二尺,倘从此天晴,尚可转危为安。不料本月三两日,又复大雨如注,未来水患,殊属可虑。至于本埠南市一带,地势本极低洼,路政又复失修,在一个月前,由该处各房产公司聚资两万余元,会同警厅工程科鸠工将各街马路垫高一尺,两旁修有水沟,意谓今后可免泥渍之苦。乃经此次经旬大雨,各街积水二三尺深,依然不能实泄。旅津外人,恒拍照影片,称为奇观。据警厅调查报告,总计倒塌房屋一百五十六间,砸伤居民十八人,压死七人。去夏水灾,津埠独获幸免者,不能不归功于杨以德,故当杨氏地位动摇时,政府以杨有治水经验,拟畀以直隶河务局长,借作下台阶梯,卒未如愿。现在河务局长赵英汉去职,由李景林委派陈□如继任,陈本无河务经验与学识,就职后唯以撙节经费是务,李氏似亦知陈不甚可靠,除严令各道尹通饬各知事认真防止水患外,并训令津警厅,召集南市绅商会议,筹划根本改造南市市政,以期一劳永逸,无如此宗改造马路费,须在五十万元左右。绅商力不能及,而公家又一钱莫名,故已无观成之望矣。(八月二日)

1925年8月13日《大公报》第5版《丁字沽村民请发渠埝工料》:此次霪雨连绵,各河水势陡涨,颇觉危险。低洼之村庄,已成泽国。丁字沽一带河堤,经该处村民极力防堵,幸未遭淹。而工科等费,所耗亦不在少数。日前该村村长佐王恩发等,具呈直隶河务局,请拨给工料费等情。现闻河务局已令行北运河下游分局,迅往勘明,查核复夺矣云。

《河北省水文站名览》:丁字沽水文站,在北运河下游,位于天津市北郊区丁字沽,高程为大沽基面,测验项目有水位、流量、泥沙。1927年7月8日由前顺直水利委员会设置，到1928年3月31日止。（王春泽主编《河北省水文站名览》河北科学技术出版社2014年版 第十四章：天津市（原河北省）水文站网，第632页。）

1929年11月29日《益世报》刊《天津全县灾情平均收获四成 灾款六分》：（略）灾情：天津县政府呈，今将县属秋禾被水被蝗各村庄查勘情形，分别灾歉分数，理合开具清折，呈请鉴核，计开。（略）北乡：王秦庄、桃花口、王家庄、丁字沽、西沽。（《〈益世报〉天津资料点校汇编（二）》第1437页）

1930年7月17日《大公报》第4版《北运河之水》：连日阴雨，各河水势因之暴涨，各该河务当局对于防汛工作，均在着手进行。目下河防比较重要者，以北运河为最关切，而该河两岸堤防，又多残坏，沿河居民无不悚然心忧。北岸堤防比较坚固者，为西沽至丁字沽一段，像该段堤工，系以砖土修筑，且护以木桩。（略）

1937年1月7日《大公报》第6版《宜兴埠·丁字沽将各设粥厂 市府救济新市区灾民 限一星期内正式成立》：【本市消息】新市区宜兴埠、丁字沽等村，因去岁春汛放淤，贻误耕种，致农田收成甚歉，各村农民嗷嗷待哺。迭经呈请社会局设法救济，局方近与慈联会接洽，并呈请

1930年7月17日《大公报》刊发的《北运河之水》图文

市府拨给赈款,在宜兴埠、丁字沽两村,各设粥厂一处,以便贫民就食。兹蒙市府核准,令行社会局负责办理,局方昨派办事员姜望齐前往筹备,务于一星期内正式成立,开锅施放,限至下月二十日,与其他各粥厂,一律结束云。

1937年1月7日《大公报》有关宜兴埠、丁字沽开设粥厂的报道

1937年1月13日《益世报》刊《新市区贫民达万余人》:新市区丁字沽、宜兴埠、孙家庄各村因本年农田歉收,生活困窘,衣食两缺,特恳请市府救济,府方据呈转令社会局遵照刻。经该局派员调查完竣,计各村男女贫民,总数共达一万二千五百人,其中分最贫与次贫两种,最贫者,因衣食无者亟待救济。社局拟定于丁字沽、宜兴埠、孙家庄三处分设粥厂三处,惟恐缓不济急,现拟改变方针,本年暂缓设立粥厂,将所有赈粮赈款,改放急赈两次,俾资救急,昨已由局呈报市府核示云。(《〈益世报〉天津资料点校汇编(三)》第1478页)

1948年2月15日《大公报》第5版《利用解冻食粮 加强救济工作 设立难民招待所及贫民站 供给衣食住并将举办工赈》:【本报讯】社会局昨天召集慈善团体代表王瑞轩等开会,商讨设立难民招待所和贫民站的事情,这是遵照社会部的指示,用分得的解冻救济

粮食来加强本市的赈济工作。这批粮食是去年冻结在上海的行总北运物资的一部分,一共有一万吨,其中四千一百吨配给平、津两市和冀、察、绥、热各省,天津分到了三百五十吨。难民招待所和贫民站的救济对象是流亡难民、贫苦同胞、老弱残疾等非赖救济不能生活的人们,没有任何政治、宗教、信仰及地域的区别。凡得到收容的人,衣、食、住都由所里或站里供给,每人每天有小米一市斤,另有医务人员负责卫生和治疗工作,可能时还要举办简单的工振(赈)。难民招待所决设下列五处:㈠宜兴埠天主堂,㈡丁字沽,㈢王串场,㈣纪家庄天主堂,㈤贾家沽道(接近共区)。为便利难民和维护治安,所以都设在城防线以外,由天津县政府等主办,归警察局管理。贫民站大都设立在现有粥厂的地方,仍然委托各慈善团体负责主持,全市共有二十一处:㈠救世军,㈡大直沽轩帝庙一带,㈢李公楼公所,㈣崇善东社,㈤大悲院,㈥五马路,㈦黄卍字会,㈧落郊村,㈨西广开小学,㈩广仁堂,㈡南竹林村公所,㈢西沽天主堂,㈣西站屠宰场,㈤千福寺,㈥梁家嘴先遣公所、德善义济会,㈦红卍字会、城隍庙,㈧龙华会,㈨残废院,㈩西楼,㈤桃园村,㈧佟楼、五窑(吴家窑)一带。

1948年4月26日《益世报》刊《收容东北来津难民》:东北难民络绎来津,数月不可胜计,东车站已变成一幅流民图。社会局胡梦华局长,昨天特别到车站去看他们。事后对记者说:社会局所属,有五个难民收容所,尽量劝导他们去。目前只是房子不够,吃的尚无问题。社会局的难民收容所,在西车站有一个,已有难民二千八百人,闽侯路收容所五百人,丁字沽收容所专为宁河县难民,大毕庄收容所专收烟台难民。此外张辛庄新设立了一个收容所,专收容东北近日来的难民,预计可容一千人,现在已有六百。此外,正计划利用陈塘庄津浦路局的房子收容一部分难民。但是恐怕日后房子还成问题。胡局长希望东北及山东同乡会的负责人能出来帮些忙,因为社会局人手有限,总有照顾不到的地方。此外,最近到天津的东北难民,一部还要转往别处,有的有些钱,有的毫无办法,情形不同,也不能一概而论。(《〈益世报〉天津资料点校汇编(三)》第1456页)

1948年7月24日《益世报》刊《救济天津难民经合署拨款千亿》美经济合作总署天津办事处发言人称:经济合作总署将拨款一千亿购备小米及粗粮,以作救济津市一万余难民之用,救济期限为一个半月。此笔费用,系取自于平津沪穗及南京等地配售美国米面之收入,由南京社会部转拨津市,系经济合作总署全国难民救济计划款项之一部份(分)。又该署津办事处已发散二万七千磅救济饼干,受救济者计有六千七百难民,营养不足儿童及本市贫户。施放工作现仍进行中,如制造无问题,将来可有一万五千人获得救济。本报讯:利用配粉价款办理工赈,各项工程日来积极进行,开挖明沟工程已于本月二十日开工,工程处曾与社会局接洽,利用难民担任这个工作,目前已送到的难民工作:大毕庄收容所七十九人,丁字沽七十六人,西车站一百人,闽侯路收容所二十九人,共二百十四人,按照各区所需数量分派工作。(《〈益世报〉天津资料点校汇编(三)》第1498页)

1948年7月28日《大公报》第5版《金刚寺放赈 八十窝铺完成三十》:【本报讯】社会局福利科郎济苍、陈鸿昨天去四区金刚寺收容所放赈。该处系最近审议会搭建两千座窝铺的一部份(分),预计搭八十座,现已完成三十座,收容二百五十人。这次每人得到现款二十万,糖一条,小孩每人并得衣服一件。同时,卫生派员一齐去

1948年7月28日《大公报》有关金刚寺放赈的报道（局部）

所内消毒注射。【本报讯】社会局今天继续去丁字沽收容所放赈，该处有难民五百人，每人可领到八十万元。

1948年8月6日《大公报》第5版《难民领得十日粮 救济面粉昨日开始发放 全部能维持个半月时间》：【本报讯】本市各收容所昨天起发放振（赈）济东北难民面粉，每人一次，发给十天的数量，计五市斤，按照各收容所呈报的名册人数，由审议会派人监督发放。昨天已发出的计有陈塘庄收容所（一千零九十一人），陈塘庄寄宿所（八百人），河（何）兴村寄宿所（四百十二人），二区三经路黄卍字会收容所（一千人）。今天轮到张兴庄（八百零一人），凌庄子（二百五十人），大毕庄（四百十人），四区金刚寺（八百三十人），以后每隔十天发放一次。这次面粉的款源来自行政院拨给本市的救济专款一千亿元。社会部五月间便准了这一笔款子，但院委会和中华救济团的联席审议会到七月十九日才核准拨款。天津难民在水深火热中盼望了足有三个月，现在才算得到了；但由于法币的贬值，这一千亿不过是再维持九千难民一个半月的食粮，并无长远的计划。同时，在这三个月之中，各收容所、寄宿所和休息所曾断炊两次，并有三个旧收容所（其中多为冀省各县难民）因此停办，便是闽侯路收容所（七月九日起),西车站屠宰场收容所和丁字沽收容所(七月六日起)。据悉:其中无谋生能力者,在天主教青年会登记审查后,仍可领取救济面粉。

1948年12月7日《大公报》第3版《津振(赈)济难民 何兴村六百座窝铺搭成 十日起可发放一部寒衣》:(略)【本报讯】天津冬令救济委员会为难民制发之寒衣,正在裁剪布疋,本月十日起可先在丁字沽、闽侯路、大同窝铺等有组织之难民地区发放,次再发放其他区域。该会规定每户三口以下者发棉衣一套,四口至六口者两套,七口至十口者三套,十一口以上者四套。每套棉花一斤半,黑布双幅十尺,白衣布双幅七尺。

1949年1月5日《大公报》第1版《拯救津郊难胞 红黄卍字会设收容所多处 资力有限盼各方广为募捐 傅电嘱按口发放救济金》:【本报讯】津黄卍字会救济郊区被灾难民工作积极,已在河北昆纬路究真学校及河北东三经路树仁学校设所收容,每日供给小米粥外,近更在究真学校设一粥厂,定六日开锅,所有究真、树仁两校所住难民一千余人,均可就近施赈,无须由它处粥厂逐日供。该会近更鉴于西沽及丁字沽一带尚有被灾难民约一千余人现多迁居西头芥园时文小学校及西头□兴里文盛香店内,情极堪悯,刻已派员前任调查,定日内施放玉米□急振(赈)一次,并筹划由该会接办长期救济。

1917年,在芥园大堤上安置的难民(摘自网络)

1917年洪灾过后,西于庄难民之惨状(摘自网络)

情 警

1879年5月5日《申报》第2页《毒妇害兄》：丁字沽去津城约六里一河之隔，有庄名白庙，相去里余曰柳滩。有周氏者家于白庙，昆季四人，尚有母氏。津人谓行幼者为老，其少子即名周老，与孟仲季同居养母。老素不悌，析居柳滩。天津有官驳船，每届漕粮以之运米入通州者，津人谓之河驳船，招民领驾，津人谓之领河驳船者，惯于掺和沙石偷盗粮米，多系无赖为之。老即以领河驳船为业，衣食不继，则取给于兄。去岁驳船运米，押运添派漕勇，钉舱加有铁箍。老之生计不佳，于兄更诛求无餍，兄难填欲壑，于是盗卖船上木料移祸于兄。及官验船指名控兄偷盗，母氏恨老不肖，拟送忤逆，乃兄劝阻，只饱打了事，其拳脚最重者系次兄，老之仇恨最深者亦次兄。今春，药妇垂毙，约同妇弟王某

1879年5月5日《申报》在《毒妇害兄》中涉及丁字沽的报道（局部）

抬至兄家，拟借尸讹诈，老母瞎媳形状，知系服毒，督令抬回。母至柳滩，老不放归，仍将妇抬来兄处，一往还间，毒已大发，迨至兄家而妇遽死。老遂率同妇弟咆哮来前，谓兄等狗彘不食其余，逼奸酿命，并有狐群狗党乘机剽窃毁掷一空，仍以拳脚加兄，伤最重者亦惟仲氏。即日与其妇弟入城喊控，禀请验尸。仵作喝报尸身青黑，委系生前服毒而死。孟、仲、季均系被告，带案候审，老扬扬自得带回堂讯。问官叱以汝妇果服何毒，毒汝妇者究属何人？称：问小舅便悉。官鞫王某又诿之姐夫互相推托。然妇死验尸系在白庙，王某随老住居柳滩，乃兄毒妇致死或被逼畏羞，情急自尽，何以问风马牛不相及之王某便悉？问官疑窦已深。不数日，老母具呈送老忤逆并诉明陷兄情节，于是孟、仲、季交保而老并王某发押，王缘病交保竟由保逃逸，老遂得而推诿。刻闻王尚未获，无从定谳云。

1887年8月29日《申报》第2页《津沽杂志》：（略）河东小集郑三凭媒娶河东甄三之妹为妻，计十九日经伊兄纠同某甲抢令归宁。其姑郑于氏控于天津府，断令领回团聚。不料前月杪复，一去无踪，其姑投府复控。翌日获氏于丁字沽。缘太守公出，姑交官媒押候覆讯。（略）

1897年7月27日《申报》第1页《奸杀破案》：天津访事友来函云：丁字沽某姓妇与同村之

1887年8月29日《申报》"津沽杂志"中有关丁字沽的报道（局部）

李某有奸，双宿双飞，已非一日，终嫌藁砧，有碍耳目，遂商同谋毙，将尸身掩盖于柴棚之内，挈同十三龄幼子亡之他处，村中邻右并无知者。后以尸身腐烂臭气熏蒸，更被犬将尸扒出，经村人告知地保投县报案，由地方官带同刑仵诣验，填明尸格，饬暂掩埋，缉凶究办，此五月初旬事也。事越一月有余，按卯比缉，未得端倪。不意天网恢恢，疏而不漏，竟于日前将奸夫淫妇一并拿获，解案研讯。缘奸夫既将其夫杀死，携同淫妇

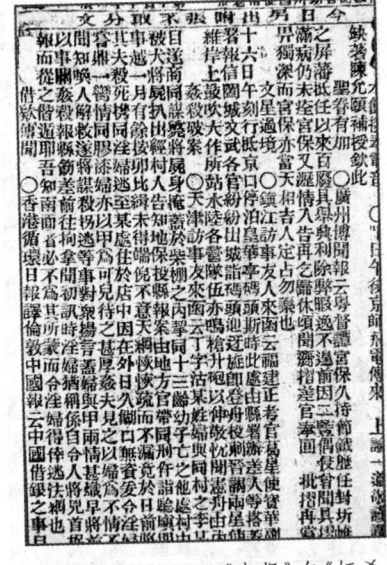

1897年7月27日《申报》在《奸杀破案》中有关丁字沽的报道（局部）

逃至某处住于店中，因在外日久，糊口无资，爰令淫妇作皮肉生涯藉谋果腹。适有本处客某甲者尝鼎一脔，情同胶漆，妇亦以甲为可儿，待之甚厚。奸夫见之，以妇为不情，不胜愤恨，遂将妇及子唤至村外用刀戳伤，客闻知，唤人解救，遂将谋杀拐逃等事对众扬言。盖妇与甲两情甚炽，早将前事倾吐于甲，奸夫闻之故恨之切齿也。众人以事关奸杀报县，饬差前往拘拿。闻初讯时淫妇犹称系自令人将凶首捉获云云。噫！妇虽欲饰词避罪，然何不即行禀报而从之偕遁耶？吾知南面者必不为其所蒙，而令淫妇得幸逃法网也。

1899年8月18日《申报》第2页《津沽墨浪》：（略）丁字沽有恶妇宋王氏者，因奸谋害其夫，案发下之县狱，历经县主刑讯，总不承招。某日尸兄又投县递禀泣请伸冤，县主以此妇屡受重刑在狱患病，准由狱提出另行管押，拨医调治，俟病稍痊，再行推鞫。

1899年8月18日《申报》"津沽墨浪"有关丁字沽的报道（局部）

《天津拳匪变乱纪事》记：丁字沽土棍与穆家庄土棍素有仇嫌。前曾联名诬控，未蒙准理，心中愈觉愤恨。是日（1900年6月14日）午后，丁字沽土棍等勾结三义庙、老君堂、梁家嘴、姜家井等处拳匪约千余人，将穆家庄围住。远则用洋枪轰击，近则用刀剑残杀。该处居民无敢抵御，被焚者数十家，亦有死者。彼等仍以该处与洋人通气为词，意欲剿洗净尽，藉报私仇，并将回教清真礼拜寺对厅、南北讲堂焚烧。天津众回教人闻之不约而同，约有一二千人，分向各礼拜寺及河中沐浴净身，欲与众拳匪一决生死，大有势不两立之意。旋有教中老成持重之人，曲意安慰众人，勿使急燥（躁）。谓不如赴督署禀报。随有由该庄逃出之人，聚有数十名，同赴督署喊控，已蒙准理。或有问匪首曹福田者曰，既是神团，何为助人为恶。曹曰：伊等皆黑团，非真团也。按拳匪并无黑团、真团之别，彼等凡行劫抢及种种凶恶之事，皆托言系黑团所为，以弥缝其迹。所谓黑团者，伪团也。（刘孟扬《天津拳匪变乱纪事》，中国近代史料丛刊《义和团》第二册第35页）

1905年5月10日《大公报》第2版（本埠）《逸贼被获》：法界广发源，前者失窃牛皮若干件。于日前经法工部局巡捕在英界缉获逸贼李世昌一名，又在法界缉获逸贼张玉科一名，一并扭局管押至昨早四点钟，而李世昌乘隙脱逃。当经法总巡刘子芬君四处跴缉，当日在丁字沽贼之戚属某姓家缉获交案云。

1906年4月21日《大公报》第2版（本埠）《拿获窃犯》：巡警探访局刻在南开孙长龄娼窑内，查获冒充巡警之刘德胜、魏元贵、王某共三名。王供称系宁津县人，来津贩卖白布。刘穿巡警号衣，腰藏号光，系七百二十九号。魏亦穿巡警号衣，自称在四局四区。带局研鞫得实，魏并供认曾窃龙亭后徐姓洋车一辆，存在丁字沽等情。当即饬差将车起回，并存西门外小道子马家店内。起出中国、日本、法国等车捐牌，并垫子、单裤等件，一并详送总局究办。

1910年8月9日《大公报》第3版（本埠）《路劫志文》：闻昨初三日下午四钟余，有乡民某甲肩负粗布三疋，行至城北丁字沽附近洼中，突遇暴客二名硬将布疋抢去，并将该甲刺伤甚重。刻已报案请缉，未知能否弋获。

1912年7月21日《大公报》第3版《枪声何来》：闻旧历本月初四日下午六点余钟，城北西沽村南、丁字沽村北，突有枪声数起，斯时丁字沽绅董协同该处巡警在洼中梭巡，并无形迹。现在该村戒备甚严，望有该管之责者急宜设法保卫。

1914年12月8日《大公报》第5版《路窃被获》：前晚七钟余，有吴家嘴之冯某及华兴公

1912年7月21日《大公报》在《枪声何来》中有关丁字沽的报道（局部）

司伙计某甲，在城北丁字沽洼内突遇匪徒二人，手持刀斧，拦路行劫。冯某等正跪地哀求时，适有丁字沽村巡长王国平、巡警周维钧、陈瑜等闻声赶到，当场拿获许四一名，逃走一名，并刺刀一柄、木棍一根，一并带署讯办。

1914年12月09日《大公报》第5版(本埠)《路劫案送厅》：昨纪丁字沽巡长王国平等在洼内拿获路劫人犯许四及被劫人冯某等带署讯明，昨已一并详送警察厅讯办。

1914年12月29日《大公报》第5版(本埠)《劫犯被获》：四乡警察第四分署副官孙恩第，率同巡长王国平等，于日前在丁字沽洼内拿获劫犯徐四(前文称"许四")，年二十五岁，系霸县人，被劫者冯起系北乡吴家嘴人，业经送请警察厅讯明，转送营务处究办。

1915年1月28日《大公报》第5版《骗钱妙术》：南二分局巡逊，前在广仁堂西救护获乡人张钧一名，声称被人抢劫等语。昨经警察侦缉队局员张君严加讯究，言语支离，遂供认曾在大直沽、丁字沽等处假作遇贼被劫模样，均经该处□□周济衣服等件，讯毕详送警察厅究办。

1915年11月12日《大公报》第3版(本埠)《督察长关心治安》：四乡督察长何君炳庚查得海光寺、南八里台及东大道、西营门至稍直口，红桥至丁字沽

1915年11月12日《大公报》有关丁字沽的报道(局部)

又至韩家墅、二刘庄,新车站至宜兴埠,以上六条大路与本处毗连最易出事。昨特禀请警察厅长饬令马巡队,分早晚班巡防六路,以资保卫治安。闻已经厅长照准饬行,一体遵照。

1926年11月13日《大公报》第7版《查抄冒官私设之伪办公处 主犯胡子箴已逸去》:督察处密探长李星南,前奉厉处长谕,查捕冒充军官私立机关假官诈财犯胡子箴。昨带同班长王文元、探员傅宝泉等,赴河北丁字沽缉捕,该犯未在家中。旋悉其胆敢又在安定车站,设立伪办公处。当即赶赴该县车站,讵该胡子箴早行逃走,除派员严缉外,立将伪办公处由东北陆军总监部查抄。

1926年11月24日《大公报》第7版《里巷琐谈女孩迷路》:四乡警察第四分驻所长警,昨因丁字沽迷路幼女二名,一年十四五岁不知姓名;一名姓王,名了头,年六岁。等候多时无人来找,即带署转呈警察厅出示招领。

1927年1月5日《大公报》第7版《附近四乡路劫案三起》:前日(三日)上午九点余钟,有赶大车者张三等三人,行至南乡大任庄后洼,忽由对面来匪徒四人,拦住去路,持枪威吓,令其将车停住,遂下手劫去骡马三匹,该匪得赃而逃,失主报告四乡第二警察分署请予查缉。又日昨有北乡某村王某来津,购买办喜事嫁妆,购完,背担回村,行至丁字沽洼内,所携尽被匪徒劫去,该匪得赃逃

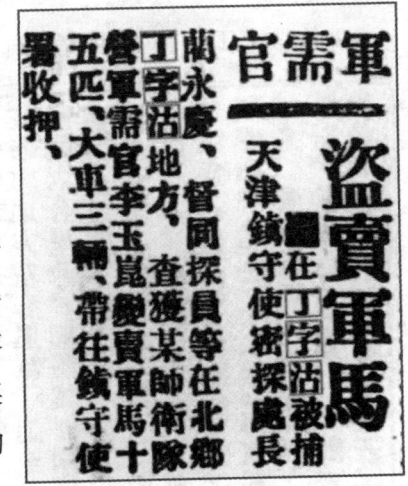

1928年5月25日《大公报》在《盗卖军马》中涉及丁字沽的报道

逸,失主报告四乡第四警察署备案。又南乡南八里台村长王某、地方刘连仲,昨赴天津县公署完纳钱粮,行至洼中,由对面来穿灰军衣者五人,各持手枪、刺刀、木棍,将王刘二人拦住,劫去地方刘连仲现洋十元并将两手打伤,又将村长王某头部打伤甚重,该匪等劫完,得赃向东南逃逸,失主报告四乡警察第二分署请缉。

1928年5月25日《大公报》第7版《军需官盗卖军马在丁字沽被捕》:天津镇守使密探处长蔺永庆,督同探员等在北乡丁字沽地方,查获某师卫队营军需官李玉昆变卖军马十五匹,大车三辆,带往镇守使署收押。

1929年1月20日《大公报》第9版《从前迭次当兵而今六回抢案》:小西关东景瑞成杂货铺,于前晚七时半,去有抢匪一人,持柏(勃)郎宁手枪一支、剪刀一把,威吓铺伙,不许声张,抢去角票四角,遂即逃逸。经该铺长报所,署员刘文秀即带同巡官韩青、巡长曹淑春、赵恩荣等三人,急往肇事地方左右追缉,追至小西关六合里前,即将该匪围获,搜出柏(勃)郎宁手枪一支、剪刀一把、子弹十四

1929年1月20日《大公报》有关匪兵在丁字沽一带作案的报道(局部)

粒、子弹包一个现洋三元、辅币二十一角、角票四角。当经刘署员讯问据供，张春山，年三十二岁，山东武城人，曾充景县匪首黑旋风之伙计，并曾迭次当兵，溃散来津后，在西沽、丁字沽及孙庄、东乡、何庄一带作（做）小生意，继又当兵，旋复退伍，从平来津。一月八日晚约七时许，在西门外小道子小新街东带子铺行抢，得洋二十三元；又于次日晚在该带子铺东头煤球铺行抢，得洋十一元；又于今日晚五时曾在中四区界小杨庄行抢米面铺得洋一元、铺（辅）币二十一毛，抢毕逃脱；随到小西关东景瑞成杂货铺行抢，得洋四角，正拟逃逸，遂被官警捕获，所供是实云。又据西头湾子顺记米面铺王凤山及双庙街米面铺刘善卿报告被抢，亦经讯据均系该犯所为云。

1929年5月18日《大公报》第9版《乡区长此不得了 宜兴埠土匪绑票与警察激战 丁字沽洼内两乞丐路劫行人 翟家庄等村被架幼童二十余名》：（略）又丁字沽洼内，于前日下午四时许，有乡人李纪春欲赴津办事，行经此路，忽出来匪徒二人，形同乞丐，将李拽入洼内，先向其索要银钱，李纪春伪言无有，匪徒即用铁棍猛击李之后脑海，李见状急将身子往前一斜，未中要害，但左耳已被击去，鲜血直流。李以生死所关，不得不与之奋斗，遂成互殴，李一面频喊救命，逾一刻钟之久，乡区四所巡逻警巡逻至此，闻呼救声，急往看视，当将二匪徒捕获，解往该所。李纪春供述如前，一匪

1929年5月18日《大公报》有关丁字沽的报道（局部）

供名曹宗梁，素无正当职业，以乞讨为生，并有吗啡针瘾，为饥寒所迫，故行路劫，不幸未劫成而被捕云云。其一姓名未悉，该所于昨备文呈送公安局讯办矣。（略）

1929年6月9日《大公报》第9版《黑夜路劫谁知没逃开》：有郭松林者，天津人，前晚赴丁字沽办事。至八时许，行至唐家湾村附近，突有一人，手执利刃，拦阻去路，声言搜查行人。郭某见其来势颇凶，知非善类，只得任其搜索，复将郭某所带之洋二元尚有铜元二百枚，一并劫去，急驰逃逸。旋由郭某忙赶至乡区第四警署报案。经该所派出武装警察多人，由巡官率领，在肇事地点截捕，而该匪尚未走远，即在某姓菜园附近将其捕获，捆绑带所。据讯该匪名张留城，年三十余岁，丁字沽人，该所当即转解公安局讯办云。

1929年6月13日《大公报》第9版《抛下女儿独处家中照管的姨兄太没情理》：河北大红桥北大街姜家胡同，住户李纪才，年四十余岁，青县人；其妻李王氏，年三十许；生有一女，乳名金子，年方二八。李某因生计艰难，于前年从军关外，妻李王氏生活更苦。有刘周氏住丁字沽，年三十九岁；又有李春堂，年三十岁，住霍家嘴。经二人介绍在杨柳青石宅佣工，遂将女儿金子委托院邻刘儆庸，年四十七岁，

1929年6月13日《大公报》在《抛下女儿独处家中》中涉及丁字沽的报道（局部）

大城人，代为照管，连家中器俱（具）一切物品，均行交伊。刘某系李氏之弟兄，李氏故将寄托，讵知李氏走后，刘某心怀叵测，遂引金子在端阳节日听戏，至南市三不管第一台观毕，走至南门外地方，正在电车罢工，观众拥挤，该女心慌意乱，刘某趁此际即喊来胶皮车，付铜元六十枚，拉至西头广开地方。该女莫明其意，向刘询问，刘某即笑脸相向，竟挑逗情，该女遇此欺辱，即大声喊呼，该管警闻知赶到，刘某见事不佳，逃之夭夭。后经警察带至保安十一分队讯明，派勤务警察送回家中，而刘某早将什物衣服运走逃避不见云。

1929年11月3日《大公报》第9版《荒郊藏匪半路上劫财而逃》：津西丁字沽村住户王树林，年二十五岁，天津人，在村开设杂货铺。王于昨晨乘自行车来津购物，不料行至左近之一空洼内，忽有匪徒一人，持手枪威吓，竟由王腰中搜去钞洋十元，向北而逃。王被劫后，遂垂头丧气，仍乘原车返家。现闻北乡各村庄居民，如往来天津者，均不能晨出晚归。据闻连日该路之劫案层出，原因系驻扎该处之军队已经开拔，致匪等无所忌惮。闻新调驻军已经开到，即于各要路口派兵检查，每日午后六时即呈戒严状态云。

1931年11月7日《大公报》有关《津海六河办事处设立分所》的报道

1931年11月7日《大公报》第7版《津海六河办事处设立分所开始登记函水上公安局派警协助》：津海六河办事处主任王景贤，于前日奉到天津航政局委任后，即在本市法租界九号路十九号内组织成立，并启用钤记，开始办公，并委任张钟生为大红桥登记分所长，翟志华为芥园登记分所长，傅昭昌为丁字沽登记分所长，屠进为小刘庄登记分所长，陈鸿涛为小王庄登记分所长，刘荣绶为塘大登记分所长，并令各该分所长，即日前往各处，妥觅临河就近房址，开始工作。该处主任，以各所成立伊始，一切工作，深恐易滋误会，或有不肖之徒出而阻挠，昨特函请水上公安局于各分所内各派水警四名藉资震慑，以利进行云。

1932年3月15日《大公报》第7版《本市船业公会 聚众反抗检丈船只 航政局请水陆公安局查办》：天津航政局因船业公会会员在大红桥、芥园两处，聚众反抗检丈船只，声势汹汹。该局恐影响地方治安，昨分函本市水陆各公安局究办。原函云：案查本局办理船舶检验丈量登记各事，特在本市大红桥、小王庄、芥园、丁字沽、小刘庄及塘大、北塘、任邱（丘）等处设立登记所，业经检同法规，函请贵局查照，饬属协助在案。现值开办之初，各船户尚能了解，均愿遵章办理并无异

1932年3月15日《大公报》在《本市船业公会聚众反抗检丈船只》中涉及丁字沽的报道

词。乃开办甫经两日,忽于本月十九日,在大红桥、芥园两处,各发现有口称船业公会会员者数人,向各船户宣称不得受各该所检丈登记,各船户多不听从,事务依旧进行。至本月十日复在大红桥、芥园两处,见有手执黄色小旗,口称船业公会会员,聚众数十百人不等,任意肆嚣,反抗检丈,声势汹汹,不可理喻,致各船户停顿观望,登记遂受影响。查本局奉交通部令,办理管辖区内航政事宜,所有船舶检丈登记及一切应收费用,均系根据法规办理,并为体恤商艰起见,酌定分期收费之法,以减轻负担,该公会等乃竟聚众反抗,肆意淆惑,显有奸人从中操纵,藉便私图。值此国难当前群情惶惑之际,竟发生此种骚动情事,不独于本局新政进行发生阻碍,抑且影响地方治安,贻害实非浅鲜,相应函请贵局查照饬知该管警署,以后发见(现)有上项情事,应请迅予查究惩办,以资取缔,实为公便。除分函河北省公安管理局及河北五河水上公安局外,此致天津市公安局。

1932年4月24日《大公报》第7版《海河大清河匪氛弥炽 水陆军警联防会剿 炮船驻防助收事功》:近来海河一带,匪氛甚炽,大致盘据(踞)宁河天津交界,抢劫绑票,无所不为。当地驻军迭经剿办,但匪众聚散无常,迄难肃

1932年4月24日《大公报》在《海河大清河匪氛弥炽》中涉及丁字沽的报道(局部)

清,且该地为水路(陆)交汇之处,尤感困难。水上公安局昨奉北平绥靖署电,调拨炮船,协同驻军第十三旅进剿,当经该局特派第四分驻所长杨柏林,立即督率炮船两艘出发,驻泊咸水沽听候调遣,以期水陆协防,匪患早日肃清。又大清河沿河各县,亦不时发生匪患,在陆地抢劫后,多潜匿船中,官方访缉,难以破获。水上公安局昨已接得报告,特向各河抽调炮船四艘,驻防该河,各交通要隘,严密查缉,务期剿除净尽,以维航运,而保行旅。又子牙河前有船户韩景德,装运洋面来津,行至距子牙镇十数里处,突被匪徒七八人闯上该船,抢去兵船牌面粉二十袋,匪走后,始行报警,杳无踪迹,当经当地水上警所通知沿河各所,注意踩缉。昨(二十三日)驻津总局水警刘文儒、王国治等在丁字沽卸货码头查缉时,见有一船载有兵船面粉,数目相符,上前盘诘,船主张国珍言语支离,经带往水上公安局审讯,供认行抢不讳,至查获面粉,已饬事主领回,但同伙匪人在逃,正由该局派警化装各处,加紧访缉。

1933年1月24日《大公报》第7版《北乡丁字沽母子竟遭匪惨杀 法院昨派员往验 肇事原因邻近咸不知晓 事主闻变致疾尚未返津》:北乡丁字沽二道街二十号,住户郭寿山之妻及子,于日前被匪双双剁死,并抢去钱物各节,已载前报。此事发生后,当经该管乡区四所电请地法院派员诣验。昨晨八时许,法院派检察官率员到场往验,先询该院住户陈谢氏此案发生经过,据称当肇事时,正在熟睡,情形一概不知等语。至事主郭寿山刻虽尚未回家,但知妻子被惨杀后,已因悲成疾,行动不能自由。嗣经检验,验得已死郭杨氏,头部、腰部、臂部、腿部各有重迭刃伤,共约二十余处,头部已被砍碎,委系因伤身死。郭世臣(即寿山之子)头部、四肢、股部,均有尖刀扎伤,约共七八处,腹破肚肠流出,因伤毙命。检验毕,当饬尸亲族侄暂行领尸掩埋,静候查缉逸凶。另闻郭寿山在意租界大马路凯斯洋行充当走街,收入丰裕,家道殷实,住房院内,计南北房各五间,东西厢房各三间,郭住北房东首三间,北房西首二间,租与陈谢氏,其余房间空闲。谢氏之夫日前出外谋生,杨氏之夫亦不常返家,院中只二妇一童,颇为冷静。日前肇事后,杨氏屋中之箱柜,均已倒翻,衣服狼藉,显系匪徒行凶后,又大肆搜索云。

1933年8月2日《大公报》第13版《新仇旧恨 王四(士)海聚众凶杀》:天津丁字沽村夏家胡同六号,住有昆仲李竹波、李玉琨。竹波年五十八岁,充当脚行头,玉琨年四十八岁,以跑木合为生,生有一子,单名兴,年二十三岁。本村住有土棍王四(士)海,年三十岁,孔武有力,横行乡里,亦尝充脚行。曾因与竹波争码头发生意见,两姓积恨甚深。本年津变突起,四(士)海为利欲熏心,曾充便衣队,在丁村密秘(秘密)召集匪类,事为军警当局侦知,乃派警逮捕,不料四(士)海消息灵通,卒被漏网,疑系为李所卖。以是恨李愈甚,杀机顿起,旋即约同妻弟刘成(年三十岁,住丁字沽教堂后二十九号,以开设鲜货庄为生)及同族王四(士)元、王四(士)杰、王四(士)洪、王四(士)江、王四(士)兴、王四(士)祥等,秘密侦察李氏弟兄行踪,将图不利。本年阴历五月初六,适玉琨酩酊醉归,行至丁字沽洼中,宋家店旁。时夜色如墨,旷野无人,王四(士)海率众跟踪而至,当时刀斧齐下,玉琨立即毙命,四散逃逸。李兴见父久不归,心有不宁,当时约人外出寻觅,卒将父尸寻获,哀痛欲绝。旋查知王等动作,当报警逮捕,王四(士)海等业已逃窜无踪,当时只将四(士)元、四(士)杰、四(士)洪等捕获。经该管区所转送地方法院检察处,经该处数度侦讯,当将三匪徒羁押,一面通令缉捕逃犯。李兴自父遭惨死,愤不欲生,立志报仇,遂协同外甥王桂林(年二十岁,住东于

> **深夜同行　韓桂林被擊身死　趙禮有瓜李之嫌**
>
> 南倉人韓桂林，年三十一歲，前日與其妹丈趙禮，在南市聚華茶園觀劇，夜十一時偕返南倉，途經丁字沽大堤時，趙禮謂須小解，令韓先行，趙先行未遠，趙禮即聞砰然一聲，心知有異，未敢尋聲根究，遂繞路奔回南倉。迨昨晨趙即奔赴丁字沽大堤上，見韓頭部血跡模糊，已氣閉死僵，在堤坡上並尋有鐵錘一柄。趙急報告該管鄉區四所，並由地保王金升報請法院檢察處相驗，昨由汪檢察官帶同吏員驗明，確係被鐵錘擊斃。雖兇犯遠揚，不能捕獲，而與趙禮同行，韓竟單獨被害，趙禮實難脫瓜李之嫌，當由鄉區四所將趙解送法院檢察處審訊。

1934年1月27日《大公报》在《深夜同行》中有关丁字沽的报道

庄子后街五号，木匠手艺）化装，日夜在外侦访王等踪迹，于昨日下午一时，李王二人路经南市平安大街六一坊饭庄门前，瞥见刘成在内狼餐，李遂报岗警密伺于外，稍顷刘成出，遂被逮捕，经警带归一区一所，转送法院讯办云。

1934年1月27日《大公报》第1版《深夜同行　韩桂林被击身死　赵礼有瓜李之嫌》：南仓人韩桂林，年三十一岁，前日与其妹丈赵礼，在南市聚华茶园观剧，夜十一时偕返南仓，途经丁字沽大堤时，赵礼谓须小解，令韩先行，韩先行未远，赵礼即闻砰然一声，心知有异，未敢寻声根究，遂饶路奔回南仓。迨昨晨赵即奔赴丁字沽大堤上，见韩头部血迹模糊，已气闭死僵，在堤坡上并寻有铁锤一柄。赵急报告该管乡区四所，并由地保王金升报请法院检察处相验。昨由汪检察官带同吏员验明，确系被铁锤击毙。虽凶犯远扬，不能捕获，而与赵礼同行，韩竟单独被害，赵礼实难脱瓜李之嫌，当由乡区四所将赵解送法院检察处审讯。

1934年7月15日《大公报》第10版《北仓破获大批票匪　匪共八名并救获幼童一名　均以供认不讳　昨解公安局　北乡盗匪猖獗甚烈》：(略)北仓乡区四所二等巡官张文杰，于本月十二日，率带官警下道查勤，行至丁字沽西南刘家坟地时，突迎面踱来壮男一人,与官警相遇,神色仓惶,不无可疑,当即捕住搜查,乃由身边搜出手枪一支,子弹二粒,遂经押解乡区四所,由所长马惠吾严讯之下,该匪供名李文良,年二十二岁,武清县人,前曾结伙在郭辛庄绑架郭姓幼童,彼时因官警追缉甚紧,故弃肉票,由官警救回,同伙各匪,均四处分窜。又曾于旧历四月二十七日晚间,结伙复至双口村绑架李仲升及其五龄幼童小马,接洽取赎。因静候数日,未得结果,遂将李仲升撕票,尚留幼童小马生命,以促其筹款赎取。被捕之时,系与匪众商定在十三日晚六时后,在刘家坟地齐集,拟去丁字沽地方作案,不幸中途就逮,所供俱属实确各等语。所长马惠吾当于翌日黄昏,饬同官警分伏于刘家坟地附近,以窥动静,候至晚八时许,果见壮年三人联袂而来,其中一人并怀抱幼童,官警遂呼啸包围逮捕,匪等猝然惊觉,未得防备,拟抛弃幼童逃窜,幸官警干练,奋勇缉捕,无一漏网,遂一并转解区所,严行诘讯。该三匪名杨宝华,年三十七岁,山东人;石英堂,年三十三岁,山东人;李明周,年二十八岁,热河人。均供认曾与李文良屡次结伙作案,所抱之幼童,即曾在双口村绑架撕票李仲升之幼童,小马因久在匪首家中养育,迄未取赎,且以近日因公安局特务队缉甚严,故抱该童潜至双口村,与李家接洽取赎,兹仍无结果,当即于家人面前撕票,并供尚有党羽在郭辛庄菜园内窝藏等语。马所长据供,当急督同官警至匪窟包围,当擒获匪犯杨树芝,年二十五岁;范道全,年四十七岁;范道才,年五十二岁;项振山,年二十四岁,均系山东人,并嫌疑犯一名,裴德福,年六十九(岁)。分别讯明后,于昨日连同肉票幼童小马,一并备文押解公安局讯办云。

1934年11月13日《益世报》刊《津县警区编竣》:津县于市县实行划界后,遵章组设县公安局,收回警权,并拟就原有乡区警所八处,改为分局七处,共设分驻所二十八处,业经呈奉民政厅指令核准,并令公安局遵照改编,切实实行。该局奉令后,遵令改编竣事,所有警官,并由局先予委派代理,即日实行。昨已呈县转报民政厅备案,兹将县公安局改编乡区各所及委任警官姓名录下:第一区分局长宋柏森,局员焦浚沂、刘韵铎。程林庄分所长张连波,范庄子分所长刘文洲,排地分所长朱玉璋,芦新河分所长张泽田。第二区分局长姜金贵,局员曹丕承、安锡九。双街分所长杨冠武,朱唐庄分所长马德才,宜兴埠分所长杨玉峰,丁字沽分所长张文杰。第三区分局长陈恩绶,局员关云阁、高齐邦。大稍直口分所长霍钟狱,上河头分所长曹文敏,双口村分所长庄景泉。第四区分局长赵德麟,局员王万清、佟多善。张家窝分所长刘桂荣,大寺分所长陈连璋。第五区分局长王梦周,局员闫香涛、贾德惠。白唐口分所长刘辅臣,下郭庄分所长王英涛,八里台分所长赵英悟,北洋码头分所长刘方谟,东泥沽分所长刘仲信,灰堆分所长何树基,吴家嘴分所长刘世昌。第六区分局长薛发,局员杨万山、彭□彰。邓善沽分所长张景瑞,新城分所长王泰翔。第七区分局长韩际云,局员史金鉴、李金华。小站分所长齐常庆,北闸口分所长刘文博,右正营分所长高宝兴,花园村分所长乔恩贵,黄家营分所长刘维康,闸东分所长李柏春。(《〈益世报〉天津资料点校汇编(二)》第484页)

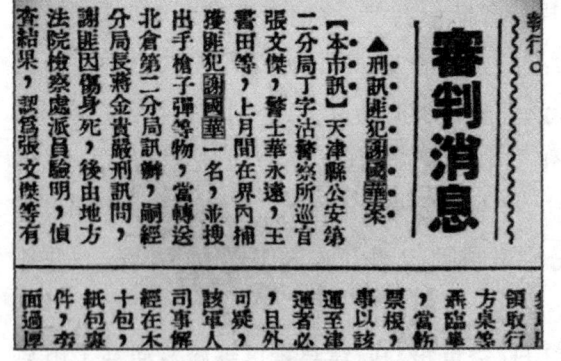

1935年9月29日《大公报》"审判消息"中涉及丁字沽的报道(局部)

1935年9月29日《大公报》第6版《审判消息 刑讯匪犯谢国华案》:【本市讯】天津县公安第二分局丁字沽警察所巡官张文杰、警士华永远、王书田等,上月间在界内捕获匪犯谢国华一名,并搜出手枪子弹等物,当转送北仓第二分局讯办。嗣经分局长蒋金贵严刑讯问,谢匪因伤身死,后由地方法院检察处派员验明,侦查结果,认为张文杰等有伤害人致死行为,当依法提起公诉。地方法院昨日开庭审理,张文杰、王书田、华永远、蒋金贵等均供并未向谢行刑。李推事宣告辩论终结,定三十日宣判。

1935年10月1日《大公报》第6版《津县界小园地方 营业税局被砸 征收员李清臣被击毙 暴徒吕某等三人就捕》:【本市消息】天津县鸡鸭卵营业税征收局,鉴于由南运河运津鸡鸭卵甚多,特在小园地方设立征收分局,并派李清臣、王玉林、张连第等三人在该分局负责征收,收成极佳。有刘广海、王士海、李国治、吕立贵等,因觊觎该局之收入,特于前日下午六时半许,率领暴徒七十余人,各持棍棒,拥至该分局,该局征收员李清臣等,当向彼等理论,该暴徒等不容分说,乃棍刀齐施,立将李清臣击毙。其余局员张连第、王玉林见状先逃,幸未致死,仅带微伤。同时该局门窗桌椅,亦被□毁无余。幸经水上公安局小园分所闻讯,赶派水警前往弹压,并立将吕某等三人捕获,彼辈始行逃散云。

1935年11月10日《大公报》第6版《小园凶殴案 地方法院检查处起诉书 昨送达当事人 刘广海犯杀人罪》:【本市消息】天津县鸡鸭卵行牙税征收所,西营门外小园村分栈,上月间突被暴徒多名砸毁,并将验货员李庆臣(与前文李清臣系同一人)、执事王玉林刺死殴伤一节,详情已志本报。旋经公安局捕获嫌疑人刘广海、吕元升、高兆金、王福全等四名,解送地检处。经检察官李鸿文迭次侦讯,业经侦查终结,提起公诉。起诉书于昨日送达双方当事人,告诉人杨在田,亦经收到。兹觅录原文如后:天津地方法院检察处起诉书:被告刘广海,年三十二岁,天津人,住南大道;吕元升,年四十九岁,天津人,住梁家嘴;王士海,年籍不详,住址不明。右开被告等,因民国二十四年度侦字第三一四六号杀人毁损等罪一案,业经本处侦查终结,认为应行提起公诉。并将该案事实,理由及证据,并所犯法条开列于后:缘刘广海素行无赖,与逸犯王士海友好,屡代鸡鸭卵商向该管牙税行关说免税事项。本年九月三十日,有鸡鸭商吕元升等,船运鸡鸭卵经过本市小园地方,照例须向该处包办鸡鸭卵营业牙税行第二分栈纳捐,因图免税,先托人持被告刘广海说项,让免捐税,该栈拒绝未允。旋吕元升、高兆金,复同赴该行面商,仍无结果。刘广海闻讯气忿,当率王士海等数人,前往寻殴。刘广海用尖刀将该行验货人李庆臣肚腹、左腿、左臂、手腕、手背等处扎伤。王士海即用木棍击伤李之顶心偏右,李庆臣当即身死。刘广海并教唆同伙之人,将该行门窗及家具砸毁。并将执事人王玉林用茶碗砍伤头部。被告吕元升,适在该行接洽,亦随手将该行木牌砸毁。事毕,被告等相率逃避,报经诣验属实,并将被告先后传获。刘广海对杀人及毁损伤害情事,虽属否认,但查杨在田所称:当时会见刘广海拿刀扎的、王士海拿木棍打的述词,已足证明。且核与被害人所受伤痕,亦相吻合。并获有尖刀一柄,可资证明。又该行被砸毁之际,去有多人。既据被害人等历历述明,并有毁损各物可证。且该行执事人王玉林头被殴伤,业经验明填单在卷。是刘广海杀人及教唆损坏什物,并伤害他人,已甚明显。又被告吕元升,虽不能证明有教唆杀人行为,然损坏该行木牌一件,已据杨在田在场目睹,供述甚详,亦属明确。至被告王士海共同杀人事实,既已证明,虽所在不明，拘传无着，依法亦应一并起诉。据上论结：被告刘广海，实犯刑法第二百七十一条第一项，及三百五十四条、二百七十七条第一项之罪，并应依第二十八条、二十九条一二两项处断。被告王士海实共犯同法二百七十一条第一项之罪；被告吕元升实犯同法第三百五十四条之罪，应依刑事诉讼法第二百三十条起诉。此致本院刑庭。检察官李鸿文印。又该案被告高兆金、王福全，侦查终结，因犯罪证据不足予以不起诉处分云。

　　1935年11月16日《大公报》第6版《王玉林（供）》：王玉林（供）：九月三十日，吕元升、高兆金，运来鸡卵七百余箱，先派人持刘广海之名片，请求免税，我们未允。吕元升、高兆金、王福泉（与前文王福全系同一人）三人一同来，向我通融，拟上二百箱税，我仍不允，他又说上三百箱，旋即走去。未久又返回，说上三百五十箱，未待答言，外边人声大喊。我听有刘广海、王士海声音，带有五六十人，将玻璃砸碎。吕元升将牌子拉下，用脚踹碎。警察来时，众人已走，我才知道李庆臣被刘王二人打死，但我未亲眼看见。继讯证人。

　　1935年11月16日《大公报》第6版《杨在田（供）》：杨在田

1936年2月10日《大公报》在《朱寿山昨又被殴》中涉及丁字沽的报道

(供)：那日下午，我去查勤，正见吕元升要求免税。至刘广海、王士海带人砸时，我由后门跑出，正见刘广海将李庆臣扎伤，由王士海用木棍击毙。我见状大惊，当时跑至水上警察所报告。刘王等众人均逃走。所供是实等语。后讯证人。

1936年2月10日《大公报》第5版《朱寿山昨又被殴 偕行伙计侯耀奎亦受伤 捕获暴徒二名》：【本市消息】南市聚华茶园园主朱寿山，前晚携其幼子，行至南市荣业大街玉清池地方，被暴徒数名痛殴一节，已志昨日本报。兹悉在朱被殴后，暴徒均逃，朱始发觉手上所戴之赤金戒指一只，及衣袋中所有钞票五元，角票六角，均被暴徒抢去。经警赶到，一无所获，朱某自认悔气而已。不料昨日上午，朱寿山偕同戏园伙计侯耀奎（年四十一岁）赴南市新新池澡塘沐浴，甫进门，即有暴徒十余人，分持棍棒，将朱侯二人扭出施以群殴，均行受伤。暴徒中亦有一人自行倒地，由其同伙乱击，双腿均被打折（俗名做伤），不能动转，余者均逃。经该管警察赶到，将三受伤人带往公安第一分局。经讯后，暴徒受伤者供名李兴，年二十六岁，天津人，住河北丁字沽大街六号。并供出同伙杨锡庆，在南市广兴里开设娼窑，遂饬警将杨拘获，一并转送法院检察处讯办云。

1936年8月31日《大公报》第4版《昨获私糖多起》：【本市消息】迩来走私情形仍极猖獗，市公安局官警，昨日一日中竟连查获走私案七起，兹分志详情如下：（一）杨柳青人周祥斋，年四十一岁，昨由青镇来津，在租界购买私糖五十斤，用麻袋包裹，乘自行车拟运回青贩卖，行至西头双街口，被官警盘获送局。（二）北仓人张治信，年二十八岁，昨购得白糖两大包，欲回北仓贩卖，在金华桥口被获。（三）杨村人王全樑，年二十四岁，昨购白糖两袋，暗藏两蒲包内，在金华桥口被获。（四）武清杨村人陈玉，年二十七岁，昨在津购买白糖一大面袋,拟乘自行车回籍,在河北大街被获。(五)丁字沽人李少臣,年三十八岁,昨购得大批私糖回家,昨在北大关被获。(六)武清人周龙暨、周子恒,昨由籍来津,住北营门外万和店,在租界购得白糖四大包,拟回籍销售,在北营门被获。(七)武清人陈洪书,

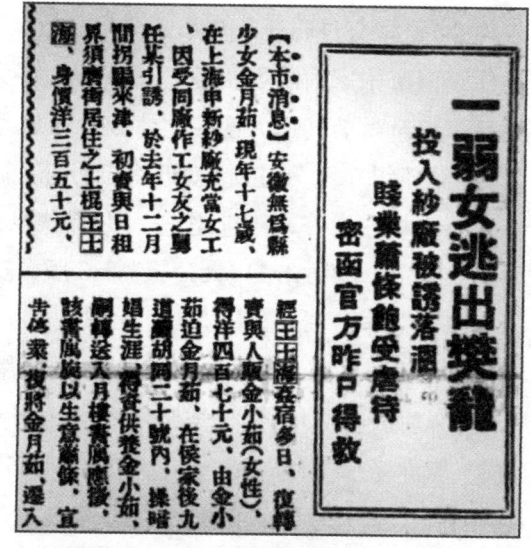

1936年12月18日《大公报》在《一弱女逃出樊笼》中涉及丁字沽的报道(局部)

住北营门某店内,昨在某行购得白糖三大筐两大桶,并一大口袋,拟带回原籍售卖,被官警盘获带局,但又由某方领走云。以上各案,除一部奸商因贪利私运外,其各地糖价昂贵或货物缺乏,故冒险购私者,亦为一大原因。

1936年12月18日《大公报》第6版《一弱女逃出樊笼 投入纱厂被诱落洄 贱业萧条饱受虐待 密函官方昨日得救》:【本市消息】安徽无为县少女金月茹,现年十七岁,在上海申新纱厂充当女工,因受同厂作工女友之舅任某引诱,于去年十二月间拐骗来津,初卖与日租界须磨街居住之土棍王士海,身价洋三百五十元,经王士海奸宿多日,复转卖与人贩金小茹(女性),得洋四百七十元,由金小茹迫金月茹,在侯家后九道湾胡同二十号内,操暗娼生涯,得资供养金小茹,嗣转送入月楼书寓应征,该书寓旋以生意萧条,宣

告停业，复将金月茹迁入金小茹之母金程氏家中，仍操贱业。金程氏住于南市张家大院十四号，生意仍劣，颇受金小茹虐待。近日金小茹拟将金月茹转运大连变卖，被月茹侦悉底蕴，密函公安局告发，经派侦缉三队分驻所，就近将金月茹、金小茹、金程氏，并金小茹之姘夫胡占元等，于昨日上午一并捕获讯究云。

1937年1月15日《大公报》第6版《花炮作坊起火 焚毙工人 平津火警昨共三起》：【本市消息】史德发、张起发，昨晨用骡车满载柴禾，行至丁字沽柳滩村，突然被火柴燃着，骡子受惊，拖车狂奔，驰入村人存柴厂，又延烧柴禾两垛，经警瞥见扑灭，该车已完全被焚，骡亦受伤，由警将张史二人带局。（略）

1945年12月14日《大公报》第3版《津汉奸即移送法院 漏网者有三名自行投案 市民举发须依法定程式》：【本报讯】本市逮捕汉奸，大致均已就获，经当局审讯后，即将移送高等法院第一分院审理。高一分院近有检察官许育理、曲会庭、翟文恺、胡锬等四人先后莅任，准备处理汉奸案件。连日该院亦曾接到市民检举函件多起，惟经受理者只徐树铭一案，其余则不合法定程序。昨据高一分院陈首席谈：关于市民举发或控告汉奸以及其他案件，本院均可受理，惟须依法定程序，向法

1945年12月14日《大公报》有关"王士海等移送司法机关"的报道（局部）

院购买刑事状纸(每份法币九元),依法应注明举发或控告人之真实姓名、详细住址,并举被告人犯罪事实,犯罪时日及地点,并附呈证据。投送后经缜密之审查,认为构成犯罪事实时,本院当依法受理。其挟嫌诬告或匿名投函者,自难接受。【本报讯】本市漏网之汉奸前昨两日向各机关投案者,计有陈宝清(即陈静菴)、李子箴、王士海等三名,兹将该三名经历列左。陈宝清于民国二十五年前曾任旧英工部局警务处督察长,卸任后任韩商某煤油公司及东方造纸厂经理,伪新民会旧法租界支会委员,伪新民会第一区分会副会长。李子箴于二十六年前任日警察署侦探处副探长,沦陷时期当王德春任伪警察局特高科长时,充该科第一股股长。王士海于沦陷期曾任伪天津铁路局警务处特务工作队大队长。【新大华社讯】津市汉奸被捕者已有八十余名,并有数名落网,经当局探缉,均有端绪,绝难幸免。军宪机关根据密报,于昨日下午二时派大批宪兵军士,将估衣街仁育堂药店包围,当由该管警察八分局局员唐鸿率同干警多名,协助入内搜查,由该号内将伪河北高等检察署天津分署署长张廷惠逮捕。

1946年2月10日《大公报》第3版《印制伪联钞 张敬臣被捕 已制伪联钞千余万元》:【本市讯】军委会政治部天津宣导分组王俞组长接获情报员报

1946年2月10日《大公报》社会新闻中有关丁字沽的报道(局部)

告谓,津市丁字沽张某印制五百元伪联钞。经二十余日之昼夜调查,案情证实,乃于昨晨六时率员会同警备司令部稽查处陈树田侦查队长等,驰赴津西丁字沽天顺客栈捕抄,当场即将主犯张敬臣(天顺客栈经理)捕获。并搜出二号手枪一支、子弹二十一粒,假五百元联钞版三块,全部石印机一架,及印就之五百元伪钞十万零二千元正(整)。经讯问已供认不讳,并承认已印假联钞一千一百万元。经此次彻底查抄后,市面之假造联钞当可日渐绝迹云。按所造假五百元联钞,其版之粗细及颜色纸质等,与真者无异。只于背面下方"中国联合准备银行"数字稍有分别,真者于字旁有侧影,假者无侧影(尤以"中"字为甚),希市民切加注意。

1946年4月23日《大公报》第2版《津市巨奸起解 周逆迪平等入西头监狱》:【本报讯】各方注目之津市重要汉奸周迪平等二十六名,昨晨九时三十分经关系当局解送法院。兹将起解、点收等情形分志如下:起解情形,第一批解送汉奸卅名(内郭友珍等汉奸四

1946年4月23日《大公报》涉及汉奸王士海的报道

名已先解送法院），肃奸委员会与冀高一分检处昨会同办理起解。于昨晨由高一分检处派检察官翟文恺、书记官王学佑，率同法警二名前往天津警备司令部稽察处，会同该处官兵分乘汽车及载重车，将汉奸周迪平等押解西头监狱。第一辆汽车为翟检察官、王书记官及法警一名在前引路，第二辆汽车为汉奸王士海一人及稽查处便衣四名，第三四两辆为载重汽车，分载周逆迪平等二十五名，稽查处兵士十余名持枪围守，第五辆为肃奸委员会官员三人，法警一名。车由稽查处出发，直驶西头监狱，沿途市民莫不争睹汉奸丑态，惟车行甚速。监狱点收，十时许各汉奸解到监狱，当由崔检察官与王书记官按照肃奸委员会移送之案卷，令每人按十指手纹与原卷指纹核对后，并各个拍照后，即分别羁押于该监狱内第二监所"宫"字及"羽"字各号监房。最后稽查处又送来各汉奸之行李多件，典狱长钱树桂派员点收，即分发各汉奸应用。监房一瞥，第二监所为一扇面形之监房，按五音名称分排为"宫、商、角、徵、羽"五号甬道。每一甬道系对面监房，每房可容三四人，房外均有隙地。每间后面均开有窗户两个，窗外装有铁栏杆。前面系一木门，门前留二小孔，门均加锁，上端挂有犯人名牌。甬道上更筑有天窗，故各监房内之光线与空气均佳。"羽"字号监房内对面共三十四间，所押均系汉奸。如陈中和、孔嘉璋、徐树铭、丁兆东、孟昭兴、王文光、陈洪洲、郭友珍、崔凯廷等一百名。昨晨所解送之重要汉奸，则多数押于"宫"字号各监房内。"宫"字号房亦系对面共三十四间，方若、徐良、关仲羲三人，均暂押于第一号房。周迪平、陈啸崴、张同亮押于第五号监房。何庆元、邱玉堂等押于第九号监房，其余分押各号房。典狱长谈，第二监所所押人犯共有三百五十余人，汉奸嫌疑人犯均分押于"宫"字及"羽"字两号监房，其他普通刑事已判决执行人犯，则分押于

"商""角"各监房。监狱人犯每日两餐,每人每餐发玉面窝头三个(每个约重六两),并有菜汤。至犯人家属愿送食物者,随时收到,随时转交其本人。现正羁押之汉奸家属,每日均有送来食物者,亦有数日一送者。关于羁押之汉奸,在侦查期间,绝对禁止接见任何人。在公审期间汉奸之家属请求接见者,则应先呈请冀高分院,经院方准许令知本监狱时始能接见。汉奸题名,周逆迪平(伪津市长),张逆同亮(伪津市府参事),方逆若(同上),徐逆良(伪驻日大使),陈逆啸戡(伪津市府秘书长),何逆庆元(伪津教育局长),刘逆孟勋(伪津工务局长),邸逆玉堂(伪津商会会长),刘逆培煜(伪津新民会总务处长),曲逆世和(伪保定警察署长),徐逆步善(伪山西高院检察署长),张逆福来(敌茂川机关嘱托伪津警局科长),郭逆奉孝(敌宪翻译),鲍逆馨远(伪津警察一分局长),张逆芳斋(敌津领事馆情报员),王逆少卿(敌津警署特高探长),梁逆□(敌津领事馆情报员),王逆润斋(敌川水部队特务),张逆圭颖(津银线画报社长),刘逆铁山(津敌宪特务),张逆金洲(津敌宪特务),王逆士海(伪天津铁路局警务处义侠队长),李逆子箴(伪津警局特高股长),关逆仲羲、朱逆玉璞、于逆永清,以上共二十六名。

1947年5月23日《大公报》第5版《汉奸杀人犯王士海昨日受审 刑事部分处有期徒刑三年 汉奸部分昨宣布辩论终结》:【本报讯】被控曾代敌伪搜集情报、杀人、搜存妓女罪、汉奸罪之王士海,昨日下午经地、高两院分别审讯。法院方面事先以特备专车将王士海自监狱提审,下午三时地院刑庭审讯王士海帮助杀人罪,以王士海于民国二十二年五月十九日有杀害脚行头李于昆(注:前文为李玉琨,系同一人)嫌疑,该案经三审判决,王士海在逃。法官以因何迄不到案相质,王答从未接到传票,并称当时与丁继华在北开干戏园子,很少回家,并连呼冤枉。最后审判长起立宣判:王士海共同伤人致死,处有期徒刑三年,即行退庭。时到庭旁听之人甚多,约在三十人以上,闻多为王之亲友。休息十分钟后,高院开合议庭,审判王士海汉奸嫌疑部分。王士海对组织义侠队、津浦别动队辩称:和日本人没有联络,仅系代伪警务处联络沿铁路线众会人士,使对伪警务处不事反对。并称任伪警务处津、

1947年5月23日《大公报》有关汉奸、杀人犯王士海受审的报道(局部)

沧、德调查员,用意亦在此。审判长追问经费何来,王答由警务处配给每月每人面粉一袋、煤六十斤。审至代河两日军征乐妓女慰安时,王士海称:"慰安会主任不是我,是崔廷珍。"并谓:"当时有位海关(光)寺的日本人叫德木的,一天到我家找我,说:'东车站有三十名妓女,忽然跑掉了十八名'。要我查找。后来我化(花)了三万伪币,开脱了这个差事。最后王士海谓此为崔廷珍挟枪告我的。"审判长于辩护律师发言完毕后,宣布辩论暂告终结。

1947年12月11日《大公报》第5版《王逆士海 改处徒刑七年》:【本报讯】与巨奸袁文会齐名的汉奸王士海,前经高一分院判处有期徒刑十年。经最高法院覆减处有期徒刑七年,剥夺公权七年。王奸在敌伪时代任伪华北交通公司警务处铁路义侠队长,曾为

1947年12月11日《大公报》对王士海判刑七年的报道（局部）

敌招募华工三百名，运往海州一带，并为敌强征妓女劳军。

1947年12月30日《大公报》第5版《物管处两哨长被扣 以卖戏票补税为名讹诈商人 小偷被捕竟毒打致死》：【本报讯】主要物资管制处最近又有两名哨长因为贪污渎职罪嫌被查扣。两名哨长一名是西站分哨哨长潘泽浩，另一名是丁字沽分哨哨长寇浉源。潘、寇两哨长渎职的罪嫌是他们本月初旬曾捕了三名小偷，计有王开生、王小香、杨三宝。据说这三个人曾为分哨担任密报偷运物资的工作，因为提奖太少，愤恨之余而行窃。被捕后王开生竟被毒打致死，王小香、杨三宝负重伤，这件案子发生后送到警备司令部。王小香、杨三宝是平民身分，昨天已送法院，审问有无偷窃罪嫌。潘、寇两哨长继续在警备司令部审问。据说，潘泽浩还有贪污的罪嫌，本年十月三十一日他曾经开一张条子给西站大马路同泰公合记转运公司经理姚厚安，以"卖"戏票为名，"借"得六十万元。十一月六日同泰公代北营门增盛栈运草药一百余包去陈官屯，至十一月二十八日，潘泽浩竟以补税为名，向增盛栈和同泰公索要三千万元。增盛栈一时拿不出，潘泽浩竟将增盛栈经理李甘霖、同泰公职员席寿彭交西站宪兵队寄（羁）押，至二十九日下午四时，由增盛栈交出一千万元后才把人放出。事后受害商民密告，经统一检查组彻查，遂将潘、寇两哨长扣押审讯。

1948年3月2日《益世报》刊《一批汉奸送监执行》：河北高等法院天津分院，最近将一批已判刑，复经最高法院核准的大小汉

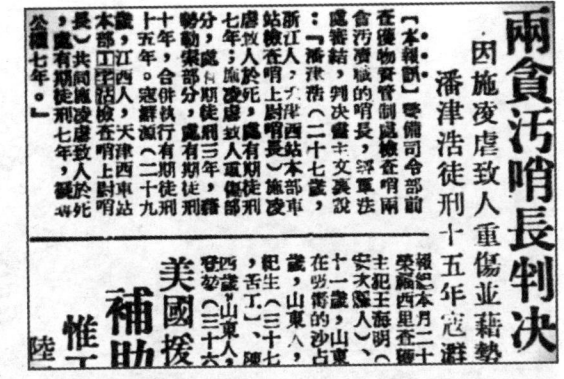

1948年3月27日《大公报》有关丁字沽哨长被判决的报道（局部）

奸共十八名送监执行，名单如下：(略)王士海，男，四十七岁，天津人，伪华北交通公司铁路义侠队长，徒刑七年。(《〈益世报〉天津资料点校汇编(三)》第299—300页)

1948年3月27日《大公报》第5版《两贪污哨长判决 因施凌虐致人重伤并借势勒索 潘津浩徒刑十五年寇澥源七年》：【本报讯】警备司令部前查获物资管制处检查哨两贪污渎职的哨长，经军法处审结。判决书主文里说："潘津浩(二十七岁，浙江人，天津西站本部车站检查哨上尉哨长)，施凌虐致人于死，处有期徒刑七年；施凌虐致人重伤部分，处有期徒刑三年；藉势勒索部分，处有期徒刑十年，合并执行有期徒刑十五年。寇澥源(二十九岁，江西人，天津西车站本部丁字沽检查哨上尉哨长)，共同施凌虐致人于死，处有期徒刑七年，褫夺公权七年。"

注：1947年12月20日《大公报》载西站分哨哨长为潘泽浩；1948年3月27日《大公报》载该哨同一哨长为潘津浩，有笔误之嫌。

1902年天津巡警总局成立,为我国最早出现的警察机构。图为都统衙门巡捕(摘自网络)

民国初年的天津警察厅(摘自网络)

军情

1881年12月11日《申报》第1页《详述傅相阅船》：本月十一日,天津西人来信有言李傅相验阅超勇扬威之事,较前日本报所载尤为详细,用再录之。据云:初一日傅相乘操江兵船先至炮台,阅视台上遍列旗帜,五色陆离,颇为夺目。炮台上见宪驾既至,声炮致敬,船上亦升炮。傅相登台阅视即毕,即至超勇轮船,船上水手皆登桅迎接,一如西例。其时随从傅相之轮船计有六艘,并扬威、超勇共八艘,一齐生火鼓轮演试迤逦至旅顺口。船行极为灵便,行至中途,忽值风浪波涛汹涌,高与桅齐,舱面亦白浪奔腾,而驾驶裕如,绝无所惧,照常遄行,亦无所损。傅相虽经百战,而海中风浪则素所未习。而是日,危坐瞻眺,其随从人等有瞑眩瞀乱者,而傅相巍然不动,其气度亦可见矣。及至旅顺口,傅相登岸相度形势,盖该口极隘而内则甚宽,故拟建筑炮台以及仓厫等类以储军食火药等物,皆傅相亲为规划指示。既毕,复登超勇船出口。时已傍晚,超勇、扬威两船上本有电气灯,一齐燃着照耀,海面如同白昼。各船皆随光而行,傅相亦抚灯而喜。时风尚未息,波涛如故,而各船皆乘风破浪,安抵丁字沽。傅相极意嘉许,以丁雨亭军门由英办此精船回华,不愧干济之才。故拟奏请将北边水师尽归丁军门管辖。至于该船之中西人等则均有赐赉。欣然回津并闻各船以时届冬,令回沽之后拟将舱面各物拆卸收藏，其船亦将藏入坞内过冬也。

1885年10月28日《申报》第3页《上相节旋》：李傅相于本月十五夜抵天津，十三日先有探马回报，宪旌业已出都，护卫营黄丽川统领亲兵营王少卿统带于十三四日先后往杨村迎迓。十五日莆口一带，皆有差马探听消息，洎宪旌到杨村时，飞骑驰报莆口转达天津，迨一二点钟时，护卫亲兵□军各管即列队虹（红）桥、丁字沽、北仓一路，远迓节旌至夜分，傅相始到卫入署，其附城各军统领，均于十五日前到津迎迓。水师统丁禹庭军门亦以镇远、定远两铁舰已到大沽，傅相返节需到大沽验船，因亦抵津伺候云。

1885年10月28日《申报》"上相节旋"有关丁字沽的报道（局部）

1896年11月22日《申报》第2页《桑干冬旭》：（略）有美国某兵船于去年到津保护商旅，今春正拟开行，适值浑河水涨，泥沙淤积阻不得行，由是自春徂秋停泊于丁字沽口。现河水澄清刷泥已尽，商轮已可径抵码头，该兵船亦于初九日鼓轮出口。雪来柳往，计误行期，已逾半载矣。

1900年8月17日《申报》第1页《观战者言》：有日本人之在天津观战者致书东京日报社云：知彼知己，得天时占地利，良将之事也。今者各国联军以救护在京使臣为急，自不能按兵不动，待至秋高马肥，惟既易守兵为战兵，则地势敌情必在，在侦探详明，始得为万全之计。若是乎派细作严斥堠用反间，非皆今日之要图乎。我观于东历七月三十日，即华历七月初五日唐家湾之战而不禁重有感焉。是战也，华军阵于白河两岸，右倚火药局，左倚唐家湾市集，清晓四下钟许，联军侦探队由北营门出，经西沽、丁字沽以达唐家湾。迨钟鸣五下，始闻远近炮声隆然震耳，遥望联军一枝（支）队自白河左岸进，而另派一队潜从西沽火药局附近抄入，驱散敌军既而从左岸进攻之。联军隔白河击敌，右翼则战于唐家湾。敌军用无烟火药，放小口联珠炮，致联军中死日本兵三名，伤三十六名，毙马一匹。迨乎战事既毕，而丁字沽一带已惨罹兵燹，血肉交飞。

1900年8月17日《申报》"观战者言"有关丁字沽的报道（局部）

1924年11月16日《大公报》第6版《北乡驻扎奉军情形》：军兴以来，北乡各村庄，曾为直军、奉军两次驻扎，军纪严肃，秋毫无犯，所称不扰民者，并非虚语。自奉军移驻廊坊等处，北乡之丁字沽、柳滩、白庙、霍家嘴、南仓、唐家湾、辛庄、五（吴）嘴庄、马庄、王庄、北仓、刘园、桃寺、董新房、杨村、蔡村、张家湾、上浦口等村庄，有奉军十四、十五、四十八等混成旅及独立骑兵团驻扎，均住民房内。人民欲逃避者，未得脱出，箱子桌椅，多成燃料。奉军中并有俄兵二三百名,该军并未携带粮台,饮食由人民支应,商号受绝大损失,纷纷停业。数日以来,各村庄各支应一千余元。北仓支应数万元,该处士绅善堂崔某,因支应甚多,不堪支持,意欲逃走,竟被拘押。闻北乡人民现拟设法逃避,或请当局维持。但据该军人云,将向北京开拔,不能久驻等语,因此人民稍安云。

1925年11月12日《益世报》刊《本埠飞机队之昨讯》:奉军飞机飞虎队,已在北仓设立飞机场,已运到飞机六架。飞龙队在凤林村驻扎,现在大直沽东洼内择地设立起落场。督署飞机队有大飞机两架,昨在丁字沽设场,已雇工轧地,以备飞行云。(《〈益世报〉天津资料点校汇编(一)》第1470页)

1925年12月10日《益世报》刊《各国军队戒备天津治安》:现在战事弥蔓直隶全境,天津为各国侨民居住之区,倘有意外,关系甚巨。兹闻驻津各国司令官已分调军队,向天津城左近之各村出发戒备。如宜兴埠、丁字沽、佟家楼、灰堆村及城南八里台等处,均有外兵戒备,预卜天津城市当无意外云。(《〈益世报〉天津资料点校汇编(一)》第1476页)

1925年12月11日《益世报》刊《各路战事之报告》:此次直、国两军激战,已接触者共三路。国民二、三军自占领南宫、冀县、枣强后,竭力向桑园、德州进攻,以断绝直鲁两省之联络。经张宗昌军队救护,德州幸未失守,战事已经停止。马厂方面,直军获胜,确属事实,并非片面之宣传。弓富魁、胡德辅两旅,精锐损失殆尽,国民二军已退至雄县附近之二十里铺,直军尚在追击中。惟国民二、三军,又集合大批生力军,积极向沧县进攻。则战事一时仍恐不能结束,将来之胜负尚不能断定。杨村方面,直军与国民一军张之江所部虽已接触,但双方均未下攻击令,尚无剧战。两军兵力比较,国民

一、二军已有六七万人，现仍陆续增加，势力非常雄厚，人数多于直军。日昨两军接战，胜负尚未明了，惟北仓、丁字沽、西于庄、宜兴埠等处居民纷纷向天津逃避并云已闻炮声。则国民军方面似占优势，已为不可掩之事实也。自滦县、丰润等县，近忽积极作军事之军备，惟不知应付何方耳。（《〈益世报〉天津资料点校汇编（一）》第1476—1477页）

　　1926年1月3日《申报》第5页《国民军战胜李军入津》：二十五日京讯云：李景林军此次在北仓、杨村一带之防御工程，系最新式之壕堑，极为坚固。据军事专门家云，攻取新式战壕之战略，只有两途：其一用大炮迫击炮由正面及侧面攻击；其二用冲锋队不使枪炮，于暗中乘敌不备，肉迫战壕。前者为普通兵法，后者为冒险奇兵。国民军因前此攻击均取前法，皆未得手，故二十二日拂晓试行后法，而同时又因李军兵士连日抵抗，颇形疲惫，且自恃战壕异常坚固，国民军不易袭取，逐形怠备。国民军于二十一日夜组织敢死冲锋队约一旅之众，乘天色未明，强行肉迫战法，进至将近李军战壕之地点，李军始行发觉，急发炮抵御。然国民军勇敢前进，冲锋敢死队之后，复以三旅大兵掩护，故李军见来势甚猛，事出意外，军心大乱，中央战线首先溃退，右翼亦败。国民军乃占领其第一道重要各战线，此两路李军退至西堤头。李景林在津得警报，乃亲率其自鲁新到两旅援兵赶至西堤头，阻止溃军（多属第四师）后退。在该地略为整理，又率赴北仓奋战。时国民军开至北仓者，尚只一旅，恐后路隔断，略后退。因此二十二日下午一时北仓又入李军之手，唯后退之国民军待后方大军开至，又取攻势，李军军心涣散，虽李景林亲自督战，然大势已去，无可挽回，而北仓于二十三日又为国民军所得。此两役战斗极为剧烈，为中国历年内战所未有，闻双方死伤不在少数。李军既溃，国民军因沿途尚有地雷及残兵，故自二十三日起即徐徐前进，于昨日下午一时始达河北，至李军左翼因欲掩护后退军队，沿津浦线退至沧州，故仍在北仓之西南，如韩家墅、刘家房(子)、平庄、丁字沽一带，三五百成群，为部分的之抵抗。闻于昨日业已全部肃清，故大队始开入河北。昨日下午一时国民军开入天津者，为韩复渠(榘)、陈希圣、门致中三旅。韩旅驻河北曹家花园，陈旅驻督办公署，余驻河北公园、新老两车站。现国民军正办理收容市内溃兵及善后事宜，并派兵在各租界口守备，以防土匪乘机抢掠。至京津火车，闻已由路局赶夜修理，大约一二日内即可通车。因北仓至新站间已被李军破坏之路轨约有一千米之多也，至业被缴械之李军，闻已有一万人之多。据闻李所剩者尚有三师。至李之行踪，或云逃入日本租界，或云已率残部退往沧州，将与张宗昌联合。(略)

1926年4月9日《申报》第4页《天津军事杂闻》：天津　鲁军第八师，昨开往北仓驻防，联军在京奉线及北乡丁沽等处，均设有

1927年11月9日《申报》在《晋奉战事要讯》中有关丁字沽的报道(局部)

飞机场。昨由奉运来飞机一架，通体拆卸，暂存放总部（七日下午六钟）。

1927年11月9日《申报》第6页《晋奉战事要讯：奉军将以天津为大本营 涿州久攻不克之原因 李景林旧部又乘机活动》：二日天津通信，奉方对晋改变战略后，依然无甚进展，而晋军便衣队在北京四周活动者，仍不稍敛迹。官方曾公布蓟县晋军骑兵集团三千人业已包围缴械。但昨（一日）晨，又被晋军占领，守城奉军一团被俘，张作霖对此，异常焦急。上月八日门头沟三家店等处发现便衣队时，张下令限三日内扫清，而荏苒经月，未能办到。王琦、陈兴亚等，均惴惴危惧，但求城内不闻炮声，即可苟安一日耳。第三、四方面军团航空队之飞行场，原设在保定，近因该方面便衣队，出没无常，乃派员来津，在丁字沽开辟飞行场。第五方面军团航空队飞行场，原在北京清河，今亦派员来津，在侯辛庄测勘广场，预备移津。上月京汉道上晋奉之战，奉方汲金纯第十五军几至全灭，胡毓坤、荣臻第十六、十七两军损失半数，总共伤亡与失踪，达两万数千人。京绥路上高维岳第九军、万福麟第八军、张作相吉林军、汤玉麟热河军，总共伤亡与失踪者，与京汉路相等。涿州之战，截至目下，伤亡已四千数百人，而屡攻不克。正太路晋军，自前日忽又转取攻势，一路由获鹿向石家庄正定压迫，一路由满城完县向保定压迫，该方面形势，骤形紧张。韩麟春在保定指挥一切，张学良专任涿州军事。据最近由涿州逃难来津之农民言，涿州被奉军包围者，仅东南北三面，而南北两面仅包围一半，西面无奉军一兵，且就东南北三面言，奉军进攻时，在距城一千米达内外，休战时则退驻五六里以外，奉军非不包围西面，因有不能包围之原因在。涿城西南十五里有桑娄村，西北十五里有龙盘山，正西十五里有独鹿山，皆为军事要塞。晋军屯有重兵,奉军若围西面,则腹背受敌,损失益大,不围则为城内晋军留一活路,粮秣弹药,均可源源接济,无虞竭蹶,且可派兵入城换防,由独鹿山西南行,以至涞水易州而达紫荆关,五里一营、十里一垒,皆在晋军势力范围内,联防既周且密,奉军倾全力攻区区之涿州,历三星期而不能克,则欲攻紫荆关,须越险要六七道,更难而又难矣。涿州一日不克,张学良、韩麟春等,均不敢回京。闻高级将领计议,决定以天津为大本营,三、四、五方面军团飞行场移津,即为一种动机也。另据军事机关消息,外人宣传李景林刻在易州方面指挥晋军作战,恐不可靠,而李部在津活动,确系事实。近据探报,李之旧日师旅长戴联玺、赵宝珍、宋乃干、李春臣、吕朝正、李书凤等二十余人,迭开会议,运动沧州盐山一带土匪破坏津浦铁路,业有八九分成熟,并定期本月内乘机在本埠暴动,以扰乱奉军后方治安,不幸事机泄露,被侦探所悉,正拟设法逮捕,彼辈已闻风逃往大连矣。

1928年3月12日《大公报》第7版《北乡设立飞机场 不日开始演习》:袁振铭氏自被委为航空司令后,即经就职视事,并在津埠北乡丁字沽地方,设立飞机场一处,以便演习。闻该场已集有飞机数架,不日即开始演习云。

1928年3月12日《大公报》有关预在丁字沽新建飞机场的报道

1928年6月4日《益世报》刊《航空队赴山海关》：山东航空队于前日（二日）下午四点来津，共乘专车一列，到津后在总站停住，至五点三十分开赴山海关驻防云。丁字沽飞机场：本埠城北丁字沽村于去岁直鲁军军垦设立飞机场，附设修理所，内有飞机四五架，于前月由前方退回飞机数架，合同共有十余架。兹于前日航空司令部下令，将该场内技目、技师、工人等遣散，并于昨早十一钟拆散。（《〈益世报〉天津资料点校汇编（一）》第1514页）

1928年6月8日《大公报》第7版《北洋大学设立妇孺救济会 三日以来收容一千五百余人》：孙直鲁各军连日多退至津埠附近。西沽、北洋大学西北两面，如南仓、柳滩、丁字沽、霍家嘴、白庙、邢家台、席厂等村，均为军队所占据，以致各村妇女小孩，纷纷逃避。各该村村长佐等因贫苦之家，无处可投，纷请北洋大学依照民国十四年办法（该校于民国十四年战时，曾组织妇孺收容所一次）设法收容，该校当局，立即应允。随由留校职教员及学生，合组一"临时妇孺救济会"从事收容，并责成各村村长佐酌留数人，帮同照料。闻三日以来，收容人数，已达一千五百人以上云。

1928年6月8日《大公报》在《北洋大学设立妇孺救济会》中涉及丁字沽的报道

1928年6月26日《益世报》刊《十四军日内开拔已领有开拔费》：孙殿英之十四军，近来扩充至五万余人，其中有骑兵两旅，分驻北仓、南仓、穆庄子、天齐庙、西沽、丁字沽、于庄子一带。该军第三旅旅长谭温江,已升第八师师长。该军自前日经商总指挥检阅后,已令先开宝坻,转向热河开拔。昨日发给开拔费给养等物,定于今日实行开拔云。(《〈益世报〉天津资料点校汇编(一)》第1519页)

1928年6月29日《益世报》刊《晋军建飞行场在河北丁字沽》:国民革命军第三集团军总指挥尚震氏,以东征军事方兴未艾,侦察敌情不容或缓,惟以交通阻塞,故特由南口后方调飞机四架,限期运津,以便驶往滦榆一带工作。并先在河北丁字沽建设飞机场,以便飞行到津时停驻云。(《〈益世报〉天津资料点校汇编(一)》第1520页)

《红桥区志》第十八篇《军事》:1928年(民国十七年),今红桥区界内大部分地区是国民党军队第二、第三、第四警区辖界。解放前夕,国民党军队自红塔寺起,经丁字沽,越子牙河,穿津浦铁路,跨南运河至西营门修筑了一条城防线,筑有7座大型碉堡,是国民党天津守军的重要外围据点。(《红桥区志》第663页)

1928年8月28日《大公报》第7版《柳滩驻军尽职保民》:本埠城北丁字沽对河柳滩村,自经国民革命军第三集团第十五师十团三营九连,连长郝银魁派排长张士雄带兵驻扎后,地方异常安

1928年8月28日《大公报》有关在丁字沽、柳滩驻军的报道

> 聞炮莫驚 卅六師與日軍同日試放槍炮
>
> 陸軍三十六師部隊於昨今兩日試炮，公安局佈告事云：為佈告事，案准，陸軍第三十六師參謀處函開，為通知事，查第一零六旅所屬之（第二百十二團），於明（七）日在丁字沽，（二百十三團）於後（八）日在宜興埠，試放手擲彈、機關槍、迫擊炮，相應通知，希即查照，勿生悞會為荷此致，等因奉此。除分行外，合行佈告，仰全市民眾，一體週知，毋得驚疑，為要此佈。公安局今日發出佈告，以日本軍營，定於八日下午一點至三點，在海光寺附近試演空炮，望全市民眾，毋得驚疑云云。

1929年3月8日《大公报》有关三十六师与日军同日试放枪炮的消息

谧。据闻该军纪律极佳，勤劳尽职，是以该村居民受福不浅，称颂郝连长、张排长之功德不已云。

1929年3月8日《大公报》第9版《闻炮莫惊 三十六师与日军同日试放枪炮》：陆军三十六师部队于昨今两日试炮，公安局布告云：为布告事，案准。陆军第三十六师参谋处函开，为通知事，查第一零六旅所属之（第二百十二团），于明（七）日在丁字沽，（二百十三团）于后（八）日在宜兴埠，试放手掷弹、机关枪、迫击炮，相应通知，希即查照，勿生误会为荷此致，等因奉此。除分行外，合行布告，仰全市民众，一体周知，毋得惊疑，为要此布。公安局今日发出布告，以日本军营，定于八日下午一点至三点，在海光寺附近试演空炮，望全市民众，毋得惊疑云云。

1930年11月26日《大公报》第7版《短讯》：东北航空司令部，筹办京辽航空，拟在津设分站，派参谋赵希曾来津，勘定特一区佟楼、丁字沽、富兴庄三处，可供降落。

1932年10月19日《大公报》第7版《日军自今日起演习四日

行军几遍及于全市近郊 公安局通知商民届时远避》:驻津日军,定自今日(十九日)起至二十二日止,连日在市郊各村举行行军及实施演习,公安局准先后通牒。昨已通令各属传谕商民知照,为令知事,顷准日本驻屯军司令部先后通牒译开。計(略)十月二十一日,自午前八时至午后五时行军,经路东马路、金钢桥、金钟桥、旱桥、西(席)厂、雀(霍)家嘴、柳滩、穆庄、南仓、马庄、丁庄、刘家园、丁字沽、西沽、大红桥、南门,实施演习。(略)

1932 年 10 月 19 日《申报》第 4 页《驻津日军准备大举演习》:(天津)驻津日军司令部十八日通谍公安局,内称:十九晨七时至午后四时,在东乡葛家房子一带,演习空炮,敝军经过万国桥、特三区、大王庄、郭庄、小王庄、范家房子。二十晨八时至午后五时,行军经过南门大街、北浮桥、大红桥、韩家墅。二十一晨八时至午后五时,行军经过东马路、金钢桥、金钟桥、旱桥、西(席)厂、霍家嘴、柳滩、穆(家)庄、南仓、丁家庄、马家庄、刘家园、丁字沽、西沽、大红桥、河北大街至南门一带实施演习。二十二晨七时至午后五时,行军经过东马路、北马路、北浮桥,在西车站一带实施演习。经赵家场、西马路、南马路回兵营。公安局已函复照准,并通饬所属晓谕市民勿惊。(十八日专电)

1938 年 2 月 19 日《申报》第 1 页《津游击队活跃 敌及伪侦缉队被击伤甚众》:【徐州十七日中央社电】津讯:津郊丁字沽及西营门外一带游击队四五百人,活跃甚力。十六日晚八时许,津西门外联兴里伪公安局侦缉第五队被围击,枪声大作,至十时许始止。该部约五六十人,系由小西关越墙子河而来,事后敌军且小部赶到,以机关枪乱射,伤行人数名。游击队临去,遗一函致侦缉队,令勿干涉,敌伪均加意防备。又西营门外十余里之大园村,所发现之游击队尤多,敌军一中队,十六日晚亦赶到应战,被击伤者甚众。

1938年7月10日《申报》第1页《津郊附近 国旗飘扬 游击队集冀东》:【香港九日中央电】津讯:青天白日旗,飘扬于津郊附近区域,敌军即遇之亦不敢樱其锋,查最近津内之北仓、丁字沽、宜兴埠等镇,随时均有我游击队高举国旗通过,开向冀区内,所过之境,秋毫无犯,人民群起欢迎。如前日在北仓车站数度与敌守备队相遇,初敌尚鸣枪示威,继见我军部队众,于是即退匿车站内不复出,我军因另有任务,亦不穷追,安然向目的地前进,行军神速,集合有方,在冀东战区内为势益厚,行将与各地义军会合,使前方之敌随时有后顾之忧,华北敌军,因此已感觉恐慌矣。(略)

1947年4月6日《益世报》刊《津全市治安决无虞 城防工款已筹备》:津市外围修筑城防工事,自上月二十二日施工,现正加紧进行。全部工费,预算二百六十亿元,决尽量利用公家材料,或须二百亿即可敷用。市府昨接行政院电称,已奉主席核准,由本市四行两局及中纺津分公司垫拨。据悉:此项工款,多半由中央核拨,另由地方摊筹一部,当局决定向市内富商巨贾筹捐为原则,刻正核议办法。另悉:本市边区宜兴埠、丁字沽等各村,请求市府将该村划入城防工事范围以内,藉保安全。昨据市府梁秘书长谈称:城防工事界线系根据战略及地形所勘定,一部乡村虽划在市壕之外,但当局同样重视,设法保护,将分建碉堡,并设置障碍物,以资拱卫。(《〈益世报〉天津资料点校汇编(三)》第1619页)

1947年7月2日《益世报》刊《津郊五村不拆除白庙及霍家嘴防务 加强另外三村察勘后再决定 五村代表昨日来津请愿》:津市近郊三区及九区城防沟壕外五个村落,前经当局决定拆除,扫清城防射界,以免共军藉以袭扰津市。各村保长会同第三区区长李铭纶,连日代表村民赴市府及有关当局请愿。迄至昨日止,大体已获得圆满解决。各村代表四人,昨日在市府求谒杜市长,适市长因公去平,未获晤。据三十三保长(霍家嘴)康相九称:当局拟拆除之村落在第三区内共四个村,计:张兴庄,有人家三百余户;何兴庄之一部,二百余户;白庙村,约三百户,及霍家嘴,二百三十户,另在第九区内有一村,即丁字沽,有千余户,约拟拆去一半。综计各处拟拆除者共千余户,一旦拆除,即将有万余人口流离失所。昨日下午五时许,各村代表奉市府指示,往警察局谒李汉元局长。据李局长表示:五村落中,白庙村及霍家嘴已决定不拆除,并由两村居民自行构筑沟壕工事,与驻军协力防守。其他村落如何处置,今日(二日)市府将派大员实地视察,再与军事当局另商适当办法。又讯:另闻,关于上述五村拆除一事,已经市府呈商绥署当局在原则上议定不予拆除,并在各村外围再建外壕一道,另行设防,惟费用须由各该村村民分担,市府业已令警局商准军事当局后决定。(《〈益世报〉天津资料点校汇编(三)》第1623页)

1948年12月22日《申报》第1页《津战火渐进城垣 重点在北郊 枪炮声紧密 平郊仅有小股"匪军"窜扰》:【本报天津廿一日电】津外围战事渐次逼近城防工事,津北宜兴埠、丁字沽,津东东局子,津南灰堆、白塘口,津西杨柳青各乡均有战事,市内各路口战斗工事顷已普遍完成,进入固守态势。【本报天津廿一日电】津周边战火重点仍在津北,廿一日晨四时至十时许,炮声紧密,并夹杂枪声,不断传入市内。据军方发表:廿一日晨国军已主动出击,廿日晚"匪"千余犯津北宜兴埠、柳滩、丁字沽等地,经国军炮轰,"匪"稍退,国军于廿一日拂晓对"匪"展开冲击,午间仍对峙中。【又电】津北宜兴埠、柳滩、丁字沽之线,廿一日下午又展开激战,"匪"猛冲五六次,均被击退,入晚炮声更紧。又据军息:津南减河廿日晚发现"匪"六十二、六十三两旅及地方团队二千,架桥偷渡,经小站国军猛烈射击,"匪"伤亡六七百人。(略)

1948年12月23日《大公报》载第2版《津郊转稳 塘沽以北激战 北平外围昨无重大接触》:【本报天津廿二日专电】津郊战事二十一日夜至二十二日午无大变化,仅宜兴埠、丁字沽间地区有小规模攻覆。经国军炮火压制,旋趋平靖。津市面如恒。(略)

1948年12月23日《申报》第1页《津外围炮战亦稍和缓》:(略)【中央社北平廿二日电】华北"剿总"廿二日发表:天津外围战斗在国军坚强阵地前继续顺利进行。天津以北地区,"匪"一股约千余人,廿一日晚向柳滩、丁字沽"窜犯",与国军发生激烈战斗,经彻夜激战,毙伤"匪"八百余,廿二日晨战事沉寂。定兴堡、廿四号桥两地犯"匪",因廿一日受挫惨败,廿二日仅有另(零)星战斗。(略)

1948年12月24日《申报》第1页《顾祝同电覆七省市参会海空军支援华北》:(略)【本报北平廿三日下午六时五十分电】津周边战况沉寂,国军防务开展,津西韩家墅、丁字沽、南仓等地,二十三日相继为国军进驻,"匪"多后撤。(略)【本报北平廿三日下午八时廿五分电】塘沽国军地

1948年12月24日《大公报》有关国民党守军战况的报道(局部)

面部队,今配合舰炮,猛烈攻击来犯小夹道之林"匪"第六纵队。廿二日上午战事激烈,十二时后,国军阵地前"匪"遗尸一千五百余,"匪"全线退缩。今日上午国军在塘沽北与"匪"激战。又新河国军昨夜主动撤离,津北丁字沽、大毕庄今有局部战斗。(略)

1948年12月24日《大公报》第1版《津郊战事对峙状态 丁字沽宜兴埠等地均收复 北平外围仍沉寂新河撤离 顾祝同电告海空军北援》:(略)【中央社北平二十三日电】华北"剿总"二十三日发表平津外围战况:①北平外围二十三日无战事,情况亦无大变化。②天津以丁字沽及东北之大毕庄二十三日零时至午后一时国军不断局部出击,与"匪"发生零星战斗,午后已恢复平静。(略)

1948年12月24日《大公报》第1版《平郊昨无战事 津周围林部后退 国军主动撤离新河及车站》:【中央社天津二十三日电】津警备部二十三日午发表津周边战况称:各线战场自我军采主动攻势后,"匪"均普遍后撤,二十二日晚整夜平静。津北丁字沽陷"匪"后,廿二日晚经我强大部队兜"剿"后,国军业已进驻该地,"匪"伤亡七百余人。津西北韩家墅之"匪"亦被迫后撤,我军已前进二十华里搜索中。(略)

1948年12月25日《大公报》第1版《察南共军占领张垣 塘沽近郊战况激烈 天津郊外共军分兵东进》:【新华社平绥前线廿四日十九时急电】人民解放军于二十三日晚解放察哈尔省会张家口,守城蒋军于二十四日下午三时全部歼灭,无一漏网。战果正清查中。【本报专讯】天津二十三日消息:据悉,林彪调集两个纵队,总攻塘沽。津北共军纷纷东进。津郊穆庄子、丁字沽、刘家房子一线战况转剧。津塘间二十三日无线电话连络不通。津南战局仍紧,灰堆一线廿三日炮战甚烈,午间造纸厂内落炮弹数枚,迄晚渐趋沉寂。共军主力似仍在天津外围，一面紧缩包围圈，一面以小部队试探国军阵地。北郊一线，经二十二日整晚炮战后，逼近城防之共军突撤退。二十三日晨守军派队出

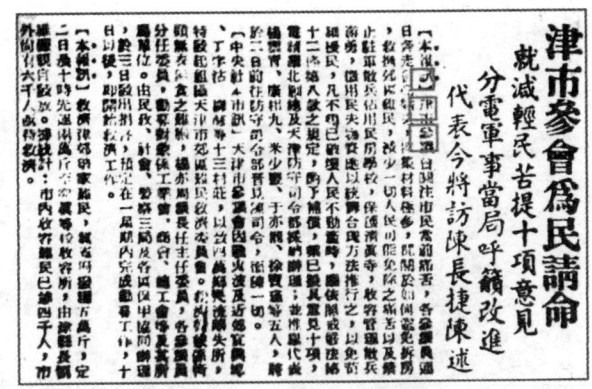

1949年1月2日《大公报》在《津市参会为民请命》中涉及丁字沽的报道

击，夺回丁字沽、宜兴埠、韩柳墅、南仓、北仓等据点，并续派骑兵向杨村一带推进中。(略)

1948年12月25日《申报》第1页《津外围反击得手》：(略)【中央社北平廿四日电】华北"剿总"廿四日发表：天津外围国军正按预定部署，采取主动，集中兵力，连日对"匪"展开猛烈反击，自十九日午后迄廿二日黄昏，三昼夜激战，"匪"死伤惨重，遭受严重打击，林"匪"对津市发动之初步攻势，已告挫败。廿三、廿四两日，国军坚强步兵实施威力搜"剿"，在天津西北南仓、北仓、天齐庙、丁字沽、柳滩及以北宜兴堡(埠)、大毕庄之线，将散"匪"分别肃清，张贵庄机场一带仍为国军驻守。(略)

1949年1月2日《大公报》第1版《津市参会为民请命》：(略)【中央社本市讯】天津市参议会因战火波及近郊宜兴埠、丁字沽、柳滩等十三村庄，以致四万乡民流离失所，特发起组织天津市郊区难民救济委员会。救济对象系街头无衣食之难胞，杨亦周议长任主任委员，各参议员分任委员，劝募对象系工业会、商会、总工会等及其

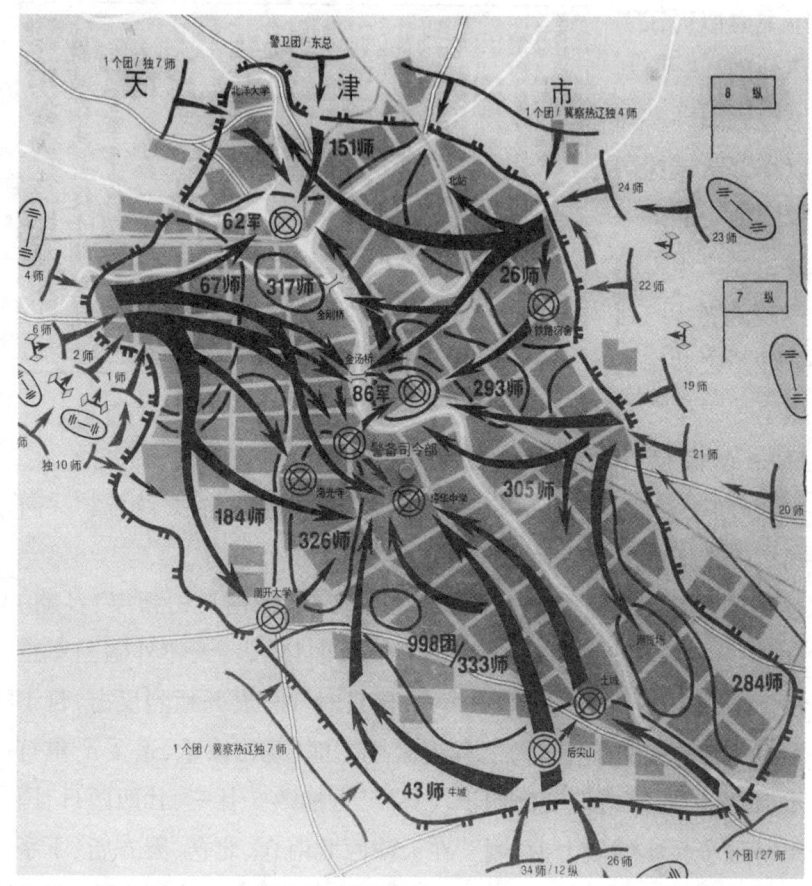

1949年1月14日10时至15日15时,天津攻坚战经过要图
(图源自平津战役纪念馆)

所属单位,由民政、社会、警察三局及各区保甲协同办理,于三日发出捐启,预定在一星期内完成劝募工作,十日以后,即开始救济工作。(略)

　　1949年1月3日《大公报》第1版《津外围国军突击顺利 北西南三面郊区有小接触 平郊沉寂 广安门外前哨战》:(略)【本报讯】

津郊战事,二日在北、西、南三面均有小接触,二日拂晓"流"共数百人"犯"津北丁字沽,战事一度迫进自来水厂,后经国军击退。西营门外二日亦有小接触,国军仍就原阵地坚守。津南曾有炮战,"流"共仍"据"蔡家台、吴家台一线,企图以炮火威胁市内机场,二日国军会派飞机前往炸射。(略)

1949年1月3日《益世报》刊《津郊炮火渐炽烈》:津东津北,昨日小有接触。丁字沽、仁爱门方面共军攻势稍为执拗,元旦夜及昨晨,均行来袭。惟国军布阵严密,共军未能得逞。【本报讯】津警部政工处昨午前十一时发表战报:元旦晚十时许,小股"匪"百余人向国军丁字沽阵地进犯,经国军以猛烈炮火击退。当时曾有"匪"方炮弹,一度接近我郊外自来水引水厂。【本报讯】津警备部发言人谈:津市周边"匪"方兵力并不如一般判断之多。连日以来,"匪"均系以小股兵力向国军阵地做试探性"犯扰",均经国军予以"痛击"而退。德国军事理论家克劳塞维茨曾谓:"一般人胆怯得多,往往夸大敌情。"今日津市一般人臆断"匪"情,未免近于夸大。惟我方兵力雄厚,部署万全。"匪"纵以今日之五倍十倍兵力来"犯",我亦应付裕如,保卫大天津绝对不成问题。【本报讯】津警部政工处昨日午后四时半,发表战报:(一)元旦下午一时,国军某部由西营门(胜利门)出发向杨柳青方面扫荡,在小稍直口村与小股"匪"约二三百人遭遇接触,激战良久,经国军以炽烈炮火将"匪"击退。国军于任务完成后,于是日下午三时回师原防。(二)元旦夜九时许,津南五南庄"匪",向李七庄国军阵地"进犯",经国军痛击后溃退。(三)昨晨九时,津西北区有少数"匪"军,向丁字沽仁爱门方面"窜犯",经国军击退。【本报讯】津警部政工处昨午十二时半发表战报:国军空军强大机群于二日中午由基地起飞,轰炸津南吴台子及达仁庄"匪"军

国民党守军强迫民工修筑城防工事（选自《天津通志·照片志》卷二 解放篇 第五十六页）

阵地，战果甚丰。【本报讯】塘沽外围共军，频向西调。其中林彪部两个纵队，已"回窜"津郊，刻在场（杨）柳青、潘庄一带活动，似在"窥机"向津郊东北各面"窜犯"。【中央社北平二日电】华北"剿"总□日发表：塘大两地连日平静无战事，沿北宁铁路两侧国军在陆海配合下，由新河车站以西造船厂胡家园七道桥指□军粮城地区搜索，另部国军亦沿海河两岸西厂、大梁子、南开一带扫荡，南北呼应，积极展开出击。（《〈益世报〉天津资料点校汇编（三）》第1650页）

1949年1月3日《大公报》第1版《津外围国军突击顺利》：【中央社本市讯】警备部政工处二日下午四时发表：元旦下午一时我军某部由西营门出发，向杨柳青方向扫荡，在小稍直口与小股"匪"二三百人接触，发生激战，我以炽盛火力将"匪"击退。我军任务完成后，于下午三时回师。津南方面，一日晚九时许，王南（兰）庄"匪"向我李七庄守军进犯，经我痛击后溃退。津西北地区，二日晨九时少数"匪"向我丁字沽仁爱门方面窜扰，经我击退。

1949年1月4日《大公报》第1版《津郊沉寂酝酿大战 林彪集结五个纵队围困 空军续飞津南各地侦炸》：（略）【本报讯】津塘战事三日均无大战。塘沽、大沽周边，林彪主力陆续西调，军粮城一线三日下午四时曾有炮战，六时后沉寂。津北丁字沽一线渐紧，二日午夜"流"共数百人"进犯"，经三小时战斗，终被国军击退，刻仍在天齐庙一带集结。津南林彪部队仍据吴家台、大任庄、李七庄附近，国军三日午派飞机侦炸。津东海河沿线国军部署紧密，准备呼应塘沽西进国军，同时出击。

1949年1月4日《益世报》刊《津北郊遭扰》：津北郊丁字沽昨又遭"流"共"犯"扰，灰堆亦有共方炮兵出现。津郊主力战，似有一触即发征象。据悉：林彪部第八、第九、第十、第十一等纵队番号，已发现于津北、津南、津西各线，欢坨、杨柳青、大稍直口、大任庄、咸水沽均有"流"共活动，惟因国军部署周密，尚在踌躇不前。(《〈益世报〉天津资料点校汇编（三）》第1650页)

国民党守军修筑的护城河（选自《天津通志·照片志》卷二 解放篇 第56页）

1949年1月5日《大公报》第1版《津郊战事渐趋激烈 昨各线均接触西北两郊炮战 北塘站一度收复 平外围沉寂》：（略）【本报讯】津北、西两郊四日晚九时后激战再起，"流"共北沿丁字沽，西沿西营门外小园村两线"进犯"，国军坚守城防工事，炮战至午夜后未停，迄今晨一时，稍见沉寂。据军方某负责人称："'共匪'集结津周边数量颇多，此次自西、北两面进犯，人数亦较以往为众，且使炮兵参加作战，向我阵地连续猛攻，似有较大企图，我军对'匪'炮火未予还击，仅坚守阵地，静候'匪'军进入预留地雷阵地后，再集中炮火射击。"（略）【中央社本市讯】警备司令部政工处四日上午十一时发表津郊战况，津东郊王串场、东局子方面，四日晨"匪"军曾向我军阵地发炮二十余发，守军沉着应付，并无损失。南郊王台子、蔡台子等地"匪"军经我空军炸射，三日已向后撤退，迄四日晨该方面甚为平静。西北郊丁字沽方面"匪"于除夕元旦通遭我无情打击，已不敢"蠢动"，三日夜及四日晨皆无接触，我正严密监视中。（略）

1949年1月6日《大公报》第1版《津市周边普遍接触 四郊竟日炽烈炮战》：（略）【中央社本市讯】警备司令部政工处五日午发表津郊战况：津西北郊北辛庄（西车站西北）四日下午七时小股"匪"以炮火向我阵地盲目射击，我守军猛烈还击，"匪"乃沉寂，双方并无近距离之接触。四日下午十时许"匪"向我丁字沽、蔡台子、王台子等地"扰攘"，经我痛击后，"匪"即"潜逃"。我军阵地极为巩固，四日夜距在津郊西北、西、南三方以小炮射击我阵地，我沉着还击，防线毫无变化，我军且随时出击搜索，予"匪"重创。（略）【中央社北平五日电】华北"剿总"今发表天津及塘大外围战况：①天津外围国军在坚强阵地前，以优势兵力不断对"匪"出击扫荡，今晨在东西堤头以东，万辛庄以北，丁字沽、柳摊（滩）以西，小稍直口等地与

"匪"先后发生接触,经激战二小时,均分别被我击退,毙伤三百余,获机枪两挺、步枪四十余支。我强大炮兵于上午十时前后曾对大毕庄、大任庄两"匪"炮兵阵地展开猛烈轰射,一度发生炮战,迄午后即恢复平静。②塘大两地国军仍以原态势控制机动,红楼、南开、西林村、新河车站材料场东西国军阵地及工事均已加强,除连日国军出击搜"剿"部队与"匪"发生局部接触外,无重大战斗。③今我强大机群仍分批出动,在平津及塘沽外围继续轰炸"匪"炮兵阵地及股"匪",计毙伤"匪"约七百余,摧毁工事及炮兵阵地二十处、车辆四十余辆。(略)

  1949年1月6日《申报》第1页《天津周边形势吃紧》:【本报天津五日电】津周边形势转趋紧张。四日夜迄今,炮声紧密,西北部丁字沽及津南灰堆,津北吴家嘴,并西郊均有激战,津东亦有炮火,城防线内已落炮弹。【本报天津五日电】军息:四日夜"匪"于津西北、西、南三方,以小炮射击国军阵地,国军沉着还击,防线无变化。

支前大车队满载粮食送往平津前线(选自《天津通志·照片志》卷二 解放篇 第55页)

津南之灰堆,自四日晚展开激战,迄五日晨仍继续中。蔡台子、王台子及津西北保(丁)字沽,四日晚均有"匪""蹿扰",已被击退。(略)

1949年1月6日《益世报》刊《战火迫近津市》:(略)【本报讯】津警部政工处昨午发表:(一)津西北郊北辛庄(西车站西)四日晚七时许有小股"匪"以炮火向我阵地盲射,经守军痛击,战事逐转趋沉寂,双方并无近距离接触。(二)四日夜十时许,小部"匪"军同时向我丁字沽、蔡台子、王台子等地扰乱,经我还击后,"匪"即潜踪,我阵地极为巩固。(三)四日夜"匪"在津郊西北、西、南三方面以小炮射击我阵地,我军沉着,均未为所动,不但防线毫无变化,我守军且随时出击搜索,予"匪"重创。(《〈益世报〉天津资料点校汇编(三)》第1651页)

1949年1月9日《申报》第1页《津保卫战继续推进》:(略)【本报天津八日电】津郊战斗七日晚迄八日晨冲杀未停,除东西两线外,北郊八日晨亦起战斗,大毕庄、丁字沽一带均有激战,而以东西两线最烈。据军息:东局子与市内有线电七日晚已断,"匪"第七纵队,七日"进犯"未逞,曾一度图增援,复被国军阻击,国军援军已开出,即可与守军会师。八日晨,"匪"第八纵队又倾全力向该方面赵顾(沽)李(里)庄、王串场、范家堡等地"进犯",猛冲五六次,展开

解放军跨越护城河攻入市区(摘自网络)

白刃战,"匪"终未逞。西线西营门外北辛庄、大园村等地,七日夜"匪"以第一、第三纵队各一部发动波浪攻势,亦已被堵击溃。(略)

1949年1月10日《大公报》第1版《津警备部战报 空军两度飞临助战》:(略)【中央社本市讯】警备部政工处发表:津郊战已愈趋惨烈,我"匪"双方在东西两线展开白刃肉搏战,我以充沛火力、旺盛士气,"歼匪"无算,我高级指挥官部队长均在火线亲自指挥,故士气大为振作。㈠八日夜"匪"第一、第二两纵队以主力分由南运河南北两岸向我大小园村阵地猛烈"进犯",反复猛扑十余次,结果均被我击退。㈡自八日晚以来,"匪"以密集部队人海战术,由南仓、北仓向我柳滩、丁字沽之线猛扑,被我迎头痛击,炮战□夜,残"匪"甚众。㈢津东范家堡之线,自八日下午电讯联络中断后,迄九日午后战斗已告终止。据统计,自天津保卫战展开以来,我所获战果:东局子方面"歼匪"五千以上,范家堡方面三千以上,大小园村附近至少在六千以上,总计当在一万四五千人。"匪"受此严重打击,为企图"报复",复调集其炮兵纵队,携炮百余门至大□周边,企图大举"进犯",惟八日之夜,我炮兵发挥威力,□知我军弹多落"匪"炮阵地,"匪"目

1949年1月解放军突破敌军防线,战车协同步兵进攻大王庄(选自《天津通志·照片志》卷二 解放篇 第57页)

精锐之炮兵,已被我消灭甚多,欲□再逞,恐已无能为力。(略)

1949年1月10日《申报》第1页《华北进入决战阶段 天津周边战斗时起时止》:(略)【中央社北平九日电】华北"剿总"九日发表:天津外围主力战,国军在陆空协同主动攻击下,再获胜利。林彪"匪部",八日倾其大部兵力,并凭借各种炮火,向天津东北金钟河南岸赵郭、李庄,西北丁字沽,以东范家堡,以西西营门外阵地猛犯,战斗竟日,激烈空前,国军官兵士气旺盛,以步炮空炽烈火网,连续击退"匪"人海冲锋共达卅余次,"匪"死伤惨重,尸体遍地,迄晚十时前后,林彪向天津外围发动之攻势再遭重大挫败。(略)

1949年1月11日《大公报》第1版《津郊激战守军出击 飞机开始空投物资》:【本报讯】津市十日上空整日机声轧轧,据悉:空军派来大批飞机空投物资,上午有军机四架,于津西南区空投,下午

在解放天津战斗中,敌我双方展开了激烈的巷战(选自《天津通志·照片志》卷二 解放篇 第58页)

续有多架在民园附近空投,均以小降落伞附牵,外包铁筒,所装物资不详。此外空军轰炸,战斗机亦不断来津助战,晚九时后上空仍有飞机盘旋。又津市内另一机场闻已竣工,即可试降。(略)【本报讯】津东郊王串场,南郊八里台,西郊大园、小园,北郊柳滩、丁字沽十日炮战断续,至晚九时四周拼斗又炽,空军一架曾低飞协助侦炸。(略)

1949年1月14日《大公报》第1版《津郊战事惨烈进行 市区落弹伤亡益重》:(略)【本报天津十三日下午十时专电】津郊混战仍烈。东线共军自十三日晨三时后猛扑王顶堡(堤)、浙江义地、广东义地之线,数度演出惨烈肉搏战,王顶堡(堤)全村被焚毁。混战迄晚七时后始转沉寂。西营门外不断有小接触,迄晚尚无大规模拼战。北郊于晚六时至七时有炽烈炮战,河北居民区落弹极多,迄晚查出市民伤亡在百名以上。七时半丁字沽、霍家嘴、白庙一线,共军千余人猛扑四次,炮火炽烈,八时半始转沉寂。南郊亦有炽烈炮战,中纺公司六厂落弹多枚,机器有损害,员工亦有伤亡。八时半后四郊炮战再起。(略)

1949年1月15日《大公报》第1版《激战续进行 平郊亦有小接触》:(略)【中央社北平十四日电】华北"剿总"发言人十四日发表天津一周战况:自七日下午起,林"匪"四个纵队猛"犯"天津东西两面城郊,八日以来,其第一次主力攻势被我击溃。十四日据俘虏供称,其每一纵队损失一个半至两个师,其在丁字沽之纵队已受到歼灭打击。除东局子、灰堆国军主动撤离外,其他无变动。现战事接近城防线,尤对国军有利。国军以缩面固点,集中火力,打击"匪"之人海战术。至十四日综合一周陆空战果,战斗计达八十六次,毙"匪"六万一千余人,俘"匪"官兵六百七十二人。国军约一个团,缴获炮

天津解放前夕，解放军缴获敌军大量坦克（选自《天津通志·照片志》卷二 解放篇 第54页）

十一门、轻重机枪三十余挺、步枪六百五十余支，摧毁"匪"工事及炮兵阵地一百二十多处，摧毁炮四十余门。

《中国战典(下)》：丁字沽战斗：1949年（民国三十八年）1月，平津战役中，人民解放军东北野战军一部在天津外围向国民党发动的一次攻坚战斗。丁字沽位于天津市北郊，是国民党军防守天津的一个重要外围据点，工事坚固。东北野战军第2纵队独立第7师以1个团的兵力，在炮火支援下，于7日对丁字沽发起攻击，经过激烈战斗，歼灭国民党军第62军第151师1个连。当晚，第62军又以1个营的兵力发起反击，被解放军击退。（中国人民革命军事博物馆编著《中国战典（下）》，解放军出版社，2008年版，第904页）

《中国历史故事》：1947年2月，国民党军成立了以天津市长杜建时为首的城防构筑委员会，全面构筑天津城防工事。3月动工，至9月基本完成，构筑了一条40余公里的环城防线，沿该防线还筑了一道高3.5米、底宽7米、顶宽1米的护城土墙。土墙外侧挖了一条宽10米、深3~4米、水深1~2米的护城河。土墙内侧修了一条宽5米的交通道。以该防线为依托，在其外围和纵深筑了三道防御阵地,共修大型钢筋水泥碉堡270余座,以及其他副防御设施。傅作义就任北"剿总"总司令后,对天津防御极为重视。1948年6月,请调当时在兰州任第8补给区司令的陈长捷任天津警备司令,并指示其"加固既设工事,想尽一切办法,坚决将天津守住"。陈长捷上任后继续加修天津城防工事,特别在平津战役发起之后,采取各种应急措施,为扫清射界,日夜清除外围防御阵地前1000米以内的树木、房屋,造成"真空地带",并在这一带铺设近4万颗地雷。在市区各主要马路中心、胡同巷口赶筑临时碉堡,在各主要高大建筑物上修建强力据点,将南运河水引入护城河,同时关闭护城河入海通道,使护城河水深猛增至3米。为防止河水结冰,每天派人穿河砸冰,致使河水横溢。津保公路以南10余平方公里地区一片泽国,企图以此阻止解放军向天津接近。陈长捷自诩"大天津堡垒化","可获得绝对之保证"。从1月3日起,攻津各部队在积极进行攻城准备的同时,开始天津外围作战。至1月12日,第1纵队先后攻占张八坟碉堡群、西营门西南之碉堡群、丁字沽、王顶堤、大堤等据点。第7纵队先后攻占增新(兴)窑、万新村、东局子、吴家嘴、浙江公墓、姜家砖窑、广东山庄等据点。第8纵队攻占灰堆。第12纵队第34师先后攻占李七庄、赵家坝、凌庄子等据点。至此,扫清了天津外围,形成对天津城的紧密包围。整个外围作战,共歼国民党军4700余人。(饶志良主编《中国历史故事(六十)》,学苑音像出版社,2004年版,第44-48页)

余 音

《红桥区志·大事记》：1949年1月19日，区委领导马青年带队慰问受灾严重的邵公庄、丁字沽、东、西菜园受灾群众。(《红桥区志》第44页)

《红桥区志·大事记》：1950年3月16日，丁字沽、西于庄、邵公庄农业社土改工作，经评定成份、调剂和分配土地，于即日顺利完成。(《红桥区志》第45页)

《红桥区志·大事记》：1952年3月26日，九区农民协会统计：丁字沽、邵公庄、西于庄三村共有农民户1490户，农业人口9475人，土地15394亩。(《红桥区志》第46页)

《红桥区志·大事记》：1952年10月10日，市政府发布调整

翻身的农民丈量土地(选自《天津通志·照片志》卷三 起步篇 第74页)

行政区划的命令,各区成立人民政府。原九区和原八区的一部分组建为新八区。新八区区划为:东至老铁桥大街,南到北马路、西关街,北至北运河、丁字沽,西至西横堤。(《红桥区志》第46页)

《红桥区志·大事记》:1954年5月30日,据统计,丁字沽、西于庄、邵公庄三个行政村有耕地13203亩,其中园田1019亩。(《红桥区志》第47页)

《红桥区志·大事记》:1960年3月17日,区将11个街道办事处合并为河北大街、西沽、三条石、大伙巷、南头窑、丁字沽工人新村6个人民公社。(《红桥区志》第50页)

《红桥区志·大事记》:1962年10月,市人委《关于调整街道办事处管辖范围的通知》,实行"政社分开",恢复街道办事处建制。红桥区街道办事处由6个调整为16个,即河北大街、邵公庄、西站、大胡同、三条石、大伙巷、先春园、春德街、南头窑、怡和街、小西关、红桥南、西沽、丁字沽、西于庄、丁字沽工人新村。(《红桥区志》第50页)

《红桥区志·大事记》:1981年1月10日,新建丁字沽三号路居民区,用地87.62公顷,建筑面积43万平方米,公共建筑6.5万平方米。(《红桥区志》第57页)

《红桥区志》第一篇《区划 环境》第一章《建置区划》第二节《区划》:红桥区的行政区划,是天津解放以后随着天津市行政区划的调整逐步而形成的。1949年天津解放前夕,以南运河为界,红桥区大部在河北,为天津市第九区。东至北运河,南至南运河,西至旧市界,北至北运河。包括西北部的邵公庄、西于庄、丁字沽三个市郊农村,土地面积17.6平方公里,居民173282人。河南为第八区,位于市区西北部,东至海河,南至鼓楼东、西大街、西关街,西至西营门

1955年津郊农民报名申请加入高级社(选自《天津通志·照片志》卷三起步篇第95页)

市界,北至南运河。1949年初,全区有居民49675户,257533人;其中回族27831人,是市区回族的聚居区。1949年1月15日,中国人民解放军接管了国民党第九区公所,经天津市人民政府批准,于1949年3月12日建立了第九区人民政府。同年6月改为第九区公所,为市人民政府的派出机关。1952年10月,按照天津市人民政府《关于本市行政区划重新调整及撤销区公所成立区人民政府的命令》,与第八区的16个公安派出所辖区(第八区部分地区居民34155户167094人)合并,组成新第八区,建立第八区人民政府。区界为:东至北运河、北门外大街,南至北马路经西马路沿西关大街至南运河,西至千里堤、西横堤,北至北运河、丁字沽、唐家湾大道。区内设28个街公所:关上、关下、营门东、河北大街、营门西、西站、邵公庄、三道桥、树德里、桥北、西于庄、西沽、大伙巷、小伙巷、北小道子、春德街、塘子胡同、南头窑、西关外、小西关、自来水、先春园街、朱家花园、怡和街、梁家嘴、丁字沽工人新村、丁字沽、芥园。同年11月将三元村、北辛庄划归八区管辖，街公所增至30个。1954年6月将30个街公所改组为街道办事处。1955年3月，依照《中华人民共和国地

1952年天津市长黄敬等到新建成的工人新村视察（选自《天津通志·照片志》卷四 发展篇 第134页）

方各级人民代表大会和地方各级人民委员会组织法》，区人民政府改称区人民委员会。1956年1月，根据天津市人民委员会关于市辖区按地名称呼的通知，第八区因界内子牙河上大红桥得名，改称红桥区。同年5月将区境内街道办事处合并为17个，即：丁字沽工人新村、丁字沽、西于庄、红桥北、红桥南、河北大街、邵公庄、营门西、西站、三条石、大伙巷、先春园、太平街、春德街、塘子胡同、南头窑、小西关。1958年10月，根据天津市人民委员会《关于实行新行政区划的决定》，原北郊区东至三义村，西至线河，南至尹（隐）贤村，北至汉沟的10个乡镇组成的人民公社和原城厢区的大胡同街划入红桥区。区界为：南至老铁桥大街、北马路、西马路，西至市边界，东至北运河，北至武清县境。区内设11个街道办事处：丁字沽工人新村、西沽、红桥南、河北大街、邵公庄、三条石、大胡同、大伙巷、春德街、南头窑、小西关。1960年将红桥区街道办事处合并为6个人民公社，即：丁字沽工人新村、西沽、河北大街、三条石、大伙巷、南头

窑,实行政社合一。1961年政社分设,形成6社6街。1962年2月根据市人委《关于恢复郊区和划分市郊界限的通知》,1958年区属农村划归北郊区,同时调整与南开区的分界,原属南开区南北横堤以东的杨庄子、前园划属红桥区,并将6个人民公社划分为9个人民公社:大伙巷、春德街、河北大街、邵公庄、西沽、红桥南、三条石、南头窑、丁字沽工人新村。同年10月撤销人民公社,恢复街道办事处建制,设16个街道办事处:河北大街、西站、邵公庄、三条石、大胡同、大伙巷、先春园、春德街、南头窑、怡和街、小西关、西沽、红桥南、西于庄、丁字沽工人新村、丁字沽。1966年"文化大革命"动乱开始,红桥区改称"红卫区"。1967年12月成立"红卫区革命委员会"。1968年1月恢复原区名。1969年,怡和街并入南头窑,西站街并入河北大街,设14个街革命委员会:河北大街、邵公庄、三条石、大胡同、大伙巷、先春园、春德街、南头窑、小西关、西沽、红桥南、西于庄、丁字沽工人新村、丁字沽。1978年撤销街革命委员会,恢复街道办事处。1980年5月,红桥区第八届人民代表大会选举产生了红桥区人民政府。同年增设咸阳北路街办事处,红桥区共设15个街办事处。1988年西沽、红桥南两

1952年集中兴建了成片的联排式工人新村。(选自《天津通志·照片志》卷四 发展篇 第133页)

20世纪50年代初,在丁字沽的农田和洼地上,建起了一批三四层住宅楼(摘自网络)

街合并。1985年至1990年在由红桥区管理的北郊区地界内建佳园里、双环邨两个居民住宅区,经市政府批准设立双环村街道办事处,同年新建佳园里地区管理处,1993年佳园里地区管理处并入双环邨街道办事处。(《红桥区志》第74—75页)

《北辰区志》第一编《建置》第一章《位置 区域》第二节《区域》:1953年5月14日,始建津北郊区,区域为原天津市属天津县三、四区的93个自然村:朱唐庄、张献庄、南麻疙瘩、北麻疙瘩、小孟庄、小杨庄、大张庄、小诸庄、李辛庄、北何庄、二阎庄、刘招庄、刘马庄、北孙庄、大杨庄、小淀、小贺庄、温家房子、赵庄东台、赵庄西台、刘安庄、宜兴埠、韩盛庄、小马庄、辛侯庄、芦新河、姚庄子、刘快庄、柳滩、天穆、白庙、霍嘴、勤俭村、

初建丁字沽工人新村时的情景(摘自网络)

南仓、马庄、阎街、王庄、吴嘴、刘园、北仓、三义村、周庄、小赵庄、小丁庄、小阎庄、赵虎庄、李嘴、王秦庄、桃花寺、董新房、桃园口(桃口)、汉沟、小街、胡园、庞嘴、张湾、上蒲口、杨堤、郎园、西赵庄、常庄、下辛庄、屈店、双街、下蒲口、柴楼、沙庄、前丁庄、后丁庄、平安庄、双口、安光、后常家堡、前常家堡、郝家堡、徐家堡、赵家圈、岔房子、东堤、线河、上河头、中河头、下河头、杨家河、铁锅店、李家房子、双河、隐贤、刘家码头、刘房子、杨家嘴、韩家墅、青光。1955年2月,小丁庄、小赵庄合并为丁赵庄,区辖92个自然村。1958年初,市属张兴庄、东于庄(含席厂)、西于庄、丁字沽(含郭辛庄)4村划入,区辖96个自然村,时与市区界在北洋桥至西沽一线。(《北辰区志》第86页)

《北辰区志》第一编《建置》第二章《隶属 区划》第二节《区划》:附一:幸福(北仓)人民公社区划:幸福人民公社位于区境京山铁路以西地区,1958年8月23日在北仓镇组建,辖9乡1镇66村52个高级社、16637户73869人、22万亩耕地。1958年10月10日,因区建制撤销而划归红桥区。年末,以原乡镇为基础,划为10个生产大队。其中,北仓大队辖北仓、三义村2村;李嘴大队辖李嘴、周庄、阎庄、赵虎庄、小丁庄、小赵

粮食获得好收成(选自《天津通志·照片志》卷三 起步篇 第96页)

庄、王秦庄、董新房、桃花口、桃花寺、屈店、常庄子、西赵庄、下辛庄14村;双口大队辖双口、前丁庄、后丁庄、平安庄4村;南仓大队辖南仓、吴嘴、王庄、马庄、阎街、刘园6村;天穆大队辖天穆村;柳滩大队辖柳滩、霍嘴、勤俭、丁字沽、邵公庄5村;张湾大队辖汉沟、上蒲口、小街、庞嘴、胡园、张湾、杨堤、双街、柴楼、下蒲口、沙庄12村;韩家墅大队辖韩家墅、刘房子、刘家码头、杨家嘴4村;青光大队辖青光、铁锅店、双河、隐贤、李家房子5村;河头大队辖安光、郝家堡、前常家堡、后常家堡、徐家堡、赵家圈、线河、上河头、中河头、下河头、杨家河、岔房子、东堤13村。(略)1960年6月27日,津北畜牧场设6个分场,辖55村,其中天穆分场辖天穆、柳滩(含霍嘴、勤俭)、丁字沽3个生产队(5村)。(略)(《北辰区志》第91—92页)

《红桥区志》第二篇《四个发祥地》第二章《商业发祥地》第五节《斗店和油栈油坊》:(略)丁字沽。主要集中北运河来的粮船,以及天津附近乡镇用人力或畜力运来的粮食,多在这里成交,但数量不大。(略)(《红桥区志》第97页)

《红桥区志》第五篇《民俗方言》第一章《民俗》第二节《饮食》:(略)在西大湾子,梁家嘴,北大关的东西南北,侯家后(原直隶总督署附近),河北关上、关下,西河码头(大红桥附近),丁字沽一带,因航运繁忙,各种小吃应运而生。如西大湾子大福来锅巴菜、侯家后狗不理包子、金华园河沿穆奶奶熬鱼贴饽饽(一锅熟),北大关附近的耳朵眼炸糕、烧饼夹肉,河北关上、关下的糖蘸子、炸蚂蚱、卷圈、粉汤,都曾风靡一时。至于秫米饭、王六的羊肉粥、北门烫面饺,东门羊肉包、驴肉,也曾是名品。小吃的特点是快餐性,可随产随吃,不耽误工时,又品种多,滋味好,价钱贱,所以在红桥区深受劳动者欢迎。(略)(《红桥区志》第199页)

《红桥区志》第五篇《民俗 方言》第三章《方言》第一节《区境方言的一般情形》：(略)天津方言岛呈一个倒置的等腰三角形，底边东起东丽区的赵庄子，中间穿过河北区和红桥区，西至西青区的曹庄子。三角形的顶端在距底边约25公里的津南区大韩庄。从顶端向东北到赵庄子，向西北到曹庄子是三角形的两腰。两腰以外的东、南、西三面都被静海方言区包围着，底边以北则是由天津方言过渡到北京方言区的地段。从河北区的蓆（席）厂、白庙、霍家嘴和红桥区的西沽、丁字沽、柳滩这道线开始就增加了北京方言的成分，越往北越多，过了北仓北面的引河就完全到了北京方言区（武清方言也属北京方言音系）。(略)(《红桥区志》第203页)

《红桥区志》第六篇《人口》第一章《人口分布》第二节《人口密度》：新中国成立初期，总人口15万余人。人口分布极不均衡，东南部集中在大胡同、三条石、河北大街一带；西南部集中在春德街、先春园、南头窑一带；西北部集中在邵公庄、西于庄和丁字沽一带，基本上是市、郊村庄类型。有土地1.5万亩，能耕地不及1/10，其余多是荒地。在占全区面积3/4的土地上，居住着农业人口近万人，渔民户5000余人，非农业人口4万余人，占全区人口总数的40%。(《红桥区志》第213页)

《红桥区志》第七篇《街道》第二章《街道工作》第一节《社区管理》：三、绿化园林。(略)丁字沽街1995年创建桃花园1.7平方公里噪声控制小区。四、市政建设（略）1958年以前，各街胡同里巷都是土路。从1960年开始，丁字沽街组织一些重点胡同里巷采取民办公助的办法修建沥青路面。到1981年全街109条胡同里巷全部铺装了沥青路面，实现了黄土不露天。市有关部门召集全市街道负责人到该街召开现场会，推广经验。(略)(《红桥区志》第247页)

《红桥区志》第七篇《街道》第二章《街道工作》第二节《社区建设》:二、社区文化。(略)丁字沽街每年都在桃花园与区文化局协同组织"桃花文化盛会",共设7至9个活动点,3万余人参加,该街还多次组织灯展,1990年的灯展共展出各式灯笼2800多盏。(《红桥区志》第249页)

《红桥区志》第七篇《街道》第三章《居委会组织》:至1995年末,红桥区共有居委会346个。(略)丁字沽街:一片、二片1委、二片2委、三片、四片1委、四片2委、五片、六片、七片、八片、十二段、十三段一委、十三段二委、十三段三委、北平一委、北平二委、胜灾一委、胜灾二委、运河一委、运河二委、新平一委、新平二委、邢台一委、邢台二委、勤俭桥、曙光楼、光荣楼、桃花堤、桃南一委、桃南二委。丁字沽工人新村街:一段一委、一段二委、二段一委、二段二委、二段三委、三段一委、三段二委、三段三委、四段一委、四段二委、五段一委、五段二委、六段一委、六段二委、六段三委、七段一委、七段二委、八段一委、八段二委、十段一委、十段二委、十段三委、十一段一委、十一段二委、十一段三委。(《红桥区志》第255页)

1912年形成的杜康胡同

《天津市地名志·红桥区卷》第一章《政区和居民地》第二节《街道》第三节《里巷》:丁字沽南大街:在红桥区北部,西北起晗旭胡同与丁字沽北大街相连,东南至光荣道,中与勤俭道、桃花堤大道、五爱道、红塔寺大道等相交。长990米,宽5米。沥青路面。明、清时代是通往京城的必经大道,与丁字沽北大街统称"官道"。民国初年称丁字沽大街,1938年以晗旭胡同为界,南段改称丁字沽南大街,北段称丁字沽北大街。1975年与丁字沽南大道(光荣道至勤俭道一段)接顺,统称今名。(略)**丁字沽北大街**:在红桥区北部,西北起唐家湾大道,东南至晗旭胡同与丁字沽南大街相通。长760米,宽5米。沥青路面。明、清时是通往京城的必经大道,与丁字沽南大街统称"官道"。民国初年称丁字沽大街,1938年以晗旭胡同为界,北段改称丁字沽北大街,两侧皆为平房。(略)**一条王胡同**:(略)东北起丁字沽三道街,西南至丁字沽南大街。长102米,宽2.2米,沥青路面。约1644年形成,称王家胡同、张家胡同。1953年更今名。两侧为平房住宅,有居民36人。(略)**二条王胡同**:(略)东北起丁字沽三道街,西南至丁字沽南大街。长57米,宽3米,沥青路面。约形成于1644年,称王家胡同,1953年更今名。两侧为平房住宅,有居民70人。(略)**三条王胡同**:(略)西南起丁字沽南大街,东北端不通。长30米,宽3米,沥青路面。约建于1644年,称王家胡同,1953年更今名。两侧为平房住宅,有居民54人。**农乐胡同**:(略)东北起丁字沽南大街,西南

1934年形成的娘娘庙前胡同

至丁字沽零号路。长106米,宽1~3米,沥青路面。1949年前曾名教堂胡同、杠房胡同,1958年接顺更今名。两侧为平房住宅。有居民82户,152人。**农乐东胡同**:(略)北起丁字沽南大街,南至丁字沽零号路。长72米,宽3米,沥青路面。约1950年形成,因北端曾有丁字沽公所,故名公所胡同。1982年以位于农乐胡同东侧更今名。两侧为平房住宅,有居民48人。(略)**农乐西胡同**:(略)东北起丁字沽南大街,西南至丁字沽零号路。长118米,宽2米。沥青路面。因位于丁字沽南大街42号处,原名42号大院。1982年因位于农乐胡同以西更今名。两侧为平房住宅。有居民48户、156人。(略)**一条林胡同**:(略)东北起丁字沽三道街,西南至丁字沽南大街,中与丁字沽二道街相交。长90米,宽1.5米。沥青路面。清朝年间形成,名林家胡同,1920年前后更今名。两侧为平房住宅。有居民572人。(略)**二条林胡同**:(略)东北起丁字沽二道街,西南至丁字沽南大街。长

1945年形成的宋店胡同,因有宋姓家人在此开设马车店故名

45米,宽2米。沥青路面。1920年前后林姓迁此建房,后形成胡同,名林家胡同。1982年因重名更今名。两侧为平房。有居民30人。**丁字沽二道街**:(略)西北起董家胡同,东南至一条林胡同,中与刘家北胡同、东姚家胡同、栋梁胡同、晗旭胡同、颂扬胡同、颂扬南胡同、礼仪胡同相交。长370米,宽2.7米。沥青路面。1911年后相继建成三条并列胡同,因其居中故名。两侧为平房住宅。有居民419人。(略)**丁字沽三道街**:(略)西北起颂扬胡同,东南至一条王胡同,中与颂扬南胡同、旺盛胡同、节水胡同、礼仪胡同、一条林胡同、二条林胡同、一条王胡同相交。长280米,宽2.6米。沥青路面。1911年后相继形成三条并列胡同,因位于二道街东侧故名。两侧为平房住宅。有居民452人。(略)**宋店胡同**:在红桥区北部,东北起丁字沽北大街,西南至丁字沽零号路,中与舟帆胡同相交。长180米,宽4米,沥青路面。1945年形成,因有宋姓在此开办马车店故名。**西林家胡同**:(略)东北起丁字沽南大街,西南至丁字沽零号路,中与友明胡同相交。长100米,宽2~3.4米。沥青路面。约建于1938年,因林姓居此较早,且位于丁字沽南大街西南,与东林家胡同相对故名。两侧为平房住宅。有居民176人。(略)**节水胡同**:(略)西南起丁字沽三道街,东北至北运河南岸。长80米,宽2米。沥青路面。约于1920

1946年前后形成的杨家胡同

1967年形成的胜利胡同

董家胡同,因董姓人家在此开设杂货铺,故称董家杂货铺,1949年改成今名

年建,因当时人们经此去北运河挑水,故名挑水胡同。因重名1982年更今名。两侧为平房住宅。有居民211人。(略)**礼仪胡同**:(略)东北起丁字沽三道街,西南至丁字沽二道街。长56米,宽1.5米。沥青路面。约1920年形成。因李姓迁入较早,故名李家胡同。因重名,1982年更今名。两侧为平房住宅,有居民49人。**高庆胡同**:(略)东北起丁字沽南大街,西南至友明胡同。长50米,宽1.8米,最窄处1.5米。沥青路面。相传1640年形成,因高姓迁入较早,故名高家胡同。因重名,1982年更今名。两侧为平房住宅,有居民35人。**杜康胡同**:(略)东北起丁字沽南大街,西南至友明胡同。长50米,宽1.5米。沥青路面。约1912年形成。因胡同内杜姓居住最早,初名杜家胡同。因重

名,1982年更今名。两侧为平房住宅,有居民551人。(略)**友明胡同**:(略)西北起杜康胡同,东南至西林家胡同。长57米,宽2.4米,沥青路面。原无名,1982年以"有名"的谐音命今名。两侧为平房住宅。有居民150人。**旺盛胡同**:(略)西南起丁字沽三道街,东北至北运河。长55米,宽2米。沥青路面。1912年前后建成,初名王家胡同。因重名,1982年更今名。两侧为平房住宅,有居民119人。(略)**颂扬胡同**:(略)东北起丁字沽三道街,西南至丁字沽二道街。长60

高庆胡同,相传形成于1640年,初名高家胡同

米,宽2.5米。沥青路面。1911年形成,名南刘家胡同。因位于颂扬胡同南侧更今名。两侧为平房住宅。有居民65人。(略)**北夏家胡同**:(略)东南起南夏家胡同,西北至丁字沽小学。长80米,宽2.4米。沥青路面。1981年形成,1985年因位于南夏家胡同北侧命今名。南侧为教育局宿舍楼,北侧为平房住宅。有居民23人。(略)**南夏家胡同**:(略)东北起丁字沽南大街,西南至丁字沽零号路。长170米,宽1.7米。沥青路面。因与北夏家胡同相对故名。两侧为平房住宅。有居民69户、234人。(略)**颂扬胡同**:(略)东北起北运河河沿,西南至丁字沽二道街,中与丁字沽三道街相交。长70米,宽1.4米。最窄处1.2米,沥青路面。1938年前后形成,因宋姓迁此较早,故名

宋家胡同。因重名，1982年更今名。两侧为平房住宅。有居民117人。（略）**娘娘庙前胡同**：（略）东北起丁字沽南大街，西南至丁字沽零号路。长168米，宽1.9米，最窄处1.5米。沥青路面。1934年形成，因在娘娘庙前故名。两侧为平房住宅，有居民494人。（略）**栋梁胡同**：（略）东北起北运河河沿，西南至丁字沽二道街。长80米，宽1.5米。沥青路面。约于1640年形成，名梁家胡同。因重名，1982年更今名。两侧为平房住宅，有居民14户，36人。**晗旭胡同**：（略）东北起丁字沽二道街，西南至丁字沽南大街。长30米，宽2米。沥青路面。约1640年形成，因韩姓得名韩家胡同。因重名，1982年更今名。两侧为平房住宅，有居民28人。**舟帆胡同**：（略）东北起丁字沽南大街东端，西南至宋店胡同。长152米，宽1.2~3米。沥青路面。1949年前有一周家大院，后陆续盖房形成胡同，名周家胡同。因重名，1982年更今名。两侧为平房住宅，有居民383人。**刘家北胡同**：（略）东北起北运河河沿，西南至丁字沽二道街。长40米，宽1.5米。沥青路面。约1640年形成，因刘姓并为区别南侧的刘家胡同，故名北刘家胡同。因重名，1982年更今名。两侧为平房住宅，有居民59人。**东姚家胡同**：（略）西南起丁字沽北大街东段，东北至丁字沽二道街。长38米，

节水胡同大约建于1920年前后，因当地居民由此到北运河挑水，故名挑水胡同，1982年更今名

宽 2.5 米。沥青路面。1640 年前后建。因姚姓故名姚家胡同。1982 年更今名。两侧为平房住宅,有居民 16 人。**董家胡同**:(略)东北起北运河,西南至丁字沽北大街,中与丁字沽二道街相交。长 50 米,宽 3 米,最窄处 2.5 米。沥青路面。相传 1580 年前后形成,因董姓在此开设杂货铺,故名董家杂货铺。1949 年改称今名。两侧为平房住宅,有居民 334 人。**胜利胡同**:(略)东北起丁字沽北大街南段,西南至凯旋里。长 89 米,宽 2.4 米,最窄处 1.9 米。沥青路面。1967 年取名胜利胡同。两侧为平房住宅。有居民 116 人。**凯旋里**:(略)东南起宋店胡同,西北至葵花里,中与朱家胡同、杨家胡同等 5 条胡同相交。长 300 米,宽 2.9 米。沥青路面。1949 年后填坑建成,取名凯旋里。两侧为平房住宅,有居民 345 人。(略)**杨家胡同**:(略)东北起丁字沽北大街东段,西南至凯旋里。长 84 米,宽 2.4 米。沥青路面。1946 年前后,此地南侧为朱家大院,北侧为杨家胡同,后有王姓等 4 户合伙在此开马车店,遂改名四合店胡同。1949 年后恢复杨家胡同。两侧为平房住宅,有居民 20 人。**漕运胡同**:(略)东北起丁字沽北大街,西南至凯旋里。长 92 米,宽 1.5 米。沥青路面。相传建于明代,因曹姓得名曹家胡同。1982 年更今名,两侧为平房住宅,有居民 84 人。**两叉胡同**:(略)东北起丁字沽北大街,中分两叉,西南至葵花里。长 120 米,宽

礼仪胡同,形成于 1920 年左右,原名李家胡同

朱家胡同，相传形成于1600年前后

1.7米。沥青路面。相传燕王扫北时,张姓迁此定居,称张家胡同。1952年按胡同形状更今名。两侧为平房住宅。有居民139人。**永明胡同**:(略)西南起丁字沽北大街中段,东北至北运河河岸。长14米,宽1米。沥青路面。1982年命今名。两侧为平房住宅,有居民57人。**万隆胡同**:(略)东北起丁字沽北大街,西南至葵花里。长72米,宽1.2米。沥青路面。形成年代不详,亦无名。1949年因胡同内万隆粮店命今名。两侧为平房,有居民7户、14人。(略)**葵花里**:(略)东南起凯旋里,西北至朱家胡同,长220米,宽2.1~4米。沥青路面。1949年初,高姓在此建房形成里巷。1950年取名向阳里。1982年更今名。两侧为平房住宅。有居民145人。(略)**德明胡同**:(略)东北起北运河河沿,西南至丁字沽北大街西北段,长31米,宽2米。沥青路面。原无名。1982年以"得名"谐音命今名。两侧为平房住宅。有居民3人。**朱家胡同**:(略)南起凯旋里,北至丁字沽北大街。长

190米,宽1~2米。沥青路面。约1600年形成,因朱姓故名。两侧为平房住宅,有居民310人。(略)**朱家北里**:(略)东北起朱家胡同,西南端不通。长120米,宽3米。沥青路面。1963年~1966年由区教育局、饮食公司、钢床厂、木箱厂等单位联合所建,初名朝阳里。1982年因位于朱家胡同北侧更今名。两侧为平房住宅,有居民359人。(略)**北李家胡同**:(略)东北起北运河河沿,西南至丁字沽北大街。长80米,宽2.5米。沥青路面。明末建,初名李家胡同。1982年更今名。两侧为平房住宅,有居民56户、177人。(略)**冯家菜园**:(略)南起丁字沽北大街西段,北至北运河河沿,其间为5条呈片状胡同。总长270米,宽1.5米。沥青路面。原为冯姓菜园,只有两三户人家,1980年以后形成胡同,仍名冯家菜园。两侧为平房住宅,有居民约495人。**向群胡同**:(略)起止均在丁字沽北大街南侧,中折西南一段不通。长300米,宽2米。沥青路面。约1890年形成,因张姓得名张家胡同。1982年更今名。两侧为平房住宅,有居民456人。(略)**丰收胡同**:(略)东南起勤俭道,西北端不通。长160米,宽2.3米。沥青路面。1978年前后形成胡同,名

1952年兴建的丁字沽工人新村一段,改造后成为商住中心

丰收胡同。东北侧原有三条支巷。1985年析出单独命名。两侧为平房住宅。有居民117人。(略)(《天津市地名志·红桥区》第115-116、118、305—311页)

《红桥区志》第十二篇《城市建设》第三章《旧区改造》第六节《危陋房屋改造》：(略)丁字沽一、二、五段：此是1952年兴建的工人新村，占地17.4万平方米，总建筑面积约10万平方米，3600户居民中绝大部分为产业工人。这些房屋早已超过设计使用周期，大部分房屋碱蚀严重，屋顶老化，居住条件日趋恶劣。1992年开始丁字沽二段旧房改造，采取引资合作的方式，由天津市房地产开发(集团)公司投资近5亿元。仅用1个月的时间就完成了1600户居民的动迁工作，拆除房屋面积46673平方米。重建的二段采用庭院式布局，道路绿地占地0.65万平方米，1993年4月开工，1995年竣

丁字沽一号路于1952年随丁字沽工人新村建成自然形成土路，1957年铺设沥青路面，1981年至1982年曾先后两次延长和拓宽

工。新建住宅22栋及公建设施,总建筑面积186792平方米,定名为风采里。是年,1458户居民回迁新居,人均居住面积由原来的3.77平方米增加到9.49平方米。(略)继二段改造工程开始之后,区建设开发总公司与新基业开发公司、海洋开发公司共同投资3亿元,于1993年5月开始拆迁重建丁字沽一段。1994年1月开工。是年7月,首期8万平方米的6至7层住宅楼竣工,定名为风光里,1264户居民还迁。二期建筑面积9.2万平方米,其中,新基业大厦6.2万平方米,由A座、B座、C座三个18层商住中心及凯莱赛商城组成,建筑特色融合了现代办公的多元功能性和家居生活的实用舒适性,形成独具品味的红桥新型商住中心。1995年,区房产总公司与市政府开发公司,又对五段实施改造,采取异地安置、货币安置和回迁三个办法安置被拆迁户,同年9月动迁居民730户。是年底开工,翌年,8.7万平方米住宅楼全部竣工。临街底层均为公建,建筑面积8000平方米,住宅区附属设施有老年人活动站,存车处,

原丁字沽工人新村五段平房,已不见踪影

市政设施、园林景点、物业管理用房和道路绿化等配套工程;同时新建3.5KV变电站一座和大型集中供热锅炉房。定名为风貌里,534户居民迁入新居。至此,丁字沽工人新村一段、二段、五段全部改造完毕,代之而起的是总建筑面积52.7万平方米风格各异的现代化居民小区。(《红桥区志》第428—429页)

《红桥区志》第十二篇《城市建设》第一章《规划》第一节《分区规划》:(略)丁字沽分区面积13.554平方公里,包括西沽、红桥南、丁字沽、咸阳北路、新村、西于庄六街辖区,是红桥区的政治中心。需进一步完善和充实,调整城市用地,增加道路、绿化、公建、医疗、体育、文化等用地。建设丁字沽商业副中心,缓解市区商业中心的压力,增强副中心的辐射面和吸引力。增加三号路、驴市街公建用地,采取优惠政策,开发、引进利于发展经济、科技的公建项目,把丁字沽分区建设为红桥区政治、经济、文化、科技、信息、体育中心。(《红桥区志》第410页)

《红桥区志》第十二篇《城市建设》第二章《市政建设》第一节《道路》:(略)丁字沽一号路,从光荣道到千

1963年8月市民奋战在抗洪一线(选自《天津通志·照片志》卷四 发展篇 第192页)

里堤,长3067米。原为农田,1952年修建丁字沽工人新村,新辟为渣石路。1958年改建为沥青混凝土路。1982年往西延长到千里堤,将全路改建为车行道31米宽的沥青混凝土路,并在两侧各建3米多宽的沥青混凝土人行道。为丁字沽工业区和住宅区的对外交通要道。(略)(《红桥区志》第416页)

《红桥区志》第十二篇《城市建设》第二章《1 市政建设》第三节《排水工程》:(略)1953~1954年,修建如意庵、韦驮庙、丁字沽新村、西站前、三条石小闸口下水道,建成墙子河截流管。1955年修建勤俭道、丁字沽、一号路、三号路下水道。(略)(《红桥区志》第418页)

《红桥区志》第十二篇《城市建设》第二章《市政建设》第四节《防汛工程》:北运河:红桥区段从唐家湾至北运河、子牙河汇流处,长5282米,河底宽20~30米。唐家湾、丁字沽、红塔寺、西沽等段原为土坡,又系冲刷地段,1954年红塔寺堤埝决口。为提高抗洪能力,

丁字沽二号路,原为土路,1965年铺设沥青路面

丁字沽三号路的前身为一片荒地，1953年在兴建丁字沽工人新村后形成土路，1965年铺设沥青路面，1982年改造拓宽

消除堤坝渗水和决堤的危险，1970年、1972年、1980年组织力量修建浆砌片石护坡2060米，下部均为1.8米挡土石墙。(略)(《红桥区志》第419页)

《红桥区志》第十二篇《城市建设》第三章《旧区改造》第一节《住宅建设》：丁字沽工人新村解放以后，政府注重解决居民住房问题。1951年，在丁字沽兴建工人新村，修建了丁字沽一、二、五段住宅。房屋建筑按新型院落设计，采用硬山木檩、苇把草泥瓦屋面，在外型上力求美观、整齐，房屋坐北朝南，阳光充足，每排10间或12间，对面共用厨房，中间留有过道院落，通道宽阔。1952年建成平房3367间，63445平方米，分配给2626户职工。到60年代末，一、二、五段西北侧相继建了三、四、六、七、八段居民住宅，总面积15万平方米，其中平房57排，三、四层通道式楼房45栋。(《红桥区志》第

420页)

《红桥区志》第十二篇《城市建设》第三章《旧区改造》第六节《危陋房屋改造》：丁字沽"八大里"位于红桥区北部，东至四新道、南至空调器厂、西至向东道、北至丁字沽零号路，占地面积4.49万平方米。居民住房始建于60年代，结构为斗砖瓦顶简易式，屋顶糟朽漏雨，墙体碱蚀，公共设施极少，道路狭窄，交通不便，为市、区危改难点大片。(略)1994年区房产总公司采取自筹资金的办法，把旧区改造与新区开发结合起来，对该片现状作了认真调查，在规划布局、楼型设计、房型配比、服务设施以及居住环境等方面，选定了最佳改造方案。是年11月动迁，仅用两个半月，动迁居民1007户，拆除破旧平房1276间，20456平方米，施工现场达到"三通一平"。小区总建筑面积9.3万平方米，建成后分为四个庭院，建筑楼群高低错落有序，顶层为跃层式，绿化率高，设有街心花园、老年活动中心、停车场和各种商业服务设施，配套设施齐全，居住环境幽雅，成为全市第一个危改示范小区。(略)(《红桥区志》第429页)

《红桥区志》第十二篇《城市建设》第五章《公用设施》第一节《供水》：(略)1978年开始，为进一步改善供用水状况，提出引水入户，普及供水。1985年后达

1952年随着新居民区的建设，于1956年修建该路，命名为勤俭道，1981年改造拓宽

到高峰，通过调增干管管径、更换支管等方式，对南头窑、春德街、西沽街、西于庄街、河北街、丁字沽街等大部分地区进行低压片改造，调增0.1~0.8米干管管线280多公里，新增水表（总表）5000多具。（略）(《红桥区志》第438页)

《红桥区志》第十二篇《城市建设》第七章《园林建设》第一节《公园》：桃花园是以观赏桃、柳为主的游憩性公园。位于丁字沽北运河畔，占地12900平方米。1984年建，恢复西沽观桃花景观。1985年接纳游人。桃花园建有牌楼、阁亭、廊榭、山石、喷泉造景，长廊环抱桃花亭，青水碧波衬托荷花亭。园中还有"麻姑献寿"雕塑、迎春洞、迎宾阁、九龙泉、五龙壁等景观。1991年续建"园中园""御码头""乾隆皇帝登临处"景石。桃花亭中竖"桃花堤题记"碑，记载昔日乾隆皇帝观赏桃花胜景。公园大门有牌坊匾额"桃花园"。彩釉塑制的

津霸公路曾名柳二爷大堤，1992年与勤俭道接顺成现状，昔日的农田与工厂被林立的高楼取代

"五龙壁"背雕刻有"津沽逢盛世,长堤醉桃红。运河生春色,园中腾蛟龙"诗句。沿岸山桃、碧桃、垂枝桃、寿星桃等500余株,盛开之时,红粉缤纷,观者盈园。自1990年每年4月在园中举办桃花节。1995年红桥区居民区内的小花园统计:(略)丁字沽街1981年建成光明园,面积1912平方米;1982年建成东大楼园,面积1104平方米;1985年建成勤俭桥园,面积1230平方米。(《红桥区志》第443—445页)

《红桥区志》第十三篇《城市管理》第一章《土地管理》第二节《土地使用》:天津解放后国家机关、部队、学校、全民所有制企事业单位使用的土地经土地使用登记后,由税务部门征收土地使用费。1956年市政府颁布《关于国营企业、机关、团体及公私合营企业单位,使用公地停收使用费》文件,该文件下发后改为无偿使用。集体单位和个人租用的公地由区土地管理部门负责经营管理,收取土地使用费。公地出租收费标准:大胡同、北马路沿街为3级地,每平方米收费1.707元;估衣街、锅店街、侯家后为4级地,每平方米收费1.47元;丁字沽为29级地,每平方米收费为0.007元。(略)(《红桥区志》第456页)

《红桥区志》第十三篇《城市管理》第

咸阳北路原为西于庄和丁字沽农业生产大队的旱田,1981年修建该路

四章《环境保护》第三节《环境污染治理》：(略)1987年建立了新村、丁字沽、西于庄、西沽、桥南、南头窑、邵公庄街、西站地区等8个烟尘控制区，总面积17.3平方公里，占红桥区总面积的74.6%，治理锅炉、窑炉、茶炉、大灶共698台，治理率99.4%，其中锅炉330台，监测143台，监测率43%，达标率61.5%。(略)(《红桥区志》第471页)

《红桥区志》第十三篇《城市管理》第五章《环境卫生》第二节《垃圾处理》：50年代初，区内先后在丁字沽、王庄建立了垃圾粪便处理场(俗称下场)。1966年迁至北郊刘家房子村，占地160亩，场地80亩。1989年扩建区垃圾综合处理厂，全面管理下场，对入场的生活垃圾进行无害化处理，为农业生产提供肥料资源。1990年采取城乡结合处理，对有卸地、有管理能力的农村、苗园直接运送垃圾，进行堆肥或高温封肥处理，并派人进行具体帮助、指导，使垃圾处理达到无害化处理。(《红桥区志》第475页)

经过丁字沽的地铁1号线

昔日的荒地农田，如今已高楼林立

《红桥区志》第十五篇《党派团体》第一章《中国共产党》第四节《区委重要活动》：(略)1950年2月，市土地改革工作团派工作组按丁字沽、西于庄、邵公庄三个农业村划分三个小组，进村开展土改运动。废除了封建的土地制度，实行农民土地所有制，建立起村政权和农民协会。土改中共征收地主、富农80余户土地5954亩，分给818户、3922人耕种。(略)本区在天津解放前夕，有东北等地难民六七千人逃奔邵公庄、丁字沽等地区，又因国民党军队构筑城防工事，拆、烧房屋造成灾民四万人左右无房住、无粮吃。区委进城后面对严峻的经济形势，立即着手复工、复业、赈灾等工作，天津解放当月即赈济灾、难民1611户、6679人，贫民10678户、37744人，赈粮642035市斤。(略)(《红桥区志》第506页)

《红桥区志》第十七篇《政法》第一章《公安》第一节《机构沿革》：1949年1月15日天津解放，同日天津市人民政府公安局宣告成立。以王永昌分局长为首的51名干部接管了国民党天津市警察局第九分局及所属机构,新组建的第九分局编制为605人(其中留用员警542人),年底在编人数为475人。1950年8月,分局设:办公室、保卫科、户政科、警法科、总务科,原28个派出所合并为20个,即:玉皇庙、营门东、募安寺、曾公祠、南竹林、新马路、火神庙、河北街、小药王庙、大寺、西站、关帝庙、同义庄、树德里、三道桥、西于庄、丹华、丁字沽、三官庙、邵公庄。1952年6月,分局增设政治工作科,派出所取消副所长职务,设立政治指导员。10月10日,第九分局与第八分局及其下属的17个派出所(界)合并组建为第八分局,重新改组为27个派出所:关上、关下、河北大街、营门东、营门西、津浦西站、邵公庄、三道桥、树德里、西河桥北、西沽、西于庄、丁字沽、大伙巷、小伙巷、先春园、梁家咀、朱家花园、怡和街、塘子胡同、北小道子、春德大街、南头窑、西关外大街、自来水厂、芥园、小西关。(略)1956年1月1日,第八分局改称红桥分局。6月1日,将28个派出所并建为17个:丁字沽、丁字沽工人新村、西沽、西于庄、红桥南、邵公庄、河北大街、三条石、北营门西、津浦西站、大伙巷、先春园、太平街、怡和街、春德大街、南头窑、小西关,同时将邵家园子水上派出所划归分局领导。1958年10月1日起,再次扩大本区管辖范围,将北郊分局北仓、天穆派出所辖区和城厢区大胡同派出所辖区划入红桥分局。分局增设农村工作科和交通分队。同时将17个派出所再次并建为10个,即:丁字沽工人新村、西沽、红桥南、河北大街、三条石、邵公庄、大伙巷、春德街、南头窑、小西关。(略)1963年3月至12月,分局增设派出所6个,即:丁字沽、先春园、西站、小西关、怡和街、西于庄。(略)1970年分局设政工组、办事组、办事一组、办事二组、办事三组、后勤组、民政组,下属大胡同、大伙

位于丁字沽的河北工业大学

巷、先春园、春德街、河北大街、三条石、红桥南、西站、西于庄、丁字沽工人新村、丁字沽、小西关、南头窑、邵公庄、西站共15个民警中队。1971年1月1日,恢复派出所名称。(略)1990年4月增设双环邨派出所,撤销西沽治安派出所,西沽派出所与红桥南派出所合并为西沽派出所。8月增设通信科。分局内设(略)共计15个科室(队),下属大胡同、大胡同治安、大伙巷、先春园、春德街、小西关、南头窑、邵公庄、河北大街、三条石、西站治安、咸阳北路、双环邨、丁字沽、丁字沽工人新村、西沽、西于庄、车管所、工学院共计19个派出所。全局编制952人。(《红桥区志》第628页)

《红桥区志》第十九篇《民政》第一章《社会管理》第三节《收容遣返》:(略)天津解放前后,区内有外地难民1578户,5339人,居住在邵公庄、西于庄、丁字沽等边缘地区,搭窝铺、占炮楼,靠打短工

原北洋大学北运河一侧的"北洋园"公园

或从事小本经营为生。1950年4月,区组织各公安派出所进行宣传动员,到1951年4月,4000多人移民去东北、山东等地垦荒,部分自返原籍,个别的自谋职业落户。1960年,国家遭受自然灾害,外地农民流入城市,时称"盲流"。红桥区在交通要道、繁华地区设立收容站。1961年收容社会游民10571人,经教育遣送,陆续返回原籍。(《红桥区志》第686页)

《红桥区志》第二十一篇《教育》第二章《小学教育》第四节《学校选介》:1995年红桥区小学校名录:(略)坐落在丁字沽域内的小学有:五爱道小学,建于1965年,位于丁字沽零号路五爱道1号;红星小学,建于1960年,位于丁字沽东大楼61号;丁字沽小学,建于1933年,位于丁字沽零号路35号增;卫星小学,建于1970年,位于丁字沽北大街3号;二号路小学,建于1960年,位于丁字沽二号路;酒厂前小学,建于1963年,位于丁字沽四新道58号;一号路小学,建于1958年,位于丁字沽四段;三号路小学,建于1962年,位于丁字沽新村新德道27号;新村小学,建于1954年,位于丁字沽五爱道30号;津师附小,建于1980年,位于丁字沽新村十一段平房10号;咸阳北路小学,建于1981年,位于丁字沽咸阳北路南口。(《红桥区志》第728页)

《红桥区志》第二十一篇《教育》第三章《中学教育》第四节《学校选介》:(略)坐落在丁字沽域内的中学有:第三中学,建于1901年,位于丁字沽一号路向东道;第八十九中学,建于1963年,位于丁字沽光荣道;第八十中学,建于1962年,位于丁字沽光荣道29号;光荣道中学,建于1969年,位于丁字沽光荣道6号;本溪路中学,建于1980年,位于丁字沽本溪路18号;三

解放军进入市区后与敌军激战(摘自网络)

号路中学,建于1965年,位于丁字沽三号路;第六十二中学,建于1956年,位于丁字沽三号路。(《红桥区志》第734页)

《红桥区志》第二十八篇《人物》第二章《烈士英名录》第一节《亲属住区革命烈士》:1. 杜成凤,男,1926年出生,1946年参加革命,1946年在解放战争中牺牲,家属现住址:丁字沽13段1号楼304室。2.杨宝山,男,1921年出生,1947年2月参加革命,1948年7月19日在定兴县西柴村战斗中牺牲,生前所在单位:解放军六纵

解放军的梯子队和爆破组踏冰前行（选自《天津通志·照片志》卷二 解放篇 第54页）

队十七旅，家属现住址：丁字沽东大楼5号楼202室。3.李天民，男，1925年6月出生，1943年参加革命，1949年在解放东明县作战中牺牲，生前所在单位：解放军三野太行分队，家属现住址：丁字沽北大街124号。4.王立成，男，1930年出生，1949年1月参加革命，1952年在朝鲜上甘岭战役中牺牲，生前所在单位：志愿军步兵四十五师一三三团一营一连，家属现住址：丁字沽桃花堤5排1号。5.庞锡增，男，1927年出生，1948年12月参加革命，1950年8月13日在西北贺兰山剿匪中牺牲，生前所在单位：解放军五八二团四连，家属现住址：丁字沽二道街1号。6.刘宝璋，男，1927年2月出生，1949年3月参加革命，中共党员，1976年3月27日在广东台山县因公殉职，生前所在单位：海军38091部队教导队队长，家属现住址：丁字沽曙光楼3号楼306室。7.段桐云，男，1927年出生，1949年1月参加革命，1952年8月20日在抗美援朝战斗中牺牲，生前所在单位：志愿军三十八军一营三连，家属现住址：丁字沽娘娘庙胡同12号。8.程锦合，男，1925年出生，1946年参加革命，中共党员，1947年在山东粉子山战役中牺牲，生前所在单位：掖县独立营排长，家属现住址：丁字沽运河楼4号楼302室。9.刘润权，男，1922年出生，1963年12月参加工作,1981年1月19日在工作单位与抢劫杀人犯搏斗中牺牲,生前所在单位:红桥区房地产管理局工程三队,家属现住址:丁字沽邢家台14排2号。10.郭曾,男,1903年出生,1937年参加革命,1938年在河北省高阳县博士庄抗日作战牺牲,家属现住址:丁字沽新村河北工学院南院家属楼51号。11.牛恩泽,男,1913年出生,1938年参加革命,中共党员,1941年在河北省固安县马庄村抗日被敌杀害,家属现住址:丁字沽新村1段4行6排7号。12.杜培栋,男,1932年出生,1950年2月参加革命,中共党员,1971年6月因病逝世追认烈士,生前所在单位:空军后勤学校,家属现住址:丁字沽新村1段3行9排314号。13.赵文生,男,1928年出生,1949年参加革命,1950年在朝鲜战场失踪追认烈士,生前所在单位:三十八军——四师警卫营三连,家属现住址:丁字沽新村1段4行18排11—12号。14.石化生,男,1952年3月出生,1973年1月参加革命,中共党员,1974年5月在国防施工中因抢救国家财产牺牲,生前所在单位:空军三六六部队,家属现住址:丁字沽新村2段3行20排3号。15.赵墨山,男,1921年3月出生,1939年参加革命,中共党员,1944年在安平县杨各庄抗日作战牺牲,生前所在单位:冀中军区七分区司令部,家属现住址:丁字沽

解放军在阵地前举出"打到天津去,活捉陈长捷"的口号(选自《天津通志·照片志》卷二 解放篇 第54页)

新村2段3行22排5号。16.张士常,男,1952年2月出生,1969年5月参加革命,中共党员,1971年在内蒙古建设兵团为抢救井内战友中毒牺牲,生前所在单位:内蒙古生产建设兵团六师五十三团八连,家属现住址:丁字沽新村4段恒源2号楼17号。17.穆益三,男,1923年出生,1951年8月参加革命,1951年10月在朝鲜战场被飞机扫射牺牲,生前所在单位:志愿军汽车暂编七团一连,家属现住址:丁字沽新村4段51楼17号。18.韩仁和,男,1954年4月出生,1970年8月参加革命,中共党员,1977年12月在四五〇八厂民兵训练中牺牲,家属现住址:丁字沽新村5段5行1排5号。19.陈辉亮,男,1948年3月出生,1968年3月参加革命,1968年8月在抢救人民生命财产中牺牲,生前所在单位:四四四三部队,家属现住址:丁字沽新村6段电缆9楼6号。20.范登峰,男,1921年出生,1939年参加革命,中共党员,1968年8月20日病逝(曾在淮海战役负过伤),生前所在单位:天津建筑机械厂,家属现住址:丁字沽新村6段修配6楼11号。21.李耕心,男,1922年8月出生,1949年1月参加革命,1952年8月在朝鲜战斗牺牲,生前所在单位:三十八军一一二师三三五团三营八连,家属现住址:丁字沽新村1段2行7排4号。22.贺景瑞,男,1948年4月出生,1966年8月参加革命,中

解放军的炮车浩浩荡荡地开进天津城(摘自网络)

共党员,1977年7月在中国民航20大队因飞机失事牺牲,生前所在单位:中国民航20大队,家属现住址:丁字沽新村11段7号楼405号。23.刘万林,男,1905年出生,1945年参加革命,中共党员,1947年在坐子山战役中牺牲,生前所在单位:解放军十军分区二十队二十九团,家属现住址:丁字沽新村8段29楼306号。24.宗秀山,男,1905年出生,1935年参加革命,中共党员,1939年在任丘县宗家佐村被日军包围牺牲,生前所在单位:黄九祯部队,家属现住址:丁字沽光荣道10号楼101—102号。25.程茂柏,男,1920年11月出生,1952年9月参加革命,中共党员,1954年9月21日在天津北洋桥附近抗洪中牺牲,生前所在单位:中共天津八区委员会,家属现住址:丁字沽光荣道11号楼205—206号。26.康恩忠,男,1916年6月出生,1948年11月参加革命,中共党员,1952年7月在朝鲜老义州西湖洞执行任务中牺牲,生前所在单位:志愿军工兵三团一营三连,家属现住址:丁字沽北平房春光楼5号楼305室。(《红桥区志》第961—972页)

《红桥区志》第二十八篇《人物》第二章《烈士英名录》第一节《牺牲在区内的客籍烈士》:牺牲在区内的客籍烈士:1.田云波,牺牲时所在部队:343团6连班副,原籍:北安省新泉县,阵亡时间:1948年12月25日,地点:丁字沽。2.刘凤喜,牺牲时所在部队:343团6连战士,原籍:辽宁省本溪县赵家屯,阵亡时间:1948年12月,地点:丁字沽。3.田世昌,牺牲时所在部队:343团2连排副,原籍:吉林省杆村县大平岭村,阵亡时间:1949年1月2日,地点:丁字沽。4.田赵富,牺牲时所在部队:343团2连战士,原籍:嫩江省(现为黑龙江省)景星县,阵亡时间:1949年1月2日,地点:丁字沽。5.李汉贵,牺牲时所在部队:343团2连班副,原籍:辽宁省辽中县,阵亡时

1954年清明节,天津各界人士在西营门烈士陵园悼念在解放天津战斗中牺牲的烈士(选自《天津通志·照片志》卷二解放篇第61页)

间:1949年1月2日,地点:丁字沽。6.袁世林,牺牲时所在部队:343团2连班副,原籍:山东省长源县,阵亡时间:1949年1月2日,地点:丁字沽。7.王春生,牺牲时所在部队:343团2连战士,原籍:辽宁省新民县,阵亡时间:1949年1月2日,地点:丁字沽。8.任洪德,牺牲时所在部队:343团4连战士,原籍:嫩江省(现为黑龙江省)讷河县,阵亡时间:1949年1月2日,地点:丁字沽。9.刘学中,牺牲时所在部队:343团4连战士,原籍:嫩江省(现为黑龙江省)安达县,阵亡时间:不详,地点:丁字沽。10.曾纪江,牺牲时所在部队:344团2连战士,原籍:江西省,阵亡时间:1949年1月,地点:丁字沽。11.魏庆义,牺牲时所在部队:机炮连战士,原籍:(不详),阵亡时间:1949年1月5日,地点:丁字沽。12.卢光明,牺牲时所在部队:2营5连战士,原籍:云南省会泽县,阵亡时间:1949年1月13日,地点:丁字沽。13.胡展明,牺牲时所在部队:侦察连班长,原籍:尚志省(市)福民县,阵亡时间:1949年1月10日,地点:丁字沽。14.王占山,牺牲时所在部队:344团8连战士,原籍:黑龙江省呼兰县,阵亡时间:1949年1月,地点:丁字沽。15.禹福全,牺牲时所在部队:344团5连战士,原籍:辽宁省新民县,阵亡时间:1949年1月13日,地点:丁字沽。16.王守才,牺牲时所在部队:344团4连班副,原籍:辽宁省辽河县,阵亡时间:不详,地点:丁字沽。17.丁春林,牺牲时所在部队:344团4连战士,原籍:江西省高安县,阵亡时间:1949年1月,地点:丁字沽。18.李振刚,牺牲时所在部队:344团5连战士,原籍:河南省南阳县,阵亡时间:1949年1月13日,地点:丁字沽。19.倪贵青,牺牲时所在部队:344团5连战士,原籍:江苏省崇明县,阵亡时间:1949年1月13日,地点:丁字沽。20.范树瑞,牺牲时所在部队:344团5连排副,原籍:河北省平山县,阵亡时间:1949年1月13日,地点:丁字沽。21.张纯,牺牲时所在部队:344团4连班副,原籍:不详,阵亡时间:1949年1月,地点:丁字沽。22.卢风仁,牺牲时所在部队:344团5连战士,原籍:安玉县,阵亡时间:1949年1月13日,地点:丁字沽。23.马兆发,牺牲时所在部队:344团4连班副,原籍:黑龙江省呼兰县,阵亡时间:1949年1月,地点:丁字沽。24.黄海来,牺牲时所在部队:344团4连战士,原籍:黑龙江省通河县,阵亡时间:1949年1月8日,地点:丁字沽。25.刘柏林,牺牲时所在部队:344团6连战士,原籍:黑龙江省延寿县,阵亡时间:不详,地点:丁字沽。26.傅明治,牺牲时所在部队:警卫团1连战士,原籍:黑龙江省双城县,阵亡时间:不详,地点:丁字沽。27.王宝财,牺牲时所在部队:11团4连班副,原籍:黑龙江省通河县,阵亡时间:1949年1月,地点:丁字沽。28.刘俭,牺牲时所在部队:11团8连战士,原籍:黑龙江省呼兰县,阵亡时间:1949年1月8日,地点:丁字沽。29.傅广华,牺牲时所在部队:11团4连战士,原籍:黑龙江省宾县，阵亡时间：1949年1月，地点：丁字沽。30.闫宝升，牺牲时所在部队：2营5连战士，原籍：辽宁省旅大市，阵亡时间：1949年1月，地点：丁字沽。31.唐凤玉，牺牲时所在部队：2营9连战士，原籍：不详，阵亡时间：1949年1月，地点：丁字沽。32.王长利，牺牲时所在部队：11团7连战士，原籍：黑龙江省呼兰县，阵亡时间：1949年1月8日，地点：丁字沽。33.李永贵，牺牲时所在部队：343团2连战士，原籍：吉林省怀德县，阵亡时间：1949年1月2日，地点：丁字沽。(《红桥区志》第973—974页)

主要参考文献

《天津通志·旧志点校卷》，天津市地方志编修委员会编著，来新夏、郭凤岐主编，南开大学出版社，上册、中册1999年版，下册2001年版。

《天津通志·大事记》，天津市地方志编修委员会编著，天津社会科学院出版社，1995年版。

《红桥区志》，天津市红桥区地方志编修委员会编著，天津古籍出版社，2001年版。

《北辰区志》，天津市北辰区地方志编修委员会编著，天津古籍出版社，2000年版。

《天津市地名志·红桥区》，红桥区地名志编纂委员会编，天津人民出版社，1997年版。

《〈益世报〉天津资料点校汇编》，天津市地方志编修委员会办公室、天津图书馆编，郭凤岐、陆行素主编，天津社会科学院出版社，1999年版。

附录四

增补丁字沽工人新村口述史料的缘由

张　建

2018年8月18日上午，该书主编王振良先生约我到今晚报社，将《口述津沽：民间语境下的丁字沽》"史料篇"审校稿交给我，我翻看了几页后问他如何，他说还可以，只是体量比"口述篇"和"日记篇"略显轻薄，于是带着商量的口吻说："能不能再加些内容，反正时间还来得及。"我多少有些为难，真不愿再触碰那厚重的文献典籍。他平心静气地为我提示了几种可能性，比如寻求新的渠道继续检索，比如把新中国成立以来的《天津日报》包括后来的《今晚报》所刊发的有关丁字沽的文稿汇总，比如采访几位丁字沽工人新村的原住民等等，我马上认可了第三种选择。这似乎也正合我意，因为我是在工人新村成长起来的，自然聚合了一种抹不掉的"新村情结"，加之在采访老丁字沽期间，也涉及过工人新村的形成背景，只是话题没往那方面引领而已。我对振良说："行，我接着采去！"振良见我态度坚决，反倒有点不好意思。

曾几何时，"工人新村"是一个耀眼的时尚名词，它不仅是劳动人民翻身当家做主人的标志，还是社会主义优越性的完美体现。因为工人新村的房子全部"按需分配",每个月象征性地交一点房租,不仅喝上了自来水、用上了公共厕所,还开通了宽阔的马路、开辟了幽静的小花园;不仅配备了粮店、副食店、煤店,还建设了幼儿园和中小学校,那种幸福感、获得感是前所未有的。据资料显示,1952年天津市政府在市内五区兴建的中山门工人新村、西南楼工人新村、吴家窑工人新村、唐家口工人新村、王串场工人新村和丁字沽工人新村,共有住房55097间,建筑面积达90多万平方米,解决了17万工人和家属的居住困难。工人新村之所以建设得这么快,其最大的共性就在于它们均建在了广阔的农田和荒地上。就丁字沽工人新村而言,1952年建起的一段、二段、五段和同时修筑的丁字沽一号路、丁字沽二号路、五爱道、新德道、勤俭道等所占用的土地,之前都隶属于老丁字沽的旱田、菜园和有主的坟茔、无主的义地。口述人王连泰曾讲过他参加"起坟队"的经历:1952年初老丁字沽农业社召集20余人,成立了南北两支"起坟队",整整干了一个多月,使有主坟和无主坟均得到妥善处理,也为大规模开发建设工人新村创造了条件。也就是说,老丁字沽与"新丁字沽"是密不可分的,没有老丁字沽的土地存量,也不会有蓬勃发展的"新丁字沽"。同样,老丁字沽也因周边的崛起,给当地居民的生活带来了便利和观念的更新。在行政区划上,丁字沽与丁字沽工人新村分属两个街道办事处,历史上二者曾合并统称丁字沽工人新村公社。即便现在,丁字沽街道办事处所管辖的区域也不单单只有老丁字沽,还包括丁字沽工人新村九段、十二段、十三段及东大楼等等。所以,在"民间语境下的丁字沽"里,添加部分"工人新村"的口述内容,不仅合情合理,更是很有必要。

2018年11月2日

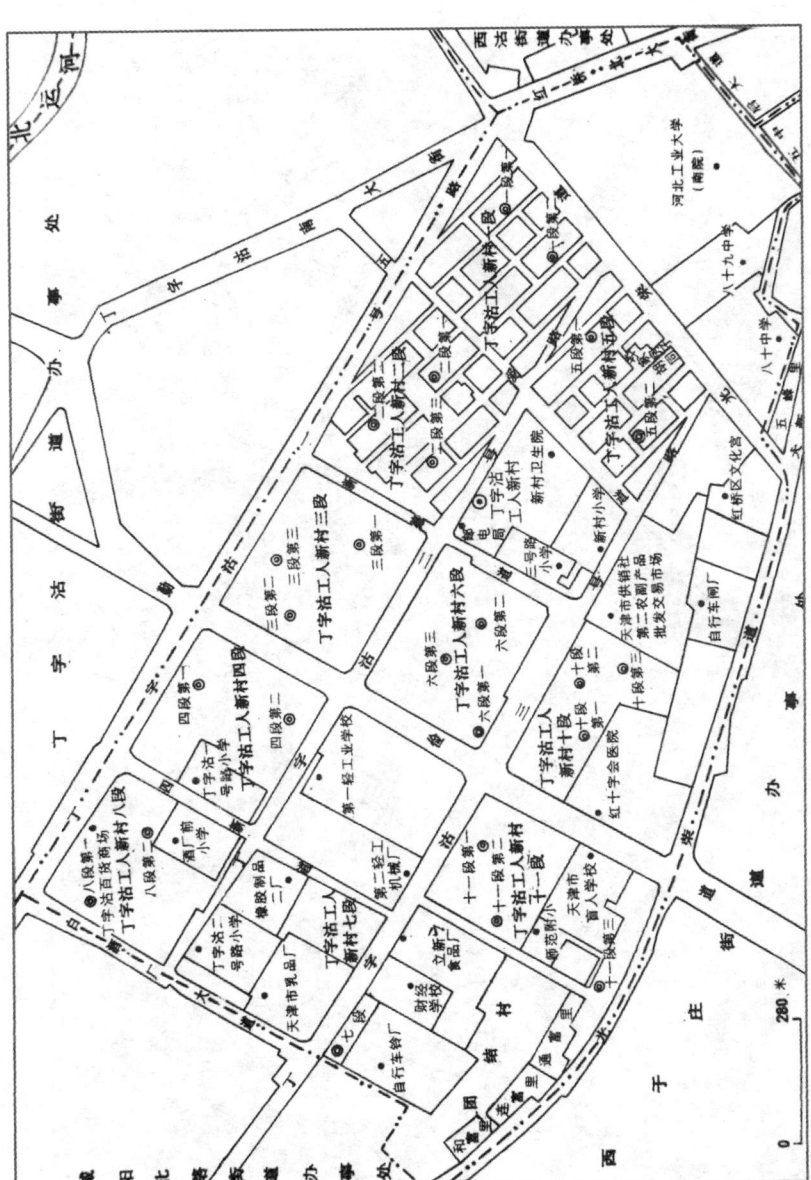

丁字沽工人新村街道办事处辖区图 选自《天津市地名志·红桥区卷》
天津人民出版社 1991 年版,第 88 页

丁字沽居住区 节选自 2018 年版《天津城市地图》

张 静

口 述 人:张静(1950年生人)
采访时间:2018年9月1日(星期六)
原 住 址:丁字沽工人新村一段3行17排6号

我们老家是河北省河间的,我父亲那辈哥儿四个,他前面有俩哥哥,底下有个弟弟。老家有几十亩地,有几间房,还有牲口、大车嘛的,反正解放以后给我们定的是中农。我父亲9岁时,我爷爷去世,一家子全靠我奶奶撑着。别看她三寸金莲,却非常要强,属于嘴一份手一份的。娘家在牛屯,哥们弟兄都是"练家"(习武之人),没人敢惹,所以她底气也足。有一次,地主的猪到我们地里吃粮食,奶奶看见了就跟地主没完,她竟然走出十二里地去跟地主打官司。我二大爷先来的天津,一开始做点小买卖,后来恒源纱厂招工,就进了工厂。每个月给几袋面,感觉还不错。老家这边,一天到晚抓壮丁,我奶奶一看,干脆把大儿子留在身边盯着祖上的房子和地,老三、老四投奔他二哥去,这说是1947年前后的事。中间有个小插曲:本来我大爷叫张继坤,二大爷叫张继明,我爸叫张继彬,我老伯叫张继祈,当时上面有个死规定,凡家里有两个儿子的,必须出一个壮丁,我二大爷不在家,只能在他们哥仨里出一个。结果,逼得我爸爸和我老伯改了名字,一个叫张秀峰,一个叫张子荣。其实也是

张静父亲张秀峰在新村平房留影

自欺欺人，能躲一天是一天。还有件事，就是我爸爸多少有点文化，白天在村子里的维持会做事，夜里给八路军通风报信，也是一直担心被抓，所以就借这个机会赶紧走人。上世纪八十年代初，国家有个政策，只要回原籍开个证明，确认你曾经给八路军或解放军做过事，就视为1949年之前参加革命工作，一年可享受十三个月的工资。可惜，我父亲去世早，没赶上。

再说我爸和老伯到了天津后，也都去了"恒源"。虽然他们没有技术，但身体好又特别能干，就在厂子的动力车间拉煤烧锅炉。哥仨在小王庄租了一间房子，离"恒源"挺近。我二大爷在老家娶的第一个媳妇，没生育就死了，然后再婚生了个闺女，以后把她们娘俩也接到了天津。我爸1949年成家，我是在小王庄那间小房里出生的，记得在我四五岁的时候，奶奶带着我去过那个小院儿。也就是说，我奶奶也从老家来到天津，就在她三个儿子家轮流生活。

1952年丁字沽工人新村一段建成，并作为恒源毛纺厂职工宿舍分配给在厂的职工。我们家来选房时，推门一看，哦，太大

张静母亲与大弟弟张天江在新村自家门前留影

张静初中毕业时留影

了,太好了!心里别提多高兴了。听我父亲说,那时新村的房子有的是,想要几间就要几间,即便如此也没有多要的。一个是觉得房子够住就完,多要没有意义。一个是生活都不富裕,一块多钱的房租在家庭开支里也算是个负担。再说,刚从穷苦日子里逃脱出来的人们,忽然感受到党和政府给予的关怀都特别知足。说个有趣的现象:如果一家三口,另外还有个老太太,就叫"老少三代"。选房时,要一间吧,住着不方便,要两间吧,又负担不起。怎么办呢?可以再要半间,那半间可以给同样"老少三代"的人住,也就是两家的老太太或两家的老爷子,拼在一间屋里居住,当时老百姓把这种形式称为"和平间"。白天两家人谁都可以在那间屋待着,既没有隔断又不分你我,处得像一家人似的。记得上小学时,我的课外学习小组就在"和平间",正好老人能帮着看孩子。这种情况,在新村一段大概有几十户。以后,有的老人去世了,就让给另一户,或者两个老人都没了,就让给孩子多的那一户。还有的把房让给另一户后,街道再给这户找一间房。总之,闹纠纷的并不多。

我们家是1953年9月底搬过来的。当时已经有我和大妹妹了,妈妈正怀着二妹妹,所以就要了一间房。我二大爷在一段2行14排选的房。家里没什么值钱的东西,就三个箱子、一个"联三"桌子、一口水缸、一张用铺板架起来的床和一辆自行车。刚搬新村时,大屋对面的空地差不多都种庄稼，什么玉米啊，向日葵啊，洋姜啊，花生啊。我父亲喜欢花，就种了好多大麦熟。到六十年代，就什么也不种了，腾下来的空地用来纺线做外加工。尤其到了晚上，灯底下坐着好几位家庭妇女，大一点的孩子也跟着挑灯夜战，为的是能多挣俩钱。我们家由我纺前半夜，我妈纺后半夜，纺线时我就把书本搭在腿上，一边纺线一边读书。

一排房子12个单间，不一定是12户，因为有一户要两间房的。可是我们院儿全是一户一间房，而且家家都五六个孩子，所以显得特别热闹。按顺序说：1号姓夏，2号姓陈，3号姓李，4号姓王，5号姓徐，6号是我们，7号、8号都姓宋，是哥俩。9号姓孙，10号姓陈，11号姓姚，12号姓季。这12户除了宋家的弟弟和季家外，全是"恒源"的。这么说吧，丁字沽新村一段百分之九十五以上是"恒源"职工，即便以后有搬走的，拆迁前也不低于百分之七十。当时分房有一定的规律，我们这片儿都是动力车间的，其他片儿有设备车间的、染整车间的、纺织车间的和行政科室的，都相对集中，前后左右都认识。

再有，一排房子有两个公用厨房，1至6

张家四姐妹：前排左张静，右张焕；后排左张军，右张美森

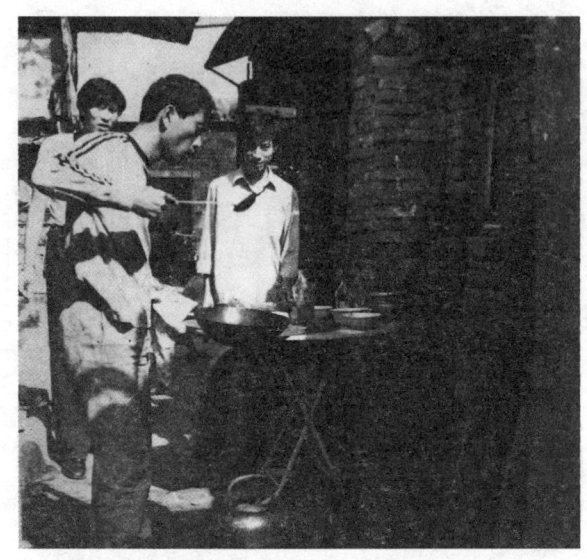

张静大弟弟张天江结婚当天，在新村院内办酒席时的情景

号的厨房，在3、4号之间，7至12号的厨房，在9、10号之间，是统一兴建的。所谓厨房，其实就是两堵墙架着个顶棚，迎面是敞开式的。里面既没台子也没架子，一般都放自家的炉子、煤球或劈柴。油盐酱醋、锅碗瓢盆都在自己屋里，一到做饭的点儿就全出动了，反正谁们家做嘛饭都知道。最初，院子两头的大门到了晚上要插上，1号和12号住户就倒点霉，谁一叫门就得出来。要是睡觉早，得从被窝里爬起来开门，后来就虚掩着，再后来干脆卸下来当乒乓球案子了，地震以后有的院儿用大门搭临建棚。

丁字沽新村一段共有5行，一行有多少排，差别就大了。最少的也就几排，最多的能有21排，光这一行就有252间房。我们家这行一共19排，二爷那行17排。加一块大约得有700多间房。丁字沽新村一段西面，隔着五爱道是二段，北面隔着二号路是五段，东面是一号路。其实，新村的"行"就相当于胡同或小马路，当时地面墁着人字形砖块，中间高两边低。每隔5排房子，设一处公共水管儿。

我们搬到新村时，家门口的5路公交车总站就已经有了，从丁字沽这站坐到另一头是东站。10路公交车从西站发车，丁字沽有一站，小圈到柳滩，大圈到引河桥。车站旁边有国民党留下的炮楼，再往北走，快到勤俭道还有一个，都是水泥浇筑的，起初炮楼快成厕所了，到七十年代有人在里边住。最具标志性的是5路公交站一侧的交通岗楼后身，那根电线杆子上挂着的大钟表，老远就能看见，有时跟同学约定见面地点，都喜欢选在"五路大表"底下。另外，我们刚来时西沽公园还没建呢，零号路口是条大壕沟，我爸经常带着我到那一带挖野菜，有时爬过壕沟到西沽那边，很旷很旷，全是杂草，好像也没有多少树，再看老丁字沽那边更是没有人烟，只能见到河北工学院东院和东大楼，其他的除了菜地就是水坑。小时候还经常拾煤茧儿，化工研究院后面有座煤山，实际上是人家从煤里挑出来不要的煤石，我们小孩们再去"搜"一遍，回来的路上顺手还能捡些树枝子给家里点炉子用，那时的孩子老早就懂得过日子。

"文革"期间，我们院儿4号的王奶奶受到过冲击，说她是资本家，被管制，每天和其他"牛鬼蛇神"受完训，就拿着笤帚打扫五爱道。好像在4行9排那块儿还搭过台子，批斗住在新村的"牛鬼蛇神"，多数是"恒源"的家属，由本单位的造反派押上台，批斗完再开着卡车去抄家。在"备战备荒"那个阶段，家家都挖战壕或地道。我们院儿基本都在自己小屋的墙根儿底下挖一个坑，只留了一条走道。后来，街里有了统一要求，在每排房子尽头儿的12号对面开挖地道，再跟胡同上挖的战壕相通，这工程可不小。另外，我们守着河北工学院南院，这学校的造反派叫"天工八二五"，相当厉害，他们头戴安全帽、手拿白蜡杆，经常在一号路集结，吓得我们全都大门紧闭。

五爱道在丁字沽新村算是比较热闹的地方,学校、幼儿园、粮店、菜店、大合作社都在这条街上。除此之外,还有不少小商小贩,卖嘛的都有。"文革"一来就崴了,红卫兵砸"四旧",割资本主义尾巴,只要逮着小贩就没好。记得有一次,一群红卫兵拿着消防钩子,把卖金鱼的小贩给包围了,他们用钩子把鱼盆都掀翻了,水流的哪儿都是,金鱼四处乱蹦,这还不算,临走时再拿铁钩子照着盆底儿戳俩窟窿,就说多缺德吧!打那以后,这个自发的市场就消失了。到1973年,开始有人偷着卖瓜子儿、大果仁。如果有人逮了,就停些日子,风声一过又悄悄上街。顶到1978年,"自由市场"就出现了,先是以农产品为主,粮食、鸡蛋、蔬菜等等,还可以拿粮票交换,最后发展成新村知名的农贸市场。

　　我母亲的原籍在宝坻,是我三姨把她介绍给了我爸,三姨、三

张静二弟弟张天广扛着外甥在新村一段大门外

姨夫也都在"恒源"。我妈27岁生的我,虽然是个女孩,但家里特别宠我,每年都给我置新衣裳,印象最深就是那双小皮鞋。因为我妈没有工作,我们几个孩子都是她给看大的,谁都没去过幼儿园。一段和五段的孩子全在新村小学上学,我们这届4个班,我在1班。上学第一天,我穿着花裙子,背着小书包,高高兴兴地走进校园,教室的墙上写着"团结、紧张、严肃、活泼"几个鲜红的大字,感到特别振奋。当时新村小学一进门是个操场,迎面有三排教室,后面有学生宿舍、食堂和后勤嘛的。在我上到五六年级的时候,学校来了十几个插班生,他们的身份很特殊,似乎都是高干子弟。他们上课、复习、写作业、吃住都在学校,到了周末小轿车就把他们接走了,很神秘,气质风度也不一样,而且个个学习都特别好,毕业后都考进了好学校。我考上了三中。我们家6个孩子,都是新村小学的毕业生,新村小学的老师,有好几位住在五段。那时,国家规定平均生活费不足8块的,可以吃补助和减免学杂费。我们家加上我奶奶一共9口人,我父亲每月挣69块5,平均7块7。所以上小学时,每个学期的两块五学杂费就免了。中学不但免学费,每学期还给我4块钱的补助,我悄悄攒到16块钱时,买了件条绒面的大棉袄,反正一个班得有好几个像我这样的"免费生"。

初中毕业后,我们这届几乎都下乡了。出身好的去兵团,差一点的插队,有病的、特困的留城。我和另外4个同学去了黑龙江建设兵团,具体地址是:黑龙江省德都县二龙山一师六团。我大妹妹68届"连锅端",一个不留,全下乡了。她本来想到二龙山找我的,知青办也都答应了,结果稀里糊涂给她们拉到了黑龙江黑河的爱辉县,那是我们一师独立团,好么她比我还苦,交通极不方便,三年才给一次探亲假。我1974年被保送回到天津,在"二九一"技校上学,一个月

如今，丁字沽工人新村一段已成为新的社区

给16块钱生活费不说，还可以住校。因为我离家比较近，每天就回自己家。离开那么多年，新村嘛变化没有，走时一间房，回来还是一间房。后来我小弟弟在大屋对过盖了一间10平米的房子，这才宽敞些。我大弟弟结婚时，把大屋腾出来当新房，我妈挪到小屋住。

1993年，我们迎来了危陋平房改造，第一次实行"三方拿钱"的政策，也就是职工单位拿一部分，个人掏一部分，国家出一部分。企业根据实际情况没有硬性规定，就拿"恒源"来说，当时效益不好，给拆迁职工每人一次性补助两千块钱，但没有现金，扛两匹布自己想辙去。1996年新楼房建成，一段、五段占三分之二的住户选择了还迁，如果要增房就自己掏钱，安排到宜白路或佳园里，想回来增房的就得多拿钱。老五段的地界儿全改成了商品房，我们老一段和老二段的地界儿主要是还迁房，也有少量的商品房。现在只有我小弟弟还在丁字沽老一段的地方住，小区更名为风光里。

我们一家在丁字沽工人新村整整生活了40年。

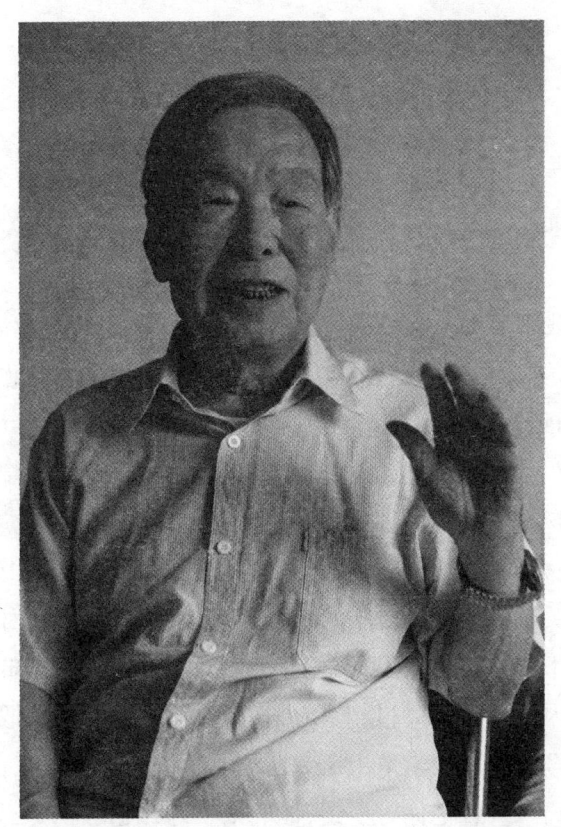

万　强

口 述 人：万强（1938 年生人）
采访时间：2018 年 9 月 10 日（星期一）
现 住 址：丁字沽三号路风尚公寓

我与丁字沽有着不解之缘,我不但在此工作了二十多年,还在此生活了四十几年,即便两次搬家离开了丁字沽,不久又都返回来。所以要谈丁字沽就得从两个方面来说。

先说我来丁字沽的原因。1958年我从天津卫校毕业后,分配到天津体育学院,在天津足球队当队医。后来天津成为河北省的省辖市,我被调到省体委。1964年,我响应"把卫生工作的重点放到农村去"的号召,当年12月份省直机关就把我分配到河北省霸县卫生院。因工作努力,业务水平高,后来就把我调到霸县卫生局。这十年间,我和夫人两地分居,老人、孩子全都交给家人照顾。1974年,国家出台相关政策解决两地分居问题,我有幸回到天津,因为我属于专业技术干部,肯定还得回到卫生口儿。所以接到《通知》后,要求我两天之内到市卫生局报到。人事处的人跟我说,已经把你分到成都道175号的市属医学情报研究所了。她见我不是很兴奋,就说红桥区卫生局一直想把你"挖"走,他们来了好几趟啦!要不你再考虑考虑。我说,我夫人在红桥区上班,家在河北区,父母在河西区,要不我回去商量商量。回家这么一说,都认为既然是红桥区打的报告,最好不要辜负人家的希望,再说往这边靠靠,离夫人和孩子近一些,毕竟十年没在家待嘛,思来想去决定来红桥!红桥区卫生局就把我分到民族医院,全家人都挺高兴。我就开始办户口、转粮食关系、副食关系嘛的,等我去民族医院政工科报到时,告诉我情况有变化,把我安排到丁字沽的"三防院",全称叫红桥区第三防治

1956年万强(前排左二)在天津卫校与篮球队员合影

院。民族医院为第二防治院,"二中心"为第一防治院,是这么排下来的。

这是一所新建的医院,"二中心"调过来180个医护人员,民族医院调过来80个,加上各卫生院调过来的医护人员,大约有400人。这样,我就落脚在丁字沽。以前对丁字沽没有什么印象,从小到大始终在河西区人民公园附近生活和学习。参加工作以后记得来过一次丁字沽,单位让我到这一带购买玻璃瓶子,我感觉丁字沽实在太远了,就相当于城乡结合部。没想到由于工作的调动,把我和丁字沽连在了一起。

这座新医院坐南朝北,北临勤俭道,西临光荣道,东临丁字沽十段(红旗楼),南邻灰砂石场。医院大门直对着盲童学校,现在的十一段那时还是一片庄稼地,四周圈着铁丝网,庄稼地再往北是六

1957年万强与刘本华结婚照

十二中。光荣道与勤俭道交口以西，有一块很大的空地，是专门晾晒毛皮的，到了夏天恶臭无比。津霸公路口儿上立着块白牌子，上写"外国人不许进入"，这条路的右侧一家挨着一家都是工厂。

"二中心"调过来的医护人员大多数认识我，过去我在他们那进修过一年的麻醉，所以麻醉科的周大夫，外科的李大夫都知道我。先是周大夫去找政治处，说我们正少一个麻醉大夫，让万强到我们那去。接着李大夫又找政治处，说万强的专业是外科，得让他去我们那。党委书记一看我的档案，就说，这个人在农村工作了10年，基层工作经验很丰富，又在机关待过，行政管理他也懂，我看这个人谁要也不能给，就留在医务科。可是，这两个科还是不死心，一有大手术就找党委借人，书记也不好说嘛，只能嘱咐他们手术完了让他回来。所以有手术时，我就早早来到医院，忙活一上午都弄利索了再回到科室，医务科本身还有好多工作要做呢，就这样持续了一两个月，我觉得这么下去不是个事，就找书记，要么去麻醉科或外科，要么就踏踏实实在医务科。1975年2月4日辽宁省海城、营口一带发生里氏7.3级地震，上级主管部门要求各医院针对海城地震，研究各自的预防和抢救措施。春节过后第一天上班，党委通知各部门负责人开会，除了传达文件，主要讨论如何预防地震，当地震来了以后，怎么样快速将重症病人转移到安全地带等等。你一言我一语,说的都不在点儿上,而且摆了一大堆困难。从下午5点开到晚上8点,书记说,这样吧,下周二政治学习时先普及一下地震知识。大家你看我,我看你,书记一眼瞥见我,"万强,下周二半天儿都归你!"当时我一愣,想说几句又咽了回去。于是,就到图书馆查阅资料,加上自己对地震知识的理解,准备了一个发言提纲。那天,政治处的干部说了几句开场白,就真的交给我了。我一看书记、院长都没在,是不是有意考验我?面对台下400来人,心里有些发慌,有人交头接耳不知我是哪来的,还没开讲呢,底下就窸窸窣窣的。我就壮着胆从地震发生的原因讲起,一直讲到因地制宜,用土法子及早发现地震和及时疏散病人的一系列方法。比如把输液用的葡萄糖瓶子口朝下立起来,比如用报废的针管制作平衡器等等。我越讲越带劲,尤其看到台下不远处坐着的皮肤科老专家付和先生,非常专注并面带微笑看着我,更让我自信满满。也就是那一次,我把普通话改成了天津话,其目的是让人们知道,我虽然是从霸县来的,可我压根儿就是天津娃!哈哈哈……归其,这一讲成功了,以后麻醉科再找我,党委就拦下了,还

1958年在工人医院实习期间留影,右一为万强

给他们配了新人。

不久,根据上级指示,各医院要抽调三分之一的医务人员下到基层,这三分之一又分成两部分,一部分去静海县,一部分组建城市医疗队,大家自愿报名。城市医疗队重点对基层卫生院加以指导,我们一共抽调了30多人,分别深入到西沽、丁字沽、西于庄、新村4个卫生院,让我当医疗队队长,李云是指导员,办公地点设在西沽卫生院。西沽卫生院原来是座基督教堂,一上台阶是门诊,后院还有些科室,我们占了一间屋,处理日常事务。过了些日子,医院搞基建,就把李云调走了,指导员的工作由我代理,可那时我还不是党员呢!所以闹出个笑话。他们跟基层介绍我时,就说原来的指导员调走了,由我们队长代理。那时指导员就相当于书记,因此一些基层就误认为我是医疗队的书记。后来,有基层人员到医院办

1975年6月26日,万强(后排右三)在"三防院"城市医疗小分队集训时发言

1979年红桥区第三防治院第二期工人提高班留影,前排左四为万强

事说要找"万书记",弄得党委一头雾水,以后"万书记"就成了我的外号。

"三防院"有天津市唯一的"职业病科",因为市卫生局给"三防院"的定位是"以新医疗法和职业病"为主。在城市医疗队下基层的那一年里,我随着职业病科也去过不少坐落在丁字沽的工厂,比如四五零八厂、白酒厂、果酒厂、海洋化工厂等等。到企业主要考查生产环境和劳动保护措施,提出一些值得注意和需要改进的意见建议。你像喷漆车间,那么四场大开的哪行,要求他们建立隔离防护;你像铸造车间,要求他们增加除尘排风设备;你像有的工厂检验科,我们就建议职工定期查血铅,发现铅超标的就送医院治疗。

在城市医疗队一年后(1976年4月),轮换另一批人,我回到医院。这一年的7月28日发生唐山大地震,应该说对"三防院"影响还是比较大的。当然地震对丁字沽这一带没造成什么损失,人员伤亡很小。我们重点听从市卫生局和市抗震指挥部的安排,接受市内其他区和郊县重灾区送来的伤员。"三防院"的建筑很特别,地下的人防工程非常讲究。据说,当时利用原有的一个大水坑,老百姓称其为"王八坑",设计了坚固且功能齐全的战备工事。一楼入口处有一道15公分厚由钢板包裹着的水泥门,进去后有个缓冲间,然后又是一道相同厚度的钢板水泥门。不仅可以抵御8级地震,而且能够防御原子弹带来的冲击波和化学武器。两道门之后,跟地面建筑的结构一样,有走道有房间,末端有通向后楼的地道,听说一旦战争打响,地道可一直修到西站。九十年代三号路打通时,地下确实有防空工事,因形势有变就填埋了。"三防院"的地下工程大约600平方米,能容纳40张病床。地震初期,"三防院"地下室起了很大作用,当时住院的重病号从三四楼转移到此。另外,在后院的操场还

建于1973年的天津第三防治院,后称天津红十字会医院

搭建了临时医院,收治从灾区送来的急症患者。想起来也挺有意思的,市卫生局来电话:注意啦,马上给你们送去病人,准备抢救!哪的?唐山方向的。多少病人?先给你们两卡车吧!送来一看,全是截瘫病人,一车也就能躺下五六个。上级有规定,因地震受伤的病人,一律免费治疗,包括吃喝住。我印象最深的是一对父子,

1984年,万强在"三防院"门诊大楼屋顶上留影,身后为建成不久的丁字沽工人新村十一段

儿子20岁出头,正准备结婚呢,地震时儿子往外跑,一下被倒塌的女儿墙给砸中了。到天津以后,儿子的医疗费、伙食费都没问题,他父亲怎么办?请示卫生局,他们也拿不准。就问,现在怎么处理的?我说,食堂剩点饭菜就给他,无论如何也不能给饿死啊!对对,就这么办吧!儿子截瘫,在医院一住就是两年,大量的工作是康复训练。这期间,儿子的父亲患上食道癌,不能不给治呀,医药费怎么办?我就给变通了一下,记在他儿子身上。不久,父亲去世。这种情况,我们医院还有两个,几年啦,迟迟出不了院,不仅投入大,床位也是个问题。我们就跟唐山那边联系,正好唐山方面成立了截瘫病院,然后通过民政部门,把这个病人送回唐山。另一个病人送到了北塘卫生院。

1984年的春天,我到门诊部当主任,管理着20多个科室、100

多人，进行了一系列的改革，医护人员的积极性大幅提高。1992年，在丁字沽一号路永明道原红桥区党校招待所，成立了"三防院"分院，我在那当院长，直到退休。这是从职业角度谈我与丁字沽的关系，归结起来，我在丁字沽整整工作了24年。

下面再谈谈我在丁字沽久居的缘由。本来我和父母长期居住在河西区的三义庄，即便1957年结婚后的近十年间也都生活在一起。再后来因三义庄房子小，就搬到河北区安徽会馆后街我夫人的娘家住。1974年从霸州调回天津，分配到"三防院"的第二年，赶上了唐山大地震，当时我没黑没白儿的在医院里忙，根本顾不上家里的事，我父母借住在河东的亲戚家，我们一家起初在娘家附近用塑料布搭了个棚子。这当口儿，"三防院"围墙外也搭了好些简易棚，其中有一户搬走了，我接了过来。那时谁也想不到在外面要住多长时间，可是到了9月底还回不了家，就不得不考虑加固临建棚，我

建于1970年的胜灾楼，原为丁字沽农田

带着孩子们在竹坯子上抹了一层薄泥。等到天快冷了，才意识到冬天根本没法住，于是就找到医院党委，说了自己的困难后，党委很重视，在讨论解决老专家丁宝桢临时居住问题的同时，军代表就把我的情况也说了一遍，建议在给老专家搭建地震棚时，借助两面墙再多盖一间给万强。也就是说，由医院牵头出工出料为我和老专家搭建了比较正规的临时住房。就这样，我们一家在临建里住了两年。1978年医院分配给我一间住房，是西南角牌楼胡同的一间平房，我觉得上班不太方便，就找到医院分房小组，通过他们给我换到丁字沽以北的胜灾楼。胜灾楼是1970年建成的，一共有7栋五六层的楼房，它紧邻1969年因遭遇风灾为安置灾民而兴建的胜灾平房，所以取名"胜灾楼"。唐山大地震之后，这几栋楼弄了"圈梁"加固。置换的这间房子在四楼，同一个单元住两户，按当时的说法叫"独厨"，也就是说，两家各有自己的厨房，共用一个厕所。另外，地震那年，我儿子从三义庄小学毕业转到丁字沽八十中学，我二女儿从河北区三十三中转到丁字沽七十二中。"三防院"对我这么好，使我立志扎根丁字沽。

我在胜灾楼居住到1984年，这一年单位调房，根据条件分给我一个"偏单"，地址在红桥区密云路芥园里，虽然上班远了不少，但毕竟住上了新房。有一次朋友来串门，说他在桃花园南里住五楼，六楼那户总想回芥园西道这边来，你也正好住六楼，要不搭咯搭咯你们调换一下，要是成了不就两全其美嘛！结果两家一见面，一方为了上班近，另一方想回老地界儿，就这么定下来了。1985年6月我们一家又返回丁字沽，住在1983年建成的桃花园南里六层一个偏单，这片住宅原先是丁字沽大队的菜地和养鱼池，隔着勤俭道就是老丁字沽，东面紧邻北运河边的桃花堤。这里还有个插曲：

我大女儿一直跟着爷爷奶奶过,1982年要出嫁,这可怎么办呢?那时三义庄的房子也是"伙单",要是搬家就得先说服对方,然后再找下家,为了这件事我花费了很大精力,最后"三家联动",我们那间房换到丁字沽新建不久的凤城楼,邻居搬到小白楼第三方换房户的老宅,第三方换房户搬到三义庄那套偏单。以后,凤城楼这个独单给了儿子结婚成家。

但是,桃花园的房子哪都好,唯一不足就是太高了。冬天买煤、买大白菜非常费劲,于是就想降降楼层。1993年正好有个机会,中环线与烈士路交口盖了一批还迁房和商品房,经过咨询,我要是把桃花园房子交了,再添4万块钱,就可以由偏单变成"三室",由六楼降到一楼。到那居住以后,越来越觉得周围环境不太好,烈士路农贸市场就在我们家窗外,整天闹闹哄哄的。1996年我老伴退休在家就四处看房,结果选上了风尚公寓这套房子,原因是离"三防院"近,再一个就是我们的丁字沽情结。风尚公寓这个小区,原来是市供销社的草制品厂,出门就是丁字沽三号路,对过是五爱道,曾经是老丁字沽工人新村一段、二段、五段的商业中心。我们看了房子以后也挺满意,回去就把烈士路的房子卖了,然后添了十几万买了这套100多平米的"三室",还赠送了一间地下室,就这样在这儿又住了20多年。所以,我的大半生与丁字沽密不可分。

马树春

口 述 人：马树春(1954年生人)
采访时间：2018 年 10 月 23 日(星期二)
原 住 址：丁字沽工人新村五段 2 行 19 排 1 号

我与丁字沽工人新村有着特殊的感情。

一段和五段建于1952年,我们家应该是第一批入住的,五段2行属于公安宿舍。我们怎么会住在这呢?说来挺有意思。我父亲(马顺兴1920年生人)三岁时,我奶奶就守寡了,家里就这么一个独苗,怎么拉扯大的呢?就靠"跑门儿","跑门儿"说白了就是要饭,回民和汉民不一样,回民只能到回民家要饭,别管对方多穷也多少给点。于是我奶奶就带着我父亲来到了天穆村,并且在此落脚。不知我奶奶跟谁学的,她会"捏骨头",而且手艺还不错,村民们也比较心疼这娘俩,各方面都得到照顾。我父亲渐渐长大,就给人当小伙计,替我奶奶分担生活压力。他炸馃子、熬糖块儿都挺在行,话说他们在天穆村已经待了好几年了。我父亲有个表哥叫刘步伦,当时已经加入到

1945年,马顺兴警卫员(右)、穆姓警卫员(左)与津沽回民支队政委干一(中)在胜芳合影

1960年红桥区第一幼儿园毕业留影,二排左四为马树春

干一同志的津沽回民支队。一天,他来找我父亲,说:"看你们娘俩挺苦的,要不弄个牛站吧!"牛站是干嘛的呢?就是到下边去收牛羊,放在牛站寄养,等屠宰完之后把牛羊肉批发给店铺。我父亲说:"好是好,我们哪来的本钱呀?!""这个你甭管,有老板给你出钱。"于是他就把干一同志领到了家里,并以老板的身份带着几个人开起了牛站。我奶奶、我父亲哪知道这个牛站竟然是地下党的联络站,专门负责条河(北运河)两岸的情报收集。一来二去我父亲就发现了这个秘密,但他并没声张,直到有一天,他遭到了日本鬼子的殴打,一怒之下主动要求跟着干一同志参加抗日。1938年干一同志来天津时是冀中区的特派员,后来组建了津沽回民支队。我父亲加入到回民支队后,每天把宰完的牛羊肉,用自行车驮到市里的几家肉铺子,顶到下午4点来中再去敛钱,空闲时就到南市的戏园子里以听戏的

1964年天津警备区司令员朱彪（三排穿军大衣者）在丁字沽三号路小学接见报务组同学留影，前排左二为马树春

名义收集情报，所以就结识了我师傅于宝林。当年于宝林在南市说相声，又都是回民，关系处得特别好，通过这条线索我父亲又认识不少回民艺人。这是后来我师傅跟我说的，他说："我跟你父亲解放前就认识，那人特别好，总是和蔼可亲的样子。"偶尔听我父亲说，抗战期间他们截过日本军粮、烧过日本仓库，在工学院附近指挥过一场战役，那时期津沽回民支队还是挺有名的。到了1946年，我们家这个半公开的地下联络站就被国民党给端了，我父亲提前得到信儿跑了，我奶奶、我妈妈赶紧回到霸县煎茶铺后两间房村躲了起来。

1949年我父亲随干一同志进城，安排在天津市军管会回民工作组工作。当时既没工资，也没住房，后成立了天津市民政局，干一同志任局长，我父亲也跟了过来，这才有条件接家属。我奶奶、我妈妈带着我大姐从老家来到天津，住在民政局大院，一开始享受供给制，到1952年丁字沽工人新村建成后，给我们家分到五段2行19排的新房子，因为我们是从军管会转过来的，所以还按公安家属对待，这就是我们为什么住进"公安宿舍"的原因。

我们家搬到这个院儿时，所有房子还都空着呢。我们院儿比较特别，别的院儿都是12间房，我们院儿只有6间房。这6间房我们要是都占上也没问题，可家里总共5口人(有了二姐)，干脆就住三间吧，虽然每个月的房钱不多，但总觉得多占间房子白浪费，最后就留下了1号和2号。后来，3号住进来粮店的经理，姓刘；4号是红桥区三轮社的主任，姓鞠；5号是一幼的会计，姓穆；6号是新村小学的老师，姓翟。

我父亲属于国家干部，生活用具都是国家配给的，大衣柜、办公桌、席梦思床、皮转椅，包括毛毯等等，每个月象征性扣点钱，直到"文革"前。

1954年，我在这个院儿出生。

丁字沽工人新村确实很好，尤其配套设施非常齐全，幼儿园、学校、医院、食堂，包括综合食堂和回民食堂。两个点心铺，还有照相馆、浴池、理发店、新华书店、派出所、邮局、小医院等等，为改善产业工人的居住环境起了很大的作用。新村的房子分两种，一种是

1966年丁字沽工人新村三号路小学六年四班毕业照，二排左三为马树春

始建于1952年的新村小学，现已改为河北工业大学附属红桥小学

我们住的联排式平房，另一种是按前苏联图纸仿建的楼房。平房的面积为13平方米一间，对面有简易厨房，院子两头有大门可以穿堂而过。人口少的时候，院子挺宽敞，我们就经常在院子里吃饭、喝茶、聊天。但是有两个不方便的，一个是上厕所，我们就得走到3行去方便，一到早晨就排队，再赶上小孩们使坏"憋老头儿"（占着茅坑不拉屎）就更紧张了。还一个，厕所里的灯泡儿几乎没有囫囵的时候，新换上没几天就让小孩们拿弹弓子给打碎了，常年晚上黑咕隆咚。去厕所怎么办呢？要么把油毡头儿点着了照亮，要么先点燃一张手纸，再不行就把大便坑里的纸引着了，弄得臭气熏天。过去，有电棒儿（手电筒）的家庭并不多，即便有也舍不得用，因为买新电池得拿旧的去换。第二个不方便就是打水。新村的水管子，隔几排才有一个，负责几十户人家的吃水、用水。赶上做饭的点儿，经常围着一圈人，所以家家都备有水缸。因为个别居民浪费水的事，时不时

的发生口角,怎么办呢?居委会就请了一位大爷看水管子,还专门盖了间小屋子,大爷坐在小屋里控制水龙头。为嘛我印象深呢?家大人总嘱咐我们不让跟那个老头儿接触,说他爱讲不好的故事。其实满不是那么回事,他特别会说评书,可那时候评书算"四旧"。

我的俩姐姐、一个妹妹,加上我,四个孩子全是在工人新村第一幼儿园毕业的。我大姐她们那届的老师,是新中国培养的第一批师范学校毕业生,所以师资水平很高。在幼儿园每天能洗澡,场院不但开阔,而且还有两棵桑树,因为我们邻居在幼儿园当会计,所以我不在幼儿园了也经常去那里玩。幼儿园隔壁就是新村小学,原来有个小门是通着的,后来就不开了。我6岁到新村小学上学,上到二年级时,新村小学后身建成了三号路小学,就把我们转到了那个学校。为嘛我6岁上学呢,当时要成立实验班,推行十年一贯制,也就是说,十年下来就相当于高中毕业。所以我在幼儿园没上大班,就全端过来接着上学了,但是6岁的并不多。以至于1969年我毕业了没法分配工作,因为才15岁。怎么办呢?就跟着下一届又上了几个月。人家说,你这叫坏事变好事,否则就下乡了。

在三号路小学上学时,我参加了校级报务组活动,那年我才10岁。记得第一次参加比赛是在人民体育馆,叫"河北省收发报比赛"。我们与成人组在一块对决,结果我拿了个抄报组的第五名,我的水平远远超过运动健将级。那次比赛,从第一名到第九名都是我们学校的,所以天津警备区司令员朱彪,转天就来到我们学校视察,还划拨了训练器材。就是现在,我的收发报技术在全国都是数得上的,玩无线电的一提"BD3BSV"没有不认识我的,我是二级操作员,当然最拿手的还是发报。

从我们家一出去就是人民照相馆,它的后门就在我们院儿。照相馆有俩师傅,一个姓王、一个姓刘。我父亲跟王师傅特别熟,为嘛呢?我父亲后来调到了民委(民族事务委员会)工作,单位经常组织各种展览,图片需求比较大,可是有照相机或会照相的人太少了,尤其到一些保密性质的单位去拍照,必须具有足够的党龄才行,所以民委就想培养自己的摄影师。于是拨了四千块钱,买了一台德国产的蔡司牌照相机,还建了暗房。那时这个王师傅还是小业主呢,我父亲就把他请到民委传授摄影技术,每个月给他开60块钱工资。经过一段时间的学习,我父亲掌握了一般的拍照和暗房技术。等到新村开办照相馆后,一看竟然把王师傅给调到这来了,特别高兴,而我也就成了照相馆的"常客"。八九岁的时候,我就钻到暗房跟着王大爷洗相片,曝光箱连计时器都没有,只能在心里默默地数数儿。因为经常去照相馆帮忙,肯定影响学习,不但请过家长,还写过"保证书"。这段经历对我以后迷上摄影产生了不小的影响。其实,我父亲反对我学摄影,跟我说,学摄影就是败家子儿。但是说归说,他还是挺宠我的,毕竟就这么一个儿子,有时给我讲讲显影液的配方,在家冲洗照片也不怎么管我。还一个比较怪异的家规,不许我随便给陌生人照相。这是他长期从事地下工作造

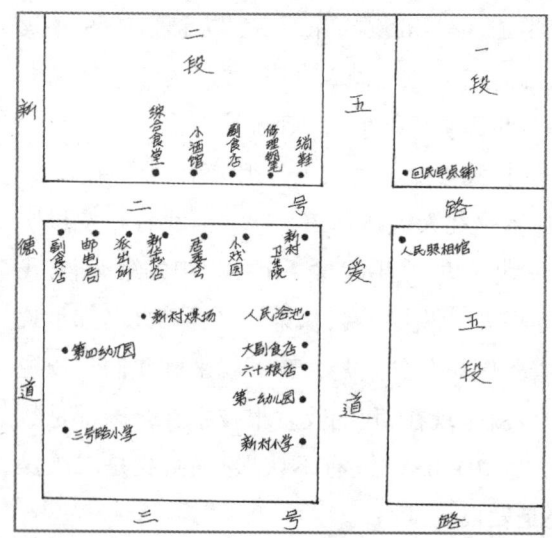

丁字沽工人新村五爱道与二号路配套设施示意图

成的，他认为给不认识的人照了相，将来这个人犯案了，公安局就拿着照片来找你，问你这人是谁，跟你嘛关系，你说得清嘛！

人民照相馆隔着二号路的对过把角儿是回民早点部，隔着五爱道的对过把角儿是新村小医院，斜对过把角儿是绱鞋的，这家绱鞋的在橱窗里摆了好些用纸片做的"戏出儿"很有意思。绱鞋的旁边是个修理钢笔的，为嘛我对这个人印象深呢？都说他的舌头特别长，能耷拉到下巴，所以一年到头戴着口罩，可是并没几个人见过他的长舌头。有一天我把同学召唤来，说要看看修钢笔的长舌头，我们就悄悄来到修理钢笔的跟前，趁他不注意，我一把拽下他的口罩并飞快地跑开了，就听他不停地卷街，不过我真看见了那根长舌头。

新村小戏园子隶属于红桥区的文化部门，红桥区曲艺团、杂技团、益民梆子剧团、北方越剧团经常在这演出。北方越剧团很特别，它是用北方的方言来演唱越剧，本意是想普及越剧，但是只存活了几年就消失了，为嘛呢？用北方话唱出来的越剧没味儿。金玉茹是位很好的梆子演员，回民，也老上这儿来演出，另外曲艺、杂技、相声比较多，偶尔唱一回京剧。因为我父亲跟戏园子的关系不错，所以我整天长在那儿，园子不找我要钱，我也不占座，就爬在台口边上，一动不动看到完。这都是我上学前的事，想想我才多大年纪！我最着迷的是于枢海的评书，他不愧为评书大家，由于我从小听他的评书，后来听谁的评书都觉得不过瘾。用我师傅的话说，他挣了一辈子大钱。那时小戏园子实行计时收费，听评书10分钟1分钱，鼓曲、相声10分钟2分钱，为嘛评书收1分钱呢？因为说评书就一个人。你想，要是一场有200听众，10分钟下来多少钱？最著名的一部书叫《战斗在天穆村》。这部书怎么来的呢？当时红桥区曲艺团体验生活,定点在天穆村。于枢海听了当地人讲的这么一段故事觉得不错,就想以此为线索弄一部评书,于是把我父亲找来,俩人整聊了三天。之后,于枢海把丰富的情节整理串联在一起,创作了能说上三个月的《战斗在天穆村》,他结合短打书的传统,突出生动细腻的人物刻画,一环扣一环,"包袱"套着"包袱",结果一炮打响。每天等着听他评书的人排长队,只要有听众要走,马上就有顶上来的,那真叫思想性和艺术性的高度统一。还一个,他学嘛像嘛。学瞎子、学瘸子要多像有多像。比如,他说到"八极拳",抬手就能打几下。有一次他说完《剑侠图》后,有个人非到散场要跟他比试比试,他一个劲儿跟人家解释:"我真不会!"那人才半信半疑地离开。我有个同事,为了听于枢海的《英雄谱》,大冬天的把推土机停在外边不管了,等听完评书出来,再看发动机冻裂了,结果给了处分。但是,《战斗在天穆村》的书稿在"文革"时给烧了,徒弟也没学下来,又没有录音,就这么失传了。包括张宝茹、张兴华合说的相声《说梦》等等都给我留下极深刻的印象,让我终身受益,引领我也爱上了这一行。

　　可以说曲艺知识是这个小戏园儿给我的,而魔术、变戏法是受新村小医院门前"撂地"的熏陶。"文革"前,那块空场天天有"撂地"的。比如抖闷葫芦的,那闷葫芦直径有半米多,然后抛到空中用各种姿势去接,这家人跟我们家还认识,是"霸州李"的后代。什么平地扣碗、吞宝剑、吞铁球、仙人摘豆、九连环,多去了!还有个更哏儿的,两个小人儿摔跤,是牵线的那种,有个人在边上操纵,活灵活现,我就特别好奇,总想破解这里的秘密。有一次,这个人收摊走了,我仔细观察,原来他在地上预埋了一根管儿,牵小人儿的线都在管儿里藏着呢。就说我多嘎吧,冲着那根管儿撒了一泡尿,转天那人再来表演,小人儿说嘛也不动了,因为牵线全给冻住啦,那个气呀！所以，经常看这些玩意儿，回到家就模仿。没有锣怎么办？就敲家里的钢种盆（铝盆），最后都让我给敲漏了。有一次，在家扣上空碗模仿变戏法，老娘为了逗我，趁我不注意在碗底下放了一个鱼头，还说："你掀开看看，能变出嘛东西！"我猛一掀，只见这个鱼头瞪着眼张着嘴，顿时就把我吓哭了。

　　再有，新村的小人儿书铺也是我喜欢去的地方。我们家附近有一大一小两家小人儿书铺，好像都是公家开的。怎么收费呢？定价1毛钱不到2毛钱的小人儿书，看一次收1分钱；定价2毛钱不到3毛钱的，收2分钱；定价3毛钱以上的，收3分钱。还有月票，办一张月票3块钱，可以随便看。我一直使用月票，这也是一笔不小的开支，那时最低生活费8块钱，谁舍得拿出3块钱看小人儿书。但是，连环画对于我们这一代人的成长很有帮助，包括艺术素养和鉴赏能力的提高。比如全套的《三国演义》《水浒》，绘制得多精美啊！那些电影剪辑的连环画，都印在脑子里了。长大以后，又常去新华书店，买了许多曲艺方面的书，特别是1971年前后，曲艺界创作了

五段的联排式平房已被栋栋楼房取代

马树春与师傅于宝林合影

很多新作品,只要见着了我就买。

还有就是我小的时候,在家门口的点心铺想吃嘛就吃嘛。我奶奶有话,大孙子到你铺子去了,他要嘛你们就给他嘛,月底我来结账。为嘛我奶奶这么硬气呢?她不是会捏骨嘛,说是不要钱,哪个让她给瞧好了不给个三块两块的?

人民浴池也值得一提。过去哪有条件在家洗澡,夏天还好说,弄盆水好歹冲吧冲吧,天一冷只能去公共浴池。由于工人新村居住的大多是产业职工,每个月都发给固定的澡票和理发票,所以人民浴池在这一带十分兴盛。浴池设有一个理发店,多大呢?光理发师就有20几位,即便如此还天天排队。浴池每天产生许多炉灰,新村的孩子们就爬到炉灰堆上拾煤茧儿,有时我也跟着凑热闹,弄一身炉灰渣子,回家就挨一顿说。

新村的煤铺也相当大,它的入口在五爱道上,左边是大副食店,右边是浴池,顺着胡同往里走是一个超大的空场,里面推着煤山,后门开在新德道。这个煤铺供应勤俭道以南、三号路以东、一号路以西、光荣道以北这一大片住户。煤球100斤一筐,自己拉也行,等着送也行,记得有个姓毛的师傅,服务态度特别好。

我1970年参加工作,1974年去了铁道兵后勤部宣传队,这期间表演相声、快板、话剧,还给乐队伴奏。1976年返回厂里,在工会负责文化活动。1984年调到北辰文化馆,直到退休。另外,我们家1974年离开了丁字沽工人新村,在那儿整住了20年。

田津龙

口 述 人:田津龙(1966 年生人)
采访时间:2018 年 10 月 26 日(星期五)
原 住 址:丁字沽工人新村四段 6 号楼 4 号

听父辈讲,丁字沽四段是1957年建的,我们家搬过来已经建成三四年了。我是在四段出生的。就我所知,老四段的楼房有17栋,1到10号楼是企业职工宿舍,11到16号楼是河北工学院宿舍,其中还有教育局楼、"恒源"楼,我们居住的6号楼都是冶金局职工。记得在我四五岁的时候,又加盖了几栋四层平顶子楼,我们管这几栋楼叫"新楼"。在四段这块区域里,给我留下深刻印象的有两处地界儿,一处是在33、34号楼和35、36号楼之间,"文革"期间挖的防空洞,孩子们经常在那玩儿打仗,防空洞里特别黑,也不知

丁字沽工人新村四段宽敞的区间

丁字沽工人新村四段小花园,后面是原文化站

能通到哪儿,所以就显得十分神秘,后来那里边净是大小便就没人去了。再一处是小花园,那里种了好些树,一放学我们就像小鸟一样,在树林子里跑来跑去。改革开放以后,小花园内建了一个文化站,这个文化站名气不小,为嘛呢?京东大鼓创始人刘文斌的女弟子王艳秋在这儿说过评书《刘公案》,红桥区曲艺团孙久隆说过《大隋唐》,吸引了不少听众。

还有件事也挺有意思,那时我们整个四段就一部公用电话,在塑料厂那块儿,有个老头儿看着电话,打一次电话4分钱,送一次电话6分钱,赶上道儿远的,得走五六分钟,要是家里没人就白跑一趟,好像这部公用电话到九十年代初才取消。

再说说"7·28"唐山地震,那天凌晨把我从床上震到地上愣没醒,是我父亲把我拽起来的。家里摔了一个暖水瓶,我父亲的脚还

原一号路小学旧址

给划破了。但是四段的房子基本没受损失,我们就在楼外的空地上用雨衣和塑料布搭了个简易棚子。大概9月份,一看没什么事就陆续搬回去了。紧接着,市里的"抗震办"就在四段内,加盖了不少临建房,安置从别的区疏散来的居民,家里几乎都是房倒屋塌的,临建房大概存在了四五年才拆除。

听老人们说,四段的10号楼和9号楼的一部分,曾经是个收容所,当然我没赶上,我知道这事时早就改成民居了。但是还留下一些痕迹,嘛痕迹呢?地面上隐约能看见水泥垛子。也就是说,当年这两栋楼是独立的,而且有围墙。

四段隔着四新道是八段,所以四新道就成了四段和八段最热闹的地界儿,副食店、早点部,还有红旗百货商场都在那儿。但是,我们要买写本儿的鱼、肉还是得去三段的大合作社,八段那边不卖。

丁字沽一号路小学就坐落在四段内，所以我们四段和三段的孩子，都在这所学校上学。我上学时，一个年级4个班，一个班40多人。记得上学期间，我们曾捡过废轮胎，把埋在橡胶里的线绳抻出来，干嘛呢？钓"骆驼"。"骆驼"的学名不知叫嘛，它长的像肉虫子，脊梁背儿上有两个凸起的小疙瘩，所以叫"骆驼"。这种虫子喜欢在泥土里藏着，我们就趴在学校操场的土地上，寻找有"骆驼"藏身的窟窿或裂缝，然后把线绳下探到里边，一逗愣，就把"骆驼"钓上来，然后放在盛中药丸子的空盒里养着，到底最后变成什么样儿了，好像谁都没见过。另外，别看三段、四段的孩子都在一个学校上学，但是三、四段却不和，有几年隔着勤俭道互相飞砖头儿，当时的勤俭道没那么宽，两侧都有小树林便于掩护，大孩子们冲锋陷阵，

曾为收容所的四段9、10号楼外观

田津龙父亲田喜明戎装照

充当飞镖手,我们小孩负责把捡来的整砖砸成小块儿,俗话说叫准备"弹药"。其实我们之间也没有嘛过节儿,我看纯粹是受"文革"武斗的影响。三段的小孩要想来四段,不能走我们家旁边的楼口儿,得绕到东面。四段的小孩去三段也得绕大圈,否则就挨砍。

我们家祖籍是河南省林县的,我父亲(田喜明,1924年生人)是1944年参加革命的老八路,后来经历了解放战争和抗美援朝战争。我本来应该哥儿七个,但是因为我父亲去朝鲜,母亲一个人带着老大、老二,由于饥饿和疾病就相继去世了,连我三哥也没见过他们。我父亲健在的时候很少给我们讲述自己的经历,他老说我能活着就已经很不错了,有多少战友没等到这一天。抗美援朝时我父亲是炮兵营一营营长,1955年授衔仪式授予他大尉军衔。正是那一年,我父亲从北京随五一五团来到天津,然后转业到地方的冶金行业。先在天津有色金属压延厂当厂长,"文革"期间受到冲击,离休后享受十三个半月的养老金,2002年去世。

李会良

口 述 人：李会良（1957年生人）
采访时间：2018年11月1日（星期四）
原 住 址：丁字沽东大楼104门304号

我们家是从三条石搬到丁字沽来的,刚来时的门牌号是勤俭楼 10 门 204 号,后来改为勤俭楼 11 门 304 号,再后来才改成现在的门牌号。由此可见,几十年间东大楼这片住宅区也在不断扩大。

东大楼是 1956 年建起来的,在五十年代先后建成的工人新村里,它离老丁字沽最近,正因为它守着老丁字沽,所以才没给它冠以"工人新村"的名号,这是比较特殊的一点。

我们居住的那三栋楼是 1965 年至 1966 年由唐山建筑公司承建的,为嘛建成以后叫"勤俭楼"呢?一是因为离勤俭道比较近,还一个是因为这几栋楼盖的很简易,外表就能看得出来,不仅墙体薄,楼道至今也没抹灰,房顶子就是在粗糙的四孔板上直接刷大

东大楼社区内的街貌

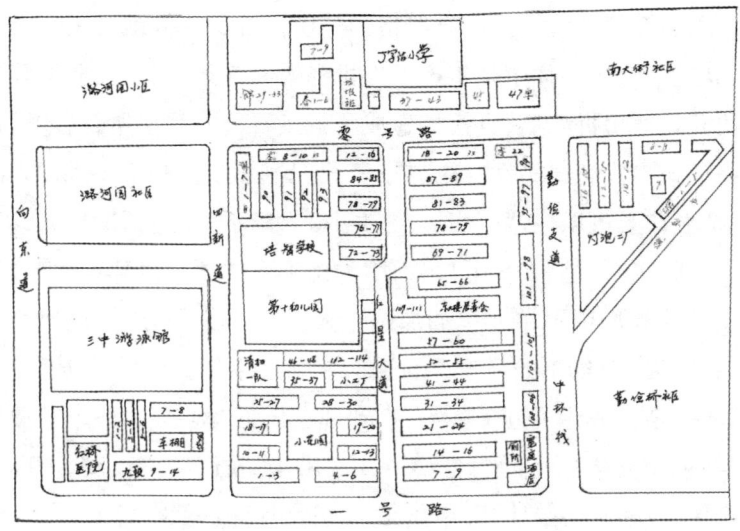

李会良绘制的《东大楼社区分布示意图》

白,到处都显得很简陋。

我们怎么来的丁字沽呢？要回答这个问题就得先说我父亲怎么去的三条石。解放前,经人介绍我父亲从老家来到天津学做裁缝,等到公私合营时,就把我父亲分配到六里台附近的立新造纸厂。因为一家老小没有地方居住,单位就在三条石给我们找了间8平米的小屋,以后自己又加盖了4平米,勉强住下7口人。1966年3月河北省邢台地震波及到天津,当时我们居住在三条石普乐大街37号院,这个院儿有30多户,都是低矮的平房,地震这一摇晃,几乎都变成了危房。于是就找到红桥区房管局,他们来人看了看,认定不能再住人了,而且这些房子没有维修价值。恰巧丁字沽这边刚盖完勤俭楼还没分配呢,局里研究决定,先让我们这几十个危房户暂时住到勤俭楼。

刚到勤俭楼时，并没有严格的分房标准，我们就占了一个单元，共三间住房。住了几年也没人再提搬回三条石的事，原来我们那块儿的危房拆除后，直接扩建成了三条石公安派出所，这才回过头来正式为我们这些临时住户分房子。原则是：一户五口人以上的（包括五口），可以住两间房。一户四口人以下的（包括四口人），只许住一间房。我们本来七口人，因大姐下乡去了宁夏建设兵团，房管站就让我们留下单元里的那两个大间，各15平方米，甩出小间（13平方米）分给别的住户。就这样，住了几年"偏单"后，变成了"伙单"。一晃在那住了五十多年，直到现在还是"伙单"。改革开放以后，我们单元内的小间房更换了几次房主，我们始终没动，一间我父亲住，一间我弟弟住，去年我父亲离世，那间房就空着了。

听老人们说，东大楼是五七、五八年开始入住的，当时有三个居委会，五片、六片和七片，一个居委会管着二三百户，以后又增加了八片。东大楼确实比较特别，同时代兴建的居民区都划归到丁字沽工人新村街道办事处，唯有东大楼属于丁字沽街道办事处，因此一片到四片居委会都在老丁字沽那边。到了20世纪80年代，规模小的居委会实行合并，东大楼的五、六片合并，七、八片合并。发展到今天，东大楼社区居委会共管理着三千多户，包括丁字沽工人新村九段和曙光楼。户数多除了增建住宅外，还有个原因就是东大楼这边有百分之七十的住户，依旧处在"伙单"的状态，一个单元两户、三户的非常普遍。不了解东大楼的，从外表看不出有嘛不同，可内部有许多种"版本"。比如，东南把角儿那栋楼，内部结构是通道式的，脸儿对脸儿是住房。怎么形成的呢？1968年前后，给天津警备区盖的办公楼，竣工后人家一看，不但规模小而且环境也不具备，就交给地方了，接着住进来一批散户，起名"八一楼"，直到现在也没通上煤气,因为安全不达标,家家只能用液化气罐。那个时期还加盖了两栋"文革楼",就现在的90至93门和76至77门。此外还有带着鲜明时代特点的"斗私楼"、"批修楼"和"立新楼",它们分别是:87至89门,81至93门和65至66门。这

初建时名为"勤俭楼"的现状

几栋楼有嘛不一样呢?楼一建成就在平整的墙体上,用红黄两色的油漆写了许多政治口号,非常醒目,留存了好几十年才渐渐褪色。再说九段的9至14门,在唐山大地震时给震塌了,当时是"天重"宿舍,1977年又在原址翻盖,就说四段多复杂吧!

过去能在东大楼住上楼房很不简单,都是单位有头有脸儿的。比如,12到13门过去属于灯塔油漆厂宿舍,21到24门是电炉厂的,70至73门是河北工学院宿舍,61到62门属于红桥区教育局。1971年前后,丁字沽房管站在东大楼空地上又建了四栋小二楼,在九段建了三栋,分给他们自己职工。

我们跟老丁字沽的交往,主要因为上学。我小学毕业后分到丁字沽中学,同学中有不少住在老丁字沽,放了学有时到同学家串门。我跟老丁字沽的夏家比较熟,他们家住在娘娘庙后胡同,原来那是个大水坑,他们填上一部分盖了房子。夏家一共10个孩子,9

经过整修后的东大楼小花园

个小子、1个闺女,这个闺女可不简单,她是老丁字沽唯一的清华大学毕业生。夏家虽然人口多,但多少都有些文学天赋,好几个都能写作。据说老夏的夫人是旗人,当年两口子结婚时,齐白石给当的证婚人。我怎么知道的呢?我同学夏志鹏结婚的日子,跟他父母当年结婚的日子是同一天,所以结婚那天特意摆上了他父母结婚时的大照片,上面有齐白石。我同学的婚礼也请了好多文艺界的名人前来捧场。这里还有段小故事:我同学夏志鹏的岳父,是电影《林海雪原》杨子荣的扮演者王润身。这门亲事怎么成的呢?王润身的老家是河北雄县的,1947年加入冀中军区第10军分区"北进"文工队,1949年调到河北军区文工团,1956年去了八一电影制片厂,1978年调到长春电影制片厂。他因为演了几部电影,"文革"时受到冲击,把他下放到老家昝岗镇接受改造,因为他与夏家是挚友,就把身边的女儿托付给夏家,等闺女长大了,王润身就跟闺女说,夏家这么多男孩子,你愿意给谁当媳妇就给谁当媳妇吧,这么着就嫁给了夏志鹏。

再讲一段跟东大楼有关的事。上世纪七十年代末八十年代初，我们家楼后面的勤俭支道，自发形成了在天津很有影响的换房市场。每天从下午五点到夜里九十点钟，这条路被堵得水泄不通。最初都是房主们一对一地换房，因为这些人都有正式工作，只能下了班赶过来跑房子，遇上特殊情况就得临时委托给熟人，一来二去，有些在家吃劳保的、泡病假的、没有正当职业的和工作时间比较灵活的就演变成了"换房中介"。他们收集各类房源信息，然后抄写在卡纸上，由最初的换房户渐渐从中渔利，倒腾来倒腾去，在为别人换房的同时，掺杂了许多操作上的"潜规则"。我有个邻居，本来手里就一间房，最后愣"换"出来两个单元，就说多厉害吧。怪不得老百姓把这些人叫"房虫子"呢！后来，东大楼的居民对这个市场越来

曾为"换房市场"的勤俭支道

越反感,不仅把路给堵死了,每天都乱乱哄哄的,加上私自换房属于非法行为,反复取缔了多少次才消失。为嘛市场能在这儿形成呢?从地理位置上说,勤俭道就相当于城乡结合部,而勤俭支道不过200米长,平时没车经过,相对比较僻静,但是只要有人在此聚集又很容易被发现。另外从当时的住房现状看,北郊区建了一批新住宅分给拆迁户或单位职工,可都嫌远不愿意去,他们恨不得以大换小回到市里。而市里住房紧张的,只能硬着头皮往外迁。还有的是因为工作单位离家太远又无法调动,只能换房子。现在看来,这是再正常不过的需求。

关于东大楼那次煤气爆炸事故,我回想了一下,应该发生在1983年10月。那一年,市政府给老百姓办实事,其中一条就是让普通居民用上煤气。我们这一带安装的是煤制气,大伙对这东西不太了解。东大楼2门101住着老两口儿,那天也不知是安装问题还是使用问题,突然发生了爆燃,整栋楼的玻璃全震碎了,而且把他们这一溜的房子都烧了,老两口也没活了。因为五十年代盖的那几栋老楼,不仅铺着木地板,就连隔断也都是木制空心的,所以烧得比较惨。然后区里牵头,让这栋楼的住户全部撤离拆除重建,大概用了几个月的时间就建起来了,房型、样式跟之前的老楼一模一样,只是结构改用了钢筋水泥。现在,居委会对五十年代那几栋老楼的防火最重视。

东大楼社区的整体格局还是老样子,迎着一号路的小花园还在,老文具店还在,老存车处还在,六十一粮店和大副食店都盖成了居民楼。当年那一溜是最热闹的地界儿,这一带的居民经常排着长队买东西,像这个季节粮店忙着卖山芋,副食店忙着卖冬储大白菜……

曾遭煤气爆燃的东大楼复建住宅

我呢，1977年高中毕业下乡，去的西郊张家窝。在村子里待了一年零四个月就赶上了"大返城"。1979年4月1日顶替我母亲去了前进工具厂，这厂就在老丁字沽的朱家北里，属于小集体企业，后来改为天津喉箍厂。1985年与香港南华集团合资，成立了南华集团天津喉箍分公司，鼎盛时有一百五六十人。我先在车间干活，然后跑业务，1981年当上了供销科长，因为老厂长能力强、业绩突出就给调到别处去了，从此厂子就开始走下坡。我对一些不良风气看不惯，1997年无奈之下调到二轻局装潢公司吊装队，其实也就为了把关系转过来。吊装队几乎没什么业务了，几年后单位倒闭，我就归了街道。2006年我通过考试，进入东大楼居委会，在这儿干了12年。起初负责综合治理、从事党务工作，最后干到主任。要问我干居委会有嘛体会，可以毫不夸张地说，凡在老社区居委会干过的，到哪个新社区居委会都没问题。为嘛呢？老社区的调解工作太复杂太累心了，可确实锻炼人啊！刚不说了嘛，东大楼三家一个单元、两家一个单元很普遍。关系好时嘛事没有，关系不好，一个酒瓶子的地界儿就能打起来。再有你看老房子吧，或许一杯水洒了，就能顺着地板流到楼下那家的房顶子，处理不好矛盾就来了。我们居委会的每个工作人员都是调解员，不管谁来了，有嘛事，基本都能给个满意的答复。每年春节前是最忙的时段，给低保户、困难户发放慰问品，哪个打点不到都不行，直到大年三十的晚上8点以后，心才算踏实下来。十多年来东大楼没出过"上访户"。

王恩泰

口 述 人:王恩泰(1939 年生人)
采访时间:2018 年 12 月 19 日(星期三)
现 住 址:丁字沽新村十一段 32 门

我怎么来的丁字沽呢？这就得从我上技校说起。我祖籍是现在的北辰区青光镇，小学在村子里上的。1954年到北仓四十七中学上学，1957年毕业后在家边务农边复习，1958年考上了二九一技校。为嘛报考"二九一"呢？因为"二九一"管吃管住。这所技校最初在和平区的包头道，1954年迁到光荣道新校址。它既是校区又是厂区，为嘛这么说呢？技校毕业生每届都有留校的，其实就是下车间，相当于工厂，主要生产机床，其中有个车间生产无线电，就是老百姓所说的电匣子，是"七一二"厂挪过来的，并不是传说的军用发报机，跟军工没有一点关系。那为嘛我们学校带着"番号"呢？以后才明白，"二九一"隶属国家的"四机部"，也就是后来的电子工业部，不但面向全国招生，还面向全国分配，多少带点军工性质。

技校分车、铣、磨、钳4个工种，我入校后被分配到车工"二二班"。我们年级有五六百人，全校约两千

青年时期的王恩泰

人。技校实行半军事化管理,新生发给一套校服,白上衣、蓝裤子、大檐帽,还有领章帽徽,统称"近卫团"。每天早晨听起床号起床、出操,晚上听熄灯号睡觉。学校有四层的教学楼,有教工食堂、学生食堂和回民食堂,另有教师宿舍、学生宿舍。我们盖的被子,一个月给拆洗一次,条件非常好。周末回一趟家,周日晚上返回来。一开始在津霸公路边上拦顺路车,赶上马车坐马车,赶上卡车坐卡车,实在没辙了就走着回家,大约一个多小时就到了,以后骑自行车就方便多了。

王恩泰夫人王玉珍青年时期

我听过一次苏联专家给上课,记得是在209那间大教室,能容纳100多人,都是各班选派的代表。苏联专家嘀了嘟噜嘀了嘟噜的,然后再由翻译讲一遍,大约一个多小时。据说,这个学校的整体设计也参考了苏联模式。

1960年毕业后把我分到机修车间。在这个车间我又学会了钳工、铣工,哪里需要人就在哪里干,练就了"多面手"。刚到车间时,我拿三十一块五(一级工工资),然后升为二级工拿四十一块七。"文革"那几年,学校乱套了,既不上课也不上班,"造反派"和"保皇派"互相攻击,我不跟着瞎掺和。归其跟十几个同学骑着自行车到北京串联,当天晚上启程,骑了七八个小时。到了北京我们就住在东直门外的一所学校,吃喝全免费。因为事先知道毛主席要接见红卫兵，所以早早来到天安门广场找地界儿等着，就这么待了一宿，等太阳出来可受罪了，晒得我们没地方躲，整整十多个小时不吃不喝，但是总算见到了毛主席啊！第二次去北京见毛主席是单位开着10轮卡车去的，四五十人站在车斗里，等返回天津时半道车翻进沟里，造成一个技术员高位截瘫。

机修车间唯一不足，就是没有寒暑假，因为设备维修保养只能赶在假期，所以我们享受不到。1981年厂校分家，技校实习部分独立成四五〇八厂，因为那时工人的福利待遇比较高，我就选择到四五〇八厂这边儿。谁知，以后事业单位比我们还好。

我对丁字沽的第一印象，似乎跟青光差不多。眼前几乎全是庄稼地和水塘，就我们技校附近还有些房子，后来知道那是丁字沽工人新村。实习期间，我们分早中班，空闲的时候就跟同学到菜园子，现在的洪湖里一带和子牙河岸边溜达玩儿，偶尔也去老丁字沽那边逮蛐蛐儿。听老人们说，过去有条后河（大清河），东南头与北运河、子牙河交汇，西北头出了天津市，后来淤死了，有的地

"二九一"搬迁前的综合教学楼

仅剩下花坛的原"二九一"空旷的校园

界儿填平盖了房子，有的地界儿没人管，就形成了大小不一的水坑，"三防院"就是在水坑上建起来的。

我能住在丁字沽工人新村也挺巧的。因为我们学校的职工宿舍一共有三处，一处在丁字沽六段，一处在宜白路图强新村，一处在滨江道的128号，是座老式小二楼。单说丁字沽工人新村六段的二九一宿舍，它由两栋楼组成，一共有5个门儿，1至3门是三层楼，4至5门是四层楼。整个六段都是大企业参与投资兴建的，比如六〇九厂、酒精厂、六四四三厂、弹簧厂等等。房型据说是苏联人给设计的，楼梯过道比较宽敞，窗子高大明亮，特别是我们宿舍冬季集中供暖，这在当时绝对够奢侈的。"二九一"这两栋楼被称为"干部楼"，也就是说，在这里居住的除了校领导就是科室的头头脑脑。1966年我结婚时没有房子，临时住在老伴的娘家，没多久"文化大

位于丁字沽工人新村六段"二九一"宿舍楼

革命"开始了,学校的主要领导都成了牛鬼蛇神,虽然他们全是高干,但谁也没逃过这一劫,挨批斗的同时还要求他们降低生活标准。过去他们在丁字沽工人新村六段各住一个独立单元,每个单元三间房,光厨房就8平米,卫生间有恭桶,同时提供全套的家具。1967年,造反派勒令他们各自退出两间房分配给别的职工,因为我之前申请过住房,又结婚不久,就分给我一间。当时也配了简单的家具,床铺、联二桌、方桌、椅子、碗橱……都是别人用过的。"二九一"有个特点,人员流动性很强,只要接到上级命令,打起铺盖卷就走人,所以房子、家具都是一屉顶一屉。

我刚搬过去时,住在3门一层那间12平方米的房子。一年以后给我调到二楼,那间房有15平方米。我的楼下就是锅炉房,到了冬天地面烤得慌。给二九一宿舍供暖的是一台两吨小锅炉,屋里还有个水池子，我经常去那儿洗澡、聊天。过了些日子，住在一层楼的同事跟邻居闹纠纷，就找到我想调换调换，反正都是同事的，关系又不错，我就又从二楼回到一楼，房子变成了16平方米，还带个大壁橱。

我和老伴是经人介绍认识的。当年，我下了班经常到邵公庄的姨姐家玩，隔壁邻居在色织十三厂上班，有个徒弟也总来她家串门，但我们俩并没见过面。一天，邻居问我姨姐，老上你家来的那个男孩是谁，告诉她是表弟。反过头，我姨姐问邻居那个女孩是谁，说是她的徒弟。俩人越说越热乎，都觉得挺般配，于是就把我们给撮合在一起了。起初老伴在小西关平安里的染丝厂上班，因为我在单位经常出差，孩子没人管，就调到丁字沽七段附近的天津市橡胶第二制品厂。

建于1981年的丁字沽工人新村十一段社区

1981年,丁字沽工人新村十一段建成。根据分房条件,单位让我把二九一宿舍交了,然后调换到十一段这套偏单。十一段这块地界儿,过去是丁字沽大队的农田,八十年代兴集资建房,所以"二九一""六〇九""一〇五"、机车车辆、二建等单位分别出资建成了这一片儿。"二九一"在十一段也是两栋职工宿舍,13至16门和29至32门。

　　回想起来,我从1958年来到丁字沽,60年了愣没离开过。

附录五

"丁字沽长卷"夭折始末

张 建

2017年出版的《口述津沽:民间语境下的西于庄》,破天荒地增加了彩色插页,尤其"日记篇"的末尾,是一幅长约87厘米的折页,正面选自西于庄棚户区动迁前,张灯结彩的51扇老门户;背面选自西于庄棚户区动迁后,残墙上书写的54个"拆"字。单从色彩上便形成了冷与暖的对比,与此同时更像是西于庄由兴旺至衰亡两个极具象征意义的符号,因此得到业内人士的肯定。

当《口述津沽:民间语境下的丁字沽》初稿脱手后,还加不加彩页引起了我的思考。就我本意来讲,我很愿意保留这个创意,只是我不太喜欢照猫画虎,要弄就要弄得有变化有创新。一段时间,总缠绵于这个思绪,却又拿不出更好的方案,思量过度整宿睡不好觉。有天夜里,迷迷糊糊蹦出个灵感,何不利用折页画一幅表现老丁字沽民俗风情的长卷呢!于是,脑子里浮现出北宋画家张泽瑞描绘汴京市井百态的《清明上河图》,我兴奋得一骨碌爬起来,打开台灯,在一张废纸的背面写了四个字:手绘长卷。

接着在网上搜索和下载《清明上河图》的截图,为了细致观察人物的神情和姿态,我用照相机对着屏幕进行局部翻拍。此刻,又想起了与我构思更为接近的清代画家江萱的《潞河督运图》,于是急不可待地来到北运河与海河的交汇处,因为这里有一座《潞河督运图》的巨幅石雕,其展现的是乾隆末年座粮厅使冯应榴,乘官船在潞河一带视察漕运的情景。静心赏析,潞河之上不仅有官船、商船,还有货船、渔船,沿河两岸不仅有码头、衙署、店铺、银号,还有酒肆、民宅、粮仓,可谓琳琅满目,所刻画的各种人物八百有余,极富生活气息。面对这幅"长卷"我激动万分,先是分段拍摄,然后又选取人物比较集中的部位局部提取。《清明上河图》和《潞河督运图》的相似之处,在于它们都是以河流为描绘轴心,以俯瞰为观察视角,以写实为创作依据。而老丁字沽,虽说南北大街加在一起不过三里地,但它足可以成为《潞河督运图》的压缩版。据原住民的口述证实,北运河丁字沽段,有漕粮码头四座,大小粮店十几家,商船川流不息,吸引了众多五行八作的来此谋生。这些活灵活现的场景,为绘制丁字沽历史长卷提供了天然素材。

最初只想手绘一幅"长卷"放在拉页正面,但是背面似乎放什么都不搭调,于是运足了底气,决定完成两幅,正面表现丁字沽的初春,以南大街为视觉中心;背面描绘丁字沽的漕运,以老摆渡口为视觉中心,至此,思路基本形成。可是,要将无形变有形,把空想影印到纸面上,这个距离还很远,所以踌躇了好多日子不敢动笔。尤其反复品读了《清明上河图》和《潞河督运图》之后,就更缺乏足够的勇气,猛然意识到自己的功力太浅太浅。即便如此,我的大脑却未停歇,不断填充虚无的空间,近而把"长卷"构成的要件具象化。第一幅《丁沽早春图》,设想从南头儿的栅栏门画起,因为它是丁字沽村落的标志,是丁字沽与外界贯通的关口,车水马龙的景象将展现于此。同时,围绕着娘娘庙,可以把丁字沽的火龙、高跷以及贩夫走卒等地域文化营造出来。第二幅《丁沽漕粮图》,由南大街推移至北运河,画面里不但有"沉舟侧畔千帆过"的漕运盛况,还有杂粮码头"日进斗金"的兴隆畅旺以及摆渡口周边三教九流的市井生活。

  一天晚上,忽然头脑发热,有种按捺不住的冲动,于是掀开采访本,随手在上面草绘出"火龙会"和"娘娘庙"两幅画稿,就好像电影的分镜头脚本。几天过来再度翻看,依然觉得挺有味道。心想,照此下去,恐怕离"长卷"就不远了。回顾几十年的人生经历,挑战自我成就了许多个"不可能",说是经验也行,说是无知者无畏也行,总而言之,探索和尝试构成了我性格的一部分,也就是说"手绘长卷"这件事,我是认真的。接着查阅大量资料,塑造"画中人"的艺术造型,装束、姿态、面目、神情、工具等等,虽然"长卷"里的人物很小,我却不想马虎,反倒觉得细致刻画更能突出个性。画来画去,我竟然喜欢上这种白描式的人物肖像,干脆自成一体,还附加了文字注释,反正也不影响后期使用,就这样陆续画了10张草稿,涉及三十多个人物。

  正当我踌躇满志为"手绘长卷"奋力冲刺的瞬间,突然改了主意:放弃!为什么呢?是难度太大无力承受还是时间太紧无法完成?都不是,完全是自我反省,自我审视的结果。那天,我取出《口述津沽:民间语境下的西于庄》想找找感觉,折页上映入眼帘的老门旧户是那么的朴实真切,每幅图片下面都注有详尽的地址,假如西于庄人读到了自家的那扇门,肯定会惊喜地打开它并走进那遥远的岁月,时间越久,那扇门就越厚重。相比"手绘长卷",充其量勉强达到"情景再现"的程度,即便有些依据,恐怕臆想的成分要占很大比重。效仿先人的艺术表现手法,套用在《口述丁字沽》这部书上究竟能带来多少价值呢？想来，还是观赏性大于实用性，另有过分炫耀的嫌疑。加之本人志大才疏、眼高手低，画得不成样子，既赚卷又浪费纸，何苦呢！

放弃"长卷"还有个原因。我在为该书选配图片时，发现老丁字沽几十条街巷的照片几乎没派上用场，而这些街巷正面临着消亡，从历史角度说，它们已经成为老丁字沽的"遗像"。于是，我萌生了新的想法，折页正面绘制丁字沽南北大街店铺、住宅、公建地形分布示意图，背面排列 45 条旧街巷照片，两者互为补充、相得益彰。

"示意图"是从多位口述人谈及的史料中提炼出来的，成稿前又找了 5 位原住民加以印证。这里面有个趣事：当我综合各方意见后，重新绘制了一幅比较详尽的草图，但是总觉得丁字沽北大街一侧的信息量不足，于是便想起曾采访过的朱学年。再去他家时，周围均已拆除，庆幸的是他弟弟还坚守在那里，并告诉我朱学年住在柳滩，打电话一问，说是洗澡去了。为了补上"北大街"的部分空缺，我竟跑到柳滩的澡堂子去找朱大爷，更有意思的是，朱大爷搓完澡赤身裸体的坐在小床上，与我对着草图一一确认和补充遗漏，面对满屋子光溜溜的澡客，我显得十分另类，等我从澡堂子出来，汗水浸湿了全身。

回过头来再说放弃"长卷"这件事，有遗憾但不后悔。不论展示哪种技巧，最重要的是给后人留下有用的史料。至于我为"手绘长卷"所积累的素材，也还是具有一定参考价值的，因为它毕竟是专为老丁字沽量身定制的，每一幅草图的背后，均有史料做支撑。虽然还只是一些"散件"，但未完成的画作更能真实展现作者的心路历程，因此作为附录止步于此，留个纪念。

2018 年 11 月 1 日

丁字沽火龙会(草绘于 2017 年 9 月 18 日)

丁字沽娘娘庙山门前广场(草绘于 2017 年 9 月 18 日)

丁字沽南头栅栏门(草绘于 2017 年 10 月 28 日)

丁字沽大出殡(草绘于 2017 年 11 月 9 日)

丁字沽摆渡口(草绘于 2017 年 10 月 4 日)

丁字沽勤盛兴码头(草绘于 2017 年 9 月 23 日)

长卷人物造型草图之一(绘于 2017 年 10 月 4 日)

口述津沽
民间语境下的丁字沽·史料篇 1121

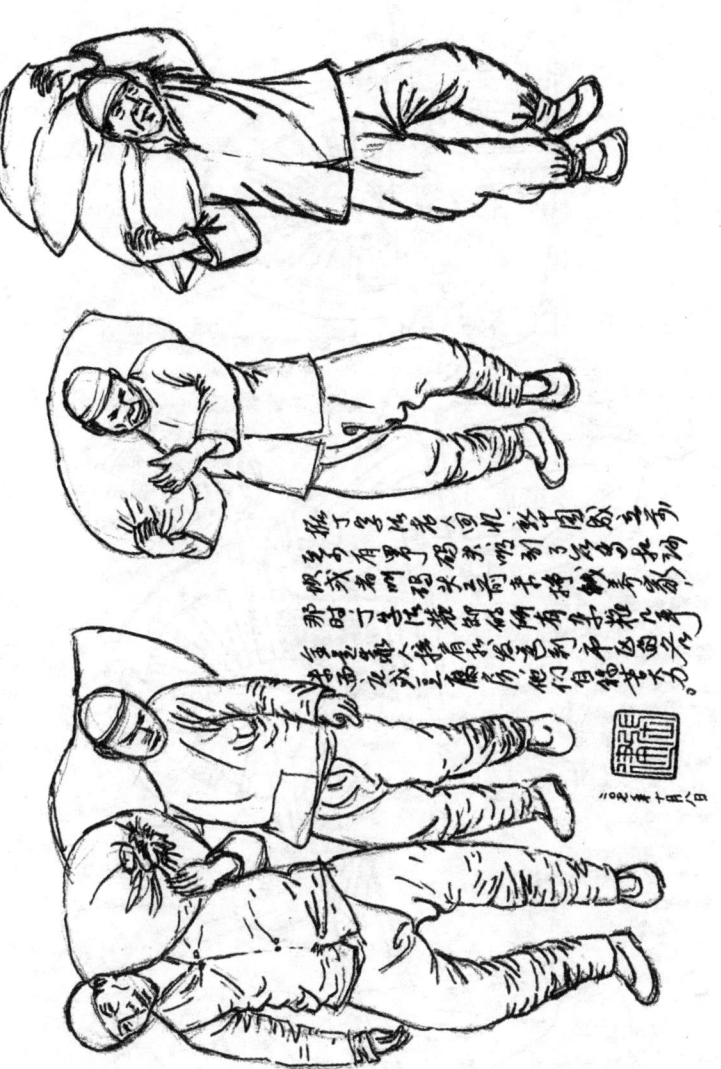

长卷人物造型草图之二（绘于 2017 年 10 月 8 日）

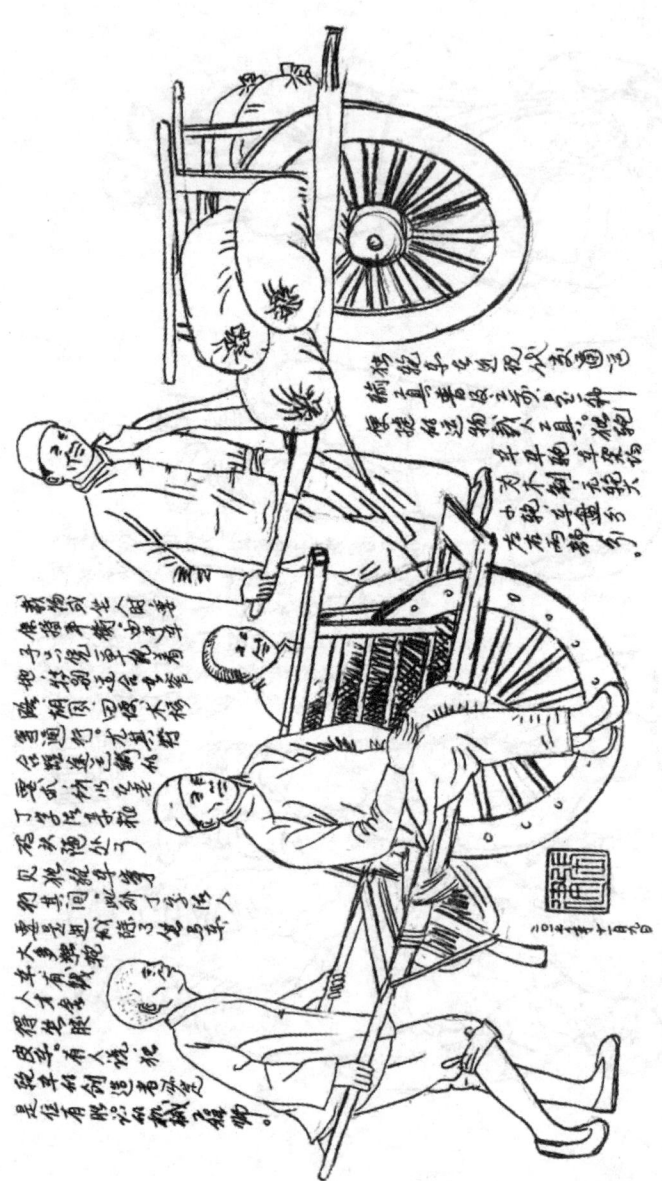

长卷人物造型草图之三(绘于2017年11月9日)

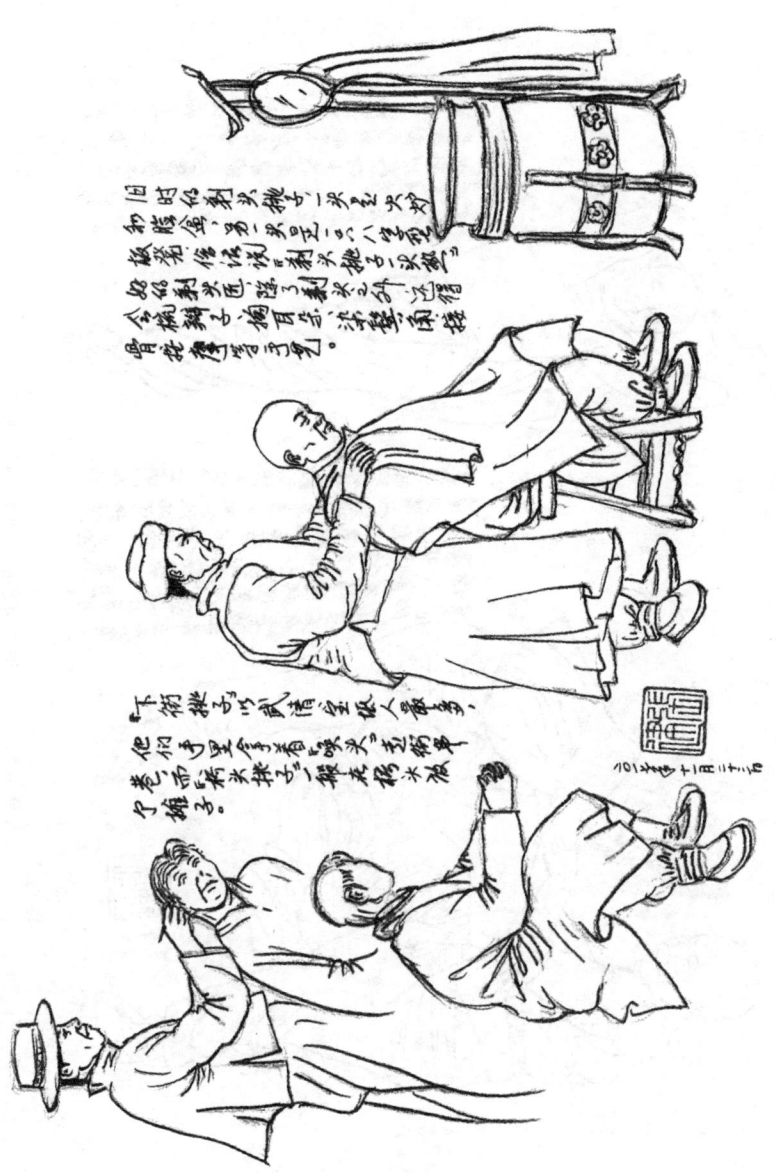

长卷人物造型草图之四（绘于 2017 年 11 月 23 日）

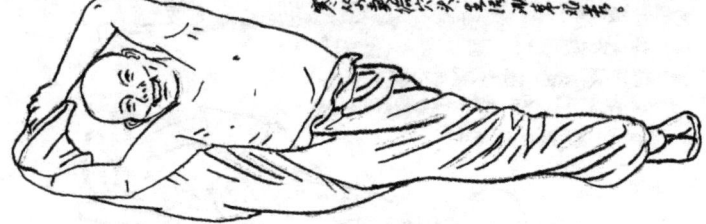

长卷人物造型草图之五(绘于2018年2月16日)

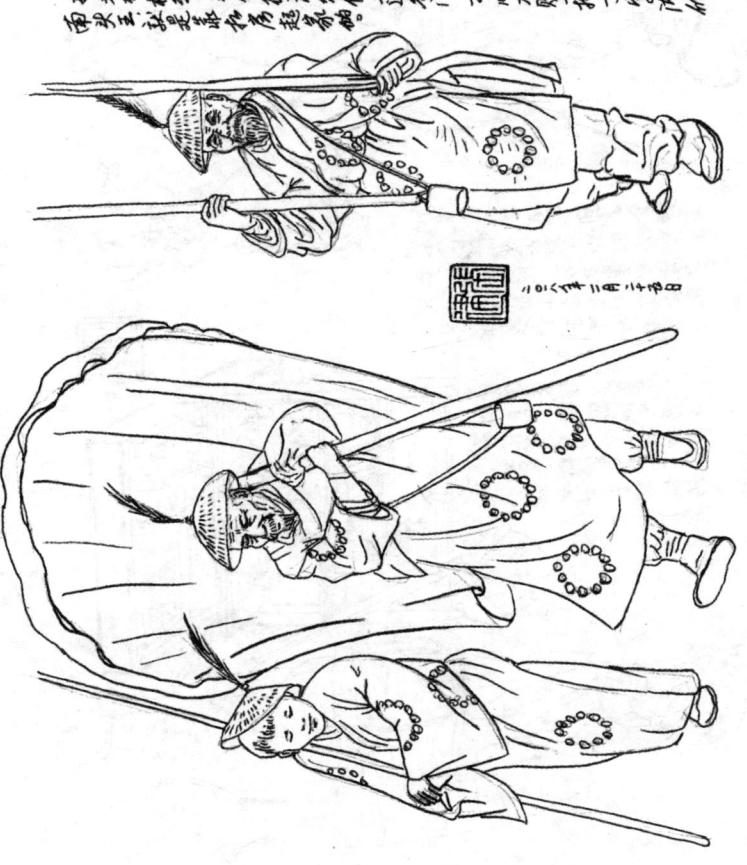

长卷人物造型草图之六(绘于2018年2月25日)

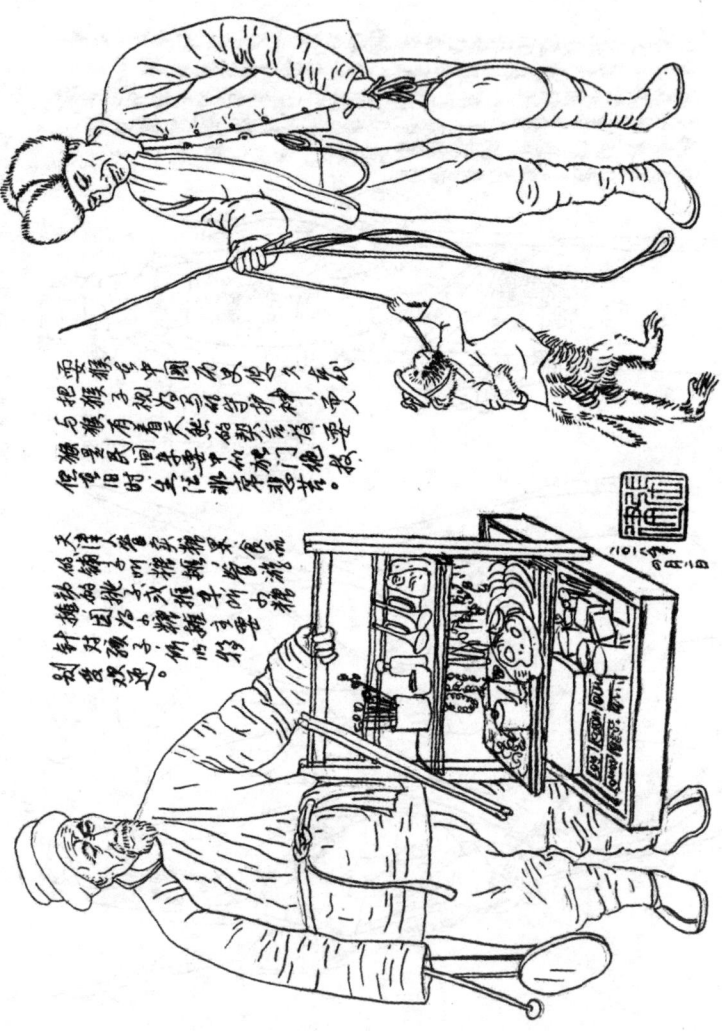

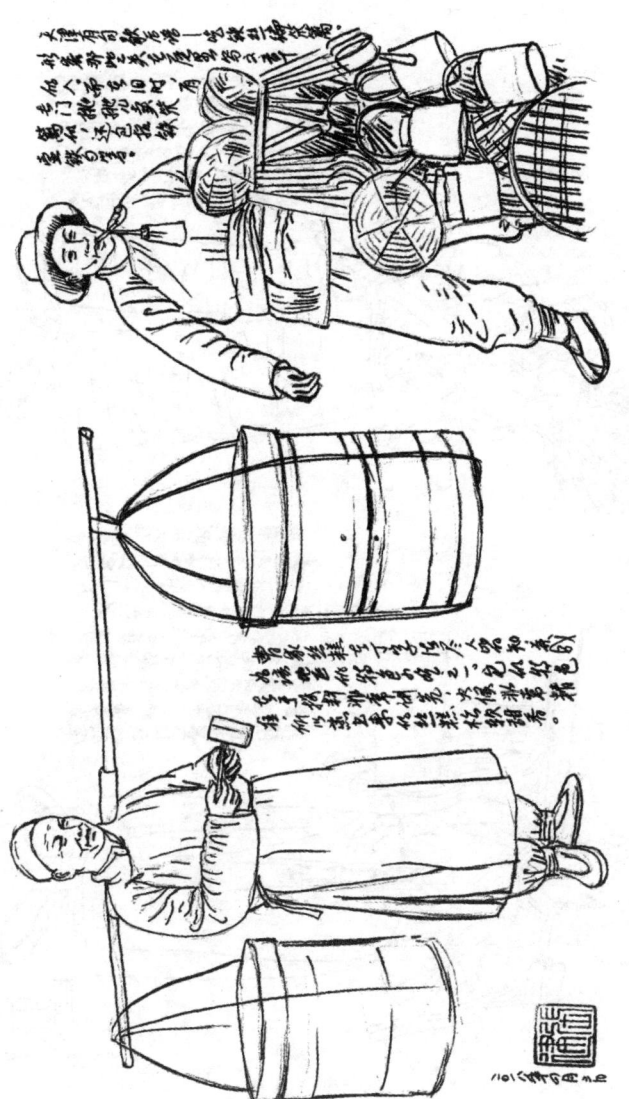

长卷人物造型草图之八（绘于2018年4月3日）

长卷人物造型草图之九（绘于 2018 年 4 月 10 日）

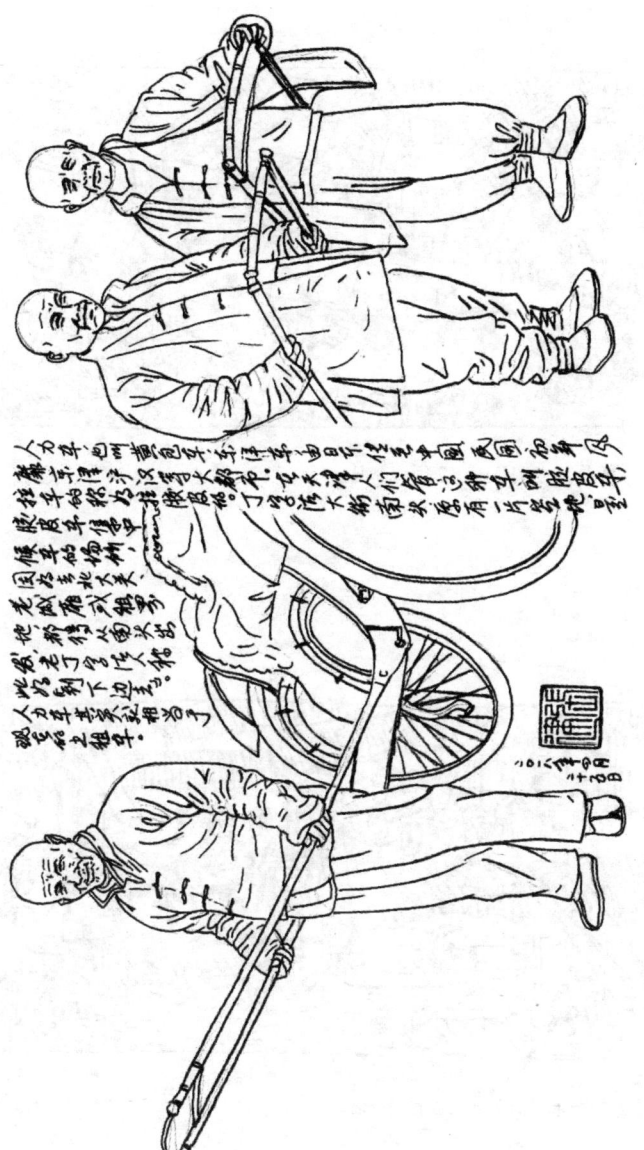

长卷人物造型草图之十（绘于2018年4月25日）

《丁沽早春图》草绘于 2017 年 12 月 16 日

《丁沽漕粮图》草绘于 2017 年 12 月 16 日

2017年12月16日

2017年12月16日

后 记

读完《口述津沽：民间语境下的丁字沽》全部清样，顿被自己码下的一字一句感动了，以至于心潮澎湃，久久不能平静。绝不是因为作品有多高水平，有多么值得炫耀的成就，而完全是被自己的毅力所感染。一个只有初中文化程度、十七岁下车间当翻砂工的"苦孩子"，有朝一日竟能完成这么一件几乎难以想象的"口述津沽"系列，我怎能不百感交集？尤其在编著这套书时，我正处在告别工作岗位继而步入老年群体的人生转折期，期间左眼晶体脱落，不久又罹患急性肝炎。但是，这些都没能动摇我要做成这件事的决心，且自找压力，层层加码，知难而进，力求突破。我深知，由于自己才疏学浅，精力有限，这套书恐怕是我在民间口述史探索领域所攀爬的顶峰了。

说起这套书，要是没有王振良先生的命题指派、高度信任和亲自点拨，我的"口述"生涯可能就要结束了。说起这套书，要是没有王传林先生的悉心安排与配合，我就不可能在这么短的时间内完成三十多位原住民的采访,更不可能留下如此珍贵的工作照。说起这套书,要是没有姜维群先生再次恳请书法大家孙伯翔老先生题写书名,再次与王振良先生题咏律诗,它也不会如此富有文采。要是没有王勇则先生的激励、指导和帮助,也不会把史料部分做得如此丰厚。要是没有天津古籍出版社唐舰编辑的严格把关和检校,也不会如此顺利地出版。要是没有家人的支持、理解,尤其是夫人的关心与协助,也不会让我如此安心地投入。当然,要是没有丁字沽老乡亲的信任、抬举与倾述,绝不会有如此的成果。

张 建

2018年7月22日

《问津文库》已出书目

(总计 94+3 种)

◎ 天津记忆

沽帆远影　刘景周著	59.00 元
荏苒芳华：洋楼背后的故事　王振良著	49.00 元
津门书肆记　雷梦辰原著/曹式哲整理	49.00 元
故纸温暖：老天津的广告　由国庆著	28.00 元
沽上文谭　章用秀著	38.00 元
百年留踪：解放桥的前世今生　方博著	39.00 元
南市沧桑　林学奇著	79.00 元
津沽漫记：日本人笔下的天津　万鲁建编译	39.00 元
忆弢盦：来新夏先生纪念文集　焦静宜编	92.00 元
与山河同在：天津抗日杀奸团回忆录　阎伯群编	38.00 元
楮墨留芳：天津文化名人档案　周利成著	30.00 元
布衣大师：允文允武的艺术名家阎道生　阎伯群著	30.00 元
口述津沽：民间语境下的堤头与铃铛阁　张建著	28.00 元
大地史书：地质史上的天津　侯福志著	29.00 元

丹青碎影:严智开与天津市立美术馆　齐珏著　　　28.00元
立宪领袖:孙洪伊其人其事　葛培林著　　　　　30.00元
津门开岁:徐天瑞日记解读　王勇则著　　　　　58.00元
水产教育家张元第　张绍祖编著　　　　　　　　36.00元
八年梦魇:抗战时期天津人的生活　郭文杰著　　28.00元
沽文化诠真　尹树鹏著　　　　　　　　　　　　48.00元
圈外谈艺录　姜维群著　　　　　　　　　　　　38.00元
记忆的碎片:津沽文化研究的杂述与琐思　王振良著　38.00元
水产教育家张元第集　张绍祖编　　　　　　　　58.00元
应得的荣誉:女医生里昂罗拉·霍华德·金的故事
　　［加］玛格丽特著/胡妍译　　　　　　　　38.00元
海河巡盐:国博藏所谓《潞河督运图》天津风物考
　　高伟编著　　　　　　　　　　　　　　　　58.00元
析津联话　章用秀著　　　　　　　　　　　　　58.00元
顶上功夫:宝坻剃头匠的历史记忆　甄建波著　　68.00元
四当明霞:藏书目里的章钰及其交游　李炳德著　68.00元
津沽旧事　郭凤岐著　　　　　　　　　　　　198.00元
守望家园:天津市非物质文化遗产散论　李治帮著　78.00元

◎通俗文学研究集刊

望云谈屑　张元卿著　　　　　　　　　　　　　39.00元
还珠楼主前传　倪斯霆著　　　　　　　　　　　38.00元
品报学丛.第一辑　张元卿、顾臻编　　　　　　38.00元
云云编:刘云若研究论丛　张元卿编　　　　　　38.00元
品报学丛.第二辑　张元卿、顾臻编　　　　　　32.00元

刘云若评传　张元卿著	32.00元
郑证因小说经眼录　胡立生著	78.00元
品报学丛.第三辑　张元卿、顾臻编	48.00元
刘云若传论　管淑珍著	48.00元
品报学丛.第四辑　张元卿、顾臻编	58.00元
走近姚灵犀　张元卿、王振良编	58.00元

◎三津谭往

三津谭往.2013　王振良主编	39.00元
三津谭往.2014　万鲁建编	39.00元
三津谭往.2015　孙爱霞编	48.00元
三津谭往.2016　孙爱霞编	58.00元
三津谭往.2017　孙爱霞编	68.00元
三津谭往.2018　孙爱霞编	68.00元

◎九河寻真

九河寻真.2013　王振良主编	59.00元
九河寻真.2014　万鲁建编	59.00元
九河寻真.2015　万鲁建编	88.00元
九河寻真.2016　万鲁建编	98.00元
九河寻真.2017　万鲁建编	98.00元
九河寻真.2018　万鲁建编	98.00元

◎津沽文化研究集刊

《雷雨》八十年　耿发起等编	55.00元

陈诵洛年谱　张元卿著　　　　　　　　　　　　　48.00元
碧血英魂：天津市忠烈祠抗日烈士研究　王勇则著　98.00元
都市镜像：近代日本文学的天津书写　李炜著　　　38.00元
天津楹联述略　李志刚著　　　　　　　　　　　　36.00元
口述津沽：民间语境下的西沽　张建著　　　　　　56.00元
口述津沽：民间语境下的西于庄　张建著　　　　　108.00元
紫芥掇实：水西庄查氏家族文化研究　叶修成著　　58.00元
芦砂雅韵：长芦盐业与天津文化　高鹏著　　　　　58.00元
王南村年谱　宋健著　　　　　　　　　　　　　　78.00元
国术之魂：天津中华武士会健者传　阎伯群、李瑞林编　78.00元
来新夏著述经眼录　孙伟良编　　　　　　　　　　198.00元
举火烧天：天津抗日杀奸团纪事　杨仲达、陶丽著　68.00元
口述津沽：民间语境下的丁字沽　张建著　　　　　168.00元

◎津沽名家诗文丛刊

王南村集　王煐原著/宋健整理　　　　　　　　　68.00元
严范孙先生古近体诗存稿　严修原著/杨传庆整理　48.00元
星桥诗存　苏之銮原著/曲振明整理　　　　　　　58.00元
退思斋诗文存　陈宝泉原著/郑伟整理　　　　　　88.00元
待起楼诗稿　刘云若原著/张元卿辑注　　　　　　42.00元
刘大同诗集　刘建封原著/刘自力、曲振明整理　　88.00元
碧琅玕馆诗钞　杨光仪原著/赵键整理　　　　　　58.00元
石雪斋诗稿（附遂园印稿）　徐宗浩原著/张金声整理　68.00元
紫箫声馆诗存　丙寅天津竹枝词　冯文洵原著/杨鹏整理　88.00元
思暗诗集　华世奎原著/阎伯群整理　　　　　　　38.00元

止庵诗存　周学熙原著/宋文彬整理　　　　　　128.00元
沽上梅花诗社存稿　孙爱霞整理　　　　　　　88.00元

◎ 津沽笔记史料丛刊
严修日记(1876—1894)　严修原著/陈鑫整理　　138.00元
桑梓纪闻　马鸿翱原著/侯福志整理　　　　　　42.00元
天津县乡土志辑略　郭登浩编　　　　　　　　98.00元
严修日记(1894—1898)　严修原著/陈鑫整理　　128.00元
周武壮公遗书　周盛传原著/刘景周整理　　　128.00元
天后宫行会图校注　高惠军、陈克整理　　　　128.00元
津门诗话五种　杨传庆整理　　　　　　　　　78.00元
《北洋画报》诗词辑录　孙爱霞整理　　　　　198.00元
桑梓纪闻(增补本)　马鸿翱原著/侯福志整理　　68.00元

◎ 名人与天津
李叔同与天津　金梅编　　　　　　　　　　　68.00元
我与曲艺七十年　倪钟之著　　　　　　　　　68.00元
辛笛与天津　王圣思编著　　　　　　　　　　88.00元

◎ 梓里寻珠
传承与突破:近代天津小说发展综论　李云著　　78.00元
从租界到风情区:一个中国近代殖民空间在历史现实中
　　的转义　李东晔著　　　　　　　　　　　68.00元
赶大营研究　张博著　　　　　　　　　　　　68.00元

◎ **随艺生活**

方寸芸香:藏书票里的书故事　李云飞编　　　　98.00元

问津书韵:第十三届全国读书年会文集　杜鱼编　　78.00元

开卷二〇〇期　董宁文、董国和、周建新编　　　168.00元

2017年5月9日空中俯瞰下的丁字沽老街区

摄于2017年5月9日

摄于2018年3月2日

摄于2017年3月2日

丁字沽北大街
DING ZI GU BEI DA JIE

摄于2017年10月25日

摄于2017年9月1日

二 道 街
ER DAO JIE

摄于2017年1月15日

三道街
SAN DAO JIE

摄于2017年1月15日

津沽文化研究集刊第十四种

主编　王振良

口述津沽

民间语境下的丁字沽

口述篇

张建　著

天津出版传媒集团

天津古籍出版社

图书在版编目（CIP）数据

口述津沽. 民间语境下的丁字沽 / 张建著. -- 天津：天津古籍出版社，2020.1
（津沽文化研究集刊 / 王振良主编）
ISBN 978-7-5528-0877-3

Ⅰ. ①口… Ⅱ. ①张… Ⅲ. ①村史—天津 Ⅳ. ①K292.1

中国版本图书馆CIP数据核字（2019）第248153号

口述津沽. 民间语境下的丁字沽

KOUSHU JINGU MINJIAN YUJINGXIA DE DINGZIGU

作　　者：张　建
责任编辑：唐　舰　杨　博　金　达

出 版 人：张　玮
出版发行：天津古籍出版社
　　　　　天津市西康路35号　邮政编码：300051
印　　制：天津市天办行通数码印刷有限公司
经　　销：全国新华书店发行
版　　次：2020年1月第1版　2020年1月第1次印刷
开　　本：880毫米×1230毫米　1/32
印　　张：36.5
字　　数：850千字
定　　价：168.00元

難得浮生半日暇尋芳恐尺即
天涯三餘讀寫人爭羨五色筆
搖才競詩竹杖化龍驚破壁珠
還合浦意登樓九河誰不知張
建口述津沽第一家

丁酉冬步前韻賀張連兄弟の冊口述津沽梓行欣緣道人詩並左隸

寄宇關然半邊睜眼皆分
寻自淼淮距雲擱勿廳尊
義問廳知興覺漫誇百
空陳驢座景个沽猶髖
頭櫨東禽激嶠桃子櫔日
錄津沽第一家

王振良先生題張建口述津沽第四種仍用
姜維群先生口述津沽第一家原韻
丁酉仲冬 臧克祺書

凡 例

一、本书为"口述津沽"系列第四种,共分三部分——口述篇、日记篇、史料篇,以口述篇为主体,日记篇和史料篇为补充,三者既各自独立又关联密切,力求达到相互印证的目的。本书述、记、志、图等体例兼用。

二、口述篇前23位原住民之访谈录为核心内容,后10位之访谈录为补充。史料篇所附录的访谈内容是对丁字沽历史的延伸与拓展。

三、口述篇依照采访先后排序,为呈现口述人原生态的语言风格,突出了文字的通俗化、口语化。

四、本书保留口述人习惯使用的"解放前"或"解放后"。在年代表述上,也同样遵从口语化,如1949年10月,文中为"四九年十月"。其他数字也均用汉字记述,如100斤粮食,文中为"一百斤粮食"。

五、口述人使用的俗语、俗称,在其后加括号解释。如塞豆儿(土豆)、入队(生产队)等。对政治运动和历史人物,适当作了注释,如"镇反""土改"和"四清"以及巴延庆、潘龄皋等。

六、日记篇记录了与本书相关的准备、采集、整理、撰写、考证、拍摄、绘制、查阅等详细过程,可与口述篇参照阅读。

七、史料篇汇总的历史文献均摘录自图书、报刊及其他正规出版物,根据摘录内容分为八个单元,各自按时间先后排序。

诗声词韵丁字沽

王振良

丁字沽位于天津市老城厢以北,地处红桥区的最北端,在西沽公园后门一带。咸阳北路附近的勤俭道至本溪路之间,大体属于老的丁字沽村,其南部则是1952年建的丁字沽工人新村。

丁字沽因北运河、大清河(今已改道)汇流,形若"丁"字而得名。《新校天津卫志》云:"丁字沽,去城北七里,其河型犹如丁字之象。"又于鹤年《天津卫考初稿》云:"沿直沽而北为丁字沽,取水形象丁字也。"

在天津的诸多区片类地名中,丁字沽是起源较早的一个。《天津市地名志·红桥区》称,此地汉代即有人居住。然而这终属于古老传闻,于史无征。但至少到元代,丁字沽已经形成聚落。元代统一中原后,大力推行漕粮海运,然因北运河淤浅,海船通过海河溯流而上,只能到达三岔口以下,再用驳船转运,经杨村、河西务、张家湾等地,最后抵达终点大都。地属武清的"三沽"(直沽、西沽和丁字沽),由此成为漕粮中转的枢纽。每逢夏秋两季,水涨船高,丁字沽一带风帆往来,景色颇为壮观。

明代迁都北京后,包括丁字沽在内的"三沽",漕粮转运枢纽的地位进一步加强。时人李贽《赋得舟集三沽》诗云:"万里云帆漾碧天,村烟渔火泊吴船。层层鹢集三沽里,簇簇鳞屯两岸边。西北群流连海岱,东南巨浸拱幽燕。凤城形胜雄千里,独许雍奴溢广川。"由于地位的重要,"三沽"甚至成为天津的别称。直到当代,仍有用"三沽"代指天津的,如著名作家孙犁《题亡人遗照》云:"一落黄泉两渺茫,魂魄当念旧家乡。三沽烟水笼残梦,廿年器尘压素妆。秀质曾同兰菊茂,慧心常映星月光。老屋榆柳今尚在,摇曳秋风遗念长。"

丁字沽的南北大街,明清时期是天津通往京城的必经之路,民间通称为"官道"。作为水陆交通咽喉,丁字沽一度十分热闹。南来北往的文人墨客,留下了诸多吟咏丁字沽的诗篇。1860年天津开埠后,海运大开,铁路渐通,漕运被废,丁字沽又很快冷落下来。

丁字沽位置冲要,史籍记载不少,但大都一笔带过,这为我们了解丁字沽历史增加了很多困难。现在,我们只能从保留下来的有关诗篇中,略窥丁字沽的社会历史风貌。这里因为濒河近淀(西淀),渔业十分发达,很多渔户都常年以船为家。成衡诗句"人家半水居"、沈兆云诗句"人家半往船",都可为此作注脚。外如华长卿诗句"天寒月黑芦花岸,几点渔灯丁字沽",王维珍诗句"疏篱两岸渔家住,夜火丁沽人踏冰",也都描绘了这里的渔家风情。丁字沽的农业,尤其是蔬菜种植业,应是另一重要经济支柱。成衡诗云"榆柳栽成巷,茄瓜载满舆",闻法诗云"水净鱼吹浪,圃荒人灌畦",均可想见这里的田园景色。因往来行旅甚多,以旅馆业和酒店业为主的服务业,应该也较为发达。从成衡"青帘谋一醉"、高静"酒店耿残灯"、沈兆云"村中频呼酒"、姚学程"青帘高揭酒人家"等诗句中,尚约略可以看出些蛛丝马迹。

丁字沽虽然一度繁华，但毕竟离三岔口和西沽过近，而它们又占有更加有利的地理位置，因此丁字沽的发达程度不但远不及三岔口，而且也无法抗衡西沽。关于丁字沽的人文记载，也缺乏比较系统的内容。这里的街市建筑，至少在清代中期以前还不太成样子，如查礼诗云"村村矮屋藏烟扉"，姚学程诗云"红板桥，黄沙路"，不过如此而已。

丁字沽曾一度名为兴隆镇，但到底"兴隆"的程度如何，似乎也缺乏有力佐证。相传乾隆巡游过丁字沽，见附近桃林连片，垂柳成行，渔帆万点，菜蔬千畦，不觉心旷神怡，遂命停船赏景。乾隆问此系何处？随从大臣答曰"丁字沽"。乾隆听后以为"不吉"，因命改称"兴隆镇"。此后很长一段时间，官方均称丁字沽为兴隆镇，但老百姓叫着不顺嘴，仍旧叫这里丁字沽。

丁字沽发展至今，旧貌已渺然无迹。尚可证明这里曾经古老和繁华的，惟有丁字沽小学内的娘娘庙配殿了。相传该庙始建于元代，现存建筑为清晚期风格。约在1933年，这里因庙改学，一直延续至今，即今天的丁字沽小学。2011年，为创建天津市义务教育现代化学校，该校举办了妈祖文化与运河文化传承发展研讨会，提出挖掘丁字沽历史文化，并以加强乡土教育为契机，激励孩子发奋学习、成才报国。会后，我受丁字沽小学的委托，先后两次搜集有关丁字沽的诗词数十首，略依作者时代顺序诠次，并请友人唐文权先生设计封面，汇编印行作为校本教材，是较早的有关丁字沽地方历史文化的通俗读本。今张建先生积数载之功，完成《口述津沽：民间语境下的丁字沽》三册，则堪称目前学界对于丁字沽历史文化最深入的挖掘。全书通过口述、日记、文献相互支撑印证，并间以数百张照片、数十幅插图，立体地再现了丁字沽地区的史事遗迹、民俗风貌和社会心理，构成了一幅充满诗声词韵的"清明上河图"。

　　本书即将付梓之际，古老的丁字沽已经夷为平地，张建先生殚精竭虑拍下的众多丁字沽照片，已经变成十分珍贵的"历史图片"了！

2019年11月17日于天津师范大学半湖斋

老丁字沽的新发现

张 建

丁字沽这三个字对于我来讲，就是个生硬的地名。如果进一步深究，我就把它视为工人新村的代称。因为丁字沽工人新村与我居住过的吴家窑工人新村是同时代兴建的，不论房屋结构、外貌特征还是基本布局都差不多，见到丁字沽新村就如同回到自己家。但是，丁字沽新村与吴家窑新村，一北一南，直线距离十几公里，而且都位于市郊结合部，假如丁字沽人要到吴家窑这边来就算出远门了，我要是去趟丁字沽就好像到了外地。

以后我娶了个媳妇娘家在红桥，离丁字沽很近，也属于"大丁字沽"范畴，加之自己也是从"新村"圈儿里走出来的，逐步对那里有了一点点了解。第一感觉，它比吴家窑新村大好几倍，而且不单有平房，还有为数不少的楼房。2009年，我以工人新村的生活片段为素材写过《新村记事》，后来想把它扩展到20世纪50年代的"新村现象"上，为此还专门考察、拍摄过丁字沽新村。

2012年的一天，岳父听说我又去了丁字沽的六段、八段，就问:"真正的老丁字沽去过吗?"我摇了摇头,怎么,丁字沽还有老的、新的?岳父告诉我:"老丁字沽在零号路以东,北运河以西,形状像条鱼,鱼头在勤俭道,鱼尾在唐家湾。"对此,我一片茫然。几天后,我特意去了一趟,初步印象是:忽而像旧城,忽而像村庄。老街旧巷和残存的四合院,隐约可见那种固有的血缘,而随意搭建的民居和宽大的门楼,又更像是来到了"城中村""农家院",它几乎颠覆了我对丁字沽原有的印象。

就像是天注定,时隔五年,我带着抢救街区历史文化的责任再次回到这里,不是走马观花,而是促膝交谈,倾心聆听;不是简单记录,而是查阅史料,追根寻源;不是应付差事,而是竭尽全力,寻求突破。经过一年多的采访、拍摄、整理、挖掘,我对老丁字沽有了新的发现。

第一,历史悠久。居住在这片街区的市民,情不自禁地在他们拥有的丁字沽前面加上了一个"老"字,这种表述无疑体现了他们对故土的眷恋和对祖先的敬仰,一个"老"字又概括了世世代代凝结而成的深厚的历史文化积淀。据《天津通志》记:"天津自古就有制盐之利,民间传说在汉朝以前,天津本是一片汪洋大海,还有许多沼泽。一些从外地迁来的居民,三家五舍聚居一起,大多靠贩海盐、熬硝盐、打鱼为生。后来这里的居民越来越多,形成了许多村落,这些村落,除了沽水沿岸的丁字沽、西沽、东沽、三汊沽、大直沽、小直沽之外,大多没有名字。"这就印证了宋书琴的口述:明朝初年,他的祖辈宋兴业,从山东带着两个儿子,一个叫宋桧,一个叫宋模来到丁字沽,由于该地比较低洼,又守着运河,基本靠打鱼为生,所以被称为"网户宋"。又《明史·地理志》记:"武清,州南。元属漷州。洪武十二年来属。有三角淀,在县南,即古之雍奴,周二百余里，诸水所聚。有直沽，在县东南，卫河、白河、丁字沽合流于此入海，有巡检司。"《天津卫志》记："丁字沽去城北七里，其河形有如丁字，万艘分载于此。故名。"文献不仅鲜明地标注了丁字沽独特的地理位置，而且非常形象地概括出"万艘分载于此"的繁盛情景。口述人朱学信说："一天当中，只有夜里的一点到两点半这一个多小时能消停下来。其余，运粮船一条又一条地停靠在码头，大马车一辆又一辆地等着装卸，打小空儿的一拨又一拨地穿梭不停。"这些记忆碎片聚拢出一个古老的丁字沽。

第二，特色浓郁。历史上的丁字沽风物清美，"向为文人咏觞之地"。清代诗人永瑆一首《咏丁字沽》便描绘出安然祥和、丰衣足食的田园景观："柳条垂岸一千家，丁字沽头飞白花。花作浮萍青点点，顺风流去水三汊。"口述人王开泰说："丁字沽守着北运河，水陆码头比较健全，大批粮食汇集在此，就形成了重要的集散地。"勤盛兴粮店的后人朱学信说："丁字沽从南到北三里地，在这三里地之间至少有四个码头。也就是说，那年头儿丁字沽的粮食生意异常红火，而粮店就是这个行业的龙头老大，也是丁字沽兴旺的主要原因。"由此，形成了码头文化。扛活的、拉脚的、打小空儿的、做小买卖的，编织了一条产业链。与此同时，丁字沽众多的农业户，又形成了乡村文化，大面积的旱田、园田，成为繁衍生息的另一个主渠道。农商融合、农工融合，从而构筑了一个稳固的生存环境。有俗语称："穷白庙，富丁字沽，不穷不富宜兴埠。新中国成立以后，老丁字沽长期享受"双重管理"，即农业生产由北郊区天穆公社负责，行政区划由红桥区丁字沽街道办事处分管。农业户又具有堂堂正正的市民身份，这种你中有我、我中有你的格局，一直持续到1976年的"撤队转业"。

第三，故事多多。不论是南头儿王、北头儿王、中间儿王的"三王争霸"，还是"朱、林、宋"的"三权分立"，丁字沽的家族影子无处不在且根深蒂固。因此，族群间的通婚与决斗，在历史进程中不停地复制上演，从而形成了纵横交错的人际关系，催生了一段又一段跌宕起伏、惊心动魄的故事。比如，曾任伪天津铁路局警务处工作队大队长的王士海，因家族内部纠纷指使手下活埋同宗兄弟王士洪、王士溴的故事；比如，脚夫"盛一万儿"因遭穆庄子脚行把头王海明报复，单枪匹马挥举砸刀砍下王海明手指头的故事；比如，王士海、王士江因争夺脚行地位，密谋并携众人暴打李六致死的故事；再比如，南北脚行因琐事发生口角进而大打出手，双方虎视眈眈，群殴一触即发的故事。这些被丁字沽人口口相传的故事主线，几乎都围绕着争码头、占地盘、抢饭碗而展开，其结果又多为两败俱伤。由此，折射出码头文化自有的弊端。另外，几十位口述人各自珍藏的家族史、奋斗史、成长史，同样为后人留下真切朴实、娓娓动听的集体记忆。

我在老丁字沽一年来触摸、倾听、阅读、记载，对其有了全新的认识。"有些故事，还没讲完"，虽然最后的呈现不足以说清丁字沽的全部，但是，总归把已经埋没并淡出人们视野的丁字沽用上那个"老"字抒写出来。城市在发展，老丁字沽即将走进历史；时代在召唤，老丁字沽迎来新的春天。愿这片曾经繁华兴盛的热土随着将要贯通的快速路蓬勃腾飞，在新时代创造新的辉煌！

2017 年 12 月 2 日

目 录

上　口述篇

0001　老丁字沽的新发现 / 张建

0001　王连泰
0015　杨世均
0033　王炳俊
0051　刘学勤
0061　王玉华
0073　宋书琴
0085　盛景江
0097　安洪藻
0107　林桂成
0117　王开泰

0133　朱学信
0147　王传林
0167　贾金祥
0181　杜洪英
0191　宋孝谦
0205　范金城
0213　朱学年
0221　张兰芝
0235　曹振刚
0243　孙昌群
0257　姚秀玲
0267　李昆明
0275　李学勤
0285　兰　晶
0289　徐晓林
0293　宋家环
0295　李　国
0299　徐淑红
0301　刘玉秀
0303　林树军
0305　郭　利
0309　周学明
0313　陈永星

0317　附录一:老丁字沽百副春联 / 张建辑录
0331　附录二:"口述津沽"四题书名四题诗 / 姜维群

中　日记篇

0335　引言:观察·思考·回顾
0337　2016 年 11 月
0351　2016 年 12 月
0417　2017 年 1 月
0439　2017 年 2 月
0463　2017 年 3 月
0501　2017 年 4 月
0533　2017 年 5 月
0559　2017 年 7 月
0587　2017 年 8 月
0615　2017 年 9 月
0633　2017 年 10 月
0673　2017 年 11 月
0689　2017 年 12 月
0705　2018 年 1 月
0713　2018 年 2 月
0749　2018 年 3 月

0765　附录三:老丁字沽采访微信实录

下　史料篇

0803　引言：老丁字沽的"方志"

0819　乡情

0835　诗情

0855　民情

0889　商情

0913　灾情

0943　警情

0977　军情

1009　余音

1051　附录四：增补丁字沽工人新村口述史料的缘由

1113　附录五："丁字沽长卷"夭折始末

1132　后记／张建

王连泰

采访对象：王连泰（1934 年生人）
采访时间：2016 年 11 月 29 日
原 住 址：丁字沽南大街 180 号

历史上丁字沽比"条河"(北运河上游)那几个村子,像霍嘴儿啊,白庙啊,穆庄子啊都大,为嘛呢?丁字沽有好几家粮店,相比有钱人多。粮店干嘛的呢?就是把农村收来的粮食集中在这地界儿,再打这儿卖出去。怎么卖呢?那晚儿都有"会首",现在说,就是经纪人。他们跑到市里的杂粮店、点心铺、豆腐房嘛的去收订单,然后丁字沽的"大车"把粮食挨家挨户送过去。"大车"怎么来的呢?丁字沽有脚行,专门管这些"大车",就像派活儿似的,你去哪他去哪,你拉嘛他拉嘛,都听脚行的。假如你们家有"签儿",来了活儿就先济你,

图为丁字沽南大街南端,右侧为王连泰旧宅遗址

"签儿"就相当于"股",我记得当时脚行有七十多杆"签儿",准确数字我记不清了。每隔三五天就给各家分一次钱,脚行头子我忘了叫嘛,脚行地点就在北大街摆渡口旁边。

提起我们家,就得先说我祖辈。再早的我不知道,反正到爷爷这儿,家里还趁两顷多地呢!算是丁字沽的大地主,家里常年雇着五六个伙友。可是我爷爷好抽大烟,到最后差不多都给卖了。记得我爷爷死时我十几岁,他活到八十多。我爷爷叫王欣普,别名王顺,大伙都喊他王大爷(yé)。他们这辈儿亲哥仨,二爷是"绝户",就俩闺女;三爷叫王宝。这哥仨一共生了九个姑姑,大姑、四姑、七姑是我的亲姑姑,三姑、六姑是二爷的,二姑、五姑、八姑、九姑是三爷的。你知道我爷爷最后留给我爹多少地吗?才六十多亩!以后我爹又卖了点,顶到解放就没嘛了。过去丁字沽净是坟地,尤其大户人家的坟地,面积挺大,谁给人家看坟,坟周围的荒地就归谁种,就这样也能敛巴不少地。当年张长山是伙友的头儿,他负责召集一帮打零工的给地里干活,你像春种秋收嘛的,都得需要好些人。

我们属于南头儿王家,是一大户。听说过王士江、王士海吗?那都是王家人。怎么论呢?我爷爷行大,王士海的爹大排行行八,我喊他八爷,王士海是我四伯,王士江是我三大爷。一个比我爹大,一个比我爹小。我爹叫王士杰,他们是一伐儿的,名字都带个"士"字。起先,八奶奶不生男孩,就要了一个,叫王士漳,没想到,要完以后又生了俩儿子。天津解放以后,王士海在小王庄枪毙的,王士江在白塔寺枪毙的,一个五十一岁,一个五十三岁。他们俩嘛罪恶呢?主要是替日本人抓华工、卖妓女,其中包括良家妇女。但是,他俩在丁字沽没干嘛坏事,你像王士海一来丁字沽,准在村口下车,胶皮(人力车)在身后跟着,徒弟替他拿着钱包,一到大通货栈就给穷人们发

仅存的王士江旧宅山墙

钱。嗨,就要这劲儿,假慈悲!王士海是打北京给抓回来的,小婆带着自己的亲儿子跑了。之前,王士海要过一个孩子,王士海死了以后,这孩子在丁字沽建筑队待过。王士海的家后来搬到了河北(区)堤头。王士海的尸首埋在了现在的工学院那儿,以后起坟挪到赵庄子。王士江跟我们是邻居,一墙之隔,他倒是留下个儿子。后来他那院子当过解放军的兵工厂,造枪造子弹嘛的,再以后就成大杂院了。我们王家是两个大院子,分别住着大爷、二爷和老爷。二爷、老爷都死得早,六姑拿车给撞死了,三姑是我爷爷操持给嫁出去的。

再说王士溟、王士洪这段儿。王士溟、王士洪是亲哥俩,王士洪十几岁就出道了,身上老别着把手枪,按现在说就是混混儿,玩闹,最后这哥俩都让王海明给活埋了。因为嘛呢?我本家有个五伯叫王占盛,他跟叔伯哥们儿闹点矛盾,王士洪就打发手下的要把王占盛给弄死,归其这俩人进屋光抢了点东西,把王占盛吓得够呛。当时王士洪在我们家后门等着呢,见这俩人出来就说:"嗨,拿这干嘛,弄人啊。完啦,算他命大!"可是王占盛心里明白,他知道是谁指使干的,气得要命,就找到王士江,怎么来怎么去的说了一遍。王士江听完就托在日本小川部队(驻扎在北洋大学)当保安队队长的王海明,一见面就跪下了,说王士洪要害他,活不了了,求大爷帮忙!王海明就让他的徒弟去拔闯。这天正赶上王士洪到河边解手,没带着枪,一下子就给绑去了。告诉他,队长请你!他一听就知道没好事,接着又把他哥哥王士汉也给绑了。王家出头说和吧,我们老爷子也去了,一个劲地说,别把俩人都绑了去,大哥们儿老实巴交的,赶车挣饭吃,你们就饶他一命吧!王士洪的妈妈,守寡多年,因为脚小,我们都管她叫"小脚奶奶",也去说情,求他们给留个根儿啊!归其,王海明派人把这俩人弄到天齐庙都给活埋了。解放以后,不是"镇反"嘛,我们这位老姑奶奶(王士洪的妹妹)在大会上,控诉过王士江、王士海。

说归其,王海明最后也没落得好下场。有一天王海明坐着胶皮回家,刚一上大堤就被他的两个徒弟给劫了。明白地告诉他,今儿无论如何得要你的命!过去河边不净是凸井嘛,河水一涨,就泡在水里,河水一落,就跟烟筒赛的。没等王海明到家,半道就给填井里了。接着这俩人直奔天穆,把王海明全家都给勒死了,唯独一个小闺女,滚到被阁子里,算是躲过一劫。以后这俩人怎么逮着的呢?他们跑到独流,有一天偷偷在澡堂子洗澡,身上没带着家伙,归其没费劲就给抓了。有些事都是听我妈妈讲的。

王海明的外号叫"手儿",知道怎么来的吗?这里面有段故事。丁字沽有个拉胶皮的姓盛,外号叫"盛一万儿",也不知为嘛,他跟

丁字沽南北大街,历史上曾为"官道"

天穆一个沿街卖油的打起来了,归其卖油的回去就跟王海明说了。因为天穆始终跟丁字沽不和,王海明一听有这事,巴不得跟丁字沽较量较量,就带人马来了。一进村就开始骂大街,丁字沽人不知怎么回事啊,有人就说了,谁惹的祸,谁搪!"盛一万儿"也不含糊,冲着乡亲们说:"他们是找我的,我来搪!"说完顺手操把铁锹就要玩儿命。在这当口儿,我们本家二爷正在路边磨砸刀呢,见"盛一万儿"走过来就说:"你拿掏耳勺儿干嘛去,给你这家伙!""盛一万儿"操起砸刀,奔着王海明就去了。此刻王海明骑在马上,他万没想到"盛一万儿"会下狠手,所以当"盛一万儿"抡起砸刀向他砍来时,他慌忙拿手一挡,就把手给劈了。这下能得好吗,王海明手下的劈里扑噜给"盛一万儿"打个半死,到嘛程度呢?几个人拿筐箩给抬回家的,浑身没有丁点好地界儿,家人把苇子管儿插嘴里喂点稀饭汤儿。谁呢？是小关儿的苏先生给治好的，整躺了一个月。起那以后，大伙给王海明起了个外号，叫"手儿"。到后来，你提"手儿"都知道是谁，你问王海明没人认识。

"盛一万儿"好了以后，"手儿"打发人请他来一趟，村里人都劝他千万别去，去了，非给你活埋不可。"盛一万儿"说，既然叫了，不去哪行？归其，到了天穆以后，"手儿"当着"盛一万儿"，倒把卖油的数落一顿。据说，可能给了"盛一万儿"俩钱儿，反正回来就开肉铺子，越干越大，起那就发家了。

再说说丁字沽小学，这可是所老学校。我上学时叫九区二十八保国民小学，校长是陈延熙，还有大张老师、小张老师、白老师、李老师。他们经历了日本时期、国民党时期和解放以后，教了三辈儿人。那时几个年级合在一个教室上课，我是初小毕业。为

在丁字沽以南落户的王家，俗称"南头儿王"

嘛我上学晚呢?先前上了两年私塾,那时丁字沽南头儿有两处私人学堂,一处在老局所后边那院儿,是打西沽请来的赵先生,叫赵国华,我在那儿上课。另一处在教堂胡同李学文那院儿,有位宋先生教课。

老丁字沽人口起码有三分之一是外来的。因为丁字沽比较富,所以招来了一批扛活的、打零工的,随便找块地界儿就落户了。真正本土的大家族就那么几户:南头儿王、北头儿王、中间儿王,还有宋家、林家、朱家。外来的尤以山东人居多,就拿我们家来说,张长山十八岁打山东过来给我们家扛活,到三十几岁才回家娶媳妇。可是在老家还是活不下去,就给我爷爷拍电报,我爷爷给他汇了点钱又折回来,就在我们家当长工头儿。过后,她媳妇带着俩孩子,沿着铁道线走了一个多月来找他,一个叫海泉,一个叫洪泉,这洪泉八九岁还吃个个(母乳)呢!山东人养活孩子都是从土口袋里长大的,嘛叫"土口袋",见过面口袋吗?跟那差不多。他们筛完沙土在火炕上焐热了,装到口袋子里,孩子就光屁股躺在土上,等拉了、尿了,就这么一抖楞,又变成干份的了。为嘛山东人都扁头呢,就是小时候躺的,直躺到能满处乱跑了。

解放前的最后一任村长叫王占盛,就干了一年。解放后的第一任村长叫单恩普。记得天津解放前夕,水路、公路全给封死了,从丁字沽往市里得过七道卡子。现在的光荣道附近,隔不远就一座炮楼,听说这些炮楼还是东北营造厂跟着建的,开这厂的老板是咱丁字沽人,建炮楼时工棚就搭在村口的下坡,是我亲眼所见。四八年底、四九年初,因为"闹八路",村里的人差不多都逃走了,我爷爷带着家人去了城里我姑妈家,我和我妈妈在丁字沽守着。国民党兵就进村扒房子、抢房檩,然后点火烧。我们家让他们烧了八九间房,我爷爷的三间房,让他们推倒了一间半。我妈妈一个劲儿地求他们,赶紧把家里存的枣馒头、丝糕嘛的塞给当兵的才给打发走。反正丁字沽一南一北这两头儿,给弄得乱七八糟的。张帮子他们家后房沿上留下好多枪眼儿,还有王士江和老公所的房子也打得挺厉害。等家人回来时,没烧完的衣裳还冒着烟呢!家里养的两头猪,只逮回来一头,另一

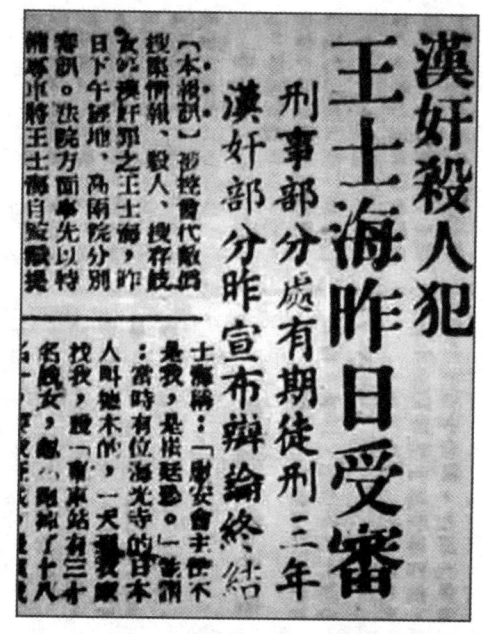

《大公报》刊发的有关王士海受审的消息

头跑到下边让地雷炸死了。那会儿这一带埋了不少地雷,丁字沽姓孙的就是被地雷炸死的。西于庄有几个拾破烂的,专门敛工兵刨出来的地雷,然后把药倒出来,砸了它当生铁卖,结果走到桃花堤附近的乱茔地,一下踩上雷了。其中一个肚子炸了个窟窿,另一个头、脚都炸没了,手里的斧子愣给炸到河上去了(北运河正封冻),还有一个趴在大堤上直喊救命,谁也不敢过去,归其自己爬上来。我和宋二狗借辆手推车给他送到西于庄的家,听说没几天就死了。单靠解放军清雷清不过来,面积太大了!丁字沽老百姓自发清雷,没有探雷器,就拿火筷子、铁条,一点点扎,一听有踏板的声音,就扒开,把芯子剪断,地雷埋得都不深。不是政府动员,你想,自己的地到时候不得种吗?我们家的地是"任小辫儿"任二爷帮着清的,任二爷是

个老光棍儿,给我爷爷扛过活。

回过头,再说我们一家。房子没了,上哪待呢?当天就到大生客栈住了一宿。转天郑万成给我们找了三间房临时住进去。后来,政府贷给我们一千二百斤小米,重新盖了三间房。

丁字沽的农田产量不一样,娘娘庙往东南,每亩能收一石五,往北就一石三、一石二……起现在的勤俭道往南,到丁字沽新村一段这片儿,原来做过日本农场。圈了我们家六十亩地,因为我们占大头儿,加上王士江、王士海蹿腾,非让我爹挑头儿管着农场的事。日本人给占了地的老百姓发高粱米、小米、袜子、衣服嘛的当回报。实际老百姓都不乐意,眼睁着没地种了嘛!就这么维持了一年。五一年"镇反"①时,我爹就因为这事在监狱里关了十年。当时逮进去五个,有王士祥、王占盛、"二扣儿",还有王士漳,再加我爹。然后发动群众控诉,一旦有罪行,就交军事法庭审判,没有上诉。最后王士祥没嘛事给放回来了,其他人都判了。要不我十来岁就开始干活呢,我俩姐姐都出门子了,我哥我妹都在外上学,就我在家挑大梁。以后我爹赶上了特赦,在监狱又留用两年才回来的。

"文革"时,我爹倒没挨斗,就是把我们家给抄了,砸得乱七八糟的,全家都给赶出去了。最惨时睡马路,那时我已经有俩孩子了,大屋挪小屋,连窗户都没有。

我们家就我哥哥挨斗了,他比我大两岁,是唐口三中的老师。他心宽,上午戴高帽子挨斗,下午就到街里跟人家拍扑克去了,这

---

① "镇压反革命运动"简称"镇反运动",是1950年12月至1951年10月在全国范围内进行的清查和镇压反革命分子的政治运动,是新中国成立初期同抗美援朝、土地改革并称的"三大运动"之一。

位于北运河岸边的丁字沽村,成为杂粮的集散地,进而养育了这方水土

点儿我比不了他。

我这辈儿就哥俩,按说是哥儿四个,一个七八岁死的,一个三四岁死的,他们比我姐姐还大,我底下还有个妹妹。那时生五个活俩是常事,就怕出疹子,一出疹子就不知是死是活!

听说过起坟吗?好么,我还是起坟队的呢!五三年年初,我家下坡还有几亩地,因为石油厂要占用,就相当于赁给他,一年给多少袋白面,我就用这个钱买了扁担、铁锨、绳子。干嘛呢?加入到起坟队,南北各成立一支。我三大爷王士兴因为是干杠房的,这里边的事他都懂,所以南头儿的起坟队让他牵头,有姚老伯伯,有周宝义一家,还有大舅和我,总共二十来人,起了一个多月,那年我才十六七(岁)。

　　从丁字沽"凯莱赛"(原丁字沽新村一段)一直往南起到西于庄,往西起到津霸公路,是政府要求起的。起一处骨尸给六块钱,起一口棺材给十二块钱,基本都是有主儿的坟。要是骨尸就收到蒲包里,要是棺材就整个迁移,顶到西于庄大堤就全是乱葬岗子了。每天起完了由管事的过数,立马就给钱。有时遇上比较好的坟主人,还单例儿给我们喜钱,当然也有倒霉的时候。有一回,起一座阔主儿的大坟,结果给起坏了。怎么呢?这坟头特别大,坟"走"了!明白嘛意思吗?就是年年添坟,加上风刮,天长日久坟头"移位"了,好么,挖了一天也没找着。丁字沽这一带有不少大户坟,像宁家、蒋家、严家、费家、馒头坟和小红门……多去了!我们在炮档(日军构

20世纪50年代,政府对私家坟茔及乱葬岗子实施清理,丁字沽成立了两支"起坟队"

筑的靶场）附近,起过一口带椁的棺材,那真是好东西,打开椁里边是两口材,夫妻合葬。

起坟也有窍门,要不非累死。露出棺材以后,先刨一头儿,然后下杠,抬起以后填土,接着再刨另一头儿,下杠填土,几次过来,棺材就跟地面一平了！遇上进水的棺材,还得先打眼,把水放出来再起。哪有防护措施？就拿手往蒲包里敛骨尸,遇上还没风干的,黏黏糊糊的都连着筋,实在装不进去就得拿铁锹剁。怎么不害怕？有一次打开一口棺材,见一老头穿戴挺整齐的,回过头拿铁锹的功夫,一溜烟儿全变成灰儿了。赶后来那些散架的、进了土的棺材,就直接收骨尸了。免了儿那天,我们一车拉了六十来包,统一送到赵庄子重新下葬,反正南北两个队,加一块得起了一千多座坟。为嘛起坟？起完以后,不就陆续盖成工人新村了嘛！

五三年五月二十日,我正式参加工作,去了大直沽的棉纺一厂。这叫"占地转业",因为丁字沽的农业用地一点点都给占用了,没地种农民吃嘛？加上丁字沽主要种棒子、豆子、高粱,都是粗粮,麦子产量又特别低,所以一部分人就分流了。原先都在互助组,我们这组有七八家,百十亩地,加一块有十几个劳力。大田好种,俗话说"一亩园,十亩田"。张连芬跟我一个组,我们是过命的兄弟,耪地时,他帮我耪半天,我再帮他耪半天,可惜他死得太早了。

一上班给五十一块八,一个礼拜回一趟家。从一号路路口儿坐五路（公交）,再到东站倒无轨电车。顶到结婚以后,就天天赶最后一班车回家。我在"棉一"待了八年,最后在色织七厂退的休,我五十一岁就不干了。

丁字沽南大街(绘于 2018 年 4 月 14 日)

杨世均

采访对象：杨世均（1935 年生人）
采访时间：2016 年 12 月 2 日
原 住 址：丁字沽南大街一条王胡同 2 号

我爷爷那辈儿的事了解的不多,就听说他们是老哥儿仨。我爷爷行大,叫杨德元。二爷叫杨宝元。三爷家住北仓,不知叫嘛。听我妈妈念叨,我爷爷当年在北京长兴店的小点心铺学徒,以后到了天津。先头儿在王庄赁的房子,我在那出生的,再后来落户丁字沽。到我父亲这辈儿,就他一个独生子,上边儿有俩姐姐,下边儿一个妹妹。我大姑妈在西南角住,二姑妈在吴嘴住,三姑妈在南大道豆腐房。那前儿我们家穷极了,我父亲挑"八股绳儿",去大胡同趸点小食品、烂水果嘛的,到王庄、郭辛庄、吴嘴那一带走街串巷。我妈妈

图为杨世均老宅遗存

给人家洗洗涮涮、缝缝补补,根本攒不了嘛钱。日本时期,吃橡子面,又苦又涩,没法下咽,家里的孩子饿不死也得病死。我俩妹妹就因为口疮没钱治都死了,以后又死了一个兄弟,还送人一个,轮到我这辈儿就落一个姐姐、一个弟弟。记得我弟弟小时候饿得跟非洲人似的,大脑瓜子、小细脖儿,肚子鼓得像个瓜。逼得孩子们都到河边儿捡棒子头儿,生着就往嘴里搞。

我十来岁时,经三姨父介绍,在侯家后鸟市附近的聚英楼下,一家私人早点铺里学徒。老早就得起来倒尿筲、生炉子,然后卖辣豆儿、卖小米粥,吃住都在那。顶到四九年年初,国民党部队抓壮丁①,要求每家必须出人,不出人就得出钱。干嘛呢?挖战壕。当时城防内外五里地是"雷区",他们又是伐树,又是拆房,弄得人心惶惶。我从饭馆直接就跟着我父亲还有三姨夫去了城西,再往前走就是习艺所。当时大批"逃反"的还没撤完呢,国民党兵让我们这些壮丁刨沟修掩体。记得那年特别冷,地冻得倍儿瓷实,一镐下去震得手发麻。再说解放军都快攻城了,枪炮声一阵比一阵紧,吓得我们到处乱躲。你说巧不巧,有颗飞子儿打在咸菜缸上,一反弹正串在我姨父的肋条上。我爸爸赶紧叫来几个人,把他送到陆军医院(现二五四医院),我呢趁着乱乎,混在"逃反"的人群里,一点点的从西马路,然后沿着南运河才回到侯家后我姨家。那会儿我妈妈正在屋里磕头呢,嘴里一个劲儿念叨:"保佑我儿吧,千万别出事呀!"当时我们全家也都躲到这里,丁字沽的人都快跑净了。

---

①《天津通志·大事记》载:1948年12月9日,天津市政会议通过"加强自卫措施"分期组训壮丁,凡本市郊区年满18岁至45岁之壮丁均须参加,普通户"两丁出一个,五丁出两个"。

杨世均居住的一条王胡同

再说,我回到早点铺,情况就不一样了。每天都有一帮一伙的国民党伤兵到这儿白吃白喝,不但分文不给还挺恶!掌柜的一看,干脆别干了,临近解放时就关张了。后来听说丁字沽的李广仁、郭宝安,还有不少人参加了国民党的保安旅①,驻扎在望海楼附近。有意思的是,他们没打一枪就被解放军俘虏了。你想都是充数去的,家家敛人,不去不行啊!说到这想起了王金福,外号"杂巴地",他和王金生是亲哥俩,这户王家在丁字沽被称作"中间儿王",还有个"北头儿王"和"南头儿王"。北头儿以王金和为代表,南头儿以王士江为代表。这个王金福就专干招华工这手活儿,据说他还把人家大老马的媳妇卖到窑子里去了,这些罪恶是解放以后集体控诉才知

---

① 《天津通志·大事记》载:1948年9月6日,天津市政府发布招考保安旅团员公告,规定自是日起至10月31日招收团员7200名,分步兵、特种兵科,受训3个月后服役6至8个月可退役。因报名者寥寥无几,当局改为调训办法,凡24岁男性青年,一律调保安旅受训。16日,该旅改为天津市警备旅。

道的,结果"镇反"时给枪毙了。

刚提到的王金生,老丁字沽人都管他叫"地方",为嘛叫"地方"呢？就是爱管闲事,喜欢张罗,村里有嘛纠纷都愿意找他调解,就像现在的居委会主任。他们家养车,手里有"签儿"(股份),不挨饿,以后入队(生产队)人缘也挺好。

丁字沽有俩脚行,单说北头脚行,在北大街上有间门脸儿,由王金和主事。凡入股的都有"签儿",有"签儿"的不一定都有车,有车又有"签儿"的,来了活儿优先。那前儿打北运河来的粮食都得在丁字沽上岸,一帮扛活的到码头把一包一包的粮食从船上卸下来,两个大槽子就得有二百来吨啊！然后再用大车拉到各粮栈,有的直接送到市里,脚行就吃拉脚的份子钱。王家自己也有大车店,完了活儿,车夫们就把大车赶到院子里,喂喂牲口,得愣得愣笼头,四周有一遛房子可以过夜。丁字沽另一家大车店是韩家开的,在宋家胡同旁边,这家店大,因为南头儿的粮店多,你像有"公盛兴""齐义兴""玉龙祥""祥欣永""大兴店"。后来于八爷那院儿也开过,没干长,所以赶大车的也多。南头儿的脚

昔日车水马龙的丁字沽南大街,如今变成了一条窄胡同

行在南大街和北大街的当巴间儿,徐家对过。那儿还是丁字沽的老公所,里面放着救火用的水机子、水筲,当街搭着凉棚阔极了,平时没嘛事那帮扛活的都在这聊大天儿。

粮店也都是大院子,里边全是一个一个的大粮囤和粮垛,每个粮店都有一个"叫斗"的。最有名的要数朱世清,一套一套的,"唱"起来那个好听啊,这人要活着得一百多岁了。你想想,南头儿粮店多、大车多、打零工的多,必然做小买卖的也多,一天到晚人来人往,可热闹啦!我随便说一下,你就能想象得出来:街口是孔家馃子铺,斜对过是李家小豆腐房,接着是韩家棺材铺,再往前是回民大饼馃子铺,然后就是林小辫儿的杂货铺,完了是"狗骨头"包子铺,挨着是韩傻子元宵,再接着是点心铺,可能姓肖。再往前是王聋子的锅巴,他是"地方"的亲舅舅,然后是郭瘸子的小药铺,宋家姑奶奶在他旁边住,往前走是孙大吉的杂货铺,嘛都卖。紧挨

丁字沽老公所旧址,也为南头儿脚行所在地

着丁瘸子的是杨家杂货铺，往前是周少谱的炸蚂蚱、炸卷圈儿，完了是乔老爷的馃子、馅饼、大饼，再接下来是马记烧饼，也是回民。再有是小刚的包子铺，然后是齐义兴粮店，解放后改成大合作社。从这儿往回走，说靠西这面：第一家是韩麻子香铺，卖搽脸油、梳头油、香粉、头绳儿、发卡嘛的。然后是高家切面铺，挨着的是韩家大车店，再往前是李家成衣铺，接着是周二爷的棺材铺，这棺材铺大，是个门脸。然后是王家小店，干嘛呢，住着几个拉胶皮的，还有碾子给人家加工粮食。前走就是脚行和老局所（解放以后归到大队），接着是王家和宋家，过娘娘庙胡同还有个老邢煤店，然后是"大兴店"（解放以后改为灯泡厂），挨着老石的水铺，往前是刘家糖房和李七的院子，他扎的鸟笼子特别好，家里虽然趁点儿地，但基本都是大坑，以后都卖了。往前是王家杠房、李家理发所，再前走是王家的地界儿（解放以后为纸盒厂），最南头是顾家茶摊，守着栅栏门。

　　丁字沽那几个大户的土地，在解放前夕已经卖得差不多了，五〇年实行《土地改革法》①时，地主余下的土地都分给了穷人，我父亲那几亩地原来是严家的，分给土地的老住户大多是过去做小买卖的、打八岔的、扛活的。时间不长，我父母就靠着这几亩地加入了互助组②，几家合在一起算一组，地还属于自己的，就是打破界限，

---

① 1950年6月30日，中央人民政府根据全国解放后的新情况，颁布了《中华人民共和国土地改革法》，它规定废除地主阶级封建剥削的土地所有制，实行农民的土地所有制。同年起，没收地主的土地，分给无地或少地的农民耕种，同时也分给地主应得的一份，让他们自己耕种，自食其力，借以解放农村生产力，发展农业生产，为新中国的工业化开辟道路。
② 农业生产互助组，是我国劳动农民在个体经济的基础上，为了解决劳力、耕畜、农具缺乏的困难，按照自愿互利原则组织起来的劳动互助组织。1950年全国共有272万个互助组，到1954年最高达到993万个，到1957年互助组全部转入农业生产合作社。

相互帮着种,过了段时间又推行初级社①,高级社②,我就到外地去了。

五二年我拿着会员证,到新红桥下坡儿的调配处登记找工作。我跟人家说,不挑地方,只要给饭吃就行!所以去过吴家窑,从那儿又去了中山门外,在新华工程部搬砖、递灰,当小工子。一年多以后让我学着和油灰,就是镶玻璃用来勾缝的材料。当时我们那个工地,是给棉纺二厂盖职工宿舍,也叫工人新村。这油灰怎么和呢?把大白块儿砸成粉子,再倒上大桶的鱼肝油,就跟和面似的,最后摔熟腾了,分成一块一块。因为我年龄太小,总怕人家不要我,就玩命干。老师傅总说,歇会吧,别累着!赶后来,师傅还送给我件背心,美的我不得了……哈哈哈!到月开工资,都是我妈妈去。五三年把我们转到第二建筑公司,那时就有建工委了,冬天集中到王串场参加培训。主题是"忠诚老实"教育,建筑公司嘛人都有,过去的把头、混混儿、土匪、国民党兵、拉胶皮的、扛大个的……成分比较复杂。那会儿我要求进步,当年就加入了共青团。五三年一开春就到天津大学参加教学楼的建设。原先那是大坑,填上以后,用钢砖垒成三

---

①初级农业生产合作社是在互助组的基础上,以个体农民自愿组织起来的半社会主义性质的集体经济组织。它的特点是土地入股、耕畜、农具作价入社,由社实行统一经营;社员参加集体劳动,劳动产品在扣除农业税、生产费、公积金、公益金和管理费用之后,按照社员的劳动数量和质量及入社的土地等生产资料的多少进行分配。

②高级农业生产合作社,以主要生产资料集体所有制为基础的农民合作的经济组织,简称"高级社"。高级农业生产合作社内部建立适应生产需要的劳动组织,其基本单位是生产队。高级农业生产合作社通常是把劳动力、土地、耕畜、农具固定给生产队使用,有的还对生产队实行包工、包产和超产奖励的责任制度。有的还把包投资作为生产责任制的重要内容之一,形成了高级农业生产合作社时期实行的包工、包产、包成本和超产奖励制度,再加上劳动力、土地、耕畜、农具固定给生产队使用的制度,统称为"三包一奖四固定"制度。

位于宋店胡同口上的原丁字沽大队部

层人字脊大坡顶楼房,现在那房子还好好的呢。那时我们工人都住席棚,一下雨就灌篓儿,可苦了!五四年春天我去了河北保定的北河店、仓巨,在那给部队盖营房。五五年又转到北京的八里庄,参加北京师范学院的建设,一个工区二百多人。当时书记是山西大同的,我们都在工区住着,有时书记就支我出去,给他买些油盐酱醋嘛的,关系挺好。这期间,还安排我到北京的黑山①附近参加了十几天的学习,那都是灰砖的老四合院儿,有的里面还停着棺材,休息时就到后面爬黑山。

我们公司还承建了天桥中学、卧佛寺中学。巧的是,那年还赶上过两次到天安门广场参加游行检阅。一次是五一劳动节,另一次

---

① 黑山曾是清代葛布喇墓地,1956年辟为公园,是解放初期北京市修建的少数几个公园之一,公园北部为自然山丘,园内百年松柏苍劲,林木花疏扶摇。

是国庆节。凌晨4点就开始集合,带队的嘱咐我们路过天安门时不能停步,一百三十人一个方队,打头儿的是钢铁工人,我们建筑工人在第四路。当我看见煤矿工人都戴着矿灯帽时特别羡慕,正好五五年底号召人家支援重工业建设,我的一个好友周金瑞就报名了。他问我去不去,我说去啊!就找书记请示,书记一听,马上对我说:"你别去,工区还准备让你学电气焊呢,好几百人才选上你!"我还是坚持要去,书记就悄悄跟我说:"你要去也行,就去大同煤矿,那儿的瓦斯少。"

归其就去了大同煤矿,刚去时都是自己报工种,人家都报焊工啊、电工啊,就我非要下井。还不错,先学了半年的打眼儿、装药、开巷道。一看我工作积极、老实巴交,又特别能吃苦,就有意培养我。所以就让我到太原补习文化知识,学成回来直接安排到大同团委当干事。在那干了不到俩月,就把我调到掘进二队当党支部副书记。当时正书记姓魏,矿长叫陈六九。人家都干一个班,我非干俩班,出了事人家都往上跑,我往下跑。有一回,一个新来的工人在井下准备放炮,师傅还一个劲的告诉他,别随便拧点火器,不知怎么的他一下给引爆了。队长一听出事了,吓得腿直打哆嗦,我不顾一切奔到现场处理事故。那时违章作业很普遍,不出事才怪呢!六〇年五月九日,出了一个大事故,解放军把矿山都围起来了,死了好几百人。怎么回事呢?当时全矿都在搞"大跃进,放卫星",口号是"打响淮海战役"。我所在的那个矿有五千多人,每天出煤五千吨。运动一来,要求我们每天出煤必须达到一万吨!书记、矿长一律跟着下井,有人就发牢骚:"吃的是阳间饭,干的是阴间活,两块石头夹块肉。"那时整天开动员会,号召我们要"东风压倒西风"(正义战胜邪恶)出好煤,保证北京、天津、上

20世纪50年代,为解决劳力、耕畜、农具缺乏的困难,拥有土地的农民,按照自愿互利原则组织起初级农业生产合作社

海这三大城市不灭灯。我们一在会上讲话,工人就在下面开玩笑,"哦,大好形势又来了!"问题是,就算煤挖得出来也运不出来呀!全是人工作业,唯独拉煤用传送带和车皮,可是车皮是固定的,就这么多,想快也快不了,所以根本就完不成任务。那时,我们矿有个尹矿长是从唐山调来的,一个王矿长是当地的,杨矿长是保定的,工程师叫周子义是南方人,他一般不下井,这几个都四十来岁。我就跟他们说:"咱把话说在头里,是矿车跟不上,你们得给我证明,别回头完不成任务,追究责任时都打白旗儿!"他们也说,那怎么办?就这点车,都着急。五月九日这天,我找了三次"回采"党总支书记张玉清,催他快走,他坚持再试试刮煤机,想提高产量。我说:"不是那事儿,主要是车皮跟不上。"我们正要

走,碰见了管运输的书记李文学,对他说:"你可证明啊!""我证明有嘛用,仨矿长都在井下调度室呢,他们都知道!"这时,离交班还剩二十来分钟,我对张书记说:"咱就别等车了,往上爬吧!"张书记身子胖,不想爬,我让他走在前面我推着他,走出井口得有二百多登木头台阶。你猜怎么着,我们俩刚到澡堂子,衣服还没脱完呢,就听"嗡——!"的一声巨响,不会儿大喇叭就广播了——"各单位的书记、段长马上到调度室集合!"出大事了,煤尘爆炸!十三个矿的消防队都来参加抢险,矿务局宣传部部长魏燕义让我带着消防队跟着下井,人家都背着氧气瓶、戴着面罩,我也不懂,就这么在前头抢着去拉风门儿,没多会儿就感觉头晕,腿一软就不省人事了,嘴直吐白沫。事后,听说把衣服给我豁开,打了一针强行针,用吉普车送到四十里外的矿区医院,顶到十几天后,我才明白过来。医院的伤员都满了,死了三百多人,其中有三个矿长。要不张书记的媳妇一见着我就说:"哎呀,谢谢你啊小杨子,要没你,我们家属(丈夫)早死了!"

煤炭部和几大城市都到矿上慰问,最后事故处理结果,愣说是总工程师周子义破坏生产,因为三个矿长都下井了,就他没下井,你说多缺德!底下出事故,上面怎么破坏?不就是矿车轱辘磨出火花引起的煤尘爆炸嘛!以后给他平了反,调到煤炭部负责对外贸易去了。

煤矿的工资高,最多时我能挣到八十多,每月给老娘寄十五块钱。矿上当干部的定量少,每月才二十九斤粮食。那时我正年轻,粮食不够吃就买塞豆儿(土豆)、羊肉,好在下一次井给俩烧饼,所以只要没嘛急事,我就拿牌儿领矿灯下井。我们那个矿,叫"白洞"矿,都是数一数二的大矿,自打出事以后,就封井了,所有的设备全埋在下面了,多少钱?!再说我呢,安排了新工作,干到六三年。头还是老晕,就找组织要求回家,经党委研究就同意了,一次性给了我一千多块钱。回到家,先买了两辆自行车,你知多钱吗?五百多!飞鸽二八加重。

没有工作了,怎么办呢?找街道,人家说了,得等富余名额。入农业社吧,也说没指标。没辙了,就顶替我父亲入了社。那是六三年的七月,紧接着到刘家房子去防汛执勤,当时水都跟河堤一平了。回来没处住就在张帮子家门口盖了间小房,从炕上一下地就得系裤子,连腰都弯不下,就说多点地界儿吧!

没多久,"四清"运动①开始。红桥区文教部部长张辉、公社书记李瑞生就来找我,让我主动挑担子。我不愿意干,心想要想干在矿上就不回来了,那的工资多高。他们一个劲儿地做我工作,说:"你是党员,要听党的话……"当时丁字沽大队的书记是马兴福,大队长李振和,治保主任李凤年,妇联主任王炳文,然后把我补进去当副书记,协助马兴福工作。我们一人负责一个队,我在二队。除了去公社开会脱产么一两天,其余的天天下地。六六年"文化大革命"我就倒霉了,造反派拖着我到河北工学院挨批斗,挂着大牌子——"头号走资本主义道路当权派",说我执行刘少奇的"黑路线"。正好,我不干了!不行,挨斗也得干。那会儿派性相当厉害,有斗你的还有保你的,都想成立自己的组织,就来大队盖章。我已经是"走资派"了,一有拿不准的,就层层请示。只要上边儿让我盖我就盖,可盖完了不要紧,这些群众组织又找我来了,说我这是挑动群众斗群

---

① "四清"运动是指1963年至1966年,中共中央在全国城乡开展的社会主义教育运动。运动的内容,一开始在农村中是"清工分,清账目,清仓库和清财物",后期在城乡中表现为"清思想,清政治,清组织和清经济"。

以主要生产资料集体所有制为基础的农民合作的经济组织，简称"高级社"

众！"大联筹"这边的头头儿叫张家年，让我加入他们的组织，我说："哪派我都不参加。你们都属于不好好干活儿的，知道农业社是自个儿吃自个儿吗？造哪家子反！"

"文革"乱是乱，就乱了那一小撮人，大多数队员照样下地干活，不干吃嘛？！丁字沽大队一共六个小队，南头儿三个队，北头儿三个队，那时都记工分，最高分十分儿。我本来能拿到十分，为了做表率就要九分八。冬天拾一百斤粪给十个工分儿，我经常上堤头那一带拾去。那不守着河边嘛，有些住户习惯往河堤上倒桶子，有时说些好话，进院儿帮人家磕灰，这么着每天能拾一百斤。那时粪是好东西，逮着偷粪的不得了，粪能卖钱啊！知道怎么卖粪吗？把一小捏儿粪搁碗里拿热水沏，看看浮头儿有没有油花儿。夏天的粪不值钱,最好的粪是过年那些日子的。

丁字沽大队成立时有三千多亩地,临到撤队还剩一千来亩,大部分都给国家占用了。五十年代转业了一批人,顶到六十年代,还有五六百队员呢。那时,外人想入社门儿都没有,就是自家子女都进不来,该上山下乡还得上山下乡。一是地少人多,再一个最关键的原因,丁字沽所有的村民都是城市户口,也吃商品粮,每月拿着粮本到粮店买米买面。城里人有的票证,我们都有,同样是每月的二十五日借粮。大队收的粮食,除了留点饲料,全交给国家。后来基本不种粮了,土质不好,产量低,所以都改成园田了。我们种的菜也同样上交,由天津市蔬菜公司统一划拨,每天收上来的菜,都拉到红桥区少年宫附近的收购站,一个队派一名卖货手,专门负责跟蔬菜公司定价格,完事听从蔬菜公司的调配。这里边可就有偷手了,关系好的、熟脸儿的,就能把价儿往上撩几厘,然后再给挑个近处送菜。反正也是搭着来,不可能天天沾光,道儿再远再近,也就在红桥、河北、和平这个范围内。不光送菜,连居民区的茅房也这么分,远近搭配,肥瘦搭配。我们队就有西南角的茅房,那小胡同多难走?过去都是赶着马车掏粪,又都是旱厕,掏粪时不可能把解手的都哄走,就得耐心等着,挨骂是常事。

好像是七三年,公社把我调到畜牧站(现佳园东里附近),负责养猪、养牛。折腾几年也没弄起来,坚持到七六年撤队转业。丁字沽大队六个小队的最后一任队长是:一队刘耀廷,他还兼着大队的队长,政工员是刘学勤。二队队长陈兰田,政工员李学志。三队队长马德峰,政工员刘学明。四队队长郭保安。五队队长马清年,政工员王恩发。六队队长是冯恩宝。撤队转业以后,留下一部分人归公社管,

杨世均(中)与家人合影

其他人都给分流了。丁字沽大队属于天穆公社,鼎盛时天穆公社管着十六个大队,有西于庄、王庄、郭辛庄、刘家房子、柳滩、张兴庄、东于庄、白庙、霍嘴、三义村、天穆、马庄、阎街、吴嘴、南仓,再加上丁字沽。

七七年四月,北郊区的徐树林、何庆山牵头成立了市政工程队,那时一个区成立一个,唯独我们这个队归市局直属。他们就邀我和大宋(宋书琴)进了工程队,一去才知道,嘛都没有。别提多惨了,就几间破平房,周围全是沟。可是,你知道这帮人多能干吗?没几年就立起个儿了，完全靠修路起家。见过炒油、炒石子儿的吗？实在太苦了，那真叫"小鬼儿踩钢板"啊，全凭体力，连碾子都是借来的，以后挣了点钱开始置设备，劳动强度改善不少，光建油罐就花了好几百万，车库有十几个，我在那当队长。

丁字沽人丁最旺的就数"三大王"，南头儿王、北头儿王、当间儿王。"三王"里又数南头儿王门户最大，他们家在市里有买卖，你像王士江的闺女嫁给了天津有名的惠罗春饭店的大掌柜，为嘛娶她？就是依仗着王士海、王士江的势力。那前儿一来丁字沽，好家伙，派头儿足极了。坐着包月儿，穿着旗袍，戴着大嘎子、金项链。嚯，真富态！解放以后，他爸爸王士江被枪毙，吓得精神不正常，人家休了她，归其又改嫁给丁字沽的聂二，落个有口饭吃。她爷爷也好家伙的，每天在公所门口坐着藤椅，小孩们排着队到他跟前领"大子儿"（硬币）。据听说，丁字沽的"大龙"是南头儿王组织的，北头儿王组织的高跷，这两支队伍在市里都挺有名。每年要到娘娘庙拜香，不过最热闹要数拜柳二爷，这一带都信奉柳二爷，一到阴历四月十七柳二爷的生日，南来北往的人就海去了。走几步一磕头，走几步一磕头，路边儿卖嘛的都有。柳二爷庙就在津霸公路的堤坡下面，不大的几间小灰房，连人都进不去，只供着个佛龛，就这样香火还挺旺！

别看我这么能干，却没有文化，认识几个字还是解放初在识字班学的，一参加工作就更没心思学了。老丁字沽原先就一所小学，娘娘庙改的，往后人口多了，在北头儿又盖了卫星小学，就现在的红桥区体育局。新丁字沽有新村小学、一号路小学、二号路小学、三号路小学、白酒厂小学……新丁字沽都是用老丁字沽的农田盖起来的。

丁字沽北大街(绘于 2018 年 4 月 19 日)

王炳俊

采访对象：王炳俊（1947 年生人）
采访时间：2016 年 12 月 6 日
原 住 址：丁字沽北大街 47 号

我们家在丁字沽算"北王",但根儿在堤头。谁呢?"摆渡王",也就是说,王家在堤头是靠摇摆渡起家的。我爷爷始终强调一点:今后记住了,做亲不要紧,要是姓王,一定问他是哪儿的王,如果是堤头王,不能做!那属于一个王。为嘛我们这支儿到了丁字沽呢?听长辈说,我老祖脾气特别大,也不知拥该嘛就发火了,归其挑着挑儿带着四个儿子、俩闺女就奔了丁字沽。一来就落在了丁字沽最北头儿的第一个院儿,是我老祖自己买的,大致有八间房,院子挺大的。他跟四个儿子就说了:"你们一定要给我争口气!"这四个儿子

王炳俊老宅附近

叫嘛呢，老大王国平、老二王国安、老三王国吉、老四王国庆。四太爷在西头（复兴路一带）当警察，家也搬那边去了，结果染上一种怪病死了。四老太太就知道打牌，可是她又恨儿子没出息，娘俩总呛呛，儿子一生气走了，打那就没回来，以后侄子们养着老太太。解放后，突然接到四太爷儿子的来信，说："我还活着，在部队呢，当下没有固定地点，等安顿好了，你们再给我回信。告诉我妈妈放心，叔伯哥们儿放心……"顶到五六年他落在了新疆。

其他的就不说了，单说二太爷王国安的儿子王金和吧。我应该管王金和叫大爷。话说几年后，大太爷王国平混的不错，据说他也在局子里当警察，当时家里已经趁大车了。我大爷王金和呢，九岁就没有了母亲，虽然挺可怜，自己却特别要强。他就跟着大太爷的长子王金城学着赶大车，每天到南头儿给粮店拉粮食。有一回，因为装车跟姓柴的戗巴起来了，王金和年轻气盛，三说两说就动手了，等完了事儿，这点火就撒在王金城身上。王金和说："因为你们家的大车跟人家打起来，你却不靠前儿。"说完"啪啪"就给王金城俩嘴巴，王金城从南头儿哭到北头儿。当时大太爷王国平正在公所里坐着呢，王金城跟他爸这么一学舌，王国平一口气没上来，死了！死那年也就五十来岁。

再说我的太爷王国吉（号东旭），他有两个儿子——王金鳌、王金声。王金鳌有四个儿子——王玉林、王玉昆、王玉祥、王玉堂。王金声就一个儿子——王玉华。这就是我们这支儿的排序，王金鳌是我亲爷爷。在这儿我来个倒插笔：我太奶奶的娘家姓倪，她爹倪三爷在丁字沽河道养船，跑中流儿运输。倪三爷有四个闺女，没有儿子。大闺女嫁给了西沽的孙家，二闺女嫁给了西于庄的张家，三闺女嫁给了我太爷，四闺女嫁给了三道街的冯家。那时，倪家比我们

位于丁字沽南大街上的大兴粮店遗址

王家强,说白了,我太爷就是个穷小子。但他长得好,要个儿有个儿,要五官有五官。可娶进来的这位太奶奶却长得丑,一脸的浅白麻子,叫王倪氏。别看这相貌,她是个特别要强的人,要求子女们要有出息。她的大闺女嫁给了西沽杨德润的大儿子,这就是王家的基本情况。

接着说说粮店和脚行。从北头儿说,第一家粮店是张家的,字号叫"镇德堂"。第二家是大王七家的恒记粮店,他是"柳滩王"。还有家烧锅,名叫"同和裕",主家姓魏,属于海下人(塘汉一带)。另有一家成记粮店,是杨沫文杨二爷开的。接着是祥记粮店,谁的呢,双口赵家的。脚行呢,南脚行、北脚行的分界线在曹家胡同,为嘛在这分呢?曹家胡同以南算天津市,以北算武清。所以各是各的地盘,互不干涉。南边儿脚行比北边儿脚行片儿大、人多,股也多,占老丁字沽的三分之二。北边儿的脚行头儿是王金和,前任是曹家和李家,完事是秦家,直到王金和接手才算干起来。脚行的位置就在摆渡口靠南一侧,有那么三间房。平时赶大车的、打小空儿的都在那儿集中,干嘛呢?等着派活儿。脚行里有"签儿"的,来了活儿优先。这"签儿"其实相当于股份，打比方一百块钱一股，五百块钱就五股，就像现在的集资，脚行用这笔钱来周转。说不好听的，有"签儿"的就有饭吃。别小看脚行，它是有组织的，必须得有"上口"，经过"上口"的认可才能干，要不出了事谁给你兜着？到时规规矩矩给"上口"上供。想当初王金和跟袁文会都挂上了，袁文会的大马弁死了以后，还是我三爷在丁字沽买了几亩地给埋的。天津最大的脚行头子叫巴延庆①，各地界儿的脚行都必须拜他。王金和的脚行，虽说没有南头儿的大，但也管着不少大车，除了丁字沽的还有好些散车，他手下有专门"把店"的，王金和不可能天天在脚行盯着。

王金和除了有脚行，还趸五挂大车，十三头牲口。赶以后脚行的买卖走下坡了，有高人给他出主意，归其把五挂大车卖了，换成了汽车，就是那种烧煤的瓦斯车，那在当时是很超前的。还没解放呢，全家就搬到窑洼的刘家胡同住，汽车就停在大悲院旁边的小学校操场，所以家里一直搞运输。解放以后，王金和因为当过脚行头儿就抓起来了。等到公私合营时，王金和的小婆儿白奶奶主持家务，她跟王金和的弟弟王金波一块合营了。王金波归到河北起重队，白奶奶去了幼儿园，以后也改嫁了。王金和的大儿子王玉章在东方红运输场，二儿子王玉书在运输六场，基本还都是老本行。再说王金和，封建把头，说白了是个跷脚烂颤的主儿。但是，他嘛会门儿都没入，就是挣钱特别欹，究竟有嘛罪恶不太清楚，五二年给他判了十五年，没等出来就死在大狱了。六〇年，派出所通知家属，我

---

①巴延庆，日伪时期任天津新民会运输分会的会长，他集国民党党棍、封建把头、特务帮首于一身。1949年6月24日，天津市人民政府公安局将其依法逮捕，1951年3月巴延庆和马文元、刘德山一道被判处死刑。

跟着去的，末了儿在家给办的丧事。

说到这儿想起个嘛事呢，南北脚行打过架。谁呢？王士海的哥哥王士漳，他把大车赶到北头儿直接想进烧锅（酒厂）那院儿，可能是有挂车在那挡着呢，他非让人挪开，三说两说就打起来了。这会儿，老大王金和恰巧不在家，他弟弟王金波和俩侄子王玉章、王玉书就凑过来了，仗着人多不服气儿。心想，这是在我们地盘儿，容不得你撒野。归其，劈里扑噜就给王士漳打了。北头儿脚行一看，崴了！怎么单惹他呢！了吧，又是抹药，又是包扎。完事之后，谁都说南头儿得过来人，得闹，不可能就这么干吃哑巴亏。论实力，北头儿差着伐儿呢！

源源不断的粮船由北运河汇聚到丁字沽杂粮码头

三爷王金和回来这么一听,也是一惊,这事可闹大了。问题是不好办啊,主动去那边儿赔不是吧,输面儿。不去吧,南头儿这口气出不来。他们就坐一块商量,看看这事怎么了,不管怎么商量,都认为肯定要豁出人命,干脆咱就等着,棍棒也都预备好了。可是,南头儿一点动静没有,等了三天,没过来人。王金和忽然醒悟了,马上叫辆胶皮(人力车),就奔了河北小关儿(小关大街)。当时王士海在小关儿住,哥俩一见面还挺客气,王士海就说了:"知道这事,知道这事!嗨,我说士漳了,怎么着你也比他们大几岁,这不让人看笑话嘛,各有各的吃饭道儿,你上那儿干嘛去?!这不给人搅了吗,大面(指粮食)都在这边儿了,你再上那边儿还讲理嘛!"王金和的脸红一阵儿白一阵儿。心说,再扛一天,他们就该过来了,王士海的面子确实给得够足。

还有一回,也是南北有了过节儿,南头儿的"艮豆子"王士洪,手里拿着搂子(手枪)赶着大车就过来了,别看这家伙个儿不高,黑极了,谁也不怕,到了北头儿就较上劲了。有人赶紧跑去叫王金和,你想王金和船儿多亮!一露面就说:"干嘛,怎么了兄弟!走走走,这不让人笑话么!走走……"王金和把"艮豆子"拉到一边儿,"有嘛过不去的跟哥说,咱不能叫人笑话!"说着,钱就擩过去了,"艮豆子"也就没话说了。

还听说过这么一段儿,那是王金和的前任、他亲表哥秦占清时期。有一回他跟保长吕贵德到鸟市儿听戏,听戏不得吃萝卜、喝茶、嗑瓜子嘛,伙计对他们俩带答不理,恣恣崴崴,说白了就是有点儿看不起他们。心说,走着瞧,非给你点颜色不可!回到丁字沽把北边儿脚行的人都喝腾起来了,操着家伙有坐船的,有小跑儿的,就奔了这家戏园子。不容分说,喊咔咯嚓都给砸了,打那才知道丁字沽的厉害！归根结底就是丁字沽的这俩脚行壮门面，一有嘛事全体出动，谁见了都得含糊，再加上跟着掺和掺和不仅有人给你顶事，还能管顿饭吃。所以一忽悠都跟着走，显得心倍儿齐。就我所知，吕贵德的村长之后，是朱鹤年（勤盛兴粮店掌柜的）接任，之后是王金福，解放以后政府派来个姓林的。

再有一场架不能不说，这场架是秦家勾起来的，跟谁呢，"破鞋王"。这天，几位丁字沽的老人儿刚把大车赶回来，他们看不惯秦宝义和"破鞋王"打架，就你也劝我也劝，其中就有我太爷。这一拉扯不要紧，"破鞋王"的儿子，一下把我太爷的大皮袄给弄撕了，了事的人赶紧往下压，一个劲儿的劝我太爷，卸完了粮食回家，千万别跟王金和他们说。能不说嘛！归其一群人跟着就赶过来了，大骂"破鞋王"。"破鞋王"也不是善茬儿，从宋家那院后边儿，带着五个儿子就迎上来了，一人拿把西瓜刀！我三爷、我爷爷他们提着斧把子，还没等交手，西瓜刀朝着我爷爷的脑瓜子就砍过来了，关键时刻，"叫斗"的周晓亭大喊一声"看刀——！"，我爷爷一闪身儿，剁在嘴巴子上，紧接着抡起斧把子就把刀打飞了。简短说吧，末了儿把六位全给撂倒了。过去归事都得去北仓，他们那边儿的人拿筐箩抬着受伤的"破鞋王"，我们这边的人套着马车也跟过去了，因为是秦宝义惹的事，就把他扣下了。我太爷一看，坐着胶皮就到西沽请杨德润去了，想让杨德润出面了这场官司。归其杨德润出面一交涉，还真把秦宝义放了。这不完了嘛？没过几天又干上了。为什么呢？"破鞋王"是南头儿给挤过来的。在那边儿混不动了，想到北头儿夺脚行，你说这边儿的人能服他吗！北头哥几个借这场架，一不做二不休，干脆给挤兑走就完了，打那儿起"破鞋王"去了柳滩。

这个……王士洪的事你们听过吗？那前儿我爷爷跟我讲，王士

右侧为北头脚行遗址

洪逢人不怕。王金和怎么样,王士海多大牛,根本不放在眼里。不知因为嘛,大年三十就给王士海家砸了,他整天拿把盒子枪谁都不敢惹。王家人一想,这么闹腾,赶明儿出了大事怎么办!就找王士海商量,他说:"都是自家兄弟,下不去手啊!不行就找王海明吧。"这么着,就去找王海明,王海明听完原由,就说:"要是这样,你们王家都得给我签字。"

再说王士洪,个儿不高,外号"艮豆子",俩婆儿,就连天穆还有他十多亩菜园子呢。有一回,他跟王占清在"勤盛兴"那院儿闹事,他"啪"的一枪,擦着王占清的头皮儿,吓得王占清好几天不敢露面,就说这人多不是东西吧!王海明应了这事以后,派人就把王士洪给绑了,为了斩草除根顺便把他哥哥王士溁也一块弄到柳滩的土地庙后面给活埋了。解放以后,王士洪的妹妹在大会上控诉过王

这块路牌便是丁字沽大街的南北分界线

士海。我在这儿插一杠子，说说王海明怎么死的。他手下有个大马弁叫王老五，也是天穆的，因为王海明太黑了，按现在说就叫"政变"，几个人一合计，惦着把他给办了。王海明平时老上市里玩去，走哪条路他们都门儿清，王老五带着几个人在白庙和霍家嘴之间，就把王海明给下了，接着"啪啪啪"朝天鸣枪，守在王海明家门口的弟兄一听信号，闯进院子就把王海明老少十一口人全办了。

丁字沽公所最后一任当家的是于八爷，这人我见过，真不是一般人，穿着大袍、戴着荷叶帽、留着胡须，很有风度。他祖辈是唐家湾的，民国早期他这支儿迁到了丁字沽，于八爷的大儿子叫于宝亭，平时老爱跟李六爷打牌。在哪儿打呢？豆腐房后面勤盛兴粮店。有一回，于八爷见儿子打牌挺晚的，不放心就到牌局喊他，这一喊呢，等于就散了，各回各家。这李六爷呢，在二道街住，南头儿有自己的脚行。王士海不也是南头儿的嘛,一心想把李六儿的脚行给夺过来,论打架王士海不是李六儿的个儿,可这一天正赶李六出来打牌,腰里没带着枪,他刚走到"四合店"下坡那个路口时,冷不防被王士海一群人给打了,还把李六儿脚后跟上的懒筋给挑了,脑瓜儿一下就耷拉了。归其,找来天津最有名的苏先生给治的,可是跑了那么多血,又窝了口气,没几天就死了。李家报了官就四处抓王士海,王士海东躲西躲最后跑到日租界藏起来了。

听老人们说,最早粮店都开在王庄一带,以后因为兵荒马乱、闹土匪,就南迁到了丁字沽。在迁移之前,我太爷经常推着小独轮车,给人家送粮食,或者给豆腐房推点黄豆,给粉坊推点绿豆,也就糊个嘴头儿,等我爷爷长起来,帮他拉小套儿。那前儿都是土路,坑坑洼洼,赶上下雨,全是薄泥,有个帮手还能多拉点粮食,一点点就这么轱辘着走。相比之下二太爷家可就立起个儿了,我老太太看在眼里急在心上,一个劲跟我爷爷叨咕:"人家那院子可好过啦,你可得给妈争气啊!"天不天儿的闹唤。我爷爷说:"争气,也得一点点争啊,怎么争……!"这时候,他已经推地排子(手推车)了,回到家就在炕上打滚,琢磨着怎么办。有一天,就跟他爸爸说:"干脆您了缓缓吧,我出去跑呲跑呲。今年过了正月十五,您了就把这摊儿交给我吧。"那前儿,我太爷联系的都是小米面铺,有这么二十来家。我太爷就问:"你一个人行嘛?!""哎,不行您了再接着,我先练练!"结果,等春节一过,还真接过来了。你猜怎么着,一年比一年好。说实在的,正式的口儿,还得是人家朱家"勤盛兴"的,干这行的都养着几个"会手",也叫跑粮合儿的,就跟现在的经纪人赛的,他们先到市里各粮行收订单。比方说,这家要一百石棒子,那家要二百石大豆,嘛成色的,价格上下浮动多少,后边的事都甭管了。等运粮的大槽子船一来,"会手"先上船,就开始按订单发货,接着支配脚行"把店儿"的,召集扛活的拿着脚行的口袋装粮食,再打粮船扛到岸边排着队的大车上,"谁谁谁,这车豆子送到北大关……""谁谁谁,这车棒子送三条石……""这是谁谁家的……"。

我爷爷就是跑粮合儿的,只不过他还属于小打小闹,跟人家朱家没法比。可是,他不仅有脑子,还特别勤奋,一来二去跑下来好多家大粮行,面儿也宽了许多。从元纬路、小王庄、水梯子大街到陈家沟子、大直沽一带。不过西面的大米面铺、大面粉厂还都是朱家把持着。我爷爷不死心,就把东面的"口儿"交给我二爷和我父亲跑,他往西边拱。什么时候起来的呢?听我爷爷说,朱家财大气粗以后,弄小婆子的弄小婆子,抽大烟的抽大烟,不顶个儿了,不好好玩啦!可那些米面铺够时候得要粮食啊!你不好好送,那就得找别人,我爷爷趁机把那些大户都抓到手,连河北大街、老城里、南市的也都拿下来了,家境一下子就好了。咱就说河北大街这几户:"和顺永""同兴永""大生",还有一家想不起来了。丁字沽的大小"会手"有四十七位,我爷爷算是其中的佼佼者。按我爷爷的说法,干这行儿就得讲信用、讲做人,得走得真。人家为嘛依靠你,就得实打实。再有就是能钻叽,天津人讲话,叫"大拿",过手的粮食心知肚明。比方说来了麦子,拿探子挫出几粒儿就能告诉你嘛成色,一包出多少麸子、出多少面,粮行的人都拿他当神仙。你像他去"大生",掌柜的打老远就迎过来,"五爷五爷"地叫着,需要上嘛粮食,自己就到库里看去,然后告诉掌柜的,这个该上多少,那个该上多少,全听他的,就说信任到嘛程度吧!还跟你说个嘛呢,我爷爷给他爹过生日,前来祝寿的胶皮车,打大王七家门口一直排到摆渡口。我爷爷总说,"我就凭人格!"

再跟你说件事。解放前夕,有个叫吴玉民的,专门盯着河北大街这四大米面铺,干嘛呢?供八路军(解放军)吃棒子面,他让我爷爷帮着给调配,歇人不歇马,二十四小时不能停磨。你想,我爷爷还得顾着其他粮店,还得顾着家里好几十口子吃饭,简直忙得脚丫子朝上。正待这当口儿,吴玉民悄悄喊我爷爷:"五爷,五爷!""爷,爷,您了有嘛事?""我想写你个名字,就咱俩知道,你看……""嘛事?""也没嘛事,有事我再找您。""嘛我也掺和不了,你看忙得了嘛,爷们儿!"吴玉民就没往下说,我爷爷跑这儿跑那儿也没当回事。没过两天,吴玉民又提起那个事,我爷爷还是找了一大堆理由。当时也确实够呛,除了粮行的事弄得叽哩咕噜,最主要的是家里大人孩子,再加上来"逃反"的亲戚有六七十人。嘛事呢?原来吴玉民是地下党,他见我爷爷在关键时刻,冒着风险帮着供应军粮,就准备吸

破旧衰败的丁字沽北大街

原卫星小学,现红桥区体育局,为丁字沽北大街与唐家湾大街交界

收他入党。可我爷爷就是个跑合儿的,也不懂政治;形势又这么严峻,生怕给家里带来麻烦。几十年过去了,他从来没提起过这段儿,顶到"文革"都结束了,他跟我们说:"你爷爷这辈子就这件事对不起你们,要是当年入了地下党,不至于像现在这样!"就那次,见我爷爷掉了眼泪,直说:"你们都跟着我背黑锅了!"解放后,听说吴玉民在公安红桥分局了。

我们家论土地,可能就十七亩,过不去二十亩,种点棒子当饲料。论买卖,我们家没有,就是给资本家跑跑腿。家里倒有辆大车,雇了个伙友叫尹绍普,跟着我们十七年,他娶媳妇都是我爷爷拿自家房子给办的,包括后来生孩子,对他就跟亲儿子赛的。冬天做棉袍,我爷爷总得多做一件,他朋友多啊,看谁唧唧索索的,就把棉袍一脱,行了,拿走去穿吧!他就是这么个人。所以解放初期,好些人都没事由了,就撺掇我爷爷牵头儿给穷乡亲们找个饭辙。那会儿,正赶上"成兴号"和"恒记"都不干了,这两处地皮加房产就让双口的赵家买走了，我爷爷一琢磨，问问赵家，要是粮店和烧锅的破房子不想要就买过来拆着卖，恰巧赵家也没打算再干嘛，破房子闲着也是闲着，就应了这事。我爷爷赶紧找"大生"掌柜的借钱，从赵家买了这些房子之后，就带领这帮穷人拆房子卖房檩、卖木料、卖砖头瓦块，都快拆完的时候，街里第一任街长就带着人来了，说嘛不让干，我爷爷一看，那就分了钱解散吧，借的钱也还了回去。这不就完了吗？没想到，"打老虎"①时，给他揪出来整了一通，等"四清"运动一开始，又成了被专政对象。"四清"工作组还鼓动原来的伙友尹绍普揭发我爷爷的罪恶，人家知道我爷爷的为人，根本说不出嘛来。不行，必须说！这边八一面粉厂（尹绍普的工作单位）挤兑他，那边丁字沽大队也挤兑他，实在没招了，夜里敲我们家后门儿来找我爷爷。一见面就说："爷呀，我能干违心事嘛。没有您，我们这一家子都打哪儿来的？他们这不是逼我嘛！让我说嘛呢？"我爷爷始终就这么亮嗖，他说："该怎么说就怎么说，都往我一个人身上推，大爷不会嗔怪你，我就是个臭泔筲，都上我这儿倒，不编几句你怎么过关呀！""这不亏心嘛？""不提这个，不提这个……！"归其，在红星小学批斗大会上，尹绍普被迫喊了几句。你说我爷爷窝囊不窝囊？等到"四清"工作组撤离的时候，工作组组长找到我爷爷，问："你对'四清'工作有嘛认识？"我爷爷说："我是土生土长的丁字沽人，没离开过这一亩三分地，对我的伙友也好、全家也好，都是次要的。我之所以这么有根，就是因为我的为人瞒不了老乡亲，会有人为我说

---

① 1951年12月底，全国开展"三反"运动。其中，"打虎"运动是其中的一个重要阶段。1952年1月19日召开的中央直属机关总党委扩大会议，首先宣布"三反"运动进入"打老虎"阶段。随后，各地掀起了轰轰烈烈的"打虎"运动。

句公道话的。运动中难免有些过激,我不往心里去,父母起小就教我诚实做人!"工作组组长听完直挑大拇哥。

等到了"文革"就更别提了,破"四旧"时,造反派、红卫兵把我们家连砸带抄,一家老小扫地出门,我妈妈也给剃了光头,我爷爷被关进牛棚。丁字沽的牛鬼蛇神都集中在二道街宋家那院子,我们家的四合套就成了三个小队的会计室。后来,被砸户受不了了,日子没法过啊,就找街里,大伙你一言我一语地说理由,等差不多了,我三伯王玉华站起来,有理有据、有板有眼地把被砸户的苦衷和要求全表达出来了。街里一看,那就选代表去北京到华北局反映吧!归其选了七八个人,由我三伯带队。其实我三伯是工业户,人家在厂里是干部,街里专门开介绍信给我三伯请假。最后华北局要求造反组织把侵占的房子腾出来,原来是谁的房子谁接着住,这事给街

古老的北运河平静而优美,对面的柳滩已高楼林立

道代表感动得够呛。可是,抄走的那些东西,一直等到"文革"结束搞退赔,也没拿回几件。当时查抄物资都堆在一个大仓库里,谁对谁也不登记,末了儿上哪找去?王傻子跟我说过一件事,红卫兵到他们家抄家,看见墙上挂张照片,就问王傻子:"这是谁?"王傻子说:"是我父亲。""混蛋——!"照着他后脊梁就是一拳,"说,是谁?!"他冲墙站着不言语。"想好了吗,啊,想好了吗,是谁?"王傻子低头小声说:"那不就是我父亲嘛!""啪——!"一巴掌打在后脑勺上,疼的他直掉泪。红卫兵还接着问:"是谁?!"王傻子这会儿忽然不傻了,说:"打晕了,想不起来了。"红卫兵把照片摘下来使劲往地上一摔:"告诉你吧,这是老混蛋!"你说,这叫嘛玩意儿!

我爸叫王玉林,他头里有个姐姐,可以说他是富生富长。说干嘛的,他一出生就落在了"大元宝"上。他正赶上家境最好的时候,又是头一个男孩儿,你说谁不宠着他?所以,我父亲从小就没走过脑子,家里的事任嘛不管。十七岁就给他娶了韩家墅的媳妇,在娘娘宫亮的轿,那花轿都是带灯的,天津市也没几顶。所以我爸在家就是个甩手掌柜的,以后才跟着二爷跑跑粮行,基本上也不怎么走脑子。一解放,丁字沽粮店就完了,他们这些"会手"就挪到大直沽跑河坝,粮食都集中在那地界儿,没多长时间,他们这行就用不上了。怎么办呢?就近给他分到了大直沽木材厂,一个月三十块钱。这个时期,家里穷的叮当响,连块表都没有。这里有个插曲儿:四八年底,国民党部队实行"坚壁清野"①,本来是想把丁字沽的民房全烧了,也许是顾不上了,就烧了南北两头儿。我们家在院子里挖了地

---

① 《天津通志·大事记》载:1948年12月22日,陈长捷、杜建时联合署名发出布告:凡距城防工事据点300米以内之障碍物,一律拆除。国民党军用火烧及拆房的办法制造无人区。

窖,把给我老太太做寿材的杉木当檩,上面铺上秫秸盖上土,然后浇上水立马就冻上了,接着又铺了好几层。院子大门也都拿砖砌死了,我爷爷说嘛不走,顶到国民党兵来了,架上秫秸开始点火了才离开。整个丁字沽成了空村儿了,这下给趁火打劫的找了个机会,对河儿有不少人过来偷东西,家里像样儿的、值钱的,就连藏在地窖里的家当都端走了。回过头再说我爸爸,每天骑辆破自行车,天不亮就跟着刘永安、宋炳和那几个干过"会手"的一道去上班。那前儿的路,要不是土坷垃的,要不就是炉灰渣子的,我爸还特别胖,所以经常把车带压瘪了。可能是连累带急加上受点风,一下就半身不遂了,那年他才二十六岁。嘛也干不了了,我爷爷就把家里仅存的一点东西卖了给他看病,先喝三条石陈景兰的汤药,又喝刘家房子陈凤楼的汤药,前后治了八年,刚三十四岁就死了。那年我十四,学是上不下去了,撩下书包就出去给人干活,拉小排儿嘛的。六二年,我十六岁加入农业社,干了十四年农活。七六年地震以后,丁字沽大队解散,我们这些人都转业分流,原来的大队书记杨世均就把我安排在他待的市政工程公司。加上我二兄弟、三兄弟、一个伯伯和一个叔伯妹妹,还有一个王玉光,我们北头儿王在公司占了六位。一开始我们在北辰各个村修路,赶以后越干越大,把路都修到了宝坻、武清。

刘学勤

采访对象：刘学勤（1943 年生人）
采访时间：2016 年 12 月 9 日
原 住 址：丁字沽北大街宋店胡同 10 号

我太爷叫刘魁典,稍微有点文化,给人抄抄写写,再具体就说不上来了。我爷爷这辈儿哥儿三个,我爷爷行大,他主要靠做小买卖,过去老人儿讲话叫"赶洋",在东浮桥趸点蔬菜卖。我父亲这辈儿哥六个,我父亲叫刘宝奎,实际上我是过继给他的,刘宝奎原先是我伯伯,一直不生养,就把我接过来,没想,还真灵!按老话儿说,这是把孩子给压下来了,归其生了个小弟弟叫刘学文。我生身父亲叫刘宝忠,行三,我叫他三大爷,可是他死得早,我三娘带着两个孩子也都跟过来。我父亲刘宝奎等于得养活六口人。过去一个孩子没

位于宋店胡同的刘学勤老宅附近

宋店胡同在老丁字沽几十条胡同中,属于比较宽敞的

有,现在变成了哥儿四个,打头儿的是我亲哥刘学普,后边是我,然后是他们的亲生儿子刘学文和我的亲弟弟刘学铭,生活压力相当大。家里就指着他赶马车挣钱,另外那会儿天津不有跑马场嘛,他去给人家"排"生马,经常被踢得这儿青一块那儿紫一块的,晚上回来疼得直哎哟。那人就是艮呀!你看脚行的李六厉害吧?我父亲就不怕他,家里这么多人等着吃饭,你凭嘛不让我赶车?有一回跟他干起来了!我父亲讲话:"干嘛?卖力气挣钱谁在乎谁?"其实,我父亲主要在河北堤头,给炭厂子拉木炭,那儿的掌柜的跟他是盟兄弟,外号"大老黑",李六纯粹多管闲事。怎么样呢?最后李六一家子也没得好。

"文化大革命"时,丁字沽一批人被扫地出门,一夜之间都变成了"牛鬼蛇神"。然后就把他们集中在二道街厕所后面的李大头那

刘学勤毕业后所在的原天津手表厂旧址

院儿,其中就有李六的儿子李兴,还有个叫张兰华的三中学生,他们家是干营造厂的,也给轰到这院儿。不知为嘛,这孩子精神病犯了,寸劲儿就把李兴给打死了。丁字沽"文革"时了不得,华北局、军管会、工学院,相干不相干的都上这儿来,"天工八二五""红一革""毛泽东思想宣传队""保皇派""造反派"……多去了!免了儿擦屁股事解决不了!你说,好好的院子,都是私人财产,有的归公了,有的强占了。那个年代不是提倡"越穷越光荣"嘛,穷反倒占理啦!看人,先看成分,贫雇农就吃香,腰杆就直,因为人家是依靠对象。我们家过去有大车、有伙友,就给评了个上中农,属于团结对象。雇一个人的算嘛,雇两个人的算嘛,雇短工的算嘛,都给划了线。所以我们不像贫下中农这么有底气,平时就得表现好点,难活儿累活儿都得抢着干。

有这么件事,你听听有多可笑。胡喜才家过去是开面铺子的,那时家里就有电磨,入社以后胡喜才在农业社赶大车、拉副业。那时候骡马驴嘛的都穿乎着用,可是大车轮胎使的时间长了就不顶呛了,他就跟队里的负责人说,车胎都快放炮了,拉不了重东西,能不能给换条带?那人非说不用换,胡喜才一生气甩出句闲话:"你不懂这个,你不就是挑八股绳卖咸菜的嘛!"就因为这一句,给他扣个反党的帽子。事后,胡喜才就跟我念叨,让我给反映反映,我这一反映不要紧,愣说我要给他翻案,这不要命吗!

再说个"四清"时的事。我哥哥刘学普是团干部,区里、市里一召集开会就得去,年终分红时跟大伙拿得都一样。"四清"一来,贫下中农就反映了,刘学普开会不下地,钱却没少拿,这就叫"说不清"!我记得那年一个劳力年终分二百块钱,我们哥儿四个再加我

丁字沽三段居民区

爹妈，分了一千来块钱，我跟我哥就到南马路自行车行，买了两辆自行车，一辆二百二十七块钱，那个高兴啊！有一天，饲养员跟我说，看见你哥哥哭了。这怎么回事？问来问去才知道，他占了公家便宜，正挨整呢！告诉他在几点之前把钱拿回来可以算退赔，否则就得给处分。我一看，赶紧到鬼市儿，把那两辆九成新的车给卖了，加一块才卖了一百九十块钱，这关总算过去了。那会儿，要是生产队经营的好，赶上家里人口多，年底分红拿麻袋装钱，民警带着枪守护，大伙可高兴呢！一到"四清"就完了，这算走资本主义道路。

接着说我父亲。解放以后，他入了搬运公会，参与新北京的建设，就把他调到了通县，没多长时间，自己跑回来了。你想啊，把孩子大人都撇了，一个人在外面待得住吗？五四年，我父亲就想入农业社，可是你两手空空拿嘛入社？人家不要。归其找他叔伯的三爷，家里还有点地，再加上我们确实太困难了，这才同意入社。当时李振和是队长、马兴富是书记，这李振和是山东人，扛长活来的丁字沽；马兴富呢，是唐家湾郭辛庄人。刚入社时还没细分成小队呢，就只有北头儿队、南头儿队，后来把我父亲分到大车队，再往后成立高级社时，南北各成立了三个小队。南头儿一二三，北头儿四五六。南头儿一队队长兼政工员是我，二队是李学志，三队是杨金铎。七六年地震之后，丁字沽大队撤队，人员统一给安置。有去市社的、土产的、副食的、市政的、餐饮的、木材的，大部分都在红桥、北辰、河北这一带。因为丁字沽大队的农业户也吃商品粮，也是城市户口，相比别的地方待遇好一些。天穆公社所属的大队里，白庙、东于庄、张兴庄跟丁字沽一样，为嘛会出现这种情况呢？除了人多地少外，主要因为大田少园田多，没法向国家交粮食，完全靠种蔬菜供应市区居民，国家统购统销。每个队种嘛都得按上边下达的计划，不是想种嘛就种嘛,那时蔬菜公司经常来人检查。下来的蔬菜全拉到五中附近的"分拨站",各菜点报计划:我要多少菠菜,你要多少茄子,他要多少黄瓜……然后评菜价,指派到小辛庄、大同门、西关街、南市……过完秤,结账。太远的道儿没有,蔬菜比较娇气,一蔫就蔫了,你像火柿子时间一长就裂了,还怎么卖?

丁字沽四段居民区

丁字沽六段居民区

为嘛只有丁字沽先撤队呢?就是因为地震,政府急着安置受灾居民。简单的办法,就是在空地上大规模建设新住房,所以就把我们的地陆续征用了。震后建的最大一片居民区是咸阳北路那一带。像凤城楼、开源楼、本溪楼、清源楼、永进楼,它是市里统一规划兴建的八大居民区之一。以后,又建了延益里、保寿里、光荣楼、亚运楼、桃花园西里、桃花园南里,多了去了……从20世纪50年代初就开始占地,盖了一段、二段、三段……免了儿盖到十三段,加上配套设施，还有好多企业，就说多少地都没了。过去一号路、二号路、三号路根本没有，那是农民下地干活踩出来的小路。从丁字沽往市里走，就那么一条南北大街，以后延长线叫零号路。

别看丁字沽趁这么大片的土地，农业户不分宅基地，这里的居民差不多都是祖辈留下的房产，这点儿跟西沽啊老城里啊差不多。到了七十年代，队里净是大子女和等房结婚的，大队才在勤俭桥运河楼后身和桃花堤下坡盖了点平房，一处叫丰收胡同，一处叫桃花园南里，按条件分了一次房，其余的都是外来户自己找空地乱盖的。

丁字沽七段居民区

丁字沽八段居民区

我小学在丁字沽，中学在七十三，然后上的一轻技校，毕业分在了旁边的手表厂。刚待了不到一年，六二年国家号召青年支援农业建设，我和孙学兰报了名，就想回丁字沽大队，结果大队不收，又找到公社，公社要求手表厂出证明加盖公章，才回到队里。"四清"以后，又有好几次机会上学、当警察、当工人，我都放弃了，就认头在生产队。你看我这身子板儿，赶四轮大马车赶了八年，长期在西沽货场拉货，二百斤大包扛起来就走，那会儿各小队为增加收入，都搞些副业。拿我们一队来说，除了拉脚，老弱病残下不了地的，在家养几头猪，在坑里养些个

丁字沽九段居民区

丁字沽十一段居民区

鱼，等年歇一到，由贫下中农掌刀，再找几个帮手，把猪宰了分成份儿，一家出个人抓阄。鱼，捞上来也这么分。大队自己也有副业，像水泵厂、铸铁铸件厂、拔丝厂……要是没副业，淡季或冬天拿嘛开工资？

生产队实行工分制，最高分十分，一般男劳力，能干的，撂哪儿哪儿行的，技术好的，能拿到十分，女劳力八分，其他的根据不同情况来定，即便都是十分，分值也不一样。每月十号预借一次工资，最

丁字沽东大楼

多借十块钱,等到二十四日才正式开支,平均每人四十多块钱。你像家里孩子多的,过不到十号就没钱了,借了先花着,关钱时再扣。为嘛定在二十四日开支呢,就因为转天是"借粮日"。

撤队以后,我去了北郊工业局下属的冶炼厂机修车间,在北头儿。过去这厂是丁字沽大队的,六四年归工业局,鼎盛时有好几百人。我干过钳工、划线工、车工、刨工,以后当了车间主任。这厂主要是有色金属,铜啊,铅啊,铝啊,干到八二年,去了市政,在沥青厂炒油。为嘛走的呢?20世纪80年代初,国家为了解决大龄青年就业,就推行"拆墙变点"的政策,因为我的住房正临着街,就被管事的看上了,跟我商量,听听要嘛条件。咱能说嘛呢?他们说,想把这间房改成"青年点"弄个小卖部安置几个人,给你一万块钱买过来,我就同意了。当时,正赶上市政这边盖职工宿舍,一想,干脆我调过来算了,就跟杨大爷(杨世均)、大宋(宋书琴)他们在一块儿干到退休。

王玉华

采访对象:王玉华(1933年生人)
采访时间:2016年12月10日
原 住 址:丁字沽北大街17号

我七岁的时候,在摆渡口附近的私塾学堂上了不到两年的私塾,先生叫张经。以后参加工作了,老在鸟市碰见他,为嘛呢?那会儿我在车间,经常夜里十二点上班,我要是不走家里人睡不了觉,所以八点来钟就出来了,找个同学串个门聊个闲天儿,要不去鸟市,听听曲艺,听听相声。这么着在马路上看见过张先生好多次,我们见面也说话,我问:"您了现在干嘛了?""嗨,我能干嘛,弄点小人书,给人家写写书信。"我对他印象最深的是,他书法写得特别好,颜体,苍劲、有章法,我很喜欢。可是那会儿小,不懂得跟着学,再说

位于丁字沽北大街的王玉华旧宅

没有钱也练不了书法，笔墨纸砚得有一套工具呢！

张先生应该也是老丁字沽人，我们上学时，他在外屋教书，他老伴在里屋干活儿。来听课的就七八个孩子，因为丁字沽大部分是农民，相对比较贫穷，一般家庭上不起，人们对上学也没多大兴趣。在这儿上了一段时间，家里就让我去西沽接着上，为嘛呢？我的三个姑奶奶都在西沽，知道郑家大楼后嘛？杨德润的大院儿就在那儿，前面那小楼是我们二姑奶奶，杨德润那院住着大姑奶奶，再往里走有个圆洞子门儿是我们三姑奶奶，离得都不远，这叫"三羊开泰"，哈哈哈哈……

既然提到杨德润，我就说说对杨德润的几个印象。第一个印象：外界称他为"铁笔律师"，但他这个律师，究竟是"洋"的还是"土"的，我那时的年龄、知识水平还评价不了，不过他是律师这是绝对的。第二个印象：杨德润喜欢在家听堂会。有一回我放学回来正赶上，见到了京韵名角小岚云，这不是普通家庭能做到的。第三个印象：杨德润的儿子杨绍明曾经遭到过绑架，杨绍明多少会点儿武术但不精。也正因为他这爱好，绑他时一不留意他就越过驴市口儿的木栅栏逃跑了，结果胳膊上挨了一枪。说明杨德润家比较遭恨。

到了西沽，大姑奶奶给我介绍到陆先生家接着上私塾，告诉我有点眉目再送我去三十二小学（后来的西沽小学），归其又上了一年多。以后去了三十二小，插班到二年级，一直上到小学毕业。毕业的日子就是一九四九年的一月十五日天津解放！但是，这一天我既没在老丁字沽，也没在西沽，去哪了呢？提前跟着我父亲逃到沙市道老姑奶奶家（从西沽迁过来的），我既没兄弟，也没有姐妹，独苗！所以就得听我父亲的。解放当天，我和父亲骑着自行车从沙市道奔赤峰道，顺着海河一直往北回到丁字沽。为嘛我小学毕业是一月十

王玉华家的后院直对着北运河,后因北运河截弯取直被拆除

五日呢?自打这天就没再接着上学。时隔三个月,我父亲找到我,"玉华,跟你说个事,给你找了个工作你干吗?!""干,有嘛不干的!"为嘛要给我找工作呢?这里有个背景:解放以后丁字沽第一任派出所所长,叫尹伟锦,我怎么知道他是第一任呢,因为在这之前他老在我们北大街十七号的家门口抢菜刀,我没事就跟他瞎搭咯,吹人家的号啊,特别调皮。闹了半天他是个地下工作者。因为我跟他熟,他又觉得我挺聪明,就想让我做一做父亲的工作,告诉他所长看上我了,说我是个人才,锻炼锻炼今后很有前途。所长想让我干嘛呢?参加公安部队。你想我父亲舍得吗,家里就我一个儿,我父亲心想与其你给他找地方,还不如我先给他找个工作得了。当时我思想没这么高的境界,也没想过自己的前途,父亲说什么是什么,就这么给我安排到埠丰面粉厂,厂址在鼓楼北。它的房前左右都是金店,

挨着鼓楼的净是画铺。面粉厂还有个总厂在南大道，好像叫"同兴永"。鼓楼这边儿前边是门脸儿，后边装了两台面粉机。我记得那两台机器是三条石天路面粉机制造厂生产的，新东西大伙都不怎么会用，我就跟着学，也不是很复杂。掌柜的对我说，你跟着弄吧，机械性能也多少知道点，干脆就试着开始带班吧。就这么着我在那干了两年多。

这里有个倒插笔：我这人特别爱琢磨事，这毛病是怎么得的呢？看书看的。我在鼓楼北面粉厂学徒时，也不许回家，有时下了夜班没处去，就到正阳金店旁边的牛羊肉铺借点闲书，躲在阁楼里看，睡醒了也看，完了活也看。我看书比较杂，喜欢反特啊，侦探啊，推理啊；言情的也看，刘云若啊，冯玉奇啊，有写社会的，有写学校的。看的年头多了，自然而然就吸收了很多该学不该学的东西，不仅仅是字词怎么用，更重要的是领会了好些个观点，尤其是哲学。

王玉华对这条古运河的记忆最为深刻

接着再说我为嘛在面粉厂只干了两年。这面粉厂是哥儿仨干的,老大管着鼓楼这边儿,那哥儿俩都在总厂那边。那年,总厂出了个事,嘛事呢?几个工友闲得难受,把其中一个捆起来弄到筐里,然后拿绳子提了起来给撂枯井里了,本来是逗着玩,上面的人喊他,他也不言语,过了会儿还是没动静,这时有人反应过来了,马上说:"坏了,要出事,赶紧下去救人吧!"又弄了一个筐,坐上人顺着绳子就下去了,本想让这个人把前边儿那个拽上来,好么,归其俩人谁都没上来,全毒死了。怎么办,打官司?干脆还是私了吧,找了中间人,前因后果这么一说,问应了有嘛要求,最后达成一致,每人赔了二十匹大布。这二十匹大布是嘛概念呢?过去有以小米作为计量标准的,还有一种是以"大布"在市场上流通。这四十匹大布让面粉厂的流动资金捉襟见肘,眼看着就要停产了,哥儿几个一商量还是把

尘封了无数故事的丁字沽北大街

鼓楼北的分厂给关了吧。这就是我离开那儿的原因。没活儿了怎么办呢？几天之后又给我找了一家，在北站，叫祥德厚面粉厂，是回民干的，也刚戳起来。老板姓刘，哥儿三个，大掌柜在泽仁里旁边开了间牛羊肉小铺，二掌柜管账，三掌柜主事，他在生产车间里搭了间小屋，两口子、一个小孩都住在那，我在这接着盯机器当领班。嗨，一提起来，就有些伤感的地界儿，在埠丰面粉厂的时候，没有工资，管吃管住，不许回家，一个月干满了给两袋面。刚解放时，一袋面是四十四斤，这帮干活的也不傻，磨面时他们自个儿知道哪遍磨的好，就把板把儿一拧，把好面粉弄一边给自己留着。顶到一个月了，跟掌柜的打个招呼回家，借辆排子车也好，弄辆三轮也好，都得把面驮家去，全家就指着这两袋面呢！但是，到"祥德厚"就开始有工资了，那阵儿我一个月五十一块钱，不算低啦！根据嘛说呢，那时国营企业一个工才三十一块六毛五，我比他们多拿二十块钱呢！一直干到五八年。为嘛"祥德厚"也不行了呢？这就得讲国家的宏观政策，细化经济是一个特点，第二是粮食紧张，没这么些麦子了，原料供不上你还怎么生产？所以就开始调整，我们这些人就分到第四面粉厂，在河北区电灯房道。这是家国营企业，性质就不一样了，它的前身是天光面粉厂，日本人开的，虽然是国营企业，可面临的问题都一样。所以也是开开停停的，最后又把我们转到造纸二厂，这厂在北站外十四路终点站，过去也是日本人留下的。在这个单位，按照应知应会的标准，给我开六十一块钱工资，相当于六级工，又不到六级。我从造纸工干到机台班长，可是待遇始终解决不了，就给我调到检验科，以后在基建又干了十五年，最后干到厂长才退休。

我们家最早临着北运河，北边三间房，东边正式和非正式的加一块五间，南边也是三间，就这么个不伦不类的小四合院，以后人

"勤盛兴"遗址长满爬山虎，远看好似植物园

口添多了，生活也有所改善了，又购了一处中间的小院儿，再进一步发展就扩充到北大街了。也就是说，从北大街到河边，一个院儿套着一个院儿，一共三个院儿，分了三步才实现的，所形成的这条胡同相当于就我们一家。到解放初期，我们家二十一口人，十六亩地，几十间房，从这几个数字就能看出演变过程，涉及家庭的兴衰。过去北运河有很多弯道，造成对堤岸的冲刷，给沿河居民的生活带来影响，尤其每年汛期一来就提心吊胆，后来打桩往底下填砖块儿，那也不行，站在摆渡口看我们家就像在河中间似的，末了儿海河改造指挥部采取截弯取直的办法疏通河道，就把一部分临河的住户迁走了，七五年我搬到了三号路新村十段。我有四个闺女、一个小子，这几个孩子让我引以为豪，他们都是靠个人奋斗，从普通工人走到管理岗位的。

关于"火烧丁字沽"和"炮楼"问题,我提供的情况是:四八年底,国民党提出个口号,叫"坚壁清野",就是把老百姓都轰走,门口堆上柴禾弄把火燎。丁字沽这边儿确实也被烧了,但烧了多少房不太清楚,我没看见有成片被烧的房子,没这么严重,但口号喊得凶。至于"炮楼",多数都在丁字沽以南城防大堤附近,大堤以下是护城河,水很深,炮楼隔一段一个,都有军人在里头,也有闲着的,是给流动哨预备的,天冷了临时躲躲。解放以后,这些炮楼住进了要饭的、流浪的、没户口的、没房子的。

从祖辈说,我们家都是老丁字沽的,据说我爷爷以前打过鱼,他头顶上有个被弯枪勾的这么一道伤疤。你想啊,在同一条河里打鱼,有柳滩的,有天穆的,有丁字沽的,弄不好就打起来,一动手,大弯枪勾脑袋上了。还有王金鳌,也是因为打群架,差点把脑袋砍了,亏了看热闹的大喊一声:"金鳌,看刀——!"他一闪,在脸上划了个'月牙儿'。我们家的经济来源主要靠大车租赁。一挂大车、两头牲口,两个伙友,一个固定的、一个临时的,固定的这人叫尹

夕阳投射到老街上,显得更为沧桑

绍普,是老太爷帮着他娶妻生子,都在一个院儿住,跟自己儿子赛的。丁字沽的大车就靠拉粮食,因为这一带是水旱码头,所以养车就等于养家。来丁字沽的粮食,多数是河北省的,他们不是很规律,找一家对口的粮店,一般都找个代理的,叫"会手",也叫"跑合儿的",有这么个稳妥的、可信的人帮着交易,无论从数量上、质量上还是经济收入方面免得吃亏。提起粮食,不能不说王金鳌这人的本事,过去王金鳌要是不到市场就开不了秤,他伸手一摸就知道粮食的产地、颗粒的饱满程度、水分有多大、出粉率有多高,全凭经验,不服还不行。为嘛他就能说了算?技术比你们都强,他给出的价就能公平合理,你们不一定做得到。哎,有能耐。可是,这也助长了他挣钱越挣越黑的毛病,难免产生矛盾,遭人嫉恨。

关于王家脚行,咱分两次说。先说我的父辈,他们大排行哥儿九个,究竟出自几支?连我都折腾不清,像王金和行三,跟四的是不是一支?说不清。因为王金和的好几个孩子都是四奶奶给弄起来的,后来又把老太太轰回新疆,当时已经接近九十岁了,结果途中就不幸去世了。你说九个,九个都是谁?头两个找不着号儿,更谈不上名字了,解放前夕这哥俩去了新疆,后来都参加建设兵团了,如果他们还健在的话,在我的分析推理当中,不低于师级干部。所以前两个"空白",紧接着就是老三王金和,四的老早就看不见了,故去了还是病倒了?五的王金鳌,六的就是我父亲王金声,老七叫王金融,老八、老九就说不上来了。

我父亲是干"会手"的,这人脾气好,要不怎么给他起个外号叫"片儿汤"呢,特别的随和。那前儿他不只在丁字沽跑合儿,市里还有好几家粮食市场呢,像南门外、解放桥下坡,哪的买卖好就到哪去。等到解放以后,这行没有流通了,就给他分到南开区粮食局。有

王玉华与女儿在一起

人告状,说他参加过"青红帮"①,那时的形势就那样,不管政审没政审,赶紧清理阶级队伍,回农业社算了。在农业社干了一段农活儿,就把他调到队里办的卫国冶炼厂当工人。那时他都六十多岁了,体格不错,每天早晨一套煎饼馃子俩鸡蛋,能扛着自行车上下楼。

  过去有句老话:南有林王,北有秦王。南头儿咱不说,单说北头儿,秦家和王家支撑着这一面,为嘛呢?主要还是从帮派角度论的,具体说就是脚行。北头儿的脚行,王金和虽然说了算,可真正的脚行头儿是秦家。秦家也是弟兄四人,老大秦宝珍,长期吃北京的旅

---

①青红帮组织,红帮建立在先。红帮本名"洪门",青帮(亦作清帮)又名"安清帮"。洪门始建于清初。在清兵入关、明朝覆灭之后,一些明朝遗老和不甘心受满清统治压迫的民族志士,结成秘密团体,从事反清复明活动。青帮原为红帮的分支,投靠清王朝后,遂演变为结交官府、坐地分赃的恶霸流氓集团。

店行业。老二秦宝玉,主要在外经商。老三不太清楚。老四叫秦宝珠。就是这个秦宝珠的父亲,成了北头儿的脚行头子。有个嘛事呢?一次,秦大爷(yé)到河北电影院旁边的"聚英"去听戏,他想摆摆谱儿,就招呼伙计要些个糖啊,瓜子啊,茶水嘛的。伙计有点怠慢,秦大爷就急了:"你看爷爷花不起钱啊,还是不愿意招待爷?!""您这是怎么说话?""你让我怎么说话!还得用我教你是怎么着?"伙计可能又顶了两句,秦大爷二话不说举起茶碗就摔,没等缓过劲儿又操起大板凳冲上戏台一通乱砸。人家不干啊!不干?秦大爷一扭脸就走了。回到脚行气不顺,马上备了几辆大车和多少根镐把儿,几十人赶着大车呼啦呼啦就奔鸟市来了,人一到先把四个路口给封死了,然后把"聚英"的人叫出来全给办了,还告诉他们:"我是丁字沽的,园子是我砸的,有嘛事找我。你看行吗?要说不行,我多派点人,再砸狠点儿!""聚英"的人一见这阵势,还是三十六计——走为上策吧!

宋书琴

采访对象：宋书琴（1943年生人）
采访时间：2016年12月13日
原 住 址：丁字沽南大街6号

老丁字沽村是在明朝永乐年间出现的,当时就两户人家,一户姓王,一户姓宋,姓宋的就是我们的祖先,是打山东过来的。第一代叫宋兴业,据说还带着两个儿子,一个叫宋桧,一个叫宋模。由于丁字沽这地界儿比较低洼,又守着运河,基本靠打鱼为生,所以被称为"网户宋"。

我的高祖叫宋郁文,他有两个儿子,一个叫宋一荆,一个叫宋一峰。宋一荆也是两个儿子,一个叫宋洤,宋洤的儿子叫宋鸿盛;另一个儿子叫宋洺,字雨舟,他有三个闺女,没有儿子。宋一峰的儿子,一个叫宋溎,字敬坡;一个叫宋滨,字树棠;还有一个叫宋澎,字

左侧为宋书琴家老宅

泽生。宋滨成家后生了个闺女没活，可是他二十五岁就没了，当时宋澎的夫人快要生孩子了，就许诺孩子生下来就过继给他嫂子，他一共生了三个儿子，一个宋鸿恩、一个宋鸿逵、一个宋鸿章，老大过继给哥哥家。宋滩呢，也是三个儿子，宋鸿藻、宋鸿年和宋鸿文。这才刚是老宋家的四分之一。

宋家老宅在丁字沽的中部位置，正是南大街北大街交界处。从丁字沽小学后墙往运河方向，跨越大街、二道街到三道街，这一长溜儿都是宋家的房子。我们住的这院儿最早是分给宋滨的，后来宋鸿恩过继到这儿，一共九间房。我们后边是宋澎的院子共八间房。前院十一间，是宋滩的，住着宋鸿藻、宋鸿年、宋鸿文。

我父亲宋鸿恩，上过八年私塾，自己趁着四十亩地，就现在的西沽公园附近。本来应该靠吃地租为生，但是他不种也不雇人种，全交给姑奶奶帮着打理，我父亲嘛也不管。而实际上他几乎没享受过地租，就这么稀里糊涂的，也没人凿细。我父亲主要给姥姥家在大胡同开办的棉布庄当账房先生，到月儿拿工钱。解放以后，四十亩地，划出去二十七亩归公，只留给我们十三亩，还不是原来的地，一入社就全交公了。我父亲头

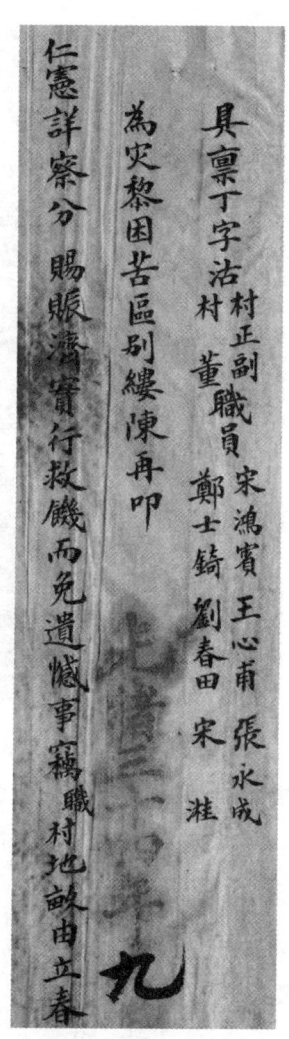

宋书琴祖辈宋鸿宾、宋滩，光绪三十四年（1908年）为赈济丁字沽灾民所递交的呈子

宋书琴与夫人王云芳留影

几年干临时工,后来到天津搪瓷厂,在那负责配色,干到退休。可是"文革"硬给他定成地主兼资本家,其实买卖不是他的,那是人家西沽马家(姥姥家)的,可是你有嘴也说不清啊!

到我这辈儿,一共哥儿五个、姐儿仨。我行三,先在丁字沽小学上学,后到四十四中上初中,接着又在五中上高中,毕业时正赶上"三年自然灾害",国家出台政策,要求所有工矿企业,凡家在农村的职工都要回原籍务农。我不可能再分到工厂了,所以在一九六二年的八月十日这一天,加入到丁字沽的农业社,算是有了一份工作。为嘛我愿意入队呢?相比较这儿的收入很可观,记得我第一个月就拿了四十五块钱,年终还有分红,多好!另一个吸引我的是每月给城里送菜还能给粮票,这是在定量(粮食)之外增加的"福利"。那时粮票比钱还重要!所以,转年学校找来了,想让我去红桥区蔬菜公司,我一听才三十二斤定量(粮食)、三十二块钱,就没去。后来,又叫我到六十二中集合,干嘛呢?准备分配我们当小学教师,那待遇就更低了。我说,打住吧,哪儿也不去了。六三年年底,我拿到了一百多块钱的分红。可是一到六四年就不行了，"四清"开始后，大队的冶炼厂归了北郊区工业局，副业属于资本主义的尾巴被割除，工资也降下来了，实行工分制，一毛钱一分，男的十分，女的七分、七分五。也就是说你出满勤，每天全拿最高分，一个月下来也才三十块钱。年终也不分红了，平时分点菜、分点粮，年底折成钱再扣除，弄不好忙活一年还欠队里的。丁字沽大队一共六个小队，我在二队，每个队都有百十来人，下地时按组划片儿，比如有到郭辛庄菜园子的，有到桃花堤老园子的，还有到旱田的。每个队新老园子加一块儿有几十亩，旱田有一百多亩。每天天不亮就得下地，道儿远的扛着家伙走到那就已经一身汗了，然后中午就给一个小时回家吃饭，很赶喽。所以丁字沽的孩子没有不会做饭的，差不多都是孩子下学做饭，大人回来吃。赶上政治运动，每天晚上八点集中学习

位于丁字沽南大街上的老局所旧址

1959年丁字沽大队第一农药厂部分女工合影。前排左起：呼洪盛、李红兰、陈宝兰、贾淑红。后排左起：赵玉珍、马淑英、王云芳

到十点。不去？明儿就该找你啦！

顶到七六年丁字沽大队撤队，所有务农的全转业，由区里统一给安排，实在不愿转业的，就集中在郭辛庄的农科站。现在那些人都后悔了，一个月才拿几百块钱。转业时我去了市政工程队，干到退休。

我老伴也是老丁字沽的，他娘家在高家胡同住，离我们家也就一百米。她父亲也是农民，冬天地里没活儿了，就到粮店给人家赶车或扛活，他没有股儿。谁有呢？她奶奶（爷爷叫王炬）。是拿四伯伯王士源换来的。这里边发生了一件事：先说王士海是王士源的本家哥哥，当时也就不到二十岁，王士海因为跟李六争脚行打了起来，王士源年轻又特别楞，就替王士海拼命，结果把李六脚脖子上的懒筋给砍断了。赶紧找先生看吧,先生说,治是能治好,就是以后抬不起头来了。李六一听再也当不了脚行头了,一生气,死啦!这下不要紧,李家人把李六的尸体抬到王家院儿来了。你想,李五、李六不是善茬儿啊,手底下有的是人,所以见王家人就打,把老七爷(王宝)打得直哭,王士源的脑袋也给开了,那血啊——哗哗的,拿棉花堵都堵不住,她奶奶直央个,归其还是把王士源给抓起来,因为祸是他惹的。王士源说:"没事,好汉做事好汉当!"都进局子了还一点也没服软,后来在监牢狱染上一种怪病,就给弄家来了。当时我老伴的妈妈才结婚几个月,吓得赶紧躲亲戚家去了,王士源就由她老伯伯服侍。没多日子,王士源就死了。行了,李家、王家都死人了,也算扯平了!可谁也没想到,王士源把老伯伯给传上了,结果不明不白又搭了一条命。等于她奶奶死了俩儿子,能饶过王士海嘛?都是因为替他拔闯才倒的霉。有意思的是,她奶奶跟李六的妈妈还特别相好,王士海担心要是俩老太太联合起来把他告了就麻烦了。于是,就把她奶奶悄悄接到日租界(王士海藏身之地),天天好吃好喝地伺候着,要嘛给买嘛。其实论辈分,她奶奶是王士海的六娘,王士海的父亲行八。怎么办呢?王士海就跟六娘商量,说:"都知道养儿为防老,现在您了俩儿子都没了,我也挺难受。这样吧,从脚行劈出俩签儿给您了,到月儿去领钱,就当俩儿子还活着!"这么着,她奶奶拿俩儿子换了俩"签儿"。我老伴的奶奶叫付兰芳,小脚儿,够时候拄着拐棍儿领份儿钱去。王士海在丁字沽就留下一个闺女,靠她爸爸的势力嫁给了聂家,成为"惠罗春"的少奶奶,出门子时,下了轿一进屋,好么,五个婆婆!不过,她倒是享了几天福。一解放,人家聂家就不要她了,又回到丁字沽。穷的没辙了,就找我岳父要钱:"三伯伯,给我来两毛吧!"等哪天又碰见了,"三伯伯,来两毛!"我岳父说:"就这两毛了,赶明儿你别老厚待我,你爸爸有能耐时,我没沾过他一点光!"哈哈哈哈……王家自己有祖坟,老大的了,就在煤场下头,五二年枪毙完王士江、王士海时,听说把尸体弄回来以后,老王家还专门开了会,不同意他们俩进祖坟,说老王家都是规规矩矩的人,出了这么两块料,惹了多少祸,不能埋一块。可是送尸首的人个个都端着枪,大伙都胆小,没人敢出去,爱埋哪埋哪去吧!这些都是听我老伴念叨的。

解放后,大约五一、五二年的时候,丁字沽召开了一次控诉大会,会上王士溪、王士洪的妹妹,揭发王士海、王士江活埋他两个哥哥的罪行。过后,丁字沽人就根据这段历史,自编、自导、自演了一出话剧,揭露旧社会的黑暗。王家老姐姐还跟着排练呢,她架着八

1974年,丁字沽大队机修车间女工合影。一排左起:高玉英、王桂芳、王云芳、路开琴、张淑兰。二排左起:王秀珍、马兰香、常秀玲、于秀英、闫淑红、华士兰。三排左起:刘金敏、聂秀玲、王凤茹、丁子燕、许莲英

字胡说,"你看,我说是埋了俩儿子吧?!"哈哈哈……王文澜的大姑,去(演)王士洪的媳妇;姓宋的去(演)王士溟的媳妇;周大力的老伯伯去(演)的王士洪;周长清去(演)的王士溟。哈哈哈哈……就在街办事处那大院儿,原来那是个粮店,专门搭的台。嚯,村儿里的人都带着板凳去看,全是真人真事嘛!

1975年丁字沽大队社员在畜牧场留影,前排左一为宋书琴

提到周长清,这里边还有段事。周长清的老娘守寡多年,就这么一个儿子。他是北站的铁路职工。有一天他到同事家串门,正赶上他家孩子要去看戏,可就这么一张票,哥哥、妹妹都想去。周长清就说,要不我带你们去,先进去一个,倒出票来再进一个。到了地界儿,他把哥哥送进去看戏,见小女孩在外等着就起了歹念,他驮着这小女孩就奔了盐坨那边的大开洼,强奸完就给弄死了。然后把杀人的榔头扔河里,回到家把自己的衣服拔下来埋在了铺底下。他担心受害者家人怀疑是他干的,为了转移视线,就用左手给这家人寄去一封信,说自己是老蒋派来的特务,要反攻大陆等等吧,给这家人吓坏了,赶紧报了案,这事轰动全市。末了儿一查,没别人,就是

1977年3月17日，丁字沽大队撤队前，全体党员合影留念

他，两罪合一给枪毙了！

再说一件更早的事。清末，老宋家出了个秀才叫宋鸿宾，号魁典。为了保护丁字沽、西沽不被水淹，就组织乡亲们修建了一条从子牙河到北运河之间的防护堤，后来起名叫千里堤。修了这条堤不要紧，上面（丁字沽以北）的二十四个村不干了，等于来了洪水先淹他们，于是二十四个村联合跟宋魁典打官司，结果宋魁典把官司打赢了，从那起就称他为"宋家刀笔"。后来，又有一场官司，嘛事呢？一到冬天，穆庄子就有人赶着羊群踩着凌（北运河封冻）到丁字沽这边儿吃庄稼，丁字沽人找他们说理不管用，就去告。他们不服，就说："你们睁眼说瞎话，大冬天的，哪来的庄稼？！"宋魁典在法庭上驳斥："前腿蹬，后腿刨，今年吃了我们明年的苗。"就是说，你赶着羊过来，把

我们秋天种的麦苗吃了，那不是庄稼是嘛?！归其官司也打赢了。

我们家也开过粮店，就在南大街六号自己的四合套院子。大门洞在右首，占一间房的面积，跟它一溜并排四间房，进了院儿，左右各三间房，然后过二道门，后院左右各两间房，迎面五间房。粮店的字号叫"恒兴"，是抗战以前宋淮与单家合开的，干了没几年，究竟为嘛停的就说不好了。最早的房子都是土坯的，七六年大地震后都拔裂儿了，自家也没能力翻盖就交给房管站了，以后在原址又都重建一次。因为交工了，宋家人也就一点点搬出了那院子。

丁字沽最繁华的也就属南北大街，主要商铺、粮店、工厂都在这条街上，它是老丁字沽的主干道，也是老丁字沽的中心地带。我给你提供一点线索，再找找相关的人细致问问，应该能挖出点有价值的东西。南大街于家旁边，解放前是丁字沽的老局所，一解放，先是农民协会进驻，后来成为大队部。它前后两间屋，头里摆着一个大条案，案子面儿是打娘娘庙弄来的老牌匾，上写"白衣禅林"[1]，据说它是娘娘庙西大殿的匾额，以后西大殿着火就给拆了，民国初期重建了现在的北大殿，娘娘庙的山门也变了方向，后来娘娘庙改成了学校，把最早的庙门变成了学校的正门。五十年代初上面写着"九区第十小学"，也就是今天的丁字沽小学。曾经的分校前身是光明火柴厂，还当过第六幼儿园，这是从老局所引出的话题。再说解放以后的第一个派出所，最初设在尹家大院，以后改为红安电器厂，派出所就挪到韩家大院，曾经在这儿还办过一段红桥区收审学习班。最后的丁字沽派出所搬到桃花园。

---

[1] 白衣，指古代平民服，亦指既无功名也无官职的人。禅林，初指僧人的陵地，后借指寺院，一般常指佛家修行的寺院。

丁字沽两叉胡同(绘于 2018 年 4 月 7 日)

盛景江

采访对象:盛景江(1943年生人)
采访时间:2016年12月15日
原 住 址:丁字沽农乐胡同5号

我父亲叫盛金铭,他一八九一年生人,要活着一百二十五岁。现在知道我父亲名字的人都不多了,人们过去都称他"小一万儿",其实是对他的贬低。这个"小一万儿"是怎么来的呢?王家有个"六炕子"(绰号)老娘,在丁字沽开了一间小糖摊儿,里边带牌局。这帮拉车的,经常在老太太屋里推个牌九嘛的,因为我父亲个头儿不高,有人指着纸牌上的图画就说:"老一,看你长的跟'小一万'赛的,你别叫盛老一了,就叫'小一万'吧!"这外号是这么来的,打那儿就叫开了。

我的爹,他们是哥儿三个,老大叫盛金城,老二死的早不知叫

盛景江旧宅附近

盛景江父亲盛金铭

盛景江母亲孙广兰

嘛了,我爹行三。家里穷得房无一间,地无一垄。早先丁字沽拉脚皮的多,挑八股绳的多,扛大个的多,真正的有钱人没多少。一九一七年发生的那件事,我爹就是两股黑恶势力的牺牲品。先说天穆的王海明,他负责北仓啊吴嘴啊丁字沽啊等等这一大片的"护青"(看护庄稼),当时这一带隶属武清管辖。而丁字沽的王士江、王士海心里别扭,为嘛丁字沽的地让王海明插手,不行,得想法抢回来,所以就产生了恶斗。这事出在哪呢?过去宋老三修车那地界儿,有条斜吧呛呛的泥土道,也是防水的土堤,可以拐到邢家台。这天,王海明坐着胶皮(人力车)打市里回来,我父亲拉着王家人去市里,巧的是,这两辆胶皮车的轱辘撞到了一块儿,车上的人一载歪,王家先撩起布帘骂开了,那边也不示弱,你想啊,王海明也是一霸!归其,两个拉车的没事,两个坐车的打起来,谁都不服气儿,留下话就走了。王海明认为是王家先挑的事,可丁字沽王家却跟我爹说了:"老一呵,你惹的事得你搪!"那会儿,我父亲也就二十五六岁,正是血气方刚的年龄,就说:"既然您这么说,得,我搪就我搪!"

老丁字沽南街口的路边上有个空场子，平时拉胶皮的都在那儿等活儿，里边有个外号叫"大龙九儿"的，姓李，还有个"大张老"和季大爷，也都在那停着车。这事出了以后，我爹就提防着王海明来人报复。那天，他打对过小王三奶奶的牲口棚拿了把镰刀，有个伙友见我父亲手里的镰刀就问："伯伯，你拿那干嘛，给你这个多好。"说着顺手把刚磨的一口砸刀卸下来递给我父亲。"大龙九儿"他们一看这架势，不知嘛事，就问："小一万儿，你拿这干嘛？！"我爹就说："嗨，惹祸啦！"接着一五一十就跟这帮拉车的说了一遍。

再说天穆这边儿，憋了一肚子气的王海明，回去以后就召集一批手下的，从天穆摆渡口登船到了对岸，然后由北大街进入丁字沽村，走到丁字沽摆渡口时，附近会所里出来几个人拦住王海明这帮人，问他们去哪，他们说要去西沽。既然人家说去西沽就没理由截人家了。等走到大局子又有几个老丁字沽人出来想问问到底有嘛事，这帮人风风火火地根本没有停下来的意思，归其直奔丁字沽的最南头儿。我爹一看，果然王海明带队找他算账来了，他就自己一个人，所以做好了最坏的打算，不就这条命吗，豁出去了！他操起那口砸刀站在南大街正中，王海明让打手们冲上去把我爹拿下，说实话，都是穷人，谁不惜命？他忽悠半天见没人敢上前，这也太没面子了！他连推带搡自己就扑上来了，我爹一下抡起了砸刀，看那气势把王海明非劈了不可。正在这时，"大龙九儿"怕出人命，猛的抱住我爹的腰，这一愣怔，王海明举手就要夺刀，可是砸刀已经落下，正砍在王海明的手上，大拇哥顿时就掉了。身后这帮人一看主子吃亏了，呼啦就围上来，我爹跟他们劈里扑噜对打，这一打不要紧，被脚底下的车把给绊躺下了。好么，棍棒相加一股脑儿楞下来，脑瓜子都给打烂了！这当口儿，小王三奶奶跑出来，一看被打的是我爹，顿

最初租住的位于三道街的范家大院正门

时冲过来一下扑在我爹身上。过去有个嘛讲究呢,只要有人出来了事,双方都得住手,别管谁吃亏,也就算完啦!但是,这回闹大了,差不点儿双方都出人命,而且传的满城风雨,不能不归局所了。怎么办呢?大伙拿笸箩把我爹抬到北仓的局子里,前因后果这一说,王海明也后悔了,"嗨——原来是个臭拉车的!"他以为我爹是王家人,恨不拿这件事较量较量。对于王海明来说,这事也挺没面子的,归其也就不了了之,打那起王海明落了个外号——"手儿"。

以后外边儿传说我爹拉胶皮又拉过王海明一次,王海明送给我爹这个那个……全是八卦,没影儿的事,咱得尊重事实!

这事我爹为嘛认倒霉了呢?其实王士江、王士海一家起先也都是穷人,他们祖辈是打山东过来的,落脚在丁字沽靠开杠房为生。王士江、王士海和他哥哥王士漳、外号"大狗脖子",最早都打过小

范家大院北墙根

空儿（做短工），日本侵华以后，王士江、王士海给日本人做事才走上邪路。按辈分说他们俩得管我爹叫伯伯，反正都乡里乡亲的，也就不凿细了。王士海得势后就不在丁字沽住了，他搬到堤头又寻了个小婆子。堤头当地也有个混混儿，外号"小方老儿"，是在堤头跺脚烂颤的人。那会儿我们家的小买卖刚有点起色，大哥在丁字沽有间小肉铺，三哥推着车吆喝着卖肉，每天由丁字沽奔西沽，过西沽摆渡到辛庄，再到堤头前街。刚一去时，在堤头卖不了肉，根本就不让卖，这可怎么办呢？我爹一听，这样吧，我找找士海，怎么说他在堤头嘛！他就去了。一见面，王士海挺热情，"怎么着老伯，干嘛来了？！""咳，你那兄弟不是卖点肉嘛，到街上来，人家不让咱干。"王士海说："行啦，明天还让兄弟来。"转天，我三哥推着车就到了堤头大街，王海明往肉车跟前一站，再没人敢问。说个题外话吧，王士江、王士海,还有"大狗脖子"(王士漳),论他们哥仨,王士海在丁字沽的口碑要比那俩强。听说过李六跟王士海争脚行这段儿吗?李六在丁字沽算个人物,他要是活着,根本提不上王士江、王士海。李六家在三道街北头靠河边那住,就在金顺油坊对过那院儿。李六过去在北仓大局子有衔儿,所以手里有枪,他从来不走丁字沽大街,要是出来打牌,习惯走娘娘庙后胡同,再绕到韩家店。王士江、王士海要是不除掉李六,脚行争不过来。那天,李六没带着家伙(手枪),为嘛呢?他老婆子说,你整天带着那玩意儿干嘛,怪碍手碍脚的。打牌的时候,现场就有王士江、王士海这边儿的人,正玩着呢,忽然有人喊"抓赌了!"李六怕给别人找麻烦就提前散了,一出来,斧子就飞过来,他抬腿一挡正砍在脚上,紧接着上来一帮人就把他打倒了,不知谁把李六的懒筋给砍断了。弄家走了以后,把苏大夫找来,李六就问苏大夫:"苏先生,我这……怎么样?"苏大夫一龇牙花子,摇了摇头,意思是治不了,李六一憋气就死了。解放以后的"镇反",王士江、王士海都给枪毙了,一个反革命,一个汉奸。

丁字沽除了王士江、王士海,还有几个厉害的。单说一个叫刘成的,村儿里都恨透他了。刘成在三道街住,也是开面铺子的,他下面有几个打手,其中有名的一个是王家"大石",一个是"二档",还一个叫"二扣儿",面铺子就在朱家对过。那时穷老百姓上面铺子排个儿买面,他嫌闹,隔着墙头儿泼尿。这几个人坏得没法再坏了,据说跟日本人也有关系,"镇反"时这都属于漏网的。早先,丁字沽面铺子不少,仅二道街、三道街就好几家,你像郭家面铺、胡家面铺、王大个儿面铺、刘宝面铺、杨家面铺,有的也叫杂货铺,除了卖面也卖日用品、糖果糕点嘛的。他们自己都有石磨,主要加工粗粮,那会儿几乎见不到白面,老百姓普遍都吃杂合面、棒子面儿。但是,丁字

胶皮也叫洋车或人力车,在20世纪三四十年代,是城市的主要代步工具

沽的各类小吃也不少,这么说吧,市里有嘛小吃,丁字沽就有嘛小吃,水陆码头人来人往嘛!要论丁字沽人自己做的小吃,属曹家丝糕最有名,曹家胡同(后改称漕运胡同)就以他们家命名的。丝糕是米面做的,有豆馅儿,暄腾又不粘手,倍儿受欢迎。还一个是王聋子的煎饼馃子,那在天津市都排得上。怎么呢?他的煎饼馃子是带菜儿的,卷圈儿里有嘛,他煎饼馃子里有嘛,可以要馃子也可以不要馃子,大老远就能闻见香味儿。

  再说说我们家的情况。我爹妈一共生了八个孩子,五男三女。母亲孙广兰是堤头的娘家。出那事时,我哥哥盛景和也就一生日多,家里很穷,主要靠我舅舅接济。我们赁的范家的房子,在三道街,范金城有个二爷,过去在小白楼的小营市场做买卖。一九三〇年我大哥就十三岁了,通过范二爷给找了家肉铺学徒,掌柜的是北郊区麻疙瘩人,姓丁。听我哥介绍,这人长着一脸大油麻子,但是非常富态，像个寿星老儿。他雇了好几个伙友，有学徒的、有顶门市的，掌柜的每天都到肉铺去一趟，问问生意，说点闲白儿，对伙计们非常和蔼。一九三四年，我哥哥就出师了，出师以后回到丁字沽村。起初，我的一个本家哥哥借给大哥一辆小推车，因为家里没有底儿，上不起肉，就在丁掌柜那儿取来肉代卖，每天再把本儿给人家归回去。有点起色了，才在摆渡口租李宝贵的房子开了间小肉铺。我爹说："你呀，只当还在学徒，家里靠我拉胶皮先维持着。"这么着，一来二去就慢慢缓上来了，加上我妈给人做外活，三哥盛景海也能推车卖肉了，完全靠自己的努力把家撑起来，咱说我爹妈真是不容易啊！在这儿说个小插曲儿吧：我们家早先不是租房在范家大院住嘛，他的前边就是朱洪林家，以后我们准备搬走，这两家死活要留我们，为嘛呢？关系处的不错是一方面，还一个，因为我们姓盛，这叫"剩（盛）饭（范）给猪（朱）吃"家家富裕，哈哈哈……真事儿，我们搬走以后，范家和朱家就落魄了，范二爷的买卖没了，范三、范四就靠种点地。朱家主要靠卖酒糟生活。因为我们家的小肉铺在北头儿，就在邓家院儿租了间房住。我们真正有了自己的房子，已经是四七年的事了。不怕你笑话，我们家就属于"鸡蛋垒塔"，挣的钱根本就不够花的。你想我们哥儿八个，这一大家子人，就是喝面汤也得下二斤半的干面，我爹看着这群人心里就发慌，所以他不让家人吃白面。存点钱就想置点这个置点那个，归其才在教堂胡同（后改称农乐胡同）买了个院子。前面三间房，后面三间房，都是那种土坯盖的。王士江的后房檐在我们院子里，我们的房子又贴着他的后房檐。我就见过王士江一次，这人大方脸，有一回他到我们院儿里，看看自家房子的排水。

四九年的时候，肉铺那间房被烧了，起那也就没再开。大哥、三哥就推着车到旱桥接着卖肉。到五五年成立了丁字沽大队，我们一家子才有了保障。为嘛这么说呢，因为入社以后就有工资了。除我大哥、三哥继续干肉行外，二哥盛景春、四哥盛景福、五哥盛景贵和三个姐姐盛景茹、盛景桂、盛景荣全都入了社。五几年的时候，因占用我们的地，盛景福就转到天津印染厂去了，五九年盛景贵当上了警察。我五八年去的发电设备厂，六一年国家疏散人口，规定农业户可以还乡，我又回到丁字沽大队待了三年。原来丁字沽大队有个

老丁字沽街巷散放着的石碾、石磨

冶炼厂,"四清"以后厂子归到北郊区,行业并口时又并到市冶金局,我从六四年进冶炼厂一直干到八四年。因为这厂属于污染企业又在居民区里就给砍了,归到引河桥也是我们公司所属的线材厂,从那儿退的休。

跟你说,我妈妈是个女强人。她是一九〇一年生人,家里姐儿四个、哥儿俩。我妈妈行大,她十三岁进到盛家,十六岁有的我大哥。因为我的姥爷姥姥死得早,我的两个舅舅都是我妈妈给说的媳妇,还都是丁字沽的。她不但操持我们这一大家子,还得照顾着我爹"小一万儿"。他每天回来把车往旁边一搁,就到王三奶奶那斗小牌儿去啦,家里任嘛不管。除了我和我的五哥没挨过饿,那几个哥哥姐姐都挨过饿。你想,我爹拉来活儿了,就到郭家面铺买点面,拉不来不就喝凉水嘛!如果说家里熬一锅鱼,这个夹一块那个夹一块,到我妈妈这儿,就剩菜帮子了!她就拿那点菜叶儿就馇馇,嘛吃的分不到她那就没了,再加上这群孩子正是狼吞虎咽的年龄,做母亲的只能从自己嘴里省。刚不说了嘛,四七年才算有了好转,加一块置了十亩地,姐姐们帮着种地,大哥三哥卖肉也还行,又买了自己的房子。过去几十块钱就能买间房,可就这么着,能买得起的也不多。

丁字沽因为有码头、有粮店,一个是做小买卖的多,一个是打短工卖苦力的多,所以丁字沽很能养活穷人。过去有句俗语:穷白庙,富丁字沽,不穷不富宜兴埠。过去,丁字沽南大街、北大街两头都有栅栏门,南头儿在老顾家跟前,北头儿在卫星小学那位置,这条街全长三里地。解放前夕,南头儿这边儿被国民党兵扒了些房子,包括刚说的小王三奶奶她们家。解放以后,就成了空地界儿了。五四年,王连泰、王开泰,还有北头儿的大朱子、林桂全他们,把地面整理出来,花了几十块钱买了一对篮球架,弄了个篮球场,红火了一阵子。红火到嘛程度呢?天津篮球队的名将李汉亭、郭恩洪都来过丁字沽,你像"德华""紫罗兰""恒源""二九一"篮球队,都上这儿比赛来,球场一圈围满了人,热闹去了!再后来就差着了,因为王品一的四兄弟把这块地卖公家了,盖成了纸盒厂。

丁字沽的高跷确实不错,师傅是打王庄请的,腿子三尺三,装扮成古装戏剧人物,耍巴的技巧很高,什么劈叉呀,什么拉骆驼呀……都好家伙的!龙会呢,是狮子林桥的师傅,这两条龙最拿手的是周身有火灯,绝活儿是扎焾子。扎焾子最地道的要属林宝泰,他自己有配方,既不能火苗太旺把"龙"给烧了,又不能说灭就灭影响效果。耍的时候随着龙的一起一落,里面藏着的火灯就一明一暗,非常独特!不过,砸焾子已经失传了,林宝泰一没就把手艺带走了。龙会那面大鼓也不一般,是水牛皮蒙的面,越往上泼水,敲起来越响。高跷会和龙会都在丁字沽北头儿,为嘛呢?会所在那边儿,以后改成了文化站,一间半的大房子,绱鞋的老陈在那给看着这两个会的服装道具和家伙什儿。

佳园东里、南里,过去是一片烂葬岗子,穷人拿口席卷吧卷吧就扔那了,俗称"官地"。尽北头儿现在的卫星小学那也是块"官地",就连八九十岁的人都不知道那是什么时候形成的。

安洪藻

采访对象:安洪藻(1941年生人)
采访时间:2016年12月20日
原 住 址:丁字沽娘娘庙前胡同

我出生在丁字沽大街的宋家大院，以后搬到小庄子跟李村长住在一个院儿。再后来迁到煤场旁边，那儿就我们一户，想不起来叫嘛胡同了。顶到我十几岁的时候，我们家沾我舅舅"光荣军属"的光，丁字沽大队就把老"勤盛兴"的三间房分给了我们，后面是块大空地，以后就改成了篮球场。

我五七年参加工作，厂子在烟台道，因为离家太远，我就住厂宿舍，很少往丁字沽来了，我听到、见到的老丁字沽的事情，都是五七年以前的印象。

安洪藻一家曾居住过的小庄子

后来安洪藻搬到狭窄悠长的娘娘庙前胡同

  我老家是武清渔坝口的,安家在当地算是一大户。好啊,排得上号!历史上渔坝口就是粮食的集散地,周边几个大县包括宝坻的粮食都往这边推,再打渔坝口运到天津,所谓天津,就是指丁字沽。这里的水路旱路都很发达,码头、粮店非常集中,还有各种为粮食服务的行当。因为我们安家祖祖辈辈跟粮食打交道,后来不行了,我爷爷(安杰)就带着我父亲(安玉林,一八八三年生人)来到了丁字沽。在我记忆里,丁字沽的粮店从大街到二道街三道街,一共有九家,最大的粮店是朱家的"勤盛兴"。再说脚行有两个,南大街一个,北大街一个。还有大车店,陈家、林家。周二爷的砸草铺和大大小小的面铺子。我爷爷他们来了以后,觉得在丁字沽买面方便,就在三道街上开了间切面铺。但是切面铺养活不了家,我父亲就干泥瓦匠给人当小工子,当时也就不到二十岁。每天我父亲一睁眼先去会所,会所里外摆着几条一尺多宽、两三米长的大板凳,高跷队的、

娘娘庙前胡同现存的老建筑

耍龙灯的,还有德高望重的老人们坐在那儿聊天。我父亲天天去那儿主要是为了揽活,村里人都称呼我父亲为"安二爷"。凡是家里需要泥房、掏碱或准备盖新房的,基本都得找我父亲。我们家也是每天堆着一帮子人,他们等我父亲应了活回来,再分派给他们这些小工子。"安二爷,今儿我去哪?""安二爷,我来哪档儿?"你去大街的谁谁家,你去三道街的谁谁家……不会儿就各自干各自的去了。因为嘛都找他呢?一是他人缘特别好,没有不认识他的。二是他的手艺没治了,别管是土坯房还是磨砖对缝的砖瓦房,别管是粗工还是细活,没有他拿不起来的。可以说,丁字沽百分之八十的房子都经过我父亲和他带的这帮子工匠的手。要么维修,要么翻盖,要么新建,一年到头不识闲。所以"安二爷"在老丁字沽也好家伙儿的!解放以后他也没进个正式单位,始终就自己干。他对丁字沽太熟了,谁们家房子该泥了他都知道,一直干到八十多岁。

说到这儿，我要澄清一个事实，嘛事实呢？丁字沽有两个安二爷。一个是我父亲，另一个是公所的安二爷。后一个安二爷是公所老当家的，修行到一定程度了，不像老百姓似的死了躺床板上，他属于在理儿的，走时坐在陶缸里，也叫坐化，免了儿大伙把他抬到黑塔寺埋了。这段事，老是有人把两个安二爷混着说，真真假假，弄得我有时也摸不着头脑，今天终于有机会把事说明白。

原来公所的东房住着老道两口子，院儿里搭了间小卖店，北房当过学堂教孩子们读书，算是丁字沽小学的分校，我在那上到三年级，那间房得有七八十平米，条桌子条椅子，男女混班，坐满了得有几十人。

再说说老丁字沽玩的东西，有两道会，一道是高跷会，一道是龙灯会。就高跷来说，咱丁字沽的腿子比王庄的要高，小时候我也玩过，腿子比我都高，它是真腿子、假腿子两部分。也就是说，露在

娘娘庙高大挺拔的后墙

外边的木头腿子有一米二,藏在裤腿儿里的腿子还得有几十公分。露在外头的脚是也是假的,扮女妆的是"三寸金莲"。龙灯会呢,一条青龙,一条火龙。耍龙头的要数我父亲了,他一米八的大个儿,又威风又有劲儿。龙头讲究得耍圆了,别看街道窄,龙头在他手里都"活"了。龙尾是谁呢?还得说是人家韩傻子,得和龙头相互配合,尤其龙尾抖起来,也挺出彩儿!一快到年节,会所就开始忙起来喽!我在那儿还帮着扎过焾子呢,得用油泡,不是吃的那种油,那多贵,使的起吗?不知道是嘛油,反正一点就着。龙身子是用竹劈子扎成的,四五米一节儿,每一节儿都有铁架子,上边是个带弹性的豁口,专门夹油焾子,最外面披上龙皮就看不见了。油焾子点着以后,龙身子全能照亮了,龙头里边也有焾子,两条龙一块耍。我父亲收了个徒弟叫方小牛,个头儿差不多,每年的重要节日都得组织出会。这两支队伍准备好以后,必须先到娘娘庙去拜庙,烧香磕头都完了,再朝着北头儿方向边耍边走。然后打北头儿折返耍到南头儿,接下来转到二道街三道街。每到财主家门口都要耍上一会儿,因为这两支会都

当年,安洪藻的父亲每天都坐在老公所门前等着招揽工程

三道街39号旧宅,尽显昔日的华美

指着大户出钱资助。比方说腿子坏了、龙身子该换了,出会的各种花销,全拿这些钱去置办。丁字沽的龙会到市里也耍过,起丁字沽奔河北大街,然后拐到北马路,一直耍到回力球场(后来的第一工人文化宫),各地界儿的民间老会都集中到那。我记得画"龙皮"的要数二道街的刘家画得最好,每次都在娘娘庙里画,那地界儿宽敞,一条龙不算头尾得十二节,就说有多长吧!再说高跷会,耍起来也是沿着这条路线走。平时就把腿子放在曹家胡同对过的那个院子里,出会前就在那儿绑好了腿子、穿戴好戏装,可能会头就在那院儿住。这些事我说不了太具体,一会我给你介绍个人儿,他写了丁字沽一本书,有八万多字,我问过他写的是不是真事,他说是,但有些添枝加叶。这人过去在丁字沽三道街住,叫林贵成,他是我的发小儿。

我这辈儿大排行哥三个,老大安鸿禄是我亲哥哥,老二安鸿福是三爷（聋子）的儿子，我最小。我哥哥以后去了天津六建，他的手艺就是跟我爸爸学的。二哥安鸿禄去了运输六场。我丁字沽小学毕业以后，又到西于庄的四十四中上初中。丁字沽有十来个学生，我们天天一块去，一块回。初中毕业后给我分到了开关厂，也就是从那年开始，国家规定学徒工三年的工资标准为：十七（元）、十九（元）、二十一（元）。我学的是磨具钳工，我师傅技术特别好。过去钳工挺苦的，基本都是手工，但能学到真东西。顶到五九年快出师的时候，单位征兵，我就报名了。可是师傅觉得我是块好料就不愿意放，再有我母亲患了半身不遂，组织上考虑这两个因素就没批。我一听当兵不让我去了，心里就慌了神。当时正在冲床上干活呢，八十吨的冲床，下磷铜片，结果磷铜片一滑，正掉在踏板上。就在我左手拿、右手递的瞬间，机器启动了，哐当就砸下来，幸亏冲床有缓冲，要不我这手就完了。没事，只打了一下指甲，那也算是事故啊！厂长一听是因为当兵的事，得啦，快让他走吧！那时，红桥区政府在河北大街粉汤刘胡同附近。厂干部带着我去见部队领导，就直截了当的说："就因为当兵没让他去，差点出工伤，无论如何得让他走。"我连大红花都没戴，跟着部队屁颠屁颠的就走了。归其给我分到杨柳青第六十六军七十四师三五二团，在那当通讯兵。干了六年，光接新兵蛋子就接了三批，我已经是上士班长了，年年被评为技术能手。有一次营教导员讲政治课，他说了一句话："我们为什么不造航母？因为我们不侵略别的国家，所以造航母没用。"听完这话，我就始终想不通，咱是部队啊，咱国家历来没侵略过别的国家，咱是受别的国家侵略啊。哦，咱不造航母就是不侵略，造了就是侵略？我带着这个问题，越级找到教导员。我说，您讲的那句话我听不明白。就跟他掰扯航母这件事。教导员并不耍态度，耐心给我解释，他还是那个观点。但最后说的一句，我觉得有些道理，他说："咱国家一穷二白，没有经济实力啊！"就说我当时多单纯吧。

六三年天津市闹洪水，部队全下去跟着抗洪，六四年我复员分配到水利电力局，当时国家政策是充实农林牧副渔这些相关行业。但是，到了"文革"，水利电力局解散了，又给我重新分配到一机局的棉花机械厂，这个厂最初在烟台道。七〇年

位于丁字沽南大街的老宅门

为支援三线，我们厂就迁到河北省邯郸市的太行山山沟里。不去？反革命论处！千十来口子一锅端，属河北省机械局直管。那时我已经成家了，老伴是天津微电机厂的。我同事有不少拖家带口一块走的，可我一个人在那待了十多年，两地分居，每年享受探亲假。不过，我在销售科的外访组还挺不错的，实际就是售后服务。所以全国各地哪都去，怎么也比成天待在穷山沟强啊！

可能是八二年吧，市里有了文件要解决两地分居问题。我老伴单位的领导特别好，拿着文件找到她，说："你们家够条件，想法把老安调回来吧！"归其厂里派人事科、行政科的干部加上我老伴就去了邯郸，那会儿只要有接收单位就没嘛问题，这么着我们老两口

终于到了一块。

最后给你说说娘娘庙。因为我们曾经在小庄子住过,小时候老上娘娘庙玩儿,所以印象比较深。娘娘庙的大殿坐北朝南,高出地面有七八级台阶,大殿前脸出廊出厦,下雨了可以站在下面淋不着。大殿正中供着观音菩萨,左右还有别的佛像,叫不出名字。跟前有条案和香炉,后墙有壁画。娘娘庙的山门正对着大殿,左首还有个小便门,旁边有间小屋,住着看庙的老头儿叫张顺。娘娘庙的院子挺大,地面基本都铺的是黄土,只有山门到大殿这条路和大殿跟前,镶着正方形的大青砖。院儿里有柏树、松树还有两棵搂不过来的槐树,恐怕得有上百年。院子的东面有一溜房子,后来改做教室,大殿左右也有几间平房。娘娘庙的山门外有两根旗杆,有几十米高,再往开出走就是大水坑,娘娘庙的西侧和后身也都是大水坑,东面儿离丁字沽大街最近。

林桂成

采访对象:林桂成(1941年生人)
采访时间:2016 年 12 月 22 日
原 住 址:丁字沽三道街 10 号

丁字沽大概有九家粮店,光三道街就占了三家。因为三道街离北运河最近,尤其三道街北头出去就是过去的粮码头。我们家在三道街四号(现为十号),要论住家儿,我们把着街口儿,那三家粮店也都在附近。

听我父亲说,我们祖籍是福建的,但他是丁字沽生人。当年我太爷(林芝)带着我爷爷兄弟三人来到丁字沽。我爷爷行二,好像叫林阜本,他和大爷都在丁字沽宰猪。三爷在市里开布铺,家在西沽。我老太爷的叔伯哥们儿在丁字沽当保甲长,人们都叫他瘸三爷。过去丁字沽号称"林王二姓"。王家主要在南北两头,林家集中在丁字沽以南,包括三道街。我一个叔伯爷爷过继给姓朱的了,外号叫"朱小鸡"。因为林家在丁字沽吃得开,连姓凌的都改成姓林了,我有个同学原来叫凌凤林,后来就改叫林凤林了,他父

林桂成老宅

三道街北头直通北运河岸边

亲原来拉胶皮的。我父亲叫林荣,大爷叫林发,我父亲挑挑儿在丁字沽走街串巷卖鲜货。六十岁以上的,几乎没有不认识我父亲的。每天夜里两三点就去趸货,几个人合伙走。大半夜的又没路灯,都是土道,周围全是庄稼地,一个人不敢出去。顶到早晨五点多就回来了,连去带回怎么也得俩小时。有需要煮的,你像荸荠呵,菱角呵,我母亲就开始点火下锅煮,到七点来钟就能拿出去卖了。有一样儿,他的东西甭管好坏,半天准能卖完。他厚道,没钱也没事,先拿走吃去!所以下午他基本在家睡觉。夏天有时去大红桥口儿的瓜行趸点西瓜,那会儿我父亲就有小推车儿了,他专买有裂儿的有黵儿的瓜果,几块钱能买一大堆。弄回家来把坏的地界儿片下去,然后切成角儿卖。我们家就三亩地,没人种。

　　说一段有意思的事,我父亲曾接受过两次审查。一次是"镇反"

时期，说我父亲是国民党军官，天天到指定地点接受审查，吓得他睡不着觉。有一天我悄悄问他，您到底当过没当过？我父亲一个劲儿龇牙花子。我妈说，他连丁字沽都没出过，上哪当官儿去！归其请出三道街的军属代表单老爷给他做的证明。因为他儿子在抗美援朝多次立功，所以单老爷威望比较高，说句话能顶用，打那对我父亲的审查就没再进行。第二次是在"文革"期间，这次是我老姐夫惹起来的，他一九四五年一月参军，十九岁就当上了排长。刚解放时，他们部队的一百多人就驻扎在丁字沽，分散在老百姓家里，每间房住着五六个军人。我老姐夫就住在我们家，他们吃饭集中在三道街的十八号大院里，那院子最早也是粮店，场地很大，演过节目、放过电影。部队待了不多日子就开拔了。六四年我姐夫转业到了天津碱厂，"文革"时受到冲击，造反派给他整黑材料时就扯上了我父亲，

位于二道街的恒茂隆粮店旧址，当地百姓称此为十八号大院

激发林桂成创作灵感的老街道

说他的岳父是资本家,正在市里挨斗呢,归其又给审查一通。我父亲人老实,胆又小,一审查就吓得说不出话来。要说资本家,我叔伯舅舅解放前倒是正兴德的副经理,也不知是当时给弄混了还是怎么的。记得二道街有一户姓刘的,也是说不清为嘛,被抓走过好几次,每次都给关进监狱。我父亲只是审查,这么一比,我父亲不是强多了嘛!五六年公私合营时,给我父亲分到新村八段的副食店,在那干到退休。

  我父亲一九〇八年生人,母亲一九〇九年生人,母亲是韩家墅的老家。他们生了仨闺女一个儿子。按过去说,我就是家里的独苗。解放那年,我虚岁九岁上的学,那时对上学的年龄要求不严,同学比我大七八岁的都有。记得同学里有个叫王海明的,跟解放后枪毙的王海明一个字都不差,就把名字改成了王海福。教我们的老师叫

曾为"一贯道"活动据点的刘家宅院遗址

李金铎,当时还兴"打板"(戒尺)呢,谁总挨打?李学建。一提问,他干瞪眼,老师能不生气嘛!他爷爷李庆堂是"公盛兴"的经理,参加过"一贯道"①,但不是主要的。他们都是在刘家活动,就在我们对门儿,原来那房子也是林家的。当年分家时,那个院儿分给了大爷,可是大爷玩闹,他把房子卖给别人,自己在马路上搭窝棚住。所以,李庆堂一上刘家那院儿,家人就闹唤。李大奶奶最反对"一贯道",她说那里面没一个好人。气得她怎么办呢,让我的叔伯二哥往那院儿砍砖头子,扔粑粑桶子,弄完了给钱。那院子整天插着大门,不让外

---

①"一贯道"又名中华道德慈善会,曾是中国流传最广、势力最大、危害最严重的一个反动会道门组织。它发源于清末光绪年间,在20世纪三四十年代成为帝国主义与国民党反动势力掌握和利用的工具,是欺骗与陷害落后群众的封建迷信组织。1950年被政府取缔。

人进。但是他们也偷偷鼓动丁字沽的人加入。曾经找过我母亲,说在你们家设个坛吧,我母亲赶紧说,我可不信那玩儿,给多钱也不弄。她这辈子嘛佛呀道呀的,一概不信。以后,姓刘的就离开丁字沽了,房子卖给了瓦匠王二爷。

冬天,北运河封冻以后,粮船过不来了,丁字沽这些扛活的就开始下河起冰。我们家门口就成了"冰站",他们拿着镩子,把冰凿成一块一块的大方条子,然后用那种大铁夹子,头里是尖的,扎在冰上拉着上坡,再从我们门前拐进宋家胡同,经过二道街,横穿大街往西走,直到娘娘庙后身儿的冰窖。有劲儿大的,一次能拉两块冰,就顺着胡同的地面出溜儿。冰窖是个大坑,沿着坑边到底儿架着长长的木滑梯,把冰往下一推就滑下去了,接着一层冰一层草的往上码,码到高出地面五六米的样子,盖上草帘子培上土,等到天暖和了开始卖冰。我叔伯大哥就是扛大个儿的,他平日扛粮食冬天凿冰。

过去,北运河一封冻,依河而居的丁字沽人便开始窖冰,以维持生计

▲林桂成以老丁字沽为原型，创作的小说书稿
▶小说第三章"替父报仇魔鬼自毙 陌生兄弟情如手足"手抄本

这些人真不易，二八八的干不了，你知那大粮包嘛，二百斤一袋，扛一袋给支竹签子，为了多挣钱，有的一次扛两袋甚至扛三袋，最后等船卸完了，拿着签子找粮店结账。听我母亲说，有一回"公盛兴"的账房先生，带着钱到船上，一忙活给忘在船上了，归其被一个扛活的拾到了，这人扛着粮食愣是不敢上岸了。吓坏了！掌柜的赶紧回到船上去找，见这伙计两眼发直连劲儿都不敢动，钱原封不动的拿了回来。就说穷人做梦都想发财，要是天上掉金子真能给砸死。他们这帮人就管把粮食扛上来，后面还有一帮人装大车往市里运，可以说从早到晚大马车、小拉车几乎不断流儿。

我就俩闺女，老伴去世快三年了，我们结婚四十八年，她七十二岁没有的。我给她写了四十八首词、七十二首诗，从那年的九月写到春节前，连续写了五个月，加一块儿一百二十首诗词，主要是对她的怀念。

我上完小学，接着在四十四中上的中学，然后到五中读高中。

毕业以后在派(出)所帮忙,抄写户口本。人家就想让我和另一个同学当警察,他留下了,我没去。我们那届高中生大多数都当老师了,我不喜欢那行,就去了我姐姐的厂子。这个厂三七年建厂,当时叫卫生材料厂,一解放改叫四一七厂,后来就称呼三五二六厂,始终为部队服务,属于军工厂。日本鬼子在的时候,给他们生产军需物资;国民党接过来以后,又为他们提供保障,直到彻底解放归共产党领导。为嘛说这个厂特别重要呢,主要生产军用药棉花、针剂、片剂嘛的,当时全国就这么一家。我进厂以后在车间待了一年来的,厂子派我去武汉学习劳资管理,学了有一年吧,回来进劳资科当干部。期间还干过财务、干过办公室,八七年到劳资处当处长。

我是从二〇一一年开始,以老丁字沽为素材创作长篇小说的,时代背景就掐在一九三八年之前,陆陆续续写了三年。我敢说完全是原创的,没有丁点的抄袭,最多也就是在百科全书里查查历史事件或专用词汇嘛的。怎么想起写小说呢?小时候听老人讲了很多稀

▲林桂成抄写的诗词长卷(局部)
◀林桂成为怀念逝去的妻子,创作了七十二首诗、四十八首词

奇古怪的故事,有时就跟白眼儿(外孙)念叨,他鼓励我把这些东西写成文字记录下来。所以好些情节都是我们爷俩在一块饣巴出来的,然后由我执笔。每天写三五千字,写出来后我们再商量着修改,我一边改一边誊,要是坐住了一天能誊十三四页。一笔一划,正宗的楷体,只要写错一个字就重来。书稿一共二十一章,誊写完的稿纸是八百四十多页,合三十多万字,整誊写了半年。故事基本都跟丁字沽有关,但不全是丁字沽发生的事,人物百分之七十都有原型。写的过程中也走过弯路,一开始写了好多民间传说的情节,可是神话和迷信实在太难把握了,结果一狠心删掉了四五十万字,砍掉了一多半。

老伴一没,我心气儿下来了,脑子也不如从前好使,好多构思全忘了……

王开泰

采访对象：王开泰（1932 年生人）
采访时间：2016 年 12 月 27 日
原 住 址：丁字沽南大街 108 号增 1 号

到我爷爷这儿，已经是第三辈儿在丁字沽了，曾祖父那辈儿老哥五个，也是靠种地付苦为生，虽然穷点儿，但家有五个儿子，这势力就起来了，用不着打闹，别人就得惧。

再说丁字沽守着北运河，水陆码头比较健全，大批粮食集中在这块儿，就形成了重要的集散地。天津市的豆腐房、粮店、米面庄，百分之九十都是由丁字沽来供应。为嘛？丁字沽有好几家大粮店，像"勤盛兴""恒茂隆""成记""大生"……大概有十来家。车马站有两三家，现在都记不住了！所以，丁字沽除了农户和小商贩之外，差不多都围绕着粮店吃饭。我们家这五大门，也是干嘛的都有，务农呵，打散活儿呵，后来粮店发展起来，这里面就有收入了。王家怎么发迹的呢？就是靠脚行，过去谁的势力大谁恶，谁就能站住地盘儿，这里的经济收入就能在他的控制之下，那就开始有"头儿"了。我记事的时候，脚行头儿是姓李的，叫李六。王家当年也有人靠着粮店生活，次一点的干搬运，好一

王开泰（左）与夫人高桂英，摄于20世纪50年代

王家杠房旧址

点的养大车。王家这些哥们一看，这脚行太挣钱了，不管你是谁的粮食，也不管粮食卖还是不卖，进店有进店的钱，搬运有搬运的钱，除此之外，还留下"过肩儿钱"。嘛叫"过肩儿钱"？只要粮食落在丁字沽了就得交费。这钱归谁呢？归脚行。脚行是谁呢？是把头，有势力的，所谓黑道的。老百姓搬运，都得通过脚行，比方说你卸五十石粮食，"过肩钱"一块，搬运钱五十块，他从中扒皮，剥削搬运工。所以脚行的"签儿"都是这些人把持着，再雇佣几个打手，谁也甭想惹！我记得南边儿脚行的字号叫"全记"。因为王家人也不少，就商量着想把脚行给拿下来。简短捷说吧，有一天，李六到馃子铺斜对过那院子去打牌，王家哥几个就说，干脆就在那儿给他撂了吧。那天，他也正好没带着枪，本家王士海领头儿，把李六弄出来就给打了。打得就别提多重了，腿都瘫了，完事找有名的骨

仅存的王家祖产一角

科苏大夫给看病，他就问苏大夫："我这腿还能好得了吗？"苏大夫摇了摇脑袋说："我只能给你凑合接上，但是站就不好站了。"李六一听，吐了口血就死了！打完李六，王家人都跑了，连我爷爷都躲起来了。我父亲觉得自己嘛也没跟着掺和，平时规规矩矩，就开了间小米面铺，跟脚行丁点关系没有，所以整个王家人就他没跑。可是李六死了，他家人能干吗？！李六的儿子李兴带着警察挨家挨户找王家人，我父亲可就沾了姓王的光喽！怎么解释也不行，末了儿给抓起来关进大狱半年多，这是他头一次受淋背儿。我记得，李六死了以后脚行头儿就归了吕贵德。以后，王士江回到丁字沽，王士海就搬小关住去了，那场架也没白打，王家好几个人在脚行都有"签儿"了，就跟现在的股份似的，有拿钱的权利了。脚行专门有管账的，到时按"签儿"分钱。后来"签儿"不用人盯了，逐步发展成商业化了，你这杆"签儿"可以买卖了，不用靠出力打拼了，谁有钱谁就可以入行。

我们王姓里面，靠吃脚行这碗饭的多，也就是以养车来维持生计。你像我们院儿，我爷爷他们哥几个在脚行有"签儿"，是按股儿分来的。可是，这里边也有没"签儿"的，更有不服的！时间长了就要出事了。所以因为利益不均等，家族内部就容易起内讧。有些纠纷谁是谁非我也没资格去评论，咱就不多说了。

纸盒厂前身是篮球场，再往前是防汛的大坑，再早也是院子，后来丁字沽人都在那儿取土盖房。解放初期的一九五一年，在丁字沽大开洼兴建拖拉机技校，也就是后来的河北工学院，工人们休息时经常打篮球。说白了，丁字沽人从来没见过这个，觉得特别新鲜。一开始都去围着看，后来，像我们这些边儿边儿大的，就跟着工人一块玩。王玉华、林桂文、林桂全、王贵起、张兰荪、陈永柱……渐渐地我们这帮人就成了丁字沽的篮球主力。赶以后，工程完工了，人家要搬走了，工地的负责人就跟我们说，这俩篮球筐我们也不带走了，你们要喜欢给俩钱就留下。归其就买下来了，可是放哪呢？就想起那个大坑。要是垫平了多大一块地界儿啊！不过，那坑得有一栋楼的面积，我们哪有能力呢，就跟清洁队联系，反正都挺熟的，他们就把收来的废土往里倒，结果还真给填平了。虽然填上了，可这块地方是有主儿的，谁的呢？赵德山的，后来的事咱一会儿再说。

我们就在那块地界儿，按正规场地的尺寸平整地面。好多热心人跟着一块忙活，你像宋家那哥儿几个，还有朱学林、朱洪林他们，全都是义务劳动。篮球筐稳上以后，每个礼拜日组织四场球赛。比赛前场地要先淋水、划线，还得提前贴布告，从西沽、红桥，一直贴到北大关。所以一到时候,周围观战的人们就都过来了,连卖零嘴儿的、卖小吃的也跟着凑热闹。

丁字沽篮球队由我牵头,正式队员有十几个,队名叫"华蓝",其他爱好者那就多去了。平时都跟着一块玩,正式比赛就看我们这几位了。每礼拜日下午一点开始,一个半小时一场,四场球,到六点来钟结束。记得有一次天津篮球队到印尼打比赛,王嘉贞、陈玉华没跟着去,他们又召集体委的几个人,代表体委来这儿打比赛,以后还有天津市公安局的,什么恒源、建华……好多当时红极一时的企业篮球队都来过。

五六年,球打得好好的,王金城(外号傻子),偷着找这块地的本主儿赵德山去了。这赵德山原来也是老丁字沽的,后来搬走了。他知道这事以后,就捣鼓捣鼓把这块地转让给纸盒厂了。我们还不知怎么回事呢,有一天他让人拿篱笆把场地给圈起来了。

承载着丁字沽人无限艰辛和梦想的旧街巷

1948年年底,国民党守城部队对丁字沽的部分民宅实施拆除或焚毁

我一看,这叫嘛事!当天晚上就跟林桂全他们合计,不行,坑是咱们垫的,球筐是咱们立的,你通过谁了就抢占这块场地?越说越来气,几个人就拿着镐把儿把门砸了,篱笆也给推倒了,看夜的就报警了。新村派(出)所把我们叫了去,派(出)所小尹就问怎么回事,我说,这坑大伙都知道是我们垫起来的,你想要这块地儿起码得通过我们一下啊!派(出)所一听,那就出人来了事吧。结果,街办事处答应给篮球队再找块地界儿。这时,我就生病住院了,街办事处在小庄子下坡给找了一处空地,我就问来医院看我的人情况怎么样,他们说,那块地界儿简直就是个开洼,一到冬天风特大,根本玩不了。就因为这,玩的人少了,看的人就更少了。归其又挪到北头儿的"勤盛兴"那院子的后边儿,还是不行,球队也就维系不下去了。接着,六〇年一来,连饭都吃不上了,谁

还有心思打球?

再说原来那块空地,是因为解放前夕国民党实行"坚壁清野",把老百姓的房子给扒了形成的空地,我们王家因为紧临南头,所以就倒霉了。我那院子八间土坯房一间没剩,隔壁王士江那院子的砖房就保住了。国民党也图省事,专拣好扒的房子下手。当时,国民党部队领着民工挨家挨户放柴禾点火,又是烧又是拆。因为丁字沽粮店和脚行有钱呵,保甲长就贿赂部队,结果晚扒了好几天不说,只毁了那么一角儿,要不丁字沽非平了不可。再加上解放军马上要攻城,整天炮声隆隆,根本就来不及了。你再看宜兴埠、白庙那边儿狼烟四起哦!我们家对我比较重视,提前就把我送到西沽的姨家躲起来了。这时候,丁字沽人都往市里逃,南头儿的栅栏门每天开关是有点儿的,一旦关上就出不去了。那年正赶上丰收,怎么办呢?家里的牲口就让任和尚(外号)牵走寄放到韩家

国民党守城部队设立卡子口,对进出丁字沽的百姓进行检查

墅去了，大车的两个气轱辘埋在院子里，车排儿立在王士江的墙根儿上。家里不还有辆小推车嘛，就拉着粮食和我母亲赶着去市里，大道下边的开洼地埋了好些地雷，有几条狗一打架把地雷踩响了，归其把我母亲腿给炸伤了，仗着不算太严重，就逃到南门西的板桥胡同，我仨姑奶奶都在那住。随后我跟我父亲住在四姑奶奶家，我母亲住在她二姐姐家，一直等到天津解放。可是，回到家一看，一间房子没留，张家院子也残垣断壁，三爷的院子、六爷的院子也都平了，最惨的是现在勤俭道那点地界儿，全光了。北头儿也烧了点，中间这一大块没动。解放以后，国家借给我们钱，在原址重新翻盖的房子。丁字沽的事不好说，错综复杂，所谓北运河"条河五村"，是指东于庄子、席厂、白庙、柳滩、丁字沽，这五个村子就属丁字沽富，它是靠粮店、脚行撑着，当然穷人也不少，但是总归能找到饭辙。

我父亲王士杰是干采购的，主要搞副食。从外地一买就一车皮鸡，买猪一买几十头，买野鸭、大雁一弄几百筐，这些东西来了以后都落在东北角的官银号菜市。抗战时期，八路军扒火车道，破坏日军的运输线，经常有火车脱轨，很危险就不干了，在家赋闲养病。我父亲这人啊，不是个守业的，家里就这么个独苗。老伯王士秀二十几岁就死了，老婶守一辈子寡，伺候着我爷爷。四四年，我爷爷去世，那年他八十四岁。那大殡出的，可着丁字沽都少见，打头的是开道锣，然后是旗锣伞扇、雪柳，接着是"座"。"座"完了是"经"，有和尚、老道、尼姑三拨人，后边是洋鼓洋号、洋马车，最后是大杠抬着棺材。儿子打幡儿跟在队伍里，结尾跟着亲朋好友，大队人马浩浩荡荡。当时我父亲没在家，我是家里的大长子孙，所以就由我"承重"（端孝盆），当时我才十几岁。爷爷埋在了我们王家祖坟，就现在

1947年国民党军队修建城防炮楼的位置,现为公共汽车站

的白酒厂那块儿。

　　爷爷一没,就开始分家,我老婶在脚行"签儿"里分的是杠房,这杠房属于王家五大门的,王士沂、王士漳在那主事,最早是连花轿带杠房,后来花轿这块就取消了。过去杠房没有势力也干不了,跟脚行一样得争地盘,不仅丁字沽就这一家杠房,它还管着"条河五村"。当年王士海在马上的时候,八爷(王士海父亲)天天在杠房门口坐着,手里拿着个笸箩,谁叫一声八爷就给两毛,就为了摆谱儿。所以把杠房分给我老婶主要是用不着她操心,在家坐着就能拿钱。我父亲分的是两头牲口、一挂汽轮大车还有二三十亩地。他雇了个把式,早晨到粮店揽活儿,等晚上回来算钱。四四年不正是日本时期嘛,丁字沽的地被日本人给占了,等于老百姓的鸟食罐给夺去了。粮店的朱家就跟日本人合作,利用丁字沽的地办了个

农场，他知道我父亲能写会算就让他到农场当会计，一天给六斤高粱米。丁字沽的农民给农场打工种地，只收获了一年，第二年日本就投降了，打的粮食都分给老百姓了。我父亲虽然老实巴交，可王家就他一个不按祖业路子走的人，他总是另辟蹊径，做买卖啊，跑外啊，其实家里挺需要他。我爷爷都这么大岁数了，每天还来回去粮店，管着牲口，雇人种地，我父亲却始终不拾茬儿。他个别到哪种程度，都在一个院儿里住着，竟然自己过自己的。我姑奶奶几次劝他，别再往外跑了，家里有脚行、有杠房、有大车、有土地，早早接过来也好让老爷子歇歇啊！他就是不听，就是不守本分，结果在日本快完蛋时弄这么一出儿。解放后的五二年，就因为这件事给他判了十年，他净去那倒霉的，本来是朱家挑的头儿，可挑头的一解放先死了，朱家人也都搬走了，这点罪责全让我父亲给担了。顶到五九年中华人民共和国颁布第一次特赦令时，才提前释放回来。

  国民党一败退，北流儿的粮食就不往丁字沽来了，粮店自然也就衰落了。因为武清一带已被解放军控制，一些大地主都逃到丁字沽来住，我好几个同学都是打别处迁过来的，全是财主。以后粮店也就黄了，大院子要么这家盖间房、那家盖间房，没几年全成大杂院了，要么被工厂强行侵占。我那院子大呀，国民党扒完不都平了嘛，只盖三间房，留出一大块空地界儿。有一天也不知哪来的，喊哧咔嚓在院儿里卸了一堆砂石料。那时我在市里上班，回家一看，好么，这就要盖房啊！我说不行，占没关系，你得给我亮亮手续，有没有人民政府的戳子？他们不仅想占我们一个院子，周围好几户都给占了，全是打着为工厂建职工宿舍的旗号。我告诉老娘，盯住了，盖了就给它扒了，我就要政府征用的手续，你厂子说了不算!每天回去先问,动了吗?没动。又卸东西了!让他卸,干了咱再说!到最后他们也没盖成。再后来,我二兄弟带着色织六厂的人,想在这院儿盖宿舍。我说行,咱得商量。他们问我要嘛条件,我说:你占我一半院子,给我盖四间房。正好我兄弟是这个厂基建科的,他也来问我,这条件行吗?我说,盖吧,咱那几间房也都娄啦!六零年我在老院儿结的婚。

我父亲"出来"以后,在家门口摆了个小糖摊,接着又逮了几年鸟,后来在南头儿的废品站跟着忙活忙活,八十九岁因为腿摔折了,躺了两天就走了。

我小时候上私塾,先生叫赵伯华,他是西沽人。学堂在小庄子,就一间大屋,后面是个院子,有四五十人,水平不一。有学《百家姓》的,有读《大学》《论语》的,他是我的启蒙老师。上了有二三

曾让丁字沽人引以为豪的篮球场,现已在高架桥下

年,就转到九区二十八保小学,一去就上三年级。那时,四年级就算初小毕业,大多数也就不上了。学徒的学徒,干活的干活,我上到高小毕业,然后又接着上中学。那年头儿,这么大的丁字沽也就十几个中学生。一开始在月纬路的介寿学校,这是为蒋介石祝寿建的学校,是在旧式大楼后面临时租借的几间平房,后来迁到昆纬路市立第二中学(现在的二中),究真中学和平实中学也在昆纬路上,但那两所都是私立学校,每学期得交多少袋面。毕业以后,学校保送我上的天津师范学校,我不愿意去,为嘛呢?不想当老师!归其我报的工业学校,我带着临时毕业证书就去报到了。张兰荪跟我是过命兄弟,他没考上师范学校,可是他非让我回师范。我说,已经过了俩月了肯定不行!他说我给你问问去。老师说,当初怎么不来?"嗨,他父母阻止不让来,说不当孩子王。""你让他本人来吧!"我就去了,给我讲了一通大道理,让我回去做做父母的工作,最后还是上的师范学校,毕业后分配到三十二中。五七年新建七十二中时,各校抽人援助,我又去了七十二中,在那待了八年。接着新建了唐口三中,又把我调到这所学校,那时我都五十六七了,骑着自行车冬天顶着大风,夏天晒得浑身流汗,实在太受罪了。正好我们家附近(八九年搬到此地)又建了三所学校,盘山道中学、香山道中学、嵩山道中学,最后调到盘山道中学,干到退休。

我一开始教体育,为嘛呢?我在"师范"期间单另儿调出来参加过"体训班",代培五三、五四、五五这三届毕业生。"体训班"专门培养体育教师,充实到中学里去。所以,我一入校就干体育,开始是"两部制",学生们分上下午上课,我一天最多教二十四节课。五七年累的得了胸膜炎,住在疗养院一年,等病好了调到七十二

蔬菜分拨站旧址

中学教地理,在这儿我还担任工会主席、共青团代理书记。唐口三中建成后,把我调到这儿当班主任,不久就"文化大革命"了。"文革"一开始我家就遭殃了,丁字沽大队的一些人带着红卫兵四处抄家,把人集中在丁字沽二道街张家大院,白天劳动改造,晚上接受批判,大约有二十几户。造反派把我父母从自家院子给轰出去了,那叫"扫地出门",找了一间要饭住的屋子让我们住,家也给砸了,他们又把另一家被砸、被抄的弄到我们家住,就是想法儿折腾你。这个时候,学校也都砸得不像样了。窗户没有一块玻璃,桌椅板凳也全毁了,里里外外都是大字报大标语,老师连个待的地方都没有,我就够时候去看看,然后在家陪着父母。大概是六八年,我越想越觉得这事不对头,哪能有问题没问题的一概打成牛鬼蛇神,而且全给抄了家。这时候王玉华就约了几个同病相怜的人在一块商量，我呢负责写申诉材料，有个小学李老师负责刻蜡版，然后印了一批寄给有关部门和领导，还当"传单"撒出去一部分。在没有人理的情况下，我们多次找街道办事处主任反映问题，然后由他带队跟了六七个人，拿着申诉材料到北京上访。一到北京我们就住在国际关系研究所，由华北局"文革接待站"来接待我们这些上访的。我们待了十一天，接待了三次都没有结果。最后华北局书记李雪峰的夫人和秘书接见了我们，她听完情况汇报后，要求街道办事处尽量避免打砸抢扩大化，抄家的物品要妥善保管不能私分，让我们回去等着落实政策。可是回来没用啊，谁来执行？随着运动的深入，派系斗争越来越凶，周围学校的红卫兵像走马灯似的来丁字沽抓"坏人"，一听说我带头到北京上访，又开始整我。他们也不说嘛理由，一开批斗大会就让我跟着去"陪斗"。其

王开泰曾居住过的板桥胡同（摄于2003年）

实政策就在那搁着呢,我们不去上访也那么解决,主要是有令不行有禁不止。"文革"后期陆续平反了,被赶出来的所谓"地富反坏右",又都各回各的家,被查抄的物资都堆在大队部的院子里,砸的烧的也就算啦,最后退赔时象征性地给了俩钱儿。

  我在老院结的婚,提起这段儿更哏儿了。我们定完结婚日子就开始筹备,家具不多吧也都置办齐了,该通知的也都通知到了。可当日子临近时,我老伴因为入党要去党校学习,这可怎么办呢?跟家里一商量干脆先让老兄弟结婚吧,归其我们的新房让给了他们,还是在原先定的日子办的喜事。我们俩的婚期推迟了半年才办,还是用的那间房,我们一看实在太挤,住了一个月就搬到老城里的板桥胡同,是我姑姑帮着租的房,就三件家具:一张床、一个联二桌子和一个立柜。屋子也就十平米,是过去大户人家的佛堂,我们去之前住着个老太太,因为没有收入来源就挪到旁边更小的屋子,我们每个月交六块钱房租。那时我的工资是六十二块钱,可是在学校二十年没涨过钱,为嘛呢,我的工资比他们都高。我们在板桥胡同住了十来年,因为我老伴调到河东商场上班,我们才搬走。

朱学信

采访对象：朱学信（1940年生人）
采访时间：2016年12月29日
原 住 址：丁字沽北大街94号

我的原籍就是丁字沽。我老太爷有四个儿子,当初靠推着小独轮车贩粮养活这个家,等我爷爷这辈儿都起来以后,买卖越干越大,就在丁字沽创办了勤盛兴粮店,而且达到了鼎盛。等我父亲(朱盛年)这辈儿接过来,一直也挺不错,尤其我那没出五服的大大爷,有文化,会处理问题,再有一个好内助,娘家给了不少帮助,加上父辈们的扶持,买卖做的也是有声有色的。你知"勤盛兴"存粮的院子有多大呢?打个比方,它相当于"桃花园"四个大!它是三套院儿,最早东房有门,专供家眷出入,后来堵死改走三道院的大门。前两道院儿完全是粮库,院内靠西有口深水井,另有账房五间,客房六间,老客儿来了管吃管住。跟你说,可着丁字沽没有不知道"勤盛兴"的。但有一样,"勤盛兴"向来不掺和政治,对客户不做缺斤短两的事,对伙友都客客气气。解放以后,"四清"工作组专门调查过我们一家,过去在我们家干过活的那些人没有一个说不好的。工作组调查

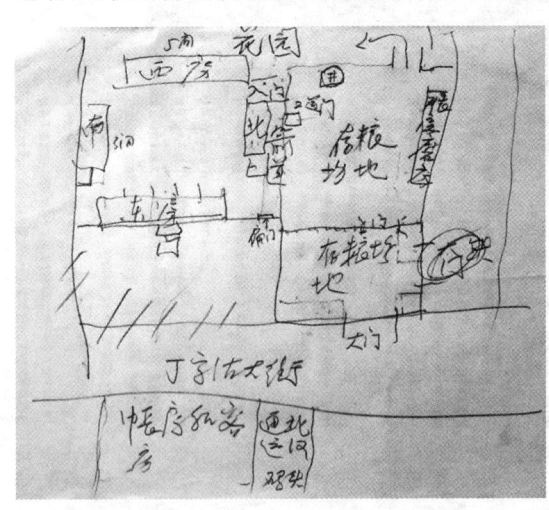

朱学信手绘的勤盛兴粮店及朱家旧宅草图

位于丁字沽北大街的勤盛兴粮店外观复原图

我父亲时,工友们说,主家不但正直,还不多言多语,从来没打过人骂过人。这是"四清"结束以后,工友们来看我父亲时透露的。他们开玩笑说,要是当初给你说点坏话,你六爷就熟了!记得有一年突然来了寒流,把大白菜都冻在地里,市面上买不着大白菜吗?就那次有人从北郊区拉着二百多斤大白菜送到我们家,因为我们不认识来人,以为是走错门儿了。那人反复问:"你们是不是姓朱?""是啊!""那就对了!"他把大白菜卸下来后,说出了自己的来历和住址。回头我问我父亲,他想了想,说倒是有这么个人。原来人家是粮店的老客户,一听说市里吃不上大白菜,就主动帮忙来了,就说我父亲这人缘怎么样吧!

丁字沽从南到北三里地,在这三里地之间至少有四个码头,也就是说那年头儿丁字沽的粮食生意异常红火,用现在的话说,粮店

通往勤盛兴粮食码头的老胡同

就是这个产业的龙头老大,也是丁字沽兴旺的主要原因,而"勤盛兴"在这几大粮店里又属拔尖儿的。这么说吧,一天当中,只有夜里的1点到2点半这一个多小时能消停下来。其余,运粮船一条又一条地停靠在码头,大马车一辆又一辆地等着装卸,打小空儿的一拨又一拨地穿梭不停。就因为我们家粮店兴隆,连做小买卖的都跟着沾光。有个干炒锅的,可以说黑白儿不识闲,他炒的转莲子儿、崩豆儿、大仁果儿嘛的有多少卖多少。你想啊,码头、粮店里来来往往的客人有多少。

二爷、六爷都是"叫斗"的高手,手里拿着斗一边过粮食,嘴里还一边唱出来:"一斗——二斗——三斗嘞……!"后来就改用秤了,发有发的秤,进有进的秤。再后来一个麻袋装二百斤粮食,码的粮垛有两层楼高,扛活的踩着跳板往上走,颤巍巍的,一般人非压趴下不可。"勤盛兴"有专用码头，粮食先打船儿上岸，验完了货再装大车，根据"会手"的指令送到市里的米面铺、豆腐房，余下的粮食拉到大街以西的勤盛兴粮库。那前儿的粮食都不加工，一律的原粮，玉米、黄豆、黑豆、稻子、麦子……家里的磨房主要为自己吃粮预备的。大车都在"勤盛兴"门口排队等着，过完了数才能扛进去。扛粮食的都用"筹"来计工钱，一个"筹"用一根竹签儿代替，上面有油漆画的记号。这些扛活的有跟着马车过来的，有临时打小空儿的，也有一部分丁字沽人。反正你想吃口饭挣点钱，基本都能找到活干。

在我父亲这一垡儿里，有三个人没参与粮店的经营。我大老伯和十伯伯出去学买卖，小老伯上大学，他们都比较年轻又受新思潮的影响，所以早早离开了家。闹日本之前，"勤盛兴"为了扩大业务，

勤盛兴粮店码头遗址

根据口述人描述绘制的粮库复原图

又在河北区粮店街开办了下号。我大爷、大娘就搬到粮店街，我父亲在那管账，另外还带过去两个伙计。可是，天津一沦陷粮食行业就开始走下坡了，日本人控制粮食流通，各粮店的生意艰难维持。听我奶奶说，日本人还砸过粮店，所以全家人都挺害怕。怎么办呢，哥儿五个带着家属就迁到了平安街住。那原来有个军人旅馆，对过是前后两栋小二楼，前面一栋是我们家的，我就是在平安街出生的。"勤盛兴"这边买卖还开着，只是把住房都给封上了。然后家里有挂大车到时给我们送些粮食或其他生活用品，我印象最深的是送引火用的麻秆儿，一大捆白白的，拿在手里还倍儿轻，一撅嘎嘎响，小时候就爱玩那个。给我们家赶大车的人叫朱世清，他从十几岁就在"勤盛兴"，虽然他岁数小但属于爷爷辈儿的，以后就相当于半个管家。另一个姓黄的长工，霍家嘴人，也是从十几岁就在"勤盛兴"打杂，跟自己家人一样，可以随便到家眷那院子去。

日本投降以后，生意也没见好转，大概是四六年，不得已就分家了。平安街的小洋楼卖了，"勤盛兴"下号也没嘛业务了，尤其是大爷患肝病去世，大娘带着三个闺女回娘家了。这边的朱家大院原来谁住的房子就归谁。

一九四九年一月初，丁字沽人都开始"逃反"，我们一家就躲到市里哈密道我四舅家。十四日夜里打的最激烈，转天早晨我和我表哥就钻出去到劝业场一带看热闹，到处都是缴械的国民党兵。有披着大衣的，有披着棉被的，坐着的、躺着的，就在路边上，一片一片的。解放军都穿着棉裤棉袄、戴着大皮帽子，浑身上下全是土，说话特别客气，也不进老百姓的家，非常守规矩。

解放以后定成分时，给我们家定的是工商业兼地主，"四清"重

勤盛兴粮库遗址

新评定后，又改为"独立劳动者"，俗称"独劳儿"。整个"四清"我们家嘛事没有，可是到了"文化大革命"就不行了，一批从山东落户在丁字沽的农业户先造反了，这些人生活比较贫困，所以成分最好，除了雇农就是贫下中农，大队长李凤年带队抄家，把我们朱家人全给轰出去了，家里的东西全拉走了。接着把"牛鬼蛇神"都拆散了，互相掺和着住，大房子变小房子，好房子变次房子，反正不让你好受。

"文革"初期，我爸我娘就开始挨斗，家人也起内讧。住在宜兴埠的我本家十伯后续的一个好吃懒做、有奶就是娘的主儿，揭发检举我爸。那时说嘛就是嘛没人给核实，没茬还找茬呢，主动送上门的能饶了你嘛！以后又挨批斗多少次，说我爸偷运过子弹。有一回，我爸对我们说："我对不起你们老的少的，他们打我实在太狠，我都

位于宋店胡同左侧的建筑，昔日均为勤盛兴粮库的一部分

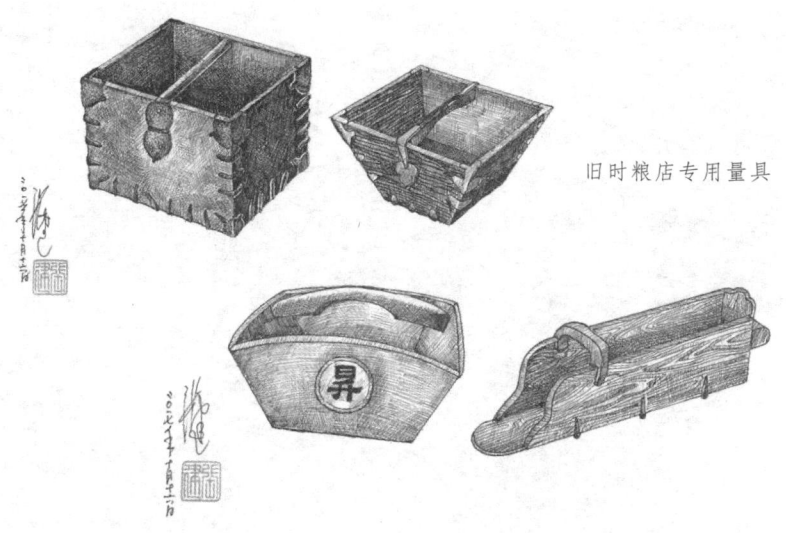

旧时粮店专用量具

秃噜了！"其实哪有那事。我亲叔伯的妹妹朱桂芝，下了班就没回来，顶现在也没找着，那孩子老实，沾点事就迷了，脑子绕不开。你想，我娘跟我俩姑姑都被造反派剪了头发，我大妹妹朱桂俊发了工资还没来得及交给老娘了，造反派一来全搜走了。她就说："我顶死不进丁字沽！"打那以后，我妹妹始终在厂里住着，我能放心吗？下了班到灰堆去看她，知道没嘛事才回家跟老娘念叨。到嘛程度，我饿得两眼冒金花儿，想想找谁去呢？去找我表姐吧，一进门我表姐就说："你干嘛来了，还敢来呀？你姐夫也挨斗了！"她给了我俩饼，就把我轰出来了。我姐夫是进城干部，解放前是党的地下工作者，他把家里东西拿出去卖了当办公费，就这样的有功之臣，愣说他是叛徒，气得他卷大街啊！

"勤盛兴"的粮库多大啊，最后被丁字沽大队占用，又搞小工厂又盖职工宿舍。为嘛都看重那个院儿呢，一是面积大，二是规矩整

"勤盛兴"账房遗址

齐。当年国民党部队在这儿待过，等解放军来了也在这儿安营扎寨。快解放时，西于庄、刘家房子一帮人想抄这个院子，一看这气势都没敢动手。解放后由于天津粮库紧张，又启用我们这个老粮店，还用原来这些人管理，为国家储备了两年多的粮食。可是万万没想到，"文革"这一关就没过去。

七五年，开始落实政策，原则上从哪来的还回哪，朱家这几户才返回到老宅。我呢，实在不想再回老院儿了，就找到大队书记杨世均，他说给我研究研究，没多日子就把钥匙送到我们家。房子在南大街一条王胡同，原先是张家的，也是个大户，因为这家人去北京了，房子一直闲置就充公了。以后大队的孤老户都集中在那住，再后来又长期锁着没人敢住。这是一套一明两暗的房子，给我以后就开始拾掇。地板都塌了，往下面垫了好些炉灰，房坨在解放战争

朱家老宅遗址

曾见证朱家创业史的老建筑,已化作瓦砾

用来加工粮食的最常见工具——石碾

时落了颗炸弹给烧了三分之一下去。街里说,你这是危房,我们给你木材指标赶紧换换吧。结果我们垒了一层单砖把房坨架起来。一直顶到七六年唐山大地震,才挑了房盖儿重新起的。好么,刚开始去的时候,邻居告诉我这院儿没人敢住,夜里经常闹鬼儿。我就想了一招儿,不都说小孩的眼最纯净嘛,我就抱着闺女去了,心想只要她哭闹不愿待就走人。嘿,这孩子一进那屋就玩起来了。哈哈哈……杨世均讲话,有福之人就是不一样,都说闹鬼可人家老朱住得好好的。

过去家里不还有点地嘛,解放以后交给农业社,我父亲、我老婶还有我五娘都入了丁字沽大队。我老伯思想积极就去了山西太原,不过一挨饿又给饿回来了,就在搪瓷厂做临时工,以后看他表现好又有文化就转正了。"文革"结束后,我父亲在农业社给丁字沽打扫公共厕所，上下午各一趟。一把笤帚、一把小铲、一个水桶，就这么提了着在街里转悠，没有年节、没有公休日，就靠这个挣工分。自己一点怨言没有，一直干到七十。他自己本身特爱干净，每天回家，在门口我娘先给他弹身子，然后把外套脱下来裹上再换干净衣服。

我呢，从丁字沽小学毕业，接着到西于庄的四十四中学读初中。那阵儿我学习还挺不错的，毕业时我报考的卫生局护士学校。没录取，我又报考理工科，还是不录取，自己觉得应该没问题啊，后来跟同学一交流才知道，是因为家庭出身不好，就是考得再好也没戏。所以其他同学分配工作的、继续上学的都走了，就把我甩了。五七年，学校硬拍我去农业社，那时也没想太多，就服从分配来到丁字沽大队。干了一年的农活，就抽调我到队里干统计，算是半脱产。

口述人在文中提到的"炒锅"原址

等到"大跃进"来了,钢厂招人,我和范金城就分配到第四钢厂,在引河桥以北。我在"四钢"的修配厂干了三年多,因为困难时期钢厂下马大批裁人,从哪来的回哪去。大队还是希望我回去,答应给我找个轻松活儿,我想既然出来了就不再回去。怎么办呢,去劳动局报到,当时市里根本没有岗位,倒是农场需要人,我就去了工农联盟农场,他们一看我的档案,知道我干过修配,就分到机务队。但是农忙季节照样跟着插秧、割麦子。干到七十年代末,把我调到乳品厂的食品分厂当厂长,生产蜜饯、琥珀果仁、糖粘子,以后又做果脯面包、槽子糕嘛的。

王传林

采访对象：王传林（1965年生人）
采访时间：2016年12月31日
原 住 址：丁字沽三道街61号

我太爷叫王宽,他们这辈儿大排行哥儿八个,我太爷行五,他跟老二爷是亲哥儿俩。我太爷这支儿是六个儿子没有闺女,于是,就把三儿子王占卿过继给了老二爷,因为他只有闺女没有儿子。按现在说,南大街进口靠右手,沿着中环线的桃园西里那几栋楼加上丰收胡同,再回到一条王胡同,这一片地全是老二爷的。为嘛他能趁这么大一块地呢?人家过去是隆顺榕的领东,家里做着买卖。当王占卿过继给老二爷以后,就把脚行那杆"签儿"和家里的地分给了王占卿,生意的事没让他跟着掺和,毕竟不是亲儿子嘛。

前排中为祖父王占桂,左孙女王霜霖,右孙女王露霖;后排左孙子王聘霖,中四叔王友智,右四婶段美华(摄于 1980 年)

赶以后,他也有怨言,饶着把我分出去了,没捞着嘛不说,解放后还给扣上个"南头儿脚行十大恶"之一的帽子。因为脚行的"签儿"不是归他了吗,就成了恶霸。可房产呢,老二爷早早都给卖了,就留了一套院子给他。再说老大是两套院子,我的出生地是南大街一条王胡同四号。咱先把胡同说一下,一条王是两条胡同叫一个名字,为嘛呢?因为老二爷的房产,当巴间儿正夹着张万昌的老宅,就形成了两条胡同,住户又都是王姓一大家子,所以胡同名只能叫成一样的了。排号的时候,左手是单号,右手是双号。回过头来接着说我老太爷这边的房产,按地契说一共有五亩三分七,房子不是太好,都是土坯的,以后老太爷在世时卖了二分多地的院子,也就是现在的三道街六十三号。最后形成格局

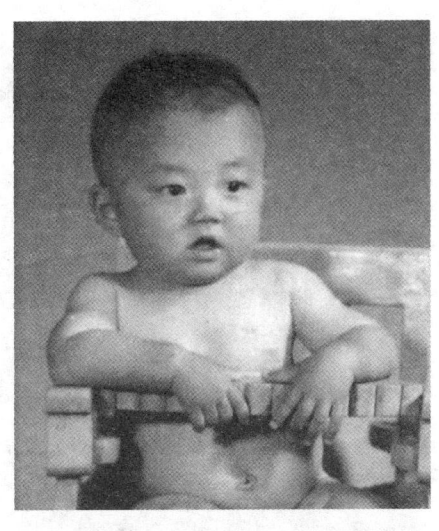

王传林的"百岁照"(摄于1966年)

母亲田玉华抱着周岁的王传林

前排中为王传林祖母张祝萍怀抱王传林,后排中为王传林父亲王友仁,左为王晚霖,右为申树兰(摄于1966年)

的,就剩三道街六十一号和一条王胡同四号。我老太爷和其他五个儿子都住在这两个院子里。大爷叫王占德,二爷叫王占和,四爷叫王占永,五爷叫王占桂,他们老哥儿四个,就在大爷王占德的四号院儿里自制雪花膏、梳头油和牙粉,连批发带零售。东于庄的、西于庄的、堤头的,都挑着挑儿到那院儿上货。老丁字沽人买雪花膏、梳头油也去,家里还种了一片草茉莉,结的仔儿碾成粉往原料里兑,虽然买卖不大,但维持生计应该没问题。

另外,我还有个老爷叫王占奎,外号"马叼",他一辈子没成家,一直跟着我老太爷、老太奶奶生活,在丁字沽磕灰(入户收粪便)。解放前夕,国民党火烧丁字沽时连吓带饿就没跑了,等家人再回来时就死了。接着说老太爷,他去世以后,哥儿四个就继承了房产,但始终也没分家,老地契上还是各占四分之一,可是这就为以后埋下了隐患。先说大爷王占德没儿没女,死后是我爸爸给顶丧架灵走的,大爷这份儿就我爸爸继承了,这是大伙都承认的。再说二爷和二奶奶,他们是姑表亲结婚,没有爱情,婚后留下二奶奶和一个儿子，自己一跺脚走了。哪去了呢？到兰州去给潘龄皋①当师爷，可以说兰州姓王的几乎都是他这支儿扩展出来的。二奶奶呢守着个傻儿子怪可怜的，就把原来老太爷的三间正房给了她，她儿子叫王鸿志，别提多老实了，一脚踹不出个屁来，学的绱鞋、缝鞋的手艺。我爷爷帮他娶了媳妇，这媳妇怀上孩子以后，被东于庄一个经常来我们家上货（雪花膏、梳头油）的小贩子给勾搭走了，不久就把孩子生下来了，属狗的，今年要是还活着七十一岁。二奶奶不干啊，好容易有这么个血脉说嘛也得要回来，结果就把孩子抱回来了，可是喂不活啊，孩子天天哭，家里也穷，顿顿喂糨子，就这么的艰难度日，好不容易等到解放，二奶奶却死了。

左王传林，中大姐王晚霖，右二姐王嘉霖，前排中王聘霖（摄于1970年）

---

① 潘龄皋（1867-1954），字锡九，河北安新人。1881年，15岁的潘龄皋考中秀才，清光绪二十年（1894年）中举人，后殿试中进士，授翰林院编修，曾先后在甘肃任知县、知州、知府。辛亥革命成功后，潘龄皋担任甘肃省省长，后因痛恨官场腐败，于1922年辞职回乡，之后移居天津、北平，以赋诗、写字为乐，成为民国时期北方著名的书法家。日伪统治时期，他因拒绝出任伪河北省省长而被捕入狱。1948年，潘龄皋几次写信给傅作义，劝其与中共和谈。1949年后，任中央人民政府军事委员会参议、中央文史馆馆员。1954年病逝于北京。

王传林(右)与弟弟王抒霖(摄于 1980 年)

话说到了六五年,我妈生我时,我的亲姨姐来伺候月子。我妈就把自己的亲外甥女许给了亲侄子(王鸿志的儿子王戌生),做完这门亲,我妈妈就在这家翻不过身来喽;我爸爸也切隔她,我奶奶也切隔她。以后,王戌生成家生了三个闺女,这里边的事一会咱再说……

再说四爷,身边无儿无女,本应有一个闺女,"文革"时坚决跟他划清界限,到现在也不知去哪了。当年四爷在脚行有"签儿",这个人长的白白胖胖的,穿的也干干净净,一看就是个城里人。他干嘛呢?专门给丁字沽的菜农卖菜。天巴儿天儿的,菜农把过完分量的菜放在船上,天快亮时,再弹一回水,四爷就跟着三条小船直奔东浮桥菜市,到那把菜交给王士海的徒弟"翟瞎子"(翟春和),这人可是东浮桥菜市场的一霸,他连认干闺女再娶大小婆总共四十九个!其中,俩唱梆子的、俩唱评戏的。逮他时逃到青岛去了,为了隐藏自己还毁了容,但是冤有头债有主,最后抓回来给镇压了。你想,四爷有王士海罩着,又有"翟瞎子"撑腰,所以他送来的菜就好出手,价儿呢,也略微高点,这样就认识了一帮"菜道"上的人。解放以后,我爷爷、奶奶进副食品公司都是四爷给找的。这么说吧,丁字沽大队南头儿三个队种的菜,全靠王占永这么一个卖货手,眼睁着他在这行就是有名嘛!可是"文革"期间没得好,因为他占有脚行的"签儿",就给定成了"坏分子"。两间半的房子被贫下中农占了两间,这还不说,七二年下半年的一天,他冒着雨去护园子,正赶上几个小青年偷火柿子。管吧,这一管叮咣五六挨了一顿打,回到家急火攻心没几天就死了。剩下一个老婆儿怎么办呢?不久,队里落实政策开始退赔,于是就把四爷原来的房子、院子全腾出来。因为四奶奶没入队,生活没有来源,大队书记杨世均就找王家人商量,看看谁来管这孤老婆儿,别的家都说没这个能力,然后就找我爸爸。那时我爸一个月挣五十七块钱,我妈是四十六块五,他们就养我一个孩子,家庭条件还算不错。杨书记就说:"第一,你经济条件好;第二,这是你亲大娘,说嘛你得管。管,但有限制,还没'摘帽'呢,一个月给五块钱够吃饭就行了。"四奶奶一进我们家院儿,先跪下了:"侄子,你就管了吧!"这样,一月给她五块钱,我们呢得搬到四奶奶那院去,当时搬过去不是现在的大门,原先那是一道篱笆墙,墙外

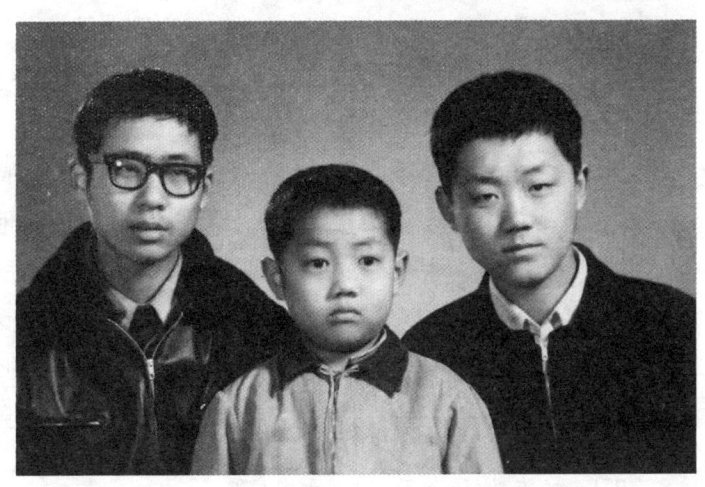

左起王聘霖、王抒霖、王传林(摄于1981年)

是丁字沽大队的二队,外带着菜田。院子里有棵沙果树,站在我们院儿能看见北运河,站在北运河边儿能看见宜兴埠,站在勤俭桥能看见那棵沙果树。所以在我印象里,丁字沽美就美在这种浓郁的田园风光上。

我们照顾着四奶奶,直到她一九七九年二月十七号去世。这份财产自然就是我爸爸继承了,也就是连自己爹的,再加俩大爷的,一共三份,这是有关房产这一块。

接下来说说我爷爷,他生于一九〇七年。一九二四年,他们十四个盟兄弟在韩家墅集体参加了老奉军,当时张作霖正好和曹锟联合亲家,他当了海陆军大元帅进驻北京,就开始招兵买马。但从他本意来讲,还是想回去当他的"东北王",所以招兵条件非常优厚,一个兵给三十块大洋。我爷爷就跟着去了东北,因为他算是有点文化的,所以到那以后,就接受日本飞机驾驶员的培训,学开飞机。顶到一九二八年大帅(张作霖)在皇姑屯一炸死,东

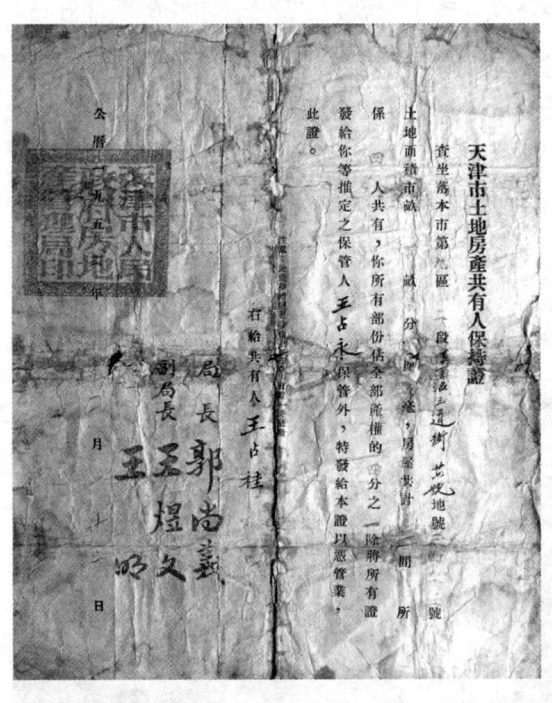

1951年天津市人民政府房地产管理局颁发的原三道街33号土地证

北易帜,张学良上来。之前,我爷爷受过伤,就让他改行开汽车,这期间就认识了我奶奶,叫张祝萍,是旗人。因为奉天是旗人的老根儿,民国以后一些大家的贵妇为了生存就从事卖淫了,爷爷逛窑子时看上了奶奶。正因为恋着奶奶,一九三一年九一八事变后,军队都撤走,可爷爷不愿回来,张学良就问我爷爷:"你不走想干嘛,要不就给你辆车。"爷爷拿着这辆车就把奶奶给赎出来了,接着在当地干了个汽车行,代卖汽油、代卖汽车配件、代修理汽车。过了一年多,奶奶的身体也调理好了。一九三三年二月初八生的我爸爸,起名叫王友仁。三五年有了我二伯,起名叫王友义。话说已经出来好些年了,怎么也得回家看看啊!我爷爷回到天津,他也没说自己在外成家这段儿事。紧接着四奶奶就他给说了亲,哪的呢?柴楼的。因为四奶奶就是打柴楼出来的,她也恨不得找个知根知底儿的。娶进门以后,我爷爷就是不跟她合房,我老太太,外号"红果大奶奶"着急啊,就让大伯子王占德愣是把他们俩关在屋里,多晚儿合房多晚儿才放他出来。"合了嘛?""合了!"这一出来,我爷爷就跑了。谁也没想到,我的这位柴楼奶奶就当了几天的女人,生下我三伯,起名叫王洪章。爷爷回到东北后又生了个小四儿,叫王友智。这个阶段他干嘛呢,拿油布包上包儿给东北抗联送药,客观说他是做生意并不是抗日。一下子叫韩奸(韩人奸细)给发现检举了,不但抓进局子还把家产全部抄没,幸亏天津卫的几个把兄弟花"条子"(金条)把他从大牢保出来。连日本人都说,别在这待了赶紧走吧。

带着奶奶和仨孩子来到天津,可没法回丁字沽啊,就在南市官沟街的小胡同里租了间房。这时候我爸就懂事了,拉着俩弟弟趸点煤油卖。别说,这仨孩子都特别争气,他们在东北上的小学,回来后就通过自己复习,我爸爸和我二伯全考进了南开中学。日本降服以

王传林旧宅最后的面貌

后,我爸爸就看出国民党不行了,社会混乱,物价飞涨,人心惶惶。四八年这一年,共产党来接收的"地工"大部分都进城了,安插在方方面面的岗位。国民党兵带着保甲长一天突查好几次,只要见着家里或院儿里有生人,问你是谁,只要一打奔儿,拉出去就毙,街上死的人太多了。在这种大背景下,我爸爸接受了新思想,天津解放时他还上着高中呢,二月七日,他就随着南下工作团走了,到了河北省邯郸地区的大名县落了脚,在那担任人民银行行长。老丁字沽人没有不佩服我爸爸的,他十七岁挎着枪带着警卫员回来了,干的确实不错。于是第一届中国人民军政大学就把他招进去了,还上着学呢他就不想再接着干了,毕竟没在部队待过,有资历的老干部多得是,觉得不是他追求的目标,这么着就回到天津。五二年底、五三年初,在家休整了几个月,组织上就安排他到一〇五厂,进厂就是中层干部。五六年支援北京建设，他就去了北京一二五厂，也称曙光电机厂。去了以后就给江华的爱人当秘书，她是这个厂的厂长、延安干部、行政八级，那时就享受华沙小轿车接送。六一年至六三年"自然灾害"，我爸爸带着一千五百人开垦北大荒，这在当时是硬性规定，凡军工企业都要自给自足，北大荒划块地自己种自己收自己吃。也正是这个原因，那几年家里倒是总有东北大豆和山芋干，回来就提升为副厂长。"文革"期间，江华爱人跳楼，两口子离婚。我爸爸每天回家都是一身的糨子嘎巴，写大字报、刷大字报。我妈还跟他开玩笑呢"原来字写得好是这么练出来的！"没多日子就给他打成"现行反革命"，不服啊，天天闹，就把他和一个精神病人搁在一个屋里，不允许回家，更没有探亲假，门口站着两个警卫员。出去上班时警卫员跟着，等晚上睡觉，一个在屋里"陪睡"，另一个在旁边屋盯着，配一部电话。当时，五五年的中将、后来的七机部部长莫文骅也下放到这个厂，他对我特别好，每天都给我块儿糖吃，为嘛口袋总装点糖块儿呢，一是他糖尿病怕引起低血糖，二是每天能看见大王的孩子，证明自己还活着。

我父亲不认头啊，也是到处找，最后给他调到故宫博物院。怎么去的呢？正好中国语言学家王力下放到左家庄，我爸爸也没什么事就帮着他整理笔记，王力给他举荐到故宫，说："你换换环境吧。"那时大行其道研究明史，正缺人，就去了。可是，长期两地分居受不了，已经联系好了北京第一皮鞋厂让我妈去，她不去。天津这头儿姐姐们在身边，北京那头儿就一个亲哥哥也照顾不了她，最主要还是因为没有房子。她如果去了就得跟我爸挤单身宿舍，我爸想回"一〇五"单位又不要。等到七七年，实在没办法了就自己手写工作对调小广告，领着我回天津到东北角大胡同路口的广告牌子上贴条儿,唯一犒劳我的是去东北角新华书店买几本小人儿书,有时再买几块糕干或蜜麻花,要是还能剩点钱就在东风电影院看场电影。

我爸每次回到家也是不愿意走啊,老是因故往后拖,我妈恨不得让他走,眼睁着歇事假扣钱呀!不久,工作对调有信儿了,哪呢?五五二厂,上马时是军工厂,后来改为民用,叫津翔电梯厂。可是,我爸落在这个厂后也就不上了,在外面干点这干点那,平平淡淡就过来了。

二伯呢,河北工学院大专毕业,先去的贵州,后来落在淮南煤矿当工程师。老伯,中国农学院毕业,分配到邢台水库,在那认识了天津知青段美华,也就是我老婶。老伯最后落在河北农大,教授,二〇一二年去世。

返回来再接着说我爷爷。解放了人家不敢租房了,你得走哇!没辙,托儿老小就回到丁字沽。好在我爷爷在丁字沽有房,是东房的连三间。正房三间是老太爷老太奶奶的,后来给了二奶奶,大爷在我们对过儿的西房三间,不过大爷一死房子也就塌了。爷爷一回来,他自己住一间,我爸爸住一间,另一位夫人住一间,这叫嘛事呢,俩媳妇、四个孩子生活在一起,但我爷爷还是死活不上那屋去。这当口儿,《婚姻法》颁布实施,我爷爷说:"这下把我救了!""一夫一妻制",他只能选择一个,就挤兑王洪章和他妈妈走,走可是走,得给人家一间房,于是就把靠左手那间归了这位奶奶。离了婚,我这位奶奶抱着孩子就去了东门里娘家兄弟家,人家趁三个四合套院子,没多日子就给奶奶找了个活干,嘛活儿?在滨江道工人剧场夹道看自行车。因为奶奶小脚儿,住老城里来回不方便,就在工人剧场旁边的二楼租了一间小房,别看就这么艰难,人家儿子考上了中国人民大学。可是到了"反右"时候,这孩子还没毕业呢,就给打

王家祖宅残留的老墙

成了"右派"！那时他已经结婚了，娶的是亲表妹，舅舅家的孩子。因为戴着"右派"的帽子，分配时给他弄到内蒙古包头的一个县里，媳妇是水阁医院的护士，跟着既是婆婆又是姑姑在一块过，因为这层关系还没法要孩子。我爸爸特别同情她们一家，跟我妈搞对象时，几次偷偷约我这奶奶吃饭。等他们结完婚再去找我这奶奶，就找不着了。归其她让侄女离了婚，自己跟儿子去包头了。当地的生活非常艰苦，娘俩相依为命。有一天，王洪章在自家门前的土沟子里发现了一个弃婴，就抱回家来。奶奶抱在怀里愣是一点点给捂过来的，要不就冻死了。这么穷的日子还是把孩子收养下来，起名叫王蒙。可是，太难了，活不下来呀！一九七二年，奶奶带着这孩子坐火车，走了好几天回到丁字沽，到老院儿想找租房户要俩钱儿，没想到一推门，租房户家里就剩仨孩子，大的才十五爹妈就没了。你说谁还张的开口？好像是这家孩子的姑姑给了点钱，奶奶待了几天就回去了。顶到七七年奶奶又回来过一次，都是我爸爸出钱接待的，给奶奶买的腿带子、鞋、棉帽子，还有好多吃的东西。临走时，奶奶说："这可能是最后一次了，岁数大了，来不了了。洪章呢，也平反了……"

回到包头，王洪章在学校当老师，捡的儿子上了中国人民大学，跟他爸一样，现在是内蒙古包头市一个地区的地税局局长。二〇〇六年拆老宅时王蒙来了，他说："我知道自己是捡来的，我一辈子感谢我爹和我奶奶，要是没有他们我就喂狼了。这房我不要了，我家庭条件太好了，就有一个请求：能不能在奶奶有口气时，让她落叶归根。"意思是跟我爷爷并骨，我爸爸还是受传统观念束缚，结果这个愿望没能实现。奶奶去世以后，我专门坐了回慢车体验老奶奶当年回天津时的艰辛，我才四十岁，坐的还是"普快"，到了包头俩腿都肿了……老奶奶的墓地挺好，站在那可以看见黄河套。

王传林祖宅内仅存的一棵枣树

我爷爷把那个奶奶挤兑走了以后，家里人谁

也看了不上东北带过来的这位奶奶,都认为她是小婆儿,就在丁字沽街里摆茶摊,其实给她找了个工作——五爱道副食店,结果站了一天柜台就不干了,她哪受过那份累啊!别看爷爷个性那么强,对奶奶特别好。奶奶是抽大烟的底子,解放后虽然戒了,可是一直哮喘,始终吃着麻黄素药片。再有,她离不开点心匣子,自己不会做饭,也不正式吃饭,都是爷爷伺候着她。为了供奶奶抽烟,爷爷把自己的烟先戒了,还给奶奶每天订两瓶牛奶,爷爷没跟奶奶发过一次脾气、红过一次脸。再说我二伯在外地娶的安徽媳妇,生的我大姐王晚霖,自己弄不了,就把孩子搁在奶奶这边看着,接着又生了王嘉霖,只能自己弄着。后来又生了个小子,也送到天津交给奶奶看着。六九年搞"战备疏散"①,闹得挺紧,爷爷把自己的房子和后院儿卖了,多少钱呢?一百八十块钱!还偷着把家具分了,没给我们留一件。我妈妈的意思:您别卖房,留个退身步。可谁劝也不行,归其老两口子不辞而别,去了安徽找我二伯去了,到后来因为不适应又返回丁字沽,那就不说了。

  我妈妈是一九三八年六月的生日,姥姥家是河北大城县小田村的。姥爷在三条石给人家当伙友。我妈妈上头有五个姐姐、一个哥哥。当时我姥姥家是"堡垒户",我妈妈刚出生还没出满月呢,有一天,一个女八路跑到我姥姥家,告诉我姥姥后面有汉奸追她,我姥姥就让她上炕。来人问,就说正做坐月子呢。我姥姥一打开门,汉奸就进来了,一指,说:"她就是八路!"你想,汉奸也是当地人,能认

---

① 1969年3月,"珍宝岛事件"后,中苏关系恶化,党中央判断苏联很有可能对中国进行突袭,甚至使用核武器。在此背景下,我国开展了防范"新沙皇"侵华战争的战备和疏散工作。从9月至12月,疏散大中城市人口、物资,是当时全国各地普遍开展的重要战备活动之一。

王传林在当年的寄养户门前

不出来嘛！结果抓起来到村外就给弄死了。有人说，是我们这个堡垒户出卖了八路，结果我姥姥就给迫害死了。没有依靠了，一大群孩子就到天津找我姥爷，落脚在南竹林村，没多日子姥爷也死了。是我这几个姨把家撑起来。我妈妈在恒源子弟小学毕业后，上的四十四中，然后分配到十月皮鞋厂，自己一个人在西于庄新建里租房住。王连泰的妹妹王云英跟我妈妈是同学，她俩就张罗着在皮鞋厂给我爸爸介绍对象，见了面没成，我爸耍了个心眼儿，就找王云英要对方的家庭住址。王云英说："我哪知道，你找田玉华呀，她在新建里住。"我爸就到胡同等她去了，请她吃饭时说："那天见的那个不行，我看上你了！"我妈就犹豫，回去找三姨夫帮忙，通过公安红桥分局了解我爸他们家的情况。人家说，这家社会关系太复杂，但是最终也没影响他们俩结合。结婚时，我爷爷给了他们一个从奉天带回来的日式大立柜，其他都是我妈妈带过来的。婚前我妈就提出来，以后不跟公公婆婆过、经济独立，也不给你们家钱。所以，有了我，奶奶不给看。怎么办？我妈妈得上班啊，刚八个月就把我交给邻居奶奶照看，看了两个月就受不了了，整天哭啊！于是就把我送到三道街的一户人家。这老两口子是河北省吴桥县的，老头儿叫张洪才，是个木匠，做临时工到天津，解放以后入的二建。早先在西站租"篱笆蹬"（简易房）住，正赶上新中国成立十年大庆，政府要拆除这片烂房子，就把他们安置到了丁字沽。当时张洪才没有正式户口，后来有个政策说，如果去支援阳泉就可以解决户口，老头儿就去了。老伴齐淑英自己住着一间房，也没个孩子，正好把我放那连给她解个闷儿，每个月给她十五块钱。记得我妈妈天不亮就把我抱出来，直接去北头儿等着炸果子，六分钱的大果头儿喷儿香啊，我妈妈舍不得吃一口，就得搁在人家，其实我只吃不点儿。为嘛说我们家条件好我却经常吃棒子面呢，就是这么来的。我起小就叫她干妈妈，从十个月看到我十岁。这十年间，人家也得回趟家看看嘛，头一次干妈走了二十多天，我没处去就在她们家门口蹲着。等干妈回来邻居们跟她说："你可把孩子坑了，整天像小狗儿似的蹲在门口。"干妈一听就哭了。所以第二次回老家就带着我，一下火车我就傻了，铁道两边全是沙土盐碱地，家家喝咸水，就别提多穷了！顶到我十一岁了，有了我弟弟才回自己家。我走了，这老两口子抱养了一个闺女，后来老头儿调回天津在大港干建筑。

  我回到家可父母还是两地分居呵，弟弟只能我来照顾。我从小就会做饭，弟弟上幼儿园也是我接送。我呢，还得上学，你想成绩好得了吗？初中毕业差七分没考上高中。那年代淘汰率很低，愣没有我，怨谁？就是家里拖累的。那年才十五岁，年龄太小没处去啊，顶

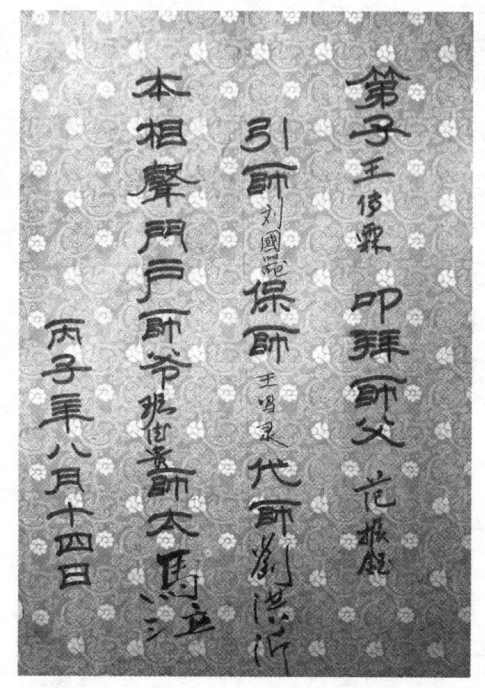

1996年8月14日王传林拜师会纪念簿册页

替,人家都不要。怎么办呢?再复读一年吧。这回遇上好人了,我的同桌是著名相声演员魏文亮的儿子魏巍,他们家原在人民剧场后身住,拆迁后搬到本溪路清源楼,魏巍也跟着迁了校。我们俩挺投脾气,能玩到一块。有一天,魏巍把我带到他们家,那时魏文亮就已经很出名了。他问我家庭情况,我就原原本本说了,回来魏巍就跟他爸说,要不让传林学相声吧!魏文亮说,我那么忙恐怕教不了他,再说也没见着他父母,学这行家人乐意嘛?于是他就把我推荐给了于宝林,于宝林收了我并且给我开了蒙。他告诉我:"你再忍半年,我们实验曲艺杂技团就招生啦。"我花了不少心思练习基本功,招生时就考进来了,心里可高兴呢!没想到刚待了半年,情况发生变化,因为要成立北方曲校,实验曲艺杂技团解散。当时有个"卡线",四十岁以下的都安排到和平区电影院,自己有地方去的就自己想辙。我家里也没干这行的,心里就发毛了,归其我妈就给我带到"一皮鞋"(第一皮鞋厂),进去就是二级工,三十七块五。我一看那活儿就怵了,待了不到一年,又让我爸给转到"津翔电梯",可是依然留不住我的心。那会儿我刚结婚,没钱,逼的我到外面去说相声,一个月挣回来"三大件"(自行车、手表、缝纫机),包括录音机、电冰箱也都是说相声"说"出来的。我喜欢,我钻,我下功夫,正好厂子也不行了我就出来了。

我属于先学艺后拜师。一九九六年,我和夫人组织了一次相声界的拜师会,京津两地二十多人同时拜师,我拜的师父是范振钰。

自打我烧伤以后就不再说相声了,但适者生存,我改说评书。其实我从小就喜欢评书,老早就能说《聊斋》,但评书不挣钱,听评书的人认"老",年轻人说评书总认为你胡说八道。不知你注意没有,相声演员从来不留胡子,说评书的就不一样了往老上打扮。说书是很苦的,懂多大人情说多大的书,肚子还得宽,哪行哪业都得扎实。当今社会快节奏,弄两段相声,火了,谁还愿意费那劲!我拜范先生时正是相声的低谷,为了吃饭,我只能推着小车买鲜货,不行,又到电视台少儿频道给人家撰稿、排节目。到二〇〇七年才开始去北京说相声,一个礼拜两场,早晨九点多走,晚上十一点回来,坚持了两年,累的我得了糖尿病。想改行的原因除身体之外,还有三点:一是我没有创作能力;二是我没有固定搭档;三是我从心里喜欢评书。其实,我在二〇〇二年就开始在南市的燕乐剧场挑牌儿说评书了,和平文化宫、民主文化宫也都说过,最后在津乐茶楼我一个人干了九个月,每天三十个固定座位全满。接着,北京"中文

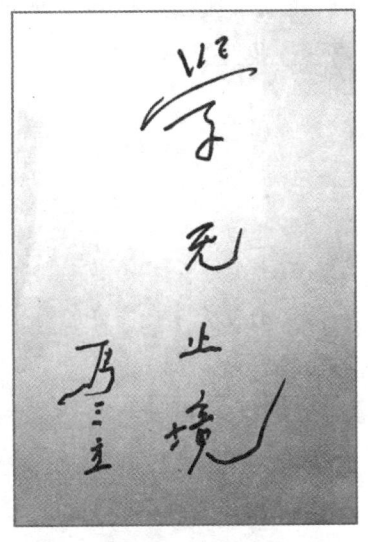

著名相声表演艺术家马三立给王传林的题词

在线"老总找我:"你就录,有多少我要多少!"由此走上评书这条路。我拜了马岐为师,这人很了不起,他爸爸是西河大鼓马派创始人马连登。

回想起来,我爸对他这俩孩子寄予了厚望,从起名字就能看的出来,我应该叫王撰霖,我弟叫王抒霖,意思是一个能写,一个能说,而实际上我们俩的性格正相反,我弟非常的不爱说话,我却特别的喜欢表达。为嘛人们都管我叫王传林了呢?该上学了,干妈领着我到学校去报名,老师问这孩子叫嘛名字?干妈也不识字,操着吴桥口音说:"王传(zhuàn)林!""哪个传(zhuàn)?""我也不知道!"老师就凭着主观想象,写成了最简单的"王传林",可是这个"传(zhuàn)"字要是念出来,都念"传(chuán)"。几十年来就这么以讹传讹,可户口本一直是"王撰霖",弄得我非常不方便,在申办身份证时,我要求派出所把名字改回来,结果只把"王传林"改成了"王传霖",让我哭笑不得。

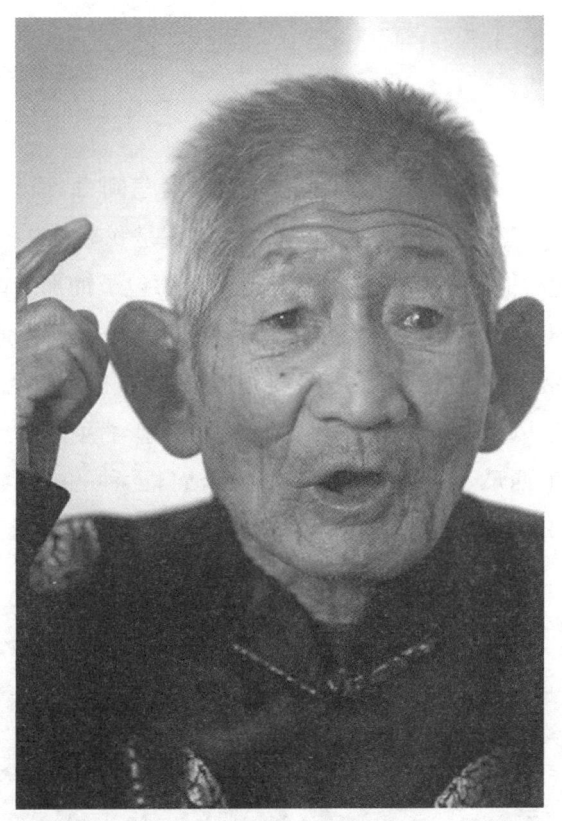

贾金祥

采访对象：贾金祥（1941年生人）
采访时间：2017年3月7日
原 住 址：丁字沽北大街44号

我们家自己有个院儿,北房三间,南房三间,西面是柴房加门楼。临着丁字沽北大街角上有间门脸儿,就是我爷爷开的糖摊。我爷爷叫贾顺,他有个弟弟在河北大街天顺德包子铺那个胡同住,靠卖力气为生。当年我们家糖摊有个字号,叫"顺发合"。别看糖摊不算大却养活着一大家子人,主要经营瓜果梨桃和干炒货,自己家有炒锅但还是以趸货为主。我还跟着去过呢,担着两个条子筐到大胡同侯家后上西瓜。香瓜、菜瓜都是丁字沽自己种的,够时候到地里收去。如果上炒果仁就背个口袋去西沽的盐店街。摆渡口就我们这

位于丁字沽北大街的贾金祥老宅附近

古运河异常平静,似乎忘却了过往的喧嚣

一家糖摊,斜对过离个一二百米还有家姓李的点心铺,他们家的东西比较全,干的比我们大。

我父亲他们是哥儿仨,老大是娃娃哥哥,他排行老二,叫贾炳义,弟弟叫贾炳恩,过继出去一个弟弟改名叫王宝玉,给了丁字沽一个孤老户——王老太太。这王老太太在丁字沽的北李家胡同看公共自来水管子。那时吃水得先买牌儿,担一挑水给一个牌儿,王老太太始终看水管子,丁字沽其他地界儿都没了,就留她这一个,直到她死了这个水管子才停。王宝玉呢,成人以后在天津重型机械厂干木型工,现在他的闺女、儿子都挺好的。

我父亲一懂事就在脚行忙活,打个小空儿嘛的。丁字沽的脚行只分南北,脚行都没有字号。北头儿脚行是王金和的,为嘛北头儿的高跷叫"永和"呢,就是借用了王金和的一个"和"字。北头儿脚行

图为丁字沽渡口遗址，河对面原为柳滩村

就在摆渡口附近，也是临街一间大门脸儿，后边是个澡堂子。王金和不天天去脚行，专门有人替他盯着。扛活的先到脚行报个到，脚行让你扛哪个船的粮食就扛哪个船的粮食，每条船都有个"埝头"在那指挥。扛活的每扛一包粮食，临上岸时就在木制的方盒子里拿一根"签"。"签儿"是竹劈子做的，绿油漆的"花头儿"，扛多少包就拿多少"签儿"，顶完事拿着"签儿"到柜上结账。实际上，脚行就是个派活儿的地界儿，像工厂的调度室。你也扛活，他也扛活，外来的也扛活，给谁们家扛，扛到哪去，不得有人操持嘛！歇个肩儿、喝口水也都在脚行。但是，脚行在扛活的身上"扒皮"。水能白喝吗？桌椅板凳能白用吗？活儿能白给你找吗？每个月得交给脚行几个大子儿，按现在的说法，就叫"管理费"。别说，脚行也管不少闲事，你像河里漂过来"淹流儿"（死人）了，都是脚行负责打捞，男"淹流儿"都扒着，女"淹流儿"都仰着，弄上岸后买一捆芹菜盖身上，这样不遭苍蝇。然后找顶破席苫上，等着来人认尸。放几天没人认，脚行就叫白抬会的给找块地界儿埋了。丁字沽的人几乎没有不会水的,那晚儿家里孩子多,家大人打发孩子经常说的一句话就是:去去,河边儿玩去!河边儿能玩嘛,不就下河吗!加上过去老闹水,为了活命也得学会在水里扑腾。那晚儿运河水是活流的,上边倒尿,下边就担水,没有喝坏肚子的。

我父亲就在脚行里扛活,每天带着块头巾去等活儿,对头儿的粮船一来,就开始下河。一包粮食一百八到二百斤,也就能扛一包,因为还得走"跳"(跳板)呢,如果粮垛码的高得走好几"跳",这活儿可是苦大累!而且一个"签儿"也挣不了多(少)钱。到冬天河一封冻就没活干了。北运河属于"碴河",嘛叫"碴河"?就是一到冬天,打上游飘过来的浮冰就把丁字沽这一带的河面给碴死了,别看冻在一块,冰面没有平的。冬天,那些扛活的人就在公所和白抬会坐着等

老摆渡已被水泥便桥取代

活儿,嘛活儿呢?窖冰。丁字沽有俩冰窖,北头儿这个在新房子,原来小穆佬儿在那住,一片小树林,孤零零就那么一间房,大伙都叫"新房子",就现在的凯旋里后面。南头儿的冰窖在邢家台。冰窖是几个人合伙干的,有个叫宋福昌的在这俩冰窖主事,他们家在二道街住。冰窖的冰一半在地下,一半在地上,先用席盖在冰的表面,冰就不沾土了,然后铺上稻草再培上土,这样闷实不容易化。等到天暖和主家开始卖冰,顶多找几个小工子。过去有私人做枣核冰、刨冰的,就用这种天然冰。当年我跟着拉过冰,我父亲不去,他干嘛呢?弄私盐换白菜、换玉米听子,然后挑八股绳到市里去卖。盐受控制,不能私自买卖,逮着了就抓起来。我们丁字沽不有城防嘛(现五爱道与零号路交口),两个大炮楼之间立着栅栏门儿,你得看有没有站岗的,要是没有就赶紧往里进,他们手里都有"探子",往麻袋

位于丁字沽北大街的老会所旧址

里一杵,就知道带的嘛东西。我父亲解放后归到西站粮库正式拿月钱。他十几岁就扛活,浑身是病,五十多岁就死了。我母亲也是丁字沽的,南大街曹家,姥爷在我记事时就没有了。我姥姥呢,又走一步(改嫁),去了西沽。这个姥爷我了解,他卖油盐酱醋,卖白菜、卖萝卜。平日我母亲帮着我爷爷看杂货铺,我爷爷一死她就接了过来,公私合营时给她分到西于庄兴北戏院旁边的鲜货铺子,干了一段,又让她去了西于庄酒馆,在那退的休。

会所对面的小酒馆,让丁字沽人记忆犹新

到我这辈儿,哥俩、姐俩。我上了一年学就不上了,到西沽打小空儿,哪呢?西沽的汪家花轿铺。早起上那排个儿去,等着给派活儿。赶上结婚的穿红袍,赶上死人的穿白袍,都是花轿铺提供。他们家的轿房老大的,能盛三四顶花轿。要是赶上晾轿、转轿还能多给俩钱儿,要是那没活儿,就提着竹篮子到野地、坟圈刨马须菜。丁字沽这片儿有几座大坟,都是城里有钱人家的。咱丁字沽人,都是给城里人看坟,最初一年给几个大子儿,过后你可以在周边种地,也就不给钱了。主家会告诉你:"随便使唤吧!"冯家的坟最大,可能是

冰窖是昔日人们用以储冰避暑的窖穴,据老人们回忆,丁字沽曾有两处冰窖

东浮桥的,还有一个侯家坟也不小。另外有一家,按辈分把坟排成"人"字,也就是说这座坟年头最长,究竟谁们家的说不好。那前儿棺材也分好多种,有实木的,有空心的,有薄板的,有好木头的,有次木头的,最不济的来个"狗碰头",你说那好得了嘛,几条狗拿脑袋一撞就钻进去吃了,哈哈哈……看坟的,顶到清明前把一年的杂草给铲铲,培上新土,周围弄利索了,主家来了祭拜、烧纸,满意呢让你接着看,不满意就换人。

我五七年参加工作,十七岁入了农业社,在丁字沽四队。一个队里有园田和旱田,我在园田。园田受累。大田你种上就不管了,耪耪草、间间苗、浇浇水。园子不行,到嘛季节种嘛菜,没有一天没活的。冬天也有大棚,出茄子、冬瓜、西红柿。可不是给老百姓吃,都给各大宾馆、饭店送,就是让老百姓买也买不起。那时的大棚很简易,最早阳面是一排玻璃框子，太阳足的时候把草帘子卷上去，里面靠门口生着炉子，拿红瓦拼起来做烟筒散热。别看挺费劲，产量并不高，以后用二塑生产的塑料薄膜就简单多了。冬天，有活干就记工分，没活就没分儿，园田比旱田分高点儿，干到丁字沽大队解散。七七年给我转到红桥区废品公司，还没等改革开放我就不干了，经常开假条歇病假，单位找我："您这样不行，要不就离职，要不就上班。"我一看，盯得紧了就上几天，盯得不紧就接着歇假，单位对我也没辙，算啦你回家等着退休吧！其实，我一天也没闲着，嘛都干。八几年我开了丁字沽第一家花轿铺，叫龙祥花轿铺，花轿是我自己做的，然后置办行头家什儿嘛的，还搞了一次大花轿剪彩仪式，都是咱老丁字沽人。穿上礼仪服装，吹吹打打的抬着大花轿沿着大街走了一趟，热闹极了，就相当于现在的婚庆公司。好么，我这顶大花

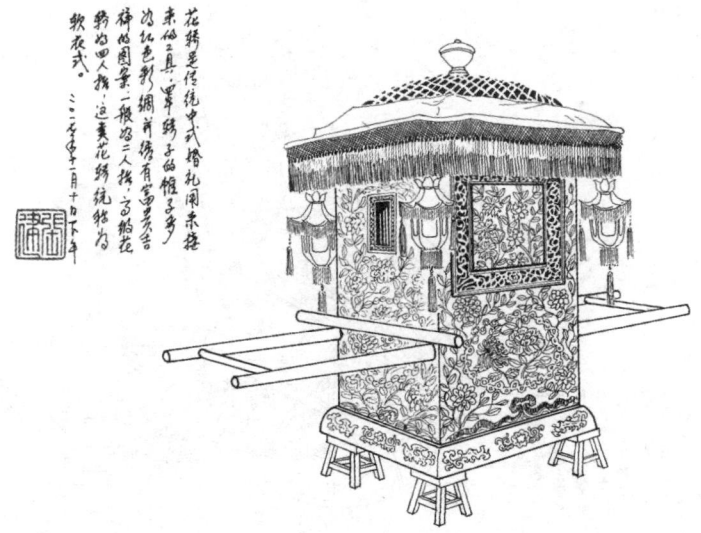

贾金祥制作的大花轿，综合了杨柳青石家大院和天后宫的花轿精华，非常有特色

轿又是登报纸,又是上电视,刚一干就火啦!火到嘛程度呢?我在蓟县干了一个月,在塘沽一干就是俩月,几乎一天办一场婚礼,那时传统婚礼比较时髦。

怎么个起因呢?有个邻居问我:"你嘛都会干,做花轿你行吗?""那有嘛!""你做个我看看!""我做了谁要?""做了就有人要!"他这一说我动真格的了,就上废品站买下脚料,然后骑着电动车去了杨柳青的石家大院,摸摸那顶轿的尺寸,画了张草图就回来了。我还是觉得有点问题,接着又去娘娘宫摸摸那顶轿的轿门、轿窗尺寸,综合两顶轿的优点,按照实际比例下料焊接,没几天就做出来了。花轿的罩子在古文化街叫人家给定做的,他们拿着我的图纸一个劲儿地问:"这准嘛?!"我说:"你就做,尺寸有问题算我的,做不好算你的。"结果,拿回来往上一套严丝合缝!这顶轿我花了一万多

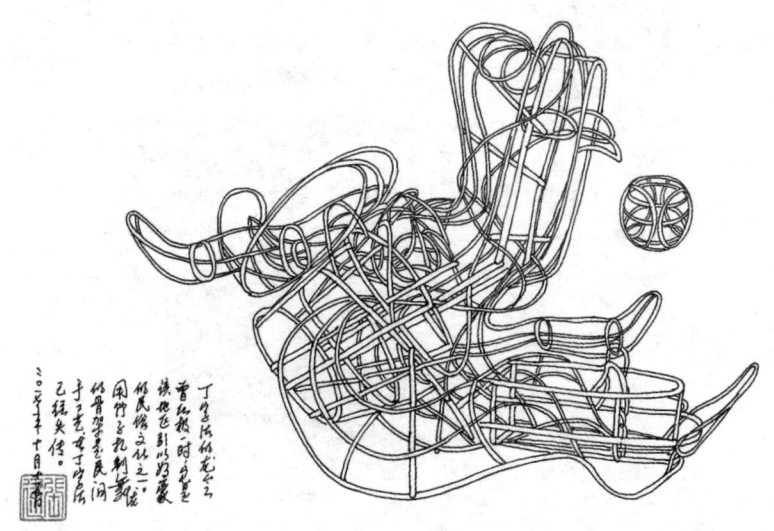

丁字沽龙会扎制的龙头骨架示意图

丁字沽龙会龙头艺术造型示意图

块钱,花轿都做了,干脆就干花轿铺吧,就这么着成立了一支队伍。我接的头一个婚礼是"黑村儿"(外来人口聚集地)姓付的聘闺女。第二档儿是涉外婚礼,新郎是英国人,新娘是天津人,俩人在日本认识的。本来在英国办完婚礼了,回到天津听说有大花轿又办了一次,热热闹闹都挺满意。他问我婚礼得花多钱,我一看是外国人咱少要点吧,就说二百,结果人家还是给了我五百。开业的头三年相当火,活儿都接不过来,等于我把老天津的传统婚俗给恢复了,所以很受欢迎。那时,我这套东西就放在李广文的一间空房里,后来拆迁我搬到张家窝,在那租了间带阁楼的房子,专门存放花轿。二〇一〇年我得了脑梗,实在是干不了了,才停下来。

我这辈子没文化,但是有头脑,敢想敢干,嘛事没有难住我的。记得小时候我在张家馄饨铺吃早点,就特别注意人家的手艺,因为我也吃过别的家的馄饨,不如他家的好吃,汤也不如他们家的白,就在旁边看着。见张家把煮过的骨头棒子又搁回锅里,就问:"您这骨头煮完怎么还搁里?""你小孩懂嘛!新骨头衬味儿,老骨头衬白!"这一说我马上就明白了。所以,我在四新道干早点铺时,早晨五点就卖上了,那也是改革开放头一家自己的早点铺。那时都是孩子们跟着一块忙活,等他们一个个都成家了也就完了。

我再说说白抬会,它是坐北朝南两间大房,平时有一帮子人坐在屋里喝水聊天,有事了就全出动,白抬会屋里不存棺材。丁字沽有两家材厂,北头这家是王二爷开的,他是上蒲口人,跟我们家在一溜。我那门口比较繁华,摆渡、脚行、白抬会、公所、理发所……是个吸乎人的地界儿。王二爷材厂是他近门儿的侄子帮着打材,这人叫王小链。白抬会专管丁字沽的红白事儿,他们不管是有钱人家还是穷百姓,一招呼就走。像春天来了,死的小孩就多,他们就弄块草席裹巴裹巴给埋了。穷人家有事分文不收,大户人家就得出点费用。你像过去给村子打更的,也都是买卖家出钱,那叫吃"当地"。白抬会没有指定的坟地,五金废品厂后墙、八一面粉厂那块儿,原来就是烂葬岗子。解放以后,白抬会那屋改成了小人儿书铺,还放过电视,再后来改成了包子铺。

往南走就是公所,公所的房子不大,条案上供着一溜小佛,有几个香炉,都是些在理儿的聚在一起。他们手里都拿着念珠,我所知道的老当家是华二爷,当年华二爷是坐缸死的。那大殡出得,旗锣伞扇,吹拉弹唱,要嘛有嘛,那口缸放在棺罩里抬着,顺着丁字沽南北大街、二道街、三道街都溜过来了。华二爷在丁字沽有名,为嘛呢?他大事小事说了算,别管怎么难,他三言两语就给解决了。他家在北大街住,华家也是一大户呢!公所那间屋曾经开过说书场,郭

贾金祥叠制的"小燕窝"

德纲的师傅金文声最落魄的时候,在那儿说书。

  丁字沽有两道会,高跷是北脚行管,大龙是南脚行管。高跷由王金和牵头,叫"永和"高跷老会。姓曹的扮"傻哥哥",我去"小缨哥",华老四的"棒槌"……化好妆、穿好衣裳,把裤腿都撸起来,然后自己找自己的高蹬。有人帮着梆腿子,腿子五尺长,踩上可以坐房檐。丁字沽高跷的师傅是王庄的,不有句老话嘛,"丁字沽大龙耍得高,王庄高跷带小脚"。咱的高跷能在冰上耍,腿子头上都有铁箍带抓挠。丁字沽的高跷有唱腔,也有唱词。嘛时候唱呢?"拉骆驼"时才唱呢!每次演出时,有人举着我的腿子把我送上去,我跪在他们肩膀上摇晃着小花篮儿,紧接着就唱起来。

  大龙这边谁是会头不太清楚,就知道李文宝总跟着忙活。还有个姓林的给龙扎焾子,大伙拿毛头纸叠成"小燕窝"给他送去,他用秘方配一种药,掺在热油里把焾子"炸"一下。龙架子里有个夹子,把焾子夹在上面点上。叫绝的是,你举着龙走着的时候它不着,只要你一耍它就着了,天黑的时候,大龙整个都是透亮的。这条龙加上头尾得十三个人耍,一人举一段,一段有两米来长。一个龙头八斤重,一条龙三十多米长,龙骨架都是丁字沽人自己扎的。李文宝扎过,最后这条龙是李七扎的。我们都跟着劈竹子、刮篾子。龙头、龙尾是用布一点点糊的,龙身子也罩上布,身子有多长,布就有多长,最后李文宝在上面画龙鳞。耍龙头可不一般,得有把子力气,我记得宋大个儿耍过。耍龙尾也不简单,龙头动一下,龙尾就得跑一圈,我就是耍龙尾的。"跑四图""串四门"、翻跟头,还有好多讲究呢!八〇年国庆节耍了最后一次,从街办事处出来奔南大街,然后沿着二道街、三道街拐到中环线,打"二灯泡"(第二灯泡厂)奔四新道这么绕回来的。

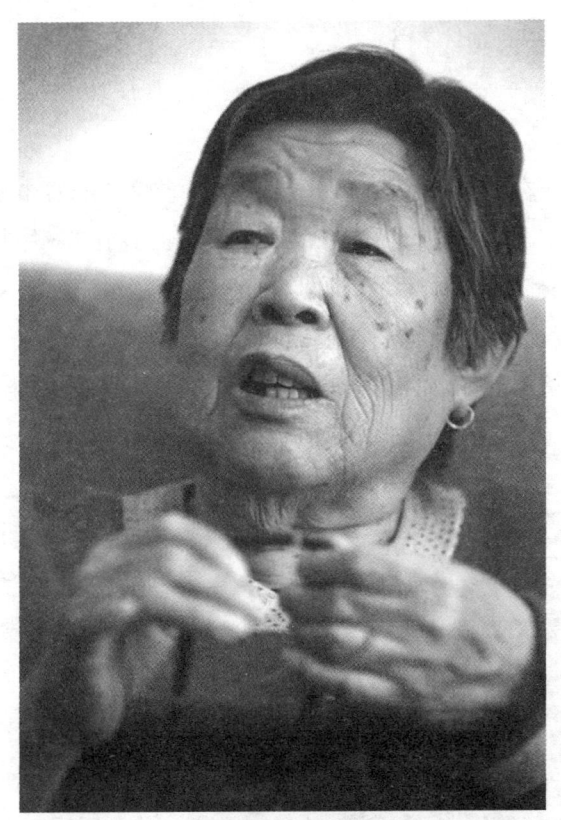

杜洪英

采访对象：杜洪英（1932年生人）
采访时间：2017年3月9日
原 住 址：丁字沽南大街2号

我们家在南大街北大街分界线上,两个院儿隔着个小医院儿,南大街是二号,北大街就是一百二十四号。我在"一片儿"搞过街道,开始是韩娘,岁数大了,我们这几个就接了过来。有刘秀珍、李秀兰、陈金花、何桂花她们几个,这些人现在都没了。

我们爷爷叫王福生(公公),年轻时在鱼市附近的华北鱼店当会计。鱼都从船上来,他们主要干批发,那些年家里吃鱼很方便,经常提了个小篓回家,日子过得还不错。另外,我们爷爷那院(北大街一百二十四号)住着老哥儿四个,南北各有四间土坯房,一人两间,西边是个后院儿,有的又盖一间,有的就没盖,出了后门是个大坑。东边守着北大街有一大间房,偏面是进院儿的大门,屋里有一溜火炕,是我们爷爷的叔

王绍智(左)和王绍甫,1969年在北京北海公园留影

伯哥哥开的旅店,凡是来丁字沽办事过夜的就住他那,所以大伙都管那个院儿叫"王(家)小店"。别看大奶奶在院儿里有间磨房,一盘磨、一个碾子,给做家们推棒子面、碾米,可一提那儿,照样还叫"王(家)小店"。但是,等我进了王家门儿,旅店就不干了,自己住,院子里存放脚皮车,由二爷敛车底儿钱。

再说我们爷爷待的那家鱼店,以后收回了,他就到老兄弟在南市开的永安轮带厂当会计。公私合营时,老爷合到了五金交电公司,给他也分了一个单位,好像在哪个县,一看太远就回丁字沽大队。大队说,你干了一辈子会计,在农业社接着当会计吧!"四清"时有人问他:"老王四爷,你是干嘛的?""会计。""你哥哥呢?""别提我哥哥!""那你也得说说啊!""告诉你,解放前拉胶皮,解放后受慢急!"哈哈哈哈哈⋯⋯

南大街二号这个院儿,原来是于家的。他们家哥儿仨,老大在西于庄,老二在这院住,老三跟他妈妈住自己的老宅。我们在"王(家)小店"不有两间北房嘛,老太太原来住闺女家,一有病伺候不了了就弄家来了,这下就住不开了。正赶上公私合营给了我老伴二百块钱,就买了二号院儿的两间南房和西边的空地。我们搬了过来,以后又在空地上盖了两间房。于家还有北房四间,南房两间,后来北房又卖出去两间。

我老伴他们一共哥儿三个。他行大叫王绍智,俩兄弟一个王绍甫,一个王绍刚。早年,我老伴在侯家后小马路的永和鞋铺学徒,这鞋铺是他姑姑开的。实际上就是替他姑姑经营,采买、记账都是他操持,可是他这姑姑特别抠儿,忙活一个月也给不了俩钱儿。我老伴一想这养活不了家呀,归其就考上铁路了,姑姑说嘛不让走。好么,就跟审"玉堂春"(剧名)似的,非要问出个原因,逼的我老伴说

位于丁字沽南北大街交界处的杜洪英老宅旧址

实话了:"你就给我这俩钱儿,不够养家的!"就这样了嘛,她既不给涨钱,也不让他走。我老伴心里憋气啊,不行,还得想办法。过了段时间又考上了银行,多好的工作!说实在的,就怨我们爷爷。他始终向着他妹子,就不做这个主,不说这句话。你就让她再找个人怎么不行?那时,我都有了大闺女了,他每月把那点钱交给我们爷爷,我一分钱也见不着。我老伴特别不容易,十岁儿就给她干,抽空去上夜校,他是立信会计学校毕业的,所以找工作很容易,这姑姑就死拴着他。等到公私合营时,他姑姑连他一块都合到了第四便鞋厂,以后改为无线电七厂。他呀,自学的骨科,手艺特别好,经常给厂里职工看病,一来二去名气越来越大,找他的人也越来越多。厂里一看,要不就看大门吧,来看病的省得进厂子了。领导也很支持,传达室还专门配了张床。打那儿起,给人服务一辈子。

怎么学的这门手艺呢?他在侯家后鞋铺那些年,离金钢花园比较近,他喜欢拳脚,一大早就先到金钢花园看人家练武,然后跟着学。正好魏师爷在那招一帮徒弟,总算找到了门派,他就下功夫练,最拿手的是形意拳,反正五六个人靠不上前。魏师爷是山西人,据说是曹锟的护院,身怀绝技,不仅武艺强,正骨也非常棒。魏师爷在这群师兄弟里比较喜欢他,他聪明好学,所以除了教他武功,还教他医术。另外,他在鞋铺那些年也认识不少老中医,像杜松坡杜二爷在官银号坐堂很有名,有病人想请杜二爷都是我老伴亲自去请,他们之间的关系相当好。一个魏师爷和一个杜二爷,对他的影响最大,他把两个人身上的绝活合在了一块,既会推拿正骨,又能望闻问切。前几天儿子咳嗽得要命,我说你爸爸不有方子嘛,赶紧吃两付,归其一吃就好了。

曾经的"王家小店",如今只剩下这几块残破的条石

王绍智诊所旧址

我老伴治好了不少疑难杂症,你像红斑狼疮,别人治不了,就找家来了。"别管了,给你开方子吧!"归其真给瞧好了。人家千恩万谢啊:"我们给王大夫点嘛呢,实在是没嘛好东西哇,我们那儿就出炕席……"结果给背来一领炕席。我说"哎呀,你快拿走,我们上哪铺啊!"哈哈哈……那会儿还在单位呢,有个人把腰摔折了,弄辆大马车送来的:"王大爷——王大爷——!""怎么回事?""嗨,腰摔折了,没辙了才找您的!""抬进来吧!"把人放床上,拿手一摸:"骨折了!别动啊,我给你接上。"他找几个帮忙的,不会儿就给接上了。不是接上就完了,还得送给人家自己配好的糊药。那前儿我在农业社,一年才分个千儿八百的,都给他配药花了,他看病搭进去的药钱就没数了。

哪来的多呢?南海舰队、北海舰队、六十六军、天津警备区的首长们来的多。有个军人叫李爱民,腰伤以后带着卡子,歪着身子,一直都看不好。听说丁字沽有个王大夫就慕名而来,在这儿一点点给他治,卡子也摘了,腰也直了,现在都八十多了还好好的呢!当时丁字沽大街两边停满了车，都上家找来。你说大老远来的能不管吗？丁字沽的孩子出疹子也都找他，有时半夜敲大门，一大早顶门又等上了。病人多时顾不上吃饭，都看完了也快吃晚饭了。常年这样歇不过来，所以就累吐血了。另外，这院子一天到晚人不断也是够乱乎的，邻居也受不了了。八二年，有一回北仓的王大爷来看病，邻居又闹起来，他就说"你们干脆跟我走吧，这不是常事啊！"归其王大爷跟北仓大队书记一说，书记马上就答应了，说："太好了，把王大爷接来，到北仓大队卫生院吧！"其实七一年的时候，公安医院就想把他"挖"走，他老脑筋不愿受人管制就没去，这回是没办法了。我老伴到了卫生院先说："干可以，你们还是跟卫生局打个招呼。""没事啊，你放心，甭管！"那就干吧，没干多日子就叫人给"捅"了，卫生局来人了，一查他没行医执照。"算啦，不干了！我接着为大

2017年的一场小雪给这条老街平添了几分苍凉

伙服务,白瞧白看、分文不取,谁也不来找我吧!"后来,和平区卫生局非让他去,因为是合作医疗必须要有资格证,归其在那儿拿的行医执照。在保定道开办的宏惠医院干了十几年。早晨五点就有排队的,他不管是有钱的没钱的,有权的没权的,对谁都一样。二〇〇二年去世时,花圈都没处摆呀,一拨接一拨都不认识,大多数都是他治过的病人。

他有几招比较拿手:肋条折了几根,别人都不敢动,一扎肺人就死了。他能给接上。肩胛骨断了,医院弄不好,到他这儿都看好了。有一个扛大个儿的,把手砸了,手肿的跟紫茄子似的,手指头七扭八歪的,到医院说这得截肢。吓坏喽,找到王大爷直哭,我这不成废物了嘛!"别哭别哭",他一看,"怎么砸这么狠啊,五个手指头都折了!"他把手指接上又开了吃的药、糊的药,最后治好了,一分钱没要。丁字沽有个人遇上车祸颈椎受伤了,下半身都没知觉了,弄来了。我老伴给他接完又糊上药,还告诉他怎么躺着,俩礼拜我让你怎么动再动,仨礼拜就好了。我们那屋的锦旗都挂满了!七六年唐山大地震,他的同学给他打电话:"哥哥你来吧,我这儿亲戚家属净是胳膊腿儿折的!"他去了一个月,既不是单位派的,也不是政府派的,完全是尽义务。有一年,他们厂跟日本合资,他给日本人的病治好了,奖了他们厂一辆丰田汽车,所以他的外号就叫"老佛爷"。

我帮老伴也服务了好几十年,会看片子(X光片)、会拿环儿(治脱臼)。有一次,我在铁路医院,遇到一家人抱着个孩子哭起来没完,胳膊一动不能动,我过去摸了摸,心想,掉环儿了。伸手一下就给复位了,"没事了,好啦!"那家人不明白"您这一摸就好了?""你再动动,看还哭吗?""哎呦,我们遇见老佛爷啦!"哈哈哈……我都是一点点看会的,他没教过我。死了以后留下不少方子,现在儿

王绍智早年练功及拜师的金钢花园

子、姑爷接过了他的班。当初老伴说啦,传儿子不传姑爷,我说你都得传,传姑爷你闺女不也沾光嘛!

那些方子有不少是祖传的,七几年的时候,有个军人找他看病,一来二去就熟了。他主动提出要帮我老伴整理方子然后出本书,他一琢磨也应该好好弄弄将来留给后人,就答应了。等书一出来,满不是那么回事。内容是他的,名字是别人的,给他气的够呛。打那起谁再提出书,他坚决反对。

我娘家是北郊后丁庄子的。四九年,我十八岁进的王家门儿。那前儿公公婆婆都说,可不能放小娘们儿出去啊!所以家里不让我参加工作。我老伴偷着给我找了个学缝纫的地方,好么,他姑姑知道了,就说:"你穷小子,长本事了,养这么个娘们儿到外边疯去……!"让她臭骂一顿,然后到西窑洼学活儿的地方找我:"东西都拿着,跟我走!"你想,刚娶进来不到一年,我也不摸门儿,吓得我赶紧就回来了,只能在家伺候他们老的少的。赶后来,生完这个小子(前面已经有了三个闺女),我们爷爷问奶奶:"这孩子你给看不给看?!""干嘛?""你要是给看,农业社招人我就给她报名啦!""嗬,你是亲爷爷,我是后奶奶!""别说废话,我就那么一个大孙子,反正不让孩子上幼儿园!你要不给看就别找那屋要钱。"当时,老伴一个月挣三十块钱,交给奶奶十五块钱。我四个孩子,小子刚一生日,你说怎么过?!归其去了农业社,在三队。马东风是队长,王毅年是会计,干了好几年农活儿,直到大闺女要下乡,我一看别让闺女走了,干脆替我算了。闺女入社,我下来干街道,在南大街"一片儿"居委会又干了十几年。南大街到头儿算"一片儿",二道街、三道街算"二片儿",北大街到摆渡口算"三片儿",从那再到冯家菜园算"四片儿"。那时干街道一分钱没有,事可是不少,动员上山下乡嘞,搞大批判嘞,抓计划生育嘞,除"四害"嘞,慰问军烈属孤老户嘞。我还比别人多干一件事,就是居民看完病把针带回家,到时候我得去给他们输液打针。街道实在太穷了,就在南头儿开了间包子铺,后半夜就得去烙大饼、炸果子、包包子,顶到早晨五点开始卖货,大伙都上那忙活去,一个月能拿个二三十块钱。

"文革"时我们家倒没嘛事。"造反派""保皇派"都到我们家看病,我老伴就说:"你们看病就看病,谁也别提派性,我不掺和你们的事。"

宋孝谦

采访对象：宋孝谦（1940 年生人）
采访时间：2017 年 3 月 14 日
原 住 址：丁字沽二道街 30 号

我一世祖出生在康熙四年,叫宋兴业,生了两个儿子,长子宋桧,是我们这边的祖宗。次子宋模,是宋书琴那边的祖宗。带着这两支儿,由山东曲阜小宋庄划着船来到天津。祖辈是打鱼的,到了天津先落在了邢家台,当时那里还没形成村落,只有几个窝棚,我们老祖就平了块地界儿专门晒网,也被称为"网户宋"。"渔樵耕读"是农耕社会的四大职业,所以打鱼还是比较受人尊重的。

其实,我们家曾经传下来过家谱、影画和灵牌,我父亲拿出来过,到过年还要挂上影画、供上灵牌。我记得家里还有姥爷赵光谱

位于二道街的宋孝谦老宅

的好些照片，他是曹锟的副官，穿着军服配着战刀。可是，这些东西都在"文革"中被毁了。家族的许多事情都是后来听我父亲说的，最初的祖训是"人心似铁，官法如炉"，后来调整为"宋氏子女不得与屠夫结亲"，认为整天动刀子太狠了。到了我太爷这辈儿又有了变化，叫"宋氏子女不得与军警界结亲"。可是我爷爷比较开明，处理问题务实灵活，我父亲就受他的影响。他们是哥儿五个，我父亲行老。我大爷二十几岁就去世了，我三伯跟四伯没过十岁就死了。大爷甩下俩姐姐就由我父亲供养，以后就把我大姐嫁给了天津军政局局长的儿子，我二姐远嫁北京，公公是冯玉祥的后勤部长，我三姐（亲姐姐）嫁给了志愿军，我四姐嫁给了解放军，全是军界的，这个祖训也就不存在了。随着社会的变迁，家族也就败落了，这是历史发展的必然趋势。一分家、一病故，大家族不存在了，大家庭也不存在了，逐渐都变成了一个个小家庭。但是，千变万变老宋家唯一一条祖训传承下来，那就是：不犯法。

我太爷爷的时候，家里有七十八亩地，分家时给了我大爷和我爷爷各三十九亩。我爷爷除了种地，他多少有点文化，在老丁字沽教过私塾，谁们家有嘛事了帮着写写算算的，挺有威望。我大爷十三亩、我们家十三亩，我死的大爷十三亩，由我父亲代管，外人以为都是我们家的。

我们家解放以后划成分时定的中农，"文革"时，迎来了第二次"土改"，我们家五间房子加上拐弯的两间，一共七间房全收走了，这叫"扫地出门"。大马车来拉东西，跟农村斗地主一样，每个人只允许捎一套棉衣棉裤或者绒衣绒裤，身上的衣服不扒，其他的嘛也不让带。最初都是丁字沽大队人干的，后来红卫兵又接着抄。六六年，我二十六岁，轰我们走的时候，他们交给我一张纸条，让我们去三道街上的一间小屋住。我说:"共产党有政策,你让我走得拿出依据来!""你们家是富农!""国家不是给我们定的中农嘛,土改没事,'四清'没事,怎么现在又有事了呢!""你们有二十六亩地!"我一听他这么说,心里就有根了,当天晚上十点,我带着"分家单"和材料直接去了市里的"文化大革命接待站"。人太多了,挤不动啊,等了一宿才拿到个"号儿",接待我的是十三号,一个女的。我把材料交给她就问:"我想找十三级以上的领导谈,你够不够级?""我是工作人员。""要是那样我就不谈了!"扭头就走了。转天又去了,还找十三号接待员,我说:"大姐我又来了,你给我找十三级以上领导,你们解决不了!""我们没有这种规定。"我又走了。到第四天,我又跟别人换成了十三号,她一看我又来了,就说:"你进来吧!"屋里一溜桌子,有个五十多岁的领导问我:"你就是宋孝谦?""对。""你的材料我看了,如果确实像你说的,你们家就抄错了!"我听他说完,又问:"您够级吗?""我让你进来能不够级吗?!"工作人员说:"这是我们局长!"我心想可能是够级了,那领导说:"我给你写个条儿,你明天到红桥区街道部找李俊民。"

  早晨八点,我顶门就去了,看见桌子上放着我的那份材料,我把"条儿"递给李俊民就问:"我的材料怎么到这了?""啊,摩托车送来的,你回去吧,我们调查清楚就给你落实。"过了几天,街道就派人找我,一见面先跟我握手,说:"你们家是给误抄了,我们调查过了,你们家的地有你大娘的,不属于你。"这不就平反了吗?可是拉走的东西都不知哪去了!别说,还真退回了件家具,嘛呢?一套沙发,那会儿没人要,也都知道是我的。我是怎么弄来的,有个朋友在委托店发现了这套沙发就跟我说,我一看就喜欢上了,结果花了一百二十块钱买下来,那是三个月的工资啊!

我在"文革"当中也没少挨整，几次上报材料都因为证据不足给退回来，我的罪恶：反对无产阶级革命路线，恶毒攻击人民解放军，诽谤无产阶级专政，打倒"五代会"……河北区开过一次万人大会，批斗区委书记谢荣光，还有个公交口儿的，加上我们厂的走资派、一个"大联筹"的头头儿和我。那天正赶上我老伴要生二闺女，我早晨到营口道第五医院，都给安排完了就要走，老伴恳求我说，"今儿生孩子你得盯着啊！""不行，我非走不可！"老伴儿在医院生孩子，我奔着河北一师的大会场就去了。到门口刚放下自行车，两个单位同事就拦住我让我逃走，我不在乎，非要进去。同事说："弄不好打死你。""打死也去，你们就成全师傅吧！"我一探头，几个人就给我押进去了，其实我属于陪斗的。厂子和车间批斗会也是这样，通知哪天批斗你，到点就自己去。"打倒宋孝谦！打倒宋孝谦——！"批斗完该干嘛干嘛去。"文革"结束后，厂里让我签个字，说"文化大革命"结束了。我说："谁爱结谁结，这么整我，公司、局里都给我报过材料，怎么也得有个说法。"厂里说，这不是平反，是最后给你下个定义：不是敌我矛盾，连人民内部矛盾都不是，属于受蒙蔽群众。结果，公司又派了个干部找我，说："孝谦，告诉你吧，咱们局'文化大革命'没结束是因为公司；咱公司没结束是因为你们厂，你们厂没结束是因为你！"我说："我怎么了？""你嘛也不怎么！""我挨了这么多次整就完啦？""怎么，让领导给你道歉？你喊过打倒六十六军吗？这一条就够了！"我还是不签。下午他又来了："就算哥哥求你了！""哎——说这不就远了嘛！"他给我展开那张纸，上写"宋孝谦同志：'文化大革命'当中受蒙蔽参与了一些违反中央有关规定的行为，现'文化大革命'已经结束，该同志没有任何问题。"还告诉我这个不进档案，签完字他跟我握握手。转天书记跟我说："咱

民宅大门上残留的"文革"痕迹

厂的'文革'结束了!"

七八年的时候车间改组,领导找我:"孝谦,准备调你到车间当副主任。"我说:"能当正组长,不当副厂长!""哦,这么横,那我调别人去!"三天以后,车间主任找我:"孝谦,那个车间还得你去,正的!是工段。"原来,把这车间降到工段,划到另一个车间,让我当工段长,行使主任的职权。我说:"这不吃饱撑的嘛!"同事说:"斗你这么多年,给你车间主任可能吗?!"

就我所知,丁字沽有三家私塾,一家在杠房胡同是我叔伯大爷宋家琪在那当先生,一家在二道街挑水胡同是王先生,还有一家在南大街上是李先生。小时候我在我大爷那上学,每天早晨拿着个小板凳就去了,有时下学就在大爷家吃饭。同学的年龄参差不齐,有的比我大十几岁,这也是私塾的特点。说到二道街,历史上做小买卖的可不少。由南往北,第一家是"王大个儿"的杂货铺,再走是张家杂货铺,我们电线杆底下是个大糖摊,前面门脸、后面住人,瓜果梨桃嘛都有。再往前走是水铺,接着是单家面铺和胡家面铺,他是丁字沽的第一家电磨,斜对过儿是"朱大头"的糖摊儿。回过头来往南走,一过胡同是宋家的大杂货铺。三道街就差着了,一家杂货铺和一家油铺,不过,走到头儿有两家粮店,一家"公盛兴",一家"祥兴永"。

我父亲他们亲哥儿仨,大爷早早死了,二爷当掌柜的,我父亲行三,大排行里我父亲行四。这个家庭也挺惨的,听老人讲,有一年我祖父死了三个儿子,一个孙子,一个儿媳妇,五口儿。我二大爷在上海银行工作,回家以后得了肺病,过去肺痨就跟癌症似的没治。我三伯得的是淋巴癌,都破了。我老伯得的不知嘛病死的。我一个二娘得了肝癌,俗称大肚脾。大排行我的一个大哥,当时才一岁多也死了,我二娘抱着死的这个哥哥,直接扎到墓坑里了。我祖父哭着让我父亲辞职回家待着,不敢再让他出去,结果我祖父六十出头也没了。我父亲在"公盛兴"当账房先生,解放前夕那几家粮店都倒闭了,因为"公盛兴"离着北运河最近,就给军管了,粮店所有的人都不动,专门给解放军看管军粮。解放后,我父亲先在营造厂当小工子,一合营就去了河北区房管局。因为算盘打得好,就给提上来当了干部。"文革"时丁字沽大队给他关了一个礼拜,单位找来了,就对大队说:"他是我们职工,由我们来管,单位也有牛棚。"就这样给接走了,待了一宿就给"放"回来,然后安排他管食堂。干到六十岁了也不让他退休,直到六十七岁那年,因为给食堂买菜把腿摔伤了,养好以后就想退休,可是当时成分还没定,不让他走。我说:"原来我们家是中农。"领导说:"中农就别想了,你们就因为这个抄的家。你们家也没地了!要不定个资本家吧。"我说:"定资本家没关系,多大资本,什么字号,什么地点,经营范围,你得说出个一二来吧。""要不定小资本家?""资本家不分大小。""要不定个小业主?"我说:"这还贴点边儿,但是走街串巷啊还是坐商,你得说出来啊!""要不定店员?""在哪个店,干嘛?""那你说定嘛?"我说:"应该定职员。公盛兴是大买卖,分号就好几家,在这工作你说能定嘛?"他说:"定职员就高啦,那得有文化有知识。"我接着说:"他在四十多人的大粮店当总账还不算有文化吗?""那就报个试试吧!"等过了年他们领导告诉我:"批啦!"我父亲这才退的休。

宋奎典是我爷爷的亲叔叔,他可能行老,没有儿子,我父亲管他喊老爷。过去他一个是教书匠,一个是代人打官司,也叫"刀笔"。传说丁字沽跟穆庄子打过一场官司,状子就是宋奎典写的。起因是穆庄子经常赶着羊到丁字沽地里啃庄稼,最后官司打赢了。一是赔偿,另外不得再把羊赶到丁字沽地里。摆渡口靠左手有个小胡同,两个人得错着身子才能过去,出了胡同是新房子。听老人们讲,那是专门给穆庄子人留的后道,丁字沽人不让他们走大街。

听说过柳二爷庙会的事吗?过去老百姓管津霸公路叫"柳二爷大堤",沿着这条大堤有个黑塔寺,那供着柳二爷。先说丁字沽还有个红塔寺,现在跟零号路交叉的还有条红塔寺大道。老时年间那有个塔,到我小时候就消失了,只是个破砖窑,圆了咕噜的还有个尖儿,其实那是烟筒,我们老上那逮蛐蛐儿。至于黑塔寺是嘛样的我没见过,说是有个小塔,也说是个砖窑。但是每年阴历四月十七柳二爷生日这天,打大同门一直到刘家房子,这条大堤人山人海热闹去了。尤其是卖各种小吃和各种玩意儿的全都来了,形成了一个夹过道儿。中间都是前去许愿上香的人,这里边还分好几种,大多数携家带口徒步走,另有一些人三步一磕头或一步一磕头。更绝的

曾经热闹的二道街早已默默无声

是,有人带着块儿砖,在地上横着翻一个儿,就磕一个头。他们都是头天晚上出来的,因为速度太慢,有人就给他出主意,要不把砖竖过来,要不换块大点儿的砖,就说多虔诚吧!小时候都是家大人带着我去,也想看看柳二爷,不让,主要为了买点零嘴儿吃。

我再讲几段跟丁字沽有关的案子吧。第一段:王士海打死李六案。李六也是丁字沽老人儿,他哥俩,五爷老实,六爷呢,干伪事。为嘛给打死呢?他应了一批日本军用物资,皮套、皮包、皮带……王士海知道以后,就找李六打算"掰一块",李六不答应。好吧,王士海憋了口气,这是春天的事。到了秋天,王士海做了个扣儿,引李六爷出来打牌,其实内外都布置好了。六爷出门习惯带着枪,牌打到半截儿,有人喊"起事啦!"六爷这就要拔枪,几个人过来就哄劝他"哎呀,谁敢惹您啊!"说着牌局就散了,大伙就往外拥,顺势就把李六给架跑了。一直跑到"大红门儿",那是个坟圈子,有六七亩的空地。几个人不容分说,抡起斧把子就一通乱打,事先说好了,只能打伤不能打死。李六爷一声不哼,打完拿大笸箩给抬家去了。王士海带着几个人埋伏在他家院儿里,李六爷躺在笸箩里冲着家人问:"没外人了吧?""没了。""哎呦——可疼死我了!"王士海一听哈哈大笑:"六爷,栽了吧?!"李六气得一口气没上来就死了。后续还有故事:李六有个儿子叫李兴,李兴有三个儿子,其中一个送到国民党军校后来当了团长,但是死是活就没人知道了。另一个儿子参加了解放军,后来也当上了团长。"文革"期间。李兴可能因为国民党的儿子给他戴了"帽子",不但抄家还给轰到我们斜对过那个破院子里,那院儿还轰进来一家姓张的,也是"戴帽"的。不知怎么的,李兴跟张家发生点儿口角,张家老五拿把铁锨,照李兴脑袋就是一下,就这么寸,死啦!公安来人就把老五带走了,归其李兴那个在北京当团长的儿子赶过来看了看,说:"按照国家的有关规定处理,我任何意见没有。"签完字就走了。再说打人的老五,经医院鉴定是个精神病!

回过头再说枪毙王士海。记得是五三年"肃反"时期。有一天我下学回家,一进门看我父亲抽烟,他平时不抽烟啊,我问怎么回事。我父亲拿过一个大信封,上写"天津市军事管制

《大公报》刊发的有关王士海聚众凶杀的报道

王士江被押赴刑场时的情景。选自周利成、王向峰著《旧天津的大案》一书

委员会公函",上面有我父亲的名字。老爷子吓坏了,不敢拆封,连饭都没吃。我说:"甭嘀咕,我拆吧。"等拆开一看:宋子清(父名)……什么什么,请到军管会有事询问。我说这跟您没关系,就是问您事。能有嘛事呢?也没贪污,也没犯法。我问:"来人都是嘛样的?""都穿着大马靴。"我说:"那得去!"等去完回来自己先乐了。嗨,丁字沽一共去了六个人,其中有解放前的村长姓姜,解放以后的村长姓聂,找的都是在丁字沽有点影响的。干嘛呢,证实王士海打死了李六这事,结果几个人都签了字。签完字刚一出门,王士海被五花大绑,蹚着镣子就押来了,去的这几个人都不敢抬头。干嘛来呢?来按手印。打死李六还有个叫刘成的,是王士海的腿子,给判了无期,以后也放出来了,他儿子跟我是同学,活着得九十了。

第二段:二道街灭门案。二道街南头靠东的拐角处,有个深宅大院,房子非常格局,方砖镶地,环境幽雅。这家有五个孩子,小日子过得稳稳当当。一天夜里,闯进来几个当兵的,喊咻咔嚓就把这家人全拿刺刀给捅死了,带队的是连长。为嘛下这么狠的手呢?原

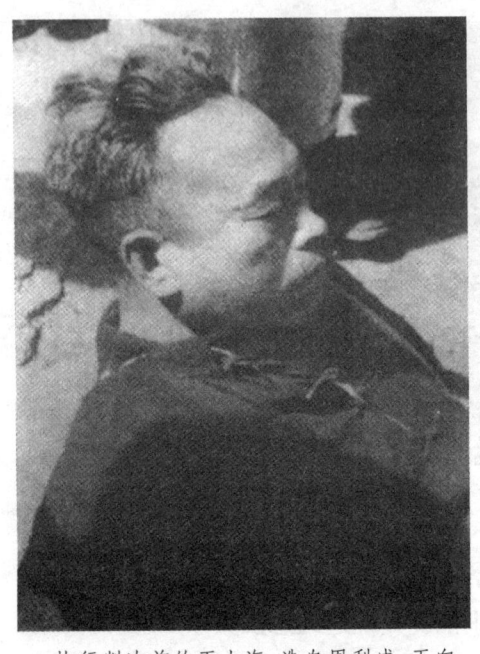

执行判决前的王士海。选自周利成、王向峰著《旧天津的大案》一书

来这家的女主人是他媳妇。因为他当兵走了,不但不管家,连个音信都没有,为了让孩子们能活下来,又寻了人并悄悄搬到了丁字沽。他丈夫听说这事后,四处打听最后找到她的落脚处,一腔怒火,带着他的手下,干出这件没有人性的蠢事。以后那个院子成为"凶宅",闲置很长时间没人敢住,最后丁字沽大队的李振和把那宅子买了下来。

第三段:周长清杀人案。可能是六一年,这案子轰动全市。周长清是丁字沽人,在铁路医院当男护理员,他害死的女孩名叫邵桂兰,那时只有十一岁。周长清跟这女孩的父亲是同事。事后,周长清给女孩的父亲写了一封信,大意是,"亲爱的邵桂兰父亲:对不起夺走了你女儿的生命……这一切都是为了'反共复国',将来在'反共复国'胜利之日,必有重谢!"当时成为天津市重点侦破的案件。我记得每个人都得写几个字,然后拿回去对笔迹。过去也没有更先进的手段,所以很长时间没查出来。

周长清的母亲守寡多年,在丁字沽大街开了间小人儿书铺,里屋是周长清和他媳妇住。经过多少年的侦办,最后这案子还真给破

二道街上所谓的"凶宅"

了,听说那封信是周长清用左手写的,究竟是不是国民党特务就不知道了,反正给枪毙了!

丁字沽高庆胡同(绘于 2018 年 4 月 9 日)

范金城

采访对象：范金城（1939 年生人）
采访时间：2017 年 3 月 17 日
原 住 址：丁字沽三道街 28 号

打我爷爷（范德才）就在三道街二十八号院儿住，那真是个老院儿了。这个院儿长条形状，分前院儿、中院儿、小院儿。前院儿临着街，院儿里靠北有五间房，中院儿北房三间、南房两间，加一块五间，后院儿也有五间房，小后门儿开在二条王胡同。我爷爷他们大排行哥儿五个，我爷爷行三，他和四爷在丁字沽种地、拉胶皮。大爷、二爷在大红桥西头，大爷死得早，二爷跑船儿。老爷一家在城里住。这些房产都是老爷置办的，他在东马路上开了家肉铺，字号想

位于三道街的范金城旧宅附近

丁字沽农业社专门有积肥小队,把收集来的人畜粪便和垃圾集中在唐家湾附近的大粪场,搅拌晾晒沤制农家肥

不起来了,另外在丁字沽还有分店。本来日子过得非常好,可是老奶奶就爱耍钱儿,老爷死后城里的院子和肉铺子全输光了,结果搬到了丁字沽。这时就开始分家了,老奶奶自己一份儿,俩儿子各一份儿,我们分了一份儿,四爷分了一份儿,一份儿是三间房。我们这位老奶奶还是改不了赌博恶习,天天打牌,分给自己那三间房也都输出去了,死的时候就住在一个小夹道儿里,她是北京人,一辈子好吃懒做。

解放以后,我爷爷入农业社,最早只分南头儿队、北头儿队,我爷爷在南头儿队。五七年我从四十四中学毕业,当时农业户的学生不管分配,一律还乡务农,我就回到丁字沽大队。当时我爷爷调到了大队的积肥队,有十几个人,在唐家湾那有个大粪场。我爷爷在积肥队主要打扫南头儿的厕所,一共有五间厕所。另有人负责磕灰,每家都有个灰桶子,到时候听到摇铃声把灰桶子提出来倒在木

丁字沽区域内的厕所，过去均有所在的农业社管理

箱子车里。这么说吧，掏粪的、磕灰的、收垃圾的，都得集中到大粪场。然后摊开、拌匀、晾晒，差不多了敛到一块，培成梯字形的粪土堤，外面罩上泥封严实了，为的是闷"熟"了，实际就是让大粪内部发酵变成肥料，积成肥之后分配给六个队来使用。五八年的一天，我爷爷打外边回来，手里攥着三块八，跟我们说："累了一个月就给这点钱！"他实在是没想到，心里窝火，没多日子就死了。那时刚转成人民公社，收入都不高，我一个月拿四块八，技术员才拿五块八。过去到年底还能分点儿红，自打成立公社就取消了。我爷爷死后，家里打了一口棺材，等出殡时才发现，这院子的出口儿实在太窄了，棺材差点就出不来。从那起我们就琢磨着有机会得搬走。

　　七几年，我们把老宅卖了，买的霍家嘴的三间房，为嘛要买那的房呢？听说那点地界儿要占，结果住了二年就拆迁，然后搬到勤俭桥新建的房子，也属于霍家嘴的，在那住了三年又赶上拆迁。因为我们是红桥区的户口，就给我们买了现在的房子，要不得去宜白路。搬勤俭桥住时，还差点出个事。有一天，我小叔子送他舅舅到长途汽车站，回来时正赶上红灯，心想到我三娘家看看吧。因为我们家离十字路口特别近，站岗的警察喝水嘛的都到家来，小叔子就在外敲门，警察一看是生人就问他找谁。一听说这是他大哥家，三娘天天在，不知为嘛今儿没动静，警察就帮着找来个凳子。小叔子爬墙头进了院儿，推开门一看，好么，老娘和我闺女都在九地上躺着呢，煤气中毒！那时交通岗楼有电话，警察马上给我老伴打电话，赶

难得一见的掏粪车还在运行

紧送到二中心，要不娘俩都没命了。

我父亲（范恩荣）一开始在丁字沽卖肉，以后肉不太好卖又改卖菜，公私合营时就给合到了丁字沽大街上的张记副食店。原来那是个杂货铺，是张家赁的"林小辫"（外号）的房子干的。到那接着当售货员，一个月三十八块钱，干到退休。我伯伯解放前拉胶皮，丁字沽南大街头儿上有个空场，专门是拉胶皮等活儿的地界儿，解放后蹬三轮。

我小学在丁字沽上的，那时的学校跟现在不一样，娘娘庙是娘娘庙，学校是学校，有一道墙隔开。娘娘庙在学校北边儿，一座大殿和几间小平房，庙后面就是大坑，所以显得孤零零的。学生在校园里去不了大殿，我五四年毕业时还没动呢！免后儿学校扩建才把庙圈进来。可能是"文革"期间，大殿腾出来成了老师的办公室。

我初中毕业时报考了汽车运输公司，想学开车。填表时老师没说什么，等都快报到了，班主任找我，说："你家有农业社的，去不了。"那时也没有考察核实，只要有

丁字沽农业社年终分红时，发给农户的座钟

人说你是农业户就不给分配。四十四中有不少学生回到丁字沽农业社或西于庄农业社插队。那时让回农业社就回农业社,也没有怨言,我就到了三队,始终没动地界儿。每个队大概有五六十亩的菜园子,以后在西北角利用旱田又开出了一块菜园子,几个队都差不多。但是大棚不是每个队都有,我们队有两个。那阵儿种点黄瓜多难啊,才卖一块多钱一斤。有时凌晨三点下地,哪有灯?就黑灯瞎火的摸索着走,一出去就是几里地。那前儿我在三队当队长,苦活儿、累活儿就得带头干,要不谁服你?这些菜园子,解放前都是私人的,种菜的又是另外一帮人,除丁字沽村民外,有不少打山东过来的,一边种着地,一边就落户在这里,谁种哪块菜园子就用谁的姓氏命名。比方说,"冯家菜园"就是姓冯的在那种菜。也有自己开的地,尤其北头儿,荒地多,烂葬岗子多,还有些边边沿沿的地随便占没人

老丁字沽大街延长线,现在是丁字沽零号路

管。解放以后,只要你有块地,不管是谁的,都可以拿它入社,而且地多地少都一样。

入社一年多,上边儿有条文儿,可以在农民中招工,就把我选进了第四钢厂。三级工,每个月能拿五十块零八,在那只干了三年。六一年,上级又有文件,凡是从农民中招收的职工,从哪来回哪去,我重回丁字沽大队。这次回来,每月的收入提高到三十多块钱,而且又恢复了年终分红,就这样干到七六年地震以后。到七七年,丁字沽大队所有务农的可以自愿转业。起初把我分配到北郊工业局,后来杨世均把我调到他们去的市政公司,这公司主要负责北郊区的道路修筑和改造。一开始挺苦的,所有的活儿都自己干,以后有政策可以使用民工,我们就轻松多了,而且都成了管理人员,我们的路一直修到各个村子。

勤俭桥是六几年建的,之前就是大堤,也没有勤俭道,坡底下都是菜园子和大坑。过去我们去市里只有一条路,这条路的原址就是现在的丁字沽零号路,两边没一间房子,荒凉极了,走到现在的光荣道五路汽车站那,才看得见两个炮楼。再往南走就是大同门和西于庄,然后过大红桥,走河北大街、北大关,进入老城里。这趟可不近啊!

朱学年

采访对象：朱学年（1945年生人）
采访时间：2017年3月21日
原 住 址：丁字沽北大街42号

老丁字沽贯穿南北大街,南称"林王",北称"秦王",指的是四个家族,而我们朱姓在丁字沽也不少。但是上百年来,不管是低层次的人还是高层次的人都比较本分,没出几个说说道道儿的。我们"年"字辈儿的本门大哥(朱贺年),要活着得一百三十岁左右,跟我爷爷差不多,大侄子小伯伯。在我老太爷这辈儿上,他们哥儿十个。他是大老太爷门儿上的人,我们是五老太爷门儿上的人。当年他也有粮店,我爷爷一到那去,都远接高迎的,眼睁着辈儿在那搁着呢!我说这嘛意思呢?朱姓在丁字沽也算得上一大户!举个嘛例子吧,

位于丁字沽北大街的朱家老宅

四几年的时候,日本人经常骚扰丁字沽,因为日本武库和菜园子就在附近,为了减少损失,保证百姓的正常生活,就把朱贺年请来当村长,为嘛呢?他会日语。别说,自打他在这当村长,日本人就不怎么来了,而且通过他的斡旋,从他手里还放过八路军的地工,特别是他给丁字沽大街拉上了路灯。

过去,我们跟前儿这条大街比较繁华,可以说红白喜寿事用不着出丁字

留下丁字沽人诸多记忆的娘娘庙

沽。要是办大事才进城,我们叫"下卫"。知道娘娘庙吗?那是个热闹地界儿,娘娘庙前有个旅店,有房子有院子,但比大车店高级。一般大车店都是土坯房,像韩家店、宋家店、王家店……我说的这家不仅高墙大院,而且是一水儿的青砖瓦房。它的后墙对着娘娘庙的前广场,左右各有十几间房,这说明丁字沽这一带,人来人往是个典型的水陆码头中转站。一是进津的粮船都停靠在丁字沽码头,由各粮店经营储备;一是发往市里的杂粮全都得从南北大街运出去。解放后这个旅店进驻了解放军,只是臂章上写着"公安"俩字,老百姓就管那院儿叫派出所。旅店周边净是小店铺,娘娘庙后胡同把角儿是点心铺,旁边是韩家炸糕,不亚于"耳朵眼",接着是"王聋子"

如今这里成为丁字沽小学的文化遗产课堂

的煎饼馃子。丁字沽煎饼馃子很独特,煎饼上放白菜芯儿、绿豆菜,拌的素料儿,然后四面一叠,看着跟"回头"似的。我们管它叫"菜锅巴",就是搁馃子的也垫上菜,那味道绝对不一样。另外还有"大豆篓儿"的乌豆,这家姓张,每天斜挎腰形木盆走街串巷,他除了卖乌豆还卖蒸食,所以大伙都管他叫"大豆篓儿"。丁字沽还有个习惯,早晨有早点,下午三点以后还有个"晚点"。锅巴菜、老豆腐、面茶、茶汤、羊杂碎、老乌豆,各种小吃又都来了,你说丁字沽人要是没这习惯,这些东西卖谁去?

简单说说娘娘庙吧。我五八年小学毕业,五九年领着我弟弟报名时山门还在呢,一进门就是收发室,左手还有几间过去老道住的房子,也都当成教室了。大殿里的佛像应该是五二年给毁坏的,他们把泥胎拉倒,然后隔着墙扔到西面的大坑里。清理完了就当老师的办公室,后来又改为仓库。为嘛改呢?有个传说,当然这里边有点迷信色彩。过去老师们大多数都是市里来的,家离学校比较远,而且非常偏僻,有时候忙到天黑不敢走夜路就住在学校里。一天,有位老师辅导完学生已经很晚了,没回家就在大殿过夜,结果说不清道不明,不知被谁从大殿给扔出来了,醒来一看自己躺在大殿前面的空地上,吓坏了,打那起老师们就挪出来了。我上学时,甲乙丙丁四个班。比方说,你是六年级的,就是"六甲"的或"六丙"的,一个班四十几个学生,教导主任叫张学谦,副主任叫王汉臣。

我祖辈都是务农的,家里有地。他们认为有地就有饭吃,用不着到外面求人去,再加上自己还趁大车,挣点零花钱也没问题。那时丁字沽粮店多,活儿也多,可是解放前夕,粮食就过不来了,粮店

丁字沽摆渡曾是连接柳滩、天齐庙、穆庄子的重要通道,特别是新中国成立后,运河对岸开辟了白庙工业区,这个渡口每天输送着大批产业工人

一家一家地倒闭,归其丁字沽的大车全都到西站货场去拉活儿。那前儿我还小呢,一到傍晚就到大街的南头儿等着马车回来,为的是坐马车跟着走一趟。过去的大车都带串铃,打老远就能听见声音,仅这条街不下二十几辆大车。要不流行一句顺口溜:穷白庙,富丁字沽,不穷不富宜兴埠呢。我爷爷亲哥四个,大爷身有残疾就一个闺女;二爷做小买卖老早就到西沽住了;三爷是我亲爷爷叫朱平,字致和;四爷种地,后来干泥瓦匠。

我父亲(朱世城)也是哥儿四个,他行三。我老伯伯在四八年抓"保安旅"时给抓走了,解放以后随着部队南下,再后来去了西藏,够时候就给家来封信,还寄来过奖章、照片。他在西康时就已经是正营级了,五六年忽然接到通知,老伯因公牺牲。我爷爷、奶奶成为军烈属,大队年年慰问。我父亲赶了一辈子大车,最后赶着大车入

历史文献记载的"丁字沽渡"遗址

社,另外他打埂子是把好手。过去不是老种山芋嘛,一季儿完了合埂子,翻地,他干起来又快又规矩。其实,我们家的地并不是什么好地,净是大洼坑,加一块有十几亩。原来我们家不在这儿住,往南走个几百米,曹家胡同旁边。我老太爷一看在那院住不下了,就带着他的子女买下那块地做"阳宅",有十五六间房,北头儿又买了十三亩半做"阴宅"(坟地),以后我老太爷跟我爷爷就埋那了。解放以后那地界儿一盖平房,就把坟起走移到东边去了。

悠长的古运河,曾经是怎样的汹涌澎湃

你看丁字沽偏吧,但它一直被视为市里的一个区域。解放初期,丁字沽叫"八区"。对河儿的天穆村,本是天齐庙和穆庄子两个村合并的,当时吴嘴是乡,五八年成立人民公社的时候,才叫响了天穆公社。再说我们门前的摆渡口,这摆渡是柳滩蔺家干的。再早是划船过河,每年的六七月份水特别大的时候,才使用缆绳过河。在我们这头儿楔下个大木桩子套上缆绳,船跟缆绳连上,还是划桨使舵,这样船就冲不跑了。也有缆绳断的时候,那船顺着流儿就下去了,最远能飘到海河。摆渡船长有十米左右,宽有三米多,一次能登二三十人。老丁字沽到对岸基本都是串亲戚,柳滩到丁字沽基本是采购。因为整个柳滩就一个杂货铺,他们要买吃的、用的就得坐

朱家三兄弟，朱茂年(中)、朱学年(右)、朱则年(左)在自家老宅门前

摆渡到这边来。五十年代，建成了白庙、北仓工业区以后，情况发生变化。老丁字沽包括以后建成的三段到八段，所有到工业区上班的人都得过摆渡，要不就得绕北洋桥去，那得转多大的圈！单人过摆渡一分钱，推着自行车二分钱。我们知道的那代掌船人叫蔺洪恩，公私合营时摆渡就归到天津市的渡口管理所。等到六几年的时候就改成了浮桥，为嘛改浮桥呢？六三年根治海河时，北运河上游有个村子叫屈店，在那建了一座屈店大闸，这一来北运河就变成死水了，摆渡也就改成了浮桥。二〇〇三年修北运河两岸的石堤时，在原渡口的南边一点建成行人便桥，古老的摆渡彻底消失。我奶奶的妈妈就是蔺家的姑奶奶，小时候过摆渡，奶奶老嘱咐我："别没大没小的，那都是你表大爷！"

勤俭桥是六四年开建的，那时建桥速度没这么快，到六六年建成但还没正式通车。为嘛我记得这么清楚呢，"文革"开始后，六〇九厂的武斗队打上面经过，六四四三厂的"装甲车"开出来也上过桥，因为这厂生产"移山"牌推土机，派性最严重时改装成履带式"装甲车"。

张兰芝

采访对象:张兰芝(1941年生人)
采访时间:2017年3月23日
原 住 址:丁字沽二道街24号

我们祖籍安徽。我太爷带着我祖父(张锐)到的天津。为嘛到天津呢？李鸿章是安徽人，任直隶总督，我太爷在衙门里当差，应该说是随李鸿章一块来的。我太爷死了以后，就把灵柩送回老家，我爷爷没跟着走，因为我奶奶是天津人，也有了孩子，就在天津落了户。为嘛我爷爷一家搬到丁字沽呢？听我姑妈说，我爷爷信奉圣贤道[①]，俗话叫"在学好"，教导人们不要吃喝嫖赌，此外迷信色彩很浓，祈福消灾，超度亡灵。教门里有文职的、武职的，不定期组织活动，谁们家有病人啦，谁们家死了人啦，圣贤道都要召集一些信徒去做道场。江西有个姓郭的，每年都到丁字沽来传道。因为这一带信奉圣贤道的人比较多，所以我爷爷就为这来到了丁字沽，投奔刘二爷。

我爷爷哥儿四个，他行三，大爷、二爷在安徽。四爷倒是来天津了，据说在庚子年间让老毛子(洋人)给打死了。我爷爷到了丁字沽就住在刘家，两道四合院，外院儿五间房，穿过二道门，里边西房五间、南北厢房，整整齐齐的挺格局。刘二爷就把外院儿让给我们住，我爷爷属于手不能提、肩不能扛的主儿，一辈子没挣过钱，嘛也不会，就会动嘴，所以没事就鼓动人们信仰圣贤道。他有文化，非常能讲，有人问他："张爷，您是翰林啊还是举人啊？""我目不识丁！"他是不愿意说。一来我父亲开玩笑说，要是不给他饭吃就得饿死！

[①] 圣贤道的前身为九宫八卦教，创办于明末清初。该教四支八杆，组织庞杂，利用妖言邪说诱惑道众，收敛道费，肆意挥霍，是一个根深蒂固的反对会道门，中华人民共和国成立后将其取缔。

位于二道街的张兰芝老宅旧址

这刘二爷是金城银号的董事长,所以我爷爷接触不少上层人物,特别是金融界的富豪。他曾经动员过盐业银行少东家张伯驹的父亲张镇芳加入圣贤道。人家不信,他就在人家里待了一天一宿才给说通。反正也没仪式,也没承诺,口头答应就行。整天干这哪行啊,房无一间地无一垄的,就跟我父亲念叨,买点地吧,就买了三亩多地。其实他哪会种地,只要他一下地,大伙就说了:"注意啊,张爷要下地啦!"因为他一下地,别人也不干活了,都围过来听他瞎白话。小时候我也不懂这些个事,家里有个小佛堂,听说供的是"天地爷①",这"天地爷"是谁我可就不知道啦!我爷爷从来不去别人

---

① 天地爷是指"天地三界十方万灵"的真宰。天地就是天上地下;三界就是天界、地界、人界;十方就是东南西北、东南、西南、东北、西北,再加上面和下面这十个方向;万灵就是地球上所有的生灵,真宰就是真正的主宰,属于封建迷信范畴。

家,都是来找他的人多,做法事道场就在家里。有时我奶奶总领着我去看热闹。丁字沽南大街有个韩家,院儿里长着大槐树,韩老爷是道儿里的人,他经常主持一些活动。

刘二爷当了金城银号董事长后就搬出了丁字沽,他的房子就给了刘大爷,刘大爷有个儿子叫刘金波,以后就进了盐业银行,也很趁钱,自己买的多伦道与兴安路交口的联排小楼。刘二爷全家住在彰德道,自己一个院子,一栋小独楼,边上有几间平房住着下人嘛的。我跟我奶奶、我妈妈总上他家串门,三代的交情,关系非常好。那前儿一去就住上半个月一个月的。打牌、吃饭、聊天,我在他家楼梯上还摔下来过呢,脑袋磕了个疤。两家始终没断来往,一直到"文化大革命"才不敢走动了。

接着说刘大爷死了以后,后院儿的房子就卖给了我们家,但是我们跟他儿子刘金波关系还不错。解放以后好多银行职员去了香港,他因为身体不好就没跟着走。不久就病了,通过布道给他看了看,说:"完啦,

隐蔽在胡同里的传统建筑,虽然古旧,却很有气质

没寿了,好不了。"于是,刘金波就把亲戚朋友都叫来,我父母带着我也去了。刘金波在床上倚着,大太太、小太太都在旁边坐着,大太太不生养,小太太又太年轻,说着说着刘金波就打床上溜下来,顺势给小太太跪下了。"哎呀,金波你这是干嘛?!""我求你个事吧,这不亲戚朋友都到了……""求我嘛事?""家里头给你留的钱足够你们娘几个吃饭的,你千万别改嫁呀!"我父亲就对金波说:"要不就让嫂子回丁字沽吧,那又有房子,好不好?"他点点头就同意了。我父亲说:"吃住我全管了,你就放心吧!"果然,刘金波没多日子就死了。小太太到丁字沽以后对我父亲说,"你们管我住就行啦,我们自己开伙吧!"毕竟她手里有钱嘛。神秘在哪儿呢?六六年的一天,她找到我父亲,说:"老伯,跟你说个事,我不在这住了!""怎么呢,因为嘛?""嘛也不为,孩子都大了,不想在这住了。"我们推测,可能是她姑爷听到嘛信儿了。紧接着"文革"开始,她要是不走可就崴了,丁字沽闹的多惨啊!她姑爷叫葛子平,原来是公安七处处长,后来到香港任天津办事处主任,创建了立达集团。丁字沽有不少房子是刘家的,以后谁住就给谁了,包括庄稼地也都分了,人家一亩也没留。

有人问过我,丁字沽有这么玄晞吗,我说有。丁字沽是卫津七十二沽的头一沽,另外它靠着北运河和京津公路、津霸公路,人的生存本能就得选择有水有路和地势高的地方,这些丁字沽都具备,所以就有人在这定居繁衍后代。再加上过去水路是最快最经济的运输方式,丁字沽就成了粮食的集散地。别看丁字沽村儿不大,货栈、粮店大小十几家,由于做贸易的多,带动了相关的服务业。大车店、旅店、餐馆、杂货铺,还有做早点的、做酒的也都跟着发展起来了。所以,丁字沽从无到有再到繁盛都是有历史渊源的。

与天津老城制式相似的民宅

我父亲（张锦州）上边有仨姐姐，家里就他这么一个男孩。小时候先在丁字沽上私塾，时间不长就到大沽路马大夫医院对过的新学书院上初中、高中。我爷爷不会挣钱，都是我奶奶的娘家供他上学，等高中毕业以后，舅舅没了，家境受些影响，我奶奶就说："别再上学了，花人家钱干嘛，费用又这么高。"那就找个事做吧，我们跟刘二爷最亲近，就让刘二爷给举荐个地界儿。那前儿高中生英语特别好，刘二爷就问，想干嘛？要不上洋行吧！归其就去了兴隆洋行，大概在大沽路与大同道交口附近，刚去时是见习生，然后转正，一个月拿五十块现大洋，后来当上主任拿年薪。他看洋行赚钱这么容易，自己就有了野心，他就和两个同事合伙办了一家名为劳路士的洋行，不过他们这家洋行短命，干了三年就黄了。为嘛呢，他们三个人业务上分片儿，从大块儿说分国内、国外，小块儿说分不同地区。比如谁负责美国，谁负责日本，他们把中国商品卖到外国去，再把外国商品转销到国内。正在蒸蒸日上的时候,其中一位拿着巨额汇票到了日本,开始还打招呼,后来电报没有、信也没有。这下可怎么办呢?我父亲就跟另一个同事到日本大阪去找他,没找着。又根据别人提供的线索到美国旧金山、夏威夷,到印度孟买、加尔各答,转了一大圈也没找着这个人。流动资金没了,那还干得下去吗,就在家赋闲了两年。我姑父是干营造厂的,他说:"你别在家待着了,跟我干营造吧!"我父亲说,"我哪会啊,没学过。""你没问题,不行就利用业余时间学学。"我父亲就报了津沽大学,一边工作,一边学习,进修了两年多。他脑子好,接受能力强,业务上很快就能顶个儿了。我姑父就建议跟他合伙干,后来我姑父岁数大了,就让他的儿子接过来,他比我父亲小一岁,可是这人特别财迷。我父亲就说:"咱爷俩不能因为钱老矫情,要是这样就不跟你干了!"他就找我姑父说这事。"别介!""不了,干脆自己干自己的吧!"就这样,他开始自己闯荡。大约三几年的时候,他在塘沽港务局揽了一项工程,这工程利润比较丰厚,而且一干就是好几年。这期间,日本侵华都没受太大的影响,直到日本降服,我那表哥找他来了。因为那个营造厂越干越抽抽儿,就希望我父亲能回来。我姑父也说:"别在塘沽干了,回来俩人接着合伙吧!""不了,不了!"我姑父说:"就算我求你,有嘛大事我做主不就完啦?!"我父亲一看既然话都说到这份上,那就回来吧。于是把营造厂的法人变更为我父亲,改名叫"东北营造厂"。地点在哪儿呢,小王庄大街向南走,过了地道洞子,右侧第一家是卖瓷器的,第二家是棺材铺,第三家就是我们的营造厂。那院子得有三四亩地,平时停放大型建筑工具,后面有个小二楼,前面还有平房。整个营造厂不到二百人,老丁字沽的就十几个,我父亲不太愿意跟丁字沽人打交道,怕处理不好。后来净是自己找上门儿来的，我父亲又不好意思驳。这些人在以后的公私合营时都受益了，工资高啊！以后东北营造厂沿着马路的房子，归小王庄银行营业所了，后面的场院改成了小王庄街办事处。

解放前夕，国民党部队强行要求八家营造厂，围着天津市区东南西北四个方位修筑城防工事，两家营造厂包一面，图纸给你，开工先给一半工程款，等建的差不多了，质量验收合格再给另一半。我父亲带着东北营造厂负责西面碉堡、炮楼的建筑，当时用的是唐山启新水泥公司生产的高标号水泥，非常结实。正因为我父亲参与修筑城防，所以掌握了一点"内部消息"，就让我们全家都逃到了西沽。怎么回事呢？我父亲跟姓宋的副军长挺熟，他负责军需。我父亲就问他："你们打仗，我们老百姓在哪儿躲着最安全？"他拿着藤杆儿站到沙盘前，画了一个小圈儿，说："这儿最保险！"哪儿呢？就是西沽和堤头。我父亲不明白，他接着说："两河交叉，那是个死角，我们不上那去，共产党也不

2012年9月，位于中山北路一侧的水泥碉堡，现已消失

市内残存的水泥碉堡，掩映在树林里

被岁月蚕食的老门户

去,懂吗!"我父亲回家就问我表哥:"你西沽的房子还有吗?""有哇,空着呢!""那咱去看看吧。"我父亲带着我就来到这个院儿,还真不小,得有几十间房,他让人简单粉刷了一下,近亲加一块不到五十口子就全都搬过来了。一九四九年过完春节,我们才陆续返回丁字沽。

还有一件事,发生在抗日战争后期。我父亲在塘沽修码头,有一天突然失踪了,这就托人找啊,以为是遭绑票了。后来才听说,有个人冲着我父亲问:"你还认识我吗?咱们是同学!""怎么不认识,你是侯明凡!"他说:"你别害怕,他们不知道咱俩认识,我想让你帮着办件事。买一批药,用你营造厂的车送到武清。"我父亲说:"行,你甭管了,把单子给我,我去买。""哎,没这么复杂,好买的我们都有了,你去买那些不好买的!"最后,我父亲把这件事给办成了。以后,侯明凡当上了农委主任。有一回他碰见我大哥,提起这件事,问我父亲怎么样了,我大哥说,他没了。又问我们哥儿几个都干嘛呢、有什么困难。我大哥就说兰华还没工作呢。侯明凡想了想,说:"没工作哪行,吃嘛?!这样吧,你留个电话,有信了我找你。"归其还真把工作给解决了。

解放以后,东北营造厂承接的第一个工程就是建北洋桥。原来那桥是木头的,一九五〇年拆除重建,当时我还骑着车到那看去呢,打桩、浇筑混凝土。另外,他跟教育局关系不错,参与了一些学校的工程建设,那时招投标很严格,图纸拿来做预算,然后带着标的和另外十几家营造厂去竞标。一九五一年,"三反""五反"运动开始,国家要对偷税漏税的私营业主罚钱,我父亲就把张庄大桥自己的一栋小楼交了,又凑了点钱补缴税款。然后,就回到丁字沽跟我奶奶一起住。这时,我父亲的新学书院同学杨六爷知道了,他们是津门八大家之一,就邀请我父亲到他那住,还专门腾了个院子,有十几间房。我父亲就让我妈先去看看,我妈带着我,还有家里的佣人沈妈,坐着胶皮(人力车)就去了。嘿,真好,进了月亮门儿,左右各三间房子,左前方有个亭子还有假山,再往里走,迎面是五间房子,两边各有三间房子。我说:"妈,咱就住这吧!"沈妈却悄悄跟我妈说:"千万别住这儿啊,你看亭子下面嘛,那原来是口井。它吞尸啦!""你怎么知道?""嗨,你看不见,我看得见!井下有个女的,冤魂顶现在还在里边呢!您可别住啊,冤魂没走……"我们一听怪吓人的,回去就跟我父亲念叨。"去去,她瞎说八道,她骗人,不愿让你们住,她还嘛都知道呢!"我妈说:"要不你问问六爷有没有这回事。""我问问吧!"第二天去问杨六爷,六爷说:"哦,你们家的老妈儿够厉害啊,确有此事!"他说:"死的是个丫鬟,是我爷爷想娶她做小太太,不从,跳井死了。"这么一说,更不敢住了。

位于天泰路（原小王庄大街）上的东北营造厂旧址

公私合营时，天津市的十二家营造厂全归到房屋修建工程处，这是专门成立的一个单位。由它演变为房产公司，由房产公司演变出各大建筑公司。这类单位的人员相当复杂，国民党军官、大学生、蹬三轮拉胶皮的、要饭的，嘛都有。合营前我父亲就没有工资了，有一天工会主席史运田、副主席张敬山上我们家来找我父亲："张经理，合营啦，咱得定工资了。""嗨，你们工会说了算，你们定吧！""定多少？""随便，定多少都对！""不行，上级工会有要求，必须由资本家自己说。""那就等工商联找我再定。""不行，你定不了，我们也定不了。""怎么呢？""全厂的工资你最高，你定完了才是我们的，你可别定低了！""那定多少？二百块钱！""门儿也没有，照五六百定！""这不胡说嘛，马连良才四百多。你就给我一百五，按工程师级就行了。""不行，你是高级工程师！"最后定到每月拿二百六十块钱，我父亲还觉得多，结果又减了十块。那时连当小工子的也能拿到八十块钱，就是国营企业也拿不到这个数。资本家的固定资产、流动资金，通过清产核资实行入股，每年分红息，发了不到十年。记得清产核资时，我父亲一辆英国"凤头儿"自行车，估价才一百五十块钱，我说："爸，这车我骑走算了！""不行，你别跟着乱掺和！"小时候我比较尬，我就骑着"二〇"小自行车到厂里，然后偷偷骑着"凤头儿"回家了。工会主席史运田还跟我父亲发火，非要我父亲要回来，我父亲说："想要，你自己去！"归其也就不了了之了。合营后我父亲在器材科，塘沽建筑公司成立时想让他去，家里考虑一周回来一趟太不方便，就没让他走。我父亲是七一年去世的。

我哥儿六个，上边儿有姐姐，三哥早逝，我行四。我们家学建筑的多。我大哥在食品公司基建处，食品二厂扩建时调他去搞基建。我二哥也学建筑，在北京化工部。我在河北工学院学建筑。确实都受我父亲的影响。他说过，新中国成立百废待兴，哪行哪业都得盖房，学建筑不会没饭吃。

"文革"时我们家可遭殃了！我父亲不是到国外找过他那同事嘛，这就成了一条罪状，说他是特务。我们全家六口人被扫地出门，每个人就一身衣服，连根儿筷子都没带走。张兰藻还不错，推着辆

东北营造厂参与兴建的北洋桥现状

自行车,把上挂着个网兜,里面有足球和一双冰鞋、一副冰球拐子。张兰华提着一书包书。把我们弄到二道街厕所后身的一个小院儿,那院儿是李六家,他家也是受冲击的,没轰他走,就让他腾出一间半房子给我们,他们家也住一间半。我原来的院子被民兵小分队和红医站占用,后来又改成了幼儿园。

全家住一间半,怎么住?我就跟兰藻、兰华说:"要不我在厂子找间房,跟我走吧!"我真的没想太复杂,否则在丁字沽借间房不就得了。刚到单位,正赶上"十六条"①下来,要求职工参加游行,那得去啊!我就坐着单位的大卡车从东北角游到劝业场,然后再折回来。兰藻、兰华等我等得有点腻歪,就提着书包出去了。我回来找不着他们以为回丁字沽了,还不错他们给家里留了话儿,说是去了我大嫂的娘家,我又去河东才找到他们。那就在这住着吧。住了几天又觉得没嘛意思,兰华就想跟着红卫兵串联,串联也没关系啊,你就别背着那兜子书到处乱窜啦!结果到学校开证明时,被红卫兵拦住检查,这一查不要紧,查出了他的一本"反动日记",这不是主动送上门儿嘛!当时人倒是没给扣下,可是不停的折磨你呀!挨批斗、交代问题,结果精神受刺激了。我这个弟弟在三中功课特别好,一直是前三名。有一天也不知怎么了,他跟同院儿住的李六的儿子李兴矫情起来了。其实他们俩都是老实人,平时从来没跟外人打过架,说着说着,俩人就动起手来了,李兴不知是有嘛病,当时就死了,公安局把兰华弄去做了精神鉴定。

我大学毕业以后,分在化工局基建处。"文革"前夕,北郊区引河桥附近要建人民农药厂,把我调到那儿参与新厂的建设。没多日

---

①《中国共产党中央委员会关于无产阶级文化大革命的决定》,即《十六条》,为中共八届十一中全会于 1966 年 8 月 8 日通过的一项决定。

子"文革"开始,我家被抄,父母都被扣起来了,一个多月没有音讯,我心里特别着急。这当口厂子要招工,通过街道招进来不少临时工,其中有几个是老丁字沽的,我不认识人家,人家认识我。我就跟他们说:"拜托你们个事,我们家是被抄户,我父母都被扣起来了,你们帮着扫听扫听多晚儿放人。"我把父母叫嘛都告诉了他们。过了一个礼拜,来信说开始放人了,但没有我父母。又过了两天,传达室的鲍师傅喊我:"兰芝——!过来,过来!"他凑到我跟前小声说:"你爸爸找你来了。"他知道我们家被抄,怕影响不好就让老爷子在传达室等着。见到我父亲别提多高兴呢,我赶紧给他沏了杯茶,父亲对我说:"放是放了,房子也给了。就这身衣服加上一床被褥,嘛也没有啊!你这儿有钱吗?"我说:"您别管,我想办法!"我骑着车就去厂部找厂长去了。厂长说:"不提这个,什么抄家烂七八糟的,就说要多钱吧!"要多少钱呢?要少了没用,家里嘛都没有了。"别着急,你想好了!"厂长在一旁宽慰我。那时我月工资是五十五,心说怎么也得要个二三百块钱,可我不敢说啊!厂长看出我的心思,"行了,给你三百块钱!""哎呀,太谢谢了!可是,我得一点点地还。""甭管了,你先拿走用去!过后你自己做计划再慢慢还。"厂长给我写了个条儿,签上字,让我找财务的刘姐取钱。回到传达室,把三百块钱递给我父亲:"您拿回去看买点嘛吧!"鲍师傅说:"厂长真不简单,一批就批了三百块钱!"这笔钱对于当时的我们家,就是雪中送炭啊!

"文革"后期进行了退赔,房子还给了我们,又分两次给了我们三万来块钱,东西一件没拿回来。好几间屋的老家具、金银首饰、手表、字画……哎,没法计算!

曹振刚

采访对象:曹振刚(1930年生人)
采访时间:2017年3月28日
原 住 址:丁字沽漕运胡同6号

过去拉胶皮,拉来了有饭吃,拉不来连棒面粥都喝不上。没法比,现在还有为吃发愁的嘛!

我们家嘛时候到的丁字沽,我问过,就告诉我"燕王扫北"。究竟是不是说不好。我就知道我太爷曹国栋、我爷爷曹凤美、我爹曹起和,到我这儿就已经四辈儿在丁字沽了。瞧见我们胡同了嘛,过去就从曹家胡同中间划界,以南全归天津市管,以北归河北省管,那会儿都交地皮税,如果对过儿邻居想上我们这边儿挖点土,就得跟我爹打招呼:"曹二爷,我到后边挖点土?""去吧,去吧!"为嘛跟我们家打招呼?因为从一号院到四号院都是老曹家的,后来我们又加盖了几个院儿,一共是七个院儿,曹家胡同就这么来的,改叫漕运胡同是近些年的事。这些院儿也挺特别,越靠北大街院子越大,一号院儿四间

曹家丝糕就诞生在这条胡同

曹家祖宅深邃的大门

北房、两间东房、两间西房，中间是四四方方的院子，二号院儿主要是磨房，三号院是放柴禾的，这些房产都是我太爷留下的。日本鬼子侵略天津时，进过一号院子，还伸出大拇指说："这的，挺好！"吓得我们够呛，那些年吃米都得偷着吃，发现了真掉脑袋！

曹家丝糕在丁字沽有名，只要是老丁字沽人没有不知道的。我爷爷他们哥儿四个，我爷爷行三，大爷二十多岁就死了。二爷、老爷搬出了丁字沽，就我爷爷在二号院儿那两间房专门做丝糕。家里有大石碾儿、有毛驴，到我爹这儿也不会干别的，还是做丝糕，他连自己的名字都不认识，没上过学。我们小时候还上几年私塾，多少能认识俩字。我十几岁就开始给家里干活，挑水、轧面、泡枣。丝糕就使大米面做的，不掺别的东西，专门用河南的籼米，蒸出来暄腾、好吃，我们用的米都是打河北大街"合春永"上的。二斤半米、一斤半枣儿，蒸熟了七斤半一个，用山西的碱沏水，搅糊。用不着看，就凭耳朵听，听气泡的声音，起了泡儿不回去了，正好，如果还"叭叭"响，说明还缺碱再点点儿。过去哪有灯，想看看得见嘛！碱兑得正

丁字沽有多家磨房,一般是人工推磨,如果用驴拉磨就很了不起了

好,蒸出来的丝糕就雪白雪白的。碱要是小了发酸,碱要是大了发黄,但反正都能卖出去。冬天怎么办呢?发完面放在有秫秸的篓子里,上面盖上面口袋和麻袋保温。为嘛我们家的米面儿磨的好?得过几回箩,特别细,搁点儿开水能冲着喝。一号院儿沿着大街有一间半房子,是"曹记丝糕"的门脸儿,家里雇了个山东老乡当伙友。挑水、投米、磨面、泡枣……吃饭跟家人一样,我们吃嘛他吃嘛,顶现在我那个大"草帽碗"还留着呢!伙友睡觉就在那半间屋里。蒸丝糕这活儿累死人啊!没闲着的时候,夜里就开始点火了,炉子是拿砖垒的"土道子",有前锅、后锅,前锅蒸丝糕,后锅烧开水,那大锅有四十多斤,上面还得放个水圈,要是火太旺了,一掀锅都干了,所以都得掐好了。那时主要烧唐山的烟儿煤,我们叫"二号煤",每次就能蒸五个,前后需要一个小时。家里有个破表搁在茶壶套上,上面也没字儿了,反正转一圈丝糕就该熟了。蒸好的丝糕放在大凳子

上晾,然后翻个儿摞起来,除了在门脸儿卖点儿,主要靠挑"八股绳"到外面卖去。前后各放几个"圆"(容器)加一个筐箩。你想,一块丝糕七斤半,怎么也得带十块,加一锥儿得百十斤。筐箩干嘛用呢?拿它零售,那前儿没有秤,买多少钱的,就随手拉一刀。再早我爷爷挑挑儿去宜兴埠,我爹去西沽,然后再过摆渡到辛庄、堤头。我爷爷吆喝比较简单:"丝——糕——!"我爹和我大哥们儿吆喝的好听:"小枣儿的哎——的丝糕——还两块——!"就喊几嗓子,不会儿人就都来了,忙得连头都抬不起来。就说我爷爷卖丝糕这把刀吧,起初跟菜刀差不多宽,到后来快成攮子啦。哈哈哈……!再说我爹更哏儿了。"曹二爷,给我来两块儿丝糕,肚子怪饿的。""拿走吧!"这不该着钱了吗,你猜他怎么记?就在墙上画两道儿,过两天你问他那"两道儿"是谁欠的,不知道!等哪天又来要两块儿,他还接着给。也有不少好心眼儿的:"曹二爷,上次的丝糕钱,给您!"给了也就给了,不给他也不惦记。听我爹说,有一回他去堤头卖丝糕,一个老主顾说:"我有个奉天的亲戚是老丁字沽人,他来信说就馋你们家丝糕,能不能给运几锅过去?"结果,我爹还真把丝糕装进蒲包,外边再套上面口袋给邮过去了,好在冬天也坏不了。这里也有个原因,丝糕天热时卖的好,一天

20世纪30年代,出皇会的民间高跷队

舞龙时,龙跟着绣球可做各种高难动作,如扭、挥、仰、跪、跳、摇等

能出四五斗(米),冬天就卖不动了,所以有人要丝糕高兴还来不及呢!丝糕这行只能糊口,想置房子置地,门儿都没有。一到冬底下都不好过,粮船过不来了,地里也没庄稼了,都大眼瞪小眼的,老公所就开始佘棉袄、佘粥救济穷人。

我父亲这辈儿,就他一个人做丝糕,其他哥们儿有干买卖的,有轧衣服的,有开水铺的。我爹说,宁可拉胶皮也不让孩子们再干这行。所以,我哥哥到北京学买卖,以后回到天津,在劝业场后边的"天立"经销鲜货。有一年,我爹给他操持婚礼,院子里要搭大棚,苫布沉啊,就往下坠,那前儿人脑子笨,拿根杆子挑起来不就完了。我哥哥非要上房,一不小心掉下来把腰给摔坏了,养了三个月,干脆在家蒸丝糕吧,这才把手艺接过来。解放以后让我们合营,我爹说,把工具都卖了再不干这行,咱就在家闲着。我们家不在五爱道附近有十几亩地嘛,五二年政府要在那儿给工人盖房。地占了我们吃嘛?得了,给你们安排个人去工厂吧,归其把我们大哥们儿曹振奎分到大丰面粉厂,六十多就死了。

过去的人都比较迷信,记得二号院儿的上房,可着后房山挂着老祖的画像,供着"天地君亲师①",旁边屋供着"全帝爷""五大家②",条案上摆着香碗和蜡签。每天早晨烧一大把香,中午、晚上再接着上贡烧香、磕头。我们家还信奉圣贤道,每到春节的时候,把那院子都堵严实了,干嘛呢?升贡。"带门头儿的"都盘腿坐在炕上一块打坐,倍儿瘆得慌!

我有个外号,叫"曹傻子"。怎么来的呢?那年我也就刚会跑,躺在炕上好几天不吃不喝,家人一看这孩子要坏,埋了吧又不忍心。有人就说了,快给孩子改个名儿,越难听越好,那就叫"曹傻子"吧!别说,还真活过来了,家里人赶紧到娘娘庙买了几捆儿白条儿香还愿。

我十几岁就在家当小工子,解放以后在搬运公司干了两年,哪儿呢?西沽货场。不行,实在太累了,经人介绍就去了三条石的光大桅灯厂。我心想生产这玩意儿才能干几年,归其二十四岁上的班,一直干到五十岁。因为厂子要迁到大毕庄,我一看这么远就办了病退,让闺女顶替我。我那三个姐姐嫁的都不错,大姐死得早,二姐嫁到葛沽,三姐嫁到海大道(大沽路),家境都比我们强。

接下来说说丁字沽的高跷,特点是腿子高,有"下彩儿",男的是靴子,女的是金莲儿,实际上是"假脚"。丁字沽的高跷是王庄的师傅,一个教一个,会头是王金和。高跷的费用基本上也是脚行出。每次去王庄,赶着两辆大马车,再带着两袋米去请师父,行头都是绸缎的,得多钱?高跷队十到十二个人。假如喜欢高跷的人多,也想

---

① 天地君亲师,为中国儒家祭祀的对象。设"天地君亲师"牌位或条幅供奉于中堂,是古代祭天地、祭祖、祭圣贤等民间祭祀的综合,属于敬天法祖、孝亲顺长、忠君爱国、尊师重教的传统观念。
② "五大家"也称"五大门",指"胡黄白柳灰"五仙,即狐狸、黄鼬、刺猬、蛇及老鼠,也是乡村中最常见的几种野生动物。在东北仙堂信仰中,它们被认为是最容易修炼成精也最常与人打交道的生物,被尊为"仙家"。

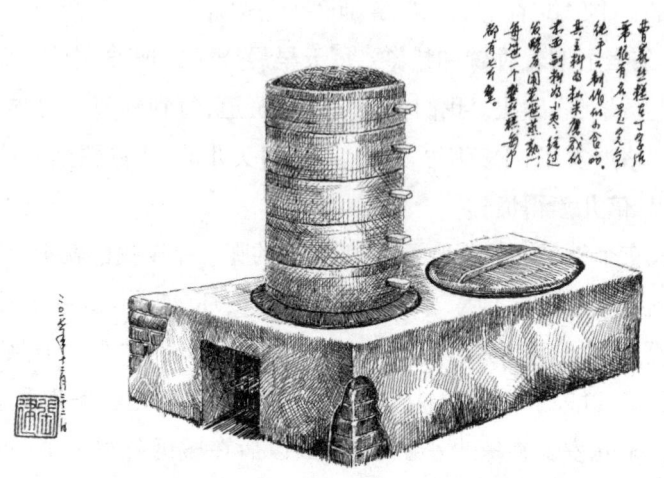

曹家丝糕炉灶及蒸制方式示意图

上场掺和掺和,那就叫"外添",可以增加至十四个到十六个。每个人都有扮相,装扮的人物都从《水浒》《西游记》《白蛇传》《施公案》里来的。一上来,由头棒带领着队员跑大场,然后再一组一组地进行小场表演。老丁字沽的高跷是带唱的,差不多每个角色都有自己的唱腔和唱词儿,有独唱、对唱、合唱,一般"拉骆驼"是个小高潮。"棒槌"在这里是个关键人物,他的手势相当于指挥,"头鼓""二鼓""头锣""二锣"都得盯着他。每年的阴历四月十七、五月初二和春节都出来表演。四月十七得去黑塔寺,这一趟三里地,行会时连走带扭,怎么也得耍几场才能回来。有一回,丁字沽的高跷到王庄谢师,我跟着去的,好么,师傅一看,说:"你们甭演了,已经超过我们了!"那会儿,丁字沽空地有的是,这帮人真下功夫啊!除了高跷,扔沙袋、摔跤、举墩子,也都是扛活的苦大力们喜欢玩儿的。

孙昌群

采访对象:孙昌群(1946 年生人)
采访时间:2017 年 4 月 11 日
采访地点:丁字沽小学

我是在西头如意庵后街四十八号出生的。小学在南头窑,中学在五十一中上的。高中考进了和平区的十八中,毕业时参加了统一培训,然后直接把我分配到红桥区。一九六五年八月,给我安排到丁字沽小学。报到那天,是我同学陪着我走过来的,谁也没听说过有这么个学校,周围全是野草、庄稼和大坑,五路汽车站旁边还有座炮楼。我们顺着小道一边走一边问,才找到学校的大门。我的第一感觉:很古老、很破旧,但是老师和同学的面貌特别好,老师们都非常亲切、客气;学生们大多是丁字沽大队的,非常朴实。接待我的

丁字沽民立第四半日学堂旧照

是张学谦,他原来是如意庵小学的教务主任,后来跟这个学校的李金铎主任调换来的,这俩主任风格不一样,但都特别有威望。他给我介绍了学校的情况,非常和蔼地提了一些希望。跟我一块儿分来的还有俩女老师,一个是南开女中毕业的,一个是天津师范学校毕业的。来了以后,先让我们到班里去听课,

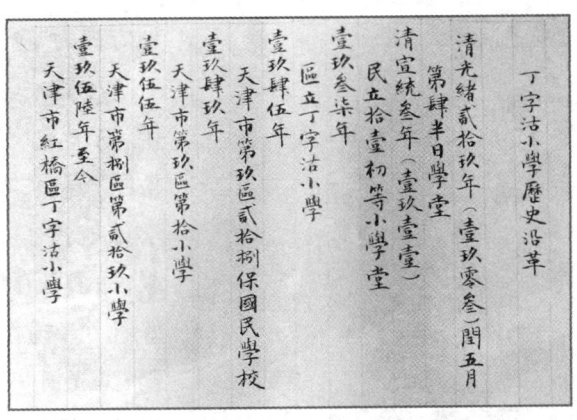

丁字沽小学的历史沿革

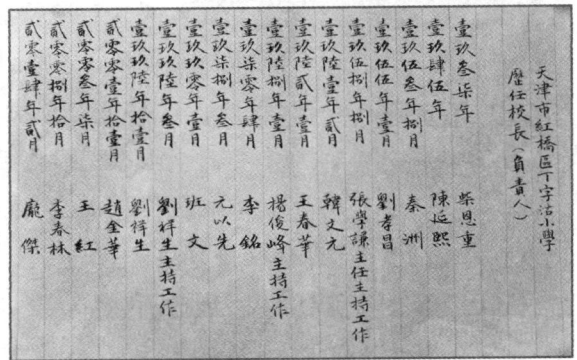

丁字沽小学历任校长名单

我们想去哪班就去哪班,老师还挺欢迎我们的,的确学了很多东西。一是教学技巧,还一个是解决问题的能力。那时是六天工作日,得有四五天要下去家访,学生家的炕沿儿朝哪儿,暖壶放嘛地界儿,养了几只鸡都知道。一推门就进,连招呼都不打,家长把孩子交给我们很放心,经常说:"我的孩子随便管啊,打也行,骂也行,没事!"这是丁字沽小学的特别之处。再有就是学校跟丁字沽大队、居委会、派出所的关系都很好,经常开联欢会、打篮球,他们都把这块

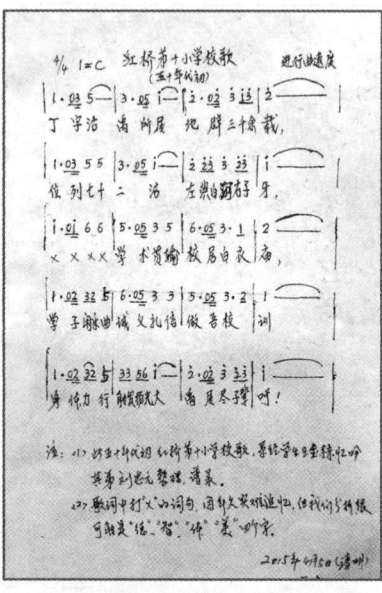

20世纪50年代初丁字沽小学自创的校歌

地方视为"育人圣地"。

据说一九五六年定级的时候,这个学校定的都比较高。红桥区教育系统总共三个一级,张学谦就占了一个。还有两个二级,一个王春华、一个张乐。三级好几个,杨俊峰、盛长恩、陈景鹏、王光海……师资力量还是挺强的。所以在教学上,除了文化课,对道德品质的培养也非常重视。老师们经常在课堂上说:"你们是早晨八九点钟的太阳,国家建设需要你们,等你们成长起来,国家要比现在强大,要比现在幸福……"至于怎么个好法,不知道,什么住房、小汽车,没想过。因为那时丁字沽的生活状况相对贫穷,哪家都有好几个孩子,我们都希望将来这一代人的生活能有新的变化。展望远景、树立信心,比、学、赶、帮、超,成为老师和学生的共同目标。

我来了以后的那些年,校园也发生了许多变化。你看西边那几栋楼了吗?原来是个大坑,起初为了出入方便,学校在大坑上垫出一条小路并开了个小门儿。后来教育局知道我们学校的场地窄巴,就说可以把坑填平了当操场。那时我正教体育,积极性非常高,全校师生利用训练时间、劳动时间以及业余时间开始填埋那个大坑。孔老师到处联系煤灰、渣土;李洪飞老师的儿子,是汽运二厂的副厂长,他调来汽车帮我们加快了进度。就这样垫了有一年多,结果弄得很不错。可能教育局没想到我们的干劲儿这么足,等都垫平了他却变卦了,非要把这块地给收回去。我跟教育局火了,他们给我讲了一堆大道理,我说我是为了学生锻炼身体,他说他是为了改善教师住房。让我说嘛好呢,反正心里特别扭!后来,在那地界儿盖了几排平房,八四年拆迁盖了两栋居民楼。

　　大坑嘛时候垫的,一时想不起来了,我记得毛老师死的时候还是条小路呢,那是七六年地震以后。怎么回事呢?那年的十一月,当时我负责工会,因为那会儿物资短缺,学校就让我给老师们统一采购点大白菜,还备了一些搭防震棚用的砖头。中午,老师们都吃饭去了,毛玉玲没走,我还跟她说:"你要用砖自己先挑点儿好的,你要用菜就多拿几棵,反正也没别人。"她没言语,我又待了一会儿也离开了。差不多十二点一刻,张福生打外面急匆匆地跑过来,冲着我就说:"轧死人了,可能是你们学校的!""不可能,老师们早都走

1953年丁字沽小学毕业生与全体教职员工合影

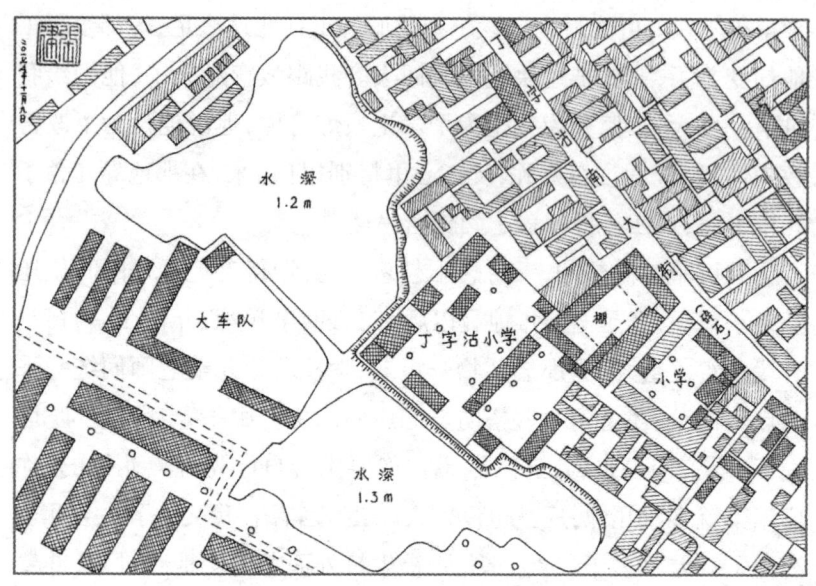

丁字沽小学周边地貌测绘复制图(局部)

了!""人家都说是你们学校的!""呦,毛玉玲刚走!"我到现场一看,果然是她。一辆半挂把她挂倒了,正卷到轱辘底下。那年才二十五岁。她是选调来的学校,刚工作了三年,能力很强,据说年底就要结婚。从这事推断,垫这大坑应该是七七年前后。顺便说个插曲,我们学校还出过一次事故。过去像我们这种老学校冬天都得点炉子,每年夏天就开始准备冬煤,学校没有能力盖贮藏室,就拿木板子栏了块地界儿放煤。这天,各班分片儿做卫生,杨秀锦和她的同学负责清扫传达室附近的地面,这孩子干活特别认真,别人都干完了,她还要再收拾收拾。突然,盛煤的木板子崩开了,一下把她拍在底下,大伙赶紧把她扒出来,抱着跑到三防院抢救,最后还是没活过来,孩子他爸也是丁字沽小学毕业的。

回过头来接着说学校的变化。我来时这学校还是两道院儿,娘娘庙大殿正对着一座山门，两者距离有几十米，从外往里走得上台阶，左首是一溜土坯房，靠东面也是一溜平房当教室。七几年的时候，陆续改建成砖瓦房，东面又加盖了几间平房。学校东南角大门的斜对过还外跨了一个分校。八十年代初在大殿左侧修建了凉亭，土坯房位置盖起了教学楼，整个校园看上去既古色古香又严紧实用。

　　我第一次登讲台，是给三年级三班的学生上算术课，虽然实习期间学了很多东西，自己也挺有自信，尤其还背了很多教案，可由于精神紧张，只用了十分钟就把课讲完了，效果很不理想。这说明嘛呢？光心气儿高没有经验是不行的，另外自认为面对着一群小孩儿没有嘛，反倒弄得挺尴尬。半年以后，我主动找校长要求带班，校长也很支持。一九六六年新学期开始，我正式接了一个新生班——一年五班。跟他们朝夕相处了将近七年，学生们顺利升入初中以

丁字沽小学废弃的老校门

后，正好教体育的高老师要去干校进修，校长就让我接体育课。之后，教育系统开始抓教学质量，学校就把六年级各班学习成绩差的、组织纪律涣散的和有其他问题的集中在一起，一共二十六个学生，五个女生、二十一个男生，成立了"补差班"。这个特殊任务就交给了我。我首先开了次家长会，我说："各位家长，恕我直言，咱们年级的'高材生'都在我这儿了……"，话还没说完所有人都笑了。接着我就提了一点："您别怕花钱，我得要求他们反复练习，最起码得把字写好了。"因为丁字沽好多困难家庭，买笔买纸都费劲，家长一听我这么说，都表示没问题。这些孩子平时根本不好好写字，纯粹瞎划拉，我等于从一年级开始给他们补习。只要有一点进步就表扬，还把他们写的字、做的作业打上分儿贴在墙上，展示完了送到家长手里。我几乎就跟他们摽上了。为消除自卑心理，每个人都安排个小职务，而且轮流当班主席，隔一段调换一下座位。嘛都得管，特累！到下

丁字沽小学分校后墙

位于丁字沽南大街的丁字沽小学分校旧址

学期袁校长把语文接了过去还好点,最后这个班总算顺利毕业。

我刚到这个学校时,一至六年级共十八个班,教师有五十多位,包括代课的校外辅导员。那时分配到学校的老师都是教育局提供办公用品,我们仨等于带来了三套新桌椅,也都放在大殿集中办公。第一年,高中毕业的拿二十九块钱(工资),中师毕业的拿三十二块钱(工资),转年转正全拿三十七块钱(工资),这一拿就是十四年。不有句顺口溜嘛:"受不完的累,生不完的气,拿不完的三十七。"后来,我的同学有当厂长的,有当经理的,有当科长的,有当股长的都劝我,你就是干到校长又能怎么样,跟我们走吧,一个月能拿六十多块钱。

我参加工作的转年,"文化大革命"开始,校长和几位老师挨斗、挨批判。但这个学校有一样好,该斗斗、该批批,基本没有打骂,也不挂牌子、不戴帽子。另外,别看"文革"打砸抢这么厉害,丁字沽

由于丁字沽小学与丁字沽农业社的特殊关系,过去经常组织学生们从事学农劳动

小学一块玻璃没破,一件桌椅没毁。我们老师轮流值班守护学校,守护着娘娘庙大殿。我曾经对红卫兵说:"你们是国家的宝贝,大殿是学校的宝贝。你们要笔要纸全给你们,随便写随便贴,但绝不能胡乱砸!"说了就管点用。有一天半夜,来了一大帮红卫兵要住校,派出所民警也跟过来了,让我们给开几间教室,归其把分校的教室打开,据说"造反派"把丁字沽折腾得够呛。我们学校有个祝老师,南开大学的高材生,这人水平特别高,在斗老祝的时候,有三个人找我,对我说:"小孙,你是革命的,他是叛徒,你得揭发啊!"我一听就火了:"你知道嘛叫叛徒吗?他当年是合唱团的团长,入狱后,为了保护这些学生,市委安排他们写了几句话,他叛变革命了吗?他出卖革命了吗?他迫害过谁?不就是个小孩嘛,谁给定成了叛徒,你们还是党员,毛主席怎么教导的你们?不能放过一个坏人,更不能冤枉一个好人啊!"我站起来"叭"踹了一脚椅子,扭头就走了,心想

你们水平太低，不跟你们站在一条战线上。

"文革"后期还有件事也挺有意思，"革委会"副主任要召开批邓大会，我找到她悄悄跟她说："这会能不能往后拖拖，社会上的小道消息、大道消息都哄哄邓要出来。你就跟局里说，今天净请假的，人凑不齐，改日再开。""不行啊，局里的安排。"她非要开，结果下午五点开会，晚上就公布(邓)"出山"了！转天见我面，她脸一下就红了。

丁字沽小学进驻过贫宣队(贫下中农宣传队)，丁字沽大队的李凤年、李学志参与学校的政治运动和管理。在工人农民要占领上层建筑的影响下，李凤年认为贫下中农根红苗壮，工人阶级不在话下，知识分子就是臭老九，所以他说话办事都比较"左"。贫宣队有间办公室，李凤年到时来看看，虽然他瞎字不识，还总给师生大讲"活学活用"，其实根本说不出个一二三，下边坐着的人也不好好

丁字沽小学校园内古庙整修前旧貌

听。记得他做过一次忆苦思甜报告，在台上还抹了几下眼泪儿，散会后大伙说，他讲的不怎么苦哇！哈哈哈……他太"左"了，就特别遭恨。我们学校不有台黑白电视嘛，一到晚上，就有熟人或学生家长敲门进来跟着看，李凤年来了，说嘛不给开门，告诉他"有嘛事，明儿见！"贫宣队大概待了两年，后期工宣队（工人阶级宣传队）又进驻学校，工宣队比他们强多了，第一拨是空气压缩机厂的，两个人都姓张，一个长的黑、一个长的白，我们私下就称他们"黑张"、"白张"。第二拨是胶轴厂的，有个姓王的师傅。工宣队还没撤呢，军宣队（解放军宣传队）又来了，但他们主要是"支左"，学校的事基本不管。

丁字沽小学还有个特别的地方，就是每年都要拿出一定的时间"学农"。从三年级到六年级，每个年级包一个队，干嘛活儿完全

被发现的墙壁画（局部）

听丁字沽大队的安排。比如说这个阶段地里的杂草太多了,我们就组织班级分批下地拔草,到大收季节就动员全体师生到地里拾麦穗,我们还帮着刨过山芋,清理过垃圾。作为校长和主任,他们有他们的想法,毕竟入乡随俗嘛!再有,农业户占一定的比例,意味着困难户就多,那时的标准是一个家庭的平均收入不足八块钱的就可以免学杂费,大队开个证明学校就执行,这种情况大概占百分之四十。所以学校跟丁字沽大队、跟学生家长们的关系都很融洽。他们对老师比较尊重,见面总是客客气气的,老师对待学生或家长也没有丝毫的歧视。丁字沽的孩子自理能力都很强,家长下地了,他们就自己做饭吃。我们有个学生叫马林,按现在说就是体育特长生,他的200米、400米跑,在红桥区都是第二,而且他熬鱼、炖肉、炒菜都会,才五年级啊!所以,有时学生上课睡着了,我们也比较理解。

每年学校招生也划片,大块儿说分南北,假如招四个班,南头儿三个班,北头儿一个班。相对南头儿比北头儿的人口多。我感觉,不管哪届,好像头一个班都比后几个班强,可能跟家境和风气有点关系。通常情况下,丁字沽南大街是一片儿,二道街、三道街是一片儿,宋店胡同到摆渡口是一片儿,北头儿到"黑村儿"是一片儿,班级基本就按片儿来划分。一个班四十多个学生,这里边就有留级的,还有晚上的。刚不说了吗,丁字沽的农业户对孩子上学不是很重视,家长一忙忘报名了,正好在家接着干活,一点也不着急。有个学生叫李春富,留级四次,家大人拿学校当幼儿园,要不也没人管。丁字沽小学最高峰时,有一千八百多个学生,教室装不下,就实行"三部制",七点四十五上课,两节上完就放学,然后另外的年级再上两节课放学,下午两点上课,也是两节课。那会儿已经不讲教学质量了。

丁字沽小学的体育成绩一直很好，拿过不少名次，还输送过不少人才。像刘恩和去了沈阳部队篮球队，李静被沈阳部队游泳队选走，张立新到天津游泳队，单维颖去了天津垒球队，他们都是丁字沽小学的学生，当年也都拿过奖项。再比如，杨金广拿过天津市跳远第一和400米栏第一，马建国拿过800米跑冠军。我们还拿过长跑天津市团体一次第一、两次第三，拿过好多届红桥区游泳团体冠军。

我自一九六五年进校，到二〇〇六年退休，历任的校长和主任是：校长王春华，主任张学谦；"文革"时只有杨俊峰一个；之后是李铭；他后面是袁毅先，班文；再后来是赵金华，王宏；再就是李春林，最后是庞杰。要想了解更多的情况，我们学校有个校史展览，可以去看看。

姚秀玲

采访对象:姚秀玲(1953 年生人)
采访时间:2017 年 4 月 14 日
采访地点:丁字沽小学

我老家是山东的,我爸(曲仁俊)是抗战时期的干部,我妈(姚志文)那时还是中学生呢,他们一同南下到湖北武汉。因为他们俩都属于有文化的,解放以后部队调干到大学进修,我爸就到清华大学的机械系,我妈到天津大学的建筑系。大约是一九五一年,他们从武汉来到天津,然后各自开始求学。一九五三年我在天津出生,当时他们顾不了我,我妈就让她的同学给找了个托儿户,可以说,我是保姆给带大的。我父亲毕业后分配到七机部五院,就现在的航

20世纪70年代,丁字沽小学举行文艺汇演之盛况

丁字沽小学举行文艺汇演后同学们在一起合影

天部五院。我母亲毕业后分到化工部天津化工研究院,我就跟着母亲住在化工研究院宿舍,七一年我母亲调到北京。

我呢,五岁半就在化工研究院的子弟小学上学,上了一年吧,就到实验小学接着上。后来(实验小学)改成红星中学小学部,上到四年级的时候,六十二中学因场地小,与我们学校调换,就挪到这边来,上到六六年"文化大革命"。学校都不上课了,唯独我们这个班还坚持着,因为这个班是化工研究院、七〇七所、工程机械研究所的子弟组成,班主任叫张永岭,他就教我们毛主席诗词,老师自己也喜欢写诗。最近他的诗集要出版,说要给我们每个同学一本,他对我们这个班下了很大功夫,至今感情还很深。

小学毕业后,我们班整个端到丁字沽中学,那几年没学什么东西,语文、数学、工业基础、农业基础,除数学之外,全开卷考试,最后一次我得了三个一百分,好多同学愣是不及格,翻书都找不着答

参加文艺汇演的两位女同学

案。我六九年九月毕业,先到白酒厂劳动了三个月,十二月份才分配。当时按照出身好坏和各方面表现排队分配工作,第一批都是工人阶级的孩子,分的净是大型国营企业,像纺织机械厂啊,轧钢二厂啊……我们就等,心里很着急,结果把我们"化工"四个女孩子分到了"小教",那时没人愿意去"小教",都想去工厂。我特别羡慕人家去工厂的,可我爸爸妈妈非常高兴,认为女孩子当老师挺好。当时局里问我们想去哪个学校,我们说:第一,不上自己的母校,不跟自己的老师在一起。第二,不上二号路小学,因为化工研究院、七〇七所的孩子都在那上学,不好教。结果给我们分到了丁字沽小学。其实,红星小学一扭脸就是丁字沽小学,但我们竟不知道有这么个学校。报到时,我们四个就在这一片儿转呀,转呀,一问才知道学校大门在街里头呢。我们从水坑边儿沿着小道儿走哇走哇,看见一个粮店终于找到校门,心顿时就凉了!一进来,都是平房,破破烂烂的,确实挺失落的,但这种失落很快就过去了,毕竟我才十五岁多点。第一个接待我们的是杨俊峰校长,他跟我们聊了聊,就分配我去二年级,黄玮去六年级,韩艳荣去五年级,曹越可能也去的是六年级。我有点不太理解,后来我想她们三个跟校长说这说那,就我一言不发,也许认为我能力不行。一年过来,那三个教高年级的反倒适应不了,学生们不听她们的。我呢,二年级、三年级……一步步跟过来了。第一个毕业班我是从四年级接的,这个班都是丁字沽南头儿的。他们这届一共八个班,我教的是二班,但是不论做操、走队还是学习成绩都名列前茅。说实话,我的文化水平并不高,要当好班主任就得不断跟老教师学习,不懂不会的就主动去问,我虽然不怎么爱说,但心气高、爱较真,所以学生们都听我的。

然后又接了一个班,这个班的孩子实在是太淘啦,谁也弄不了。大虎儿、二虎儿、小虎儿都出名啦!大虎儿、二虎儿是一对双胞胎,住在三道街十八号大院,我经常上那院儿家访去,哪个老师都跟我告状。一去,大虎儿、二虎儿他爸爸就说:"不管老师说嘛,我就喜欢这俩儿子!"当时这个班乱到嘛程度呢,给老师起外号,拿小石子儿砍老师,闹腾得老师讲不了课。可我,也说不好因为嘛,就能管得

摆出"高难动作"的演出现场

激情满怀的诗朗诵小演员

住他们,我的课他们就能静下来。也许是对他们比较关心吧!几十年后,这个班的同学邀请我参加他们的聚会,有个女生说:"姚老师,不知您还记不记得,有一年做课间操,不知谁推了我一下,手被树枝划了个口子,您带着我到卫生室包扎。因为是冬天,转天您给我拿来一副手套,戴着它没多日子就好了。"我说早忘了,她说"我一辈子也忘不了"。还有个学生讲起一件事,那是我们班的李志江,头号捣乱分子,从来不好好写作业。有一次,我对他说,你不写作业中午就别走,我不吃饭,你也别吃饭,我就看着你写。等他写完作业也快上课了,我就把大半个富强面的馒头拿给他吃。同学说:"我们来上课时正路过办公室,就见您把大白馒头让给李志江吃,我们都还吃窝头呢!"这事同学要是不说,我也想不起来。还有个学生,学习一直不好,他呢,也不淘气,据说家里挺困难的,我就去家访。我忘了是二道街还是三道街,一进院儿是个小夹道,往里走就是他们家的房子。推门一看,一个大通铺,墙根儿有个破柜子,一头猪就在屋里拱来拱去,他妈妈在炕上躺着,病病歪歪的,盖着破被窝。那个味儿啊,差点吐出来。家里一大群孩子。这样的家庭环境能指望家长教育吗，所以我就得多尽点心。

　　这个班教完以后，又带了最后一个班，没等毕业学校就让我脱产补习外语。怎么回事呢？一九七八年学校已经开外语课了，当时有个李老师在教，但他没学过外语，就到进修学校听一点、教一点，基本就能教二十六个字母和几个单词，好像连句子都不教。各学校都奇缺外语老师，局里就准备抽调部分老师脱产学习外语，我们学校给了一个名额。我特别想去，就找到校长争取，结果就答应了，高兴得我要命。这么着就去了，学了不到两年，起初还说毕业可以算中专，最后什么也没算。我回到学校教外语，李老师也就不再教了，一个人得教好几个班，累的我呀！一开始教外语，我们学校的成绩比"红星""二号路"都好，因为我真拼了，我是第一批外语学会的会员，全区就七八个人。可是后来外语就走下坡路了，为什么？太难了。过去一课书要教一个星期，怎么也能让孩子们弄会了。这不行，一天一课书，连认识都不认识，怎么能背下来？人家别的学校的家长都给孩子在外面补课，"丁小"能有几个？再加上地区差。我可是绞尽了脑汁，因为我接的都是六年级的班，有的班一半

朴实无华的孩子们，留下了那个时代特有的标记

不及格,怎么弄!临毕业了都得让我给整及格了,不把我愁死!

以后让我当外语教学主任,但仍然兼课,还是教毕业班。那个时期因为学生少了,一些学校合并,老师也过剩,本来女老师应该五十五岁退休,可你要是当副校长或主任就五十岁回家,除了没有奖金,其他待遇保留。校长不舍得让我走,又留了我三年。接着王校长找我,让我再帮帮他,我真是不想干了,可又下不了狠心。干吧,这一干又是三年,直到我女儿要生孩子,就去了深圳,在那儿生活了六年。

当时,我到这个学校已经"复课闹革命"了,工宣队还在,就记得天天开会,学习最高指示、最新指示,校园里基本没有大字报了,也没再开过批斗大会。我经历了两次野营训练,俗称"拉练"。第一次我带着别的班,背包打好了用大卡车拉到目的地,师生们徒步行走。可能是去上河头。当天夜里特别冷,我们用草帘子把窗户堵上,

古庙与其他建筑浑然一体

今日校园,虽然硬件设施陈旧,但师生的精神面貌非常好

可还是冻得睡不着觉,半夜就听有人喊:"着火啦,着火啦!"我们都跑出去,只见村里的卫生站火光冲天,我们都上去帮着灭火,结果这次拉练只待了一天就回来了。第二次带着我自己的班去的,都是定点拉练,也就去个三五天,在那参加学农劳动,开展大批判,组织"活学活用"。大家都抢着给房东挑水、扫院子,我根本就挑不动,盛不点水都晃晃悠悠的,反倒丁字沽的孩子个个儿会挑水。

我们学校的老师大多都是市里的,就李学文是土生土长的丁字沽人,再有就是跟丁字沽有关的郭香珍,她爱人是丁字沽大队的民兵队长,夏玉华的爱人也是丁字沽的。所以,我们下班回家差不多都结伴走。那时三号路已经通了,路不平又黑灯瞎火的,我住的那个大院儿,是三号楼到六号楼,我们家住六号楼,而一二号楼单独在一处。我们四个,黄玮先到家(七〇七所),一号楼是曹越,二号楼是韩艳荣,我最后一个才能到家。有时我害怕,曹越和韩艳荣就先送我到二号楼前面一点,然后她俩再掉头回去。

我来时,学校的娘娘庙大殿空着呢,有时在里面开会,后来给截成一大一小两间屋子。老师把原来的办公室腾出来当教室,我们都搬到大殿办公。墙上的壁画就露出一点,也看不出是什么内容,好像也没人感兴趣,整个墙都刷着大白。操场的东边搭了一个土台子,开大会、搞联欢、领操都用它。我经历过一个年级八个班的时候,也经历过一个年级一两个班的时候。一到招生时,就跟抢孩子似的,后来卫星小学合到我们校,哎呀那素质简直没法说,其中有一个班根本管不了,把教室的锁和电门儿全弄坏了。学生上课就抽烟、起哄、砍老师。他们带过来的一个女老师还能镇得住,结果人家调到桃花园小学去了。这下可好,谁也管不了,就连副校长上语文课都不行,没辙了聘请一个退休女老师,没给人家气死。

李昆明

采访对象:李昆明(1943 年生人)
采访时间:2017 年 4 月 15 日
原 住 址:丁字沽二道街 47 号

我们原籍是山东的乐陵。四几年的时候，我父亲（李振河）跟我大爷（李振海）逃荒要饭来到天津，我还有个姑姑活活饿死在家里！他们到天津以后，就落脚在刘家房子大地主马家当佃户。我大爷因为惦记着家里就回去了，不久也饿死了。记得我三岁的时候，父亲带着我回了一趟老家祭祖，实际上就是告别家乡父老，永远不再回去了。

　　怎么来的丁字沽呢，我姥爷是正宗的丁字沽人，他和我爸爸俩人出资买了果家的一套四合院，这么说吧，比白给强点，为嘛呢？一直传说那院儿闹神闹鬼，始终没人敢住。怎么造成的呢？这院儿曾经住过一家子人，据说小媳妇原来的爷们儿当兵多年生死不明，后来说是阵亡了，为留条活命媳妇就改嫁了。这一天，有个当官的骑着高头大马，腰里别着手枪来到丁字沽，干嘛呢，来找他媳妇。转了几圈

位于丁字沽二道街的李昆明老宅旧址

没找着，有人就跟他说了，"甭找了，人家已经改嫁了，现住在二道街。"他一听就火了，闯进四十七号院儿，拽着媳妇就要跟他走，媳妇说，我跟你走，人家怎么办？好吧，这军官拔出枪"砰"的一声就给她撂倒了，小媳妇爬到大门口说出了事情的原委就死了。这家人不得已搬走了，从此这院儿就变成了"凶宅"。我姥爷说："咱穷，咱怕嘛！"买下来，推开院门，杂草长到半人多高，长虫、活物儿到处

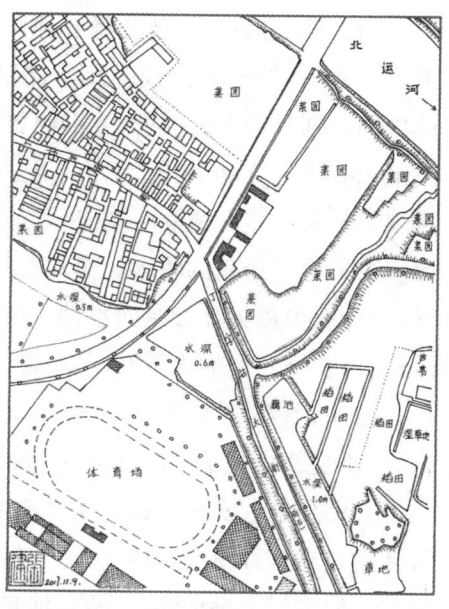

20世纪60年代测绘的丁字沽农业社地貌复原图（局部）

乱窜，也确实够吓人的。北房五间、南房五间、东厢房三间、西厢房三间。解放前夕，国民党部队到丁字沽毁房子，结果把南房五间和东边半拉都给烧了，我们全家躲到三条石我父亲朋友家的防空洞。

再说我姥爷叫张春泰，他四个儿子一个闺女，大儿子叫张连起，二儿子张连荣，一个闺女张连英是我妈妈，三儿子张连弟，四儿子张连科。张连弟在金门战役中牺牲，所以我姥爷家就成了军烈属。他们都是丁字沽人，全家住在一个大院子里。

我父亲李振河不一直是佃农嘛，解放以后分到四十亩地，同时分到土地的还有任和尚、任虎臣、任振江、吴六东、张殿卿、王明远、张二小他爸。一下分给这么多土地种不了怎么办呢？他们就自发成立了互助组。互助组有临时性的，几户农民在农忙季节组织起来换

工互助，农忙过后就解散。还一种是常年互助组，规模比临时互助组大一些，一般七八户或十几户，组员之间除了换工互助外，还有简单的计划和分工，比临时互助组更"高级"了。过了一个阶段，上级组织要求各互助组联合起来，成立初级农业合作社，当时丁字沽也就是十多户宣布成立了初级社，虽然土地还属于个人的，但是按照多少来分配最后的收入。车马、工具也算数儿，大伙一块下地干活，种什么粮食买什么东西也都一块商量。听我父亲说，就在那个时候，区长介绍他加入了共产党，许多工作就由他来牵头。一九五六年公布了《高级农业生产合作社示范章程》，丁字沽农民也积极响应，于是就成立了高级社。一九五八年，周边几个高级社合并成立了人民公社[1]，农村的社会主义改造宣布完成。丁字沽农业生产大队就是在这种情况下成立的，第一任大队长就是我父亲——李振河。后来派个书记叫马兴富，他是郭辛庄的人，大队部就在南北大街交界靠西边儿的那间房子。之前一直挺好的，到了"四清"出事了，给他定的罪名是：多吃多占，瞒产私分，走资本主义道路。我姥爷讲话："李振河，我恨不得把你杀了，人家当头儿的都把东西往家拿，你可倒好，把自己家的东西往外拿！"我们家房子不被国民党烧了好几间嘛，他把房檩、砖头拿来给大队搭地窖，"多吃多占"无从谈起。再说"瞒产私分"，为了保护农民利益，在测量有效土地时，田埂、壕沟和坟圈都刨出去了，这些地界儿根本长不了庄稼，到时你能找人家要收成吗？打个比方吧，这块地假如是一百亩，合完了可能是九十五亩。这就叫"瞒产私分"，那五亩哪去了？这不是存心找

---

[1] 农村人民公社属于计划经济体制下农村政治经济制度的主要表现。人民公社既是生产组织，也是基层政权，普遍存在的时期为1958年—1984年，后来随着改革开放农村经济体制的改革展开，公社实行政社分开改革，全部被乡或镇取代，该制度走向终结。人民公社也为"三面红旗"之一。

麻烦嘛！所谓"走资本主义道路"，就因为大队有个冶炼厂作为副业，每年还能分点红利。不行！整到最后也没整出嘛事来，怎么办呢？又说他有枪，一直闹到区里，人家区里说了："李振河有枪没枪，难道我们不知道吗！"

我父亲就是个大老粗，没文化。如果你拿大扁担画一道，问他这念几，他说念一；画两道，他说念二；竖过来画一道，你再问他念几，不认得！让他签字，就会伸个指头按手印。但是，他却掌握着一把好算盘，估计是在马家当佃户时偷着学的，那算盘打得好听又顺溜儿。他往那一坐，谁们家有多少地，谁家的地跟谁家挨着，地里有几座坟、几个坑，给你念叨一遍不带打奔儿的。再有他干农活是把好手，没有他不会的，样样精通。那时丁字沽大队的地，南起光荣道，北到千里堤，东起北运河，西至津霸公路，最后撤队转业时还剩下一千亩地，就说丁字沽有多大吧。

李振河不仅在丁字沽成立了第一个互助组，还担任了第一任农业生产大队队长

成立了人民公社以后，土地、农具、牲畜都归公了，在人们心目中好像共产主义就快实现了。新生事物一个又一个地涌现，其中人民公社大食堂①搞得热火朝天，当时的口号是"吃饭不限量，吃菜不重样"。尤其家里经常揭不开锅的农户，更是高兴得要命，吃大锅饭硬气啊，因为"只有放开肚皮吃饭，才能鼓足干劲生产"嘛！就我所知，南头儿的"大食堂"在原来的养鸡场那院儿，这院子有多大呢？后来在里边盖了二十多间房，你就能想象出来了。大队专门安排做饭的，一到开饭的点儿，拉家带口的全上这儿来了。手里拿个本儿，在上边一挑勾儿，就能把饭领回家吃去。一开始还好点，越到后来越次，几乎就剩喝稀饭汤儿啦！我父亲也犯愁，不能把种子也吃了吧！他在大队念叨一句："丫头问我，爸爸咱多晚儿能吃饱啊？"好么，就这么一句话，给他扣上"反党""煽动群众"的帽子。可是大队又离不开他，只要一选举，非得选他不可，你说这活儿怎么干。

"文革"时，家里实在没有可抄的，就把两千块砖拿走了。眼睁着穷啊，我哥儿七个、俩妹妹，你说能有值钱的东西吗？但是，照样挨斗。我在农业社一直当马车队队长，不让搞副业，买把扫帚哪弄钱去，买把铁锨哪弄钱去？在三级干部会上我就说，咱以农为主，以副养农，生产队六辆大车，拿出五辆拉积肥，一辆搞副业怎么不行？我提议把两个轮的马车改成四个轮，三匹马拉车再跟上三个人，到西沽货场拉圆木、拉焦炭，一年毛收入也能挣一万。归其，领导勉强同意，日子一天比一天好起来，没搞副业的大队依旧穷的叮当响。

---

①人民公社大食堂是"人民公社化运动""大跃进"的产物。在公社化运动中，各村生产队都成立了公共食堂，"吃饭不花钱"的宗旨得到空前发展，很多地方宣布人民公社为全民所有制，并试点"向共产主义过渡"。但这一试验型的"共产主义大锅饭"没过两三年便宣告终结。

作为"三面红旗"之一的人民公社,既是生产组织,也是基层政权,普遍存在于1958年至1984年这个历史时期

另外丁字沽大队的蔬菜全都供应市里,也能得到一笔收入,所以我们的社员到月就拿工资。冬天来了,那不有句口号嘛"要让冬闲变冬忙",由公社派活,各大队组织社员挖河、修渠、积肥,女的打草帘子。虽然没有大棚,也有暖窖,种点菠菜、芹菜嘛的。丁字沽大队的人,整体文化素质并不高,说句实话,找个记工员都费劲,不读书不看报,头脑比较简单,判断是非就是"合适"或"不合适"。

　　为嘛丁字沽都吃商品粮呢?因为丁字沽是个自然村,虽然它拥有这么多农田,有这么多从事农业劳动的人。但是,丁字沽的人员组成是很复杂的,不仅有农民,还有工人、职员、干部、知识分子。一个家庭就有入队的、没入队的,就有国营企业的、大集体的、小集体的、民办的、"五七连"的,你说怎么定性?基于这个原因,国家干脆就把这部分人按市民对待,不仅城市户口,粮本、副食本、煤本,包括各种票证,一样都不少。还有个历史原因,成立人民公社之前,丁字沽由区来管辖,人民公社成立后有了丁字沽大队,才出现双重管

20世纪50年代,人民公社大食堂遗址

辖。北郊区只负责生产管理,它直接抓下属的各公社;天穆公社管着下属的各大队;丁字沽大队管着下属的六个生产队,但是行政管理是红桥区丁字沽街办事处。所以,"三年自然灾害"对丁字沽影响不是很大。我说个事儿就能证实,队里收完洋白菜、苤蓝,留在地里的菜叶子连猪都不吃,可市里人骑着车到这儿抢着买畦里的土叶子,他们弄回家剁巴剁巴掺棒面儿蒸饽饽。

我丁字沽小学毕业后,又在七十三中上了二年,正好有机会就去了第四钢厂当工人。后来这个厂子要迁到邯郸涉县。当时一听,不但迁厂还得迁户口,玩儿去!就回大队了。我们当工人是因为国家占了丁字沽的地,像化工研究所、六四四三,原来都是我们的地,所以才实行"农转工",占一亩地解决十个人的就业。丁字沽撤队的时候也是这样,政府给兜着,像市政啊,土产啊,棉麻啊,基本都给安排了。七七年我转到卫国冶炼厂,变轨以后归天津市冶金局,改成了天津市有色合金厂,后来又跟线材厂合并,更名为有色线材厂,接着又跟拔丝厂合并,叫天津有色拔丝厂。

我老伴是唐山的,年轻时来天津上学,她伯伯、婶跟我们住一个院儿,一来二去就成一家子了。老伴也入社了,生了仨儿子,又干农活儿又照顾家,挺不容易的!

李学勤

采访对象:李学勤(1942年生人)
采访时间:2017年7月29日
原 住 址:丁字沽二道街38号

先说我爷爷(李庆堂)这辈儿,他们可能是哥儿仨,大爷、二爷养船,住在红桥区同义庄清真寺后面的小胡同里。船就停靠在大红桥附近的子牙河,西边不就是"瓜行"(码头)嘛,他们通过水路搞运输。我爷爷在家行老,因为跟堤头的姜家关系不错,全家就借住在姜家。我爷爷有四个儿子、俩闺女,我爸爸行大,他叫李广仁,二伯叫李广义,三伯叫李广智,老伯叫李广信。我是在堤头出生的,不到一岁的时候,我爷爷在丁字沽买了房,全家就都搬了过来,主要还是因为我们李家和姜家、柴家在丁字沽合资创办了公盛兴粮店,生意一直挺不错的。姜家是堤头的,柴家是南仓的,粮店由我爷爷当领东,宋孝

位于丁字沽三道街北头的李学勤旧宅

公盛兴粮店复原图

谦的爸爸宋子清当会计。公盛兴粮店坐落在梁家胡同与宋家胡同之间，正守着北运河。如果从三道街往北走，到头儿就是，大门冲着河沿儿，原先那是粮店的码头。"公盛兴"的南面儿相距也就十几米还有家粮店叫"祥盛永"，"祥盛永"比"公盛兴"小不少。再有，三道街上的十八号大院，过去那是恒茂隆粮店，那个院子也不小。

公盛兴粮店，东西长有三十多米，南北宽有十多米。冲着大门说，右手有一溜北房，左手是林贵成和郑伯年家的后房檐，顶头儿是单家。院子里有粮棚和粮囤。"公盛兴"主要批发粮食颗粒，像玉米啦，麦子啦，黄豆、黑豆、红小豆啦，但是"公盛兴"不做任何加工。当时给"公盛兴"扛粮食的几乎都是丁字沽的街坊邻居，到时过来问问："李爷，多晚儿来粮食？""明儿一早过来吧！"记得杨学昆他爸爸每天都到我们家串个门儿，为的是等活儿。扛活比较简单，知道信儿了到船上就扛，扛一个包就领一个"签儿"，都扛完了拿着"签

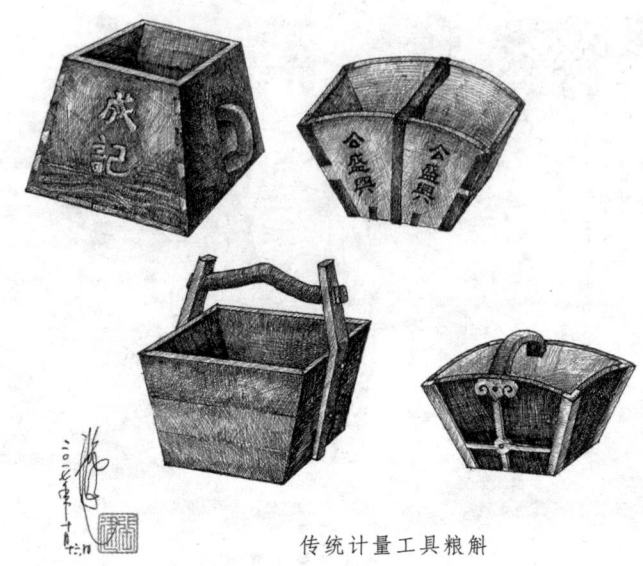

传统计量工具粮斛

儿"去算账,一次一结。

我爷爷这人好心眼儿,比较心疼穷人。听他念叨,我们家有四亩坟地,归其交给一户生活困难的乡亲去种,告诉人家,收了粮食归你,每年给我送点柴禾就行。听说过卖煎饼馃子的王聋子吗,有时我爷爷就让他到粮店背两口袋绿豆走,一个劲儿说:"你们老公母俩太不易了!"我小时候总带着个饽饽放在王聋子摊煎饼馃子的炉子边烤着吃,一来他就给我摊一套带鸡蛋的,我给钱人家说嘛不要,家里知道以后就再也不让我去王聋子那儿了。

粮食主要提供给市里的米面铺、豆腐房。我爷爷讲话,要是一斤粮食能赚二分钱就富了。因为每天进出的量比较大,粮食多数都打武清县渔坝口过来的,还有汉沽港、二光、陈嘴、敖嘴、王庆坨、葛渔城一带的。我妈妈就是葛渔城的娘家,所以我几个舅舅的粮食都给我爷爷这儿送。听我爷爷说,他在丁字沽买的二道街那个院儿,花了九十个现大洋。这套房子最早是"陈半截儿"的,人们都说那房子不好,所以谁也不敢住,我们老李家不信那一套就买了过来。反正有些事也没法解释,我妈妈曾经说过,从堤头把我抱过来就放在了炕上,等我妈再回来看我时,炕沿上多了一堆雪,大热天的哪来的雪?吓得我妈赶紧给收了,顶现在也没法解释。我们这院儿北房三间、南房三间、东房三间、西房三间,连过道十二间,住着三代人共六十二口!哈哈哈……

公盛兴粮店一直干到解放前夕,因为当时人心惶惶,都忙着逃反保命,谁还顾得上做生意?所以粮店也就没人管了,里边的粮食就让老百姓随便拿吧!为了往外逃,我奶奶烙了好多大饼,腌了不少咸鸭蛋。走吧,结果一过城防就被当兵的给截住了,大饼和咸鸭蛋全给没收了。没辙,我抱着两个板凳子跟着大人们走到西沽,奔我二大爷家去了。二大爷两口子,平日靠卖海货维持生计,结婚多

守着运河的公盛兴粮店,其地理位置非常优越

年没孩子,就在娘娘宫抱了个"娃娃大哥",结果没多日子二奶奶就怀孕了,而且还真是个儿子。我们这一大家子哪住的开呀,二大爷就在驴市附近临时赁了间房。可是我奶奶,张兰芝他奶奶,还有邓四娘,这几个老婆儿说嘛不走。我们在西沽躲了一个多月才回来。过去,"公盛兴"三家股东每个月分一次钱,粮店干不下去了,大院子也就交公了。后来谁没房住,谁就在里边占地界儿,还盖了三排职工宿舍。

我爷爷因为信奉"一贯道",解放以后就给管制起来了。其实,我奶奶始终反对他在"一贯道",那真是不依不饶啊!只要一去刘家那院儿就得干一架。我爷爷参加"一贯道"就是姓刘的介绍的。他娘们儿是个麻子,他家小院儿就是活动地点,究竟里边是嘛样的,他们怎么活动,我也说不太清。反正我奶奶闹腾的时候,我就跟着去

昔日的公盛兴粮店早已面目全非

过。好像桌子上嘛也不供,老头儿老婆儿都在地上跪着。我奶奶的娘家是双口的,俩兄弟都参加了抗美援朝,你说这种家庭,她能信"一贯道"嘛。在双口一提

李学勤与杨淑兰结婚照

"四眼儿井"的张家小铺没有不知道的,她们家真是个革命家庭。

因为"一贯道",给我爷爷判了好几年,我奶奶让我看过他,就关在小西关监狱。人家知道他在粮店干过,就让他在狱里熬浆子、做豆腐,一九六二年放出来的。"文革"倒是没受冲击,我们家也没被抄,有人想占我们家的房子,我就把十二扇房门全落下来了,就问他们,我们交了房子上哪儿睡觉去?因为过去家里都是土炕,他们一看就没再坚持,归其躲过了一劫。我爷爷可能是六九年去世的。

再说我父亲,他这人很特别,他说嘛不去"公盛兴"帮着打理粮店,反而到旁边的"祥盛永"跟着忙活。因为他跟"祥盛永"粮店的樊世云是盟兄弟,甘愿给人家跑合儿。解放以后,干了几年临时工,五七年落在丁字沽生产大队,我妈比他早一年入社。他那几个弟弟,李广义在家具三厂当会计,李广智在曹庄小学当老师,李广信在丁字沽一号路副食店卖肉,也都不错。

我爸妈一共生了七个孩子,四个男孩、三个女孩,我在家行大。我都结婚了,还给弟弟洗澡呢,就说相差多少岁吧!我跟老伴走到

保存完好的结婚证

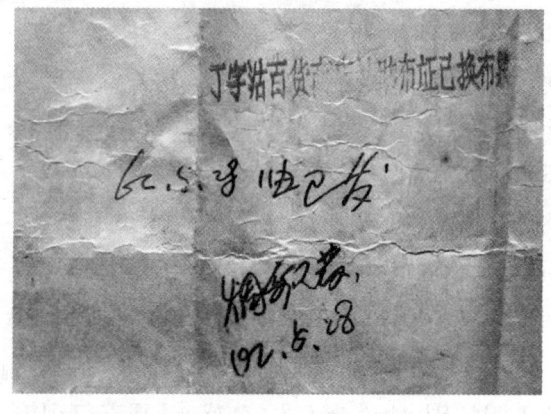

结婚证背面加盖的烟酒、油、布的"特供"印章及审批签字

一块儿才有意思呢!她爸爸在丁字沽派出所当警察,派出所在南大街上,每天上下班他都走小胡同。我呢,经常在家门口坐着,她爸就递给我几毛钱让我买糖吃去,那时我才七八岁,不敢要,扭头就往院儿里跑。可是,挡不住时间长啊,一点点就熟了,拿着吧,买糖吃!还去过韩老的糖摊"打飞机",一搂扳机,"咻——"就飞了!以后,她爸爸又送给我一副风镜,皮的,玻璃镜片,戴上就跟飞行员似的。我怕别人看见,就偷着戴上玩儿。她爸说:"将来连老闺女都给你!"我听不懂,嘛叫连老闺女都给我?

老伴的父亲叫杨敬宇,有俩儿子、仨闺女,在三道街三十二号住。他这警察是怎么当的呢?据说交了三袋小米帮助贫困家庭,然后填个表就当上警察了。一个月给三十二块钱工资,以后调到西沽龙王庙派出所,没干几年就转业了。杨敬宇的二儿子杨树深,在丁字沽蒋家绳铺学徒,干嘛呢?在运河边儿给上岸的木船压油灰,一来二去蒋家就给了他两间房,原先都在二道街住,蒋家给了房以后就搬到三道街,解放以后杨树深去了劝业场的保卫科,这是个小插曲儿。接着说我那段:六一年丁字沽下坡正兴建河北工学院,一天,我提着口袋跟我爸准备到工地拾点刨花留着烧火,我们往坡下走,我老伴的父亲往坡上走,这一碰面,俩大人就说起话来了,而且越说越热乎,我也不知为嘛,撇下我,他们就一块儿走了。回头问我爸干嘛去了,我爸说跟老杨一块儿下饭馆去了,点了一份独面筋。打那以后,两家越走越近。之前,我不知道这警察姓嘛,更没见过她老闺女长的嘛样。

我先是在丁字沽上的小学,上到五年级就不上了,五七年随我父亲一块入社。五八年"大炼钢铁"一来,大队安排我去三义村的耐火材料厂干翻砂,两年以后又回到丁字沽,带着领导的介绍信来到卫国冶炼厂。这个厂除了金银没有,凡是带色的都有,铜、铝、铬、镁、锌、铅、锡……属于有毒作业,在那干到退休。我老伴也在这厂,刚去时俩人并不认识,等提了亲才知道在一个单位。我们家有五口人入社,七七年转业时,我父亲哪也不愿去,最后留了在农科站。我大妹妹去了河北园林,老妹妹分配到木材五厂。我父亲这人干嘛都没常性,家里根本指不上。说到这就想起我妈妈,我妈生我老妹妹时,一天两三趟跑到地里拾柴禾,背回家来再给孩子喂奶,那柴禾都是湿的,多沉啊,为的是晒干了弄到天穆卖俩钱儿,要不这群孩子怎么活啊!可是我这个老伯伯不懂事,有一天他背着我妈妈就把晒干的柴禾给卖了,我妈问我,我不知道,归其我奶奶说话了:"卖啦,就卖啦,我卖的!"我妈妈一听这话,就受不了了,她实在太委屈了,谁也没想到,她拿着我妹妹的小红袄,一下子就扎水缸里了!……别说

结婚55年的老夫妻,依然朴实而乐观

了,别说了!

当时院儿里的人正在过道吃饭呢,听见吵闹声就奔北屋跑,到跟前一看我妈两条腿在缸里立着,这就赶紧拉出来控水,还算我妈命大,她这辈子太苦啦!哎……

我所知道的买卖人家也不全,过去丁字沽有句顺口溜,把南大街的店铺可以串起来,现在都忘了。它是从南大街的北边儿往南说——丁沽大街买卖多,杨老左的剃头,张国政的杂货。往前走哇是王聋子,王聋子敲光镲(煎饼馃子),迈上一步是韩大傻。韩傻子卖元宵,旁边就是罗锅腰。罗锅腰爆米花,郭家馅儿饼香掉渣儿。老石茶摊耍大壶,张巴儿有间杂货铺。杂货铺嘛都有,挨着糖摊杨瘸手……

兰 晶

采访对象:兰晶(1965 年生人)
采访时间:2017 年 4 月 30 日
原 住 址:丁字沽二道街 8 号

我不是纯丁字沽人，上小学时从河东区郭庄子搬过来的。因为我母亲在农药研究所工作，她们单位分的房子就在丁字沽的一个四合院里，这院儿有一半是农研所职工。来之前，我已经上完一年级了，在班里是少先队员和卫生委员，所以姚老师一见到我就说："你是咱班第一个戴上红领巾的，而且还是'挂职干部'，继续努力呀！"没多日子，姚老师就让我当学习委员，一下升到了"三把手"！丁字沽的确给我留下很深的印象。

我记得小时候，桃花园那儿有个冰窖和自然形成的大坑，大坑的水清澈见底，能看见什么呢？青蛙。那会儿我们学校实行"二部制"，半天上课，半天参加校外学习小组活动，我们一写完作业，就到冰窖"偷"冰去。一般都是女生走到冰窖跟前，趁着抬冰的不注意，抱起一块就跑，然后男生拿砖头子把冰砸碎，大伙分着吃。一上来，先把冰块儿放在手里，用融化的冰水洗手，直到化成冰核的时候才嚼着吃，嘴里发出"嘎巴嘎巴"清脆的响声。有时对着太阳，观察光线照射下的冰纹，还可以发现冰里藏着的脏东西。更有意思的是，把冰块儿贴在脑门儿上或太阳穴上镇一镇，先是凉的，时间一长就疼了，弄得每个人都是小花脸。再有，就是到坑边逮青蛙。我们把青蛙装进塑料兜，然后再弄点儿"原水"，拿回家以后就放在洗脸盆里，因为青蛙都已经成个儿了，刚放进去就一个个往外蹦，不会儿屋里到处都是，再逮可就不好逮了。我妈知道以后就闹："哎呀，二子，你弄这么多青蛙干嘛呀！"我妈就拿着大蒲扇帮我一块逮，究竟跑了多少也不知道。等到了夜里可就坏事了,青蛙此起彼伏叫成一片,我玩一天累了嘛也听不见,我爸妈不行啊,早起还得上班呢,气得我妈把我拎起来:"起来,逮青蛙去!"

还有个哏儿事。春节的时候,为了省着点儿放炮,都把鞭炮拆成"零炮",可以一个一个地放。孩子们都喜欢把炮插在砖缝里点着了听响儿。有一回,我点完炮等了会儿见没动静,就凑过去看,这一看不要紧,正在我腮帮子跟前儿炸开了,给我吓的,还不敢哭。

丁字沽二条林胡同(绘于 2018 年 4 月 12 日)

徐晓林

采访对象:徐晓林(1966 年生人)
采访时间:2017 年 4 月 30 日
原 住 址:丁字沽二道街 45 号

你别看我们丁字沽跟柳滩、霍嘴、天穆离得这么近,说话口音却各不相同,外人听不出来,我们一听就知道是哪儿的。小时候只要北运河一冻冰,丁字沽孩子就开始跟柳滩、霍嘴的干仗,隔着河互相砍砖头,砍石子儿。如果河对岸的孩子到丁字沽来,一听口音就能分辨出是哪儿的,接着就是一顿打。同样,丁字沽的孩子到对岸去,也是拿语音当"口令"。

我七三年上学,那时"文革"还没结束,所以政治气氛非常浓,一进学校就赶上"批林批孔"运动,我们根本不懂是怎么回事,过了些日子又出了个"白卷先生",说文化考试是"复辟",是"资产阶级向无产阶级反扑",弄得老师们也都灰溜溜的。但这事对我们比较有利,打那起经常实行开卷考试。我印象比较深的是粉碎"四人帮"大游行,所有同学都到学校集合,然后按年级一个班一个班地列队走出学校,手里有拿小彩旗儿的,还有拿纸花的,一路走一路高呼口号。尤其我们从丁字沽大街穿过,看见胡同的爷爷奶奶们出来围观,觉得特别自豪。再有,就是七六年国家领导人相继去世,那一年我们几乎是在悲痛中度过的,当时我俩姐姐、一个妹妹,加上我都在丁字沽小学上学,一到参加追悼会,我们几个就围在小桌前扎制小白花,谁也不说话,就那么默默的。

小时候,家大人顾不上管我们,平时去哪儿玩、玩嘛,从来不过问,只要不惹祸就行。因为丁字沽守着北运河,又有这么多水坑,一到夏天我们男同学差不多都到水里泡着去,摸鱼摸虾,胡打烂闹。

勤俭桥不是有几个桥墩子嘛,我们经常拿桥墩子当堡垒攻着玩。谁抢先登上去了,谁就是胜利者,后上去的没等站稳就被推下水去,直到几个人把"胜利者"推下去为止,然后在桥墩子上练跳水。有的还嫌不过瘾,就站在桥膀子往下跳,现在想起来多危险啊!等都玩儿饿了,我们就钻进庄稼地,茄子、黄瓜、西红柿逮着嘛就吃嘛,那个香甜呀!

丁字沽西林胡同(绘于 2018 年 4 月 10 日)

宋家环

采访对象:宋家环(1966 年生人)
采访时间:2017 年 4 月 30 日
原 住 址:丁字沽南大街街 134 号

刚上学时,我在四班,也不知因为嘛,三年级下学期把我们这个班给拆散了,我就分到一班,跟王传林坐一位儿。他从小就爱说,嘴不识闲儿!刚一上课时,就愣这么几分钟,一会儿就不是他了。他爸爸不在北京嘛,所以他知道的事多,新鲜玩意也多。有一回他扎着一条新腰带上课,那腰带是尼龙扣儿的,我们头一次见。(他)为了显摆,上课时一会儿"嘶啦——"弄开了,过一会儿又"嘶啦——嘶啦——"的,这声音影响上课呵,气得老师直捆打他。小时候他特别招欠,隔着五十米非骂人家几句,骂完了就跑,等追上了就是一顿打,身上总是脏呵呵的。我们俩是姑表亲,都是一个"王"。他爸爸就托付我管着点他,有嘛事跟家里说,我有时说到他们家去,他还不乐意。传林脑子好,老师给讲讲就能会,不像我们这么笨,尤其丁字沽的老事儿,他比我们知道的多得多,后来他在家里开过"璐园书社"说评书,三块钱一位,管茶水,每天就几个老头儿在那听,还不够茶水钱呢!

我爸我妈都在农业社,我妈怀着我老妹妹时,队里为了照顾她就让她去看鱼坑,鱼坑在桃花园那块儿,为了提防有人偷鱼,就在坑边搭了一个窝铺。当时我才五岁,我大妹妹四岁,我妈就带着我们俩在那看鱼坑。记得正是天特别热的时候,离鱼坑不远处有个糕点店,也卖西瓜。那前儿西瓜都打角儿卖,买一角儿就站跟前儿吃,我和我妹妹蹲在人家脚底下拾西瓜籽儿。有时就捎在一边,看着人家从嘴里吐籽儿,就说多可怜吧。有一回我们好不容易装满了一瓶子西瓜籽还给丢了,急得我们俩哭了一抱儿。

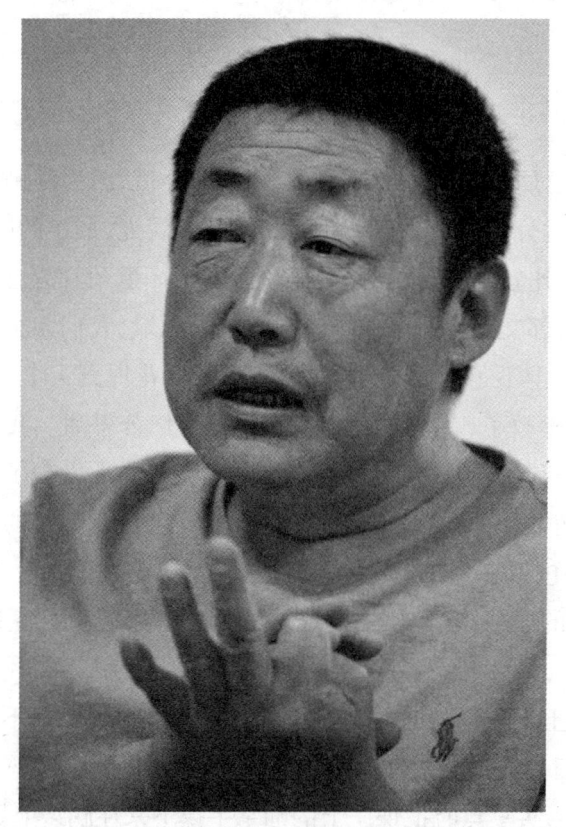

李 国

采访对象:李国(1966 年生人)
采访时间:2017 年 4 月 30 日
原 住 址:丁字沽二道街 59 号

我们这届上学时分四个片儿，招了四个班，因为四班没这么多学生就给拆分到那三个班。我们班最大的属虎，最小的属马，属小龙、大龙的比较多，所以我们班比较活跃，"坏蛋"们都在这个班了。我算一个，郭文静算一个，还有王占奇、温志斌，我们四个。七六年地震，学校上不了课了，就组织学生躲到桃花堤露天上课，其实文化课基本不要紧，就学习《毛主席语录》和忆苦思甜。我们坐不住啊，就到处乱窜，跑哪儿去了呢？冰窖。我们在那发现了一个马蜂窝，就去捅，这一捅不要紧，马蜂全飞出来了，给我们蛰的，脸上、身上净是大包。怎么办呢？我们就想起大人曾经说过的，被马蜂蛰了用自己的尿抹抹就不疼了。于是我们各自尿尿往疙瘩上抹，还真管事。

记得上四年级的时候，学校不让留长头发，谁要是不理发就请家长，我们一看没撤了，那就剃吧，结果一人剃了个"大鸡子儿"（秃头）。早晨，买早点时把馃子上的油拿手攥下来往脑袋上划拉，一群大秃瓢铿亮哦！老师一看这几个就是成心的，归其全请家长了。我们一生气就奔河边了，结果往水里一扎，水面上直冒油花儿！

再说个哏儿事，我们打扑克牌是玩儿喝凉水的。也就是谁输了谁喝凉水！正赶上盛老师的数学课，没多会儿就憋不住了。我先举手要去厕所，第二个是郭文静，第三个温志斌，第四个王占奇。后边还有一个想去，被盛老师给拦住了，说："每次最多去四个，等他们回来你再去。"我们就在大殿旁边的厕所跟前玩弹球，成心憋那个同学。那时男女生坐一条椅子,何梅穿着小花裙子,不会儿怎么觉着屁股底下湿乎乎的,原来那同学没憋住尿出来了……

我们班调来个文体委员,能歌善舞,她爸爸打上海给她买来双塑料凉鞋,非常时髦。郭文静、温志斌坐在这同学的后排,他们俩就拿铅笔刀悄悄把凉鞋后边的鞋带拉了个口子,就连着一点点儿。下课后,小女孩不都跳猴皮筋儿嘛,她跳了没几下,凉鞋就变成鞋跐拉了!后来一个人买了一面小镜子,又跑到人家楼下用太阳光折射往人家屋子里照,这下她爸爸急了,所有人都被请了家长。

丁字沽南夏家胡同(绘于 2018 年 4 月 15 日)

徐淑红

采访对象: 徐淑红(1965 年生人)
采访时间: 2017 年 4 月 30 日
原 住 址: 丁字沽北大街 145 号

刚上小学时，我们的班主任是毛老师，同时兼着我们的语文课。看上去她比我们大不了几岁，梳着两条辫子，长得特别漂亮。别看她对我们挺严厉的，可大家都喜欢她。可惜，毛老师只教到我们三年级，忽然出了意外。现在想起来还是非常怀念她，只要一提起丁字沽小学，首先就想起毛老师！

　　记得那天毛老师上完最后一节课就到中午了，学生们下了学都往家跑，老师们也陆续去吃饭。毛老师骑着带大梁的"二六"自行车从学校出来，也不知干嘛去，从学校骑到勤俭道也就几分钟，可是刚到十字路口就和一辆大卡车撞上了，当场就给轧死了。你想，勤俭道和零号路交口离我们丁字沽多近呵，不会儿就传开了，说路口出了车祸，是你们小学的老师。我们一听汗毛都立起来了，直纳闷别看错了吧，那能是谁？我和同学们都跑过去，只见路口围了一堆人，我个儿比较矮，看不见，就使劲扒开人群钻了进去。走到跟前仔细一看，竟然是我们的毛老师，顿时就傻了，眼泪滴答滴答往下掉，心想怎么办啊，以后谁给我们上课！出事那年，毛老师才二十多岁，据说快要结婚了。

刘玉秀

采访对象：刘玉秀（1966年生人）
采访时间：2017年4月30日
原 住 址：丁字沽三道街23号

我祖籍是邯郸的,家里养船,顺着北运河来到丁字沽。小时候的事真想不起嘛了,我拙嘴笨腮又"小脑萎缩",不像他们赛的。

我说个嘛事呢,上小学时,老师号召同学们收捡废钢铁,大背景是"备战备荒,为人民",告诉我们拾来的废铁做枪做炮打敌人。我们每个班分了好几个小组。当时,只上半天课,那半天写完作业就开始奔桃花堤方向去拾废铁。那时生活多困难啊,哪来的这么多废铁,有时转悠一下午也捡不到几块像样的。可同学们都不甘心,不但越走越远,而且越走越偏,总恨不得找一处别人去不到的地方。几只小眼儿滴溜溜转,看见一根铁丝,就跟发现金条似的,别提多高兴呢!拾废铁老师不跟着,家长也都知道,它属于正常的课外活动,是要记考勤的,所以跑多远也没人问。现在想起来,挺可怜的,捡个破茶缸子先得在手里拿着,多晚儿再拾根铁丝才能把茶缸子串上,放在地上拉着走。要是运气好拾的废铁多,能穿上一大串儿,叽里咕噜,暴土扬场,叮当乱响,就像收获了战利品,生怕别人不知道。弄到学校专门有给过秤、计数的,别看我们有时拾这么多,不如人家弄来个小齿轮,每次称完分量都挺失落的。

再有就是"除四害"打苍蝇。仗着丁字沽厕所多,同学们下了学就往厕所里扎。跟你说,别管我们学习好坏,大家的上进心都很强,只要一号召干这干那,就开始"比、学、赶、帮、超"。记得我从家里把两盒火柴并成一盒,为的是腾出空盒盛苍蝇,谁都知道苍蝇脏不愿拿手捏,怎么办呢?我就背着父母挑一副不顺眼的筷子用来夹苍蝇,然后钻进厕所,见到活的就打,见到死的就捡,弄满一小盒后,转天交给老师,一火柴盒苍蝇能奖励一支铅笔。

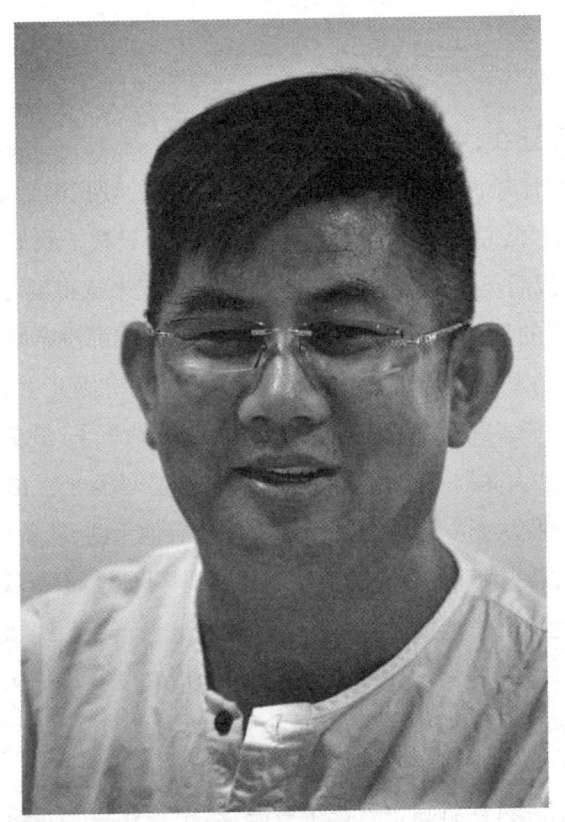

林树军

采访对象：林树军（1966年生人）
采访时间：2017年4月30日
原　住　址：丁字沽南大街185号

老房子还在，空着呢，我从那搬走七年了。

我记忆比较深的是二年级时，开了英语课，教我们的是曹老师，这老师特别好，总是那么和蔼可亲，遗憾的是只教了我们一年就调走了，打那以后英语课莫名其妙就取消了，想起来觉得挺可惜。

我要说的是丁字沽的"大龙"，估计他们谁都没亲眼见过怎么扎，因为我们家对门儿就是七爷家。七爷姓李，有俩儿子俩闺女，自己住一个院子。别看七爷貌不惊人，他可真有两下子，最拿手的一个是拿竹子扎"大龙"，一个是拿竹子做"扣皮儿"鸟笼子。出来的活儿那叫绝了！我从五岁起就经常到那院儿里看他干活，从备料、下料到插装、轧制，看得都入迷了。为嘛这么喜欢呢？我觉得七爷就像教儿童做手工似的，本来普普通通的竹子，经过砍、劈、锯、削、锉、磨、烤、煨，就发生了神奇的变化，让你每天都有新的期待。所以，我从五岁一直看到十几岁，让我印象最深的就是扎那条大龙的骨架。听老辈儿说，丁字沽的"大龙"非常有特色，在天津市的龙会里都是数一数二的，但是已经中断很长时间了。后来又听说，丁字沽的"大龙"只有七爷会扎，我就等啊等啊，终于有一天他告诉我又开始扎"大龙"啦！七爷扎"大龙"没有图纸，心里却特别有根，尤其那个"龙头"，横七竖八的非常复杂，可是扎出来不但好看还特别结实。大概是八几年，他扎的这对儿"大龙"出过一次会，以后就不知哪儿去了。七爷手工制作的鸟笼子堪称艺术品，可以说人见人爱，所以他做的笼子一个也留不下，都卖了。他儿子手艺也不错，最精彩的一件作品，就是他结婚时用竹子制作的一辆小自行车，所有的零件全是竹子的，别提多逼真多细致了。

郭 利

采访对象：郭利（1966 年生人）
采访时间：2017 年 4 月 30 日
原 住 址：丁字沽三道街 31 号

由于父母工作忙照顾不了孩子，就把我哥放到奶奶家，把我和我弟放到姥姥家，姥姥家在丁字沽，也就是说我从三岁到十二岁是在丁字沽度过的。

我的性格比较内向，小时候特别害羞，不愿意上学，只有老姨送我才肯进校门，老姨不可能天天送我呵，我就趴在窗台上哭。你看我的同学没有一个不会游泳的，可我就是不会！姥姥管的严，跟我说："要是下水，就把你腿打折了！"我比较听话，有时跟同学去河边，就给他们看着衣服。我跟王传林既是同学又是邻居，还有一个叫吴宝国的，我们仨特别好，经常在一起玩，有时也闹矛盾，今儿跟这个不说话了，明儿跟那个不说话了，没几天又凑到一块儿，而且关系更铁。记得上小学四年级的时候，我和传林在他们家偷着学抽烟，因为他爸爸在北京很少回来，他妈妈又上班，家里经常没人。他买了一盒烟，我们俩趴在床铺底下一人点上一支，根本不会抽，呛得我直流眼泪。在我心目中，会抽烟才是大人，我特别羡慕我老舅抽烟的神情，没想到抽烟会这么难受。所以，买一盒烟抽不了几支也就放干了。有一次，白天偷着学抽烟，晚上我爸爸上我姥姥家来就说："现在有的小孩偷着学抽烟！"这话就好像是指着我说的，吓得我赶紧躲起来了，真以为被我爸发现了，典型的做贼心虚！

别看我姥姥没文化，她做事情可非常得体，接人待物很有分寸，说话挺有哲理，邻居们都管她叫大奶奶或大姥姥，有嘛事都愿意跟她说。我姥爷的堂兄弟王士海、王士江在丁字沽也算是名人。

我姥爷叫王士清，他有俩弟弟，早年带着大弟弟王士汉去上海学徒，解放后回到天津落在电控设备厂，三弟弟入了农业社。他们哥仨的性格截然不同，我姥爷一米八的个子，白白净净，慈眉善目，一辈子规规矩矩，丁点缺德事不做，最后无疾而终。二姥爷城府很深，藏而不露，善于攻心，五十多岁就得了半身不遂。三姥爷是个暴脾气，头脑简单，心地善良，爱恨分明。我姥爷两个儿子、两个闺女；二姥爷五个儿子、三个闺女；三姥爷四个儿子、三个闺女。我妈从丁字沽小学毕业后保送上了五中，然后又接着上高中，可是全家就指着我姥爷一个人挣钱，所以她上到高一就辍学了，要不上到大学一点问题没有。

丁字沽的口音挺特别的，有时也闹出笑话。天津有个风俗，过年孩子们都要回到奶奶家里过，我奶奶在大丰路住，我和我弟到那儿一说话就露怯了。最典型的是丁字沽人把"我"说成"俺"，堂兄、堂妹们就喊我们俩是"小老坦儿"，所以一说去奶奶家我就怵头，尽可能不在那过夜，恨不得赶紧走人，等到初五一回姥姥家就如鱼得水了。长期在那个圈子里生活不觉知，以后才知道很多单词的发音跟市里不一样。比如，蜻蜓，大多数人叫"老褐"，丁字沽人则叫"大嘚(音dě)"——"干嘛去？到河边粘大嘚(音dě)去！"再比如，形容一个人懂事不懂事，用"四会"(音)这个词——"瞧你二伯，要是四会(音)的，怎么也不能空手来啊！"还有好多，一时想不起来，因为它夹在语言里，能听得出来却挑不出来。

口述津沽
民间语境下的丁字沽·口述篇

丁字沽友明胡同(绘于 2018 年 4 月 17 日)

周学明

采访对象:周学明(1965年生人)
采访时间:2017年8月
原 住 址:丁字沽三道街4号

我在北京上了一年学,回到天津就搬到丁字沽,当时是我父亲在第六绣花厂分的职工宿舍,据说这几排房子原来是公盛兴粮店,但住户都不是老丁字沽人。

进了丁字沽小学后,我又从一年级上起,要不我比他们都大呢。我性格比较内向,另外我的家庭条件和家庭教育好像跟同学们不太一样,所以起初我有点融入不了那个集体,放了学就在家眯着不敢出来。自从有了校外学习小组情况就大不一样了,我主动要求在自己家建了一个小组,一共四个人,有姚继红、李艳荣、邢宝萍和我。主要是我们家环境比较好,另外我妈妈还能辅导我们。每学期还有轮换,记得我去过张建成他们家的学习小组。那时学习小组都配有校外辅导员,他们基本都是在家待业的大哥哥、大姐姐,一个人负责几个组,记录考勤,检查作业,帮着解答一些难题,有时还要家访,就连街道的爷爷奶奶到时也会过来看看。学习小组就像个小家庭,写完作业看课外书,然后在一块玩儿,我恨不得把家里的好东西都拿出来给同学们,这也是受父母的影响。我们有个邻居,家里五个女儿,都快大年三十了,身上穿的棉袄还露肚脐儿呢!我妈妈就帮着拆拆洗洗,缝缝补补。家里炖了肉总要先给邻居送一点尝尝,熬了腊八粥或包了粽子都挨家送。我们家不有棵葡萄树嘛,摘了一筐一筐的葡萄,分给周围每个院儿。我爸有个同事用三马儿拉来了兔架子,我们这三排院儿,家家烧大锅炖兔架子。

我们家在丁字沽算是有电视比较早的,一台索尼牌9寸黑白电视,是我妈妈同学从新疆那边寄过来的。为了让街坊邻居也能看上,有时我爸就把电视搬到胡同里,二道街、三道街的人都过来观看。记得演电视连续剧《大西洋底来的人》时,还没到点儿呢,屋里地上、床上都坐满了邻居,我们也没法睡觉。

  印象最深的是,我当过好几年的学校领操员。可能是因为我个子比较高、体型比较瘦,看着清秀一些,加上做操又比较认真,吕汉秀老师就推荐我来给大家领操。学校操场有个大主席台,早操、课间操时,我就站在台上面对着全校师生。一开始有些紧张,后来感到特别荣幸,心里可高兴呢!我本身也喜好体育,现在想起来特别后悔当初没能参加学校组织的游泳班,丁字沽小学对游泳特别重视,培养了不少好苗子,所以我除了游泳不行,篮球、排球、羽毛球都挺棒的。

  在丁字沽上学这几年,我最佩服盛老师,他身材高大,不苟言笑,教学水平特别高。他讲起数学来不会儿就让你沉浸其中,而且深入浅出,听他的课就是一种享受。但是他特别严肃,学生们好像都怕他,所以他上课时班里安静极了,只要有调皮的,他手里的粉笔头儿"唰"就飞过去了,而且打得倍儿准!他总说,不好好学习,将来能干什么,卖花生米吗?倒垃圾吗?要是那样,对得起你们的家长吗?对得起国家的培养嘛!因为我们班有很多同学家里都不宽裕,盛老师是真为我们着急。

丁字沽旺盛胡同(绘于 2018 年 4 月 22 日)

陈永星

采访对象:陈永星(1966年生人)
采访时间:2017年8月
原 住 址:丁字沽一条林胡同10号

小时候有一件事印象特深。我们不都住平房嘛,我父亲为了给家人增加点营养,就买了一只羊,还专门用竹劈子围了个羊圈,虽然我是个小女孩,可主意正、胆子大。有一天,我趁着家人不注意,就把拴羊的木橛子拔下来了,没想到这只羊突然跑起来,我攥着拴羊的铁链子,羊就在前面牵着我疯跑,我跑不过羊就一个跟头接着一个跟头,裤子也磨烂了,膝盖也摔破了,可我就是不撒手。多亏我们院儿的树合哥哥正好看见,一下就把羊按住了,要不然非得骨折不可!那次可把我吓坏了。

那是头母羊,我特别喜欢。见过原来家里和面的瓷盆吗?挤出的奶能盛那么一盆!喝不了我们就发面蒸馒头,那个好吃啊!当时我爸在冶炼厂当司机,经常出差,可是羊奶生的特别快,没几天就涨得不行,我爸爸又回不来,别人都不敢下手,我就大着胆给它挤,奶下来了羊也非常舒服。我爸听说以后,直夸我聪明。只要我爸不出远门,下了班就到勤俭桥一带给羊打草。这只羊我们养了有两三年,都有感情了。让我难过的是,这头母羊怀了小羊,可能是因为天太冷没照顾好,结果母羊难产,"大人孩子"全都死了,为这我还哭了一抱儿。我妈说:"你爸简直就是五马换六羊!"听说我爸是用一辆自行车跟后坡的一个大爷换的这头羊。其实我爸这人心特别细,有一点让我很佩服:他从七几年就记账,家里的大事小情,吃的、喝的、穿的、用的,单价多少钱,因为什么买的,总共花了多少钱,全记得一清二楚,而且坚持好多年。我觉得要是留下来,做个对照也挺有意义的。但是,我爸脾气不好,爱着急、爱发火,也许跟他太能耐有关。没有他不会的,你说电工、瓦工、管工、木工、裁缝,样样都行。八几年的时候,住家刚时兴打沙发,也不知他跟谁学的,动手就做,羡慕得邻居都过来参观。我们几个孩子的衣服也都是他给做,给我做的小裙子好看极了。

我们过去是一个大家子,我爸他们哥儿七个、一个姑姑。我大大爷在对过院儿住,二大爷在双口,三大爷在三道街,四大爷在西沽,五大爷在三道街,六大爷跟我爸在老院儿住。我五大爷应该很有故事,他早年在亨得利修表挺有名的。前年我去滨江道那家亨得利老店想选块手表,提起闲话儿,我说以前我五大爷就在这儿,表店的人问我五大爷是谁,我说叫陈铭。好么,人家一听特别惊喜,其中一个说:"太寸了,陈铭就是我师傅!"

丁字沽舟帆胡同(绘于 2018 年 4 月 24 日)

附录一

老丁字沽百副春联

张建 辑录

辑者按： 2015年春节，我在西于庄拍摄了100扇带年味的住户大门，王振良先生知悉后，冷不丁地问我："有没有看春联上都写了些什么？"我说没有。他进而说："看看吧，估计会很有意思！"结果，我对着照片逐条抄录，仔细一瞧，实在太精彩了：100副春联竟然没有一副是重的！2017年春节，采访丁字沽期间，我照方抓药又拍了100扇老门，并抄录了上面的春联，同样令我惊喜。经过筛选，保留了70余副，多少有点遗憾。然而，当2018年春节来临时，那残留的老丁字沽像是专门等着我补齐那100副春联似的，最终让我如愿以偿。100扇门，至少100个家庭；100副春联，至少表达了几百个人的心愿、寄托和企盼。尽管这些春联的主题大同小异，但每一副春联都好似绝妙的组字游戏，拼写出不一样的胸怀与品位。在100副春联里，我用"出字率"的高低，列出了排行榜的前十名，它们是：福、家、年、平安、财、春、迎、吉祥、门、顺。可见，"福"是内涵最丰富的一个字，它不仅折射出普通大众的幸福观、价值观，也成为老百姓美好的愿景。

2018年3月10日晚记

2017年(1月29日至2月5日)

北大街8号
鸡年发福发大财　新春迎喜迎富贵

北大街31号
心想事成鸿运开　人顺家和福星照

北大街33号
和睦家庭事业兴　迎春接福人财旺

北大街35号
门迎春秋冬夏福　户纳东西南北财

北大街60号
瑞气呈祥舒万物　财源有路富千家

北大街83号
吉祥如意万事兴　平安富贵全家福

北大街89号
天天盼天天全是乐天伦　日日想日日都过好日子

北大街122号

金鸡报晓福星到　平安如意好运来

北大街140号
合家欢乐迎富贵　满门喜庆接鸿福

北大街145号
惠风和畅巍巍泰山拥旭日　春雨润泽滔滔渤海泛春潮

北大街157号
佳节吉祥开门红　新年福旺迎富贵

北李家胡同7号
九州瑞气迎春到　四海祥云降福来

漕运胡同5号
平安福门家业兴　富贵宝地千财旺

栋梁胡同8号
福到家天天开心　财进门年年如意

二道街13号
贺新春一帆风顺　庆佳节五福临门

二道街16号
迎新春平安如意　贺佳节富贵吉祥

二道街 35 号
　好运接来平安财　金鸡送到吉祥福

二道街 39 号
　四海祥云伴福来　九州瑞气迎春到

二道街 43 号
　人顺家和年年好　吉祥如意岁岁高

二条林胡同 6 号
　年年月月天天开心　时时分分秒秒快乐

丰收胡同 8 号
　一帆风顺年年好　万事如意步步高

节水胡同 9 号
　日子红火喜迎门　天随人意福星照

凯旋里 1 号
　幸福家好运连连　金鸡年财源滚滚

凯旋里 2 号
　门迎四季平安福　家进八方鸿运财

凯旋里 3 号
　　喜报千声歌盛世　金鸡三遍报新春

凯旋里 25 号
　　开门迎春春满园　抬头见喜喜事多

凯旋里 44 号
　　新春富贵年年好　佳岁平安步步高

凯旋里 70 号
　　满堂和顺庆平安　合家欢乐迎富贵

葵花里 9 号
　　福增福一顺百顺　财生财万事如意

葵花里 10 号
　　金屋荣华　玉堂富贵

南大街 191 号
　　富贵吉祥人和顺　满堂欣喜永平安

南夏家胡同 11 号
　　好运接来平安财　和顺迎进吉祥福

南夏家胡同 15 号

花开富贵财源广　竹报平安福寿多

娘娘庙前胡同 4 号
人顺家和年年好　平安如意步步高

农乐胡同 22 号
平安如意迎新春　富贵吉祥接鸿福

三道街 20 号
金鸡啼开千门喜　东方吹全万户春

三道街 42 号
五福临门富贵家　吉祥高照人兴旺

三道街 46 号
家兴人兴事业兴　福旺财旺运气旺

宋店胡同 2 号
金鸡贺岁幸福美满　祥运送福健康长寿

西林家胡同 3 号
金鸡报晓青山秀　紫燕凌空旭日升

向群胡同 14 号
迎新春全家幸福　贺佳节福门吉祥

向群胡同 17 号
闻鸡起舞舞新春　把酒当歌歌盛世

向群胡同 24 号
富贵平安年年好　鸡年吉祥节节高

向群胡同 28 号
竹报平安福寿多　花开富贵财源广

向群胡同 46 号
福到华堂添福贵　财临吉宅永平安

杨家胡同 4 号
财来宝地年年顺　福进家门步步高

一条林胡同 14 号
贺佳节满门吉祥　迎新春全家幸福

友明胡同 3 号
吉祥如意福临门　富贵平安好运来

友明胡同 7 号
全家福平平安安　好日子红红火火

友明胡同 13 号

　　美满家庭年年好　幸福生活步步高

舟帆胡同 3 号

　　满门和顺财源广　全家平安幸福来

舟帆胡同 8 号

　　如意吉祥迎新岁　金鸡纳福接平安

舟帆胡同 10 号

　　好运好景家兴旺　大吉大利福满堂

舟帆胡同 12 号

　　吉祥如意百年顺　万事平安幸福年

舟帆胡同 15 号

　　新春如意迎吉祥　佳节平安添福贵

舟帆胡同 17 号

　　金鸡送福财源广　好运迎门家业兴

舟帆胡同 18 号

　　鸡年腾飞财源广　新春接福开门红

舟帆胡同 41 号

和顺迎进吉祥福　好运接来平安财

朱家胡同 21 号

平安富贵全家福　吉祥如意万事兴

朱家胡同 25 号

人顺家顺百业顺　福多财多喜乐多

2018 年(2 月 14 日至 2 月 17 日)

北大街 22 号

迎吉祥富贵平安　接金狗百福临门

北大街 112 号

财源广进八方来　日子红火四季旺

北大街 116 号

灯照吉祥岁岁欢　花开富贵家家乐

北大街 118 号

多财多福庆平安　大吉大利进好运

杜康胡同 2 号

四季平安好运来　犬吠富贵福星照

丰收胡同一条9号
　　和顺门第增百福　合家欢乐纳千祥

高庆胡同4号
　　金狗送来四季福　好运迎进平安财

凯旋里5号
　　家和事顺随人意　富贵吉祥永平安

凯旋里6号
　　春满乾坤福满门　天增岁月人增寿

凯旋里10号
　　富贵吉祥事业兴　平安和顺福长寿

凯旋里38号
　　新春接来开门红　狗年腾达财源广

凯旋里64号
　　人顺家和年年好　平安如意步步高

凯旋里68号
　　民安国泰逢盛世　风调雨顺颂华年

葵花里1号

开鸿运运涌金起　发大财财路亨通

葵花里 2 号
家兴人兴事业兴　福旺财旺运气旺

葵花里 3 号
新春福满开门红　狗年好运全家福

葵花里 14 号
新春新景新家运　多财多福多安康

南大街 140 号
九州瑞气迎春到　四海祥云降福来

南大街 153 号
北国南疆歌盛世　东海西域颂升平

南大街 157 号
富贵吉祥人和顺　满堂欣喜永平安

南大街 159 号
佳节吉祥如意来　新春福旺鸿运开

南大街 179 号
富贵平安步步高　金狗贺岁年年好

南夏家胡同 5 号
　　四面钱财进福门　八方鸿福聚宝地

南夏家胡同 15 号
　　迎新春全家幸福　贺佳节满门吉祥

南夏家胡同 17 号
　　舒心顺意　万事通达

南夏家胡同 23 号
　　幸福家好运连连　金狗年财源滚滚

三道街 50 号
　　好运迎进八方财　新春送来四季福

三道街
　　梦娃迎春春永驻　金鸡降福福常存

三条王胡同 1 号
　　好运接来平安财　和顺迎进吉祥福

向群胡同 5 号
　　好运接来平安财　金狗送到吉祥福

向群胡同 18 号
狗年吉祥节节高　富贵平安年年好

向群胡同 20 号
财如人意八方来　家有福星四面照

友明胡同 11 号
新春新喜迎富贵　好年好运庆平安

舟帆胡同 1 号
迎新春万事如意　贺佳节富贵吉祥

舟帆胡同 2 号
平安富贵全家福　吉祥如意万事兴

舟帆胡同 19 号
接金狗百福临门　迎吉祥富贵平安

舟帆胡同 28 号
人兴财旺长富贵　心想事成永平安

舟帆胡同 34 号
祝福新春旺好运　贺喜狗年发大财

朱家北里 3 号

合家欢乐迎百福　狗年和顺庆佳节

朱家胡同 27 号
出入平安事事成　开门大吉方方利

附录二

"口述津沽"四题书名四题诗

姜维群

张建《口述津沽》系列著述,列入"问津文库"陆续出版,打响了问津书院口述史研究的发令枪,由此引起天津乃至全国学者的关注。

第一本《口述津沽:民间语境下的堤头与铃铛阁》于2015年5月出版。全书以居民口述的方式,对社区文化和平民家史进行了图文并茂的展现,获得极大社会反响,很快销售一空。作为文库主编的王振良,一直关注我的旧体诗,该书出版前某次餐叙,他特地请我作诗一首,并书写出来作为书前插页;同时振良还让我帮忙,请著名书法家孙伯翔先生题书名。写诗好说,很快就完成了任务:"背拷相机哪得暇,穿梭市井乐无涯。聚焦穷巷固城史,作传草民学者夸。鲤跃成龙有建树,化俗变雅上仙槎。贤哉张建乡情炽,口述津沽第一家。"书法呢,我少年时虽下过些苦功,但毕竟多年未专门研习,不论好歹,用楷书写出。

2017年5月,张建的《口述津沽:民间语境下的西沽》和《口述津沽：民间语境下的西于庄》同时出版。两书开印前振良又找我，提出依旧请孙伯翔先生题"口述津沽"，而且要用另外两种书体。这回振良另给我出了道难题，让我照原来韵脚再配两首诗，但尾句"口述津沽第一家"不变。振良是个善于制造故事的人，什么事一而再再而三，确实就有些没意思了。因此虽然题目刁钻，我还是答应下来，好在振良也承诺，我的这两首诗完成后，他要连同前面那首一并作和。

过了几天，我将孙伯翔先生的魏碑和隶书题签转给张建，两首和诗也向振良交卷："录记访谈腿不暇，三津咫尺亦天涯。高山流水高德赞，下里巴人下界夸。南市西沽铃铛阁，洋楼租界海河槎。频年挂笏集成帙，口述津沽第一家。""周末公休觅已暇，春秋廿载立生涯。文章不作绝麟叹，摄影弗为虚绩夸。经夜老城化瓦砾，千年故事远乘槎。洛阳纸贵争读甚？口述津沽第一家。"

没过多久，振良也兑现了承诺，完成《贺张建新著出版用姜维群先生"口述津沽第一家"原韵》三首："守望乡情未肯暇，海河行走壮天涯。访今问古休言苦，觅迹寻踪且莫夸。野老犹说靖难事，荒坨尚记运盐槎。民间细语留青史，口述津沽第一家。""鱼眼调焦目不暇，转身华丽乐无涯。留名瞬息凭人语，定格俄顷敢自夸。南舢劲扬三卫水，西风激荡九河槎。漂榆记忆堪藏贮，口述津沽第一家。""频闪银灯亦是暇，走街串巷讨生涯。询来市井游民语，争得乡贤故老夸。问古直须探旧迹，渡人更待泛新槎。育文存史泽桑梓，口述津沽第一家。"

作第一首诗时，我未曾想到后面会有连锁反应，因此诗韵比较险，几个韵脚用字可组的词不多，振良一气和成三首，且诗精意美，律严词清，让人佩服。

事情到此还没完。2017年底又遇到振良,他说《口述津沽:民间语境下的丁字沽》已经发排,告诉我还要孙伯翔的题签,而且还得有诗,否则与前三本不配套。我终于知道是上了"贼船",但却很高兴,于是和了第四首:"难得浮生半日暇,寻芳咫尺即天涯。三余读写人争羡,五色笔摇才竞夸。竹杖化龙惊破壁,珠还合浦喜登槎。九河谁不知张建,口述津沽第一家。"好在有振良在后边陪着,其第四首和诗很快完成:"花甲翩然少逸暇,眼前方寸自无涯。追云摄月应专美,问废知兴莫漫夸。白水空陈帆底影,丁沽犹剩渡头槎。东风欲唤桃千树,口述津沽第一家。"

这次延请孙伯翔先生再换书体题写"口述津沽"时,他的儿子孙建中对我说:"老爷子这可是开天荒破了例!"以孙先生书法全国的影响力,为同一作者的书四次题写"口述津沽",确实是前所未有,应该能写入书坛掌故吧!

除笔者自书的四首诗外,振良所作四首和诗,我分别请刘荫祥、王树秋、张长勇、臧克琪四位著名书家题写,也都放在了书前的插页上。

张建的《口述津沽》系列著述,根据振良计划至少还要出"南市"和"大直沽"两种,到时候他肯定还要"照方吃药",想想真的有些莫名的兴奋。

2018年1月4日

(刊于2018年2月12日《天津日报》第16版"满庭芳")